AF617174

ACOSO Y DERRIBO

PUNTO DE VISTA EDITORES

SANTOS SANZ VILLANUEVA

ACOSO Y DERRIBO

PENSAMIENTO LITERARIO Y DISIDENCIA POLÍTICA EN LA POSGUERRA ESPAÑOLA

PUNTO DE VISTA EDITORES

Colección Historia y pensamiento, 45

Primera edición: junio, 2024

Publicado por Punto de Vista Editores
C/ Mesón de Paredes, 73
28012 (Madrid, España)
info@puntodevistaeditores.com
puntodevistaeditores.com
@puntodevistaed

Coordinación editorial: Miguel S. Salas
Corrección: Luis Porras Vila
Diseño de cubierta: Ezequiel Cafaro

ISBN: 978-84-128250-2-2
Thema: DS, 3MPQ-ES-A
Depósito legal: M-11975-2024

Impreso en España – *Printed in Spain*
Artes Gráficas Cofás, Móstoles (Madrid)
Este libro ha sido impreso en papel ecológico, cuya materia prima proviene de una gestión forestal sostenible.

Sumario

A los amigos esféricos,
Juan Carlos Laviana,
Manu Llorente,
Miguel Munárriz,
Leandro Pérez Miguel

Para Begoña,
que estará conversando con ellos
allí donde reina el silencio.

Palabras previas

Este libro sigue con parsimonioso detalle el recorrido en las letras españolas del fenómeno estético y político etiquetado de varias maneras: «realismo social», «realismo socialista», «realismo histórico» o «socialrealismo», entre algún otro marbete más. El ensayo presenta una trayectoria bien clara: muestra, o lo persigue, cómo se produjeron unos iniciales vagos fenómenos de disidencia de la dictadura en las letras, cómo se fueron concretando en una literatura de denuncia, cómo esta se amoldó más o menos a la doctrina literaria soviética y cómo conoció tempraneros y furiosos ataques que produjeron un rápido descrédito de la escritura militante y de *agitprop*, y acabaron con ella sin mucho tardar.

Se cuenta en estas páginas el nacimiento en la posguerra, mediado el siglo, de una conciencia crítica en la literatura paralela del asentamiento de «lo social» como la gran premisa artística de la época, una exigencia inexcusable y a la par una auténtica moda. A la vez, sin embargo, las filas del conservadurismo literario e ideológico se movieron con rapidez y contundencia para abatir aquella máxima y exclusivista tendencia del momento. A ello se sumarían, sin mucho retardo, gentes que pertenecían al mismo ámbito político que defendía la necesidad y el valor del compromiso del artista. Así se produjo un generalizado cuestionamiento del realismo social, un contundente acoso que derivó en un demoledor derribo.

Esta historia —el acoso y el derribo— constituye el eje central del presente relato. En ella se encadenan o solapan proclamas doctrinales, reflexiones críticas fundamentadas, reivindicaciones impotentes, palinodias sangrantes e intereses espurios. Estas múltiples piezas contribuyeron a un auge expeditivo y a un derrumbe estrepitoso, todo ello al hilo, en su mayor parte, de un proyecto literario generacional, el de los niños de la guerra, aquellos que nacieron, más o menos, entre 1925 y las fechas de la contienda. La agresividad de unos se emparejó con constantes «donde dije digo». La sombra del desencanto planeó sobre aquella promoción y pronto el término *fracaso* se convirtió en la voz que resumía la frustrante experiencia. Esta trayectoria la recorro en los planteamientos, creencias y manifestaciones de sus protagonistas, prodigadas en artículos y entrevistas. A todo ello le he dado la voz por considerarlo el modo bien elocuente de contarla con el resultado de constituir un largo viaje a través del tiempo. Sus palabras expresan mejor que nada el recorrido que va de la euforia al abatimiento. De ahí la abundancia de citas literales. Lo cual incita al lector a sacar sus propias deducciones. Este libro, en ese sentido, procura ser neutral al máximo. La conclusión final queda también a juicio del lector.

En principio, este ensayo se centraba en la narrativa social, en las posiciones acerca de la novela de testimonio, de urgencia, documental y objetivista. Y ese sigue siendo su hilo conductor principal. Sin embargo, los líricos desarrollaron una gran actividad, con mucha pasión, en marcar límites a lo social y en debatir cuánto contaba la comunicación en la esencia del fenómeno poético. Al final, tanto narradores como poetas gastaron equiparables energías en estas discusiones y en la almendra en torno a la que giraron todos aquellos debates, el realismo. Quizás en el territorio de la poesía se produjo una mayor decantación reflexiva. En la prosa los autores iban más a lo suyo, a escribir novelas y relatos con la esperanza de publicarlos y conseguir algunas monedas, mientras que los poetas prestaron una atención superior al debate teórico, quizás porque no esperaban un rédito económico tan palpable. Por ello menudean en estas páginas datos relativos a la poesía, pues haberla dejado fuera habría supuesto cercenar un flanco capital. Claro que también tuvieron el cine y las artes plásticas un papel decisivo en la historia del realismo social, y merecerían figurar aquí con su justa importancia. Pero ambas expresiones artísticas exigen un tratamiento específico que engrosaría demasiado el relato y por eso solo aparecen de refilón.

Estas páginas ponen el foco, como he dicho, en el cuestionamiento desde distintos frentes del realismo social español y en su consiguiente extinción. Tal objetivo, de apariencia un tanto limitada, implica, sin embargo, un asunto de mucha mayor envergadura. De hecho, supone una lectura transversal de toda la literatura de posguerra en la que los escritores se implicaron, de buena gana u obligados por las circunstancias, en el debate acerca de cómo contar la realidad y de qué efectos utilitarios podían o debían tener las letras y el arte. Así, en realidad lo que contemplamos son, a la manera de un largometraje, las complejas relaciones entre literatura y política en un periodo en que ambas estuvieron sometidas al torcedor de la dictadura. De modo que estas páginas tienen, por una parte, algo de historia externa de nuestra literatura desde el medio siglo pasado y hasta los amenes del franquismo a través del pensamiento literario. Y, por otra, muestran las ásperas discusiones que suscitan, en aquel tiempo y en cualquier otro, la libertad del arte y la función social del creador. Cuestiones no solo del pasado, ni menores, sino que, sujetas a los particulares condicionamientos de cada momento histórico, conservan duradera vigencia. También ahora los escritores han de decidir a quién venden su alma.

A propósito no lleva este libro notas a pie de página. Suelen suponer una enojosa distracción para el lector y con frecuencia solo responden a rutinas académicas. Tampoco cae en la fatigosa moda de poner entre paréntesis el nombre de estudiosos acompañado de las fechas de edición y página de trabajos universitarios. He querido que lo que se dice tenga la continuidad y atractivo de una narración en la que se incorporan tales datos de manera directa o sugerida, pero siempre clara, y fácilmente identificable en las referencias bibliográficas que cierran el volumen. Una última observación. Algunas páginas sueltas ya las he dado a conocer en otros lugares. Tratan de aspectos que requieren inevitable comentario y por ello las retomo, con las pertinentes modificaciones, sin indicación expresa.

Madrid, otoño 2023

1

Narrativa y compromiso en la dictadura franquista: un apunte

La victoria franquista en la Guerra Civil sumió al país en una implacable dictadura cuyos tentáculos agarrotaron la realidad nacional al completo. Del pensamiento a la economía, todo quedó sometido a su férula. Los vencedores se encontraban como pez en el agua en aquel ambiente asfixiante. Los vencidos que no habían podido tomar el camino forzado del destierro sobrevivían su exilio interior en atemorizado silencio o disimulo. Poco a poco, sin embargo, se fueron viendo manifestaciones de distanciamiento o disidencia. Estas actitudes procedieron, aparte los restos militantes clandestinos implacablemente perseguidos, en su mayor medida de los hijos de los vencedores, los niños de la guerra que por su edad no habían intervenido en la contienda, la habían vivido como una experiencia a veces incluso lúdica en su infancia o primera adolescencia —así lo reflejaron en algunos textos narrativos— y habían recibido una herencia yacente paterna que les disgustaba. Se sentían herederos forzosos de una realidad hostil. Este fue un sentimiento muy vivo y punzante entre un sector de los jóvenes españoles de finales de los años cuarenta y de los cincuenta. Aquellos muchachos tenían una acuciante necesidad de renegar de quienes habían establecido un sistema político y un orden de valores de los que no se sentían partícipes. Lo repudiaban al punto de llegar al enfrentamiento. Lo explica la aclaración que recoge Laureano Bonet de boca de Esteban Pinilla de las Heras en su estudio y antología de *Laye*. Le comenta el reputado sociólogo que los colaboradores de esta revista barcelonesa que encauzó un movimiento universitario de disidencia con el franquismo solían firmar los artículos con el apellido materno para hacer ostensible la ruptura con el progenitor.

Uno de aquellos muchachos, el futuro ministro socialista Fernando Morán, nacido en 1926, sentía de forma tan lacerante el desencuentro con sus mayores que dedicó a dicha vivencia su primera novela, *También se muere el mar*, escrita mientras ejercía sus iniciales labores diplomáticas y publicada en Buenos Aires en 1958. En ella desarrollaba un auténtico alegato generacional sobre la necesidad de esa promoción suya de ocupar un lugar propio en el mundo, con personalidad distinta, y opuesta, a la de los mayores. Formuló con un feliz acierto expresivo la gravosa rémora de su hornada vital: se había quedado «huérfana de niñez».

Un sector pequeño de clase acomodada de aquella oleada biológica del medio siglo llegó a la Universidad a mediados de los años cincuenta. La Universidad española de la época se nutría de una clientela de origen acomodado apática y conformista nada más preocupada por obtener un título que le permitiera ocupar puestos privilegiados en la sociedad. Pero entre ella había también un núcleo minoritario de estudiantes discordantes con la falta de sentido crítico y con la hegemonía política de la Falange a través del SEU, el sindicato universitario de afiliación obligatoria. De modo que fueron protagonizando episodios de disconformidad y rebeldía, no tanto, en principio, por motivaciones ideológicas claras como por una difusa y vehemente contestación juvenil.

Estos mozos inquietos fueron estableciendo relaciones personales sin más criterio, al comienzo, que el derivado de las afinidades electivas, sobre todo, en un grupo bastante activo, su afición por la literatura y el deseo de hacerse un lugar en la sociedad literaria. Llevaron a cabo algunos actos de protesta. En Madrid, en 1955, unos «jóvenes pirandellianos», según los tildaba *ABC* (16/3/1955), a cuyo frente iba el bullicioso Fernando Sánchez Dragó, armaron un alboroto en un teatro cuando la sala cambió la representación programada de una obra del italiano por una pieza convencional y lo interpretaron como un desdén a la modernidad. El caso acabó, con leves consecuencias, en comisaría. En la misma fecha, en Barcelona, José María Castellet soportó el primer interrogatorio de la policía con motivo de haber capitaneado a un grupo de conocidos que pateó un gran éxito de los escenarios, *La muralla*, comedia dramática de polémica carga ideológica de Joaquín Calvo Sotelo.

El sector universitario descontento supo también aprovechar el margen que ofrecían algunas revistas dependientes del SEU y de obediencia gubernamental donde se movía un falangismo crítico. *Laye* en Barcelona y *La Hora* en Madrid son publicaciones generacionales que acogen la efervescencia juvenil y buscan nuevos horizontes culturales coloreados de desafección, todavía no confrontación clara, con la política y la cultura del Movimiento. La revista madrileña *Acento Cultural*, de azarosa y breve vida por las injerencias políticas que trataron de amordazarla, hacía propuestas favorables a la literatura, el arte o el pensamiento comprometidos y debatía y estaba a favor de un testimonio en los límites de la denuncia clara.

En el segundo lustro de los años cincuenta se fue ahormando la idea de que la literatura debía manifestar una nítida conciencia social y adquirir una dimensión utilitaria para sacar al país de la miseria provocada por la autarquía económica, además de inducir un cambio político e incluso ilusoriamente la derrota del Régimen. En el decenio anterior, ya se había producido en la poesía un movimiento rehumanizador («desarraigado», en la etiqueta de Dámaso Alonso) que alcanzó, en la revista *Espadaña*, niveles de alegato político. Se trataba de una reacción contra la poética oficial, contra la propaganda ideológica, la evasión y el formalismo garcilasista dominantes. Esa inclinación seguía uno de los impulsores de la publicación leonesa, el poeta Eugenio García de Nora, militante entonces del PCE, quien dio a luz en el temprano 1946 un revulsivo libro clandestino («obra de un poeta sin nombre», dice el colofón) que inauguró las ediciones de la proscrita FUE (Federación Universitaria Escolar), *Pueblo cautivo*, en una línea de testimonio y denuncia que abonarían otros poetas de su generación, la primera de posguerra, Gabriel Celaya, Blas de Otero o, en parte y en menor grado, José Hierro.

Sin mucho tardar, más allá de vagas apelaciones a lo social, la literatura crítica utilitaria y de denuncia tuvo formulaciones programáticas. En 1958, el militante comunista Alfonso Sastre presentó en *Acento Cultural* el subversivo manifiesto «Arte como construcción». El dramaturgo y activista asentaba que «lo social es una categoría superior a lo artístico». Aseguraba que «Preferiríamos vivir en un mundo justamente organizado y en el que no hubiera obras de arte, a vivir en otro injusto y florecido de excelentes obras artísticas». Y sostenía que «precisamente, la principal misión del arte, en el mundo injusto en que vivimos, consiste en transformarlo».

Al natural criticismo juvenil, se le sumaron pronto, además, influencias políticas o se vio impelido por la intervención del grupo político más activo y mejor organizado de la oposición, el PCE.

El tenaz agitador Enrique Múgica había entrado en contacto con el Partido tras entablar relación con Gabriel Celaya en San Sebastián en 1952 y, estudiante de Derecho en la Central, maquinó una actividad literaria que juzgaba útil como caballo de Troya político. Poca documentación valiosa queda de aquel significativo episodio, pero podemos reconstruirlo a partir de los libros memorialísticos de algunos de sus personajes, los del propio Múgica y de Fernando Sánchez Dragó, a pesar de las imprecisiones de sus recuerdos. La convención literaria se denominó «Encuentros de la Poesía con la Universidad», se celebró en la primavera de 1954 en la Facultad de Derecho —no en el marco más lógico de Filosofía y Letras porque allí era donde estaba matriculado el futuro ministro socialista de Justicia—, contó con el apoyo del rector madrileño, Pedro Laín Entralgo, y se logró gracias a los buenos oficios de Dionisio Ridruejo, condimento de todas las salsas juveniles críticas o disidentes. Los Encuentros tuvieron dimensión política, pues, según las averiguaciones de Pablo Lizcano, su propósito era llevar a las aulas «distintos poetas de marcado carácter social, con el fin de que, tras una lectura de sus poemas, pudiera abrirse un coloquio» que habría de suscitar debates críticos y comprometedores. Enrique Tierno Galván dice en sus *Cabos sueltos* algo que debía de resultar subversivo; asegura —si bien su evocación de los rifirrafes universitarios de aquel momento contiene gruesos errores— que en los coloquios incluso se defendieron «paladinamente criterios democráticos».

El instigador de los Encuentros, Múgica, matiza en *Itinerario hacia la libertad* los objetivos señalados por Lizcano y precisa el claro «propósito» que guio la selección de participantes: «llevar a las aulas importantes poetas vinculados a la generación del 36 que habían estado en el lado de los vencedores, como Luis Felipe Vivanco, Leopoldo Panero, Luis Rosales, y a los hombres de la poesía social». Con ello perseguía «establecer un coloquio entre el poeta y el público a través del cual, pensábamos, como efectivamente sucedió, se expresarían actitudes críticas derivadamente políticas». Sin completo equilibrio, el plan se cumplió. Intervino el consagrado del 27 Gerardo Diego. La siguiente promoción tuvo una representación flexible. Poetas cómplices del Movimiento: Rosales, Vivanco y Panero. El ya políticamente distanciado del Régimen Ridruejo. El algo más cercano a la nueva estética testimonial José Hierro. Y el sí partidario de la denuncia Eugenio de Nora. La militancia en el compromiso de la nueva generación estuvo representada por Jesús López Pacheco, nombre luego emblemático tanto de la poesía como de la novela social.

La presencia de Múgica al frente de los «Encuentros» apunta una astuta intencionalidad de agitación al servicio de su militancia comunista de entonces. Múgica manipulaba las sesiones poéticas «sutilmente», según denuncia el intransigente semanario fascista *El Español*, para extender sus relaciones fuera y dentro del ámbito universitario y suponen ya un patente aprovechamiento de la literatura al servicio de una causa política. De ello era bien consciente el empecinado agitador guipuzcoano porque, como él mismo refiere en las citadas memorias, aquel foco, de escasa importancia en una situación normal, tenía, al estar organizado por primera vez al margen del SEU, «connotaciones de réplica y contestatarias muy fuertes». Por informaciones dispersas sabemos que, en las sesiones poéticas, también leyeron poemas o estuvieron presentes con los propósitos imaginables el poco más que adolescente Fernando Sánchez Dragó, infatigable revoltoso pero todavía no militante en el Partido, el futuro cineasta pecero Julio Diamante o el sociólogo y politólogo Ignacio Sotelo, más tarde en la órbita del PSOE. Y otros muchos anónimos. Así, los encuentros sirvieron para que se fuese ampliando el círculo de estudiantes disidentes. De los recuerdos de Múgica se desprende que a él la literatura no le interesaba nada. Todo era un subterfugio para la acción política.

Conviene que hagamos ahora un espacioso paréntesis para dar mínima cuenta de unos festejos literarios, tres Congresos de Poesía, encadenados en años sucesivos desde 1952 y reunidos en Segovia, Salamanca y Santiago de Compostela, que manifiestan con claridad las interferencias y dependencias de política y cultura. Bajo los congresos subyacía el propósito de propiciar el encuentro de poetas peninsulares de diversas lenguas para favorecer el diálogo y romper las barreras elevadas por el franquismo más intransigente. Esa intención se aprecia en la primera convocatoria, se tomó un descanso en la segunda y tomó cuerpo en la última. Tal meta, del particular interés de su inductor en la sombra, Dionisio Ridruejo, en especial la aproximación entre catalanes y españoles, rebasaba el marco estrictamente literario y se inscribía en un plan político a largo plazo de cauteloso corte dialogante. Un ensayista no sospechoso de querencias franquistas, Albert Manent, hijo de uno de los congresistas, Marià Manent, ha dado en *Tres escritores catalanes* una visión sobremanera positiva y fructífera de aquellos encuentros. La presencia de los poetas catalanes fue «el acontecimiento más importante de los Congresos», escribe. La conferencia de Carles Riba en Segovia, añade, «fue un clamor sincero y enérgico que replanteaba una cuestión encubierta y no resuelta». Riba, que «representaba su papel de gran conciencia catalana», descubrió a los castellanos la cultura milenaria de Cataluña, facilitó que se estableciera el diálogo, y de este «nació la admiración, la amistad y el trabajo en común». La conclusión de Albert Manent no puede ser más rotunda: tales Congresos fueron «el inicio de una acción de apertura —dentro de la posguerra cerrada y prácticamente monocolor— para que en la polémica, tan viva entonces, entre "compresivos y excluyentes" ganaran los primeros». La prensa, explica también, no dejó de señalar el color político de los actos.

La operación política tenía, sin embargo, un trasfondo vidrioso, pues no todo consistía en la franca apuesta aperturista apreciada por Manent con no poca exageración. O, en todo caso, estaba muy matizada y no ocultaba una acción menos altruista, la de lavar la cara del Régimen desde ciertas instancias del propio Movimiento. Como quiera valorarse, Joaquín Pérez Villanueva, director general de Enseñanza Universitaria, persona de confianza del ministro de Educación, Joaquín Ruiz Jiménez, puso en marcha el I Congreso de la Poesía. No se pierda de vista con qué trazos caracterizaba por esas fechas el vespertino de los sindicatos verticales, *Pueblo* (25/5/1952), a Pérez Villanueva al aplaudir a modo de balance la iniciativa segoviana: lo define como «un auténtico falangista» y la atribuye a que «él sabe, al igual que José Antonio, que son los poetas los que mueven el mundo».

La empresa mostró, desde su arranque, notable envergadura. Contó ya en esta ocasión con un cuadernillo anónimo que daba cuenta del programa y propuestas. Se acompañó de un catálogo, de una cincuentena de páginas, *Medio siglo de publicaciones de poesía en España. Madrid-Segovia, 1952*, pionero del interés por las revistas poéticas. Y la Delegación Nacional de Educación del Movimiento, a través de la dirección general que ostentaba Pérez Villanueva, dispuso un buen sostén económico, cuantioso a la vista de la larga nómina de participantes y de las abundantes y costosas actividades lúdicas, turísticas y gastronómicas que englobó.

La primera singladura del Congreso se celebró con gran parafernalia oficial dentro de los Cursos de Verano de Segovia, de los que Pérez Villanueva era asimismo director. Desempeñó la secretaría alguien cercano a él, el crítico de arte y poeta represaliado por los franquistas en la inmediata posguerra Rafael Santos Torroella. Papel fundamental tuvo, como se ha indicado, Dionisio Ridruejo, quien alentó la convocatoria —no sería temerario atribuirle su paternidad absoluta— y fue muy activo colaborador y participante.

El espíritu del primer Congreso de hacer convivir sensibilidades distintas estuvo siempre bajo control oficial y constituye, a pesar de ese propósito, una palmaria manifestación del nacional-catolicismo cultural: Iglesia y poder político del brazo. Claro quedó este extremo en los actos inaugurales. El encuentro lo abrió, la mañana del día 17, una misa en la iglesia de la Trinidad presidida por las autoridades y oficiada por Federico Sopeña, quien, en su plática, lo puso bajo la protección del Espíritu Santo. Los congresistas se dirigieron luego a la recepción en la Diputación Provincial, donde los acogió su presidente, que representaba al gobernador civil, ausente de la ciudad. En el desplazamiento de la iglesia a la Diputación, la comitiva hizo «un alto en la plaza de los Caídos, donde visitaron el monumento erigido a su memoria». En el acto protocolario, el anciano poeta Adriano del Valle, muy próximo a Falange, dio las gracias en nombre de los congresistas y acabó su parlamento «brindando por S. E. el Jefe del Estado, que con su obra de reconstrucción y de paz ha hecho posible esta reunión» de poetas cobijados por la bandera española. Como un dato significativo lo llevaba a titulares una de las informaciones de *El Adelantado de Segovia* (17/6/52): «Brindis en honor del jefe del Estado». Cariz más politizado no podía tener el encuentro.

Hubo una copiosa participación, medio centenar de invitados, con muchos nombres relevantes del momento. Aunque la lista resulte cansina, conviene detallarla porque indica la dimensión del empeño. Abarcaban la lírica de preguerra y la de la alta posguerra: Aleixandre, Adriano del Valle, José Luis Cano, Cela, José García Nieto, Ildefonso Manuel Gil, Leopoldo de Luis, José María Luelmo, Rafael Morales, Joaquín Romero Marube, Eugenio Montes, Alfonso Moreno, Luis Rosales, Ridruejo, José Suárez Carreño y Francisco Vighi. Junto con estos consagrados o veteranos, tuvo un hueco la joven generación que entonces tan solo despuntaba: José Manuel Caballero Bonald, Fernando Quiñones y Carlos Edmundo de Ory. Los catalanes aludidos fueron J. V. Foix, Manent y Riba. Asistieron los diplomáticos hispanoamericanos Eduardo Carranza y Eduardo

Cote, ambos muy vinculados entonces con las letras españolas y frecuentadores de los colegios mayores madrileños donde en buena medida se fraguaba la contestación literaria. Figuraron en la lista varios foráneos: Aubert, Busuioceanu, Serpa, Vandercammen y Roy Campbell. Hablaron, en su condición ensayística, profesoral y crítica, los rectores Laín Entralgo y Tovar, Eugenio d'Ors y Ricardo Gullón. El músico Joaquín Rodrigo compartió una conferencia-concierto con el padre Sopeña.

La dimensión política señalada es lo verdaderamente importante del Congreso y lo que merece, en general, la mayor atención desde un punto de vista histórico. Pero debe resaltarse otro aspecto para los intereses de estas páginas. Me refiero a que la cuestión poética emergente y de moda se fijó como lema genérico del encuentro, «Validez general, y vigencia social del poeta en nuestro tiempo». Por si fuera poco, un subtema del programa se interesaba por la «Proyección del poeta en la vida social».

Sin embargo, a la vista de la separata anónima que dio cuenta del «convivio», no llegó a plantearse la pugna entre compromiso y creación. Ni se explayaron las interferencias entre política y literatura. Todo fue amable y descomprometido. Se eludieron las tensiones posibles entre participantes suficientemente diferentes en sus posiciones artísticas o ideológicas. Hubo un conato de conflicto. Se propuso enviar un mensaje de gratitud a Franco. Lo contrapesaría otro a Juan Ramón Jiménez, en su exilio puertorriqueño. Se resolvió salomónicamente: no se mandó ninguna misiva. Las diversas fuentes disponibles —dicho folleto, las crónicas de Eugenia Serrano, el amplio espacio dedicado en un par de números de *Correo Literario* y la puntual información del modestísimo *El Adelantado de Segovia*— indican que el Congreso anduvo por otros derroteros. Una vez más se aprovechó a Antonio Machado con una visita al domicilio donde vivió en tiempos, ahora proyectado como casa-museo por iniciativa del ubicuo Pérez Villanueva, donde se leyeron sus poemas «en homenaje emocionado». Hubo una vertiente mendicante del encuentro con diversas propuestas. Santos Torroella, Leopoldo de Luis y Cano instaron la creación de la «Casa de la Poesía». Fernando Quiñones imploró en su comunicación que las autoridades y centros oficiales echaran una mano económica a las revistas poéticas. Ildefonso Manuel Gil rogó con prosa administrativa nada lírica que en los pedidos trimestrales de las bibliotecas se incluyeran «obligatoriamente libros de poesía en proporción de un tanto por ciento (a determinar del pedido total) de cada biblioteca». Alfonso Moreno quería cátedras en los centros de enseñanza para la formación poética de la juventud.

El tema social estaba en programa, pero se olvidó por completo. Ni una sola referencia se hizo en las doce conclusiones. Muy lejos de esa inquietud andaría también —pues desconozco el texto— la intervención de Laín, nada menos que sobre «Acción sosegadora de la palabra poética». Y la única referencia concreta a lo social que he encontrado, en noticia de Eugenia Serrano, va en dirección bien alejada: Dionisio Ridruejo «definió al poeta socialmente como ser libre y creador». Que es lo mismo que no decir nada.

Al año siguiente, Pérez Villanueva llevó el II Congreso a un terreno que le resultaba familiar, a Salamanca, cuyo rectorado ocupaba Antonio Tovar, patrocinado del ministro Ruiz Jiménez y amigo cómplice de Ridruejo. De la importancia que se le concedió da cuenta el que se arropó con una *Antología del II Congreso de Poesía,* cuya estampación por las Publicaciones de la Diputación Provincial remarca su carácter oficialista. El generoso muestrario recoge cuarenta y siete presuntos participantes, aunque no todos estuvieron presentes en el encuentro. La selección abarca portavoces de todas la generaciones en activo, desde la del 27 y hasta la oleada más reciente. De aquella figuran Carmen Conde, Gerardo Diego o Antonio Oliver Belmás, junto al algo mayor José Antonio Muñoz Rojas. De la primera promoción de posguerra fueron seleccionados-invitados, entre otros, Ildefonso Manuel Gil —quien, elegido por sus colegas, ostentó un puesto en la presidencia del congreso—, Leopoldo de Luis, Rafael Morales, Blas de Otero, José María Valverde o Luis Felipe Vivanco. De los jóvenes, aparecen el activísimo falangista un tanto crítico Marcelo Arroita-Jaúregui, Caballero Bonald, Lorenzo Gomis o José Ángel Valente. En línea con el congreso anterior, andan representados los autores en lenguas periféricas Joan [*sic*] Perucho, Joan Teixidor o J. V. Foix, que cierra el librito. También figuran un puñado de extranjeros. De habla castellana, el colombiano Eduardo Cote Lemus. Y de países no hispanos, Roy Campbell, Charles D. Ley, Francis Ponge o Giuseppe Ungaretti.

A esta segunda convocatoria asistieron buena parte de los presentes en la anterior. Asistió el influyente Juan Ramón Masoliver, crítico de *La Vanguardia Española* y editor. Ungaretti se convirtió en la figura estelar de aquellas jornadas, según las crónicas. El congreso repitió la parafernalia oficialista de la ocasión precedente.

Azorín mandó para la apertura un mensaje melifluo, de exacerbado intimismo y todo lo alejado posible de la inmediatez vital que reclamaba la nueva literatura del momento. «No seremos poetas si no nos recogemos en nosotros. ¿Cuál será el anhelo del poeta? Cada poeta tiene su anhelo; cada época tiene su fórmula. Aspiremos todos a la paz, la paz con los demás y la paz —la más ardua— con nosotros mismos. ¡Levantemos los corazones!», escribió.

El congreso conectó en realidad con la evasiva actitud de Azorín. Sería una casualidad, pero el planteamiento salmantino se formuló con criterio diferente al segoviano y se distanció de este. Subrayaba el puntual cronista anónimo de *Correo Literario* (77, 1/8/53) que los objetivos del encuentro segoviano se habían visto colmados: «dio sus mejores frutos en la incorporación definitiva a la poesía española de la poesía catalana». De modo que se imponía un cambio de rumbo. Ahora se buscaría poner el foco en lo «humano, en lo cordial», «un punto de comprensión por encima de escuelas o de tendencias». En realidad, más que eso ocurrió otra cosa, que el congreso salmantino terminó por ser un encuentro con trazas académicas y profesorales. No hubo en esta ocasión un temario y se desarrollaron ponencias, conferencias y mesas redondas dentro de las costumbres universitarias: se analizó la obra de Unamuno (en cuya tumba Ridruejo depositó un ramo de flores «en nombre de los poetas españoles»), diferentes comunicantes expusieron sendos panoramas de la poesía contemporánea catalana, mexicana e italiana, se abordó la lírica de fray Luis... En fin, no hubo lugar para tratar la cuestión señera del momento. El tema por antonomasia, lo social, quedó en el aire.

El III Congreso se desplazó en el verano siguiente a Santiago de Compostela. Los ritos fueron iguales a los vistos en las dos ocasiones anteriores, y la participación, muy nutrida, con más de setenta invitados, semejante en nombres, y con la ya tradicional presencia significativa de catalanes: Carles Riba, Clementina Arderiu, Maurici Serrahima, Joan Perucho, Antonio Comas. Se cumplía de este modo holgadamente la desiderata política que había impulsado los Congresos. En cambio, disminuyó la nómina juvenil, casi reducida al heterodoxo Carlos Edmundo de Ory.

El planteamiento general del capítulo gallego del congreso recuerda mucho, y la cercanía de las fechas afianza el nexo, al de los Encuentros universitarios en la Central: confrontar en público a escritores del ámbito oficial con disidentes políticos. La continuidad de Dionisio Ridruejo con un papel eminente en la reunión compostelana avala esa relación genérica entre ambas actividades. El enfrentamiento se visualizó en Santiago. En la ácida crónica de la reunión que el valenciano Joan Fuster hizo en sus *Diari* refiere la denuncia de Celaya contra el ausente Panero por su todavía cercano *Canto personal,* lo cual motivó un serio enfado de Luis Rosales.

Aparte de esta vertiente más político-ideológica, a los efectos de nuestro relato hay que subrayar que la reciente preocupación por el testimonio sí se recuperó y se dejó notar en la ciudad gallega: justo uno de los apartados temáticos se dedicó a lo social. Sabemos que Fuster estuvo en contra de la poesía social y que en su ayuda acudió Xosé Filgueira Valverde (entre los detractores del Régimen estuvo el republicano represaliado Julián Andúgar, pero no conocemos qué actitud adoptó, si bien cabe imaginarla). Lo significativo, para nuestro propósito, son un par de aspectos de esta tercera y última convocatoria de los congresos. Por una parte, lo social, ya presente en Segovia, había alcanzado notoriedad y enjundia suficientes como para inducir una deliberación específica. Por otra, la literatura figuraba en el argumentario del enfrentamiento político, se utilizaba para finalidades espurias. Ello en unas fechas que indican un madrugador florecimiento de la idea del compromiso.

Volvamos a las veladas literarias de Derecho. Rápido dejaron testimonio escrito, en el mismo 1954, en un sencillo y pulcro librito ilustrado, *Presencia poética universitaria,* un muestrario generacional que recogió unos pocos poemas de trece estudiantes y de un ayudante de Cátedra nacidos entre 1927 (el profesor) y 1936. Los alumnos cursaban desde el primer al quinto curso de la carrera. Algunos contaban con alguna mínima publicación previa en revistas o libro, pero en su mayor parte se trataba de aspirantes inéditos. Casi ninguno logró recorrido posterior reseñable. Nada más hizo carrera el activista, poeta y cineasta Julián Marcos. También la hizo Sánchez Dragó, pero no entró en la antología porque solo fue capaz de presentar un poema y se requerían varios.

Nada o muy poco reflejan los textos antologados la incipiente politización literaria o cultural, y desmienten el fervor político subrayado por Múgica o por Tierno Galván. Aunque ello bien podría deberse al criterio artístico de la selección, que se ignora, seguramente decidido por el poeta Jaime Ferrán, falangista sensible a las inquietudes de la generación del medio siglo pero muy moderado (marchó de España como profesor poco después por la deriva radical que tomó el subversivo Congreso de Escritores Jóvenes en el que andaba implicado). Apenas encontramos huella de un prurito testimonial en un par de composiciones. En la «Poesía industrial desde la ventana» de un desconocido Mariano Ucelay y en el poema «A los hombres», de Julián Marcos, que se cierra con ecos celayescos: «iba por mi camino preguntando [...] / Iba por mi camino y les decía / "Yo quiero sudar con vosotros"». En el libro desfilan, por el contrario, y a falta de otras opciones, el lirismo emocional, el popularismo lorquino, los vagidos amorosos, el paisajismo, la habitual huella machadiana y las todavía frecuentes pesadumbres existencialistas. Como reflejo de época, los dos rasgos más notables del tomito nada tienen que ver con la observación realista naciente: sorprenden tanto la desaparición del formalismo garcilasista como los vínculos vanguardistas de algunos autores. Tiene razón Jaime Ferrán al señalar en el «Pórtico» del volumen la «integración de sensibilidades» y el agrupamiento de «tendencias dispares y afirmadas». Varias y diversas, pero no reflejo de la gran inquietud testimonial que imantaba a muchos de los jóvenes escritores universitarios.

En esta «Antología universitaria», como se refiere a ella Ferrán, no entra la moda emergente de lo social, pero sí refleja los influjos de la política en la literatura, siquiera sea de manera indirecta. Una afirmación algo críptica del «Pórtico» sugiere una advertencia: «No podríamos entender una poesía partidista, porque inmediatamente se convertiría en una poesía parcial». ¿Un aviso a los comprometidos? Además, lo revelan los reconocimientos del colofón. No hubiera sido posible, aclara, sin el apoyo de las autoridades académicas, rector y decano, de Javier Conde, catedrático de Derecho Político, destacado franquista y teórico del caudillaje, y de «el poeta don Dionisio Ridruejo». La ayuda de Ridruejo coloca la compilación en el círculo de iniciativas renovadoras de la dictadura.

Alguna actividad cultural más del mismo signo disidente hubo. Olvidadas andan las «nominadas Aulas de Poesía» que tuvieron lugar sorprendentemente en la Facultad de Ciencias Económicas. A ellas se refiere el sindicalista Manolo López en *Mañana a las once en la Plaza de la Cebada* y tienen sus recuerdos gran interés para nuestro objetivo. El disciplinado militante atribuye su organización al PCE, explica que solían invitar «a un poeta poco significado políticamente con otro comprometido» —es decir, copiaban el exitoso sistema de Derecho— y advierte con nostalgia que estuvieron muy concurridas. Obedecían al voluntarismo idealista de entonces: con ellas «creíamos colocar minas explosivas en los cimientos del Régimen». En cualquier caso, formaban parte del *agitprop* comunista. «Nos infiltrábamos donde podíamos», evoca con punto de humor Manolo López. (Con la misma finalidad subversiva organizaron un «cineclub del SEU» en cuya primera sesión se proyectó *Nazarín* de Buñuel con tanto éxito estudiantil que acabó con el proyecto, «ya que nos impidieron celebrar más sesiones»).

Un suelto de *Índice de artes y letras* (número 73, 30 de marzo de 1954) constataba la notoriedad de la iniciativa de Múgica en el viejo caserón de San Bernardo. Los encuentros han estado marcados, señala el semanario, por un «aire tumultuario y estudiantil» y «la mayoría de las sesiones ha tenido un aire encrespado y polémico». Satisfechos podían estar lo mismo su organizador que sus jefes. Entre estos de manera principalísima, fundamental, el responsable para los intelectuales del Partido Comunista de España, Federico Sánchez, consabido famoso alias en la clandestinidad de Jorge Semprún. El infatigable y temerario agente comunista tuvo en casi todos estos actos alguna participación, entre bambalinas, o les dio un impulso, según la minuciosa reconstrucción de sus osadas andanzas del historiador Felipe Nieto.

El propio Federico Sánchez destacó el alentador éxito de las sesiones literarias en su intervención en el V Congreso del PCE de aquel año. En sus palabras, recogidas en la clandestina *Cuadernos de Cultura*, atribuye a los encuentros poéticos grandes resultados. Acerca de su eficacia, hizo un balance hiperbólico a tono con otros informes suyos de aquellos tiempos:

> En esas conferencias, los estudiantes, que asistían en número de varios centenares, han abucheado a los escritores reaccionarios, a los poetas de esa «pura poesía» que solo cantan cisnes y lagos y hermosas noches de luna, mientras las masas sufren y la patria es vendida a los imperialistas yanquis. Los estudiantes han aclamado los nombres de los poetas del pueblo, han exigido conocer libremente sus obras, es decir, han levantado en su frente de lucha [...] las banderas de las libertades democráticas de expresión.

De tal ditirambo se deriva cómo valora la situación literaria que demostraban los encuentros:

> En resumen: la joven generación poética, cuya riqueza y cuyo valor son verdaderamente sorprendentes, se orienta por el camino de una poesía de contenido, de una poesía combativa de acusación al régimen franquista, y más generalmente al sistema de explotación y de enajenación del hombre que es el capitalismo. Y en ese camino que todavía está erizado de dificultades y que no podrán recorrer consecuentemente sin la ayuda de nuestro Partido, se guían por los nombres y las obras de los poetas comunistas.

Las exageraciones de la retórica oficial del Partido en sus autocomplacientes informes internos no carecían, sin embargo, de una modesta base real. E indican ya un rasgo capital de nuestra historia: la influencia del PCE y, en consecuencia, de los postulados literarios soviéticos, con intencionalidad prescriptiva en las nuevas letras emergentes españolas. Alguna lectura poética corrobora la desafección de la joven literatura respecto de los escritores vinculados al Movimiento. La declaración judicial de Julián Marcos con motivo de su detención en febrero de 1956 por participar en la agitación universitaria exhumada por Roberto Mesa relata el boicot a Panero. Sus explicaciones no tienen desperdicio. Patearon, admite, la lectura de uno de los poetas más representativos del régimen, aunque no tanto porque la protesta respondiera a un estado de opinión literaria como por seguir las consignas de Múgica, que la había alentado. «Tal repulsa partidista se debía —explica Julián Marcos en el atestado policial— a un incidente ocurrido entre el dicho señor Panero y el comunista Neruda» (se refiere, claro está, a *Carta perdida a Pablo Neruda*, la réplica del leonés, en 1953, bien fresca todavía, al *Canto general* del chileno de tres años antes) «pero haciéndolo de forma que pareciera que no había gustado la obra literaria». Más claro, agua: el rechazo literario camuflaba la agitación política. Algún otro escándalo se produjo. Una sesión acabó con protestas de los asistentes por la ignorancia, obligada, de poetas revolucionarios, los guías aludidos por Semprún, Alberti, Neruda, Hernández y otros líricos en quienes las revistas clandestinas del partido gastaban mucha tinta.

Múgica no era escritor, era un agitador político, y le interesaba la literatura en la justa medida en que sirviese a sus planes de subversión institucional, ceñidos en aquel momento al mundo universitario y a su aparato político administrativo, el SEU, aunque no limitados a este ámbito. Y vio muy clara la utilidad de la literatura para sus fines propagandísticos. Por eso su nombre es capital en esta historia. Una red de amistades ampliaba la acción de Múgica desde Derecho a las facultades de Filosofía y Letras, por medio del poeta Jesús López Pacheco, y Medicina, a través del cinéfilo Julio Diamante. Sus eficaces intrigas señalan un activismo tenaz e incansable y a él han de atribuirse frutos sazonados en la agitación y concienciación de un sector universitario, el intelectual, artístico o creador, pero no ha de pasarse por alto que subordinado a la estrategia partidista del otro nombre capital, incluso más que él, su jefe político Jorge Semprún. Bajo el alias que luego alcanzaría incluso popularidad, Federico Sánchez, entre otros varios pseudónimos menos conocidos, Semprún llegó a Madrid en 1953 como instructor de intelectuales y estudiantes en el interior por encargo del Comité Ejecutivo del PCE en el exilio. En un plazo de tiempo más bien breve, dados el riesgo y la dificultad de la encomienda, un par de años, fue capaz de captar o seducir a un número considerablemente amplio de colaboradores con un propósito de agitación universitaria a partir de maniobras culturales y literarias. Múgica resultaba la cara más visible, en compañía de otros condiscípulos mencionados o por mencionar, pero el impulso era soberano.

Entretanto, debe anotarse alguna actividad cultural aislada pero coincidente en un compartido espíritu de revisión cultural bajo el signo de la regeneración o la protesta. Durante los meses de abril y mayo de 1955, el TEU de la Facultad de Filosofía madrileña había celebrado un ciclo de conferencias que inauguró el inevitable Dionisio Ridruejo sobre el panorama actual del teatro español por iniciativa de Antonio María Hernáez, de las que el *Boletín* del Congreso para la Libertad de la Cultura dio cumplida cuenta. En ellas se había puesto «al desnudo lo que algunos llaman "crisis" y nosotros nos atrevemos a llamar "desastre" del teatro español». A lo largo de las conferencias se hizo un repaso inmisericorde de la situación de nuestra escena, tanto en sus dimensiones intelectual y profesional como social. Las observaciones más llamativas, a los efectos de una nueva sensibilización artística, fueron las relativas al último aspecto. Se llegó a la conclusión de que «el teatro español no tiene ningún contenido y le falta absolutamente el sentido de lo "social"». Ello se debía a que lo social es siempre un exponente de realidad y la realidad se elude en nuestro teatro. De ahí se deriva el desentendimiento del público. Como al teatro le están vedados todos los problemas y elude cuidadosamente cualquier faceta de la realidad vital, al público no le interesa lo que se representa.

Las actividades señaladas corroboran la manipulación e instrumentalización de las letras sobre las que iría emergiendo y asentándose una literatura de denuncia que se ahormaría enseguida dentro de una teoría estética cuyo difuso referente estaba en la doctrina soviética acerca del arte que la dirección de los comunistas españoles seguía entonces al pie de letra. De ello ha dejado abrumadoras pruebas Jorge Semprún.

También anduvo Enrique Múgica detrás de un fallido Congreso de Escritores Jóvenes, a celebrar a finales de 1955, pantalla de una confrontación política contra el SEU. Para entonces, según refiere Semprún en su novelada *Autobiografía de Federico Sánchez*, el 1 de abril de 1955, «quedó constituido en un descampado de la Ciudad Universitaria el primer núcleo de estudiantes comunistas» con los poetas Jesús López Pacheco y Julián Marcos, el cineasta Julio Diamante y el ineludible intrigante Múgica. En aquel momento, explica Semprún al rememorar las fechas en que la dirección del Partido le envió al interior en dicha misión, «el tema de las relaciones del intelectual con el partido y, más ampliamente, con el movimiento obrero en general, es uno de los temas fundamentales». Semprún, miembro del Buró Político del partido, intervino, con Múgica y los citados, y otros estudiantes más, en la preparación del Congreso. Al amparo del prestigioso alias, Federico Sánchez tutelaba también al grupo pecero vinculado con el mundo del cine en el que se afanaban un veterano, el dirigente comunista en la anteguerra y represaliado por la dictadura Ricardo Muñoz Suay, y los jóvenes Juan Antonio Bardem o Julio Diamante, ya mencionado. El grupo utilizaba la revista cinematográfica *Objetivo* para una labor paralela a la de los escritores de agitación política desde planteamientos cercanos al neorrealismo italiano.

Los comunistas tenían gran influencia en el mundillo cultural y artístico por la confluencia de militantes —no se sabía bien quién lo era, ni quién tenía carné por el peligro que suponía— y compañeros de viaje. La prohibición del Congreso de Escritores Jóvenes por la misma instancia oficial, el rectorado madrileño, que lo había favorecido, fue motivo para que el grupo contestatario emprendiera una empresa de mucha mayor envergadura, ya sin el señuelo de la literatura, la convocatoria para comienzos de 1956 de un Congreso Nacional de Estudiantes.

Un enfrentamiento en el barrio de Argüelles entre manifestantes universitarios que protestaban contra las agresiones de los fascistas en el campus de San Bernardo y un grupo de falangistas que venían de conmemorar en una calle cercana el Día del Estudiante Caído generó extrema tensión al resultar gravemente herido por arma de fuego un afiliado a la ultraderechista Guardia de Franco. Nunca se esclareció la extraña procedencia del disparo, pero el gobierno reaccionó de forma expeditiva para acabar con la amenazante protesta universitaria y procedió a practicar un amplio número de detenciones en las que figuraron los cabecillas de ambos Congresos y otros colaboradores o simpatizantes. Pasaron por los calabozos policiales una larga lista de escritores, intelectuales y agitadores políticos. Unos cuantos de aquellos «jaraneros y alborotadores», según la despectiva etiqueta que les aplicó Franco, eran alevines de escritores y creadores. Ya nos han ido saliendo sus nombres: Julio Diamante, López Pacheco, Julián Marcos y Sánchez Dragó. Compartió con ellos encierro en Carabanchel un autor veterano, orientador de aquella rebeldía juvenil, el antiguo líder fascista Dionisio Ridruejo, ya disidente del Movimiento.

La reacción violenta del Régimen dejaba claro que no había margen de maniobra para la disidencia, y los escritores contestatarios entendieron la necesidad de poner en marcha una literatura de denuncia y *agitprop*. El gran signo de los tiempos era lo social. De modo que los autores se sintieron arropados, a la vez que lo asentaban, por un extendido sentimiento de época que pronto se convirtió en mayoritario y, a tenor de bastantes quejas, excluyente. Si se desarrolló con gran amplitud y en poco tiempo fue, además, porque contó con sólidos apoyos. Uno de aquellos jóvenes, el poeta Carlos Barral, empezó a trabajar en 1955, acabados los estudios de Derecho, en la empresa de artes gráficas familiar Seix Barral. Desafecto del Régimen, ansiaba incorporar a España a las corrientes literarias y de pensamiento internacionales. En una primera etapa privilegió la escritura comprometida y de denuncia como un medio de renovar las letras españolas. De esta manera auspició una «operación realismo» en la narrativa que fue la peculiar modalidad nacional del realismo socialista soviético.

La otra editorial más importante del momento, Destino, aunque menos politizada, prestó atención a la joven literatura mayoritariamente realista e incorporó a su catálogo o la distinguió con puestos de ganador o finalista del Premio Nadal. En la segunda mitad de los cincuenta, publicó en su colección de narrativa «Áncora y Delfín» a un considerable número de autores de la generación del medio siglo, no todos en igual medida partidarios de una literatura comprometida pero sí representantes de la corriente realista. En ella aparecieron obras de Rafael Sánchez Ferlosio, López Pacheco, Carmen Martín Gaite, Juan Goytisolo, Lauro Olmo, Ana María Matute, Armando López Salinas o Antonio Ferres. Se produjo, incluso, una cierta competición entre Seix Barral y Destino por dar a conocer la pujante literatura realista, algunos de cuyos nombres relevantes figuraron en ambos sellos, así Ferres o López Salinas. Rafael Vázquez Zamora, hombre de confianza del editor de Destino, José Vergés, miraba con simpatía a los nuevos realistas o neorrealistas y procuraba ganarlos para la causa de su empresa y rescatarlos de la competencia.

El territorio de las publicaciones periódicas estaba abonado al apoyo del binomio, no siempre fácil de deslindar, literatura joven y literatura comprometida. En ello contaban tanto convencidos del utilitarismo artístico como gentes que apreciaban valiosos esfuerzos innovadores en las letras emergentes. Entre aquellos se hallaban un Castellet, un López Pacheco o un José María de Quinto. Entre los segundos, un Rafael Vázquez Zamora, un José Luis Cano o un Dámaso Santos. Un ejemplo bien explícito lo proporcionan los premios «Acento» del SEU, convocados en 1959 por la revista homónima *Acento Cultural* para todas las especialidades literarias (además de otros destinados a pintura, música y cine *amateur*, que aquí nos interesan menos).

Anotemos los jurados. En cuento, lo formaron firmes apoyos de la operación realismo en marcha: los escritores Isaac Montero, José María de Quinto y Ferres y los críticos Vázquez Zamora y Castellet. El que sentenció novela corta estuvo compuesto por los narradores Daniel Sueiro, Luis Goytisolo y López Pacheco y por el crítico Dámaso Santos. En el de poesía intervinieron Carlos Vélez (poeta él mismo y director de la revista), Gabriel Celaya, Victoriano Crémer, Antonio de Leyva y José Luis Cano. El de teatro lo decidieron Antonio Buero Vallejo, Alfonso Sastre, Cayetano Luca de Tena, Gonzalo Torrente Ballester y Víctor Aúz (poeta y fundador de la revista seuista).

Anotemos los ganadores y meritorios. En cuento, quedó finalista Alfonso Grosso. Obtuvieron votos Antonio Bernabéu, Jorge Ferrer Vidal, Nino Quevedo, Miguel Buñuel o Julián Marcos. Ganó Armando López Salinas. En relato breve sobresalió Juan Eduardo Zúñiga. Resultó finalista Pablo Antoñana. Obtuvieron votos Juan García Hortelano y Antonio Bernabéu (que también había descollado como cuentista). En poesía se llevó el galardón Julián Andúgar. Finalista, Carlos Sahagún. Entre los destacados figuraron Juan Emilio Aragonés, Eladio Cabañero, Antonio Fernández Molina, Ángela Figuera, Gloria Fuertes, Antonio Gamoneda, Ramón de Garciasol, Leopoldo de Luis y Enrique Molina Campos. En teatro se llevó el galardón Ricardo Rodríguez Buded. (Ninguno de los dramaturgos que también recibieron votos tuvo la menor significación posterior en los escenarios).

Obsérvese el balance concordante en los tres géneros. El libro premiado de Zúñiga, *El coral y las aguas*, es una «novela comunista», aunque no del realismo social canónico, según la sutil diferenciación de Luis Beltrán. Julián Andúgar, capitán republicano, exiliado a raíz de la guerra y represaliado a su pronto regreso, presentó un poemario de clara denuncia, *A bordo de España*, como lo es toda la obra de esta paradigmática voz de la poesía social. A ambos escritores de la promoción mayor, la de primera posguerra, acompañaron en los otros dos géneros sendos integrantes del realismo mediosecular. El cuento galardonado de Armando López Salinas, «Aquel abril», rememoración autobiográfica de la persecución franquista contra su padre, para mí el texto más logrado de toda su obra, intenso, hondo y conmovedor, fue, con razón desde el punto de vista del censor, masacrado por el lápiz rojo, que no dejó una sola línea indemne cuando el dirigente comunista quiso darlo a conocer en el libro prohibido *Crónica de un viaje*. La pieza teatral de Rodríguez Buded, *La madriguera*, aplaudida en su estreno al año siguiente en una única función del cerrado circuito del Teatro Nacional de Cámara y Ensayo, valía por un reportaje verista de los emigrantes a la gran ciudad obligados a hacinarse en una vivienda realquilada.

El conjunto de estas obras no responde a la intención explícita de presentar un manifiesto de la nueva literatura de denuncia. Pero constituye un termómetro de época y una desiderata de inquietudes y algo así se puede apreciar en ellas. O al menos constatan la existencia de unas letras de pujante voluntad realista y crítica.

La tendencia quedaría bien clara en la prosa narrativa desde mediados de los años cincuenta. Vamos a verlo en una sucinta noticia, que corroboraría también la poesía. Pero no precisaremos los datos relativos a la lírica porque esta no es motivo central de las presentes páginas, si bien en ellas estableceremos frecuentes diálogos entre prosa y verso, ya que los poetas se enzarzaron en arrebatadas discusiones teóricas. Los poetas monopolizaron el debate, crispado, sobre si la poesía era conocimiento o comunicación cuyo fondo afecta a toda clase de literatura y que, en último extremo, se refiere al gran asunto candente del momento, el realismo.

Cuando *Acento Cultural* falla su múltiple concurso literario con los resultados que acabamos de ver, la presencia de lo testimonial y de la denuncia se manifiesta ya con consistente entidad. Más de un lustro hacía que había empezado el soniquete de lo social. Lo avisaba a comienzos de 1953 el subtítulo de un apunte de la sección de chismorreo de la revista *Ateneo*, «Un nuevo fantasma: la poesía social». En todos los sitios se habla de ella, comentaba, en los cafés, en los periódicos, en la radio, en las conferencias, en las aulas. De momento, aclaraba, se trata de una moda, falta de un soporte real. El fantasma que alarmaba a la conservadora publicación del veterano círculo cultural madrileño, en aquella fecha en la órbita del Opus Dei, tomaría cuerpo en breve plazo. Así lo demuestra el rimero de títulos que se encadenaron en el segundo lustro del decenio.

Hasta entonces solo se encontraban algunas obras sueltas que se apartaban del convencionalismo formal, de las rutinas temáticas o de la beligerancia ideológica habituales en la época. Sea por su contenido o por la intencionalidad atribuida, conforman un disperso muestrario de cierta disidencia o de visión crítica que desmentía la eufórica España triunfal del franquismo. Cabe recordar *La familia de Pascual Duarte* (Cela), *Nada* (Carmen Laforet), *El empleado* (Enrique Azcoaga) en la alta posguerra, y, estrenados los cincuenta, *La colmena* (Cela), *La noria* (Luis Romero), *Los hijos de Máximo Judas* (Luis Landínez), *Las últimas horas* (José Suárez Carreño) o *Esta oscura desbandada* (Juan Antonio de Zunzunegui).

Algo muy distinto sucedió en el vértice de los dos lustros, hacia 1955. Primero, las obras que daban un reflejo negativo de la realidad no suponen ya manifestaciones ocasionales y se perciben como piezas de un movimiento amplio. Segundo, su modo no es el realismo convencional, costumbrista o naturalista que marca a casi todas las citadas. Responden a una manera nueva de captar el mundo que, por influjo de la poderosa corriente del cine italiano de posguerra, se apellida neorrealismo, paso previo a un objetivismo antipsicologista riguroso. Tercero, implican la incorporación a la república de las letras de una nueva oleada de escritores, jóvenes, incluso veinteañeros los más precoces, que no tuvieron participación activa en la guerra civil.

La confluencia de estas condiciones se manifiesta en una abundante producción narrativa cuya fecha de arranque podemos situar en la aparición de una obra emblemática de la tendencia, *El Jarama*, aunque su autor, Rafael Sánchez Ferlosio, pronto renegara de ella. En el entorno cronológico de la excursión dominical de unos jóvenes trabajadores al río madrileño, en tal fecha y en los dos años precedentes, se sitúan *El fulgor y la sangre, Espera de tercera clase, Vísperas del silencio* y *Con el viento solano* (Ignacio Aldecoa), *Los bravos* (Jesús Fernández Santos), *Cuentos con algún amor* (Medardo Fraile), *Juegos de manos* y *Duelo en el Paraíso* (Juan Goytisolo), *Cuno* y *Doce cuentos y uno más* (Lauro Olmo), *El balneario* (Carmen Martín Gaite), *Testamento en la montaña* (Manuel Arce) y *Hay una juventud que aguarda* (Francisco Candel).

A estas primeras obras de la joven promoción acompañaron unas cuantas más en algún grado testimoniales o críticas debidas a autores de la primera oleada de posguerra: *Compás de espera, Mañana* y *Funcionario público* (Dolores Medio), *La vida como es* (Zunzunegui), *Los atracadores* (Tomás Salvador) o *Proceso personal* (Suárez Carreño).

A partir de aquí y en los tres años siguientes hasta alcanzar el nuevo decenio de los sesenta, se produce una auténtica acumulación de narrativa neorrealista, realista testimonial o de intención crítica y, con la etiqueta más rigurosa, social realista: *Gran Sol, Parte de una historia, El corazón y otros frutos amargos* (Aldecoa), *Donde la ciudad cambia su nombre, Han matado un hombre, han roto un paisaje, ¡Échate un pulso, Hemingway!* (Candel), *La sal viste luto, Con la lengua fuera, Las uñas del miedo, El niño de la flor en la boca, Manos cruzadas sobre el halda* (Castillo Navarro), *En la hoguera, Cabeza rapada* (Fernández Santos), *La piqueta* (Antonio Ferres), *Caminando por las Hurdes* (Ferres y Armando López Salinas), *A la luz cambian las cosas* (Fraile), *Nuevas amistades* (Juan García Hortelano), *El circo, La resaca, Fiestas, Campos de Níjar, Para vivir aquí, Las afueras* (Luis Goytisolo), *Central eléctrica* (Jesús López Pacheco), *La mina* (López Salinas), *Encerrados con un solo juguete* (Juan Marsé), *Entre visillos, Las ataduras* (Martín Gaite), *La tierra, Los desterrados, La fiebre* (Ramón Nieto), *La peseta del hermano mayor, Ayer, 27 de octubre* (Olmo), *Pensión* (Juan José Poblador) o *Las calles y los hombres* (José María de Quinto).

Las obras de esta nómina ya muy completa de los narradores críticos, testimoniales o sociales, como quiera llamárseles, se acompañaron de algunas otras de autores disidentes o del exilio interior de la promoción anterior: *L'autre face* (primera edición en francés, José Corrales Egea), *Pueblonuevo* (Ildefonso Manuel Gil) y *Los olvidados, Los clarines del miedo, La boda* y *Bochorno* (Lera).

Semejante abundancia empezaba a producir lo que un ingeniero llamaría fatiga de materiales. Se apreciaba monotonía fotográfica, representación insuficiente de la realidad y deterioro verbal. Sin embargo, la tendencia continuaba imparable en los inicios de los sesenta. En los dos primeros años vuelve a producirse una auténtica cosecha de títulos que abundaban en la misma dirección. Los anotaré. *Caballo de pica, Arqueología, Neutral corner* (Aldecoa), *Los enanos* (Concha Alós), *En plazo* (Fernando Ávalos), *Dos días de setiembre* (Caballero Bonald), *Los importantes: pueblo, Los importantes: élite* (Candel), *Caridad la Negra, Los perros mueren en la calle* (Castillo-Navarro), *Caza mayor* (Jorge Ferrer-Vidal), *Tormenta de verano* (García Hortelano), *La isla, La Chanca, Fin de fiesta* (Juan Goytisolo), *Las mismas palabras* (Luis Goytisolo), *La zanja, Un cielo difícilmente azul* (Grosso), *Año tras año* (López Salinas), *Esta cara de la luna* (Juan Marsé), *Tiempo de silencio* (Luis Martín-Santos), *El sol amargo, La patria y el pan* (Nieto), *El curso* (Juan Antonio Payno), *Las noches sin estrellas* (Nino Quevedo) o *La criba* (Sueiro).

Aparecieron en estas fechas obras también de escritores de la promoción anterior con diverso grado de enfoque crítico: edición en castellano de *La otra cara* (Corrales Egea), *Las ratas* (Miguel Delibes), *Noche adelante, La hondonada* (Jesús Izcaray), *Trampa* (De Lera), *Diario de una maestra* (Medio), *El cacique* (Romero) o *El coral y las aguas* (Zúñiga).

A estas alturas, los materiales habían pasado de la fatiga a un grado de deterioro amenazante, según lo percibían los mismos implicados en la operación realismo. Uno de los libros mencionados, *Tiempo de silencio,* había supuesto —estamos en 1962— un clarinazo de alerta. Se imponía buscar nuevos rumbos, en la estela de la propuesta innovadora de Martín-Santos. Se ha atribuido a esta sorprendente ópera prima la liquidación del realismo socialista en narrativa. No sucedió tal cosa y —lo veremos con algún detalle— los relatos de testimonio crítico continuaron en abundancia durante bastante tiempo. Sin embargo, se acentuaron los comentarios respecto de sus aspectos negativos. Y ahí, sí, en esa fecha, en concurso con otros motivos, se inició la revisión y el declive de la narrativa *engagée*.

Había llegado la hora del canto del cisne de una literatura que había campado por sus respetos durante un lustro largo, convertida en una modalidad seguida mayoritariamente por exigencias éticas y políticas o por conveniencia rutinaria. Ya había dicho Gerardo Diego, en 1959, en un poema de *Canciones a Violante*, «Escóndeme el secreto», que

> Está de moda el verso triste,
> el verso rojo, el gris de plomo, el negro.

Y, con descriptible entusiasmo, lo había rematado con un aforismo que medía la temperatura literaria de aquel tiempo:

> ¿Quién que es no es social?

2
Por sus frutos los conoceréis: catálogo abreviado de agravios

El periodo glorioso del realismo testimonial y comprometido, el lustro largo a caballo de los cincuenta y sesenta, sembró y recogió el fruto de unas semillas que entonces parecieron exigencias inexcusables de la noble causa de abatir al franquismo y de renovar la anquilosada literatura promovida por un Régimen autárquico. Fue un tiempo de euforia ilusa alentada por amplios sectores de la cultura europea —franceses e italianos, sobre todo— que difundió y jaleó la obra de una juventud española supuestamente vigorosa e innovadora, la cual se sustentaba en la creencia irreal de que aquellas letras beligerantes contribuirían al desmantelamiento de la dictadura. Apenas hubo autocrítica y reflexión. Rápido, sin embargo, llegó el examen antes ausente y de él se derivó un panorama crítico negativo donde se juntaban, en los casos de mayor comprensión, la necesidad histórica que había motivado aquella corriente hacía poco robusta y el reconocimiento de las onerosas hipotecas pagadas.

Se pasó de la aceptación conformista al análisis de las obras producidas. Se procedió a aplicar la sentencia del evangelista Lucas, «por sus hechos los conoceréis». Miremos los textos y saquemos de ellos las debidas consecuencias, fue la generalizada actitud sobrevenida. ¿Cómo era lo que se veía? Poco satisfactorio, en lo general y en lo particular. En lo general, los recuentos resultaban demoledores desde puntos de vista por completo distantes. El conservador, y bien informado, Federico Carlos Sainz de Robles presentó una crítica global negativa en un balance de *Cien años de literatura española* hasta 1960. En el extremo ideológico opuesto, Juan Goytisolo enumeraba, en 1967, en *El furgón de cola,* los numerosos errores de base del movimiento social. El Fernando Morán ensayista exponía en *Novela y semidesarrollo* el desfase de la ficción española frente a la realidad del país. En cuanto a lo particular, los mil reparos que vamos a ir viendo abundaban en diversos flancos de una literatura acerca de la cual había dejado de ser tabú el reconocimiento de su pobreza.

Junto a críticas por completo hostiles a la estética socialrealista procedentes de los valedores de otras posturas, de modos artísticos contrarios, de base idealista y confesional —llevados por motivaciones tan ideológicas como las que denuncian—, se dieron también enjuiciamientos serenos que recalcan las limitaciones expresivas, formales y temáticas, de las letras comprometidas. El sectarismo progresivo de los años sesenta se acentuó cuando, a mediados del decenio, se extendió, junto con un sano propósito de revisión de modelos superados, una hostilidad al realismo, en convenio con una efervescencia experimental, dirigida a su descrédito y liquidación. Ya señalaba el crítico Leopoldo Azancot todavía vivo Franco, en 1974, en el prólogo a los *Relatos* de José María de Quinto, que los realistas sociales habían sido en fecha reciente «objeto de un ataque general, feroz y despiadado». Tal orientación revisionista la propiciaron en muchos casos incluso quienes —lo mismo creadores que editores, teóricos o críticos— habían sido hasta poco antes ardorosos paladines del movimiento. Añadía Azancot haciendo justicia a los hechos que el ataque estuvo «organizado en gran medida por aquellos mismos que, en el pasado, les habían proporcionado la base económica y conceptual que hiciera factible su existencia como grupo». Si no del todo de repente, sí de forma bastante abrupta, el realismo social se quedó sin patronazgo alguno y desertaron sus cultivadores. Nadie, además, quiso responsabilizarse por el momento de una quiebra casi total. Más tarde la condena alcanzó la hiperbólica rotundidad descalificatoria con que lo despacha su antaño fervoroso adalid Juan Goytisolo en *En los reinos de Taifa*:

> Entre todas las doctrinas literarias y artísticas formuladas en los dos últimos siglos, la del realismo socialista se distingue en verdad por un rasgo verdaderamente excepcional: no haber producido una sola obra de valor en el terreno de la novela, poesía, música ni pintura.

Entre los diversos tipos de inculpaciones vertidas, no sin fundamento, a la escuela sociocrítica, unas apuntan por lo alto y sostienen su desfase respecto a la más significativa literatura occidental. En este sentido señalaba el narrador Antonio Martínez-Menchén, a pesar de comulgar con el compromiso literario y de su proximidad a la izquierda, en un ensayo de sintomático título, *Del desengaño literario*. Otras se quedan en lo más inmediato y la tachan de no realizar un retrato fiel y suficiente de la realidad. La falta de destreza y el desacierto para describirla de modo objetivo —nada menos que el punto medular de la estética social— fueron reparos aducidos desde diversos ángulos. Aunque con cierta extremosidad, no le falta su parte de razón a Juan Benet al comentarle a Eduardo G. Rico en un cuaderno que sustentó el ajuste de cuentas, *Literatura y política*, que

> La desgracia de esa literatura fiscal es que ni siquiera podía hablar de la desgracia en toda su extensión; estaba casi amordazada, y lo que se leía en las novelas de la acusación era un pálido remedo de lo que pasaba en el país. En cuanto a información, suministraba mucha menos que lo que el hombre despierto podía recoger en la calle, y en cuanto a estilo, había hecho renuncia voluntaria a toda dificultad en gracia de la severidad y sequedad de las sentencias.

Lo mismo advertirá Ana María Moix en sus declaraciones al periodista mexicano Federico Campbell en el exitoso libro de entrevistas *Infame Turba*: «Esa novela no fue en general mala por ser social, sino porque la mayor parte no lograron ofrecer un retrato fiel de la realidad, para lo cual se requiere mucha imaginación», si bien la escritora «novísima» atemperaba su dictamen reconociendo que para juzgarla «hay que tener en cuenta las circunstancias». No se trataba de acusaciones gratuitas porque el reflejo de la realidad careció, en muchos casos, de rigor y de imaginación y resultó demasiado epidérmico.

Otra de las denuncias más veraces contra el realismo social apunta con el dedo a la falta de experiencia literaria de sus autores, lo cual conduce a una expresión en forma de tópico que determina considerable distancia entre la teoría y la práctica. Así lo apreciaban observadores con puntos de vista distintos: desde la reflexión del narrador, Juan Goytisolo en el iconoclasta *El furgón de cola* e Isaac Montero al hacer balance de la cultura española en el siglo XX; desde el comentario de inmediatez, Félix Grande en unas fichas sobre la narrativa española del momento; desde la crítica, Dámaso Santos al confrontar la obra de las generaciones juntas de posguerra; desde el análisis profesoral, Ricardo Gullón en un vistazo a la novela del momento. Si a la experiencia insuficiente añadimos la pobreza del instrumental literario, delatada por ese mismo enfurruñado Goytisolo, no extrañan algunos de los términos descalificadores empleados: de descuido hablaba el poeta y editor Enrique Badosa al desmontar el «mito» de la poesía social y de improvisación Isaac Montero en el antedicho balance.

Otra causa del fracaso del realismo social se atribuyó a su afán didáctico. Caballero Bonald en las confesiones a Campbell e Isaac Montero en el lugar mencionado señalaron los peligros del didactismo. También Ferlosio le dedicó amplia consideración en una de las divagaciones de *Las semanas del jardín* a propósito de lo que llama, con conjetura muy suya, «la proyección ordálica del contenido». Analiza ahí Ferlosio qué sucede en el realismo socialista (a su despectivo entender el «politizado sucesor del *naturalismo socio-estadístico*»), en el cual «el más intenso y extenso cultivo de las novelas de representantes es orientado a fines pedagógicos». Se pregunta qué ocurre en una supuesta novela con una trama de luchas laborales o políticas entre obreros y patronos. Le parece que la derrota de uno u otro no se recibe en su literalidad, o sea, como una incidencia particular, sino como un veredicto sobre las categorías, «esto es, sobre el obrero y el patrono». Por ello, «dar al obrero la victoria significa inmediatamente, al menos en principio, dar la razón al socialismo». Como consecuencia de que el realismo socialista añadiera designios pedagógicos muy positivos y concretos —agrega—, se condicionó la espinosa cuestión de la derrota y por ello se prohibió conceder la victoria a quien representaba la opción opuesta. En suma, achaca a la intención educativa del realismo socialista un falseamiento de las situaciones novelescas concretas. Y, en efecto, debido a un afán didáctico, en las novelas sociales no se daban tanto conflictos reales como tramas emblemáticas. Fue frecuente que en lugar de reproducir la realidad lanzaran un mensaje abstracto.

Como corolario de las apreciaciones negativas señaladas, las novelas del realismo social adolecieron, en general, de escasa ambición artística que desembocó en una literatura pobre. A tal rosario de deficiencias puede añadirse un efecto negativo de aquella narrativa bastante monótona aducido desde la perspectiva distanciada de un crítico muy posterior, Adrián Curiel: «el aburrimiento infligido al lector». El argumento del ensayista mexicano peca de craso subjetivismo, y habría que saber qué entiende por aburrimiento, pero no desbarra en absoluto. Tal perjudicial resultado admitirían José Ángel Valente, Carlos Barral o Juan Marsé.

A medida que avanzaban los años sesenta, el realismo social fue recibiendo sentencias condenatorias de quienes más lo habían propugnado, con el alborozo de los enemigos confesos de siempre, y tuvo como resultado un demoledor memorial de agravios. Entre los antaño valedores, unos comenzaron a disculparse y otros a negar con descaro cualquier complicidad. Para casi todos empezó a ser una especie de mancha en un pasado que preferían dejar en penumbra. Con flaca memoria olvidaban el auge durante más de un decenio, la esperanzada acogida en otros países que defendieron y difundieron con generosidad aquella joven y contestataria literatura. Después de haber conquistado premios, crítica, mercados y lectores cómplices, pocos conservaron a partir de aquellas fechas un recuerdo positivo, y prevaleció el dictamen negativo, aunque en buena medida cierto, según el cual su historia tuvo un saldo poco brillante. Así lo dice el repaso, como en un largometraje, del proceso de reticencias, desafecciones y final desintegración del realismo social.

3
Tempranas cautelas

La confección de este auténtico memorial de agravios no fue cosa de un día. Tuvo un dilatado desarrollo que se remonta a las fuentes mismas de la incipiente sensibilidad por lo social. Y es esto, el nacimiento de algo nuevo y diferenciador, lo primero que ha de llamar nuestra atención. Detrás irán las reacciones que suscitó en el periodo bautismal. El socialrealismo, o cualquiera de las variantes que queramos utilizar en su denominación, se percibió pronto como algo distinto y específico, como un fenómeno diferenciable de los hábitos comunes en nuestras letras. Ello obligaba a un ejercicio preliminar de definición o descripción, propósito que asumió, con este concreto objetivo, en primer lugar, que yo conozca, el inquietísimo Alfonso Sastre en forma interrogativa. «¿Qué es el social-realismo?», se pregunta en un artículo madrugador de *Índice* en 1952. El joven dramaturgo recogía el guante que, con olfato de la actualidad y buscando la polémica, le había lanzado el director de la revista, Juan Fernández Figueroa, de esclarecer los signos diferenciadores de la nueva corriente. Sastre se atrevió a «poner nombre» y aclarar lo que «estaba pasando». El fenómeno no lo nombró con el marbete canónico, realismo socialista, que quedaba reducido a una modalidad «del principal signo literario de nuestro tiempo». Lo bautizó como socialrealismo.

La amplitud y perspicacia pionera con que Sastre describió esa novedad y planteó los dilemas que suscitaba invitan a citar o parafrasear el artículo, que algo tiene también, de soslayo, de manifiesto, género al que siempre fue muy aficionado. Veamos los puntos en que el batallador y militante Sastre organiza sus explicaciones, aunque paguemos el precio de ocupar un buen espacio.

> 1. El «social-realismo» no es una fórmula para el arte y la literatura de nuestro tiempo, ni un imperativo que solicite de los escritores y artistas un determinado estilo o línea directriz. [...] «Social-realismo» es el diagnóstico del más

importante material literario y artístico con que cuenta nuestra época.

2. La historia del arte y la literatura contemporáneos estudiará bajo el epígrafe «social-realismo» un abundante material novelístico, dramático, poético, plástico y cinematográfico.

3. El «social-realismo» agrupa fenómenos como el «realismo social» de la pintura y el cine mexicanos, el «realismo-socialista» que impera en el arte y la literatura de la URSS, las tendencias «sociales» del arte y la literatura cristianos de la Europa occidental, el «neorrealismo» y tendencias afines, y, en fin, la literatura «existencialista». La formulación «social-realismo» significa una toma de conciencia del principal signo literario de nuestro tiempo.

4. El «social-realismo», en sus formas más fecundas, funciona sobre el supuesto de la independencia —o libertad— del escritor y el artista, capaces de elegir, en último caso, su enrolamiento en determinada forma ideológica o religiosa. El pecado original del «realismo socialista soviético» está en la forzosidad [*sic*] de sus líneas, impuestas por un estado que ahoga, de este modo, toda elección, estrangulando la personalidad y el talento de los escritores, hombres de cine, pintores, músicos...

5. Otro supuesto del «social-realismo» es la superación de la concepción liberal del arte, según la cual el arte es una categoría suprema. El artista considera, en esta concepción, como primeros y últimos problemas, los que plantea el arte en cuanto tal, es decir, los problemas formales del arte. El artista, en esa concepción, es libre e irresponsable. Se considera que, en cierto modo, segregado del cuerpo social y habitante de un plano espiritual superior, en el que queda instalado por el cultivo de unos valores que considera intemporales: valores literarios, poéticos, dramáticos, plásticos y musicales. Esta concepción llevó a la poesía pura, al teatro del arte, a la pintura abstracta y a la música de Strawinsky. El liberalismo artístico ha desembocado en el anarquismo que hay en la raíz de todos los «ismos» modernos. El arte de ha convertido en asocial, desintegrador, impopular. Frente al arte de los «ismos» se alza la bandera de un arte social: integrador.

Los puntos siguientes explayan los tres caracteres que quedan enunciados en la fórmula «socialrealismo». Primero, la categoría del tema, que son los grandes asuntos de un tiempo en que lo social se ha erigido en el nivel supremo de la preocupación humana. Descarta entre ellos el «caso clínico» —así denomina a los conflictos individuales— y señala como fundamentales, pero replanteados, la libertad, la responsabilidad, la culpabilidad y el arrepentimiento, motivos que, por otra parte, nuclean su primer teatro. Todos ellos, según se observa, de clara impronta existencialista. Y es que estamos, no se olvide, en 1952. Segundo, la índole de la intención. Con ello señala a la repercusión de la obra en el cuerpo social, a la purificación de este, de modo que, sin enrolarse el autor en formas políticas o religiosas determinadas, intenta provocar estados de ánimo o de conciencia «prepolíticos». Tercero, el modo de tratamiento artístico, el cual está marcado por el «realismo» (nótese: entrecomillado de Sastre). El escritor, aclara, es testigo de la realidad, la selecciona, profundiza y elabora, pero el «realismo» tiene sus «exigencias y excluye las formas de «evasión» y la literatura de realidades «poéticas» y «transfiguradas». Cierra la descripción una nota en la que la «emoción estética» que provoca la creación «socialrealista» posee un tremendo núcleo ético, el cual se proyecta, «purificador, socialmente».

La etiqueta socialrealismo establecida por Alfonso Sastre para designar el nuevo fenómeno naciente resulta chocante por sus diferencias con otras habituales de enunciado parecido, realismo social —la más común entre nosotros—, el dicho realismo socialista, realismo histórico —la utilizada con todo cálculo por José María Castellet— o el irónico real-socialismo. Su etiqueta introduce un elemento de confusión que apunta a matizaciones o disidencias muy personales en las que reincidiría con frecuencia en el futuro. En cualquier caso, todo el artículo se vertebra a partir de la constatación de un espíritu artístico nuevo, el de lo social, y constituye una clara avanzadilla del sentencioso «quién que es no es social», recordado páginas atrás, que años más tarde Gerardo Diego señalaba como gran marca de época. Recalca Sastre dicho impulso literario hacia lo social, pero no lo supedita a una doctrina o escuela. Adopta un planteamiento muy particular, y, en verdad, original: lo distancia del realismo socialista soviético, lo concibe dentro de una idea muy flexible de realismo y lo hace compatible con la libertad del artista. Ese fuerte aire de época sí supone, sin embargo, rasgos innovadores. Estos son que el escritor busca una mejora social, está poseído por una conciencia ética y tiene algo así como el discernimiento de cierto valor utilitario de su trabajo.

Poco tiempo después, al año siguiente, Sastre tendría ocasión de chequear empíricamente la validez de sus percepciones acerca de la aparición en la poesía de una «forma especialmente configurada y a la que se ha dado el nombre de "poesía social"», según explica ahora. ¿Qué ha ocurrido? Pues que se ha producido un amplio movimiento de preocupación por la suerte y el destino del prójimo y que el lírico parece que abandona los cuarteles de su intimidad «para dar voces de alarma y gritos de desesperada denuncia». Lo cual sintetiza con una dudosa comparación: «El dulce y pastoril lamentar de la lírica se ha transformado en fuerte voz apocalíptica». Así justificaba el encargo de realizar una encuesta sobre «Poesía social» que le hizo *Correo Literario*, revista, por cierto, de obediencia oficial.

Sastre interrogó a quince poetas. Sus respuestas caben en los previsibles dos grandes grupos: partidarios y detractores. Entre aquellos destaca la opinión del inevitable Gabriel Celaya que años más tarde recogió en *Poesía y verdad* concediéndole mucha mayor importancia que la de una improvisada y volandera contestación a un cuestionario. Si se habla tanto de lo «social», dice, se debe a que la llamada cuestión social nos «preocupa, remuerde y apremia» en todos los órdenes de la vida. Lo «social» en poesía solo es, añade, un eufemismo para designar la «mezcla de indignación, asco y vergüenza que uno experimenta ante la realidad en la que vive». Por eso ha entrado con natural necesidad, casi sin querer y no por obediencia a un programa. Lo importante es que los poetas, hombres «archiconscientes» que son, lo han hecho no para hablar del pueblo —el tema siempre es algo adjetivo—, «sino con el pueblo, en el pueblo y desde el pueblo». La literatura tiene como función «crear conciencia». Muy significativo le parece, para terminar, «el repeluzno —no creo exagerar— que los poetas españoles de hoy experimentan ante cualquier evocación a la inmensa minoría».

Sin semejante rotundidad otros entrevistados se manifiestan también partidarios. Ramón de Garciasol: hoy el mundo no está para evasivas y la poesía que no sea social es inhumana. Victoriano Crémer: parece que vuelven a tener validez los olvidados argumentos de Plejanov en *El arte y la vida social*; para que un poeta haga poesía social tiene que fluir el «entresudor» humano por los poros de los versos. Leopoldo de Luis: el poeta no lo es en soledad, sino junto con todos los demás hombres.

Los detractores se muestran poco condescendientes. Razonamiento suyo recurrente: la poesía es una e indivisible; tiene que ser ante todo lírica; hay una poesía buena y otra mala, al margen de su tema. Más o menos en estos términos se expresa una mayoría de encuestados, algunos con calificativos gruesos. Alfonso Moreno: sobrados buenos poetas —a la pluma le viene Neruda— han incurrido en «las más grotescas creaciones» al ponerse al servicio de la «propaganda social». Rafael Morales: los poetas sociales, cuando se alejan de la poesía auténtica «ni son poetas líricos, ni épicos, ni... poetas» (admite generosamente, sin embargo, «cierta poesía social muy tendenciosa, siempre que toque en la llaga poética»). Luis López Anglada: la poesía social será poesía por lo que tenga de poética, no por lo que tenga de social. Jesús Juan Garcés, despectivo: la social es una forma impurísima de la lírica, hay una «poesía socialera de *baja estofa*». Marcelo Arroita-Jáuregui: existe una poesía lírica y otra más impura que abarca poesía política, sociológica, descriptiva, obrerista, suburbana y católica, todas las cuales pueden llamarse social y, en cualquier caso, lo fundamental es que sea poesía, «cosa que aún no ha alcanzado a muchos». José Luis Cano: en la creciente inclinación de los jóvenes a lo social, no se han conseguido hasta ahora resultados satisfactorios y «la mayor parte» de esa poesía «es mala porque no es poesía».

Unas pocas observaciones más merece la encuesta. Aparece la actitud evasiva que constituye un argumento repetidísimo en el futuro y supone una forma de tirar balones fuera bajo la cual se enmascara el rechazo: el poeta siempre refleja, irreparablemente, el tiempo suyo, en el que vive y muere, por lo que toda la poesía es social. De este modo discurre Rafael Montesinos. Javier de Bengoechea acuña una etiqueta que acierta a formular una percepción frecuente en adelante respecto de la literatura comprometida: la poesía social es una «poesía de queja». Anotación aparte se gana por derecho propio la argumentación del «indignado» Jesús Juan Garcés. Es corriente en muchos poetas, expone el garcilasista Garcés, derivar lo que llaman «su angustia» hacia el aspecto social de la vida y hacer largas parrafadas inaguantables de poesía hablando a los obreros y a los campesinos de lo que hay que hacer o de lo que va a venir. Y apostilla: «Se da el caso muchas veces de que estos cínicos suelen ser millonarios, viven con lujo y hacen esa poesía al lado de un radiador, fumando magníficos habanos y bebiendo los mejores vinos con sus amigas llenas de joyas». La necesidad de desenmascarar a estos «falsos poetas agitadores de masas» tiene el dudoso mérito de adelantarse a la denuncia del señoritismo y falsedad de los escritores sociales repetido más adelante con frecuencia.

El amplio movimiento solidario del escritor y la salida de su intimidad para volcarse en lo externo percibida por Sastre constituyó una realidad constatable desde comienzos de los cincuenta. Lo verificamos en un buen termómetro de época, la *Antología consultada de la joven poesía española* confeccionada en 1952 por un fino aficionado a la lírica, Francisco Ribes, con el propósito de orientar a un ciudadano curioso en la desbordante actividad poética. Se refleja en las respectivas poéticas que acompañan a los versos de los nueve seleccionados tras recabar la opinión de medio centenar largo de poetas y críticos.

Eugenio de Nora deja constancia de la amplitud con que se produce dicho movimiento: «Se discute mucho ahora sobre la «poesía social». Este concepto apenas aparece enunciado así, sin embargo, en las reflexiones de los antologados. Más que ese principio en sentido estricto hallamos una actitud favorable a la solidaridad, incluso un tanto en abstracto, o con un alcance genérico, más allá de una específica situación histórica o política. Bousoño divaga acerca de qué se quiere decir con la locución «poesía realista». Toda verdadera poesía lo ha sido siempre porque trasmite un contenido *real* del alma. Si con ella se quiere significar escrita en lenguaje consuetudinario, no está conforme. Y si se desea decir que refleje las cosas tal como son, no entiende qué se pretende significar. Por tanto, Bousoño se limita, en sintonía filial con su amigo Aleixandre, a sostener que el realismo es una forma de comunicación de contenidos psíquicos. Cerca anda José María Valverde, pues para él la poesía debe echar luz por encima de las cosas, o sea adoptar una perspectiva realista, pero para dar voz «a los anhelos perennes del corazón humano», lo cual supone minusvalorar lo material concreto (algo consecuente con la innecesaria pero no gratuita confesión: hago «constar que soy católico, puesto a hacer autobiografía»). Hacia ello apunta, en cambio, Victoriano Crémer apoyándose en la formulación aleixandrina «Poesía es comunicación». Pero, incomprensiblemente, lo calla y solo lo sugiere: «No resta, pues, sino descubrir el ser al que dirigir nuestro mensaje...».

Un paso adelante, aunque con un decir todavía elíptico, da José Hierro. Así se lee en varios de sus postulados. En uno dice: «El hombre que hay en el poeta, cantará lo que tiene de común con los demás hombres». En otro explica, a contrapelo de su devoción juanramoniana: «confieso que detesto la torre de marfil. El poeta es obra y artífice de su tiempo. El signo del nuestro es colectivo, social. Nunca como hoy necesitó el poeta ser tan narrativo; porque los males que nos acechan, los que nos modelan, proceden de hechos». Y en uno tercero precisa que «la poesía registra la huella que en el corazón del poeta dejan unos hechos, los que concretan su tiempo». No ha de perderse de vista la insistencia de Hierro en los hechos, no en los sentimientos.

Otro paso, más decidido, en semejante dirección lo da Eugenio de Nora. Su poesía está pensada —confiesa— para hablar de él, de su vida, de lo que ha visto, de valles y montes, arroyos y prados, de su pequeña aldea nativa, de la ciudad, de la guerra, «metida por los ojos como a puñetazos, y toda la crudeza y miseria y grandeza de la realidad». «*Toda poesía* es social», añade, pero porque el poeta se apoya y alimenta del pueblo y va destinada a todo su pueblo. Ocurre que, cuanto más se preocupa un poeta por la belleza, la forma o la poesía en sí, más suele apartarse de lo esencial humano, «de la vida, individual y social». Además, y aquí ya enlaza con el realismo social, la actividad poética es un trabajo como cualquier otro. «Insisto: no veo la poesía como un lujo, sino como un trabajo, como una obra necesaria». Los poetas han de salir de los cuartos cerrados, del aire malsano y mezquino de «la gente de letras»; han de estar donde haya vida, creación y lucha. Y reafirma el utilitarismo de la poesía: «Creo en el poder de la poesía, en su actualidad, en su oportunidad constante, porque creo que *escribir* es *obrar*».

Serán los dos poetas emblemáticos del realismo social, Blas de Otero y Gabriel Celaya, quienes expresen en el repertorio de Ribes un nítido sentido comprometido de la literatura. Otero, aunque reconoce la dificultad de hacerse oír de la mayoría, insta a comenzar a llamar a los escogidos. Para él, a quien no le interesa en absoluto la poesía como sucedáneo de la vida, tal vez nunca como hoy sea necesaria una poesía «de acuerdo con el mundo» con una «tarea» inmediata, «demostrar hermandad con la tragedia viva, y luego, lo antes posible, intentar superarla». Hace una declaración inequívoca, «creo en la poesía social», con una única restricción, adelanto de un generalizado reparo frecuente posterior, que el poeta sienta el tema social con sinceridad y fuerza. En cuanto al procedimiento, Otero acuña una expresión que aleja el realismo de la simple copia: el hombre hará arte «*real-izándolo*». Celaya asegura, con ninguna cautela, que «La Poesía no es un fin en sí», y sin circunloquios dictamina: «La Poesía es un instrumento, entre nosotros, para transformar el mundo». Nada humano debe quedar fuera, sostiene, y en ella ha de haber retórica, descripciones, argumento «y hasta política». Porque la poesía «no es neutral», ya que estamos «obligados a los otros». Proclama, en fin, su voluntad mayoritaria y su carácter utilitario en términos sociológicos:

> Nada me parece tan importante en la lírica reciente como ese desentenderse de las minorías y, siempre de espaldas a la pequeña burguesía semiculta, ese buscar contacto con unas desatendidas capas sociales que golpean urgentemente nuestra conciencia llamando a vida. Los poetas deben prestar voz a esa sorda demanda.

Con la graduación que se quiera —y sin olvidar que algunos antologados se muestran indiferentes a nuestra problemática—, desde una imprecisa conciencia de solidaridad hasta un compromiso explícito, la «consultada» revela que lo social aletea en la mayoría de los poetas jóvenes al empezar los años cincuenta.

Aunque la criatura, el neonato realismo social, contaba escasa vida, empezó ya entonces a concitar despechos y acusaciones. El auge cierto del realismo no mereció parabienes generalizados ni como fenómeno genérico ni, menos aún, como fórmula estética específica. Para algunos suponía una degradación o un abuso de una constante de nuestras letras, la tendencia a reproducir la realidad frente a otras literaturas nacionales en las que la imaginación desempeña un buen papel. Más o menos en esta postura se inscribía el respetado teórico e historiador Guillermo de Torre y capitaneaba una rebelión. En un artículo también madrugador, «Los puntos sobre algunas "íes" novelísticas», se quejaba en 1953 de «la densa vaharada de asfixiante realismo que nos envuelve» (la cual, aclaremos, nada más era en aquel tiempo el tremendismo, pues no se había llegado más lejos en el reflejo de la realidad). El inventario crudo de la vida y el gusto por el miserabilismo despertaron temprano el esperable rechazo de un vehemente vanguardista, quien, en calidad de profeta de un futuro cercano, atisbaba el riesgo global que luego se le reprocharía al realismo social: desfigurar y falsear la realidad; es decir, ofrecer una insuficiencia de testimonio veraz.

Nada extraña la postura del incansable promotor de la modernidad, cuyo horizonte estético se hallaba a mil leguas del realismo descarnado. Sí sorprende, y mucho, hasta producir asombro, en cambio, la del máximo impulsor del nuevo realismo en similares calendas, José María Castellet. Muy pronto era para manifestarle a Lorenzo Gomis en 1954 límites al compromiso. El concepto de literatura *engagée*, que «juega todavía fuertemente en el mundo», le aclara, «nada tiene que ver con el de literatura de partido o propaganda». El compromiso exigible al escritor se circunscribe «a la realidad actual —la de su hora y lugar—, con el hombre de su tiempo». Por ello, entiende, «a lo que se compromete el escritor es a *revelar* la vida de su época y a *proponérsela* al lector como propio quehacer».

Casi estupor causa que, en esa hora en que todavía estaba verde la formulación generacional de un realismo documental, Castellet se sume a las posturas más laxas acerca del compromiso y reclame para la invención el espacio que exigían los adversarios artísticos del realismo, en las antípodas ideológicas del joven crítico de simpatías marxistas. Quizás tenga una explicación en un alejamiento del concepto sartreano del compromiso vinculado a un existencialismo superado, según una interesante hipótesis general de Juan José Lanz. En todo caso, así lo dice, por mucho que resulte extraño: «Yo apuesto —dentro de la literatura *comprometida*, que es lo que ha sido la buena literatura de todos los tiempos— por una suavización del realismo crítico, del naturalismo, en favor de un incremento de la imaginación». La consecuencia sería, añade al interesarse Gomis por su opinión sobre el porvenir de la literatura, «un crecimiento de los elementos poéticos, que externamente harán menos agria la realidad». Ve Castellet síntomas extranjeros en esa buena dirección —MacCullers, Capote, Adanov, Ionesco, Beckett— que, desde luego, no eran los referentes del dirigismo literario que a corto plazo él mismo iba a asumir.

La insólita demanda de imaginación y elementos poéticos parece un anuncio de la infidelidad a sus ideas de la que le acusarían en tiempos venideros sus detractores. Además, reclamar imaginación y elementos poéticos le pone en la mismísima honda de las teorías más conservadoras, casi reaccionarias, que veremos, de los recalcitrantes detractores del realismo. Las opiniones recogidas por Gomis las decía ni siquiera un año antes de que aplaudiera en su sección de la barcelonesa *Revista*, «El libro de la semana», novelas españolas y extranjeras inclinadas al realismo crítico y de que escribiera allí, a propósito de la traducción en la editorial Noguer de *Minas de San Francisco* del portugués Fernando Namora, que «una novela debe de ser ante todo testimonio de una época, es decir, testimonio de los hombres que la han vivido y sufrido»; y de que, corto de memoria y sin acordarse ni de la imaginación ni de los elementos poéticos, manifestara en plural mayestático, a cuento de los relatos de Ignacio Aldecoa *Espera de tercera clase*, que «si algo hemos venido atacando en los últimos años es, precisamente, la evasión de los escritores españoles por los caminos de un esteticismo que la novela y la narración de nuestros días tenían la obligación de haber abandonado». Curiosidades que depara la hemeroteca. Y no estaba solo en semejantes contradicciones. El José Luis Cano que sentenciaba que la poesía social era mala por no ser poesía convirtió *Ínsula* en uno de los mayores escaparates de la literatura comprometida.

Tampoco hubo ceguera incondicional con la dominante estética real socialista entre sus partidarios en los mismos años de su formulación y asentamiento, los cincuenta de la pasada centuria. José María de Quinto, uno de sus más firmes valedores, quien se consideraba a sí mismo con razón un adelantado del movimiento, señalaba importantes riesgos: «veo en el cultivo de lo social en la literatura dos serios peligros», advertía en una entrevista en *Destino* de 1957. El primero consistía en que, «a pesar de toda la buena voluntad del escritor, puede caer en lo tendencioso y no alcanzar una objetividad o caer dentro de una facción, con lo cual se invalida cuanto puede haber de noble y puro en su aportación». El segundo peligro avisaba acerca de «caer en el error de presentar toda esta zona sórdida de la humanidad de un modo un tanto ideal. Es el peligro del humanitarismo y de perdonarles todo a los personajes por el simple hecho de que pertenezcan a la escoria de la sociedad». Avanzaba, sin declararlo con suficiente claridad, una insuficiencia literaria del realismo mediosecular: que un proletario fuera bueno por ser proletario. En la misma fecha otro escritor de la misma oleada generacional, si bien más proclive a la creatividad que al reflejo, Fernando Quiñones, daba una voz de alerta bien madrugadora con su advertencia «El onceno, no confundir». El polifacético escritor gaditano protesta porque se abusa de la etiqueta «social» de forma «roma y pobre». Su argumento coincide con los detractores del realismo. Para Quiñones, el arte fue siempre un hecho social «en cuanto que nace de gente y a la gente se dirige» y respecto de la literatura «es buena o mala», y el calificativo social con frecuencia pretende reteñir la obra de arte con «un matiz filopolítico» que, encima, no lo pretendió el escritor. El divagatorio comentario interesa por señalar algo que marca las letras de la época, lo social como muletilla imprecisa de actualidad.

La generalizada apreciación positiva del realismo social conoció por entonces actitudes variadas que contrastaban con el sentir mayoritario. Por una parte, hubo posturas distantes, incluso en personas en quienes no existían motivos para una oposición frontal al realismo comprometido, pero que anteponían requisitos de exigencia artística. Es el caso de Julio Manuel de la Rosa, no ajeno al movimiento crítico ni por ideología (antifranquista e hijo de un represaliado por la dictadura) ni por su propia escritura («La portera», galardonado en el gran concurso de cuentos de la revista *Triunfo*, abunda en rasgos documentales de la menesterosidad laboral). Cuenta el narrador sevillano una ilustrativa anécdota ocurrida en una fecha en la que el realismo directo se mostraba ya bastante consistente. En el invierno de 1957 se estrenó como conferenciante en el Ateneo de su ciudad natal. Asistió otro escritor joven, Alfonso Grosso, quien, en protesta por lo que estaba escuchando, y presagiando la tendencia a las salidas de tono que prodigaría años después, exclamó «Esto es increíble y reaccionario» y se marchó. Julio M. de la Rosa lo recuerda así en una tardía semblanza del colega: «Cuando dije —más o menos— que el compromiso político del escritor podría ser en ocasiones un lastre para la escritura y cuando afirmé [...] que el verdadero compromiso del escritor era la calidad y la independencia de la escritura misma, Grosso se levantó indignado, añadiendo una nueva descalificación: "Este es del Opus"». Algo más es posible que dijera De la Rosa y excitara al iracundo Grosso porque seguramente ya figuraba en sus creencias, y quizás lo manifestó, el valor de la fantasía frente al realismo, algo que predicó un lustro después.

También tuvieron su espacio, por otra parte, las posturas que negaban la mayor, o sea, rechazaban la vinculación entre arte y política. Así lo precisa en sus *Cabos sueltos* Enrique Tierno Galván al recordar sus planteamientos hacia 1956: «He de reconocer que yo, por entonces y aun después, sostuve en mis escritos, ensayos cortos y artículos, una actitud hostil a la estética como base de una concepción del mundo y me mantenía firmísimo en la idea de que había que separar estética y política». El «viejo profesor» tenía el convencimiento de que esa concepción era «un gravísimo peligro» para avanzar «hacia la libertad con actitudes revolucionarias». Entendía entonces que la «subversión literaria» era mucho menos fecunda que el activismo político. El planteamiento de Tierno responde a un punto de vista de eficacia práctica —en consonancia con la prioridad absoluta de la utilidad decretada por el realismo soviético—, pues está pensando en la organización de movimientos y partidos políticos contrarios al régimen y no en cuestiones estéticas intrínsecas. Menos cuentos y más agitación sería un irrespetuoso resumen de la postura de Tierno, y, como se ve, poco le importaba la literatura. También desde esta última perspectiva hubo distanciamientos de la poética social. De hecho, la polémica estética medular de aquellos años, la confrontación sobre si la poesía es conocimiento o comunicación, supone tomas de partido en contra y a favor del utilitarismo social y político de la literatura.

El enconado debate tuvo larga trayectoria, una especie de serpiente que fue dejándose la piel en sucesivas incursiones. Arrancó temprano en las letras de posguerra, al iniciarse el medio siglo, y aún se le podrían encontrar, sin carácter tal de formulación teórica, antecedentes en los años cuarenta. A la vanguardia de la defensa de la comunicación se situó, ya en 1950, Vicente Aleixandre con un par de artículos aforísticos y de enunciado neutro, acorde con su talante: «Poesía, moral, público» y «Poesía: comunicación» («Aquella tontería suprema» de «un poeta grande que, afortunadamente, no sabía lo que decía», se burla Antonio Gamoneda en *La pobreza*). En ellos desgrana una serie de pensamientos que avalan su postura. Dice en uno: «Y en este poder de comunicación está el secreto de la poesía», el cual «no consiste tanto en ofrecer belleza cuanto en alcanzar propagación, comunicación profunda del alma de los hombres». Y en otro advierte: «El poeta que al fin se decide a escribir para sí mismo, lo que hace es suicidarse por falta de destino». Pero hay algo más. Apunta Aleixandre al rechazo de la poesía torremarfileña y se adhiere a la búsqueda de la inmensa mayoría postulada por la lírica comprometida: «Toda poesía es multitudinaria en potencia, o no es». A su manera, le atribuye un sentido utilitario: «Servir: la única libertad de la poesía». Plantea un nivel de exigencia artística para el arte comunicativo, asunto que será piedra de toque en el desarrollo del realismo socialista: «La poesía limita al norte con la «exquisitez» y al sur con el prosaísmo. La cuestión está en lograr conciencia de en dónde se hallan situadas las fronteras». En fin, se aleja de las grandes palabras que aureolan a la lírica y asegura que «La Poesía no es cuestión de *fealdad* o *hermosura*, sino de *mudez* o *comunicación*».

La postura coincidente de Celaya tampoco la expresa con claridad el título de su conferencia de 1951 «El arte como lenguaje». Pero en ella sí deja patente cómo entiende el sentido del arte. ¿Qué hacen un pintor o un poeta?, se pregunta. La respuesta: «Indudablemente están tratando de expresar algo; es decir, están tratando de poner fuera algo que llevan dentro. Están procurando establecer contacto con otros hombres». ¿Y qué supone ese vago término, *expresar*? Es «dirigirse a otro, apelar a otro hombre a través de la cosa-cuadro, la cosa-libro, la cosa-sinfonía». «Expresar es contar con otro», resume. De ahí su postulado cercano a una comunión de la que se deriva un alcance colectivo, si bien en este momento no lo formule así: «El Arte es comunicación. No hay Arte sin dos hombres concretos y precisamente distintos: el autor y el espectador. La presencia de ambos es igualmente indispensable».

La amplia reflexión estético teórica de Carlos Bousoño se condensa, en 1952, en el arranque mismo de *Teoría de la expresión poética*, libro más que notable en el ámbito de las publicaciones académicas por las discusiones, públicas y privadas, que suscitó. Carlos Barral reconoce que toma en préstamo de Bousoño el concepto «comunicación» y Gil de Biedma, aunque le ponía fuertes reparos al libro, sobre todo por sus limitados horizontes, ceñidos a lo hispánico, reconocía su interés especulativo. Con toda nitidez expresa Bousoño su planteamiento: «Nuestra inicial afirmación es esta: poesía es, ante todo, *comunicación*, establecida con meras palabras, *de un contenido psíquico*, sensóreo-afectivo-conceptual». En la hipótesis se ventilaba, en el fondo, el sentido mismo de la literatura, pensada para hacer copartícipe al destinatario de unos contenidos que en su pensamiento no eran sociales, pero que ahí terminaron por parar.

Estos buenos y prudentes modales se encontraron al poco, en 1953, con el Carlos Barral retador de «Poesía *no* es comunicación» que abría la puerta al litigio, o lo pretendía. El poeta-editor refuta a Bousoño, y al hacerlo añade los contenidos sociales que este no había expresado: «Se pretende que la poesía sea una comunicación de estados afectivos, íntimos, religiosos o de convivencia social que, por darse en poetas con mensaje, adquieren proporciones trascendentales». Su alegato, por otro lado, parte de señalar una situación de época de la lírica cuyos datos más relevantes fija en «la ambición social —preocupación por el destinatario poético— con el consiguiente confinamiento de la poesía obscura, el abandono de toda preocupación estructural —sustitución de la unidad crítica poema por la unidad crítica libro—, la poesía anecdótica y el coloquialismo». La trampa dialéctica es patente, pues a nada de eso se refería Bousoño. Barral lo pormenoriza porque él asocia la comunicación —«limitada y discutible idea de lo lírico»— a la literatura emergente comprometida, y le atribuye esas notas que, a la larga, serán las que servirán para el desmontaje del realismo socialista. Que esto lo diga quien fue el sostén editorial de la narrativa objetivista y politizada solo supone una señal de las incoherencias del voluble, vanidoso y manipulador personaje; habré de recalcarlo en más de una ocasión.

El desarrollo de tal riña sirvió para hilvanar el proceso tanto teórico como externo del realismo crítico. Sin entrar en los matices de una confrontación que implicó cierta densidad especulativa dilatada por los campos de la estética y de la filosofía, una síntesis simplificadora permite verla como sendas actitudes enfrentadas con claras consecuencias en el doble y enlazado asunto del realismo y del testimonio. Una postura reconoce la existencia de una realidad externa que se comunica, aunque sea emocionalmente; es decir, de la que se deja constancia explícita. Así lo entienden los partidarios de la comunicación, identificables con los escritores (los poetas, en realidad, pues fue en el ámbito de la lírica donde se suscitó el problema, si bien en última instancia trascendiera a la prosa narrativa) que deseaban dar un mensaje y ponerlo al alcance de un lector mayoritario de manera asequible. La otra sostiene que el propio proceso de creación proporciona un conocimiento —o una revelación, dicho con el término que les era grato a sus partidarios— del mundo y sirve para descubrir una realidad inédita, o un flanco ignorado de ella, independiente de la experiencia del escritor. Así lo apreciaban quienes no le atribuían a la poesía (a la literatura) valor de identificación de una realidad constatable.

La dinámica general de los escritores del medio siglo que hermana la rebeldía política y el testimonialismo se fractura en este punto. Lo prueba la postura belicosa de un par de los activos jóvenes disconformes, Carlos Barral y José Ángel Valente. Uno, Barral, hemos visto, se decanta de forma especulativa por el conocimiento. El otro, Valente, cómplice de la nueva generación aunque menos significado en la trama socialrealista, será muy beligerante contra los favorables a la comunicación, a quienes fustiga en términos despectivos. La propia obra creativa de ambos poetas circula por los caminos del simbolismo y hasta el hermetismo, no por los del realismo. En su minucioso recorrido de esta controversia, Juan José Lanz señala que la concepción de la poesía como un modo de conocimiento fue «extendiéndose hasta hacerse elemento definitorio de la promoción de poetas» del medio siglo. Esto ocurrió, en efecto, poco avanzados los años sesenta y tiene un papel relevante en el proceso del realismo social. Desde la lírica se producía un distanciamiento del realismo que reflejaba y comunicaba una situación no solo social, sino también moral y política. Ello forma parte del largo proceso de descrédito de la literatura que daba cuenta de una situación política concreta.

En el mismo momento estelar del movimiento social, segunda mitad de los años cincuenta, se plantearon dudas sobre el valor de aquella estética concreta. Las debate Carlos Barral en sus diarios. Por desgracia, sus ideas no llegaron a plasmarse en el artículo que le tentaba escribir para *Papeles de Son Armadans* «más o menos intitulado "Programa de Poesía Realista o Realismo Social en p. contemporánea"», pero dejó constancia de sus conjeturas en la entrada correspondiente al 14 de diciembre de 1957:

> *Realismo social en poesía.* Resulta mucho más fácil trazar el perfil de la cara del problema, es decir el planteamiento sociológico de la poesía, que el de la cruz: dentro de qué límites de intención se propone la poesía una función en la praxis colectiva. Es la trampa misma de la denominación: poesía *social* = poesía revolucionaria, la trampa en la que han caído los ingenuos a lo Goytisolo. La trampa general.
>
> De acuerdo con lo que se entiende generalmente por poesía social no es tampoco las más veces poesía revolucionaria, pero eso es por una cuestión de medida, de desarrollo. Pero otro es el problema: ¿puede existir una poesía social, consciente trasunto de la praxis colectiva, no revolucionaria? O bien, ¿puede la mentalidad burguesa concebir una literatura, y sobre todo una poesía, subordinada a la práctica social?

Cómo veía Barral la cuestión —lo que aquí nos interesa por sus efectos en la trayectoria del social realismo— se solventa en la arrogancia con que cierra la anotación: «Pero con estas preguntas busco un método, o mejor un punto de partida, que la respuesta ya la sé». Medio año después, el 12 de junio de 1958, apuntaba una reserva fundamental: «El dogmatismo realista, en cualquier campo, desemboca en una grotesca simplificación de la realidad. El proceso de la casuística, que en el fondo no es más que formulación anecdótica de unos principios ridículamente simples y rígidos». Estas reflexiones, un tanto confusas pero inequívocas y germen del polémico artículo de *Cuadernos para el diálogo* al que resulta forzoso volver luego, las hace —no se pierda de vista el dato— a la vez que preparaba el lanzamiento de la «operación realismo» dirigida a los narradores con la complicidad de los comunistas en Seix Barral. Lo cual habla tanto —acabo de indicarlo— del cinismo del personaje como de la manipulación político-editorial que sostuvo al socialrealismo.

También contó el rechazo de la literatura social y de su predominio con tempraneras manifestaciones procedentes de distintos flancos. Aún andaba el movimiento comprometido dando sus primeros pasos cuando lo ponía en solfa «Martínez, aprendiz de retórica», un texto con firma disimulada, «Martínez, el aprendiz», que ocupaba un gran recuadro en *Índice* (90, VI/1956). Se sospechó en su momento la autoría de José Ángel Valente y el tiempo ha venido a corroborar la presunción. A la manera del Mairena machadiano, el «aprendiz» Martínez incita la reflexión de sus discípulos sobre diversos asuntos (la utilidad de la poesía, los límites del pensamiento escéptico y relativizador, la originalidad y el camaleonismo artísticos) y dedica un pasaje a la poesía social con ánimo descalificador:

> La poesía ha experimentado en los últimos tiempos un notable proceso de socialización, lo mismo que otras actividades fundamentales del hombre de nuestro tiempo. Seguramente tal hecho es beneficioso. Pero de ahí a los extremos de la poesía panfletaria y de partido hay mucho trecho. Fuera de España ha progresado un tipo de poeta *muy social* cuyos ingredientes favoritos han sido los insultos indistintos a Hitler o a Mussolini o a un presidente americano o al Papa de vez en cuando y a los ricos en general, todo

ello combinado en el mejor de los casos con ironía, o en el peor, con elocuencia de *mítin*. En España, por razones obvias, los incipientes poetas muy sociales se han quedado solo con el impulso: «¡Ah!... ¡Oh!... ¡Oh!...», pero, en el fondo, no dicen nada, Ridículo, ¿verdad?

—Sí

—Pues no crea, aun así tienen su aceptación.

Las cautelas tempranas señaladas se tornaron en desinhibidas diatribas al llegar el ecuador de los cincuenta, cuando «lo social» se había convertido en evidencia palmaria. Contribuir a la guerra declarada le llevaría al conservador escritor vallisoletano Manuel Alonso Alcalde a titular una entrevista con Manuel Álvarez Ortega «La poesía social es el más gigantesco "bluff" de nuestra hora». Con esa rotundidad se pronunciaba el joven escritor cordobés, de la misma promoción de los sociales, y en la conversación se despachaba a gusto. El entrevistador le sugiere que se le puede adscribir también a los sociales. Lo rechaza como una impresión de bulto. Le suelta la provocadora sentencia aprovechada para titular el encuentro y añade que la poesía social «viene a ser como un "camino cubierto" por el que andan cómodamente los que no tienen que hacer casi nada en poesía». La epidemia social resucita la idea de que todo entra dentro del ámbito de lo social. Lo asegura José García Nieto en entrevista con Antonio Gómez Alfaro: «toda poesía es social, como toda poesía es religiosa porque hasta no tocando aparentemente estos temas se tiene una postura tácita ante ellos». Aunque la poesía social, añade el mandarín garcilasista, ha aportado «humanidad, fuerza expresiva, amplitud de lenguaje y comunicación con los hombres», solo perdurará «si no se apoya exclusivamente en lo panfletario». También su propia lírica, aclara, trata de levantar al hombre, pero no cree «en la reivindicación de las necesidades sociales a través de la poesía». Esta era una argumentación corriente entre los detractores de lo social para escabullir el sambenito de indiferencia ante el gran tema de aquellos años: yo soy social como el que más, venían a decir, pero no hay que utilizar la literatura para encomiendas que le son ajenas.

Las posturas enfrentadas entre partidarios y detractores en aquellos momentos casi seminales tuvieron un capítulo curioso en una desavenencia epistolar entre el oficialista José García Nieto y el comprometido Gabriel Celaya. El episodio resulta bien ilustrativo de la situación y dilemas generales, y merece la pena relatarlo. Los hechos sucedieron como sigue.

García Nieto, caudillo del garcilasismo, le escribió a comienzos de 1955 una misiva literaria a su colega. El poema, «Carta a Gabriel Celaya», lo publicó al poco en *Poesía española*, la revista institucional de corte clasicista que él mismo dirigía, y lo recogió ese año en el poemario *La red*. Con su epístola buscaba «dar la postura del poeta frente a lo político y lo social, frente a la atención de los hombres», le dijo al citado Gómez Alfaro. Aunque la composición era amistosa y cálida, «de hombre bueno», «hermoso», «directa y eficazmente disparad[a] a mi corazón», reconocía Celaya, le desazonó al releerla en la revista porque le pareció «tan triste, tan burguesamente triste». Tanto que se vio obligado a responder. A tal fin, le escribió a su corresponsal una «Carta abierta a José García Nieto» para que la publicara en dicha *Poesía Española*. Pero García Nieto no se atrevió a hacerlo, tal como explica Celaya al recogerla tardíamente en la segunda edición de *Poesía y verdad*, «porque según me dijo le costaría su cargo». De modo que Celaya la mandó a los «buenos y viejos amigos», los exiliados españoles en México, quienes sí la dieron a conocer en el *Boletín de Información*, donde la presentaron, junto con unos fragmentos del poema de García Nieto, con un subtítulo torticero como «un documento trascendental que la censura franquista no permitió publicar». (No había sido el caso, sin embargo. El propio Celaya explicó que al tratarse de una revista oficial, estaba exenta de censura; fue un ejemplo de atemorizada prudencia por parte de García Nieto).

¿Qué le soliviantó a Celaya? Literalmente, García Nieto solo postulaba la inutilidad de la poesía, su intrascendencia:

> ... No somos nadie. Este es el privilegio
> de nuestro oficio; nadie somos, en nadie estamos;
> nos decimos a solas, nos leemos a solas,
> con un solo juguete veinte niños jugamos,
> o veinte veces veinte, qué más da; no nos oyen.
> [...]
> ¿No ves que no servimos, que nuestra industria nada
> vale? ¿Que, aunque propagues tu «nosotros» de amor,
> no perdonarán nunca tu singular acento,
> tu decir «por vosotros» estoy hablando yo?

En principio no había, pues, para tanto. Sostener que al poeta nadie le hace caso, que no sirve para nada, que apenas hace otra cosa que leer a sus colegas en una comunidad ensimismada, de veinte o veinte veces veinte niños, era un simple descubrimiento del Mediterráneo. Solo una susceptibilidad hipertrofiada explica la contundente respuesta de Celaya, más ante un poema con fraternales apelaciones: «Gabriel, Gabriel, te siento nadando en mi costado...», «Gabriel, aunque no quieras; Gabriel, aunque te duela / mi vecindad, tú vives conmigo...». Pero listos uno y otro, García Nieto y Celaya, sabían ambos que algo serio estaba en juego.

El apartamiento del poeta de la sociedad en que vive, el «extrañarse» de ella, indica un «ensoberbecimiento», argumenta el escritor vasco. Por eso el poeta de verdad «no puede admitir» el conformismo, la reclusión en el toma y daca del veinte veces veinte, en el si me lees te leo. Sí es factible llevar a cabo algo. Por ejemplo, afrontar la pregunta «¿Qué podemos hacer los pobrecitos poetas en la España de hoy?». Pues, por caso, argumenta, rebelarse, si bien la mera rebeldía no lleva a ninguna parte porque termina absorbida por la sociedad. La rebeldía debe sustituirse por un paso más allá, por la revolución. «Con la revolución, en cambio, no hay pacto posible». La poesía ha de servir para actuar eficazmente, para llegar a la «inmensa mayoría» de la que «tanto hablamos los poetas de hoy». A veces disputamos, añade, sobre cuestiones de estética y, aunque esto no sea ocioso, sin embargo, «la poesía, como cualquier otra actividad del hombre está determinada por las bases materiales de la sociedad en que se produce». A Celaya le ha salido el doctrinario marxista e incide en el nuevo papel del poeta: cambiar la poesía será cambiar sus bases materiales y cambiar la situación económica del pueblo.

No es extraño que este fraseo le hiciera temer a García Nieto por su empleo. Y aun más las disquisiciones sobre la inteligibilidad del arte revolucionario, gran debate dentro de la estética marxista. El arte se convierte en arte para las masas con una suma de esfuerzos, entre ellos «el de la difusión organizada por el Partido», sostiene el vasco. Con semejantes afirmaciones, que incluyen una punta de provocación, la carta de Celaya resultaba impublicable. Y tras todo ello quedaba el asunto nuclear. La literatura ensimismada, ajena a las reclamaciones del tiempo histórico, encerrada en su torre de marfil, a un lado; al otro, el compromiso para desalienar al ciudadano gracias a la proyección de las letras sobre la «inmensa mayoría». La conversación epistolar entre representantes de ambas posiciones pone blanco sobre negro el debate fundamental del momento.

Dejando a un lado desavenencias o matices, lo social se alza como el gran motivo literario de la época, tan inevitable como reiterado. Lo corrobora en los últimos días de 1959 una entrega de la sección «¿Dentro o fuera?» del diario *Pueblo* (26 de diciembre) en la que varios invitados se pronuncian sobre si son favorables o rechazan un asunto concreto. Fue uno de los participantes, José Hierro, quien propuso discutir acerca de «la poesía social». Los favorables a tenerla en cuenta obtuvieron un pleno absoluto: los cinco se pronunciaron a favor. Se manifestaron, además de Hierro, el jurista y personaje importante de la Transición Antonio Hernández-Gil, el especialista en cine Manuel Villegas, el periodista Fernández Figueroa y el pensador Pedro Caba. Es necesario, coinciden los tertulianos, que una poesía social tenga intensa presencia en aquel momento.

Varias opiniones coindicen en el tópico de que la poesía constituye intrínsecamente un hecho social. Otras aquilatan más. Caben lo individual y lo social, y no toda ha de ser social, pero esta es la expresión más cabal de nuestro tiempo (Villegas). Aunque la poesía tiende a lo universal, el poeta debe descubrir y exaltar la vibración estética de los grandes problemas colectivos, y estos, al nutrirse de las grandes inquietudes humanas de nuestro tiempo, alcanzaría un sentido universal (y cristiano, matiza) (Hernández Gil). «Poesía social es expresión ambigua, y si con ella se entiende poesía "política", debe rechazarse, dejarse "fuera". Sí hay que aceptar la que nace del alma del poeta con intención de dirigirse al mayor número de personas, sobre todo si expresa sus inquietudes ideológicas». El poeta social interpreta los anhelos y zozobras de su pueblo —en su tiempo— con denuedo y lealtad: los comparte. Social no significa vulgar o proletaria, sino «popular» en sentido estricto (Fernández Figueroa). Lo social tiene la condición inexcusable de no ser ni lo «vulgar», ni lo «municipal», ni lo «ordinario», y mucho menos política de partido (Caba).

El proponente del asunto, Hierro, aporta personales matizaciones al sentir más extendido en el periodo de mayor prestigio de lo social. Lo fundamental para él, lo que distingue a la social de las otras clases de poesía, radica en que hable de la sociedad como personaje colectivo de su tiempo. Y esta no tiene que ser forzosamente vulgar ni plebeya, aunque sí pueda ser popular. ¿Y puede la poesía social ser política?, se pregunta. Respuesta acorde con uno los sentires del momento: ¿por qué no? Si bien tan categórica afirmación se explaya en términos bastante confusos: sí, «si da unas soluciones políticas dentro de un partido al cual se pertenece, como se puede pertenecer a una religión, pero siempre, claro es, que esta persona no se vea impuesta [*sic*] por un partido en el que no se cree, pero sí cree en el partido».

En cualquier caso, no interesa tanto la panoplia de argumentaciones como el dato mismo de la máxima actualidad y vigencia del asunto que implicaba traerlo a cuento en un reportaje de un periódico de sesgo popular y muy moderadamente culturalista.

La pregunta del verso de Gerardo Diego no agota el rasgo capital de las letras de la época. Habría que emparejarla con otra colindante: ¿quién que es no es comprometido? A ello dedicó nada menos que un editorial el mismo vespertino sindical, «El partidismo, mérito literario» (*Pueblo*, 3/9/1959). Así de rotundo se explicaba:

> Frente a la literatura frívola y esteticista, que se vuelve de espaldas a los problemas de la sociedad, nosotros hemos defendido siempre la literatura trascendente o, para emplear la terminología de moda, la literatura comprometida. Frente al escritor que se «evade» del mundo que le rodea en el paraíso artificial de bizantinismos estilistas, sostenemos al escritor que refleja en su obra las inquietudes que acompañan al hombre «aquí y en este momento». Sabemos que es inevitable que exista una literatura de evasión (rosa, policiaca, folletinesca...) para sectores y mentalidades determinadas, la cual puede conseguir una estimable dignidad dentro de cada género. Sin embargo, el escritor que aspire a trascender [...] tiene que encarar de alguna forma los problemas de su tiempo. En resumen, tiene que comprometerse.

Harina de otro costal es con quién y con qué ha de comprometerse. Una pista la dan las burlas sobre un escritor, aludido pero no mencionado por su nombre, que se ha ido al extranjero buscando la aureola de incomprendido perseguido. No sería la única vez que el periódico flagelara al joven disconforme Juan Goytisolo y que le sirviera para atacar su posición política. De modo que el compromiso defendido por *Pueblo* es unilateral, no lo que se entendía por tal desde las filas del antifranquismo. Sin embargo, la situación era lo suficientemente compleja como para que el periódico portavoz del sindicalismo vertical diera cancha a bastantes jóvenes narradores de la oleada comprometida, próximos a la izquierda, y algunos representantes en máximo grado del realismo social. En sus páginas escribió con frecuencia Daniel Sueiro, casi un redactor del diario, y firmó Ramón Nieto. En 1959, en la efímera sección «Un cuento cada semana», publicaron dos piezas tanto Ramón Nieto (de quien ya en 1957 recogió un cuento) como Daniel Sueiro, y aparecieron sendos relatos de José María de Quinto, Ricardo Doménech e Isaac Montero. Toda una nominilla del realismo socialista en la prosa y expresión en varios de esos nombres de un compromiso militante en la izquierda. Amén de que el responsable de cultura del periódico, Dámaso Santos, a cuya alerta sobre la nueva y joven literatura se deben sin duda esas presencias, reseñó en términos positivos libros de Jesús Fernández Santos, Jesús López Pacheco, José María de Quinto (ni una sola reserva pone al contenido de denuncia que señala en *Las calles y los hombres*), Sueiro, o Lauro Olmo. Y que dio muy cálida y positiva acogida a los ensayos de Castellet que fundaron la estética realista del medio siglo.

4
Contra el monopolio realista

Retornemos a la denuncia de José Ángel Valente. La mordaz formulación y el ir contra corriente del aprendiz de retórica Martínez no pasaron desapercibidos. El tono sarcástico pretendía detener aquella práctica ceñida al «ridículo» efecto de haberse quedado los poetas sociales «solo con el impulso». Sin la gracia y el desparpajo mairenanos que imitaba, el escritor orensano arremetería con acritud más adelante contra la literatura social. Lo veremos. De todas maneras, el exclusivismo realista formaba también parte de las reservas artísticas de algunos creadores políticamente comprometidos. Tal vez no abundaran los casos como el que refiere el sindicalista Manolo López en sus memorias, pero resulta significativo. Cuenta que, al hilo del fortalecimiento en 1957 de la célula parisina del PCE, quiso captar al pintor vanguardista Doro Balaguer, entonces exiliado en la capital francesa. El diálogo es muy representativo, amén de gracioso:

> —¿Cuándo coño vas a ingresar en el Partido? —le pregunté otra vez.
>
> —Bueno, entro si transigen con la pintura abstracta... —respondió pensativo.
>
> —Entra y pinta lo que te dé la gana.

El asunto no se podía liquidar, desde luego, con esa simpática humorada, y mucho menos con la tolerancia excepcional de Manolo López, y tenía la trascendencia que ya iremos viendo. El que el protagonista no fuera un cualquiera encarece su revelador testimonio. El pintor y activista Balaguer, fundador del Partit Comunista del País Valencià, llegó a ocupar puestos dirigentes en la organización nacional e incluso sacrificó en buena medida su carrera artística al trabajo antifranquista.

A pesar del monopolio que la juventud realista imponía a favor de esa orientación con intolerancia, según se le solía reprochar, abundaron quienes expresaban su oposición con animosidad. Lo ha documentado el profesor Óscar Barrero con minucioso recuento de esas actitudes contrarias en dos incisivos y complementarios análisis. En ambos recorridos se constata cómo, entre finales de los cincuenta y comienzos del decenio siguiente, coincidieron en dicha meta críticos y creadores. En la recapitulación de Barrero aparecen los nombres de profesores y periodistas (Sainz de Robles, Mariano Baquero Goyanes, Guillermo de Torre, Guido Mancini o Antonio Valencia) y de escritores (Manuel Iribarren, Manuel García Viñó, Darío Fernández Flórez o Enrique Badosa) que alertaban del cansancio provocado por el monótono realismo y protestaban por la reiteración formal, por la herencia yacente del naturalismo decimonónico, por el abuso de una cierta temática, por la falsificación de la realidad a base de la reincidencia en la pobreza y otros extremismos y, en consecuencia, por proyectar una imagen insatisfactoria de la realidad.

Los partidarios de un entendimiento menos estrecho de lo literario disfrutaban de púlpitos propios, en réplica a las revistas seuistas que apoyaban el compromiso. Varias de estas tribunas salen en los textos aducidos por Barrero: algunos periódicos (los falangistas *Arriba* o *El Alcázar*) o revistas culturales integristas (la opusdeista *Nuestro Tiempo* y la tradicionalista y católica, si no también del Opus, *Punta Europa*). Por la misma labor estaban en alguna medida el vespertino de los sindicatos verticales *Pueblo*, de forma menos programática los matutinos *ABC* o *La Vanguardia Española*, y la revista de obediencia oficial *La Estafeta Literaria*. De modo que los adversarios de la literatura testimonial pudieron desarrollar auténticas campañas contra su florecimiento.

La Estafeta Literaria tuvo un protagonismo destacado en el acoso al realismo socialista. Desde 1960 el entonces quincenario dio un giro orientado a desmerecer la poética realista, derrotero un tanto incongruente con el apoyo que venía prestando a la generación que la sustentaba. La tendencia de buen número de sus colaboraciones a partir de ese año y al menos durante los dos siguientes tiene todo el aspecto de una campaña programada bajo la presunta inspiración del nuevo subdirector, Manuel García Viñó (aunque solía ocuparse de las artes plásticas y no de literatura), y de su beligerante redactor José Julio Perlado. Los planteamientos difundidos por la revista requieren distingos dentro de ese espíritu genérico. Hubo descalificaciones despectivas, pero también explicaciones históricas del género desarrolladas con argumentos reposados. Hay que poner en cestos diferentes las exposiciones razonadas del catedrático murciano Mariano Baquero Goyanes y las diatribas de su colega madrileño Rafael Benítez Claros o de los periodistas y novelistas Ignacio Agustí y José Julio Perlado.

Tres artículos, analíticos, informados y serenos, aunque no inocentes, dedicó Baquero Goyanes en las fechas indicadas a la situación de la novela. El primero de ellos, «Deshumanización y novela», incide sobre un motivo asendereado del momento, el *nouveau roman*. Expone una original perspectiva del movimiento francés, el cual, a su entender, produce una nueva deshumanización del arte, si bien de signo distinto a la orteguiana, por la importancia que adquieren los objetos con su presencia inerte. Se trata, expone, de un repudio de la novela misma, de un *anti roman*, que implica una posibilidad de escape a la fácil novelística evasiva mediante obras que pretenden un placer intelectual. El objetalismo supone una reacción contra el empacho de ciertos componentes (psicologismo, trascendentalismo) y frente al interminable manejo «de tesis, de compromisos, de testimonio y denuncias». Aunque para nada citaba la situación española ni mencionaba a nuestros autores, la última hipótesis debía leerse en años tan sensibles a esos asuntos como una alusión negativa hacia el realismo nacional. El artículo ofrece, además, el enjuiciamiento crítico de uno de los soportes básicos de la literatura objetivista, al que, por si fuera poco, atribuye una intencionalidad evasiva que desacredita el compromiso buscado por la generación del medio siglo. No afirmo que fuera la intención explícita del notable estudioso del género narrativo, pero venía a decir que parte del realismo español, el de corte behaviorista, conducía al escapismo.

La contraposición de los dos conceptos recogidos en el título del artículo siguiente, «Realismo y fantasía en la novela española actual», le lleva a Baquero Goyanes a hacer un repaso general de las principales tendencias de la novela española al acabar el decenio de los cincuenta. El realismo le parece la corriente dominante y su ensayo busca, como punto de partida, corroborar si nuestra novela se ajusta o no a la tradicional fórmula que califica a la literatura como «expresión de la sociedad». Baquero tiene su propia respuesta, pero, muy didáctico y equilibrado, resume primero las posturas contrapuestas al respecto. Hay quienes, como Castellet o Arroita-Jaúregui, creen que es infiel a su tiempo. Otros consideran que está «cerca de la vida y de las preocupaciones de la época». Alguien —así Vázquez Zamora— piensa que los nuevos buenos narradores se hallan en mayor proximidad a la vida y a las preocupaciones de su tiempo que lo estuvieron los de antaño. Y no falta quien, por ejemplo Darío Fernández Flórez, recogiendo los reproches inconformistas castelletianos, ha salido en defensa de la novela como género testimonial y acusador, que le parece estar bien representado en la actualidad; el popular novelista vallisoletano sostiene que en nuestra novela sale en abundancia la España «que no nos gusta», la cual él mismo ha reflejado en muchas de sus propias páginas, que se le antojan «una desesperada y valiente denuncia de algunas cosas de la vida española».

Con el telón de fondo de esa pluralidad de percepciones, Baquero apunta que el realismo defendido por Castellet cristaliza en una novela que habría que llamar *social*, entendiendo el adjetivo —advierte— como comprometida. Acerca de tal concepción explaya sus reservas. En ella, aunque la considere legítima, encuentra algo que no le parece posible aceptar, «y es su radical exclusivismo». Además, «no sabe» tampoco «hasta qué punto cabe pensar» —así dice con circunloquio eufemístico, pues de sobra lo sabe— si serán más fieles al tiempo actual y más reveladoras del mismo las obras entrañadas en una problemática ideológica, es decir, las inscritas en una tendencia o partido (o sea, las que siguen el postulado del crítico catalán) o las que muestran la inquieta existencia del hombre actual. Insiste, tras aducir las pruebas señaladas, en que un amplio sector de la novela nacional quiere convertirse en espejo y trasunto de lo que hoy es el hombre y de cuáles son sus formas de vida. Para apuntalar la verdad de un generalizado testimonialismo en la «novela nacional», el profesor de la universidad murciana añade un largo párrafo. Le parece innegable que en nuestra narrativa del momento se encuentran

> reflejadas zonas de la vida española de la postguerra y de hoy, en las que no han sido soslayados los aspectos y ambientes más sórdidos y miserables, sino, al revés, manejados una y otra vez con reiteración casi morbosa. Los suburbios, la prostitución, los barrios bajos, los negocios sucios, el estraperlo y los mercados negros, las actividades de los núcleos clandestinos comunistas, las más flagrantes injusticias sociales, la miseria y el atraso de algunas regiones

campesinas, los problemas de inquilinos y realquilados, los apuros económicos de la clase media son, entre otros muchos, motivos cultivados hasta la saciedad en la novela española contemporánea.

Esta copiosa enumeración, para la que Baquero utiliza un arsenal de novelas tremendistas y de genérico costumbrismo sin detallarlo, mostraría la inquietud testimonial de nuestra novela de posguerra. Nada dice, sin embargo, respecto de la cuestión fundamental: qué intención persiguen los autores. De modo que este largo censo de asuntos narrativos no desmiente el reproche de Castellet de que la novela española actual sea infiel a la realidad. Porque el meollo de la hipótesis del crítico catalán estaba en que la presencia de esos asuntos carecía de intencionalidad de denuncia, y afectaba a su formulación anticuada o fracasada más que a los contenidos o los temas. A Baquero le da igual la intención de los autores. Basta con que esos asuntos aparezcan en nuestras novelas para sostener que la realidad sí está representada en la novelística coetánea. Con ello, estaba lanzando una andanada contra la exigencia de compromiso castelletiana. Además, la escasez de lo que Baquero llama «invención», de «la fantasía pura, el sueño, la irrealidad o la utopía», más notable aún «en relación con el tan amplio y frondoso sector del realismo testimonial», constituye un nuevo argumento contra la hegemonía realista.

El precavido, y un poco tramposo, navegar de Baquero por las corrientes de la ficción de posguerra descubre su verdadero puerto en el remate del artículo. Vuelve a insistir en que no se le puede tachar a nuestra novela de evasiva o de situarse a espaldas de los problemas más acuciantes de nuestro tiempo (omitiendo precisar, de nuevo, algo fundamental: qué propósito guía esa presencia) y añade que, «escasa como es, la presencia de la fantasía ofrece un interés no inferior al de la amplia zona realista». En realidad, esta valoración positiva no se desprende tanto de los datos aducidos como de una convicción personal, la de que «si los hombres estamos hechos de la misma estofa que los sueños, al decir de Shakespeare, tan necesario es saber lo que esos hombres —los hombres españoles de hoy— hacen como lo que sueñan». A Baquero le gustaría que menudeara una novela atenta a las inquietudes espirituales. En el fondo, se posicionaba en contra del realismo testimonial predominante. Está en la misma órbita del Ignacio Agustí que reclamaba poco después, en el artículo «El arte no es social», la presencia de la poesía en la novela, aunque sin la beligerancia provocadora del novelista catalán que veremos en páginas posteriores.

A los efectos de subrayar la contribución de Baquero a la campaña contra el realismo, no olvidemos agregar a esta desautorización solapada la acusación de su «inaceptable» exclusivismo que ya hemos anotado y tampoco dejemos en un segundo plano la tesis, incuestionable para el estudioso, de que el realismo del momento, hijo de «las extremosidades tremendistas», no siempre constituye una fuente de información segura sobre la vida contemporánea. De tal modo, a su entender el realismo ni siquiera cumplía con credibilidad la función informativa que se atribuía a sí mismo.

En un artículo del año siguiente, Baquero afrontaba una caracterización global de la novela del momento. Señalaba dos grandes corrientes genéricas, el reportaje-novela frente a lo fantástico imaginativo, asociándolas a sendas grandes posturas, compromiso y evasión, y hacía notables aportaciones a la resucitada novela histórica o a Kafka, pero sin referencias específicas a lo español, pues no era el objetivo del ensayo. No deja, sin embargo, de tener interés para nuestro relato del cuestionamiento o repudio del realismo mediosecular. En clave nacional había que leer una nueva denuncia de las «miopías exclusivistas» de los teóricos, sin citar a nadie, frente al gran rasgo incuestionable del género, la enorme flexibilidad a que había llegado, su carácter «ancho y proteico, vital y complejísimo». Aducía, además, una opinión de Eduardo Mallea en la que el argentino sostiene que nada, ni la poesía, la doctrina ni la ética han contado como la novela «nuestra necesidad de poesía, creencia y virtud». Este juicio, significativo párrafo final del ensayo, que deja fuera de la novela la dimensión testimonial está al servicio de algo muy distinto del objetivismo entonces predominante en España.

El recorrido por la novela española desde 1925 de Ramón Ledesma Miranda tampoco contribuía nada al reconocimiento de la joven generación realista. El veterano novelista madrileño, uno de los más ariscados detractores del tremendismo, daba una visión muy pesimista del presente de nuestra prosa narrativa. Sin mencionar a nadie, valoraba que el género, en los últimos tiempos, no ha superado el punto «arduo y difícil» en que había quedado con anterioridad, y, al contrario, «se ha retrocedido a los estilos del viejo naturalismo bautizado con otros nombres». El aire catastrofista del artículo no encuentra resquicio a nada novedoso en la actualidad, con lo cual ignoraba las aportaciones, ni siquiera en grado de presuntas, de la generación realista. En otro contexto, el negativismo de Ledesma Miranda solo sería una caprichosa y amarga declaración de creencias personales, pero en su encuadre histórico constituía un intencionado silenciamiento de los afanes modernizadores de la nueva narrativa española. El descrédito por omisión tendría, sin embargo, su explícito complemento en Ignacio Agustí y Rafael Benítez Claros.

Ya supone un indicio de los planteamientos del exitoso autor de *Mariona Rebull* que el artículo, «Rebelión y continuidad en la novelística española», lo acogiera una publicación del Opus Dei, *Nuestro Tiempo*. A darle difusión y trascendencia imposibles en una revista de reducida circulación vino su nada inocente reproducción por la más divulgada y popular *La Estafeta Literaria*. Agustí extiende su protesta inicial y genérica contra la moda de la rebeldía en la literatura, aquejada por este virus que infecta a los intelectuales y les obliga a seguir una inclinación que cada día se alienta y aplaude. En España, sostiene, hay aspectos de la creación literaria en condiciones especiales de servir «al coro general y al desconcierto». El primero es que la literatura no desdeña ponerse al servicio de ideas extraliterarias con una finalidad «corruptora o, por lo menos, socavadora de los principios sociales inmutables y clásicos». En esa deriva, las letras españolas presentan nada más un aspecto macabro de la sociedad, «en una colosal barrida del arte clásico y de toda su sustancia». Dicha caprichosa rebeldía, añade, se aprovecha de todos los recursos de la literatura entendida como instrumento: se instaura en los personajes de las novelas, en la propia sustancia novelesca, en la técnica y en la doctrina latente de los libros.

A Agustí le resulta llamativa la figura del pícaro. El personaje, a su entender, se ha hipertrofiado en algunos jóvenes escritores del momento porque lo toman como modelo de la sociedad entera y no como un tipo lateral a ella, al punto de que la picaresca se ha convertido en una patente de exclusividad, un reflejo nacional de una «España decrépita y farsante muy a propósito para ser traducida». Leído con distancia temporal este alegato a favor de un país que tiene otros valores no representados por su literatura resulta una queja de alguien que reclama que se dé una imagen más rigurosa de la realidad, diferente a la habitual en aquellas calendas. En su momento, sin embargo, tenía un alcance diferente: constituía una enmienda total a la reclamación de los nuevos narradores a favor de un rescate de la tradición nacional realista tal como había planteado Juan Goytisolo justo a propósito de la picaresca y compartían otros muchos colegas.

La rebeldía aplicada al dominio de la técnica ha producido ideas peregrinas con credulidad provinciana, denuncia Agustí a propósito de la novela objetiva. Con esta técnica los novelistas presentan un Hombre desarraigado y, cuando lo tienen en la mesa de operaciones, se aplican a quitarle el alma, «tóxico inútil y demoledor». La «agencia de derribos» de la nueva narrativa impone recursos modernos como el monólogo interior, que se utiliza para manifestar literariamente la supuesta crisis del orden «social-burgués» hasta hace poco vigente. Este presunto cambio social se expresa técnicamente con variedad de procedimientos de última hora: el relato magnetofónico, la «narración objetiva» que se limita a mostrar conductas, la manipulación del tiempo («el paso del tiempo debe de ser un prejuicio burgués», apostilla con ingeniosa ironía) o la pintura de bodegones de objetos sin contenido en detrimento del hombre, «que no juega otro papel que el de una retina que capta». Y aún añade otro rasgo distintivo de esta modernidad mal entendida que quiere cargarse la tradición por simple falsa rebeldía, el descrédito del psicologismo y del modo introspectivo.

En suma, Agustí aplica un severo correctivo al planteamiento global de la narrativa realista, descalificador tanto de la intención como de los procedimientos. No entra en particular en el alcance político, pero la desacredita sin paliativos. Incluso, con propósito de dar un inapelable tono incisivo a la diatriba, acude a hirientes argumentos *ad hominem*. Tal cosa hace a propósito del compromiso de los intelectuales. Merece la pena reproducir al pie de la letra el párrafo que dedica al crítico de referencia de la joven literatura: «José María Castellet, nacido en el seno de la burguesía catalana, de cuyos módulos participa social, económica y racialmente durante el grueso de la jornada, a la hora de trocarse en crítico literario considera que los novelistas decimonónicos tenían una especie de obligación moral de pasar a integrar el mundo de los proscritos de la sociedad, de los negros, de las mujeres y de los obreros».

Igual o más beligerante se manifiesta en 1961 Rafael Benítez Claros desde el propio título de su «recorrido histórico e ideológico» de la novela española desde la guerra civil: «Nuestra pobre novela realista». La invectiva del catedrático de la universidad ovetense tiene como eje una especie de confabulación por la cual la novela española posterior a 1945 se ha visto saturada por distintos modos de realismo; un fenómeno que ha vetado la manifestación de inquietudes subjetivas y de asuntos espirituales. Atribuye esa influencia perniciosa a las diversas manifestaciones de tal corriente, ya sea el «realismo picaresco» (en idéntica línea que Agustí), la novela realista decimonónica o el nuevo orden realista instaurado por el 98. De dicha tendencia generalizada se ha derivado un «realismo ambiental» que privilegia la circunstancia histórica y la situación social, y que incluye rasgos de cada estrato colectivo, «las aficiones populares, las apetencias de la clase media o los caprichos de la alta sociedad». La nueva novela española, explica, no se concibe sin estos «realismos ambientales» cuyas formas externas se reparten por el neorrealismo (término con que se refiere a *Pascual Duarte* y a *Nada*), el testimonio de simples radiografías con valor clínico, el reportaje y la novela-magnetofón.

En su visión parcial de los «realismos» empobrecedores mete Benítez Claros desde Cela o Laforet a Zunzunegui o Gironella, pero su auténtico ideario se revela en las apreciaciones sobre «la novela de nuestra juventud», *El Jarama*, de «Ferlosio, el joven, hijo de Sánchez Mazas», según precisa a buen seguro con intención inculpatoria. Un maravilloso día de campo —expone— en un ambiente fluvial se abre a las mayores esperanzas e incita a la memoria a asociarlo con el dulce Arno «donde se espejean las hermosas figuras primaverales de Boticcelli». Se trata, sin embargo, de una expectativa errada. Enseguida llega otra realidad muy distinta: «la más soez y consuetudinaria de las pandas bañistas», «un agamberrado grupo de adolescentes, promiscuo y sin carácter, y esto de sin carácter tómese por delicadeza». Así «se inicia la proyección de una película neorrealista a la italiana con atuendo de bañador y camiseta». Y remata: «El novelista arma sus bártulos, enchufa su magnetofón y nos condena durante un largo día a las estupideces con falsete que semejante turba emite, en articulaciones prelingüísticas».

Benítez Claros recuerda, con la finalidad de establecer un palmario contraste, *Alfanhuí*, para él «gran ejemplo de idealismo novelístico». Y lo hace a mayor desdoro de Ferlosio, pues su nueva novela le parece producto de un grave defecto, la inseguridad o la improvisación. De los jóvenes narradores, el crítico elogia a Matute porque en un marco narrativo balizado por «el menosprecio y la dejazón del esfuerzo imaginativo» y por «la dislocación poética de los hechos vulgares», la escritora catalana inventa, observa con subjetividad, de forma poética y solanescamente la realidad y añade imágenes caprichosas y arriesgadas.

Benítez Claros lanzaba con este sectario y despistado artículo un furioso ataque a la tónica realista de la narrativa del medio siglo. Denunciaba que la novela se escribiese «con la preocupación fundamental de servir de testimonio de la situación de su época». Pero incluso esto lo hacía mal, pues el propósito se reducía a «un simple planeo sobre nuestra epidermis material o histórica». En balance definitivo, el profesor opusdeista delataba que la novela española se había cerrado «las despejadas y familiares puertas de la idealización». En el colofón de su diatriba hacía votos por «aquellos que creen que escribir no es un oficio físico, sino una espiritual manera de alumbramiento, en que al hombre le es dado anunciar con su verbo nuevas criaturas de vida». No extraña que con semejantes creencias —suponiendo que tales palabras tengan algún sentido— pusiera tanta energía y pasión en lanzar esta embestida furibunda contra el realismo con la cual ocupa un primerísimo lugar entre los detractores de la narrativa mediosecular.

Desde dentro de la propia *La Estafeta Literaria* también se intervino en la polémica con la pluma de su redactor José Julio Perlado. Como epílogo o broche de las reticencias o ataques de Baquero, Ledesma Miranda, Agustí y Benítez Claros podemos considerar tres breves artículos de la serie «Cartas sobre la claridad española». En «Objetivismo contra subjetivismo», Perlado esbozaba la confrontación de sendos supuestos bandos, los partidarios de los planteamientos designados en el título, con el fin de obtener la primacía de la novela moderna. Entre divagaciones etéreas, Perlado susurraba desideratas espiritualistas y desembocaba en una sintética expresión del conflicto: «El alma y su interior contra los detalles externos». O sea: la novela intimista e incluso religiosa y la testimonial. Por si acaso no habían quedado nítidas ambas preferencias, lo esclarece en otra entrega, «Subjetivismo contra objetivismo». Unos autores mantienen «como fundamento lo social y descriptivo» («certeramente expuesto con rigor matemático», apostilla aludiendo al *nouveau roman*). Otros «proyectan su trabajo sobre temas de responsabilidad como fundamento para asuntos donde intervenga algo interior: por ejemplo, la salvación». Tales actitudes genéricas, señala, tienen su particular reflejo en España: a un lado están representantes de la escuela objetiva, «que abordan los temas por ángulo social o por el escuetamente objetivo»; al otro, «escritores aislados que comienzan a enfrentarse con la novela desde el plano interior». Existe, por consiguiente, un «binomio» tanto en la manera de hacer novela» como «en la manera de pensar y de preocuparse»: subjetivismo y objetivismo, espiritualidad y materia.

Con exposición bastante alusiva, a pesar de la «claridad española» predicada por el enfático rótulo de la serie, explica las consecuencias de ambas actitudes. Dependerán de «si el mundo va hacia el suelo o hacia el cielo». Pero, explica a manera de advertencia, «los grandes escritores universales de todos los tiempos fueron antes sicólogos del hombre que sociólogos». Innecesario será aclarar a favor de qué futuro se encuentra el autor. A partir de esos presupuestos, unas «Notas a una moda literaria» aclaran del todo las cosas. Se trata de un artículo que entra en abierta polémica con la revista portavoz del compromiso de la joven generación realista, *Acento Cultural*. Perlado declara su coincidencia con lo expuesto por Ignacio Agustí (y con otro periodista de parecida cuerda, Carlos Luis Álvarez). La moda aludida en el título es el *nouveau roman* y con el pie forzado de ser la escuela francesa el método narrativo adoptado por la moderna novela española, la emprende contra Castellet y Juan Goytisolo a propósito de sus respectivos ensayos programáticos.

El motivo de la embestida de Perlado es otra vez el espiritualismo. Sin medias tintas juzga que ambos teóricos, en cuanto postulan «que el tratamiento de los problemas del espíritu es algo caduco, rechazable, intranscendente y otras cosas más, me parecen atacables por ser en su misma raíz demoledores». Los franceses y españoles objetivistas (cita a Michel Butor, Alain Robbe-Grillet, Juan Goytisolo y Juan García Hortelano) no se ponen de forma declarada a favor o en contra de lo interior, «simplemente no lo tratan», pero, en cambio, los críticos citados lo hacen saber y lo animan, dice. Y esto —«auténticamente una postura», enfrente de la suya, aclara— es lo que le parece mal y motiva su alegato.

De todos modos, para Perlado el objetivismo se reduce a una moda ahora en ebullición que puede perdurar o desaparecer, pero cuyo porvenir pronostica con una cándida conjetura: un día «las bodas de lo "objetivo" con lo eterno sonarán y brillarán felices». Ello supone, aparte de un dudoso vaticinio, que no concede mayor vigencia a la nueva literatura de orientación objetivista que la de algo efímero. Por no constituir ningún serio peligro, se atiene a rebatirlo con argumentos, todo lo radicalmente discrepantes que se quiera, pero argumentos.

Una vía distinta, la del ataque pasional, irracional y con tesis absurdas frente a la amenaza visible que había detectado Benítez Claros también tuvo frecuentadores, atrincherados en los baluartes de la Iglesia. En el puro disparate vino a dar el padre Gabriel del Estal en un artículo del periódico confesional *Ya*, «Realismo en literatura» (25 de abril de 1962), que descuella por su fanatismo entre los escritos antirrealistas censados por Óscar Barrero. El reaccionario dominico cae en el insulto con un razonamiento disparatado: «Lo feo, lo sucio, lo corrompido, lo chabacano, lo maloliente, lo malsonante... son las vergüenzas de la realidad. Descubrirlas es pecado de sinvergüenzas». Y añadía un alegato de obcecado idealismo a una enmienda a la totalidad de la joven literatura en esta perla que cita Barrero:

> Escribir en sano realismo no es recorrer tugurios, con un magnetófono en la bocamanga, destinado a recibir lucrosa y gratuitamente, traducido en letra, al natural y en su color, lo grueso, lo viciado y lo deforme que la realidad ofrece. Eso no es literatura. Eso es una monstruosidad. Y una traición. La realidad es más limpia, más sana, más noble, más bella que todo eso.

5
Una semilla de la crisis: Formentor

Las posturas minoritarias opuestas al realismo testimonial no contrarrestaron el éxito del movimiento social, en plena curva ascendente por entonces, finales de los cincuenta. El realismo histórico ofrecía solidez y contaba con variadas actividades que suponían un respaldo. Este sentido tiene el pequeño libro *Poesía y verdad* con el que Gabriel Celaya pretendía trazar la historia menuda de la poesía social a través de lo anunciado en el subtítulo, los «Papeles para un proceso». Cómo se planeó la obra, según refiere el propio Celaya en su segunda salida veinte años después, forma parte del entramado de trabajos que sostenían lo social. Allá por el año 58, Domingo Dominguín, el famoso torero al que el franquismo le toleraba sus afinidades comunistas, propietario de la pontevedresa editorial Litoral, reunió a unos amigos para que le ayudaran a reanimar la inocua Colección Huguin. Se juntaron Jorge Semprún, Ricardo Muñoz Suay, Marcial Suárez, Javier Pradera, Juan Antonio Bardem y Celaya, cuyos solos nombres emparejados indican qué clase de colaboración iban a prestarle al diestro. Todos se comprometieron a escribir algo para la colección, incluso Dominguín acerca de los toros. Solo cumplió el poeta vasco, cuyo libro, compuesto por una quincena de artículos y escritos circunstanciales (recoge la seminal respuesta a Sastre en *Correo literario* ya mencionada), constituye un auténtico manifiesto a favor del compromiso literario. Y, sobre todo, el prólogo del volumen, firmado por el periodista republicano represaliado y antifranquista Luciano del Río, supone, amén del panegírico incondicional de Celaya, una cerrada doble defensa, al hilo del pensamiento del poeta: de la poesía social frente a la formal y de la radical «comunicabilidad» de la lírica. Respecto del vidrioso asunto de las relaciones entre literatura e ideología, Del Río llega a una curiosa tesis: no ha de hacerse poesía social como servicio a una ideología, sino que una ideología se encuentra con la aportación de la poesía. En el «Punto final» del cuaderno, Celaya reafirmaba el valor utilitario de la literatura: sirve para «crear conciencia», dice, y recuerda, con frase prestada de indubitable origen, que los escritores son un paradigma de «los pensadores de la clase media que han comprendido teóricamente la marcha del movimiento histórico moderno». La filiación con la causa de las letras comprometidas de *Poesía y verdad* y de otros textos del momento no constituían, sin embargo, impedimento para percibir la amenaza que suponían los minoritarios detractores.

Así estaban las cosas cuando, algo antes, se produjo un episodio de la crisis apenas intuida. Ocurrió en el «Primer Coloquio Internacional sobre Novela» celebrado en Formentor entre el 26 y el 28 de mayo de 1959 con motivo de la concesión del segundo Premio Biblioteca Breve creado por la editorial Seix Barral. En el encuentro se escuchó a Italo Calvino proclamar, según testimonia Luis Goytisolo en *Cosas que pasan*, que «Lo scrittore bisogna essere reazzionario» («El escritor debe ser reaccionario»). Los desajustes entre la narrativa nacional y las corrientes pujantes más allá de nuestras fronteras se hicieron patentes por aquellas calendas. Y ello a través de las opiniones enfrentadas de una espectacular y copiosa nómina de congregados en la isla balear, una mayoría de escritores y también ensayistas, críticos, estudiosos, traductores o periodistas, algunos hoy poco conocidos pero casi todos relevantes en las letras de aquellas fechas.

Extranjeros, participaron o asistieron Michel Butor, Italo Calvino, Maurice E. Coindreau, Henry Green, Anthony Kerrigan, Monique Lange, Florence Malraux, Alain Robbe-Grillet y el belga de raíces hispano-holandesas Esteban López. Si bien comprometieron su presencia Max Frisch, Elio Vittorini, Doris Lessing y Angus Wilson, no llegaron y enviaron comunicaciones. Españoles, concurrieron Barral, Claudio Bassols, Castellet, José Luis Castillo-Puche, Celaya, los hermanos Camilo José y Jorge Cela, Delibes, José María Espinás, Joan Fuster, Juan García Hortelano, los hermanos Juan y Luis Goytisolo, Jesús López Pacheco, el filólogo germanista Emilio Lorenzo, Carmen Martín Gaite, Jaime Salinas, Juan Petit, Mercedes Salisachs y José María Valverde. Enviaron telegramas de adhesión, entre otros, Heinrich Böll, Truman Capote, Graham Greene, Ernest Hemingway, Boris Polevoi, Irving Shaw o John Steinbeck. Un plantel en verdad brillante en la España culturalmente todavía autárquica. Un dato significativo: siguió las sesiones con mucho interés Francisco Soriano Frade, delegado de Información y Turismo.

Carlos Barral puntualiza en *Los años sin excusa* qué fue lo más destacado de aquellas «modestas y más bien aburridas» conversaciones: «constatación del contraste entre la poética neonaturalista casi uniforme de los escritores españoles y la diversidad, alentada por experiencias y búsquedas expresivas, de los invitados extranjeros». Las primaverales jornadas de aquel «contubernio literario de Formentor» (así bautizó la cita Juan Goytisolo al cumplirse su cincuentenario) se desarrollaron en un ambiente idílico en que «el consumo de alcohol entre los más jóvenes se disparó». Tal vez la memoria del grato marco mallorquín rebaja demasiado su trascendencia en el recuerdo del editor. Otros testimonios fiables nos aseguran, por el contrario, que sí hubo seria controversia y en ella percibimos efectos considerables en el proceso de la narrativa española, con fuerte impacto en el decurso del realismo social. La circunstanciada crónica de Joan Fuster asegura que el «apasionante» temario suscitó un vivo debate con criterios encontrados y polémica «franca e inconciliable». Desdoblado para la ocasión en reportero, también a Castellet le resultó no solo «interesante desde el comienzo», sino que percibió «ambiente de gran conferencia» y «tono de seriedad y altura intelectual» en los límites que «los más exigentes podían esperar» y valora la reunión como un éxito que «sorprendió incluso a los mismos participantes». La «reunión», aunque tan dispersa y muy entregada al alcohol como la cuenta, «no había sido estéril ni mucho menos», concluía Castillo-Puche. La seriedad del encuentro mucho debería a las draconianas exigencias impuestas con humor por el máximo responsable de la organización, el puntualísimo Jaime Salinas, quien distribuyó sanciones («Aquí, el novelista que no hable, ni come ni bebe») y alicientes («Se llevará un control riguroso de las intervenciones. A más hipótesis, más ginebra»). No todo el mundo, sin embargo, tuvo tan positiva impresión. A un ausente, el novelista-policía Tomás Salvador, quizás respirando por la herida, pues no figuró entre los invitados, «lo de Formentor» solo le había parecido «una reunión propagandística» de Seix Barral (*Pueblo*, 6/8/1959).

Por desgracia, al tratarse de un encuentro informal y sin pretensiones académicas, no quedaron actas o documento que recogieran los «coloquios». Contamos, sin embargo, con un buen arsenal de testimonios directos: el amplio reportaje de José Mª Espinás, la larga y prolija «crónica arbitraria» de José Luis Castillo-Puche, la doble crónica coetánea de Castellet más sus notas sobre la marcha rescatadas mucho más tarde, en 2009, en una «Ronda por la memoria», la glosa analítica de [Juan Ramón] M[asoliver] y, en lugar muy notorio, el relato de Jesús López Pacheco en alto grado fiable y minucioso por haberse servido de las anotaciones notariales de Jaime Salinas, minucioso y eficaz colaborador de Barral. Estos testimonios aseguran la vivacidad de las conversaciones y el buen nivel de las disputas, y corroboran que no se trató de un encuentro intrascendente, ni la simple «tertulia de café» que decretaba Tomás Salvador. El encuentro estuvo preñado de ideas trascendentales para el futuro de la narrativa española y decisivas para el debate acerca del realismo y el compromiso.

El coloquio se organizó en tres sesiones centradas en temas específicos. Como guía, siquiera muy libre, para la discusión, se había remitido a los participantes un cuestionario con el propósito de incentivar la reflexión previa y evitar las improvisaciones. De hecho, algún invitado ausente envió sus reflexiones por escrito. En la primera sesión se abordaron dos temas: «I. El novelista y la realidad» y «II. El novelista y la sociedad». El cuestionario proponía los siguientes dilemas:

> • ¿Cree usted que la novela debe aspirar a transcribir una experiencia, testimoniar una situación, a defender una postura ideológica, o a crear un mundo independiente?
> • Frente al problema concreto de la sociedad, cree usted que el novelista debe limitarse a transcribir el mundo como lo ve y entiende, o más bien que, matizando sus observaciones y señalando las contradicciones de la sociedad que describe, debe cooperar de algún modo a su transformación.

La segunda sesión se centró en el punto «III. El novelista y su arte» y su cuestionario previo planteaba si

> En la actual querella entre «vieja» y «nueva» novela, ¿ve usted una cuestión puramente técnica o cree usted que atañe a la concepción de la novela como género literario?

El tercer coloquio lo hizo acerca del punto «IV. El futuro de la novela» a partir del siguiente interrogante:

> En términos generales, ¿cree usted que en los últimos años la novela como género literario está entrando en un perio-

do de florecimiento, o piensa usted, por el contrario, que atraviesa una época de crisis?

Es lógico, al ser el propio editor, Barral, o sus más allegados, presumiblemente el eficiente hombre orquesta Jaime Salinas, el responsable del cuestionario, que el encuentro abordase de forma casi monográfica los asuntos medulares de la novela social, los cuales, en efecto, centraron el doble motivo de la primera jornada. Por eso tiene algún fundamento que Mario Santana considere que «se puede interpretar como una suerte de escaparate para el realismo social». No parece, sin embargo, que tal fuera la intención del promotor, pues en tal caso no habría invitado a quienes podían ensombrecer de tal modo la exhibición. Y, desde luego, ni logró ese presunto objetivo ni consiguió tal claro resultado. Más bien todo lo contrario. Al abarcar el debate sobre el realismo comprometido y también la discusión sobre el futuro de la novela, se abrían las puertas al establecimiento de nuevos rumbos, curiosa y paradójicamente en plena «operación realismo» barraliana.

Las mayores expectativas —refiere Fuster— las despertó la confrontación entre los jóvenes realistas españoles (los Goytisolo o López Pacheco, «con el puntual consejo» de Castellet) y la nueva escuela francesa «objetivista» (Robbe-Grillet y Butor). La contraposición de posturas se plasmó con nitidez: Si los franceses en cuestión se están esforzando por remozar el actual utillaje narrativo de su literatura, ensayando procedimientos y trucos formales sorprendentemente ingeniosos, los españoles pretenden, por el contrario —o al menos *autrement*—, asignar a la novela un propósito de denuncia y de revulsivo frente a la sociedad y sus contradicciones».

A lo largo de las discusiones surgió un ramillete de variadas posturas, dentro de ese planteamiento global. Subraya López Pacheco en su crónica que la confrontación se produjo desde el mismo arranque de la primera sesión, en la que se leyeron las respuestas enviadas por Angus Wilson y Elio Vittorini. Anuncian las dos posiciones extremas de las respuestas recibidas que resumió Barral. Los novelistas y críticos extranjeros se explayan en consideraciones teóricas mientras que los españoles se decantan de un modo directo a favor de una novela «realista» y «testimonial».

López Pacheco se pronunció a favor de una novela que dé testimonio de la sociedad, que la analice y la critique. Adujo que hay sociedades que exigen transformaciones sociales con mayor urgencia que otras; el escritor sentirá esa urgencia y, para obrar con honradez, no tendrá más remedio que reflejarla de un modo o de otro. En la misma onda estuvo Juan Goytisolo. Enlazó con esta postura y afirmó que reflejar las contradicciones de su sociedad supone un imperativo moral del escritor. El que los franceses y españoles pertenezcan a sociedades distintas, adujo, explica las diferencias entre ambas posiciones. *Estebanillo González* le parecía, puso como ejemplo, un modelo de novela de testimonio, cuyo valor crítico sigue vigente en gran parte. Delibes, en cambio, se mostró pesimista a propósito de la influencia de la novela en la sociedad. Lo demostraba el que muchas de las cosas que fustiga esta novela picaresca no han cambiado en tanto tiempo. Una matización y reserva importantes añadió Italo Calvino. Las posiciones de los españoles le recuerdan las de sus paisanos con posterioridad al armisticio. Aunque compartía la opinión de los españoles, la necesidad de realismo que sienten le parece circunstancial y no cree que constituya el modo general de la novela de su tiempo. Ofreció un par de ejemplos de obras que toman sus elementos de la realidad, pero transformándolos de tal modo que resultan más vigorosas, las de Pavese y Kafka.

Se abordó, de esta manera, el asunto que afectaba al núcleo mismo de la narrativa del medio siglo. Dos planteamientos opuestos abrían una fructífera polémica de cara al futuro. Unos —Robbe-Grillet, Calvino y Coindreau— creen que la necesidad absoluta de realismo es circunstancial e inútil. A otros, los españoles, les parece esencial para que la novela alcance un fin social ineludible.

La «*vedette* dialéctica» de los congregados, según la impresión de Barral en sus memorias, Calvino, se pronunció a favor de un tipo de novela en el que la fuerza lingüística o el poder expresivo subrayasen la realidad. En ella encontraba el narrador italiano la alternativa al realismo entendido como documento. Robbe-Grillet fue tajante: «No creo que el novelista pueda contribuir directamente a la transformación de la sociedad». El líder del *nouveau roman* no negó la trascendencia social de la novela pero delimitó su influjo: es solo indirecto, pues el novelista no interviene en la historia de la sociedad sino en la historia de la novela. Nada más a través de la modificación de la sensibilidad y de los puntos de vista puede influir sobre la evolución colectiva, apostilló. Delibes le puntualizó que la relación del novelista con su materia es moral. Castellet, en contra del ensimismamiento formalista del autor de

La jalousie, se erigió en portavoz de los jóvenes narradores nacionales y adujo que el novelista «debe buscar el sentido de la marcha de la historia para sumarse a ella con su útil de trabajo, que es la novela». Tal inequívoco argot del realismo socialista soviético le ponía a él y a sus representados en una posición innegociable con los extranjeros que rechazaban el realismo testifical. No es de extrañar la despectiva respuesta de Robbe-Grillet: el mejor modo que puede tener el novelista de identificarse con esa marcha es hacer buenas novelas. Con lo cual apuntaba con el dedo a la objeción más importante que se le hacía a la narrativa fotográfica desde posturas conservadoras, su precariedad formal, sobre todo lingüística, una pobreza artística que más tarde reconocerían los propios narradores sociales.

Butor se manifestó, sorprendentemente, más de acuerdo con los españoles que con Calvino o con su compatriota, a quien calificó de epígono del arte por el arte. Para el autor de *La Modification* la novela tiene por necesidad una función en la vida colectiva y rechazó todo planteamiento puramente técnico de la literatura por las mismas razones de parcialidad por las que Robbe-Grillet impugnaba el planteamiento temático. Butor marcó un claro límite al formalismo:

> Uno de los medios que la novela tiene de contribuir a la transformación de la sociedad consiste evidentemente en renovarse a sí misma, pero en modo alguno debe limitarse la novela a una renovación esteticista y formal que hace también referencia a su esencialidad social puesto que si así no fuere, a lo único que se llegaría es a reproducir la vieja y ya caduca aspiración de *l'art pour l'art*, el arte por el arte.

Delibes, por cierto, insistió en sus perseverantes prevenciones antiformalistas y advirtió acerca de los negativos efectos de los virtuosismos técnicos: lograrán que el público se desinterese por la novela.

Otras cuestiones palpitantes afloraron en las discusiones. Se llegó a debatir si la novela debe defender una postura ideológica o crear un mundo independiente. Robbe-Grillet, el «astro del coloquio» a juicio de Masoliver, sostuvo que, aunque el novelista parta «de la materia social, su objeto no radica en esta, sino en la novela que se propone». En consecuencia aseveró que «la obra, no el tema, es lo que cuenta». Con ello, el escritor francés, a buen seguro sin ser consciente del alcance de su afirmación, ponía el dedo en una de las llagas de la estética del realismo social vigente en España, tanto en la poesía como en la prosa, nada menos que el contenidismo, que a no tardar serviría como piedra arrojadiza contra el movimiento realista.

Los cronistas del encuentro coinciden en subrayar la polarización de las posiciones. Resume Joan Fuster: «la respuesta de los realistas españoles fue tajante: propugnaron, en efecto, el *engagement* del escritor como un imperativo de orden digamos moral, que en su caso concreto declararon indeclinable: *hic et nunc*, si no más. Robbe-Grillet opuso a ello un escrúpulo sutil: a su entender, esa pretensión, generalizada, significaría tanto como desplazar la obra desde la órbita de los valores literarios estrictos al campo de la mera eficacia social». La confrontación quedó en tablas. Por un lado, los defensores del utilitarismo y el compromiso. Por otro, los formalistas. Y en un terreno intermedio algunas visiones templadas, tácticas o ambiguas. Para Cela, en línea con las posturas de la época más tibias al respecto, «la trascendencia social de la novela es un hecho de orden natural que nada tiene que ver con la intencionalidad del escritor». El límite del testimonio del narrador lo situó en el manido precepto stendhaliano del espejo. A su entender, el novelista no tiene que intervenir en la realidad, pues lo contrario, cualquier injerencia, «puede significar una caída en la novela ideológicamente tendenciosa». Delibes se contentó con no negar ni menospreciar la trascendencia social de la novela.

Las otras dos sesiones del coloquio —«El novelista y su arte» y «El futuro de la novela»— tienen una incidencia menor en el conflicto entre testimonio y formalismo que centra la primera. No dejaban, sin embargo, de repercutir en la poética realista. Al fin y al cabo, los realistas habían de tomar decisiones sobre el arte de novelar.

El arte del novelista gira en las conversaciones de Formentor alrededor de la querella entre «vieja» y «nueva» novela. El británico Angus Wilson echó un jarro de agua fría a las recientes innovaciones porque considera que las de la novela de entreguerras, Joyce y Woolf, ya habían sido asimiladas y, al contrario, la novelística del XIX guarda «secretos fondos» sobre los que se puede edificar la actual. Este planteamiento se daba de bruces con dos obras programáticas del realismo social. Con *La hora del lector*, donde

Castellet despreciaba a los narradores del ochocientos escribiendo una auténtica bobada de la que se burló sin piedad Juan Marsé en *Últimas tardes con Teresa,* según tendremos ocasión de recordar después: «En general, puede decirse que el novelista del XIX fue poco inteligente». Y con *Problemas de la novela,* donde Juan Goytisolo renegaba del psicologismo decimonónico y postulaba una literatura nacional popular y el rescate de la picaresca.

Se escucharon opiniones para todos los gustos. Muchos críticos parten de un concepto estático de la novela y consideran que su canon definitivo quedó fijado en el XIX. «Han leído demasiado a Balzac y muy poco a Faulkner y Kafka» (Robbe-Grillet). El virtuosismo, tanto del estilo como el técnico, es un peligro, pero la técnica es la forma de decir una cosa (Robbe-Grillet). La técnica, sin embargo, no identifica a un escritor, sino el tema, los ambientes, los personajes... (Delibes). La reflexión sobre la técnica es uno de los medios de invención más fuertes de que dispone el novelista y con ella se cultiva la originalidad innata (Butor). El virtuosismo técnico de la novela joven corre el peligro de separarla del pueblo, como ha ocurrido con la poesía y la música (Delibes). Y no faltó alguna *boutade,* la que repitió también en otras muchas ocasiones Cela: «Novela es cualquier libro que en la portada y debajo del título lleve la indicación "novela"».

He traído a colación esta variedad de valoraciones porque, aunque laterales a la problemática del realismo crítico, también le atañía. Relativizaba mucho la monolítica creencia en que el objetivismo constituía la forma única y excluyente de contar la realidad. Que, como señaló Italo Calvino, entrañaba el gran punto de vista dominante en el momento, el que triunfaba por aquellas calendas, después de que la vanguardia de entreguerras hubiera supuesto el triunfo del subjetivismo. Ese era el asunto técnico capital de aquella hora porque en él descansaba la responsabilidad de cumplir la finalidad político-testimonial de la nueva narrativa comprometida. Era un sobreentendido que indujo a López Pacheco a dividir en broma su detallada crónica de Formentor en dos bloques, un «relato objetivo» y un «final subjetivo». De los coloquios mallorquines no se deducía que se tratase de una técnica tan imprescindible como se aseguraba.

El tema de la última sesión, «El futuro de la novela», propició la periódica reaparición del fantasma de su muerte. Ya en la jornada anterior se había producido una simpática escena referida por López Pacheco. Mientras los invitados esperan en la playa la llegada de un yate de recreo, observan que alguien ha hecho en la arena un pequeño túmulo con una cruz. Robbe-Grillet se arrodilla ante él y uniendo las manos reza: «¡La tumba de la novela!». Varios novelistas jóvenes le imitaron, riendo, y se postraron en torno a la sepultura en actitud orante. Para Coindreau, ocurría, sin embargo, lo contrario: se estaba produciendo un florecimiento porque nadie se preocupa de hacerle nuevos trajes a quien va a morir.

Al margen de bromas, se desgranaron algunas cuestiones notables. Ocupó buen espacio la contraposición de la novela y los nuevos medios de distracción, el cine, la radio, la televisión («pequeño siniestro invento», lo llamó Cela). Son motivo de inquietud. La televisión acabará imponiéndose, sostuvo Butor con profecía que hoy nos hace sonreír. Martín Gaite reconoció que esas recientes formas de ocio le estaban robando a la novela su doble misión didáctica y de entretenimiento: «No hay que olvidar que la novela, además de un testimonio es una diversión». Lo cual implicaba cuestionar una premisa esencial del realismo crítico, su valor utilitario.

Los recientes medios de ocio no implicaban por fuerza algo desfavorable. No había que considerarlos negativos. El televisor absorberá al lector pasivo, pero aumentará a los activos (Henry Green). Y ello lleva de la mano al asunto de la condición artística de la novela. El lector pasivo, el de «novela-novela», tal como Delibes había oído pedir en una librería, siempre ha existido, según el ensayista francés, y siempre ha estado al margen de la novela estrictamente literaria. La literatura nunca ha sido popular, explicó Robbe-Grillet, y su razón de ser está en su condición de obra de arte, lo que supone un aval contra la novela sin exigencia literaria y contra los medios de ocio populares. El francés afirmó que el lector que solo busca el argumento no es amante del arte. Junto a la condición artística, la novela tiene otra sociológica, y el tipo ideal satisface ambas condiciones, adujo Joan Petit.

Todo ello quedaba bastante lejos de la problemática del realismo social y relegaba su importancia en la tónica dominante del encuentro. No obstante, también sirvió la última sesión del coloquio para reafirmar los intereses del compromiso. De modo indirecto, por boca de Gabriel Celaya. El emblemático poeta militante se distanció de la actitud «aristocraticista» de quienes han opuesto una televisión y cine de ínfima calidad a la literatura, pues eso puede llevar al «alejandrinismo» y a la esterilidad. No comprendía —aclaró— por qué había que dejar aquellos para la plebe y la literatura para una minoría selecta.

De manera directa aprovecharon Juan Goytisolo y López Pacheco el foro balear para justificar algunos recursos del realismo español en aquel momento. El autor de *Central eléctrica* consideró indispensables las innovaciones técnicas para el porvenir de la novela siempre que estén determinadas por una necesidad interna, con lo que evitará el grave peligro del virtuosismo estético. Y aplicó este criterio a una situación característica de la narrativa de su generación, el personaje colectivo, el cual exige procedimientos muy distintos a los de la vieja novela psicologista de ahondamiento en unos pocos protagonistas. Para el autor de *La resaca,* desde la muerte de la novela introspectiva en los años del arte deshumanizado se ha ido imponiendo otra de contenido objetivo en que la introspección ha dejado paso a un minucioso muestrario de comportamientos de los personajes, que de este modo ofrecen al lector un testimonio de sí por sí mismos.

La variedad de cuestiones tratadas aquella primavera del 59 tuvo un doble hilo conductor y con alcance de recapitulación general nos sirve el balance de uno de sus protagonistas, López Pacheco:

> La posición española fue la menos esteticista, la más preocupada, en general, por su sociedad, y constituyó uno de los ejes (realismo, objetivismo testimonial, experimentalismo funcional) del coloquio, claramente enfrentada con el objetivismo esteticista de Robbe-Grillet, mucho más despreocupado socialmente, que fue el otro eje.

No estará de más añadir que los debates se enmarcaron en discusiones de tipo técnico y formal, en suma, literarias, contra lo que sería presumible en aquella fecha de agitación antifranquista. En teoría, habría sido esperable una mayor politización y un sesgo más ideológico por parte de los españoles entre quienes se encontraban varios antifranquistas ejercientes y señalados: López Pacheco había estado en Carabanchel, a Castellet le había fichado la policía en una revuelta, los hermanos Goytisolo servían a los intereses del PCE, el militante Celaya era un agitador lírico-político... Ninguna medida gubernamental de las habituales en esta clase de actividades tomó, sin embargo, quien podría haberlo decidido, Francisco Soriano Frade, divisionario laureado por su arrojo en el frente soviético y presidente de la Hermandad de excombatientes de la División Azul en las islas, antes delegado en Palma de la Subsecretaría de Educación Popular del Ministerio de Educación y, en el momento del coloquio, delegado de Información y Turismo en Baleares. Ningún enfoque subversivo encontró este incondicional del Régimen que fue un asistente fijo a las jornadas, y de haberlo apreciado algo habría dicho en su recapitulación de aquella fecunda etapa como eficaz gestor del turismo balear. En sus recuerdos profesionales, solo hace una telegráfica mención al éxito internacional de las Conversaciones Poéticas organizadas por Cela y a los premios Formentor de novela al hilo de subrayar el mecenazgo del empresario hostelero Bartolomé Buadas, en cuyo bucólico y lujoso hotel acogió *gratis et amore* a los participantes en el encuentro.

En Formentor se plantearon ya, con alto grado de nitidez y contundencia, las cuestiones que sin demasiado tardar arrasarían con la novela comprometida. Son, en general, las anunciadas por los representantes del *nouveau roman* al proclamar el derecho, la necesidad y la primacía de la especulación formal en la tarea del novelista de hoy; al señalar que lo característico de la novela contemporánea es haber descubierto la responsabilidad de la forma; al asegurar, como Butor, que la novela solo puede colaborar a la transformación de la sociedad transformándose ella misma.

Además, en el Coloquio balear se destapan algunas grietas en la presunta solidez del neorrealismo y del realismo al surgir planteamientos revisionistas que adquirirían carta de naturaleza un lustro después. En lo propuesto por los invitados franceses se halla el germen de lo que el tornadizo Juan Goytisolo pasó a predicar en corto plazo de tiempo, a despecho de lo que él mismo sostuvo en Mallorca. Por otra parte, el conciliábulo no era una solitaria manifestación de inquietud en aquellas fechas por un posible aletargamiento de nuestra novela, con independencia del debate que enfrentaba a los inmovilistas españoles y a los vanguardistas franceses. Suscitadas por el encuentro de Formentor, el crítico y editor Manuel Cerezales hacía unas reflexiones sobre los inevitables reajustes del género para estar en consonancia con su época: «Cambian las costumbres, los usos, los modos de vivir y de pensar, las relaciones entre los hombres y las relaciones del hombre con el medio social. En una palabra, evoluciona lo que constituye la materia novelística y es lógico e inevitable que la novela, reflejo de la vida en un momento determinado, evolucione también».

Barral trivializó en sus memorias, en consonancia con su carácter frívolo, las jornadas del año cincuenta y nueve. Ya se ve que tuvieron mucha mayor significación y que en la isla mediterránea se confrontaron decisivas cuestiones para el futuro inmediato de nuestra narrativa. Al menos, y no es poco, se sembró la semilla de la duda. Incluso con efectos más hondos que los sugeridos por las posiciones discrepantes. La participación muy activa y polémica de Italo Calvino tuvo en este sentido consecuencias notables. El italiano no era un cualquiera, su obra empezaba a conseguir resonancia internacional y representaba de manera muy cabal la disyuntiva planteada en su tierra y muy cercana a la española, por más que la situación política de ambos países se hallara en las antípodas. Esa disyuntiva era encarrilar el neorrealismo surgido en su patria en la posguerra europea hacia un derrotero menos sujeto a la circunstancia histórica y más atento a la realidad social. Lo dice muy bien el crítico italiano Francesco Luti en un análisis de la presencia del autor de *El barón rampante* en España: en la vecina península, «realismo y neorrealismo ya habían perdido su eficacia por no haber seguido la transformación de una sociedad cada vez más cercana a los modelos del capitalismo». El giro necesario, recuerda Luti, lo habían emprendido Calvino y su colega Elio Vittorini y coincide con el momento en que el influyente asesor del gran editor italiano Einaudi aterriza en Formentor de la mano de Barral. Que figura tan representativa y eminente del neorrealismo trajera aquella buena nueva constituía un hecho de verdad relevante. Recuérdese que en los años inmediatos anteriores el neorrealismo había sido la vulgata de cineastas y narradores españoles y que, ahora, recibía una rectificación, casi una enmienda a la totalidad, por boca de uno de sus más cualificados agentes. Asegura Luti que, en aquellos días, Castellet «tenía claro» que la literatura española se hallaba en una encrucijada, según el propio crítico catalán le confirmó en más de una ocasión. No siempre son del todo fiables las apreciaciones de Castellet sobre su propio pasado y en esta ocasión tal vez se excedió en sus confidencias con su colega italiano para dar de sí mismo la imagen de un adelantado de su tiempo que no se corresponde con lo que sabemos que defendía en Formentor. Pero sin duda escuchó el mensaje de Calvino en sus conversaciones mallorquinas y lo recicló como una alerta que maduraría en no demasiado tiempo. La sombra de la duda era alargada en el verano de 1959. La semilla de la rectificación se había sembrado.

Los coloquios siguientes celebrados en la isla balear no fueron inocuos, pero se orientaron en direcciones menos influyentes en la deriva de nuestra prosa. Los temas del encuentro inmediato posterior tuvieron otro objetivo. Con tino tituló Julio Trenas su información: «El editor, protagonista del II Coloquio Internacional de novela». En efecto, a ello conducían los dos asuntos pendientes de debatir, «El editor y el novelista» y «El editor y el público». Un largo reportaje posterior del mismo Trenas detalla que la preparación de los premios Formentor e Internacional y el debate de la legitimidad por parte del editor de intervenir en la obra del autor se llevaron los esfuerzos. Todo ello afecta a la marcha de nuestra narrativa en menor medida que los asuntos debatidos con anterioridad, pero también habría de incidir, cómo no, en ella. En cualquier caso, la evaluación global de una estudiosa, Ángeles Encinar, resume un mérito incuestionable de los encuentros mallorquines: fueron un intento de fomentar el progreso y la evolución técnica y temática de la novela al inicio de los años sesenta.

En la atmósfera balear se aventaron las cautelas, suspicacias y retos que decidirían el rumbo de la novela social y el futuro de la prosa narrativa castellana, las rectificaciones convenientes y también los excesos. Ha de tenerse en cuenta que los coloquios alcanzaron amplia resonancia, un tanto inhabitual. Además de las crónicas ya mencionadas, obtuvieron una repercusión periodística sorprendente. Además, las informaciones varias veces citadas párrafos arriba fueron objeto de un amplio seguimiento radiofónico, y diversas publicaciones le dieron tratamiento de suceso destacado. La revista *Destino* llevó la crónica de Espinás sobre el primer coloquio nada menos que a su portada, con ese mismo reclamo presentó *Pueblo* el reportaje de Castillo-Puche y también en portada destacó *La Vanguardia Española*, en el número del 5 de mayo de 1960, el segundo. El semanal del grupo Godó, *Gaceta Ilustrada*, aunque centraba su interés en la «actualidad mundial», según rezaba su cabecera, le dedicó asimismo un buen espacio poco después del encuentro, en junio de 1959.

El éxito puertas afuera de los coloquios se debió a su carácter abierto, no circunscrito al ámbito académico, a la habilidad propagandística de su promotor, Barral, y a las subterráneas complicidades políticas anexas. Pudieron ser seguidos con la gran curiosidad esperable por el mundillo de los letraheridos y, también, por un público culto general, por ejemplo el multitudinario de dicha *Gaceta Ilustrada*, aquella especie de *Paris Match* español tan grato a la clase media de nuestro país. De este modo, se ampliaba el número ordinario de interesados por el nuevo realismo crítico, que no iba más allá de la juventud universitaria concienciada (ningún interés despertó, por otra parte, aquella narrativa comprometida en los obreros, presuntos beneficiados de la temática de denuncia). Así, el doble debate, realismo y testimonio crítico, logró una amplia proyección. Por eso la cita de Formentor tuvo trascendencia, como señaló Castellet cuarenta años después. Aquel debate, visto con amplia perspectiva histórica, «fue un principio» para plantearse con mayor profundidad «lo que los escritores españoles en general —y especialmente los jóvenes— predicaban o predicamos, es decir: la novela como instrumento de cambio social, de transformación de la sociedad, más o menos revolucionariamente expuesto». De aquellos polvos vendrían los lodos de finales del séptimo decenio. Entonces, reconoce Castellet, «la postura, la lección, si se quiere, que nos daban los formalistas, fue muy importante y actuó con mucha contundencia sobre nosotros». De tal modo, Formentor constituye un hito en el proceso evolutivo del realismo social. Hito para la reflexión que no, todavía, para la palinodia. Y si tal cosa no se percibió ya entonces, retrospectivamente merecería juicios mucho más severos que comento en otro lugar. Formarían parte, según esas valoraciones ulteriores, de un entramado de intereses pequeño burgueses de tipo ideológico y comercial.

El encuentro mallorquín no resolvió las espinosas cuestiones suscitadas, ni cabía esperar que lo hiciera. Lo que sí acredita es un estado de opinión general fracturado. Simplificando: a un lado, partidarios del realismo; al otro, objetores. Testimonios coetáneos ajenos al coloquio mallorquín certifican la polarización. Juan Marsé, quien más adelante desmentirá con vehemencia y malhumor a quienes vinculan su obra con la narrativa social, es entrevistado en *Destino* (1133, 25/4/1959) con motivo de la obtención del premio Sésamo de cuento del primer trimestre de 1959 por «Nada para morir», que el semanario publicó en el número siguiente (2/5/1959). En la que seguramente es su primera entrevista periodística, el escritor catalán manifiesta un sorprendente interés en dejar clara su filiación literaria. Sin que venga a cuento de la pregunta del anónimo periodista —«¿Cómo trabaja usted?»—, se apresura a explicar: «Y digamos que mi literatura se alinea en el campo del testimonio social. Lo sé, muchos lo dicen también, pero es así». La misma línea proclive al testimonio se encuentra asimismo en un interesante documento, la amplia encuesta de Luis Sastre a una docena larga de escritores y críticos sobre el estado de nuestra novela realizada al cierre de los cincuenta.

En la primera entrega del reportaje seriado de Luis Sastre, el siempre escurridizo Cela se manifestaba con sorprendente claridad. A la cuestión «¿Qué es la novela?», respondía: «Un acta del tiempo que se vive, artísticamente levantada; sin ambajes [*sic*] ni rodeos; sin concesiones ni claudicaciones, sin caridades ni eufemismos». A dicha pregunta Barral contestaba que «Una forma tradicional cuya función depende de la situación histórica del grupo humano en que y para que se produce». Luis Goytisolo decía: «La novela, si no es, tiende a ser y en todo caso debiera ser, la expresión íntegra y directa de cada época». En entregas siguientes, Barral achacaba las causas de la situación de crisis a «complejos motivos de orden histórico y sociológico» y respecto del futuro se mostraba confiado en los frutos de los novelistas entonces nuevos: «Soy más bien optimista con respecto a la nueva generación de narradores españoles. Pienso que existe la posibilidad de que la novela española joven de los próximos diez años cumpla en el mundo una función paralela a la de la poesía de los años treinta». La implacable hemeroteca deja estas declaraciones como lapidarios testimonios de cambios de criterio entonces impensables.

Frente a la cercanía a la estética testimonial de estos nombres, otros encuestados —recordemos que en el mismo año que el encuentro de Formentor— exponen sus reservas o su disconformidad con el realismo al uso. El prudente Baquero Goyanes, ya hemos visto que nada propicio al compromiso, avisa del riesgo del sectarismo: ve el «momento» de nuestra ficción «interesante, aunque confuso, en parte por las pretensiones de exclusividad de algunos sectores de la novela joven que no parecen admitir otras posibilidades de cultivar el género que no sean la preconizadas por ellos». Y el siempre franco y políticamente incorrecto Sainz de Robles diagnostica insuficiencias al proponer una ristra de remedios a la situación actual: «Quitar tremendismo, zafiedad descriptiva y lenguaje grosero a las novelas ceñidas a la realidad, y prestar mayor interés a las invenciones entremezcladas de poesía, humor, ingenio y sorpresa».

Las reticencias acerca del abusivo testimonialismo y sus efectos excluyentes no procedieron solo de mentalidades conservadoras, por otra parte. Julio de la Rosa, antifranquista y cercano en lo personal al compromiso, postulaba en 1962, con cerrada protesta además, el valor de la pura invención en unas «Notas sobre literatura mágica». En términos descalificadores de los usos predominantes advierte que «la fantasía fue durante muchísimo tiempo nota característica de la novela hasta que el feroz realismo y la "Vida" se encargaron de ahogarla». Por si fuera poco, les mandaba un inquietante mensaje a sus colegas generacionales: los jóvenes novelistas norteamericanos —McCullers, Capote, Goyen o «el maestro» Faulkner— cultivan la «potencia ancestral» de lo mágico, y gracias ella han logrado fama «de espaldas a las corrientes realistas y objetivistas que imperan en el resto del mundo».

6
Primeros años sesenta: entre la vigencia y el declive

El declive del realismo social a comienzos de los sesenta era algo constatable, mas no una realidad absoluta. No la corriente fenecida como luego se ha venido diciendo con palmaria simplificación y falsedad. El movimiento mantenía una considerable consistencia de la que dejaba palmaria constancia José Hierro en el resumen de las actividades ateneístas de los años 1960 y 1961. En su sección «Prado 21» de *La Estafeta,* hacía un balance de «Fin de temporada» al llegar el verano de 1961 y probaba la alta medida en que el testimonio y el compromiso habían impregnado las aulas de la veterana institución madrileña. Repara en las tres vertientes creadoras que más le importan —música, pintura y poesía— y advierte lo «curioso» de que artes de propósitos tan desemejantes «se amparan en propósitos casi idénticos». Y explica: «Arte de testimonio, de protesta dicen del suyo lo mismo los pintores, que los músicos, que los poetas. Artes que ponen lo ético por encima de lo estético. Artes para las cuales las formas no son fines en sí mismas, sino medios de manifestar la problemática de un hombre de este tiempo».

Siendo esta la tónica generalizada del ambiente cultural, reflejada incluso en un club, el Ateneo, entonces de marcado carácter conservador, nada sorprende que en los inicios del decenio persistan las manifestaciones terminantes a favor del utilitarismo político y social de la novela. Una autora tan poco proclive al reflejo social directo y nada extremosa como Ana María Matute se mostraba partidaria de esa finalidad, y en una entrevista de J. M. C. (¿Castellet?) en *Ínsula* (160, 3/1960) sostenía: «La novela ya no puede ser meramente de pasatiempo y evasión. A la par que un documento de nuestro tiempo y que un planteamiento de los problemas del hombre actual, debe herir, por decirlo de alguna manera, la conciencia de la sociedad, en un deseo de mejorarla». Y Juan Marsé, en frontal contraste con sus posturas posteriores, respondía a la pregunta de Manuel Vázquez Montalbán acerca de «si se puede influir en los demás mediante la literatura» con un tajante «Sí. Por eso escribo». En la misma entrevista de 1960 en *Solidaridad Nacional* reivindicaba Marsé, también, «sin duda», el papel del escritor «como conciencia moral de una sociedad». Poco después, en 1962, en la ortodoxia lukacsiana, con refuerzo de Sarte y de Gramsci, Armando López Salinas anudaba el problema del realismo con la disyuntiva entre contenido y forma para sostener la superación de la forma por la prioridad del contenido. Su artículo de rara densidad especulativa «Cultura del público y del autor» señalaba el fracaso de la técnica cuando camina por sus propios pasos, autónoma e independiente del contenido, como base para estimular «la lucha del escritor y del director de cine», y proclamaba el «compromiso ideológico con su pueblo» de ambos. La confianza en ese proyecto político-artístico, en su eficacia, servía de colofón a su ensayo: «El esfuerzo es para el presente y para el futuro, en el que debemos colaborar todos».

Se daba en ese momento, además, la percepción de una narrativa pujante. Numerosos documentos —entrevistas, críticas, autojustificaciones literarias— lo atestiguan. Rescataré solo, a manera de consabidos botones de muestra, tres opiniones cuyo valor se realza por la distinta procedencia de sus emisores, un observador desde fuera, Tuñón de Lara, un protagonista, Juan García Hortelano, y un analista implicado en el proceso histórico de renovación literaria, José Corrales Egea.

Impresión de brío transmite el comentario epistolar del historiador Tuñón de Lara a Max Aub del 8 de mayo de 1960: le habría gustado escribir algo «sobre esta avalancha de buena literatura española» le dice a su amigo exiliado. Tras preguntarle a su corresponsal si conoce *La mina*, le adelanta que «a mí me gusta mucho, pero que mucho, y esa es la opinión de todos nuestros amigos de por aquí» y remata con un futurible arriesgado: «Si continúa así tenemos novelista ahí». En carta poco posterior, Tuñón le informa a Aub de la salida del «estupendo» *Campos de Níjar*. Y en confidencia del año siguiente, del 21 de abril, comenta en términos elogiosos *La Chanca*: «con este libro», Goytisolo «intenta un nuevo tipo de relato que me parece muy interesante. El lenguaje, aunque mejorado, tiene sus quiebras (probablemente se observa el acicalamiento, le falta espontaneidad). Pero está muy bien... Y muy superior a la media de lo que se hace en el país».

Las valoraciones elogiosas del también exiliado Tuñón, proclive en exceso a arrogarse el papel de crítico literario en beneficio de sus correligionarios, suponen el reconocimiento y las expectativas de una literatura todavía en marcha.

En el mismo sentido, y desde su perspectiva de autor, uno de los que están en el «bombo» de la literatura actual, se pronuncia García Hortelano en jugosa conversación con Rafael Vázquez Zamora en *Destino* (1268, 25/11/1961). Hacen ambos variadas observaciones sobre el tema candente e inagotable del realismo, de sus fronteras con el costumbrismo y de las exigencias técnicas, y García Hortelano insiste en que el realismo no es una forma literaria, ni siquiera una escuela o tendencia, sino el resultado literario más inmediato de una determinada actitud ante la vida. Él y otros colegas andan en el empeño de hallar una novelística original que les asegure su supervivencia en el futuro. Y ello forma parte de «esta resurrección» de la novela por la «existencia de una deliberada promoción de novelistas, de este socialrealismo que hace de nuestra literatura joven uno de los fenómenos más interesantes de la literatura europea».

Coincidente opinión respecto del nacimiento de una literatura potente e innovadora manifiesta José Corrales Egea, que había sido uno de sus patrocinadores, uno de quienes habían apoyado más incondicionalmente el movimiento literario joven del medio siglo. Hubo, explica, una insólita, inesperada «floración» literaria que dio un mentís a los escépticos y pesimistas que habían entonado un responso acerca de nuestra literatura. Fue una sorpresa que tuvo eco en el extranjero y convirtió la «novedad» española en un *boom* en el exterior. Pero su comentario, formulado con un interrogante retórico, «¿Crisis de la nueva literatura?», pues le da una respuesta afirmativa, lo hace con suficiente perspectiva temporal como para contrastar el feliz alumbramiento con la situación de parada, de alto, de detención, de estancamiento —en suma, la crisis del título— a la que se había llegado en 1965.

En corto plazo de tiempo, en la segunda mitad del decenio, las posturas cambian tanto que la impresión de fortaleza y fuerza se ablanda, la euforia desaparece y se extienden las actitudes de descrédito de la estética social. Pero ya un lustro atrás, antes de que fueran ostensibles estas últimas posturas, se van encontrando significativos indicios que cuestionan varios aspectos de la práctica novelesca del realismo crítico y se producen tempraneros síntomas de desconfianza, aunque sin negar la concepción global de la literatura predominante en la generación del medio siglo. Ni siquiera transcurridos un par de años de los sesenta, uno de los promotores de la literatura realista de la joven generación, Ricardo Doménech, hacía, en un «Inciso sobre teatro» de su sección en *Ínsula*, cautas y exactas precisiones contra el uso indiscriminado del objetivismo, que había sido, recordémoslo, nada menos que el centro neurálgico del punto de vista narrativo de la literatura de observación. Un año más tarde, cuando todavía la narrativa social se enseñoreaba de la actividad editorial, este mismo crítico acogía con palabras elogiosísimas la aparición de Luis Martín-Santos. Doménech alababa diversos elementos temáticos y constructivos de *Tiempo de silencio* ajenos a la práctica más común en el realismo social español y, por si fuera poco, resaltaba su novedad frente a dos grandes limitaciones —y esto es lo que aquí más nos importa— de la novela coetánea. Por una parte, lamentaba la «evidente falta de densidad intelectual de la joven novelística» que percibía incluso en títulos «tan excelentes» como *El Jarama, Los bravos, Central eléctrica* y *La mina*. Por la otra, advierte «una cierta monotonía en las formas de narrar» del momento, que afecta —negativamente, claro— a los personajes, a las situaciones y a la acción. Tal cúmulo de reservas a raíz de aquella «novela irrepetible» se formulan con madrugadora lucidez. Cuando Doménech vuelva a comentar *Tiempo de silencio* en el primer número de la revista *Triunfo* el mismo año 1962, hará una observación que afecta asimismo a la rutina de la prosa del medio siglo: «Martín-Santos no es un escritor realista en la medida en que no "copia" la realidad. Pero lo es en la medida en que trata de interpretarla».

Las reservas de Doménech no eran un clarinazo aislado en la crítica. Otro gran conocedor de la novela de posguerra, quizás el mejor en los círculos del periodismo cultural, Rafael Vázquez Zamora, iba un paso más allá al manifestar con toda franqueza su opinión sobre la deriva en aquellas fechas de la corriente «realista social», cuyo nacimiento fija en *El Jarama*. En la crónica «Lo que hubo en el Eugenio Nadal 1961» para *Destino* (1275, 13/1/1962), aprecia el declive de esa tendencia «tan desgastada luego (y, sobre todo, tan privada en general, de valor estético) [de lo] que en Sánchez Ferlosio es auténtica obra de arte».

No todo el mundo tenía respecto del estado de la narrativa española al comienzo de los años sesenta la misma percepción de declive que el crítico de *Destino*. En el extremo opuesto se encuentra Francisco Olmos García, quien, en un balance de su actualidad acogido por una publicación del exilio mexicano, el *Boletín de Información*, sostiene la plena vigencia del realismo comprometido. Ahora iremos a este eufórico recuento, pero antes conviene hacer un mínimo perfil de su autor como alguien que pone sus convicciones políticas al servicio del arte, alienta el realismo social y lo difunde desde la periferia del sistema literario. Sea o no cierta la gozosa realidad que describe, presupone o fantasea, contribuye a su propagación, como ocurrió con otros simpatizantes que lograron dar una imagen internacional en exceso positiva de las letras antifranquistas.

El levantino Francisco Olmos tiene largo recorrido de militante comunista desde la juventud. Hijo de maestro y maestro él mismo, combatió en las filas republicanas, en las que alcanzó el grado de capitán, y sufrió heridas en el frente. Al acabar la guerra fue detenido y condenado, pero logró exiliarse a Francia y comenzó una trayectoria de profesor y estudioso que dio a conocer en buen número de trabajos. Entre estos resulta muy significativo el deslinde histórico *Cervantes en su época*, donde hace hincapié en grandes condicionantes de aquel tiempo pretérito, la Inquisición, la censura y la segregación de cristianos viejos y nuevos. El análisis del entorno tiene la finalidad de ofrecer la imagen de Cervantes como escritor social y a presentarlo, en buena medida, como predecesor de los autores de denuncia. La nota preliminar del editor, el también cervantista y combativo Ricardo Aguilera, subraya este alcance del ensayo. Los especialistas en el *Quijote* de todo tiempo, afirma, solo han valorado el relevante poder literario y la fuerza sentimental del *Quijote*, y «pican en el anzuelo» de que sea una novela para sepultar el género caballeresco. Esos expertos, dice, no han comprendido ni a Cervantes ni su tiempo; mientras que Olmos desmiente la falsa imagen porque muestra la corriente cervantina «de denuncia y de creación social». De este modo, tenemos la nueva imagen auténtica, Cervantes «como escritor de visión social anticipada y precursora». Solo le falta añadir que patrón del realismo socialista.

Debe señalarse esta interpretación militante de un Cervantes comprometido, progresista, por no decir con carné izquierdista, para dar una pauta de cuáles serán los planteamientos e intenciones de Olmos en las varias ocasiones en que actuó como propagandista del realismo social español y altavoz de los requisitos de un arte históricamente responsable. La primera de ellas fue el mencionado artículo «La novela nueva: su presente y porvenir» y volvió a la carga, con idéntico propósito, en una encuesta de cierta resonancia, «La novela y los novelistas españoles de hoy», y una «Antología de poetas españoles de hoy». Forman parte de los apoyos fuera de España a los escritores disconformes del interior y deben ocupar un merecido espacio en estas páginas.

El artículo, aparecido en el órgano de la Unión de Intelectuales Españoles, esboza la situación de la novela española bajo la premisa de la plena vigencia del realismo comprometido y le atribuye la máxima bondad de haber cumplido una benemérita misión: gracias al reciente movimiento se había logrado un resurgimiento de nuestra narrativa espectacular y poco antes impensable. No solo no sospecha riesgo alguno, sino que asegura que la joven generación realista constituye «un anticipo venturoso» de lo que «en breve» está llamada a ser nuestra novelística. Ello a pesar de que todavía existen retos y dificultades para que se cumplan en su integridad los requisitos exigibles a un verdadero realismo. Aprecia Olmos insuficiencias en el retrato testimonial de la vida contemporánea. Le falta a este realismo la voluntad de combatir a favor de un cambio social y de mostrar la trabazón entre las barbaridades que estas obras presentan y sus causas sociales y políticas. No puede ser más claro: falta «la conexión entre la estructura de la sociedad, las relaciones de propiedad y la injusticia, de la cual las condiciones de existencia de los que padecen miseria material y espiritual es el resultado». Porque «una novela puede recoger aspectos crudos de la vida sin ser realista», en el sentido, claro, del realismo soviético. Percibe el déficit en *Nada* y lo argumenta a propósito de *La colmena*. Cela se queda corto o al margen del nuevo realismo intencionado porque sus personajes no combaten con esperanza por una vida mejor. La realidad es en él «un mundo cerrado y monstruoso, sin principio ni fin, dominado por la fatalidad». El escritor gallego no se esfuerza «por captar el movimiento de la realidad en el sentido que esta proyecta», con frase tomada del argumentario soviético.

Por las mismas razones, explica Olmos, Ana María Matute no llega adonde debería, ya que no ve, o no lo manifiesta claramente, que el dolor de vivir señalado en sus libros hunde sus raíces en las estructuras económicas. El ensayista considera insuficiente esa novelística documental, entre cuyos cultivadores incluye también a Delibes o Dolores Medio, autores de la promoción mayor. Nuestros escritores no han «asimilado totalmente la complejidad del movimiento de la historia o no han logrado traducirla aún en la obra», bien pudiera ser que por la presión estatal —así llama a la censura—, aunque no parece que esta sea una razón suficiente. Advierte, además, que a las obras testimoniales les sobra un fondo desesperanzado y nihilista que no contribuye al progreso colectivo. Nuevo tributo al realismo según se predica en la URSS.

De modo que la mayor reserva de Olmos en este arranque del séptimo decenio respecto de esa narrativa que sigue considerando plenamente nueva se refiere a una cierta insuficiencia realista, no a su desgaste. Desde su perspectiva, significa una fuerza renovadora de la novela española tanto en la forma como en el fondo. Este carácter innovador supone la aportación fundamental a la trayectoria de nuestra narrativa de posguerra, a cuya regeneración sigue contribuyendo a partir, además, de un decidido carácter nacional. Los narradores españoles, dice, se están ya desentendiendo de las influencias extranjeras y se dedican a buscar sus raíces nacionales, que identifican en la picaresca y en autores que aportan una visión crítica de la vida. De esta manera, explica, anda en una primera plenitud la formulación de una literatura nacional popular. No es muy original nuestro ensayista, pues se ciñe al papel de corifeo de la doctrina predicada por Juan Goytisolo.

Aunque con optimismo proselitista y entusiasmo excesivo, el balance de Olmos confirma que el realismo social tiene en estos primeros años sesenta todavía un sólido predicamento y configura una realidad robusta. Los reparos formulados como insuficiencias indican que siguen vigentes los planteamientos teóricos más rígidos, más cercanos al realismo socialista. Suponen que continúa operativa una intransigencia doctrinal empeñada en aplicar estrictamente los principios realistas —obligación de mostrar las causas sociopolíticas y de contribuir al progreso colectivo— más perjudiciales para la creación literaria. Aún mantienen su crédito los principios artísticos restrictivos que proporcionaron argumentos a la operación de descrédito del realismo social, ya en marcha, aunque todavía en mantillas.

En el mismo sentido apunta Olmos con su cercana *Antología de poetas españoles de hoy*, de modo que abriremos un paréntesis en la narrativa para hacerle un hueco a la poesía. El ensayista amplía la postura expresada respecto de la joven novela en la selección poética que dio a conocer en *Cuadernos Americanos*. Parte muy importante de la literatura española de nuestros días sorprende por «su densidad dramática, su vigor y las ansias de porvenir que anima a sus autores» y ello porque estos atienden «a lo urgente y sustancial humano», buscan «participar con apasionado esfuerzo a la evolución de la sociedad española» y tratan de «combatir a un tiempo las realidades presentes y la literatura que de un modo u otro las encubre». Se trata, pues, de un doble proceso de mejora y desenmascaramiento. En un «esquemático» recorrido por nuestras letras desde la Restauración repasa una trayectoria oscilante que no ha sabido anclarlas en la debida función histórica y que supone una enmienda a las generaciones predecesoras de la posguerra, las del 98 y el 27. Jóvenes noventayochistas vieron que «los males de la patria residían en la estructura económica de la sociedad española y los remedios se hallaban en las reformas estructurales», entendieron que «residen en las relaciones de producción y no en la geografía». Pronto se acomodaron, sin embargo, al ambiente y perdieron sus ímpetus reformistas iniciales. La generación del 27, salvo excepciones, extremó la tendencia irracional y llegó a ignorar las realidades concretas.

La situación social, alega Olmos, se ha agravado desde 1939. Sin embargo, sabedores los escritores recientes y actuales de las nocivas consecuencias de sus antecesores, han cambiado de metas. Ya no van a reemplazar la realidad histórica, sino que tratan de «integrar su obra en el movimiento de la realidad» para mejor provecho del lector. Se ha producido una amplia corriente en esta dirección que ha desterrado el neoclasicismo de los años cuarenta y lo ha sustituido por el realismo. No es una escuela, avisa, sino un «vasto e impetuoso movimiento» en el que conviven poetas de varias edades y orígenes literarios y sociales. Entre quienes menciona a Celaya, Eugenio de Nora y Otero, además de un grupo de poetas catalanes que reivindican el uso de la lengua materna. En la misma dirección incorpora a los vanguardistas Carriedo y Ángel Crespo porque participan en el combate contra el arte por el arte, la poesía formal y conformista, y han evolucionado —así lo advierte— hacia el realismo más o menos crítico; ocupan «un lugar destacado dentro del realismo histórico, más bien que social», dice apropiándose de la etiqueta preferida por Castellet. En fin, catalanes y castellanos comparten la convicción «de que el arte debe estar al servicio de la historia y actuar con perspectivas de porvenir».

La indespistable fraseología, calco de la ortodoxia soviética —esos «el movimiento de la realidad» y «el arte al servicio de la historia»—, revela mejor que nada los supuestos que sustentan la selección de poetas, no de los poemas, porque estos los eligieron los propios antologados e incluso enviaron textos inéditos. Representan la actual orientación de la lírica que el antólogo ha explicado, en este orden, Francesc Vallverdú, Joan Oliver, Joaquim Horta, Salvador Espriu, Gil de Biedma, José Agustín Goytisolo, Aleixandre, Celaya, Eugenio de Nora, Ángel Crespo, Carriedo, Blas de Otero, Ramón de Garciasol, Carlos Álvarez, López Pacheco y Ángela Figuera. Nómina heterogénea, por edades y sensibilidades, fuerza Olmos hasta el límite la poética de algunos de estos escritores para encajarlos en el movimiento característico de la poesía histórica que publicita. ¿Cómo meter en el mismo cesto a Aleixandre, Celaya (mediante el emblemático «La poesía es un arma cargada de futuro»), Crespo o Carlos Álvarez? Por la razón de que encajan en el movimiento de una poesía histórica que el antólogo quiere propagar y convertir en portaestandarte de la nueva lírica española. Jaleaba de este modo el realismo, le aportaba un apoyo externo en el momento de inicial crisis que estamos viendo y ayudaba a su difusión en los círculos del exilio y del hispanismo. *Cuadernos Americanos* no era una revista sectaria de partido, sino un bimensual de notable audiencia y prestigio.

Volvamos a la prosa. La solidez, pujanza y expectativas de futuro de la literatura comprometida que Olmos describe en ambos diagnósticos o proclamas convivía con reproches directos que no parecen afectar mucho a su fortaleza por ahora. Una denuncia explícita en este momento señalaba con el dedo el exclusivismo tendencioso de quienes patrocinan el realismo crítico y las gravosas hipotecas que dichos mentores obligan a suscribir a quienes se suben al carro. José María Castillo Navarro, narrador espiritualista pero con sensibilidad cercana a la problemática social, en general, y a la económica de su tierra natal, Murcia, en particular, aprovecha *Los perros mueren en la calle* para un privado ajuste de cuentas con los santones del realismo social. A ellos y a sus exigencias se refiere con sarcasmo provocador.

En *Los perros mueren en la calle* aparece una pandilla de jóvenes acomodados —semejante a otras habituales en los relatos de la época— que monta una fiesta a bordo de una lancha en el puerto de Barcelona. Entre los invitados figuran «un novelista y un crítico de la nueva ola» a los que no se pone nombre porque, aunque hoy haría falta una nota a pie de página para identificarlos, en 1961, fecha de su publicación, era transparente. Antes de llegar a dicha escena, ya se ha señalado con el dedo al crítico, «mal llamado de vanguardia, antes admirador acérrimo de los alemanes y ahora del objetivismo [...]». En cuanto al novelista, «acostumbraba a vérsele por la taberna del Toro, con una prostituta vieja y desdentada, que a él le hacía la mar de gracia por aquello de lo social [y] confundía la novela con el reportaje...». Otro personaje, viendo aproximarse a ambos, «se puso en pie sobre la proa de la barcaza, oteó el horizonte, extendió el brazo, señalando un punto supuesto: —¡Timonel, rumbo al objetivismo!».

La pulla que pone codo con codo a Castellet y Goytisolo se amplía con algunos datos más, bien significativos. El novelista «olvidaba al hombre para preocuparse solo de su circunstancia. El tema Dios, el tema sexo, el tema costumbres solo merecían su desprecio. A él, como a su crítico, les apasionaba solo lo político». Apunta aquí Castillo-Navarro a otro exclusivismo, el limitar la temática a muy contados ámbitos de la realidad, o, si se prefiere, a uno único desdoblado, la denuncia obrerista y antiburguesa. Una tercera y sustantiva queja añade el autor lorquino: tanto el novelista como el crítico anónimos «ignoraban sistemáticamente cualquier valor opuesto a sus directrices y componían una especie de clan donde se rendía culto al muy noble y muy leal juego de los bombos mutuos».

Aunque existieran síntomas de crisis que el voluntarismo no le permitía a Olmos percibir, por la otra parte, por el lado de los detractores del realismo histórico, no se bajaba la guardia. Había que seguir refutando la visión unilateral de la literatura de compromiso. A este propósito responde un ensayo, referido a la lírica pero extrapolable a toda otra forma de expresión, de Rafael Morales, «Realidad, realismo y poesía». El poeta Morales era un hombre templado, lejos del sectarismo de otros colegas cercanos al Régimen, y bajo su dirección *La Estafeta Literaria* mostró una fuerte pero argumentada discrepancia con la literatura disidente.

El largo artículo de Rafael Morales se centra en el concepto clave del debate estético de la época, el realismo. Parte el ensayista del reconocimiento del retroceso, en la actualidad, del arte por el arte y de la afición a jugar con las palabras y con las imágenes. Solo la pintura y la escultura abstractas constituyen una tabla de salvación del arte puro. Por el contrario, la generalidad de los poetas —vale entender escritores— han vuelto los ojos a la realidad y a los asuntos políticos, sociales, cotidianos y más prosaicos. Con humor se pregunta si hay algún poeta —ampliemos también el término a cualquier escritor— que no «tenga tocada» su poesía por «el roce adjetivo» de lo social. El problema que debe abordarse, piensa Morales, es el del lenguaje poético. Para él, lo diferenciador de la poesía reside en el lenguaje, en lo que este supone de intuición, de belleza, de incisiva expresión. En la herencia barroco-culterana —que, por cierto, poco tiene que ver con sus poemas— sostiene que «solo el lenguaje ideal, solo la expresión» crean el poema. Entiende, por tanto, la poesía como una manifestación estrictamente verbal, ajena al contenido. Cuando la expresión se logra, el asunto resulta indiferente. Y entonces será lo de menos que se inspire en la realidad o en la fantasía.

Así que Morales no reniega de la presencia de la realidad en la poesía. Con rotundidad afirma: «En el poema no hay por qué escamotear la realidad». ¿Avalaba, por tanto, la poesía de sus coetáneos dados al testimonio? No es esa, desde luego, su intención. Para ello se explaya en una serie de sofismas. Uno se refiere a la dichosa rehumanización. Porque dentro de ella incluye toda la amplia gama de emociones, sentimientos o sensaciones, de la belleza al amor o la caridad y a la genérica preocupación por el prójimo, que quepan en el alma. Otro concierne a qué entiende por realidad: si los jóvenes comprometidos apuntaban a la situación material y económica, Morales prioriza las inquietudes espirituales, para él también tan reales como las otras. Y aún nos queda el asunto del lenguaje: obviamente los poetas sociales utilizaban una lengua sencilla y conversacional, más denotativa que creativa, que de ninguna manera cumple los requisitos que Morales ha impuesto a la esencia de lo poético.

El conjunto de la argumentación, por tanto, se vuelve contra la temática de inmediatez, de testimonio, aunque expuesta de manera razonada y con bastantes buenos modales. No solo de forma genérica, sino con puntualizaciones. Es natural, admite Rafael Morales, que el poeta arranque de la realidad que le circunda, pero, claro, hay que convertirla en poesía, y para eso «el realismo del lenguaje y el prosaísmo tan en boga hoy no sirve». Es decir, que ningún valor tiene que partir de lo próximo. Además, no se puede confundir «la poesía con otras cosas, un sermón o una monserga social, sindicalista o revolucionaria con lenguaje más o menos prosaico». El propio léxico que utiliza delata a Morales. Por si fuera poco, remacha, la temática realista «fácilmente degenera en lo contrario a la esencia» poética, cae «en lo vulgar y lo prosaico, a veces en lo demagógico y facilón, en el realismo expresivo, en el lenguaje pobre de tono, corriente y moliente». Otra vez el léxico desvela su pensamiento profundo.

Tratando de buscar un punto de equilibrio entre formas poéticas alejadas, Rafael Morales diferencia el «joyismo» (así llama a la expresión artificiosa) y el realismo. Por supuesto, reniega de aquel —en verdad, nada menos «joyista» hay que sus propios versos—, pero el otro le parece mucho más nocivo para la verdadera poesía, «ya que supone la negación de toda belleza». Huyamos de ambos extremos, aconseja, aunque ha de saberse que el peligro mayor del realismo «es la negación de toda poesía». Merece la pena esta glosa amplia de la postura de Morales porque resulta bien representativa de un sector de los adversarios del realismo social. De quienes luchaban por derrocar la preeminencia de la literatura volcada contra la dictadura. La alternativa de este grupo consistía en un espiritualismo de corte religioso y en un esteticismo evasivo que ignoraba la realidad de un país con urgentes problemas materiales y políticos. Círculos culturales cercanos a la dictadura emprendieron una campaña favorable a dichos planteamientos. El artículo de Morales apareció en una revista del catolicismo más conservador, *Punta Europa*. Apenas tenían prestigio estos sectores, pero no dejaron de hacer oír su voz para que se viniera abajo la literatura con tufo izquierdista.

La realidad literaria del momento empezaba a tener, por otra parte, una cierta densidad. Parecía fragmentarse la monolítica abundancia de una determinada temática. Así lo olfateaba, con instinto de buen cazador, Luis Jiménez Martos. Activísimo poeta y editor, extraordinario conocedor y esforzado promotor de la poesía de posguerra, detectaba flujos subterráneos nacientes en su antología *Nueve poetas españoles*. En el prólogo de la selección, apunta genéricamente la confluencia en aquella fecha, 1961, de lo anterior y de algo novedoso de imprecisa definición. Lo anterior son las «repercusiones», dice, «de la rehumanización y de la poesía *social*» (cursiva del autor). Lo actual se muestra como algo diferente aunque todavía inconcreto. Se pregunta si no se estará en el «umbral» de un tiempo nuevo en el que se entrevén «el ensueño, el misterio, la plena subjetividad y belleza». El zahorí Jiménez Martos detecta la presencia, con reveladora coincidencia léxica, en la lírica de esos elementos que los detractores de la narrativa de corte histórico echaban en falta en el realismo y cuya ausencia exhibían como grave reproche.

Serían ciertos unos nuevos aires indefinibles. El compromiso en la lírica mantenía, no obstante, firme vigencia y una actualidad que incitaba a plantearlo como asunto a debatir. Así lo estimaba la catalanista y aperturista *Serra d'Or*, pues le dedicó un buen número de páginas de dos números sucesivos —el 3 y el 4— en los meses de marzo y abril de 1962 donde recogió un sondeo entre escritores bajo un rótulo explícito: «Enquesta: la poesia social». Respondieron Gabriel Ferrater, Nuria Sales, Francesc Vallverdú, Castellet, Joan Perucho, Joan Argenté, Jordi Maluquer, Joan Triadú, Joan Fuster y Joaquim Molas.

La primera pregunta pretende nada menos que una definición de la poesía «social». Poco nuevo se encuentra en las contestaciones que no figurara entre los tópicos, de uno o de otro signo, de la entonces ya larga y monótona controversia. Las respuestas son las previsibles en la personalidad de los encuestados. El antirrealista Perucho sostiene que toda poesía es social, en línea con el conservadurismo político-literario. Vallverdú, proclive al compromiso, da una definición de manual soviético: es la literatura «nascuda de una consciència de renovament social que, entroncant-se en una tradició cultural progressiva, s´adapta a les exigences del seu temps y de la seva societat ». Castellet, ajeno aún a los comezones que le empezarían a desasosegar aquel mismo año y le traumatizarían en el siguiente, se explica también dentro de la ortodoxia realista y detalla las cinco características diferenciales del «nuevo» concepto de poesía con las cuales viene a presentar un programa sintético completo del realismo histórico: la actitud personal del poeta, la experiencia poética, el método de abstracción de la experiencia real, el lenguaje y el objeto de la poesía social.

Muy vaga le parece al profesor Molas la etiqueta «social» porque podría abrazar poetas tan diferentes como el vanguardista Mayakovski y el realista social Celaya. Razona que una definición rigurosa procurará tener en cuenta todas las características que puedan ser comunes a la mayor parte de los escritores a quienes se pueda aplicar ese «terrible» calificativo. Y él mismo desgrana los rasgos compartidos: se trata tanto de una obra de arte como de una denuncia; comienza y acaba en el hombre, vinculado a una colectividad y a una época determinadas, no como ser intemporal y recluido en sí mismo; es esencialmente realista; es más bien discursiva y utiliza las formas más vivas del lenguaje; prefiere más los géneros épicos que los líricos. A estos rasgos previsibles añade uno final que podría parecer un tanto sorprendente: «és escrita per a ésser recitada davant un gran auditori, no per a ésser llegida en la intimitat». No podía ser más oportuna la sagaz observación de Molas. Los llamados cantautores fueron un rasgo definitorio de época y la canción protesta supondría con el paso del tiempo uno de los mayores y más eficaces medios de denuncia política y social, un gran instrumento de agitación contra el franquismo, y ya en los inicios de este movimiento una eficaz alternativa no libresca a la poco útil literatura socialista. El mismo año que la encuesta de *Serra D'Or* Chicho Sánchez Ferlosio convirtió en banderín de enganche revolucionario la célebre y jaleada «Hay una lumbre en Asturias», como anotaré enseguida.

Sigamos con los otros encuestados. Ferrater, despectivo, quita la careta al calificativo social: quienes hablan de tal cosa, entienden «poesia política d'esquerra». También quiere desmontar los engaños Nùria Sales: las preguntas son maliciosas, dice, y encubren la cuestión no formulada, «¿La poesía social es poesía?». Todos, quienes la defienden y la atacan, aclara, coinciden en el mismo error: considerarla una innovación revolucionaria opuesta a las restantes maneras poéticas. El ensayista Fuster acude, en su larga respuesta, un auténtico artículo, a un criterio empírico: poesía social es lo que sus cultivadores y defensores dicen que es. Pese a la *boutade,* concreta que la etiqueta remite al contenido y la intención, que su tema y sentido son los problemas sociales y que estos han de ser vistos en una dirección inequívoca, la de una poesía positivamente *engagée.* Maluquer entiende que se trata de la poesía que da testimonio de su tiempo y que presta un servicio a la comunidad, y bajo este criterio incluye fenómenos tan distintos que solo los vincula una actitud de rebeldía. Para Triadú, en fin, es toda poesía escrita «per als altres».

El conjunto de explicaciones, más que las definiciones solicitadas, supone un breviario de ideas en torno a la literatura social. Y no importan tanto las opiniones como el hecho de que no se detecta ninguna crisis del género. Todos los entrevistados responden como si fuera un fenómeno de pleno vigor. Lo mismo ocurre en las contestaciones a otra pregunta, una en verdad muy espinosa: «Què estimeu més en la poesia "social": la qualitat, la funció de revulsiu o la influència ideològica?». Poca gente se atrevería, por supuesto, pensara lo que pensase, a subestimar la calidad, y este criterio de prudencia inspira la generalidad de las respuestas. Con algunas excepciones. Perucho deja ver su conservadurismo: estamos hablando de poesía, no de estructuras económicas o de justicia distributiva, protesta. Ferrater se pregunta «¿què podem estimar en una poesia, si no es la qualitat?» (y añade un rejonazo: «¿Qui veuria qualitat en la poesia social d'avui?»).

Los restantes entrevistados se desentienden de posturas maximalistas. Con toda claridad se explica Vallverdú. Las tres cuestiones de la pregunta son aspectos de una misma cosa: la poesía ha de ser poesía, ha de tener calidad; solo así podrá pretender ejercer influencia, dar un sentido progresivo a la cultura y, en consecuencia, actuar de revulsivo. «Totes tres cosas», corta por lo sano Molas. Los tres elementos, y otros más, importan, dice Castellet; especialmente, precisa, la confianza que se demuestra en la posibilidad de cambio, de mejora y de progreso de la humanidad. Ahí está el nudo gordiano de la cuestión para Triadú. Quien encuentra triple respuesta: como poeta y crítico ha de poner ante todo por delante la calidad; como hombre y como católico, la función de revulsivo, y como intelectual, la función ideológica. En fin, para Fuster, la cualidad, en cuanto poesía; los otros dos factores, en tanto que social.

Las respuestas a la pregunta directa acerca de quiénes son los poetas sociales más importantes de la poesía moderna indica una situación asentada. De los nombres clásicos, y de alguna manera pioneros, del ámbito europeo se menciona a Mayakovski, Eluard, Aragon, Brecht, Hikmet o Quasimodo. Del ámbito hispano salen a relucir Pablo Neruda, César Vallejo y Nicolás Guillén. También se nombran los españoles consagrados Machado, Miguel Hernández y Alberti. Muy parvas referencias a los españoles «sociales» recientes se encuentran: solo Celaya y Blas de Otero. Y, sorprendentemente, ni un solo nombre de la generación del medio siglo, ni siquiera de los agrupados en la escuela de Barcelona, que tan cerca les caían a los encuestados.

El propio hecho de que una publicación de orientación política flexible, de un activismo posibilista contra la cultura oficial y dedicada a una temática amplia, desde la religión a la economía, prestara tal atención en 1962 a la poesía social indica el relieve que tenía el asunto. No habría gastado *Serra d'Or* tanto espacio de no tratarse de una inquietud relevante del momento. Al hacerlo contribuía, por otra parte, y aunque no fuera esa su intención, al reforzamiento de una corriente que comenzaba a cuestionarse. El tono predominante en las respuestas, insisto, permite ver un fenómeno sólido; sólido por el momento.

La pública confrontación entre defensores y detractores del realismo comprometido tiene caracteres de guerra declarada y en tales condiciones no parece que las diatribas de estos afectaran a sus adversarios. Cada uno seguía inconmovible en sus posiciones, sin que las descalificaciones y reservas tuvieran ningún efecto. Poca mella habían hecho las soflamas de los Benítez Claros, Agustí, Perlado o Ledesma Miranda de turno y ninguna eficacia tendría el nuevo alegato de Agustí en 1963 que enseguida cito. Pero como ya habían llegado momentos de incertidumbre y de aflojamiento de convicciones —que de forma simbólica pueden representarse con la crisis propiciada por la publicación de *Tiempo de silencio*—, modos menos toscos, más sutiles y mejor argumentados, de mostrar la cara negativa del realismo social desempeñan un papel en su deriva. Tal es el caso de la enjundiosa exposición de Luis Farré acerca de la «Estética del realismo socialista». Apareció, además, en un medio de cierta ambición intelectual del que era esporádico colaborador, *Cuadernos Hispanoamericanos*.

El veterano Luis Farré, catalán emigrante en Argentina en la anteguerra, nacionalizado en la tierra de acogida, tenía largo *curriculum* como filósofo de corte escolástico o divulgador especializado en temas religiosos y en estética. El simple título de algunos de sus libros, *Filosofía cristiana, patrística y medieval, Tomás de Aquino y el neoplatonismo* o *Breve historia de la espiritualidad*, presume, aun sin conocerlos, las directrices tradicionales y creyentes de su pensamiento. Y de ello se desprende por sí sola su postura al analizar la filosofía materialista que sustenta el marxismo. Su ensayo describe la raíz hegeliana de Marx y el papel del arte en una doctrina que lo hace depender de lo económico y de la relación con lo social. También señala cómo la estética marxista, o más bien su concreción en una teoría comunista, se revuelve contra su contrario, el arte burgués, de modo que se reprueba «el arte por el arte, el formalismo, el naturalismo, un arte sin ideas y apolítico, el espíritu pesimista de la desesperación y la idea de la depravación del hombre»; en definitiva, «se denuncian los rasgos considerados reaccionarios, propios, a su parecer, del artista burgués contemporáneo». Y enfatiza que este planteamiento «se supedita a los intereses de partido, que legisla sobre arte y literatura en general». También se extiende en cuestiones teóricas medulares en la doctrina estética marxista y muy determinantes en los autores antifranquistas del medio siglo: las paradojas del realismo, la insuficiencia del naturalismo, la disyuntiva entre contenido y forma, los límites de la subjetividad. Habla, pues, de asuntos que preocuparon a nuestros narradores, quienes pensaban —según veremos en su momento— que una causa del fracaso generacional había sido asentar una teoría del realismo y adaptar a ella las obras, en lugar de haber llevado a cabo lo contrario, hacer realismo y deducir después una teoría.

Luis Farré presenta continuas precisiones a todos los motivos enumerados y advierte de la vaguedad con que se define el realismo socialista, lo cual sería un motivo más de reflexión para sus seguidores. ¿Qué criterios habían de atender si no existía una explicación sólida?, se preguntarían algunos. A falta de tal definición determinante, Farré copia la impuesta por el estatuto del Sindicato de Escritores Soviéticos en el congreso de 1932: «El realismo socialista es el método fundamental de la literatura y de la crítica literaria soviética. Exige del artista una representación veraz, históricamente concreta, de la realidad en su desarrollo revolucionario. Además debe contribuir a la transformación ideológica y a la educación de los trabajadores en el espíritu socialista». Pero, claro, los lectores del ensayo percibirían que tal formulación no supone una teoría, sino la concreción de unos métodos y unos fines dictada desde el poder político.

Firme Farré en su análisis, va añadiendo matices al «pretendido nuevo sistema». Glosa la reducción del arte a una superestructura y critica, con el apoyo del respetado y divulgado Herbert Read de *Arte y sociedad*, la tentativa del realismo socialista de imponer al arte un propósito intelectual y dogmático. Además, y con palabras referidas a los autores rusos de otro escritor muy influyente —aunque por esas fechas ensombrecido por el doctrinario Sartre—, Albert Camus, remacha en el mismo clavo. La cita de Camus, nada menos que de *El hombre rebelde*, que produjo en mucha gente un auténtico revulsivo interior por su discrepancia con el marxismo, suponía una apelación contra el conformismo doctrinal de nuestros autores. Véase el párrafo entero convocado por el ensayista hispano-argentino:

> Las novelas realistas eligen, a su pesar, en lo real, porque la elección y la superación de la realidad son la condición misma del pensamiento y de la expresión. Escribir es ya elegir. Hay, por tanto, una arbitrariedad de lo real como hay una arbitrariedad de lo ideal y que hace de la novela realista una novela de tesis implícita. Reducir la unidad del mundo novelesco a la totalidad de lo real no se puede hacer sino con la ayuda de un juicio *a priori* que elimine de lo real lo que conviene a la doctrina. El realismo llamado socialista se dedica entonces, en virtud de la lógica misma de su nihilismo, a acumular las ventajas de la novela edificante y de la literatura de propaganda.

¿No darían que pensar estas ideas a los realsocialistas nacionales que buscaban vías de escapatoria para el *impasse* en que se encontraban nuestras letras comprometidas? Sin la habitual agresividad, pero con firmeza, Farré mostraba en qué medida el rey estaba desnudo. Y no se limitaba al desmontaje porque su ensayo contiene también una propuesta. Frente a las posturas de Plejanov y restantes teorizadores comunistas para quienes solo hay dos soluciones posibles —el idealismo extremo o la renuncia al yo en un colectivismo económico—, existe una solución intermedia: «la libertad del artista, que, rectamente interpretada, no es ajena a las alegrías, angustias y triunfos de su época y de su pueblo». Así podrá establecerse una tercera vía: «El arte que exprese su época, sin renunciar a la individualidad y a la libertad, se hace cada vez más social, con independencia de comunismo o capitalismo, de la burguesía liberal o de la economía socialista».

En plena guerra fría y en un país sojuzgado por una dictadura férrea, la propuesta resulta quimérica y, por supuesto, nada parecido a ello surgió por el momento ni aquí ni fuera de nuestras fronteras. Pero alguna incertidumbre sembraría en nuestros autores acerca de los caminos a indagar porque no se invitaba a la literatura rosa y poética, sino a una escritura *cada vez más social*, y *no ajena a las alegrías, angustia y triunfos de su época y de su pueblo*.

7
Un momento de encrucijada

El bienio 1962-1963 estuvo preñado de acontecimientos sociales y políticos. En una sociedad democrática, esa clase de episodios se habrían circunscrito en su justa medida al ámbito que les era propio, pero en un régimen autoritario se proyectaron inevitablemente con gran fuerza en los intelectuales de la oposición y tuvieron repercusiones inhabituales en la actividad artística y literaria. En general, sacudieron una vez más la conciencia de sectores ciudadanos tiranizados por una dictadura implacable. La condena a muerte y ejecución del militante comunista Julián Grimau en abril de 1963, acusado de crímenes cometidos durante la guerra civil, sometido a torturas y juzgado por un tribunal militar sin garantías, constituyó un fuerte revulsivo que reafirmaba la necesidad de ahondar una lucha uno de cuyos soportes estaba en la actividad intelectual disidente.

No siempre se trató de efectos directos, pero planearon en el debate cultural y en ocasiones tuvieron incidencia inmediata. Todo lo que ocurriera en el ámbito político y social se conectaba con el trabajo cotidiano intelectual y creativo. En suma, un ambiente de inestabilidad política marcaba el campo de la prensa, de las editoriales, de los creadores o del activismo político conectado, en el caso que aquí más importa, con la escritura. Se trata de episodios heterogéneos de inevitable proyección en el ámbito de la creación siquiera sea como una atmósfera envolvente.

En la primavera de 1962 arrancó una huelga en la cuenca minera de Asturias de varios meses de duración. Su onda expansiva alcanzó una treintena de provincias y alrededor de trescientos mil huelguistas en el conjunto de la Península. La protesta, en principio espontánea e iniciada por el despido de siete mineros en un pozo de Mieres, tuvo el apoyo estudiantil y recibió la solidaridad con los asalariados de algunos intelectuales que suscribieron una carta, insólita hasta aquel momento por el perfil nada revolucionario de los firmantes, encabezada por Ramón Menéndez Pidal. Al año siguiente se extendió otra gran huelga minera asturiana cuya brutal represión motivó un nuevo escrito colectivo, la famosa carta de los 102, encabezada por Aleixandre y que tuvo considerable impacto en el escenario de un debate literario, el «Seminario sobre realismo y realidad», que se celebraba en Madrid a mediados de octubre.

Coincidiendo con las huelgas mineras, tuvo lugar el gran acontecimiento político de aquel momento, el IV Congreso del Movimiento Europeo, tildado despectivamente por el franquismo como el Contubernio de Múnich. Al Congreso, celebrado en dicha ciudad alemana a principios de junio de 1962, asistió un centenar largo de representantes de los partidos o movimientos de oposición a la dictadura, desde monárquicos o liberales hasta socialistas; fuera quedó el Partido Comunista, excluido de la convocatoria por su carácter no democrático. Los delegados españoles firmaron una declaración en la que, tras abogar por la instauración de instituciones auténticamente representativas y democráticas, exigían, entre otros requisitos, el que afectaba a la base misma de la creación literaria, «la efectiva garantía de todos los derechos de la persona humana, en especial los de libertad personal y de expresión, con supresión de la censura gubernativa».

El gobierno adoptó medidas severísimas contra los asistentes. A algunos los exilió y a otros los condenó a confinamiento en las islas Canarias. Dionisio Ridruejo, tan cercano a los movimientos literarios y culturales de la generación de los cincuenta, no se atrevió a regresar a España y se estableció, en menesterosa situación económica, en París, donde no tardó en promover una nueva revista de oposición, *Mañana*. A la reunión muniquesa copada por políticos puros, tanto veteranos como de relevante papel en la transición y la democracia (Gil Robles, Prados Arrarte, Fernando Álvarez de Miranda, José Vidal-Beneyto, Félix Pons, etcétera), asistió también, por influencia de Ridruejo, Ignacio Aldecoa, que fue interrogado, aunque no detenido, a su vuelta a Madrid.

El congreso de la capital bávara, que «produjo la ruptura con el discurso del odio», en el sintético balance del escritor y periodista Jorge M. Reverte al cumplirse el medio siglo del encuentro, tuvo también inesperadas consecuencias para el franquismo. La repercusión internacional por la sobreactuación represiva, perjudicial a la postre para los intereses del Régimen, motivó el cese del instigador de la campaña informativa nacional, el ministro de

Información Gabriel Arias-Salgado, en julio de 1962 y su relevo por Manuel Fraga Iribarne. El nuevo ministro, ahora de Información y Turismo, en complicidad con su cuñado Carlos Robles Piquer, al que nombró director general de Información, traía unos engañosos aires liberalizadores que se materializarían en la tramposa Ley de Prensa e Imprenta cuatro años más tarde, en 1966, de notables consecuencias en la creación literaria.

¿Qué efectos tuvieron estos importantes episodios de confrontación con el franquismo en el terreno de la cultura? Algunos directos y otros indirectos, como he indicado; todos ellos, en cualquier caso, relevantes y, respecto del realismo social, si no resultaron determinantes, sí influyeron en su situación. Las huelgas mineras se reflejaron en la creación artística. Pasaron al patrimonio de la pujante canción protesta. Chicho Sánchez Ferlosio hizo, a partir de los primeros plantes, los del 62, un poema, el mentado «Hay una lumbre en Asturias», en la más clara línea de *agitprop*, que jaleaban estudiantes y trabajadores: «Hay una lumbre en Asturias / que calienta España entera, / y es que allí se ha levantado / toda la cuenca minera». Y la rebelión laboral extendida por otros lugares inspiró otra canción, «A la huelga», que se convirtió, desde su difusión en 1963, en un auténtico himno obrero con los rasgos definitorios del texto unívoca y simplificadoramente de protesta:

> A la huelga, compañeros / no vayáis a trabajar / dejar quieta la herramienta / que es la hora de luchar.
> [Estribillo] A la huelga diez, a la huelga cien, / a la huelga, madre, yo voy también, / a la huelga cien, a la huelga mil, / yo por ellos, madre, y ellos por mí.
> Contra el gobierno del hambre / nos vamos a levantar / todos los trabajadores / codo a codo por el pan.
> [Estribillo] Desde el pozo y la besana / desde el torno y el telar / giran los hombres del pueblo / a la huelga general.
> [Estribillo] Todos los pueblos del mundo / la mano nos van a dar / para devolver a España / su perdida libertad.

Más efectos artísticos se derivaron de las huelgas asturianas. Dieron motivo a Picasso para el emblemático y mil veces reproducido grabado *Asturias 1963*, conocido como *Lámpara minera*, y para la impresión fotomecánica *Conmemoración de la revuelta minera en Asturias, 1963*. Antes o simultáneamente, en todo caso como respuesta solidaria a esas protestas laborales y políticas, otros artistas plásticos habían reaccionado: Eduardo Arroyo con la litografía *Franco* (1962) y los dibujos *Les quatres dictateurs* (1962-63) y *Hitler* (1963); Eduardo Úrculo con *Dibujos con poemas de Jesús López Pacheco* y *Diez dibujos sobre huelgas* (ambos de 1963); Manuel Calvo Abad con una larga serie de grabados de inequívoco título fechados en 1962 (*¿Al anochecer? La detención, Iniciación de la huelga, Represión en la mina, Mujeres y policía en la Puerta del Sol*...); Joaquín Rubio Camín con varias obras gráficas (*Caudal, Nalón*), y otros más implicados en la agitación política y obrera (Agustín Ibarrola, José Ortega, Vázquez de Sola, Ricardo Zamorano...).

La llamada «huelga silenciosa» y la cadena de plantes que inauguró y se sucedieron al año siguiente, ya no solo en el ámbito minero, aparte de suponer una convulsión nacional, fue un gran estímulo para las gentes del arte y de la cultura comprometidas. Los datos señalados constituyen anécdotas de un movimiento amplio que supuso un rearme de la politización artística y del antifranquismo cultural. Ello significaba un reverdecimiento del realismo social, evidente en la formulación utilitaria de la poesía de protesta, y en parte de la obra plástica señalada. Pero esta primavera tardía del arte utilitario de formulación simple iba al lado de expresiones artísticas no realistas, informalistas, abstractas o irónicas. De modo que, por una parte, el realismo social mantiene su campo de acción, y, por otra, la denuncia presenta formas de expresión distintas a lo requerido por la estética de inspiración soviética.

El rearme de la cultura disidente, resultado de la conflictividad político social de los años 1962-1963, dio un impulso al realismo social y propició un enorme auge del antifranquismo cultural no sujeto a doctrinas artísticas. El común objetivo de denuncia se perseguía por los caminos paralelos pero independientes del dicho realsocialismo y de otras formas antifranquistas. Las huelgas mineras, la represión policial, el «contubernio» de la oposición democrática, todo junto, confluye en una obra colectiva que enseguida comento, *España hoy*, muestrario inequívoco de un vibrante antifranquismo que da cancha a las artes y las letras de inspiración socialrealista y a la vez a la plástica no realista. El rearme en este bienio de las letras *engagées*, antes de que se intensificara la crítica del compromiso político del escritor, se patentiza en la lista de firmantes del mencionado manifiesto de los 102 y de otro que en pocas fechas amplió el censo del anterior. Entre ambos se encuentra la plantilla entera de los narradores del realismo social.

Otros relevantes episodios políticos se producen en este momento, aunque en este caso no en la dirección favorable al realismo social. Me refiero a varios significativos cambios en el Partido Comunista, en la cúpula y en el compartimento dedicado a las relaciones con los intelectuales. Traigamos a la memoria unos cuantos datos concretos: abandona la militancia pecera el timonel de la subversión político literaria estudiantil de 1955, Enrique Múgica, y pasa al PSOE; dejan el activismo el preceptor de los escritores disidentes, Muñoz Suay, a quien sustituyó en su cometido orgánico López Salinas, y el propagandista Antonio Bernabéu. No son hechos menores, pero quedan oscurecidos ante la crisis que desemboca en la expulsión de Jorge Semprún y Fernando Claudín del Partido. Las nuevas orientaciones culturales de ambos serían cargas de profundidad contra la estética marxista. Claudín lo anunciaba con su reivindicación del informalismo y la vanguardia con que inaugura *Realidad*, la revista clandestina que los dos amigos controlan. Semprún arremeterá a partir de este momento contra la literatura comprometida desde distintas tribunas.

Ambos años del bienio tuvieron gran trascendencia en la historia reciente española. En resumen del divulgativo balance citado de Jorge M. Reverte, «En 1962, hace 50 años, en España pasaron muchas cosas. Tantas que cambiaron de forma sustancial las relaciones internas en un país que vivía ya más de dos décadas de opresión por la dictadura franquista». También el ensayista e historiador Gregorio Morán le atribuye una significación tan grande a ese año que arranca en él su vitriólica historia de las relaciones entre cultura y política durante el franquismo y la democracia. También fue 1962 una fecha de encrucijada en el devenir del realismo social. Las milicias del testimonialismo conocieron jornadas convulsas. De todo hubo: recibieron refuerzos, descubrieron flancos desguarnecidos y les alcanzaron incertidumbres de efectos devastadores a la larga. Los refuerzos fueron, a aquellas alturas, unos cuantos, entre los que destacan una nueva editorial antifranquista, Ruedo Ibérico, que irrumpe con obstinada beligerancia a finales de 1961, y la nueva etapa del semanario *Triunfo* estrenada un año después.

Recapitularemos con suma brevedad los timbres distintivos de Ruedo Ibérico y de su patrón José Martínez. Aquí nos interesa observar su contribución al sostenimiento de la literatura comprometida a lo largo del primer lustro del decenio. Este apoyo se materializó sobre todo en la colección de poesía dirigida por el culto comunista exiliado Antonio Pérez. En ella aparecieron poemarios de los patriarcas de la lírica comprometida, de Gabriel Celaya, *Episodios Nacionales*, y de Blas de Otero, *Que trata de España*. También de sus discípulos Ángel González, con *Grado elemental*, y Carlos Álvarez, con *Noticias del más acá. Otras noticias*. Libros todos ellos dentro de la ortodoxia del realismo social, si bien con las peculiaridades expresivas de sus respectivos autores. Menos abundante y poco fecunda fue la contribución de Ruedo Ibérico a la narrativa, pero supuso un potente espaldarazo a la poética social la novela de López Salinas *Año tras año*, galardonada con el premio instituido por la propia editorial. El apoyo a la narrativa social fue sólido, aunque nada fecundo. José Martínez propició uno de los testimonios viajeros característicos de la época que llevaban a un extremo la voluntad de presentar un testimonio crítico directo. A Juan Marsé le encargó y financió un viaje por Andalucía, que realizó con Antonio Pérez. El texto, *Viaje al sur*, no se publicó por las complicaciones habituales del editor, y el original se extravió. El tardío hallazgo del original y su edición en 2020 revelan un estricto documentalismo crítico, a la manera, incluso extremada, aunque de alta calidad literaria y notable personalidad, de los viajes coetáneos de Ferres o López Salinas. Además, entre los difusos planes de José Martínez estuvo el publicar «una colección destinada a promover una novelística "engagée" española, que se abriría con la obra inédita *El triunfo*», según información del biógrafo del editor, Albert Forment. También ha de recordarse la frecuencia con que pintores sociales ilustraron los libros de la editorial gracias a las gestiones del bien relacionado Antonio Pérez.

Un apoyo evidente al realismo social vinieron a prestar en este momento un par de títulos de la editorial parisina, *España canta a Cuba* y el citado *España hoy*, que se suman a las obras recién mencionadas y a la ofrenda machadiana que glosaré más adelante dentro de un proyecto editorial de claro cariz politizado. Se trata de obras de retadora pertenencia a las publicaciones de *agitprop* que contribuyeron a la vivificación de la cultura disidente en estas fechas —aparecieron, respectivamente, en 1962 y 1963— en que ya se cernían algunos nubarrones sobre la todavía supremacía de las letras disidentes.

No parecen existir tales amenazas para los exultantes y combativos colaboradores de *España canta a Cuba.* Reduplican, con sus poemas, el activismo comprometido y revalidan con ellos una estética de inmediatez revolucionaria, de proclamas enardecidas, de ingenuidades propagandísticas y de exaltación estalinista del líder. En la cual caen incluso un Barral o un Valente, a quienes acompañan la plana mayor lírica del medio siglo en varias de sus tendencias: Carlos Álvarez, Joaquín Marco, G. A. Carriedo, A. Crespo, Lauro Olmo, Aquilino Duque, López Pacheco, Ángel González, J. A. Goytisolo o Gil de Biedma.

Este muestrario estéticamente un tanto trasnochado se acompaña de una palmaria proclamación de los ya medio caducos postulados acerca de la necesidad de una literatura nacional y popular. Con énfasis de dudosa entonación literaria, el aguerrido revolucionario, periodista y narrador exiliado, veterano dirigente del PCE Jesús Izcaray asegura, en el epílogo del volumen, que el canto, es decir, la poesía y la literatura, retoza, gozoso, en las calles y plazas de ciudades y pueblos, que hincha las gargantas de obreros, campesinos y estudiantes españoles, y que, así, por medio de los poetas, la palabra del pueblo se hace poesía. Ahí está el manantial del libro, sostiene, en lo «popular; la más clara y segura fuente de poesía». A partir de esa semilla, profetiza sin la menor clarividencia que fructificará una literatura de combate que fundará una nueva vida. Parece, tanto por los poemas inéditos enviados por los autores para la antología como por este manifiesto bastante obsoleto, que el tiempo no hubiera pasado por ese amplio plantel de escritores antifranquistas. Lo cual suponía, no obstante, un aval en momento de crisis para la continuidad del problemático realismo social. Aval, claro, de muy escasas consecuencias, dadas las dificultades para la circulación de la obra.

La cuidadosa presentación del volumen no dejaba de advertir, sin embargo, algunas disyuntivas del arte comprometido. Los ilustradores también representan la plana mayor del antifranquismo plástico. Los dibujos que enviaron comparten un planteamiento general que evita la copia testimonial, y apelan, incluso en los más figurativos, a trazos expresionistas que antes sugieren o gritan que representan una realidad identificable. En esta línea se halla la tinta de José Ortega. También el dibujo de su camarada Ricardo Zamorano, aunque sea más explícito porque su característica distorsión de los rostros permite reconocer semblantes crispados de los oprimidos cerca de las fuerzas fácticas, la Iglesia y la milicia. Algo así significa la figura grotesca pintada por Eduardo Arroyo. La crispación de una masa anónima evoca Juan Haro. Una pareja solanesca pinta Francisco Mateos. El dibujo de Saura que ilustra la cubierta sugiere un clamor popular, pero mucho menos categórico en la lámina del interior. Una mancha inquietante pinta Manolo Millares. Por contra, un simbolismo nítido trasmite Francesc Todó en su dibujo de un tractor que sugiere progreso, en línea con el idealismo plástico soviético. La ilustración de *España canta a Cuba* encarna bien el proceso de los creadores antifranquistas, plásticos o literarios, que sustituye una estética precisa, un realismo programático, por algo más indefinido.

Un respaldo al compromiso implica asimismo *España hoy*. El volumen, formalmente magnífico, supone una clara muestra del activismo político de la editorial. Para ello se aprovecha del arte y de los artistas comprometidos en su mayor parte vinculados con el realismo social y pertenecientes a la generación del medio siglo. Poesía explícita, de denuncia, subversiva, aportaban sin tapujos un buen número de poetas de los cincuenta: Caballero Bonald, G. A. Carriedo, Gil de Biedma, J. A. Goytisolo y Joaquín Marco. Incluso Valente, refractario a esa manera literaria, se suma a ella. Pintura también de denuncia aportan José Ortega y Ricardo Zamorano, y el mismo sentido tiene, aunque desde el informalismo, la contribución de Antonio Saura.

Se diría, a la vista *España hoy*, que el realismo social vive un cálido estío. A ese espejismo le dio el esmerado volumen una apariencia de realidad. Tal impresión produce que dicha estética la practiquen una generalidad de creadores, poetas y artistas plásticos, sin ambages ni disimulos. También mostraba el libro de manera indirecta la vitalidad creativa de la generación comprometida.

La otra ayuda al realismo social, menos evidente pero más efectiva que la anterior por su amplia resonancia a través de un medio de difusión popular, provino de la revista *Triunfo*. La literatura comprometida, en general, recibió un firme refuerzo por parte de esta publicación cuyo papel, en este sentido, suele olvidarse, relegado por su importancia como vehículo enmascarado contra la dictadura y a favor de la normalización social y política del país. Una antigua revista popular y populista dedicada al noticierismo frívolo del cine inició una segunda etapa en junio de 1962. Continuó dedicando la mayor parte de sus páginas al cine, a los actores y actrices, que ocuparon a toda plana su cubierta, a la moda y a reportajes de inocua actualidad. Pero su responsable, Luis Ángel Ezcurra, aglutinó un equipo de personas significadas por sus actitudes críticas y antifranquistas, varias militantes del PCE, y, por tanto, proclives a la concepción comprometida de la cultura y, en consecuencia, por lo que aquí interesa, a las letras de observación. Esta inclinación tenían los encargados de la crítica literaria, Ricardo Doménech y Eduardo G. Rico, ambos de fidelidad comunista, que en principio las jaleaban y actuaban como caja de resonancia del realismo crítico. Importa subrayar un par de aspectos. Por una parte, los lectores del semanario eran gente común, lo cual desbordaba los reducidos círculos intelectuales o universitarios cómplices del compromiso literario y artístico. Por otra, tenía una difusión bastante amplia. Su tirada estaba alrededor de cincuenta mil ejemplares, cifra astronómica si se compara con el millar que imprimía *Acento Cultural*, y se distribuía por los quioscos de todo el país.

En este contexto se inscribe la convocatoria de un ambicioso concurso de cuentos, a la larga de gran trascendencia como propulsor de la narrativa social. La convocatoria y la correspondiente publicación del cuento elegido se dilató durante setenta y tres semanas a lo largo de 1962 y 1963. Su dotación económica era generosísima: una cantidad única de cincuenta mil pesetas para el cuento ganador y mil quinientas para cada uno de los publicados. (A título de ilustrativa comparación, relevantes premios tenían en 1961 las siguientes recompensas: 5000 pesetas el de cuento de *Acento Cultural* y el Sésamo de novela corta; 150 000 el Nadal y 200 000 el mejor retribuido, el Planeta. Otro elocuente dato: el ganador casi podría comprarse el gran signo del cambio social de la época, el Seat 600, que se vendía en 1962 desde 65 000 pesetas). Sumaba el aliciente de que la pieza ganadora fuera llevada al cine.

No es cosa de hacer aquí la crónica externa del concurso, sino de subrayar su significado. De entrada, en el rosario de ganadores figura casi al completo el censo de la narrativa comprometida. Con ellos se podría fijar la nómina de los narradores sociales. El primero en ganarlo fue Daniel Sueiro. Le siguieron, entre otros que no menciono y en el orden en que lo fueron consiguiendo: Ramón Nieto, José Antonio Parra, José María de Quinto, Nino Quevedo, Antonio Ferres, Antonio Bernabéu, Jesús López Pacheco, Isaac Montero, Armando López Salinas, Alfonso Grosso, Mauro Muñiz, Juan Mollá,

Luis Martín-Santos, Jorge Ferrer Vidal, Juan Marsé, Juan Eduardo Zúñiga, Carlos Álvarez, Francisco Candel o Felicidad Orquín. La lista acoge además una extensa representación de la prosa realista y testimonial, no solo del realismo crítico, si la extendemos con amplitud de criterio: Dolores Medio, Fernando Quiñones, Francisco Fernández-Santos, Félix Grande o Julián Marcos.

La temática realista y una visión del mundo crítica predominan de forma casi absoluta y llamativa en un número significativo por su amplitud —medio centenar largo— de piezas seleccionadas y publicadas. No quiere ello decir que esa fuera la tónica mayoritaria de los participantes, pues supone una pequeña muestra entre un número muy grande de concursantes (se presentaron a lo largo del tiempo cerca de mil quinientos originales). Además, el repertorio estuvo sesgado por un comité de selección en el que andaban los mencionados Ricardo Doménech y Eduardo Rico, favorables en aquel momento a ese tipo de narrativa. La propia revista, sin embargo, se preocupó de desmentir toda clase de parcialidad. Varias notas editoriales aseguran que el prejurado semanal atiende ante todo a la calidad literaria, la cual «antepone a cualquier otra consideración», al margen de temática y enfoque. Otra nota asegura que, como el realismo prevalece de modo «abrumador» entre los concursantes, la mayoría de los cuentos seleccionados pertenecen a dicha tendencia por razones estadísticas. No se trataba, pues, de una predilección de la revista. Aunque, claro, la *excusatio non petita* suscita sospechas.

Fuera mayor o menor la imparcialidad de la selección, el tono generalizado de esta era del agrado del semanario, el cual se tomó la insólita molestia de defender en varios sucintos apuntes editoriales el valor y la oportunidad del realismo. Así se ve en diversas apostillas a cartas de los lectores. Dice una que los participantes no pretenden marcar una época con sello tremendista y desesperanzado, sino que es la realidad quien impone ese enfoque. Y otra expone una conjetura que testimonia las andanzas de la literatura española en aquellos momentos: «Si los cuentos "sociales" predominan es, tal vez, porque predominan entre los concursantes las preocupaciones que los animan».

Este sesgo del concurso y la omnipresencia en las letras españolas de un realismo comprometido llevó a un destacado colaborador con sección fija, el novelista y editor Ignacio Agustí, a lanzar una seria andanada desde la propia *Triunfo*. Con ella remataba de forma sintética la prolija diatriba antes referida contra el fondo y la forma de la nueva literatura. Lo hizo bajo un titulillo inequívoco y provocador: «El arte no es social». Puesto que no tiene desperdicio, reproduciré un buen trozo:

> El problema del hambre en el mundo no lo puede resolver la obra de arte; y, por tanto, ponerse a hacer simplemente novela social —en la vertiente que esta tiene de reivindicación económica— es traicionar los principios mismos del arte y, sobre todo, los principios de la economía, arquitectura difícil de la construcción jurídica y social, basada precisamente en que no sea mezclada con cosas como el arte. [...] El dinero no se puede mezclar con la creación artística, pero —menos que él aún— la falta de dinero. [...].
>
> Los elementos que cultivan la novela social de hoy no se dan cuenta del vertiginoso giro que están dando los acontecimientos con relación a la estrategia, a la economía y a las bases mismas del mundo nuevo. Y no se dan cuenta de que, en una época de estabilización y de prosperidad, otra vez la novela que habrá que cultivar en el mundo será la novela de amor, con todas sus consecuencias. [...]
>
> [...] Los novelistas sociales miran a los demás como un producto subalterno de la historia, al que habría que tutelar. [...] La historia la hacemos todos, los pobres y también los demás. Nadie queda limpio de culpa.
>
> Todos —unos y otros— pueden ensanchar el camino e incluso inaugurarlo. Lo que no es posible es, según la facha de algunos editores —y aun de algunos autores y ensayistas—, no ser ni ricos ni pobres sino todo lo contrario. Me refiero al apoyo que tienen los libros editados sobre la miseria por editores que van en yate.
>
> La raíz sociológica de los hechos, trasvasada a la literatura, debiera manifestarse exclusivamente en la objetividad, en la lealtad y en la limpieza de ánimo. Todo ello lo contiene el hombre. Y mientras el hombre no sea más, en las letras, que una caricatura, o un bulto urbano, no se puede hablar de novela social. La novela social era la de Balzac o la de Stendhal, enteramente entregadas a la función humana en el mundo colectivo de las ciudades y de los hechos.
>
> Y no se puede hablar de objetividad en la novela si no es partiendo de la consideración objetiva del ser humano; no, simplemente, de su panorama exterior.

La reacción virulenta de Agustí se explica por la abundancia y por el prestigio un tanto excluyente de la literatura testimonial, y por el ánimo de denunciar lo que esta debía a apoyos *contra natura*, los de esa nada críptica alusión a editores que van en yate —casi todo el mundo pondría un nombre propio, aunque el señalado no navegara en yate, sino en velero: Carlos Barral— mientras editan libros sobre la miseria. Representa, sin embargo, mucho más que la postura de un intelectual incómodo con cierto estado de cosas. Se hace eco de una preocupación viva del momento, en la que intervino muy activamente *Triunfo*. En la sección de cartas al lector, tuvo lugar una polémica algo encendida. Aunque algunas misivas procedieran de lectores reales, el debate parece alimentado por el propio semanario con escritos presuntamente debidos a su redacción.

En la disputa se alinearon dos posturas enfrentadas. Una está en contra de la temática generalizada entre los cuentos seleccionados. Los lectores que comparten esta opinión protestan porque la mayoría de los cuentos sean «tan repelentes y sombríos», «con sello tremendista y desesperanzado», por su «tono sombrío y desagradable», por «la uniformidad desagradable y en muchos casos antihumana» de los cuentos, por el «machaqueo impertérrito y equívoco sobre la delincuencia y la esquizofrenia», por el «estilo negro» y por el mal gusto, al que no se puede llamar «estilo de la época». A estos lectores les parece abusiva la temática predominante, pues, opina uno, también debe haber novela de amor. Y otro se pregunta si no se habrá recibido «ninguna narración que contenga un poco de poesía».

La otra postura entre los seguidores del semanario está a favor de la temática mayoritaria seleccionada de corte testimonial y crítico. Estos planteamientos, leemos en una carta, se corresponden con lo que los jóvenes quieren que sea la literatura, si es que el artista lo ha de ser «auténticamente», «trasunto, interpretación individual y personalísima de las inquietudes y problemas de la colectividad y del tiempo en los que vive». Los cuentos no son «pesimistas y amargos», sostiene un comunicante, «son sencillamente realistas, verdaderos». Otro replica a quienes se quejan de «tantos dramas, angustias y tristezas» porque en la vida también existen cosas agradables que buscan la evasión; los escritores están obligados a describir la lucha por la vida y a describir la verdad. En fin, por cerrar el muestreo, un lector sostiene rotundamente que predicar la vuelta a lo «bello», a la «sonrisa» y al «género blanco» le parece «una traición al tiempo en que vivimos». Así argumenta dicho lector: «volver la espalda a una realidad tan dura, tan cruel a veces, tan trágica, para que los buenos burgueses puedan disfrutar en sus horas de ocio introduciéndose de un mundo muelle, idílico, absolutamente falso, adormecedor, es faltar al máximo deber de un escritor: el ser conciencia de su pueblo».

En suma, unos lectores reconocen un realismo abusivo mientras otros sostienen su necesidad. *Triunfo*, a pesar de sus argumentos editoriales sobre su neutralidad, está muy cercano a los últimos y se convierte en altavoz de esa tendencia, si bien no de forma abierta sino como sedicente comprobación de un estado de cosas revelado por los concursantes. A punto de concluir el concurso, explica Ricardo Doménech por boca de su obligado alias Fernando Molinero (81, 21/12/1963) al hacer balance: «En general, predominaba una problemática de carácter social. Y dentro de ella los ambientes rurales resultaban mucho más frecuentes que los ambientes industriales. También, dentro de esa problemática social —que por otra parte era vista y presentada desde muy distintos ángulos de enfoque— estaba presente en una serie de cuentos un ambiente que era el de la media o alta burguesía. Tanto en unos como en otros los autores solían adoptar una posición decididamente crítica». Tal impresión supone un auténtico compendio de la temática de la novela social. En el mismo resumen, constata Doménech la vigencia de lo social:

> Esta preponderancia del cuento de problemática social [...] este hecho solo puede dar idea al lector de una cosa: la problemática social es una de las características más definitorias de la nueva narrativa española.

En el saldo de *Triunfo* queda el haber prestado por medio de su concurso un buen apoyo, casi con seguridad intencionado, al realismo social. La temática y el enfoque preponderantes llevaban a la generalidad de lectores del semanario una específica idea de la literatura. Además, dicha materia suponía una considerable fuerza de arrastre para los autores, quienes se inclinaban a escribir sus piezas de acuerdo con la estética realista para tener mayores garantías de ser seleccionados. Esto es algo más que una conjetura razonable. Francisco Umbral, recién llegado a Madrid en su afanosa búsqueda de un espacio en el mundillo literario, concurrió al concurso con un cuento, «Berta y Sofía» (luego titulado «Las vírgenes»), que ni siquiera fue seleccionado. Detractor perseverante de la literatura comprometida y con mensaje, hizo en su relato convenientes concesiones. Las reconoce en su crónica del Café Gijón: «Escribí un cuento social, a la manera de los que se hacían entonces, pero procurando que quedase menos chaparro y cuadradote que toda aquella literatura social de la época».

El concurso de cuentos de *Triunfo* certifica, en cualquier caso, la vitalidad del realismo crítico a la altura de 1962 y 1963. En estas fechas, la literatura social mantiene una juvenil lozanía. Es un tema candente que está en la plaza pública. Un asunto de absoluta actualidad. Así lo enfatiza Gerardo Diego en las primeras líneas del artículo «Poesía social» de *ABC* (13/7/1962): «Siempre que se habla de poesía social —y se habla ahora todos los días». La observación, con velado propósito de denuncia, no hacía sino corroborar el sentencioso verso tres años anterior que hemos recordado: «¿Quién que es no es social?». A esa pujanza no parecen hacerle gran mella, por ahora, ni siquiera los cuestionamientos que ya por entonces se hacían acerca de su legitimidad. Lo confirma una curiosa anotación de Carlos Barral en sus diarios a comienzos de 1962. El poeta francés Pierre Emmanuel le invita a preparar una ponencia sobre «La lit. engagée est-elle un contresens historique?» para las reuniones organizadas por la revista *Encounter*. El catalán acepta, pero, reflexiona, abordará el delicado asunto dándole la vuelta al interrogante: «La lit. non engagée est-elle un contresens historique?». Lo social sigue siendo un valor o, al menos, una causa respetable.

Varios datos más del campo de la narrativa corroboran el brío de la literatura crítica en este momento. En tal sentido, apunta la aparición de una significativa novela de un autor de la primera generación de posguerra, Delibes, y de la segunda de dos jóvenes realistas, López Salinas y García Hortelano. Con *Las ratas* da un giro el ya consagrado Delibes hacia una conciencia crítica hasta entonces ausente en su obra, y el libro anda en la cercanía de la narrativa social, según el entender mayoritario actual, aunque otras lecturas bien distintas sean también posibles. En cuanto a uno de los jóvenes, el emblemático López Salinas con su *Año tras año*, editada en París, suponía su regreso a la ficción larga, lo cual ocurría, además, con el apoyo del premio Ruedo Ibérico en cuyo jurado figuraron Barral, Ferres, García Hortelano, Juan Goytisolo, Manuel Lamana, Eugenio de Nora y Manuel Tuñón de Lara. El fallo otorgado por unanimidad por estos miembros de la plana mayor de la resistencia cultural antifranquista corroboraba la vigencia de una estética militante. Respecto del otro joven, su *Tormenta de verano*, según la reseña de inmediatez de José Ramón Marra López, es un relato «eminentemente social, testimonio de una época histórica y de un momento literario especial». Esta intención era tan prioritaria que Marra temía que la crítica extranjera no la apreciara en su justa medida por culpa de la apariencia de novela policiaca.

Más datos revalidan la vigencia del realismo comprometido en esta fecha. Juan Goytisolo publica una de las formas más estrictas de la prosa de denuncia, el relato viajero *La Chanca*. También entonces hace José Manuel Caballero Bonald, en declaraciones a José Luis Cano motivadas por la obtención del Premio Biblioteca Breve con *Dos días de setiembre*, afirmaciones proclives al utilitarismo de la novela, a pesar de lo que señalo enseguida. El escritor jerezano asegura que en los «más significados representantes de la última novela española» —menciona a Ferlosio, García Hortelano, los dos Goytisolo, Grosso, López Salinas, Ferres y López Pacheco—, aunque difieran en sus técnicas, «el ideario del grupo es de una manifiesta unanimidad. Todos ellos pretenden a su manera acusar un determinado aspecto de la sociedad española de hoy, montando sus obras sobre el esquema básico de unos principios morales absolutamente de acuerdo con nuestro espacio y nuestro tiempo históricos». Añade algo en la órbita del pensamiento de más estricta obediencia al realismo social: «Estoy convencido de que es esa, y solo esa, la novela que las circunstancias exigen: la vinculada a la realidad nacional y la que se propone como norma específica reproducir unos hechos de muy concreto matiz español». Y agrega una sentencia lapidaria: «Para mí —y para tantos otros— la novela debe cumplir, con independencia de sus valores puramente literarios, con una insoslayable función social». Ningún distanciamiento se aprecia, todavía en esta fecha, si no en la escritura —o sea, en la novela premiada—, al menos en la explicación, con los requisitos de la literatura «nacional popular» propugnados un lustro antes por Juan Goytisolo. Además, esa novela comprometida, sostiene Caballero Bonald, «como fenómeno de conjunto, es de una radical —y previsible— importancia». Ninguna duda cabe, por consiguiente, acerca de su necesidad. Es decir: proclama su plena oportunidad. Tampoco cabe la menor reserva sobre el mérito artístico. Tiempo vendría en que el jerezano se desdecirá de opiniones tan circunstanciales como ajenas a sus creencias íntimas.

Igual derrotero sigue otra publicación, en este caso una antología, la preparada por Arrigo Repetto para la editorial Bompiani de Milán con un título genérico, *Narratori spagnoli*, y un subtítulo en castellano cargado de intención, *La nueva ola*. La escueta selección de nueve narradores acoge en exclusiva representantes del realismo mediosecular, un par de ellos del neorrealismo y los restantes del realismo social, aunque el último sea un tanto atípico: Fernández Santos, Martín Gaite, Juan y Luis Goytisolo, López Pacheco, García Hortelano, Ferres, López Salinas y Juan Eduardo Zúñiga. La antología certifica la vigencia de una todavía joven narrativa marcada por el realismo testimonial —bajo influencia de los neorrealistas italianos literarios y cinematográficos, subraya Repetto— que asume, desde el punto de vista del compilador, la representatividad general de la nueva prosa española. Y aún más, la regeneración de nuestras letras tras el tajo cultural de la guerra civil, al entender del antólogo: «Oggi in Spagna sono i giovani scrittori della *nueva* ola gli autentici iniziatori del rinnovamento di tuta loro cultura». El libro da cuenta del fenómeno y a la vez lo reivindica sin ocultar esta intención. Incluso descubre Repetto paladinamente su pretensión de dar a conocer y facilitar la lectura de escritores que carecen de libertad para expresarse en su país. Este aval foráneo proporcionaba al realismo crítico una notoria proyección internacional dado el prestigio de la editorial que acoge la selección.

La solidez aún en aquel momento de la tendencia narrativa testimonial se subrayaba al contar el libro con el apoyo de un epílogo de Castellet, apropiado para el lector extranjero al que se dirige, que explica didácticamente las causas del realismo crítico español, los rasgos y objetivos de los narradores testimoniales y las razones de las técnicas objetivistas. Ningún reparo pone a la trayectoria del movimiento narrativo español y, al revés, justifica el «realismo storico» de la joven novela española como la apuesta por un «domani persieduto dalla fede in una realtà democratica» y «manifestación de una esperanza». Es un Castellet indiferente a las incertidumbres sobre la literatura social que se vislumbraban por aquellas fechas y a las que él mismo no era ajeno, tal como constatamos más adelante.

No fue, por cierto, esta antología la única muestra aquel año en el extranjero de la vigencia del realismo socialista español. Ese explícito valor se atribuyó a la exposición del grupo «Estampa Popular» montada en la galería Epona de París. Jean Bouret lo explicaba en *Les Lettres Françaises*: «Porque es una desgracia vivir en la España totalitaria de Franco, porque la miseria reina y domina en toda la Península, porque el aguafiestas del Opus Dei busca enmascarar cualquier manifestación viva de la inteligencia, los artistas, como los poetas, se han visto reducidos al exilio o a la resistencia». Además, Bouret arriesgaba una cerrada justificación de «ese arte de una solidez impresionante relacionado con el de un Munch o un Franz Marc». El expresionismo aportaría, por tanto, una carga de denuncia desgarrada desde fuera de la fotocopia realista. Todo ello le permitía al crítico considerar que «El movimiento *Estampa Popular* es, sin duda, lo más fecundo y estimulante para conquistar la libertad en una España asfixiada por las majaderías y el fascismo». Esto se publicó, insisto, a finales de 1962 y abría un revulsivo e importante impulso al modo de afrontar el testimonio y la denuncia fuera del canónico realismo; un decisivo debate cuyas coordenadas plantearemos en otro momento.

La pujanza se verá, sin embargo, relativizada por varias obras narrativas de la misma fecha, por *Dos días de setiembre, El coral y las aguas* y *Tiempo de silencio*. El primero de estos títulos divergentes del sentir más común, *Dos días de setiembre*, aportaba, no obstante las afirmaciones de su autor, Caballero Bonald, copiadas en un párrafo anterior, un estatus intermedio entre la verificación de un estado colectivo y el gusto por la expresividad estilística, los dos pivotes sobre los que el jerezano la había concebido. Con razón la profesora Shirley Mangini le adjudica al libro un destacado papel por su alerta innovadora, ya que «cierra esta etapa de la novela» social; «lo podemos contemplar», dice, «como síntoma de la ruptura que se va a dar en el realismo social a partir de 1962» por un par de razones: por sus «monólogos interiores de veta psicológica y la angustia existencialista que rezuma del protagonista». Por todo ello, estima la hispanista norteamericana, significa «una desviación del camino del simple maniqueísmo» de la novela social realista. *El coral y las aguas* ofrece, por su parte, un ejercicio de invención proscrito por el realismo social, y este planteamiento motivó la total ignorancia de la extemporánea fábula de Juan Eduardo Zúñiga. En cuanto a *Tiempo de silencio*, lejos iba de la corriente todavía preponderante con el despliegue entusiasta de verbalismo, culturalismo y complejidad compositiva mostrado por Martín-Santos. Aquella «novela fronteriza» e «híbrida» por participar «del socialrealismo anterior y del experimentalismo que vendría después», en valoración de Francisco Umbral (*ABC*, 23/1/1981) recordando la prematura muerte del autor, abría serias brechas en las convenciones formales del realismo crítico.

Las tres novelas conservan la sustancia anecdótica predilecta de las narraciones socialrealistas, y por ello apuntalaban en cierto modo su permanencia. Sin embargo, las tres también se distanciaban de los principios formales de la escuela por el rupturismo de Martín-Santos, por el esmero expresivo de Caballero Bonald y por el alegorismo de Zúñiga. Y no estaban solos sus autores en la labor de desviarse de un realismo sencillo. También el virtuosismo técnico de García Hortelano en *Tormenta de verano* se alejaba de la escritura espontánea y de la simplicidad formal comunes a tantos coetáneos.

Los recelos sobre el realismo comprometido, su obligatoriedad y conveniencia han asomado la oreja en 1962. No obstante, no parece que supongan todavía amenaza para la poética narrativa predominante. Aunque las obras mencionadas líneas arriba indiquen el aflorar de una sensibilidad algo distinta, las posturas favorables al tándem realismo y testimonio son suficientemente contundentes, además de abundantes. José Corrales Egea se hace eco en su conocido ensayo sobre la narrativa española reciente de una encuesta de *Les Lettres Françaises* de julio de 1962 cuya reproducción rescato en síntesis generosa por cuanto avala de forma palmaria ese estado de opinión aún favorable a la poética social:

> *José Manuel Caballero Bonald*: Hace seis o siete años, cuando como tantos otros me desperté frente a la realidad histórica de mi país, quise testimoniar de lo que en ella veía. La realidad española está al alcance de todo aquel que quiera mirarla y comprenderla. He tratado de reflejar esta realidad con la mayor objetividad posible...
>
> *Antonio Ferres*: La realidad es, para mí, la única fuente viva de la obra literaria. La realidad española es fácil de ver, y de ahí que la enfoque unas veces en tanto que denuncia de las condiciones sociales, y otras como un compromiso frente a las fuerzas que desean disfrazar esta realidad.
>
> *Alfonso Grosso*: Intento, como otros hombres de mi generación, testimoniar e inquietar... Adopto una actitud de denuncia y, desde luego, francamente «engagée»...

> *J. García Hortelano*: Creo que la realidad española, por la riqueza de temas que ofrece, facilita la tarea al narrador, y que solamente el elegir plantea ya un problema... En un ambiente culturalmente poco denso, el novelista debe esforzarse antes que nada en dar fe de la realidad en que vive...
>
> *Juan Marsé*: Es sabido que el primer deber de todo novelista estriba en describir la realidad sin falsificarla... Pero, además, escribir novelas significa, para mí, defender una causa...
>
> *Armando López Salinas*: El servicio que puedo prestar a los otros hombres de mi país es el de desvelar las relaciones sociales y mostrar el mundo tal y como creo que es... La obra literaria, en un amplio sentido, puede ayudar a la creación de nuevas condiciones (sociales)... (61-62).

En la periferia de los centros vitales de la actividad literaria, estas posturas *enragées* tenían también fuerte arraigo. En su bastante voluntario aislamiento navarro, Pablo Antoñana sentía en esta misma línea. En la conferencia «El novelista por dentro y por fuera» que pronunció el 28 de mayo de 1962, defendía sin reservas la misión testimonial del escritor. «El novelista bucea en la sociedad, observa, saca conclusiones» y es como «un sociólogo a su manera, con procedimientos que tanto solo él conoce», explicó a su auditorio. Mediante esa labor, y armado con «la linterna de su observación», «ilumina las zonas de la sociedad que hasta entonces habían permanecido ocultas, o insuficientemente iluminadas». A Antoñana le parece que entre el escritor y el mundo injusto se produce una identificación absoluta: «Los problemas de los demás, son sus problemas». Llega incluso a ver al escritor como un Cirineo de los desfavorecidos: en su mochila, compañera inseparable, lleva «la carga del sufrimiento de los demás» y él «grita su disconformidad».

A partir de estos supuestos, el narrador navarro derrama observaciones favorables a la literatura como partida de fe intencionada: «en primer lugar la novela será testimonio», y el novelista, «testigo de parte o testigo de cargo, qué más da». Además, las letras deben ceñirse a un momento histórico concreto: «La literatura actual solo se concibe como compromiso con la hora y el tiempo en que se vive». Antoñana formula esta inmediatez del testimonio a la manera de eslogan publicitario: «Se escribe hoy, para los hombres de hoy». De ahí deriva la problemática que debe atar al autor, «inquietudes que tienen nombres concretos, "colonialismo", "justicia social", "industrialización", "el miedo y el hambre"». En consecuencia, reclama para las letras un valor utilitario: «Hacer sano este mundo que hemos encontrado es cosa también del novelista». Y, además, asegura la inviabilidad del arte por el arte: «Nadie concibe hoy el escribir como puro esteticismo».

El ideario que subyace a esta postura coincide con las propuestas dirigistas de un lustro antes favorables a un arte nacional popular. Por coherencia, Antoñana se decanta por la primera de las dos opciones dentro de la gran polémica estética de la época, aunque con una inflexión personal: «El escritor no se concibe sin una comunicación con alguien, no escribe para él solo sino para los demás. Siente una necesidad irrefrenable de comunicarse, de no estar solo, de hacer partícipe de su situación desesperada a los demás». La vigencia de los planteamientos del sector mayoritario de la narrativa mediosecular se confirma al tratar Antoñana las cuestiones referidas a las técnicas narrativas. El navarro sigue la vulgata castelletiana con explícito reconocimiento de su fuente y su exposición nos sirve al propósito de corroborar la validez de los postulados generales de los cincuenta entrado el decenio posterior. Suscribe la inactualidad de la novela psicológica, aboga por recursos de mayor eficacia que los antiguos (el monólogo anterior) y defiende a capa y espada el objetivismo francés, incluso contra sus detractores y a pesar de advertir que no es una técnica que vaya con él. El *nouveau roman*, en España, dice, «no ha producido frutos espectaculares, pero sí buenas novelas». En un sucinto muestrario de títulos que alcanzan tal categoría (*El Jarama*, «modelo de novela objetiva», *Nuevas amistades*, *Las afueras*, *La mina*, *Central eléctrica* y *La piqueta*), encuentra el escritor navarro la cuadratura del círculo, pues al afortunado enfoque añade «su preocupación social, su compromiso con el momento actual de España».

El bucle compromiso, testimonio y objetivismo sigue manteniendo plena actualidad. Incluso, la técnica de moda alcanza tal predominio que será motivo de chanzas. Con ella jugará en plan de crítica burlesca Luis Martín-Santos en la novela inacabada que se traía entre manos en vísperas de su prematura muerte en accidente de tráfico, *Tiempo de destrucción*. En un pasaje presenta las vicisitudes del protagonista, Agustín, para consumar el trato alcanzado con una prostituta. Al poco, cuenta el mismo episodio con otro enfoque:

> La anécdota-parábola, que acaba de ser relatada siguiendo la técnica objetivista, más que para nada sirve para hacer patentes las insuficiencias de dicha técnica. Quizá el relato puramente objetivo de los gestos y actitudes corporales, de las relaciones espaciales entre los cuerpos intentando suponer por una arbitraria convención (mucho más grave que cualesquiera otro de los modos antiguos de relatar) la no existencia de centro consciente en el interior de los cuerpos humanos, pueda conseguir una atmósfera vagamente trágica, puesto que los actos constitutivos del drama toman el aspecto de deberse a una ciega necesidad. No deja de ser estéticamente útil esta seudonecesidad. Ante todo porque corresponde a una realidad psicológica profunda que en nuestros propios actos ignoramos. No por la exhibición más o menos arbitraria de la habilidad técnica del autor.
>
> Ahora me veo obligado a dar cuenta otra vez, de una manera menos ambigua de los hechos

La pujanza de estos planteamientos —finalidad crítica y técnica narrativa— no impide que vayan apareciendo voces reticentes o desfavorables. Estas actitudes responden a motivos varios. Las descalificaciones y reservas, que solían tener raíces ideológicas (el conservadurismo de los Agustí, Baquero Goyanes, Benítez Claros, Perlado, etcétera), no guardan ahora relación con la ideología, o no solo con la ideología. Es el caso del razonamiento de Gerardo Diego en su recordado artículo «Poesía social». Para el veterano poeta del 27, el testimonialismo, al que concede haber sido requerimiento ético de una generación, ha de dejar paso, ya, a las inquietudes, necesariamente diferentes, de una nueva oleada poética en marcha. Desde hace unos quince años, dice el privilegiado testigo de gran trecho de las letras españolas de la pasada centuria, «hemos visto crecer» la «marea» de la literatura «de intención y consigna comprometida» y ello ha ocurrido porque «biológicamente tenía que suceder y la orientación de una gran parte de la juventud convenía que se dirigiese en ese sentido». Mas también resulta inevitable y lógico y biológico, añade, que no pueda subsistir muchos años. Razón por la cual «ahora la marea decrece a ojos vista». La «más nueva juventud», la de los muchachos de veinte años, ve la vida de una manera menos unilateralmente negra o sombría que la anterior. En consecuencia, cada día «se va perfilando más claro el advenimiento del nuevo artista, del nuevo poeta para el hombre nuevo». Se trata de una de las primeras señales que conozco del anuncio de una nueva promoción, la del sesenta y ocho o de los novísimos, aventurado cuando esta aún no había ofrecido muestras relevantes de su actividad. Esa aún embrionaria promoción nueva se basaba en un idealismo ajeno a la persistencia en el país de la mayor parte de las razones sociopolíticas que habían estimulado el tipo de escritura del medio siglo.

A falta del «hombre nuevo» imaginado por el sexagenario poeta, pesarían en su diagnóstico —por otra parte nada equivocado— algunas hipotecas del arte social también señaladas en el artículo. Dos fundamentales. Una, que los escritores sociales hayan abusado de su derecho a elegir como tema «la miseria y el dolor de la humanidad oprimida», cerrando ojos y oídos a las desdichas de otros. Otra, que hayan negado «la más noble libertad» al artista y al escritor, «elegir sus asuntos» y «ser fiel a sí mismo, a su más profunda vocación de hombre». Los fantasmas conocidos del tematismo y de la dictadura estética planean en la necesidad de cambio advertida por Gerardo Diego.

La denuncia que había hecho Castillo-Navarro del carácter impositivo y excluyente de los mandarines literarios volvió a aparecer al año siguiente de *Los perros mueren en la calle* con cierta amplitud doctrinal. Se trata de la acusación de «terrorismo intelectual» que formulaba Leopoldo Azancot desde el mismo título de un apasionado artículo de *Índice*. A aquellas alturas, en España, sostiene el crítico, se hace imposible «el oficio de pensar» por culpa de la confusión deliberada de las posturas estéticas y morales que practican gran parte de los jóvenes intelectuales. Lo cual asienta con el siguiente razonamiento: «El arte es "comprometido" o no es. Pero ¿quién no está comprometido?, preguntan los marxistas. "El que no está conmigo está contra mí", añaden luego. Y de ello resulta que, al confundir los valores estéticos y los morales, al confundir el Bien con la Belleza, niegan que un no comunista pueda ser un artista». Aparte de la censura de la espuria confusión de valores, Azancot ponía el dedo en la llaga del poder intransigente de una capilla cerrada a la que se refiere en la sentencia bíblica que he subrayado por mi cuenta. La politización de la literatura era, por otra parte, algo tan sabido como reconocido, y al asunto le dedicó Gabriel Celaya el artículo «Tirios y Troyanos». La politización de la poesía, dice, excede tanto a la corriente «social» como a los escritores estetizantes que suelen ocultar a alguien de ideas reaccionarias. El problema reside en que nadie juzga una obra y ni siquiera se ocupa de ella sin tener en cuenta previamente la significación extraliteraria del autor. Lamenta que en España se ignore la lección que ha dado el comunista Louis Aragon al hacer un elogio a toda plana del católico Paul Claudel.

Volvamos un momento a la observación de gran calado de Azancot. Por entonces podía interpretarse como alegato políticamente conservador, y así se entendió en los círculos culturales. Sin embargo, una década después, uno de los «terroristas», Castellet, sin mencionar a quien había acuñado la fórmula, reconocía en una mesa redonda de *Camp de l'arpa* la verdad del fenómeno: «Hubo terrorismo intelectual en los años cincuenta, cuando ¡ay de aquel que no escribiera literatura social!».

Sigamos en 1962. En esta fecha se data *La ciudad y los perros*, fermento de muchas mudanzas, aunque habrá que darle tiempo al tiempo para que sean visibles y operativas. No se trata de un dato aislado. Vale como señal representativa de un cambio muy significativo en el proceso de difusión del realismo crítico. Me refiero a la orientación del Premio Biblioteca Breve «de modo decidido hacia el húmedo ultramar, hacia la prosa de Indias», explicado con la gráfica expresión de Carlos Barral en *Cuando las horas veloces*. El Biblioteca Breve se había inaugurado con el conjunto articulado de relatos de Luis Goytisolo *Las afueras* algo cercanos al realismo crítico. En la segunda convocatoria, siguiendo la retórica del mismo Barral, «había hecho escala», con el García Hortelano de *Nuevas amistades*, «en el programático naturalismo o realismo social». La siguiente cita, cuyo primer premio quedó desierto, había dejado finalista a Marsé con *Encerrados con un solo juguete*. En 1961 ganó el concurso la citada estampa crítica bodeguera de Caballero Bonald. No hace falta subrayar la trayectoria de inequívoca filiación con la prosa comprometida del Biblioteca Breve hasta este momento.

Esta pauta se corta de raíz con el libro galardonado de Vargas Llosa y después de él se encadenan obras que pertenecen al «húmedo ultramar»: *Los albañiles*, del mexicano Vicente Leñero, *Tres tristes tigres* del cubano Guillermo Cabrera Infante. Se rompe la racha con un español, Marsé, pero solo en cuanto a la procedencia geográfica del autor. El texto premiado *Últimas tardes con Teresa* manifiesta un beligerante distanciamiento del realismo social. Todavía en 2008, en el discurso de recepción del Premio Cervantes, Marsé encarecerá con jactancia esa intención. «A su debido tiempo, la fábula de un joven charnego del Monte Carmelo, desarraigado y sin trabajo, soñador y sin medios de fortuna, pero también sin conciencia de clase, se encargaría de desbaratar la halagadora posibilidad» de que él encarnase la imagen del «escritor obrero» que le faltaba a Seix Barral. La «prosa de Indias» siguió dominando en la antigua tribuna de la «operación realismo». El argentino Manuel Puig quedó finalista con un Marsé que ganó con apuros tras reñidas votaciones, y las siguientes convocatorias recayeron en el mexicano Carlos Fuentes y el venezolano Adriano González León. Giro más fuerte y radical no pudo darse.

Este viraje tuvo capital importancia dentro del proceso de creación y difusión del realismo social. En unas enardecidas páginas, «Del árbol caído...», Antonio Martínez Menchén denunciaba que el esteticismo y formalismo del *boom* encerraba el propósito de liquidar la poética realista de los narradores españoles del medio siglo. Razones hay para apreciar esta hipótesis, pero deben añadirse otras de tipo diferente que confluyen en ella. Pienso en el cambio de actitud literaria de Carlos Barral. Jaime Salinas comenta en conversación con Juan Cruz que le sorprendió mucho cuando conoció a quien sería su patrón «el enorme desprecio que él tenía por la literatura hispanoamericana; decía que los latinoamericanos eran monos subidos en cocoteros».

La rectificación de Barral se produjo, explica Salinas, cuando aparecen García Márquez y Vargas Llosa, «y se da cuenta de que tiene que tomarse en serio la literatura hispanoamericana». Dicha palinodia le conviene al editor por partida doble. Por un lado, le proporciona un sustituto estético al servicio del desmontaje de la «operación realismo». Por otro, le aporta perspectivas económicas tentadoras por la dimensión comercial de los hispanoamericanos, capaces de incrementar el negocio de Seix Barral y, al poco, de sostener el de su nueva empresa, Barral Editores, cuyo catálogo abrieron y sustentaron. No en vano la mudanza de opinión se produjo tras el éxito de ventas, amén de literario, de García Márquez. El *boom*, por tanto, cumplió un papel destacado en el desarme del realismo social por la vía conjunta de la renovación estética y de los intereses industriales.

El *boom* nos ha salido al hilo del inaugural libro de Vargas Llosa, pero este fue nada más el anuncio de una historia que todavía se empezaba a escribir y cuyo epicentro se localizaría más o menos un lustro después. Por eso dejo aquí esta escuetísima mención para retomar más adelante el espinoso asunto de la influencia de la nueva y joven prosa de ultramar en la crisis del realismo social y en su desmoronamiento final.

El año siguiente, el 63, no cambia la situación descrita. La literatura social sigue siendo un tema de actualidad que despierta atención generalizada. Continúa como motivo medular de las preocupaciones estéticas del momento. Está tan en boga que el número inaugural de una nueva revista, la gallega y galleguista *Grial*, de orientación muy tradicional, le dedica un amplio artículo de José Manuel López Nogueira encabezado con la más genérica marca de la tendencia, «El arte comprometido». El ensayo defrauda las expectativas suscitadas por ese prometedor título, pero representa bien las posiciones contrarias a la complicidad política del artista. El artículo, muy divagatorio, se refiere tanto a la literatura como a las artes plásticas con escasa concreción. Parte de una idea curiosa. Según López Nogueira, el equilibrio tradicional entre el público medio y el arte se rompió tiempo atrás con las alambicadas formas del arte de evasión, el arte por el arte, frente a las cuales surgió el denominado «arte comprometido» o «arte engagée». El cual le parece, con el despiste que evidencian los datos vistos, una cuestión «un tanto declinante».

López Nogueira no es nada partidario del «arte engagée», y le parecen muy poco jugosos los frutos del «realismo social» —etiqueta que circunscribe a una práctica concreta del compromiso— y de la literatura y el arte «socializantes». Opina que la interpretación de la persona desde el insuficiente punto de vista de la sociedad no produce resultado óptimo porque le «amputa al individuo lo mejor de su constitución íntima». De modo un tanto confuso viene a decir que le hurta la dimensión espiritual al considerarlo solo en la magnitud material y colectiva. Para subsanar la ausencia de la solidaridad y la fraternidad que echa en falta en el realismo comprometido, ofrece su propia fórmula magistral. Ese objetivo pleno podría lograrse si se le quitara al arte comprometido «el acento marxista» y se implementara un «realismo social cristiano», el cual, sostiene, ha seducido a no pocos poetas. La apelación a esta extraña tendencia, de la que no da ni un solo ejemplo concreto, indica qué derrotero llevan las reflexiones del psiquiatra gallego. Su particular planteamiento supone una más, aunque no digna de mayor consideración, de las rectificaciones que se le hacían al «verismo societario» —etiqueta, por cierto, de apreciable ingenio—

desde el ámbito del espiritualismo confesional. La pintoresca propuesta atestigua a la vez el interés que suscitaba el asunto y la preocupación que causaba en los sectores más conservadores del pensamiento español.

A pesar de las disidencias apuntadas, una opinión generalizada favorable al bucle de imprecisos contornos trenzado con los hilos del realismo, el compromiso, el testimonio y la utilidad social estaba muy extendida a comienzos de los años sesenta. Era un sentir mayoritariamente compartido y bastante refractario a dejarse seducir por programas alternativos. Así se vio en el trascendental seminario madrileño de 1963 que enseguida comento. La robustez de esa sensibilidad realista-comprometida se manifiesta en uno de los documentos más relevantes sobre el estado de las ideas literarias en nuestro país en aquella época. Me refiero a la encuesta de Francisco Olmos García, a quien ya nos hemos encontrado como ardoroso y optimista defensor del realismo social. El sondeo es relevante por la difusión que alcanzó al ser reproducido y esquilmado en diversos sitios y momentos, según la detectivesca averiguación de José Antonio Fortes: apareció en *Les Lettres Françaises* en 1962, de donde bebió Corrales Egea para su libro de 1971, del que ya hemos transcrito varias respuestas, en *Cuadernos Americanos* en 1963 y en *Los Lenguajes Neolatinos* en 1965.

La encuesta, en su salida mexicana que aquí sigo, «La novela y los novelistas españoles de hoy», tiene notable interés por el sesgo intencionado de las preguntas, por el amplio número de consultados y por la diversidad de perspectivas generacionales y estéticas reunidas, amén de por algo poco habitual, la solicitud con que la mayoría de entrevistados responden mediante argumentaciones inusualmente largas y reposadas. Entre otros que interesan menos a mi propósito, se explican representantes de la generación del 36: Cela, Luis Romero, Susana March, Ricardo Fernández de la Reguera, Delibes y Corrales Egea. Alterna con ellos un sobresaliente elenco del medio siglo: Caballero Bonald, Grosso, Marsé, Ferres, López Salinas, Luis y Juan Goytisolo, García Hortelano y Matute. Olmos plantea el sondeo bajo las mismas premisas que guiaban su artículo de *Boletín de Información*: asistimos a un indisputado renacimiento de la novela española bajo el impulso de «lo nuevo», término que para los escritores de nuestro país tiene un sentido preciso: «se aplica a lo que refleja el movimiento de la realidad y más precisamente al movimiento de la realidad con un sentido de porvenir». Esta insistente fórmula de inequívoca resonancia marxista y la propia valoración ilusoria de la situación española («ha entrado en una fase prerrevolucionaria de su historia y a los escritores españoles les concierne cada vez más lo que concierne a todo nuestro pueblo») determinan el sesgado cuestionario. Olmos se interesa por el servicio que el escritor creía prestar a los hombres con sus obras dentro del marco concreto de la sociedad actual, por las condiciones requeridas para poder llevar a cabo la misión que se le asigna en nuestra sociedad y por la posibilidad de contribuir a su modificación. Además pregunta si la postura en el seno de la sociedad influía en la elección de temas y en la manera de tratarlos (técnica, estilo, etcétera).

La encuesta parte, por consiguiente, de planteamientos previos supeditados a un partidismo militante. Olmos da por hecho que los «nuevos» escritores españoles se someten al deber de profundizar en la realidad para «aprehenderla» en toda su complejidad y que tienen el propósito de conocer las condiciones históricas de su sociedad, fuente de los actuales conflictos, para contribuir «a superarlas, mejorarlas». Por ello entienden que prestan un servicio colectivo ayudando al pueblo a liberarse de «las servidumbres de orden material y moral inherentes a nuestras anacrónicas estructuras sociales». Para Olmos, no cabe la menor duda de que las relaciones entre la creación literaria y los procesos históricos aparecen con total nitidez en el movimiento realista coetáneo. Esta perspectiva unilateral tiene un valor añadido pasado el tiempo. Con estos supuestos previos fuerza las contestaciones y las convierte en un amplio diagnóstico del pensamiento acerca del controvertido papel de las letras y de la expresión realista en aquella fecha. La encuesta posee otro valor indiciario más. Refleja el arraigo o la presencia de la poética del realismo social en algunos medios influyentes en selectos ámbitos creadores de opinión y determinantes del canon literario. Me refiero a la prensa político cultural —periódicos y revistas— editada fuera de España. Su modesta difusión, prohibida por la censura en la península, se compensaba con su ascendiente en círculos universitarios y académicos entre los cuales difundían apreciaciones favorables al compromiso de los escritores que ponían su obra al servicio del antifranquismo.

El sentir casi unánime de los encuestados se orienta en la afirmación del utilitarismo y el compromiso. Solo hay tres excepciones. Una clara, la de Fernández de la Reguera, partidario del esteticismo y por completo ajeno a la problemática inmediata: la novela presta el servicio «de la perseverancia en un intento de creación de belleza, frente al mal gusto y la vulgaridad que nos rodea; el de dar una nota de humanidad, de cordialidad frente a la cruel e impasible intransigencia». Otra, relativa, la de Delibes. De entrada da un rotundo dictamen: «Considero que el arte no debe ser necesariamente "comprometido". De considerarlo así, el artista puede llegar a convertirse en portavoz de un ideario político, en un soflamero. Y nada tan nefando para el arte». A continuación, sin embargo, un «ahora bien» lo suaviza: «el artista debe fidelidad a sí mismo y a su tiempo. Únicamente así se justifican ciertas posiciones de inconformiso o de denuncia —contra la hipocresía, la opresión, la injusticia— notorias en la literatura de nuestra época. Esto último no solo es lícito, sino que justifica la existencia del artista en el seno de una sociedad». Una más, difusa a pesar de su apariencia, la de Susana March: quiere «demostrar la posibilidad de una absoluta independencia de criterio, de una postura insobornable y de un inconformismo sin desfallecimientos».

El resto de los narradores de primera posguerra se decantan hacia el derrotero indicado. Cela medio abandona sus consabidas cautelas y ambigüedades. A su entender, la función de la literatura «sería —en un supuesto ideal— la de reflejar, fiscalizándola, la vida en torno en el momento inmediatamente anterior a aquel en que se produce». Aunque añade una serie de requisitos que echan agua al vino: «el reflejo que se pide ha de ser literario, esto es, artístico, veraz y sujeto a forma». La explicación detallada de estas tres exigencias rebaja, sin embargo, mucho la inmediatez de la fiscalización y termina reclamando la prioridad del arte sobre el reflejo. Luis Romero incluye en su literatura la finalidad de «despertar la inquietud entre quienes en nuestro país y también en otros duermen beatíficamente». Y confiesa que «mi obra es más bien de denuncia o de protesta, es decir, de testimonio. Dictaminar un mal es encauzarlo hacia su posible solución». Corrales Egea asume la postura previsible en él. El servicio que el escritor ha de prestar es no desertar del combate cotidiano. Considerándose comprendido y comprometido en el seno de su sociedad, ha de sentirse «integrado en un todo; ha de saberse colaborador en una tarea; tiene que tener la firme impresión de que no crea belleza, vida y porvenir en el vacío, para nada ni nadie».

Los narradores del medio siglo manifiestan opiniones concordes y cierran filas en torno a la misión social de la literatura. Destaca el razonamiento de Caballero Bonald por su contundencia y por su argumentación:

> Intento servir para algo muy concreto con mi trabajo literario. Desde hace seis o siete años, cuando desperté como tantos otros, a la realidad histórica de mi país, quise dar testimonio de lo que veía y sentía valiéndome de la honesta arma expresiva con que contaba: mis poemas. Poco a poco me fui dando cuenta de algo tan claro como previsible. Dando por supuesto que la literatura debe responder en todo a una determinada razón histórica y dando también por supuesto que toda obra de arte ha de cumplir con una específica función social, me di cuenta de que mi poesía tenía que adaptarse a las exigencias de esa razón histórica y de esa función social. La sola iracundia no era, pues, suficiente para darle a lo que escribía una solidaria validez. El pueblo, que es lo que realmente me importa y lo que excluyentemente me hace sentirme hombre, no podría recoger todavía, sin embargo, el contenido de mis poemas. No creo en las consigas deliberadamente simplistas para uso de todos. Entonces aligeré mi poesía de todo estéril resabio simbolista, sin renunciar por ello a la intrínseca calidad literaria. Me interesa sobre todas las cosas —vuelvo a repetirlo— mi pueblo. Antes incluso que la poesía como medio me importa la problemática de mi patria como fin. Y el acercamiento entre el hombre y el escritor tiene que llevarse a cabo por un camino que han de andar los dos a la vez. Hay que salvar al pueblo de su posible limitación —acrecentada por el nefasto ambiente social— en la misma medida que el poeta ha de facilitarle los medios para ese encuentro con su obra. Eso es lo que persigo ahora.
>
> Tal necesidad política y literaria, me llevó de la mano a intentar la novela, procedimiento de más inmediato alcance para los fines que me propongo. En la novela he podido decir y desarrollar todo lo que todavía me resultaba difícil expresar en poesía. La realidad de España está al alcance de todos los que quieran mirarla y entenderla. Yo he reflejado con la mayor objetividad posible esa realidad. Basta hacerlo así para que la novela cumpla con una función social de

> auténtico alcance político, testimoniando todas y cada una de las circunstancias del «hombre histórico» español. Un más amplio círculo de lectores puede aprender de esta forma a ver su país, extrayendo de ello consecuencias que serán beneficiosas de algún modo para el provenir de la patria.

En verdad, el escritor jerezano hace una síntesis tan completa de las inquietudes que impacientaban a los coetáneos de sus mismas creencias y de las consiguientes respuestas que justifica la reproducción *in extenso* de sus palabras. Porque además proceden de alguien que rectificaría después el rumbo de su escritura en un sentido antitético al manifestado aquí, y en otros sitios, por la misma época.

También destacan las opiniones de otro narrador que no solo cambió la dirección de sus convicciones y obra, sino que se convirtió en un furibundo detractor de la novela comprometida, Juan Marsé. A comienzos de los sesenta, se siente unido con los escritores de su generación y escribe con propósitos de denuncia. Así pensaba, e importa reproducirlo, porque luego protestaría contra quienes le filiaban con la generación del compromiso y le encasillaban en la novela social, y porque implica un cambio radical posterior:

> Sabido es que describir la realidad sin falsearla es lo primero que debe imponerse todo novelista. Aunque solo fuera en eso, serviría ya a mi tiempo. Pero además, entre otras muchas razones, para mí escribir novelas es defender siempre alguna causa. Como hacen la mayoría de los escritores de mi generación, yo intento dejar bien clara una denuncia de la sociedad española actual llamando la atención sobre las estructuras que hay que revisar o que hay que echar abajo por inservibles.

Tras una reivindicación de los fueros del arte («El mérito del escritor está, en todo caso, en lo puramente formal, en la eficacia de la exposición y en el logro artístico»), añade una declaración de beligerancia política explícita: «La misión que yo me asigno en nuestra sociedad (y desde mi puesto de escritor) está íntimamente ligada a las circunstancias políticas de esta. En realidad, es la misma sociedad la que determina mi misión». A pesar de esta inequívoca postura, también deja huella de su particular conducta dentro del movimiento. La novela, aclara, no tiene por misión conmover las estructuras sociales. Confiesa que la «novela-testimonio» le aburre. Y hace un diagnóstico negativo de la tendencia dominante: «creo que se han invertido los valores y que la novela, a fuerza de querer ser social y útil, corre el riesgo de no ser nada».

Bien firme se muestra asimismo García Hortelano al hacer la escritura dependiente de la ideología del autor y al establecer una directa subordinación a las circunstancias políticas. «En un ambiente cultural de escasa densidad, la obra de un novelista debe empecinase en primer lugar por testimoniar la realidad en que vive. Afirmar, mediante mis novelas, que la sociedad es susceptible de variación y mejora constituye la más íntima raíz de mi oficio. Este testimonio de las relaciones sociales implica una cálida toma de posición realista», confiesa. Y añade, con apoyo de una cita de Lukács, un cerrado apoyo al realismo: este es el único camino que puede tomar la joven literatura de un país cuya superficie es «una losa de granito, un vidrio opaco, de cegadores y engañosos reflejos». No todo el mundo coincidía, no obstante, en esta firmeza de planteamientos. Luis Goytisolo se expresa con tono esquivo e inconcreto, en consonancia con su aceptación bastante a regañadientes desde sus primeros pasos dentro del testimonialismo: entre generalizaciones difusas, no llega más allá de sostener que «el servicio que presta el novelista a la sociedad es similar al que pueden prestar, por ejemplo, el filósofo o el sociólogo». Matute, que se escabulle de responder a las cuestiones indicadas, sí lo hace a una pregunta sobre el sentido de la infancia en su obra y se desentiende del mensaje izquierdista; ella persigue «despertar las conciencias contra el egoísmo y la injusticia, con el amor y la caridad».

Las declaraciones de los realistas sociales más emblemáticos se atienen a lo esperable, o sea, una sólida reafirmación del compromiso, la denuncia y realismo:

> *Antonio Ferres:* El escritor no puede sustraerse a la sociedad en que vive. Y en la sociedad española han llegado, a mi entender, a una agudización considerable, las contradicciones sociales. Yo me pregunto también ¿a qué hombres presto servicio? Desearía que fuera a la mayoría. [La] actitud del escritor está determinada por una serie de causas ambientales, sociales. [...] Para mí la realidad es la única fuente de donde se nutre la obra literaria. [...] De todo ello resulta

que mi enfoque de la realidad pueda ser, algunas veces, denuncia de unas condiciones sociales y, quizás, llegue a ser, otras, compromiso frente a las fuerzas que quiten oscurecer esa realidad (presiones sociales, etcétera), Deseo que para eso valga mi literatura, en mi tiempo. Puede ser que yo preste solo un pequeño servicio a unos —a la mayoría— pero sí es casi seguro que yo no presto ningún servicio a los otros. Usted me entiende.

Armando López Salinas: Creo que [sirvo] tratando de prestar mi apoyo a ciertas expresiones culturales, político-económicas que me parecen útiles para España. Contribuyendo en la medida que pueda y sea capaz a que se produzcan cambios en la sociedad que nos rodea; a hacer objeto de crítica dicha sociedad. Intentar revelar las relaciones sociales, mostrar el mundo tal como es.

Ferres y López Salinas: [A propósito de su literatura viajera] nuestro objetivo es mostrar la verdadera faz de nuestra sociedad y reflejar sus contradicciones para contribuir más eficazmente a su transformación.

Alfonso Grosso: Habiendo puesto mi fe en el compromiso y en la solidaridad humana, intento complemente prestar, a través de mi obra, un servicio en función de este ideario vital. Por otro lado pretendo despertar —como todos los hombres honestos de mi generación— una inquietud política y cultural en mi país, como, asimismo, dar testimonio de los días de oscurantismo que a mi patria y a sus hombres les ha tocado vivir. Mi actitud es de denuncia, y naturalmente, claramente comprometida.

8
Un paso decisivo hacia el desmantelamiento. Madrid, otoño, 1963

La estabilidad del ideario *engagé* era todavía muy fuerte en el primer lustro de los años sesenta. Algo iba a sacudir los cimientos de un edificio en apariencia bien sólido, sin embargo. Una música semejante a la del encuentro de Formentor comentado sonó de nuevo ahora con ocasión del «Seminario Internacional bajo el patrocinio del Club de amigos de la Unesco y del Instituto Francés de Madrid» sobre «Realismo y realidad en la literatura contemporánea». Ambos organismos fueron la cara visible de quien disponía de recursos para auspiciar un programa en verdad ambicioso y caro, el Congreso para la Libertad de la Cultura (CLC). El Congreso, con sede en París, había surgido a raíz de la Guerra Fría; se dedicaba a la defensa de la libertad de pensamiento y creativa para contrarrestar el totalitarismo tanto fascista como soviético, y constituía una importante pieza de los planes norteamericanos en la lucha contra el comunismo. Lo financiaban instituciones estadounidenses, en especial la Fundación Ford, aunque avanzados los años sesenta una revista, la liberal católica *Ramparts*, descubrió que lo controlaba o subvencionaba la CIA. El revulsivo reportaje de la publicación norteamericana conmocionó a toda la opinión democrática occidental, también a la española. En España lo aireó el semanario *Triunfo* el 4 de marzo de 1967.

Dentro de la meta del CLC de fomentar la libertad cultural en los lugares donde resultaba imposible por la opresión política encajaba nuestro país, no ajeno a la organización internacional, pues contaba con un comité clandestino nacional del que formaba parte Castellet. De ahí su apoyo general a nuestros intelectuales demócratas, liberales o antifranquistas —recibieron diversos tipos de ayudas, bolsas de viaje y becas Enrique Tierno Galván, Delibes, Martín Gaite, Sastre o Marsé— y su presencia camuflada en el encuentro madrileño. Paradojas o confusionismo de aquel tiempo:

marxistas militantes o simpatizantes peceros se lucraron de una asociación consagrada a la lucha anticomunista.

En realidad, las jornadas madrileñas desarrolladas del 14 al 20 de octubre de 1963 suenan a un *dèjá vu*, el del referido coloquio sobre novela celebrado en Formentor cuatro años antes, solo que de mayor trascendencia. Fue una convocatoria un tanto contradictoria. Se produjo en un contexto histórico en que aún regía la conciencia de la necesidad de la literatura comprometida y, no obstante, respondía a los propósitos —bien ajenos a la circunstancia y opinión mayoritaria españolas— de la institución parisina de combatir sin disimulos el realismo socialista y jalear el sumo bien de la creación libre propia de las democracias occidentales. Luego hablaremos del ahínco con que cumplió tal empresa la revista en castellano del CLC, *Cuadernos del Congreso*... De algún modo, la intelectualidad progresista de nuestro país acudió al debate sin distinguir los confusos cantos de sirena que lo convocaban. Si los escritores comprometidos vieron en el encuentro la posibilidad de una reafirmación de la disidencia literaria, hicieron un negocio ruinoso. Inapelable resulta al respecto el informe sobre el Seminario rescatado por Jordi Amat que el converso anticomunista austro-francés Manès Sperber envió al CLC: «le thème semblait présenter le double avantage d'etablir d'une part l'incontestable indigence et l'échec incontesté du realisme socialista, et de montrer d'autre part la richesse et la variété de la nouvelle littérature, esthétiquement révolutionnaire, du monde libre». Desde luego, en el ámbito español de ningún modo se daban por descontados la indigencia y el fracaso obvios del realismo socialista ni tampoco se comulgaba con claudicar ante la nueva literatura estéticamente revolucionaria.

El Seminario tuvo larga gestación. El CLC comenzó a prepararlo en 1962. La mayor parte de las sesiones se celebraron en el Hotel Suecia de Madrid, el mismo sitio —curiosa coincidencia— donde Carlos Barral venía recibiendo desde un par de años atrás a los novelistas sociales para impartirles las directrices inherentes a la «operación realismo», el gran pacto entre el Partido Comunista y la nueva literatura. La recepción de los participantes tuvo lugar en el Instituto Francés y sendas sesiones en el Club de Amigos de la Unesco y en el Seminario Eugenio D'Ors de la Cátedra de Ética de la Central que ostentaba José Luis López Aranguren. Dirigió el «Seminario internacional» Aranguren y se ocupó de la secretaría el dramaturgo antifranquista Pablo Martí Zaro, empleado del CLC, colaborador de Dionisio Ridruejo en el clandestino Partido Social de Acción Democrática y poco más tarde director de Seminarios y Ediciones, la editorial camuflada del organismo parisino en España.

Al Seminario acudió amplia representación nacional e internacional. En el listado de asistentes de fuera de Madrid del programa conservado en los archivos del Ministerio de Información figuran, en este orden, Barral, Jean Bloch-Michel, Jordi Carbonell, Castellet, Nicola Chiaromonte, Manuel Crespo, Michel Deguy, Delibes, Cela, Pierre Emmanuel, Joan Fuster, Thorkild Hansen, Lorenzo Gomis, Konstantin Jelenski, Anthony Kerrigan, Ana María Matute, Mary MacCarthy, Santiago Melero, Elsa Morante, Joan Olivier, Esteban Pinilla de las Heras, Jean François Ricard-Revel, Urbano Tabares, Martín-Santos, Rafael Santos Torroella, Nathalie Sarraute, Emilio Salcedo, Roger Shattuck, Manés Sperber, Jean Starobinski, Joan Triadú, Francesc Vallverdú, Mario Cesarini, Vicente Verdura, Sergio Vilar y Rudolf Wittkopf. No consta en la lista, pero estuvo presente Francisco Fernández-Santos. Italo Calvino y Elio Vittorini no aceptaron la invitación en un gesto de protesta contra el gobierno franquista. No es seguro que todos asistieran (Cela se desplazó a Madrid, pero no acudió a la sesiones: tendremos que comentarlo), pero el número de invitados resulta impactante siquiera sea por un detalle nada menor, el coste que suponía. Convendrá remachar en ello. Entre los residentes en Madrid, a quienes no se nombra en dicho documento, participaron José Bergamín, Pedro Laín Entralgo, José Luis Cano, Celaya, Ricardo Doménech, Antonio Ferres, García Hortelano, López Pacheco, López Salinas, Martín-Santos, Fernando Morán, José María de Quinto, Sastre, Carmen Martín Gaite y Carlos Muñiz. El nombre de Caballero Bonald se ha apuntado en alguna ocasión, pero, según me comentó, no tenía seguridad de haber asistido y nada dice al respecto en sus memorias.

El agregado de organizadores, patrocinadores, participantes y asistentes dice por sí solo el sesgo político o politizado del Seminario bajo un tramposo o disimulado marbete literario. Aunque no todo el mundo lo percibió de la misma manera. Ningún recelo despertó en el Gobierno, que no opuso impedimentos (contó con la preceptiva autorización, aunque llegó tarde y la apertura con vino de honor debió retrasarse un par de horas) y solo hizo que estuviera presente un inspector de policía. Por si acaso, de todas formas, un funcionario de Información, Armando Puente, tuvo puntualmente al tanto a su jefe, el director general de Prensa, Carlos Robles Piquer y este, a su vez, al ministro Fraga, según los documentos confidenciales recuperados por el historiador Pere Ysàs. En este informe, «Datos sobre la reunión de escritores del Hotel Suecia», se subraya varias veces el carácter inocuo del encuentro. «Los debates son estrictamente literarios y no despertaron ningún interés especial» de carácter político. Las ponencias «todas ellas son estrictamente literarias y pueden considerarse correctas», si bien repara en un detalle de la comunicación de Torrente Ballester: está «quizá demasiado presente la terminología de los cultivadores del realismo socialista», aunque lo ve comprensible, pues, «dado el tema del seminario, esto parecía difícil de evitar». Lo mismo se señala respecto de la «disertación» de Castellet, que «fue exclusivamente literaria y muy pesada, en opinión de los congresistas». El funcionario no estaba muy fino e iba al bulto de lo que escuchó. De lo contrario habría denunciado la fuerte argumentación marxista de Castellet y celebrado el alegato contra el arte soviético encubierto por Torrente con su terminología.

Fuera de las intenciones fundacionales del Seminario, otro elemento de politización circunstancial se añadió. Los debates coincidieron con la famosa carta «de los 102» encabezada por Aleixandre y dirigida a Fraga Iribarne para exigir aclaraciones y responsabilidades por la represión desmedida de las huelgas mineras de Asturias. La ofensiva respuesta del ministro, personalizada en José Bergamín, sobre quien había difundido malévolas viejas noticias, indujo al peleón autor madrileño a forzar la dimensión política del encuentro. En protesta por el comportamiento inmoral de Fraga pretendió que el congreso se suspendiera, pero se encontró con un tajante Aranguren y no contó con apoyos suficientes. Aranguren defendió que el seminario se continuara celebrando con normalidad y que se dejara de recabar firmas para una nueva misiva de réplica al ministro. El enfrentamiento entre el escritor y el filósofo se saldó con una ruptura que llevó a Bergamín a retirar su ponencia y a verse obligado a marchar de nuevo al exilio.

Este ambiente de tensión política arropó las percepciones menos simplistas que las del funcionario Puente. Cela hubo de tener alguna significativa intervención en los preliminares del encuentro. Así lo sugiere que entre los invitados figuraran dos personas cercanas a él, Sergio Vilar, colaborador suyo y secretario de *Papeles de Son Armadans*, y su convecino mallorquín el traductor y poeta Anthony Kerrigan. Pero se olió pronto la tostada. Le puso sobre aviso Vilar. Según un apunte tomado por Tomás Cavanna en las memorias de Vilar todavía inéditas, *Días felices en Mallorca*, le advirtió «que puede haber un trasfondo político contra la dictadura». El mencionado informe ministerial precisa que Cela llegó a Madrid, pero «al ver el cariz de las cosas» devolvió el importe del pasaje y se negó a asistir. Ninguna duda acerca de lo que camuflaba aquella pantomima le cabía al agresivo falangista Salvador Vallina. Desde el periódico *Arriba* se interrogaba el 20 de octubre de 1963 acerca de si los participantes eran «¿Amigos de la Unesco o amigos de la URSS?». A la retórica pregunta del título de su artículo se respondía asegurando que «olía mucho más a comunismo que a literatura». (Permítaseme un paréntesis para recordar cómo se las seguían gastando algunas gentes y qué ambiente se respiraba todavía. Cuenta José Luis Cano en *Los cuadernos de Velintonia* un episodio ocurrido en la inauguración del Índice Club. Cuando Aleixandre y él quisieron marcharse y arrastrar con ellos a Dámaso Alonso, este, «ya con una trompa imponente, nos grita que no le da la gana de irse, y se pone a insultar al vieja guardia Vallina. De milagro no hubo tragedia, pues Vallina sacó su pistola de falangista y amenazó a Dámaso, quien se llevó el susto padre»).

La percepción del flanco político del Seminario fue generalizada. Mary McCarthy (falsamente contenta, por cierto, porque nadie en España había oído hablar de ella) lo cogió al vuelo. «Los asistentes eran en su mayoría comunistas y simpatizantes de los comunistas», le escribió a su amiga Hannah Arendt. Se le pasó precisarle, claro, noticias que limitaban su malintencionado comentario: otros participantes, amén de ella misma, como Spender o Wat, eran radicales conversos anticomunistas; Chiaromonte codirigía, con Ignazio Silone, la revista italiana del CLC, *Tempo presente*; Jelenski desempeñaba la jefatura del CLC tras el telón de acero y, en fin, abundaban antifranquistas de credos democráticos. También un imprudente José Luis Cano señaló en su crónica del Seminario para la portorriqueña *Asomante* que solo habían sido invitados «los escritores no franquistas o comprometidos con el régimen, desde los de la derecha liberal hasta los de la izquierda extrema», a la vez que apuntaba «lo curioso» de que detrás del congreso estuviera un organismo «cuyo matiz claramente anticomunista no es ignorado por nadie».

El cariz político del Seminario era patente asimismo para el Partido Comunista, aunque adoptó una actitud bastante extraña. En *Crónica de los años perdidos*, Javier Alfaya se hace eco, de fuentes orales, de una interesante y curiosa noticia: «el PC había pedido a sus militantes invitados que no intervinieran en los debates». Tal vez fuera por el entramado de sospechas que rodeaban al Seminario, pero hoy resulta casi imposible determinar la verdadera razón. Yo mismo pregunté el motivo a dos asistentes, López Salinas, miembro entonces de la dirección del partido, y a su compañero de fatigas literarias y políticas Ferres, y ambos reconocieron la instrucción, pero no recordaban en qué motivo se fundó. Así lo escribí en otra ocasión y López Salinas me puntualizó después que el motivo habría sido que el Partido no quería dispersar sus energías y preferiría concentrarlas en los graves sucesos asturianos.

Fuera como fuese, lo cierto es que los narradores de obediencia comunista perdieron con esta automarginación una oportunidad excepcional para abogar en bloque a favor de las entonces vigentes doctrinas estéticas marxistas dentro de un debate que afectaba de lleno a su trabajo. En cambio, dejaron la labor a algunos comparecientes, quienes, aunque lo hicieran con energía, no contaron con el esperable apoyo colectivo del Partido y se vieron desbordados por los detractores. En cualquier caso, el Seminario resultó una encerrona contra el realismo social y sus partidarios, que salieron malparados del encuentro y encima tuvieron que escuchar las descalificaciones de una despectiva Mary McCarthy —los españoles, a excepción de Martín-Santos, le parecieron de escaso nivel intelectual y bastante provincianos— en plena reafirmación antiizquierdista. De este modo, la reunión de Madrid supone un momento decisivo en la evolución del realismo social por el acoso al que se vio sometido.

Las sesiones del Seminario se organizaron en torno a la exposición y debate de cinco ponencias. Cada intervención principal iba seguida de un comentario específico. Según el «programa de trabajo» conservado en el ya referido archivo del Ministerio de Información y Turismo, el lunes 14 leyó su ponencia el antifascista italiano Nicola Chiaromonte sobre «Realismo y literatura» y la comentó Joan Fuster. Al día siguiente Castellet presentó sus «Cuatro notas para un coloquio sobre el realismo», que dieron lugar a la impugnación de Mary McCarthy. En la sesión de la mañana del 16 tendría que haber expuesto su ponencia José Bergamín sobre «Realidad, realismo, poesía», pero la retiró a causa del enfrentamiento con Aranguren. Por la tarde, Nathalie Sarraute trató de «Novela y realidad», y le siguió el comentario de Juan García Hortelano. Tras el día libre del 17 con excursión y comida a Segovia «por cuenta de la organización», la tarde del viernes habló Torrente Ballester sobre «Problemas de la novela actual», que comentó el historiador y crítico suizo Jean Starobinsky. También estaban previstas algunas coponencias. El polaco Aleksander Wat iba a tratar «El realismo y lo real en Rusia», y el francés Jean Bloch-Michel, de «Literatura e impostura». Fuera de programa, hubo dos intervenciones de particular provecho para nuestro asunto, las de Luis Martín-Santos y Fernando Morán.

Estaba previsto que las comunicaciones, y es de suponer que los debates diarios, un par de discusiones generales y el «intento de conclusiones», aparecieran en la colección Tiempo de España dirigida por Aranguren que acababa de inaugurar la editorial Ínsula, casi seguro que financiada por el CLC. Por desgracia, dado el interés histórico que habría supuesto, el libro no se publicó y nada más conocemos las ponencias tardíamente rescatadas de Castellet y Torrente Ballester, la exposición de Fernando Morán, «Novela y realidad social», y el comentario de Martín-Santos a partir de su propia participación.

En las ponencias, comentarios y debates se decantaron un par de posturas sustanciales. Minoritaria fue la defensora del realismo comprometido, que asumieron Castellet y Fernando Morán, si bien este desde la perspectiva de reconocer en buena medida su fracaso, más, suponemos ya que no se conservan los pertinentes testimonios, Celaya, López Salinas, José María de Quinto, Sastre, López Pacheco y tal vez García Hortelano . La postura mayoritaria redujo el foco de la discusión a un enfrentamiento entre el realismo socialista y las poéticas formalistas. Así lo expresaron diversos testigos. Aranguren dirá un lustro después en sus *Memorias y esperanzas españolas* que el Seminario «tuvo como tema central la contraposición del *nouveau roman* y la novela del realismo social». La misma impresión trasmitía McCarthy a su confidente Hannah Arendt: para los jóvenes congresistas «la literatura moderna se resume en un combate entre el realismo socialista y el *nouveau roman*». La confrontación entre ambas posturas figura también en la crónica de José Luis Cano como la nota capital del encuentro: «Pronto se dibujaron dos tendencias: los partidarios del realismo social», por un lado, y, por otro, «los defensores de una literatura no *engagée*, no comprometida con la sociedad en cuanto situación histórica necesitada del apoyo del escritor». Cano refleja, por otra parte, la confusión habitual en la época respecto de los límites de un realismo comprometido ya apuntado en otras páginas del presente libro, pues dentro de sus partidarios señala «matices que van del realismo socialista (Castellet, Celaya, García Hortelano, López Salinas, José María de Quinto, Sastre, López Pacheco) al realismo continuador, actualizador de la línea realista española que arranca de Cervantes y pasa por Galdós (Torrente Ballester)».

La separación de activismo político y literatura contó con firmes valedores, siempre según el relato puntilloso de Cano y las dispersas noticias que nos han llegado. Así hay que entender la defensa que Torrente hizo de la libertad creadora y del derecho a ejercerla de acuerdo con los principios y limitaciones propios de cada escritor. Es decir, que el viejo falangista reclamaba ahora la independencia respecto de las imposiciones partidistas que sometían a los escritores militantes o compañeros de viaje. En la misma línea y en defensa de una literatura con entera libertad y al margen de toda línea impuesta por motivos histórico-sociales se manifestaron Delibes, Buero Vallejo, Bergamín y casi todos los extranjeros. No habrá que señalar que en el inconfesado horizonte de estos alegatos se hallaba el dirigismo estatal soviético, aunque tampoco fueran ajenos a la denuncia de la censura franquista, contra la que algunos participantes habían dirigido al gobierno más de una carta de protesta. Particularmente tajante estuvo Bergamín respecto de la poesía, es de suponer que en algún coloquio o corrillo, puesto que no leyó su ponencia: criticó «la anti-poesía de los anti-poetas de un realismo social, o moral, o religioso, que es mucho peor que una evasión de la realidad porque lo es de la misma realidad de la poesía». Su planteamiento anunciaba el esencialismo y el esteticismo que prevalecieron unos pocos años después.

Los adversarios de la complicidad social del artista (Chiaromonte, Sarraute, McCarthy) veían el arte un tanto *sub specie aeternitatis*, lejos de condicionamientos históricos concretos. Por el contrario, los cercanos al testimonialismo subrayaron que tal cosa solo era posible en países con pleno desarrollo cultural y social. Entendían que las circunstancias y el atraso exigen un arte realista, comprometido con su época y con su país. En general, la mayoría de los asistentes españoles, los treintañeros de la generación del medio siglo, apoyaban este criterio y seguían defendiendo el realismo social. Con fórmula muy gráfica lo dirá Castellet un cuarto de siglo después en *Los escenarios de la memoria*: «nosotros estábamos enredados en un mal "rollo", empujados por la necesidad de hacer de la literatura, política». Delibes recuerda, en un sucinto panorama de la «Novela de posguerra», y a propósito de señalar las diferencias entre los narradores objetivistas y los socialrealistas, cómo la postura de los segundos se hizo «explícita» en el «famoso coloquio» madrileño: «Los representantes de esta tendencia sostuvieron allí, una y otra vez, la necesidad de utilizar la novela como instrumento de combate ante la mudez obligada de la prensa; es decir, la novela debería ser un recurso para exponer situaciones e ideas que no podían exponerse de otra manera». La misma justificación que el propio Delibes dio más de una vez para *Las ratas* y para otras obras suyas, las más testimoniales.

En el extremo opuesto al contrato social del escritor con el pueblo oprimido, y con un punto de vista radical y revulsivo, se manifestó Mary McCarthy en su réplica a la ponencia de Castellet. La norteamericana asumió el papel de caballo de Troya contra el compromiso y proclamó algo verdaderamente demoledor en aquellas circunstancias: el tipo de realismo de nuestros escritores no tenía ninguna vigencia y solo el subdesarrollo español explicaba su supervivencia. José Luis Cano interpretó estas posturas contrarias al *engagement* algo inocentemente como una reivindicación del «derecho del artista a hacer su obra con entera libertad y al margen de toda línea impuesta por motivos histórico-sociales» cuando implicaban, en verdad, muchísimo más, una diatriba contra el realismo socialista.

Dentro de una de las dos grandes líneas generales señaladas se movieron los ponentes del Seminario, cuyos textos conocemos, y en sus exposiciones se desvelan notables diferencias sobre el asendereado asunto que había motivado la convocatoria. Luis Martín-Santos sostuvo en su intervención, muy brillante según las crónicas y diferentes testigos, una postura intermedia entre el testimonio, por una parte, y, por otra, la necesidad de recurrir a un «realismo dialéctico» y a una concepción mítica de la literatura que sirvieran para nuevas revelaciones del mundo. Las ideas un tanto enrevesadas de su artículo, a caballo de la información y del ensayo de estética, acerca del Seminario se sintetizan en la obligatoriedad de conciliar dos posturas contrarias, una vanguardista y otra testimonial. De esta manera preveía superar la práctica alicorta —a su entender— de los autores españoles coetáneos. La renovación le parecía necesaria y esperaba que las reflexiones suscitadas por el Seminario se la propiciasen. «Debe suponerse que el encuentro de Madrid no será baldío», aventuraba. Y con cierta intuición profética añadió: «Este cambio vendrá dado por la llegada a vigencia de una nueva generación de escritores cuya capacidad técnica y estética comienza a estar a la altura de sus homólogos europeos, aunque su dirección intencional seguirá —en el futuro previsible— siendo diferente». Sus palabras anuncian la práctica novísima emergente algo después a la vez que revalidan —o eso parece desprenderse del diagnóstico— la inevitabilidad de un sesgo comprometido en nuestras letras durante tiempo indefinido. Esto último cabe entender de la enigmática «dirección intencional» distinta.

Aunque el reflexivo autor de *Tiempo de silencio* caiga en vaguedades conceptuales, sus cavilaciones revelan una sincera y compleja reflexión acerca de los conflictivos límites del realismo testimonial. No fue, por cierto, una inquietud ocasional de Martín-Santos como demuestran los rescatados papeles a cuatro manos que escribía con su problemático amigo Juan Benet y que bien merecen un amplio paréntesis. En unas «cartas abiertas» a *Correo Literario*, ambos explican, entre bromas y veras, un concepto artístico que manejan en privado entre ellos, el «bajorrealismo», una nueva manera de expresar literariamente lo «bajorreal» en la que «lo real no se utiliza en su totalidad, sino mediante una selección de «lo más real de lo real», «lo puro-real», lo «bajo-real»» y, de este modo, mediante semejante selección «se consigue una especial atmósfera mágico-poética». Nada que ver, en apariencia, con las disyuntivas del realismo social, y, sin embargo, no del todo ajeno a su problemática. En la trastienda se percibe una indagación, expuesta con retranca, que guarda relación con las inquietudes técnicas de nuestros jóvenes realistas: «Lo bajorreal no está *engagé*; las realidades conseguidas no podrían utilizarse con fines sociológicos ni psicopatológicos; ni siquiera políticos. Simplemente se trata de ver el ser bajo».

En otro cercano apunte posterior —enseguida lo anotaremos—, Martín-Santos giró hacia una mayor concreción en su propuesta que planteaba una salida práctica al enmohecido realismo socialista. En cualquier caso, sus especulaciones con ocasión del Seminario apuntan con claridad la crisis que afloraba en 1963. Por su parte, se desentiende del realismo socialista y postula un cambio de rumbo imprescindible.

La indefinición última de Martín-Santos —en verdad, un sí al realismo, pero de otra manera, que, a la postre, se solventa mediante la difusa idea de un realismo dialéctico— distingue también a las «Cuatro notas para un coloquio sobre realismo» de Castellet rescatadas por Laureano Bonet. En su comunicación revalidó algunos conceptos básicos de la doctrina oficial soviética sin darles apoyo explícito. Fue la única de las españolas «(pretendidamente) marxista-realista» según la afilada valoración de Sperber, quien subrayó esa actitud indefinida. Castellet, explica, no defendió el zhadanovismo ni sus productos literarios; «il exprimait la confusion caractéristique de ces intellectuels que ne connaissant guère les oeuvres du marxisme, ils préfèrent les écrits de certains épigones».

Se trata de un texto denso cuya escueta exposición se justifica por el circunstancial propósito de limitarse a «lanzar a la discusión» varias cuestiones. Debía de apreciarlo mucho, sin embargo, Castellet porque lo reutilizó y desarrolló con amplitud más tarde con el título revelador «Lukács y la literatura» y lo aprovechó como prólogo a la edición catalana de *Goethe i la seva època*. Dos de las cuestiones se refieren a sendos postulados clásicos del realismo soviético, las categorías de tipicidad y totalidad. El exhaustivo análisis de Laureano Bonet que desvela la complejidad del discurso castelletiano, con apelaciones tanto a los clásicos de la estética marxista (Pléjanov, Lukács) como a tratadistas innovadores (Goldmann, Della Volpe), nos permite ir al grano de su alcance final. El crítico y editor catalán revalida la pertinencia de ambos sustanciales conceptos. Con el apoyo de dichos teóricos, mantiene que la tipicidad sirve para comprender la interrelación de los fenómenos artísticos y literarios con la sociedad y que gracias a ella se ha sobrepasado el dilema entre lo individual y lo colectivo. A la tipicidad se une la totalidad, de importancia decisiva —entiende— para la renovación de la literatura del siglo XX. Su trascendencia se debe a que se opone a las concepciones esteticistas y vanguardistas y las supera; estos últimos planteamientos alcanzan como máximo a tomar nota de algunos aspectos marginales o parciales de la realidad. Dicho principio innovador de la estética marxista, asegura, permite abordar la historia como totalidad, puesto que no existen historias autónomas de la economía, el pensamiento, la religión, la política, etcétera.

En maridaje inextricable, tipicidad y totalidad siguen siendo, por tanto, al entender de Castellet, categorías imprescindibles de una literatura realista y renovadora, ante la que fracasan los «innovadores», contra quienes se despacha a gusto:

> los vanguardistas solo han sacado a la luz un fragmento de lo que es *nuevo* en nuestro siglo y lo han desprendido artificiosamente y metafísicamente del pasado y de la perspectiva del futuro, de la verdadera lucha histórico-social entre lo viejo y lo nuevo. Por ello no son capaces de captar en lo nuevo —ni

> aún en el aspecto artístico, formal— los trazos permanentes que señalan realmente hacia el futuro o que caracterizan profundamente la crisis del presente: por ello, su nueva forma «revolucionaria» es tan superficial y desnaturaliza lo realmente nuevo, restringe y falsifica la esencia de lo nuevo.

El crítico refrenda esta postura de canónica obediencia a la estética marxista en la tercera de las «notas» de su ponencia, «Vanguardia y nueva cultura». En ella hace una cerrada profesión de fe en el realismo entendido desde esa perspectiva: «Una estética realista salvaguarda, así, los valores culturales del arte e impide que, en plena exasperación esteticista, se busque en términos únicamente formales lo que es no solo una exigencia sentida especialmente por los artistas desde el interior del proceso de creación de la obra de arte, sino una exigencia histórica reclamada por toda una sociedad de trance de transformación». Sin embargo, en curioso y sorprendente quiebro, pocas líneas después apela a Bertolt Brecht para afirmar el carácter abierto que debe presidir toda estética auténticamente realista y copia un texto, de 1938, donde el alemán sostiene criterios discrepantes de la ortodoxia marxista: el estilo realista no significa renunciar a la fantasía y a la «artisticidad», no son las formas externas las que hacen realista a un escritor y el realismo no es cuestión de forma.

Quizás por el propósito de huir del dogmatismo, por no suscitar polémica o por no disponer del bálsamo de Fierabrás, Castellet no plantea una alternativa clara al realismo socialista y en el aire queda la respuesta al dilema de casi imposible resolución de elegir entre la intolerante negación de los innovadores o la flexible postura brechtiana. De todos modos, el mero recurso a la autoridad del dramaturgo alemán indica una sutil desconfianza en el realismo social al modo soviético y parece tener en la cabeza, si bien no hace ninguna mención a ello, la literatura que por entonces cultivaban los escritores españoles y que todavía contaba con su propio padrinazgo y el de Barral.

Tampoco Fernando Morán ofreció alternativas claras al deterioro de lo que llama «novela de presentación». Tras un largo recorrido por los problemas que suscita la función de la literatura dentro de los diversos niveles de desarrollo social y en el marco de las sociedades totalitarias, Morán percibía dos notas en los escritores españoles del momento: «inevitables anacronismos y diferentes niveles dentro de una misma obra». Con ambas señalaba un reto no resuelto de nuestros narradores realistas: «Diferentes niveles, puesto que el universo del novelista comprende trozos de realidad "desarrollada", con toda su problemática y consecuencias estilísticas y otros decimonónicos y algunos de nivel de absoluto infradesarrollo». Estas divergencias en el desarrollo socioeconómico de nuestro país —a las que, conviene puntualizar, poca o ninguna atención prestaban nuestros narradores testimoniales— debían obligar «a tratamientos diferentes». De cualquier modo, «al tratar de realidades estancadas es difícil», reconoce, «evitar los anacronismos de tema y aun de estilo».

Morán cree que nuestros novelistas del medio siglo eran conscientes de la dificultad de transmitir la complejidad social con un solo registro. Y, aunque no lo diga de forma expresa, admite en ellos, en su propio grupo literario, ese defecto de simplificación. Por eso estima acertado buscar modos de representación de la vida de mayor complejidad. Ese logro se lo atribuye a Martín-Santos, a quien aplaude por haber hecho que aparecieran en *Tiempo de silencio* ambientes sofisticados con un tratamiento de «ironía intelectual».

Según Morán, la gran dificultad del realismo español a comienzos de los años sesenta reside en encontrar «los patrones válidos para una sociedad no homogeneizada». ¿Cómo podrán superar el desafío los narradores del realismo social? Para él está claro: «La próxima gran novela será aquella que acierte con la técnica apropiada para trasmitir la compleja interacción de los distintos niveles sociales e ideológicos de la vida nacional en una unidad coherente y artística». No pretendamos saber cómo se prepara esa fórmula mágica porque no lo explica. Ni aquí nos interesa mucho saberlo a toro pasado. Nos importa, eso sí, subrayar cuánto supone tal formulación de enjuiciamiento negativo —fuego amigo— del estado del realismo social dominante.

Un buen rato consumió Gonzalo Torrente Ballester en divagaciones y generalidades sobre la novela, preámbulo a lo que reconoce como «el meollo» del coloquio y formula con un doble taimado interrogante: ¿realismo socialista o realismo a secas?, ¿novela de consigna o novela libre? Ambos los junta en una única cuestión subyacente: «¿Es el artista un funcionario del Estado, cuyas consignas debe obedecer, o puede ejercer su arte libremente?». Para todo ello tenía respuesta previa. Más generalizaciones acerca de la ortodoxia artística marxista —con menciones de Plekhanow [*sic*], Lenin y Lukács e información superficial— y sobre el arte no conformista, el arte burgués, el arte capitalista y el realismo socialista desembocan en la denuncia del intento de la literatura de acomodar la realidad a la verdad: mínimo valor tendrá la novela cuya misión es la defensa de una ideología o la demostración de una verdad. Frente a esto, elogia «la absoluta aversión a *lo humano* que el realismo socialista prescribe; la concepción del hombre como ser concreto en una situación concreta».

De aquí salta Torrente a la nítida oposición —en lo privado y en su praxis personal, insiste— a la novela «neobjetivista», que considera experimental. Para él, asegura rotundo, el escritor no es un testigo *de la realidad,* sino *de su propia imaginación.* De ahí que reniegue de la descripción porque no comunica la totalidad de la realidad, porque los detalles exactos no bastan y porque empobrece la realidad empírica. La valoración última incluye una comparación burlesca y un calificativo lleno de desdén: muchas descripciones objetivas son «verdaderas virguerías», una catedral gótica hecha con cerillas. El paso final reivindica el derecho del artista a hacer lo que le dé la gana, «libertad incluso para crearse sus propios principios, normas y limitaciones». Para semejante viaje, la verdad, no hacían falta tantas alforjas y, en todo caso, la hipótesis tendría su interés en un debate académico, pero en las circunstancias y contexto en que Torrente habla constituye un profundo puyazo al realismo social al echar por tierra uno de sus sustentos formales, el objetivismo.

De lo dicho no resulta extraño que, en línea con la percepción anotada de Martín-Santos, también Castellet, según su propia apreciación tardía en *Los escenarios de la memoria,* sitúe la crisis del realismo social en «torno a aquel seminario». Llega incluso a considerar que «se firmaría su defunción» en aquel coloquio. Algo radical parece esta evaluación distanciada en el tiempo, pero sin duda ahí se encuentra el primer momento decisivo del desmoronamiento de la «operación realismo», dicho con la fórmula de Barral, o de la «pesadilla realista», según la expresión utilizada en ocasiones por Castellet para calificar el gran movimiento de la literatura mediosecular. No fueron ellos los únicos en sentirlo así. Años después de su intervención en el Seminario, también Fernando Morán, al realizar un balance de época en *Explicación de una limitación,* emplaza en estos momentos el inicio en él mismo, «como en tantos otros», de la «preocupación por los dilemas e insuficiencias de la novela de presentación». Ya he dicho que con tal calificativo designaba a la novela realista o social.

El Seminario madrileño tuvo, por tanto, efectos demoledores, y con él se relaciona de forma muy directa el giro de Castellet. El camino emprendido en dirección a las antípodas se debería, de este modo, a causas profundas y no a la frivolidad que se le ha solido reprochar. En 1964, el crítico defensor del realismo histórico padece una profunda crisis, según confiesa al hispanista Dario Puccini en el epistolario exhumado por Bonet: «Se ha tratado de una larga crisis física, moral, intelectual, política, etcétera, que ha durado prácticamente todo el invierno y toda la primavera y de la que apenas ahora empiezo a salir». Castellet la achaca a un nudo de circunstancias, pero señala antiguas raíces: «Todo empezó mucho antes, cuando comprendí la simplicidad y el esquematismo de mis análisis y tesis literarias y, aún mucho antes, cuando empecé a sospechar la ineficacia de una lucha política agotadora, sin una sola satisfacción práctica». Ese antes en el descubrimiento de los errores propios puede fijarse con pocas dudas en el seminario madrileño, cuando, según reconoce también en *Los escenarios de la memoria*, «se abrió una crisis profunda que me obligó a plantearme muchas posiciones políticas que había defendido en los últimos tiempos».

De todas maneras, y sin recelar lo más mínimo de la sinceridad de dicha confesión privada ni de la evocación retrospectiva, no está de más advertir que en un ensayo de la misma fecha, 1963, «Veinte años de novela española (1942-1962)», no se halla ni el menor atisbo de cuestionamiento de la joven narrativa. Es más, en este recuento puntualiza que esa narrativa «es la que predomina hoy» y la que centra la atención de críticos y editores extranjeros. Tal cosa afirma —en 1963, subrayo— por la «consistencia y seriedad de sus obras y, es preciso decirlo también, por su sorprendente vitalidad». Nada percibía en esa fecha de lo que, en cambio, muy sorprendentemente advierte solo un lustro más tarde, en un artículo de 1968, «Tiempo de destrucción para la literatura española», cuando fija con rotundidad 1962 como el momento en que la generación realista aboca «a un cierto fracaso y al desánimo y a la desorientación consiguientes». Desde este año algunos empezaron «a enmudecer»; entonces, «el estupor del fracaso esterilizó definitivamente a muchos de ellos». Ya sabemos que las incongruencias no faltaron en los análisis del *mestre* catalán.

En la confrontación de opciones estéticas, y políticas, habida en el Seminario madrileño, percibe Jordi Amat «grietas en el realismo social». Acierta en el diagnóstico y aún se queda corto. Podríamos emplazar en aquel 1963 el arranque del desmantelamiento del realismo social que aprecia Javier Alfaya en sus mencionados recuerdos. Ahí data el escritor y periodista gallego el inicio de la hostilidad general hacia la literatura de observación comprometida: «A partir de entonces se abrió la veda y el realismo, en cualquiera de sus modalidades y en su vertiente políticamente más comprometida, sufrió ataques desde la derecha franquista, pero sorprendentemente también desde una cierta izquierda. Esos ataques iban más allá de lo meramente estético y se adentraban en el campo de lo político, en unos términos de ferocidad que hoy resultan sorprendentes». Esta valoración *a posteriori* del fuego amigo era algo conocido en aquellas calendas. En abril de 1965, comentó Jesús López Pacheco esa operación en la antología de *Poesía social* de Leopoldo de Luis: «Desde hace poco está de moda atacar a la literatura social, a la poesía social, incluso desde aquellas posiciones desde las que, ideológicamente, parece menos propio que se haga». Estas actitudes agresivas no extrañan tanto, sin embargo, si se inscriben en un movimiento sociológico e histórico de mayor amplitud que el meramente artístico. El Seminario de Madrid, enlazado con el Coloquio de Formentor, fue algo más que un episodio suelto de una aventura estética. Así lo aprecia Carlos Blanco Aguinaga desde un enfoque global sociopolítico. Enmarcadas en los años que van del Plan de Estabilización (1959) al de Desarrollo (1964), ambas reuniones

> tienen en común el hecho de que escritores representantes del desarrollismo que se inicia en Occidente a partir de la reestructuración económica y política exigida por la Guerra Fría, dictan lección literaria a unos pobres escritores subdesarrollados que no habían entendido que, si España, para entrar al círculo de naciones avanzadas [...], tenía que seguir con el desarrollo económico y democratizarse, [...] también ellos, los escritores valiosos contrarios al Régimen, tenían que modernizarse, ponerse al corriente de un quehacer literario para el cual, como para todo lo demás, se había decretado ya el Final de las Ideologías, a partir de cuyo Final se decretaría, andando el tiempo, que también la Historia se había terminado y, con ella, obviamente conceptos del pasado como —por ejemplo— el de la lucha de clases.

Vistas las menudencias del Seminario madrileño, hagamos recuento y balance. Quienes planearon su programa y eligieron los participantes dieron algo de contienda a los realistas críticos, pero cedieron la parte del león a los contrarios. Aquellos casi sirvieron de coartada, propicios espárrines, para estos. De los partidarios, apología de Castellet, justificación de insuficiencias de Morán, necesidad de una mayor amplitud de criterios en Martín-Santos. Poca materia como contrapeso de los detractores. Recordemos. Una desdeñosa y ofensiva McCarthy. Posturas distanciadas de Buero o Delibes. Rechazo cerrado del objetivismo y denuncia de la falta de libertad por parte de Torrente Ballester, quien, en una adenda a la edición ampliada de su conocido *Panorama de la literatura española*, aún insistía en asegurar con ánimo de denuncia y léxico malintencionado que todos los españoles, con muy escasas excepciones, habían formado un «frente único realista», como si este hubiera sido el ganador en la disputa.

Quien eligiera a Torrente para presentar una ponencia bien lo conocía y sabía las consecuencias de la misma. No hay más que curiosear dicho *Panorama* para constatar la displicencia y animadversión con que se refiere a la generación joven partidaria del realismo desde una postura de superioridad moral que olvida quién había sido él mismo y cómo su obra, en tiempos, había estado sujeta a un autoritarismo ideológico. Veámoslo porque ilustra muy bien su papel en el Seminario. Torrente parte de un *a priori*: los *juniores*, como los llama, aparecen vinculados voluntariamente a ideologías políticas de las que obtienen los principios rectores de su estética. Su preocupación social es más que el pretexto para elegir determinada materia; es el «eje de su conducta pública»; sus obras son resultados de un «acto moral de *compromiso*», el cual es determinante de «calidades». La obra de arte tiene para los jóvenes como finalidad, concreta, el *testimonio*, el *alegato*, la *denuncia* y la *acusación* (cursivas del autor). Y, en cuanto a la función de los escritores, consiste en despertar la conciencia del lector «a una realidad social determinada, una realidad que debe cambiarse, y en cuyo cambio debe colaborar», y en esa colaboración se halla «la única justificación de su existencia como tal». ¿Qué ocurre al estar condicionados los *juniores* por tales principios? Que «merman notablemente la libertad del novelista ante su tarea», que han «redescubierto el Mediterráneo» con su sujeción a la *objetividad* y que se han vedado el conocimiento de la vida interior del personaje y toda descripción de procesos mentales. La denominación novela social, por otra parte, explica, no comprende todas aquellas en que el hombre aparece viviendo en sociedad, sino «las que plantean o describen realidades económica y socialmente problemáticas».

Con tan poca simpatía hacia el fenómeno general, se supera Torrente en algunos enjuiciamientos particulares. De Juan Goytisolo dice nada menos que las afirmaciones de su libro sobre el arte de la novela «no parecen suficientemente meditadas». Y llega a la hiriente chulería, al menosprecio maligno, el más doloroso y cruel para un escritor, de recomendar que sus dos primeras novelas, «escritas en una prosa difícil, ingrata», sean leídas en francés. Esas obras, añade, producen la sensación de algo falso por «su función denunciadora» y por el incompleto conocimiento de los ambientes y personajes. Le falta a Goytisolo «madurez humana», pero le perdona la vida al esperar, cuando la alcance, «obras de mejor calidad». No llega a esta acritud respecto de otros autores de la joven oleada, pero de García Hortelano opina que «solo conoce superficialmente el mundo que describe y satiriza». Poco más que «intenciones que adscriben» a Martín Gaite «a las filas de los novelistas sociales» reconoce en *Entre visillos*. El juicio sobre *Dos días de setiembre* es positivo, pero, llevando el agua a su molino, le sirve también para desdeñar el realismo social, porque Caballero Bonald es capaz de describir fielmente una realidad social «sin olvidar que, al mismo tiempo que documento, *la novela es un objeto estético*». Entre los líricos, a Gabriel Celaya, a quien trata Torrente con cierto respeto, le niega lo que el poeta perseguía con mayor ahínco, la razón misma de su escritura, la eficacia comunicativa de sus versos; le objeta «su intrínseca dificultad, su destinación inevitable a las minorías».

Añadamos a las intervenciones en el Seminario recién indicadas los previsibles contenidos de un par de ellas cuya literalidad no conocemos. No hace falta tenerlas para saber qué dijo el futurista polaco Aleksander Wat, desengañado de su comunismo juvenil, arrestado, encarcelado y deportado en la Unión Soviética, obligado a refugiarse enfermo en Francia y Estados Unidos, prohibida la publicación de sus obras y reconvertido en duro detractor del comunismo; qué dijo de un asunto que parece pensado para una aportación más al antisovietismo occidental de la guerra fría, «El realismo y lo real en Rusia». También podemos conjeturar sin ningún riesgo la posición de Jean Bloch-Michel sabiendo su labor de difusión del *nouveau roman*.

Pero no solo contó el debate estético-político en el madrugador desmontaje del realismo socialista. También se produjeron entre bambalinas actuaciones para segarle la yerba. En este terreno no público tuvo un destacado papel Camilo José Cela. Al percibir el trasfondo político del Seminario, el propio Cela tomó la iniciativa de llamar «muy preocupado» al director general de Prensa, Carlos Robles Piquer, con quien almorzó y al que insistió en su deseo de entrevistarse con el ministro Fraga para «tratar de estos asuntos». Dichos «asuntos» tienen su miga. Cela presume de conocer la infiltración política, en buena medida comunista, en los escritores (un jefe sindicalista le había dicho que cuarenta y dos de los ciento dos firmantes de la protesta por los sucesos asturianos pertenecían al Partido) y veía una manera de controlarla, si no de atajarla y dinamitarla. Le explicó a Robles Piquer «que la mayor parte de los 102 firmantes eran perfectamente recuperables, sea mediante estímulos consistentes en la publicación de sus obras, sea mediante sobornos». Incluso le concretó su plan: «Me dijo que era imprescindible montar un sistema para estimular a estos escritores, señalándome el caso de su hermano Jorge al que Barral le ha rechazado una primera novela por no considerarla deseable políticamente. Él cree que esto puede hacerse fundando una editorial privada o entendiéndose con una que ya exista».

Robles Piquer le concretó al ministro un plan, «en la forma sugerida por Cela», para «la recuperación de estos intelectuales, o aspirantes a serlo». Para conseguirlo, se podrían usar dos sistemas que el director general desmenuza a su jefe con bastante detalle, prueba de la importancia que atribuía a la operación contra los socialrealistas:

> a) compra de ejemplares de libros recomendables, con un criterio político cultural, llevado a cabo directamente por este Ministerio, de un modo abierto, Los libros comprados —varios miles de ejemplares de cada título— irían a reforzar las bibliotecas públicas, según lo recomendado ya en el Plan de Desarrollo y en nuestro informe sobre los problemas del comercio exterior del libro. Veinte millones de pesetas podrían invertirse en esta operación durante 1964, lo que permitiría favorecer directamente a cerca de doscientos escritores jóvenes, exigiendo de paso para ellos unos contratos editoriales mejores que los actuales, con un tanto por ciento mayor a su favor. Varias editoriales aceptarían esta fórmula encantadas.

> b) Subvención directa, con cargo a fondos reservados y de una manera muy discreta, para la publicación de libros, sea creando una editorial, sea cooperando con alguna de las que existen como por ejemplo Bullón que ha empezado con grandes bríos y que está amenazada por dificultades económicas. La suma a invertir sería aproximadamente la misma.

Las ideas intervencionistas de Cela, que delatan su colaboracionismo con el régimen por mucho que su fiel Tomás Cavanna Benet haya querido distanciarlo del franquismo en su sucia maniobra durante el Seminario, escuchadas por el ministerio revelan que la dictadura quería ampliar sus tácticas en la lucha contra los escritores comprometidos. Sin abandonar el palo y la censura —que Fraga ejerció sin miramientos—, se contemplaba la vía de la «recuperación», o sea, el puro y simple soborno generalizado con algunas migajas del poder. Cuarenta millones de pesetas de 1964 no era cantidad chica.

La ausencia de mayores detalles sobre este complot lo reducía a una conspiración de inocente maquiavelismo gubernamental sin trascendencia práctica alguna. La publicación del epistolario de Jaime Salinas con Gudbergur Bergsson cambia mucho la perspectiva y revela un empeño bien tramado desde antes de la sugerencia de Cela, si es que este no lo conoció y lo vendió como cosa suya, algo de lo que él mismo resultaría beneficiario. En carta del 18 de octubre de 1962, justo un año antes del Seminario madrileño, relata Salinas:

> El ministro vuelve a hacer presión y esta vez parece que vaya en serio. Con una gran habilidad que está ganando la simpatía de los escritores «liberales», los Cela, Cano, etcétera, ese grupo, a cambio de unos favores —en el caso de Cela le autorizan la publicación en España de *La Colmena*——, su revista no tendrá que pasar por censura (naturalmente siempre que se trate de temas literarios), con Cano e Ínsula está haciendo otro tanto. Su estrategia es evidente e inteligente: ganarse a estos escritores y aislar a los jóvenes que pecan de «conciencia social».

Las querellas intestinas —los rencores de los marginados por Carlos Barral en su escuadra literaria— le proporcionarían a Fraga una fácil victoria sobre los escritores comprometidos y su principal tribuna, Seix Barral:

> Como por muchas razones, algunas buenas y otras no, el mundillo literario español tiene muchas cuentas que ajustar con los jóvenes «realistas» y con su editor, no dudo que Fraga se saldrá con la suya y clasificará él, y acabarán por hacerlo los demás, a Carlos y sus niños como una manada de irresponsables; ¡esto no le será difícil! Si hasta ahora muchos lo habían pensado, estos muchos tendrán una gran satisfacción, voluntaria e involuntariamente, en colaborar con la política del señor ministro.

La actitud de Barral, en la apreciación de Salinas, no puede ser más pesimista: «Carlos oscila entre deliciosas escenas de *grandeur* y luego con una voz de niño indefenso me pregunta que qué podrá hacer él cuando le pongan en la calle o le obliguen a exiliarse. No harán lo uno ni lo otro; Carlos cederá y su capitulación la convertirá en acto heroico». Los escritores realistas y su editor por excelencia claudicarán ante el acoso ministerial y encima lo venderán como una victoria. Y si la estrategia no da el resultado positivo de ganarse la colaboración de los intelectuales, entonces —le escribe a su pareja Bergsson un par de semanas después— la situación se complicará y teme, Salinas, que se saldrán con la suya «y sabrán ganarse el apoyo de la mayoría de los intelectuales, y aislar a los demás». Lo malo, se lamenta, es que la respuesta esté en manos *du grand Charles*, «con su impetuosidad y tremenda vanidad».

Franquistas y antifranquistas iban de pillo a pillo, aunque con armas muy desiguales. El Gobierno, a los recursos de por sí categóricos —la denuncia judicial, el lápiz rojo, la autocensura, el secuestro de la obra, según momentos— añadía ahora el más sutil del soborno y la compra de voluntades. La oposición utilizaba modestos medios a su alcance. El colofón de algún libro mostraba un gesto retador al indicar como fecha de impresión el 14 de abril. O veían la luz obras sin suficiente calidad literaria. Enrique Murillo brinda un testimonio inapelable de complicidad político-cultural en *Personaje secundario*, sus todavía inéditas memorias.

El más tarde destacado editor Enrique Murillo, entonces joven periodista, formó parte a comienzos de 1969 del comité de lectura de Seix Barral que asesoraba a Carlos Barral. Era un lector externo que leía un manuscrito, escribía un informe valorándolo e intervenía en las reuniones del comité editorial donde de forma más o menos colegiada se tomaban las decisiones. Había hecho un dictamen «lapidariamente negativo» de una novela y al acabar la reunión Barral le llamó a su despacho. Murillo se encaminó «con piernas temblorosas a donde me indicaban» pensando que se iba a llevar una reprimenda. En su resolución, escribe, «había folio y medio de furia y desprecio. Si el editor me quería ver a solas seguramente era para decirme que prescindía de mis servicios. [...] Con la misma desfachatez, sinceridad y aplomo que me han caracterizado siempre como lector editorial, yo había escrito un informe demoledor sobre aquella novela cuyo título he preferido olvidar. Tampoco recuerdo el nombre de quien la escribió, pero era algo así como López Algo o García de Acá. Su novela hubiese podido titularse *La huelga, La fundición* o *La mina,* cualquier lindeza semejante, en la mejor tradición del realismo llamado social, tan en boga durante esos años en España». Pero nada ello ocurrió:

> Y cuando ya me temía lo peor le oí decir, incrédulo pero aliviado, tras saludarme:
>
> —Enrique, estoy completamente de acuerdo con tu opinión. García de Acá no es muy buen novelista. Y esta es su peor novela.
>
> Respiré hondo. Me miró. Miraba muy bien, directo al fondo de tus pupilas. Pero lo que dijo a continuación me descolocó:
>
> —Sí. Es tan mala como dices. Pero, de todos modos, voy a publicarla.
>
> Y, sin darme tiempo a que me repusiera del susto, añadió, a modo de explicación más que suficiente:
>
> —Es un compañero de viaje.
>
> Y eso, y un apretón de manos, fue todo.

Malos días esperaban a los escritores realistas, ya maniatados por las insidias oficiales y con débiles cartas a su favor. A esa deriva que les perjudicaba contribuyó de forma decisiva el Seminario madrileño. El Congreso para la Libertad, al amparo del Club de Amigos de la Unesco y del Instituto Francés, jugó fuerte en contra del realismo socialista español aportando cuantiosas cantidades de dinero requeridas para sufragar viajes y alojamiento de tantas personas, gastos por alquiler del salón del Hotel Suecia y los festejos añadidos, excursión segoviana, vino de recepción, comida de clausura... Pero le sacó un buen rédito. El realismo social español salió maltrecho.

9
Hacia una causa general

La revisión crítica de los postulados que venían sosteniendo la literatura comprometida había dado pasos decisivos en un camino sin retorno. Varias contribuciones sueltas incidieron en el desmantelamiento del realismo social en la misma fecha del decisivo Seminario madrileño sobre el realismo, 1963. Entre ellas, conviene reparar de nuevo en la posición y argumentos de Luis Martín-Santos. A finales del mismo año, Castellet y un grupo de amigos desarrollaron un seminario en Barcelona en el que encuestaron a varios escritores. Martín-Santos ofreció en su contestación una especie de programa alternativo al realismo social basado en conjuntar testimonio y simbolismo:

> La literatura tiene dos funciones bien definidas frente a la sociedad. Una primera función relativamente pasiva, la descripción de la realidad social. Otra función especialmente activa: la creación de una Mitología para uso de la sociedad. En ambas funciones la Literatura ejerce su capacidad para llegar a ser una técnica de transformación social. En cuanto que descripción pone el dedo en las llagas sociales y suscita tomas de conciencia de las mismas. En cuanto Mitología, puede actuar de dos modos opuestos: si se trata de una Mitología enajenada, como encubrimiento de lo injusto; si se trata de una Mitología progresiva, como pauta ejemplar de realización.

Otra parte de su respuesta renegaba, sin embargo, hasta la raíz del carácter constructivo inexcusable de la literatura marxista: «Por el momento, mi obra tiene un sentido claramente destructivo. Espero que en el futuro y por cierto tiempo siga siendo destructiva. Prácticamente en nuestra realidad espiritual española, está todo por destruir». Esta desiderata contraria al realismo socialista tanto en lo temático como en lo formal, a partir de la que estaba levantando su incompleta novela póstuma *Tiempo de destrucción*, rescatada en 1975 por José-Carlos Mainer, revela un sentimiento de época. Sobre esta percepción se iría construyendo el desmontaje del realismo socialista, espoleado por el revisionismo de Juan Goytisolo que enseguida nos saldrá al paso de nuestro relato. La tarea para algunos urgente la visualizaban tanto el título de la historia inacabada de Martín-Santos como el del ensayo de Castellet donde se refiere al seminario doméstico, «Tiempo de destrucción para la literatura española».

No todas las denuncias partían de la animadversión hacia los recientes postulados, y, a su pesar, se convertían en verdadero fuego amigo. Ocurre a finales de ese año en la breve y entusiasta reseña de *Tiempo de silencio* que Ramón Vives le dedica en el número 2 de la clandestina revista del PCE *Realidad*. En un largo paréntesis de su crítica, señala Vives lo que tantas veces vengo indicando: las declaraciones públicas de la mayoría de escritores y artistas reivindican su responsabilidad social; sostienen con entusiasmo el deber de tomar partido ante una realidad injusta y su propósito de contribuir a la transformación de la sociedad; reclaman una literatura de urgencia, un teatro y una poesía de agitación. El exacto resumen de las actitudes generalizadas entre los creadores comprometidos se completa con una severa reserva:

> Los escritores quieren mostrar la sociedad tal cual es, sin mistificaciones ni máscaras. El retrato que trazan de ella tiende a convertirse progresivamente en acusación; se trata de señalar de manera inequívoca a los responsables, de combatir a campo descubierto contra los opresores. De tal suerte la literatura se ha ido trocando poco a poco en el reino de los «buenos» y los «malos». Y aplicando mecánicamente la definición de Brecht —«descubrir los nexos causales de la sociedad, revelar los puntos de vista dominantes y los puntos de vista de quienes dominan», etcétera— el realismo aparente de algunos autores encubre, al fin y a la postre, una forma nueva de idealización.

No podía hacérsele a la literatura social peor reproche que este doble reparo: realismo aparente e idealización. Esa triaca, al entender del comentarista, aportaba Martín-Santos: una visión descarnada, no embellecedora, de la sociedad española. Por vestir a un santo, el crítico desnudaba al otro, con el efecto que ello implicaba para el descrédito del damnificado. Y no se olvide, a fin de evaluar la trascendencia del comentario, que aparecía en una publicación patrocinada por el Partido Comunista. ¿La larga mano de sus responsables, Jorge Semprún y Fernando Claudín, estaría detrás de las opiniones de Ramón Vives? No sería de extrañar por cuanto que Claudín había expuesto en el número anterior los peligrosos juicios revisionistas que ahora mismo veremos.

Una contribución de importancia capital a este proceso fue el autoproclamado «examen de conciencia» de Juan Goytisolo difundido por la revista uruguaya *Número* el mismo 1963 y de gran resonancia desde su aparición en 1967 en *El furgón de cola*. La ácida rectificación de quien había ejercido hasta la fecha de cabecilla bastante autoritario y caciquil de la narrativa nacional popular tiene una enorme trascendencia tanto por encarar con osadía —a un paso solo de la provocación— los motivos de la poética realista y generacional como por la rotundidad de sus planteamientos. El «examen» posee, además, el interés añadido de constatar fehacientemente lo que señalo en estas páginas: la pujanza cuantitativa del realismo social y la fe en el compromiso del escritor conviven con fuertes señales de desafección; en suma, señala una situación confusa que causa momentos de gran incertidumbre, de auténtica encrucijada. Goytisolo reconoce que a esas alturas se ha impuesto «la literatura española comprometida» y que a comienzos de los sesenta abunda la narrativa crítica. También admite que, a tenor de recientes y numerosas encuestas, «la inmensa mayoría de los escritores y artistas jóvenes reivindican su responsabilidad social y el deber de tomar partido ante una realidad injusta» (no será, por cierto, esta la impresión que arroja la amplia consulta que hizo Sergio Vilar por las mimas fechas, según comprobaremos luego). Frente a la situación mayoritaria, el escritor catalán abunda en la aparición de graves señales de alerta.

La tesis central del «examen de conciencia» gira en torno a los efectos negativos resultantes de la fuerte politización de escritores e intelectuales. Con términos inequívocos, expresa Goytisolo las adversas consecuencias de dicho error: la joven literatura realista cae en el «entusiasmo de neófitos» y practica una «visión maniquea» al establecer el «reino de los "buenos" y de los "malos"». La suma de perversiones causa que se lleve a cabo una denuncia equivocada por simplificadora. Los novelistas yerran al presentar a las clases sociales. «Denuncian mal» a la clase media porque han sustituido la tergiversación naturalista anterior por una técnica consistente «en recargar exageradamente las tintas cada vez que se presenta» a los burgueses. Semejante error cometen al mostrar las clases bajas: «Paralelamente a la pintura negra de los opresores asistimos a una idealización de los oprimidos». Lo cual supone una adulteración absoluta de los requisitos realistas: «En un país en donde la despolitización es patrimonio común de las distintas capas sociales, [los escritores] pintan a las masas obreras y campesinas plenamente conscientes y lúcidas de la baza que se ventila».

La gran coincidencia entre Ramón Vives y Goytisolo viene a decir que una verdad de fondo sostiene a ambos. Esa verdad suscitaba otras muchas opiniones semejantes y propiciaba una preocupación razonable. La diferencia entre ambos la vemos en la intencionalidad. Aunque Goytisolo no diga cosa distinta que Vives, el crítico de *Realidad* se limitaba a advertir algunos peligros, mientras que el novelista catalán desahuciaba toda una poética, y una ética, y una política cultural. Los gravísimos reproches de Goytisolo suponen por extensión el rechazo absoluto de la narrativa del medio siglo. Acusaba a sus hasta entonces correligionarios de haber cometido el más grave de los pecados, falsificar la realidad. Los ponía a los pies de los caballos al desmentir la mismísima validez del testimonio plasmado en sus obras. Porque si algo había justificado la novela social era el documento de una realidad imposible de presentar por otros medios o cauces, sustituto de la prensa amordazada por la censura, y hasta este valor le negaba.

Goytisolo centra la desautorización radical, sin paliativos, en el modo de tratar los contenidos, aunque estos no los cuestiona en sí mismos; no, al menos, por el momento, que todo se andaría. No debe pasar desapercibida, no obstante, otra crítica trascendental que en su artículo tiene un aspecto poco relevante porque la relega a simple nota a pie de página. Me refiero a la invectiva contra la esclerotización del lenguaje realista. Esta cuestión, ahora secundaria, pasará en poco tiempo a convertirse en *leitmotiv* de su pensamiento y alcanzará una importancia capital en el discurso inmediato posterior sobre el realismo crítico, en el del propio Goytisolo, en el de Castellet y en el de otros significativos detractores de la narrativa comprometida. Goytisolo reclama el «análisis y denuncia» del lenguaje porque impugnando la lengua se impugnarían los valores que se expresan con ella. De este modo se conseguiría la destrucción de los viejos mitos de la derecha. Sobra decir que esta propuesta sustenta el programa de demolición de la España tradicional que el propio autor acomete a partir de *Señas de identidad.*

Los realistas del medio siglo, ya treintañeros y buen número de ellos bien asentados en la república literaria, afrontaban su arte por estas fechas con incertidumbres que no habrían de resolverse de la noche a la mañana. A sus perplejidades contribuían alegatos encendidos contra la estética hasta entonces mayoritaria. Entre los cabecillas de la impugnación de la literatura social ocupa un lugar privilegiado José Ángel Valente. Sus comentarios se centraron en la poesía si bien, como él mismo precisó en más de una ocasión, extendían su alcance, en los aspectos negativos, a la prosa. En diciembre de 1963, sacó la artillería pesada en una encuesta del número 205 de *Ínsula* que perseguía hacer balance del año. Sin embargo, ya desde bastante antes había disparado a discreción y a contracorriente en una cadena de manifestaciones que encuentran el punto final lógico de una concepción de la literatura en las respuestas a la revista madrileña.

Tempranísimo, en 1950, Valente dedicó una nota en *Cuadernos Hispanoamericanos* a litigar con un «señor Martínez» que había lamentado en una carta abierta a *Espadaña* la ausencia de poetas españoles que escribieran para el pueblo. El polemista orensano advierte que «la poesía es irrevocablemente un producto de cultura» y sentencia con ironía desdeñosa muy suya que «por eso a los que no saben leer [...] lo mejor sería enseñarles. Cristo dijo una vez que esto era una obra de misericordia». De este modo adelantaba una de las cuestiones más espinosas de la literatura comprometida, la obligatoriedad de exigir que la creación artística tuviera nivel, aunque pretendiera llegar a las capas populares y obreras. Tres años después, Valente comenzaba una larga, detallada y encendida celebración de «La segunda Semana del Cine Italiano en Madrid» afirmando que «un arte, cualquier arte —también la cinematografía— es una lucha incesante por la expresión eficaz». En el mundo —explica—, hay muchos temas y asuntos; sobran, basta con buscarlos. Harina de otro costal es, sin embargo, expresarlos, porque «esto, expresarlo, decir, saber decir, es más de la mitad del arte». De nuevo, pues, se anticipaba Valente a otras dos grandes reservas que un tiempo después suscitaría la literatura social, el excesivo tematismo y la precariedad artística. Este mismo año encontramos otro indicio notable de la orientación de las preferencias poéticas de Valente. En una afilada nota, «Un número de *Laye*», destaca el artículo «de verdadero interés» de Carlos Barral sobre la poesía como conocimiento aparecido en la última entrega de la combativa revista catalana. Resulta bien significativo que se convierta en propagandista de este «veracísimo cuadro de la situación actual de nuestra poesía», aunque no haga valoración explícita alguna del manifiesto del editor catalán contrario a las teorías comunicativas del realismo.

Los anteriores jalones de una poética personal distante del realismo lírico al uso se convierten recién entrado el nuevo decenio en un peleón activismo contra los hábitos literarios predominantes entre sus coetáneos. El año 1961 supone una fecha singular en esta trayectoria, ya reformulada en una ofensiva que se sumaba ahora con beligerancia a la hipótesis de Carlos Barral. La revista católica *El Ciervo* acoge en su número 91 de enero de ese año una muestra poética de Valente y este aprovecha la entradilla que la precede para manifestar paladinamente sus creencias y adoptar una franca postura partidista: «Escribo poesía porque el acto poético me ofrece una vía de acceso, para mí insustituible, a la realidad. Quizás no sea difícil desprender de ahí que veo la poesía en primer término como conocimiento y solo en segundo lugar como comunicación. Por supuesto, no se me ocurriría en ningún caso excluir este segundo elemento o empequeñecer su valor». Esta leve concesión la apostilla con un comentario que refuerza su postura y la vincula con la de quienes renegaban del realismo: «Pienso, sin embargo, que para considerar la comunicación como lo primordial o característico del acto creador sería necesario que el poeta dispusiese al iniciar el poema de un material previamente conocido que se propusiera comunicar. No es este propósito, a mi juicio, el impulso original de la operación poética».

A finales de año, Valente publica uno de sus textos más incisivos en la dirección señalada, un artículo, «Tendencia y estilo», que consideraba con suficiente enjundia todavía un decenio después como para colocarlo al comienzo de *Las palabras de la tribu*. De hecho, ocupa el segundo lugar de los textos recogidos en este libro de ensayos, solo por detrás de un comentario sobre «Conocimiento y comunicación» que publicó en 1963. Valente denuncia en «Tendencia y estilo» —en el contexto de unas reflexiones genéricas sobre el estilo, la originalidad y el formalismo— la grave amenaza que pesa sobre el escritor joven acogido al «tiránico formalismo de la tendencia», en particular cuando «esta se presenta so capa de lucha generacional de lo nuevo contra lo viejo». En eso, en lo que etiqueta como «la tendencia», y que nosotros podemos traducir sin eufemismos como la moda realista, andan pillados muchos de los escritores del momento, de quienes tiene una opinión bien adversa: «Cuando un autor se reconoce más por su tendencia que por su estilo, hay razones para sospechar, primero, de su calidad literaria y, segundo, de su capacidad real para servir a la tendencia en cuestión». O sea que ni tienen méritos artísticos ni sirven para nada.

¿Qué caracteriza «la tendencia»? Le parece que, en general, en las letras de posguerra, se distingue por el antiformalismo y el descubrimiento de la necesidad histórica y social de ciertos asuntos. La propensión a incorporar estos temas, concreta, «ha cristalizado ya de modo visible, primero —creo— en la poesía, en la novela después». Ahí nos duele, opina Valente. La adscripción a esa temática ni justifica al escritor ni «garantiza la existencia de la obra literaria». En semejante pecado han incurrido nuestros autores, «en la sobreabundancia anómala de la tendencia en perjuicio grave del estilo». Y ello por un fallo garrafal: «vocear ciertos temas» en lugar de descubrir la realidad de que esos mismos temas pueden ser enunciado ideológico. La denuncia de este yerro implicaba el descrédito absoluto de la poética mediosecular. Iba mucho más lejos de estigmatizar casos concretos. Presentaba una descalificación generacional completa: «Es curioso que una promoción de escritores que pretende orientarse hacia el realismo corra de ese modo un riesgo cierto de irrealismo o de formalismo temático».

El severísimo juicio, sin citar un solo nombre, ni anotar salvedad alguna, era un torpedo en la línea de flotación del realismo social. En él incluye algunos de los elementos que pasarían a la vulgata de sus detractores: un realismo que no es real, por decirlo de alguna manera, un estilo deficiente y la sujeción a un tematismo impuesto. En el medio de su exposición, Valente había dejado caer una malicia de mucho calado. Recordaba y aplicaba a sus coetáneos una vieja advertencia de Lukács: «La idea histórica y socialmente justa no alcanza una expresión literaria convincente».

Los argumentos y opiniones de Valente que acabamos de enlazar se sueldan en la contestación al sondeo de *Ínsula* de 1963, donde explaya criterios del todo adversos a la poesía social. En su respuesta, enumera nada menos que cuatro grandes reservas sobre la estética realista. Primero, el ya fustigado «formalismo temático» o, según aclara, «la malentendida o torpe obediencia a ciertos temas que se ha interpuesto entre estos y su auténtica manifestación poética». De tal práctica se sigue una consecuencia del todo desgraciada: «Determinados contenidos quedan por vicio de naturaleza asociados a una *expresión literaria burda, desmañada e ineficaz*» (cursiva mía). Segundo, la «falacia de la doble voz», o sea, reservar una voz «popular, simplificada o catequística» a temas forzados por intereses ideológicos y otra para la experiencia privada. Tercero, un manifiesto desgaste de la poesía como comunicación vigente en exclusiva durante los últimos años. Y cuarto, el lema de escribir para la mayoría, traducido en la degradación y consiguiente ineficacia de los medios expresivos. El conjunto de estos rasgos avala el negativo balance preliminar: de la «robustez» de anteayer de la poesía social «cabía esperar frutos menos desmejorados y monótonos hoy».

El polemista y polémico Valente lanzaba en este crucial 1963 una devastadora andanada contra el realismo social con doble agravante: hacerlo con términos tan despectivos como los subrayados («*expresión literaria burda, desmañada e ineficaz*») y desde una publicación de mucha audiencia en medios literarios y académicos. Sus posturas inflexibles conocieron todavía otra manifestación suya, y no una más, sino capital, en ese mismo año. Se encuentra en la farragosa disertación con pretensiones eruditas sobre «Conocimiento y comunicación» recogida en la antología *Poesía última* de Francisco Ribes. En este ensayo que encabeza la selección de sus versos, volvía a interrogarse sobre la naturaleza del proceso creativo, antigua y duradera preocupación del gallego, y llegaba a la conclusión, a su entender irrefutable, de que es «antes que cualquier otra cosa, un medio de conocimiento de la realidad». El conocimiento poético conlleva, concluía, el fenómeno de su comunicación; el poeta no escribe en principio para nadie a la vez que de hecho para una inmensa mayoría, de la que él mismo forma parte. La tesis final suponía una refutación indirecta de la idealización de la poesía como vehículo capaz de alcanzar y agitar a una inmensa mayoría, creencia con la que comulgaban Celaya, Blas de Otero y sus discípulos de la joven poesía social: «A quien en primer lugar tal *conocimiento* se *comunica* es al poeta en el acto mismo de la creación».

Con estas posturas de un misticismo un tanto visionario, Valente cierra con coherencia unas inquietudes que venían de bastante atrás. Las actitudes anteriores más templadas adquieren cada vez mayor beligerancia, llegan al límite de la descalificación ofensiva, burlesca, sarcástica. Con ellas remata un fin de viaje sin retorno. En la misma línea continuará sin desfallecimiento. *El furgón de cola* de Juan Goytisolo le da pie para el entusiasta comentario de 1969 «Lo demás es silencio». Ahora los dardos tienen ya una concreta etiqueta política e ideológica. Le pone nombre al enemigo. En el artículo se adhiere a la denuncia de «nuestra supuesta izquierda intelectual», a la que acusa de haber asumido «con demasiada holgura en ocasiones, una poco matizada actitud entre victimalista y heroica desde la que ha recusado como agresión injusta o defección cobarde toda forma de crítica». También se suma a un gran signo externo del cambio de los tiempos, la sustitución que el autor de la trilogía narrativa «El mañana efímero» hace de Machado por Cernuda en el canon poético.

El desapego de Valente respecto de pasadas complicidades entre política y literatura supone una nueva forma de politización del discurso, si bien ahora de signo contrario, antiizquierdista. Y así siguió. En un coloquio celebrado en Venecia en 1976 (recogido en el tomo II de las *Obras completas*), afirmaba que, de la poesía social, «en términos generales, podría decirse que fue poéticamente mediocre y socialmente ineficaz». Poca novedad tenía una sentencia desdeñosa que repetía como un mantra casi al pie de la letra lo escrito por su amigo Goytisolo en los ensayos que había celebrado un lustro antes. Nada sorprendente contenía, sin embargo, a unas alturas en que el menosprecio del realismo crítico se había convertido en moneda común. En arma arrojadiza ya de indisimulada carga política, en arrebato contra la izquierda, ideológica y cultural.

10
El termómetro de la lírica

No extraña que ciertos excesos, esquematismos y simplificaciones cometidos por la literatura reciente indujeran miradas escrupulosas. A los veredictos *adversos* de Valente —a quien aún tendremos que volver, pues desempeñó un papel largo y prominente en el debate político-literario— se añadieron otros varios desde el territorio de la poesía y es que la lírica se convierte en un sensible termómetro de la temperatura teórica acerca del realismo.

También Antonio Gamoneda contribuye de manera significativa al cuestionamiento de la literatura social en la fecha crítica de 1963, aunque desde supuestos muy distintos a los del autor orensano. El poeta leonés no renuncia al compromiso marxista de su poesía, ni abjura de la solidaridad del escritor con los desfavorecidos. Sus serios reparos se dirigen contra la escritura que confunde el arte y el mensaje. Las «Notas de una revisión» de su artículo «Poesía y conciencia» tratan de poner las cosas en su punto y postula dar al César lo que es del César, pero ni una moneda más. Ya es definitoria de su planteamiento la voz «revisión» que introduce el ensayo.

Gamoneda empieza su escrito comentando algunas tesis de la poesía comprometida: el ser un instrumento para transformar el mundo y el estar dirigida a la inmensa mayoría, en los respectivos postulados de Celaya y Otero. A todas opone serias objeciones. A continuación se fija en el otro extremo de la poesía, la que se fundamenta en la belleza de fondo y forma, según la expresión utilizada por Rafael Morales. Este modo poético lo juzga «totalmente erróneo». Ante semejante disyuntiva, y sin que pretenda «dar un formulario de soluciones», Gamoneda sostiene que «la poesía debe cumplir con la justicia y también con su naturaleza». Conseguir esta meta exige un ejercicio preliminar, «*una activación de la conciencia*». Se trataría de un ejercicio psicológico previo de quien aspira a ser poeta, sin serlo todavía. Mientras cumple tal requisito, «lo mejor sería alguna forma de silencio»; o sea, lo preferible es que el postulante se abstenga de escribir. Después, concluido el noviciado, esa especie de preparación espiritual o mental, ya se podrá acometer la escritura, que consiste en «La lucha por un estilo —un superlenguaje— necesariamente subjetivo, firmemente orientado a la exaltación de la realidad y su justicia».

Gamoneda propone con esta rara fórmula, expuesta en términos un tanto herméticos, una estética que resuelva las insuficiencias de la práctica literaria de la generación realista conciliando exigencias éticas y requisitos estéticos. Porque insuficiencias considera que existen. De hecho, su teoría supone un distanciamiento de la literatura mayoritaria en su propia promoción, dentro de la que siempre fue un verso suelto, cada día más empeñado en defender la singularidad del poeta, solitario en su labor fuera de toda tendencia colectiva. No ha de perderse de vista una de las puntualizaciones últimas, extrema, del artículo: «Realismo en poesía es canto de la realidad, no reflejo o relato de la realidad». Tal programa supone un auténtico mazazo a la poética dominante al desmentir el papel de relato histórico y, sobre todo, al negar uno de los conceptos básicos de la estética marxista, el reflejo.

La contundencia del pensamiento de Gamoneda suscita, sin embargo, bastante perplejidad a poco que se repare en su propia obra. En su libro cercano a la «revisión» glosada, *Sublevación inmóvil* (1960), que recoge la poesía de los años de impronta realista, 1953 a 1959, se hallan textos de explícito aliento testimonial y social. Resulta ilustrativo transcribir, a pesar de su extensión, el extraordinario poema «Ferrocarril de Matallana»:

> A las ocho del día en febrero / aún es de noche.
> Subimos a este tren algunos hombres / por motivos diversos.
> Aún no hay luz en los vagones, solo / oscuridad y aliento.
> No nos vemos los rostros pero sentimos / la compañía y el silencio.
> En el andén estalla la campana. / Nos sobresalta la crueldad de un silbido. / El tren arranca. Todo vuelve / a su antiguo sentido.
> Nos dan la luz amarillenta y floja. / Salimos / de la oscuridad como del sueño, / torpemente vivos.
> Y ahora empezaremos a mirarnos / como hombres distintos; / amaríamos a este, mas a aquel / nunca le amaríamos.
> Sin embargo, la luz debiera ser / quien nos hiciese amigos.

> Este es un tren de campesinos viejos / y de mineros jóvenes.
> Se ve algo que unifica / más que la sangre y la amistad.
> Es una cosa del cuerpo y del alma.
> Es grande y dolorosa.
> Pero se está haciendo de día. / Ahora ya se puede ver la tierra / oscura bajo el hielo. Es / hermosa la tierra en febrero. / Vemos los montes todavía en sombra, / los robles, del mismo color del monte, / la yerba vieja sepultada en escarcha / y, sobre lomas, las tierras de trabajo, / cada surco endurecido por el frío / como la resistencia de los pobres. / Rectos y oscuros, los chopos / llenan de serenidad las riberas / y, cerca de ellos, bajo el pueblo, el río / desciende azul y lleno de soledad.
> Cruzan los pueblos de sonido humilde / —Pardavé, Pedrún, Matueca—, / las casas montan las paredes nobles / sobre el espacio de las huertas; / vemos las calles en silencio, vemos / la iglesia muda y las cerradas puertas. / Esto es un pueblo; se construye a base / de humildad y tierra.
> Cuando bajo del tren y me encuentro / en medio de tanta verdad, / ya entiendo, sin pensar, muchas cosas. / Comprendo, por ejemplo, / la belleza de España.
> Oh, sí, España. / España es también una tierra. / Pero la tierra solo no es un país; / un país es la tierra y sus hombres. / Y un país solo no es una patria; / una patria es, amigos, un país con justicia.

Este hermoso y comprometido poema, célebre, además, aunque por razones no literarias, sino por los encendidos elogios del presidente Rodríguez Zapatero, participa de los criterios de la poesía como comunicación y hasta podría constituir uno de sus ejemplos más emblemáticos. También de la poética social, de esa intencionalidad que revela el cierre del poema con un verso contundente que apela al destinatario —un «amigos» de lectura inequívoca como eufemismo de camaradas o término equivalente— y lanza una proclama política reivindicando «un país con justicia». De la certeza de todo ello da fe la reescritura —una más de una felizmente obstinada inclinación del leonés— de «Ferrocarril en Matallana» en *Esta luz*, la «poesía reunida» en 2004. Aquí Gamoneda suprime todos los elementos, incluido el título, que delatan aquella poética comunicativa y realista con un resultado, a mi parecer, empobrecedor:

> A las ocho del día en febrero / aún es de noche. / No hay aún luz en los vagones, solo / oscuridad y aliento. / No nos vemos: sentimos / la compañía y el silencio.
> En el andén estalla la campana. / Nos sobresalta la crueldad de un silbido. / Tiemblan las sombras. Todo vuelve / a un antiguo sentido.
> Nos dan la luz amarillenta y floja. / Salimos / de la oscuridad como del sueño: / torpemente vivos.
> Este es un tren de campesinos viejos / y de mineros jóvenes. Aquí / hay algo desconocido. / Si supiésemos qué, algunos de nosotros / sentiríamos vergüenza, y otros esperanza.
> Se está haciendo de día. Ya / veo los montes dentro de la sombra, / los robles, del mismo color del monte, / la yerba vieja, sepultada en escarcha, / y el río, azul y silencioso / como un brazo de acero entre la nieve.
> Cruzan los pueblos de sonido humilde: / Pardavé, Pedrún, Matueca...
> Cuando bajo del tren, siento frío. / He dejado mi casa. Ahora estoy / solo. ¿Qué hago aquí?, ¿quién me espera en / este lugar excavado en el silencio?
> No lo sé; con el tren se aleja / algo que es cierto aunque no puede ser pensado; / es algo mío y no me pertenece. / Está dentro y fuera de mi corazón.

La versión primitiva del poema, tanto la de *Sublevación inmóvil* como la recogida en *Edad* todavía en 1987 con mínimos cambios, constituye un magnífico ejemplo de poesía de relato (reportaje cabe decir a la manera de José Hierro) y reflejo. El propio autor reconocía el alcance documental del texto primitivo en una entrevista con Pilar Ortega con motivo de la obtención del Premio Cervantes. «En la primera versión», explica a la periodista de *El Mundo* (29/4/2007), «había expresiones que pudiéramos llamar explícitamente de carácter social, otras que cabría considerar patrióticas, y algunas que tenían que ver con mi biografía y mi geografía». Y aclara las razones de los cambios con explícito reconocimiento de lo suprimido: «En la versión definitiva, desaparecen las expresiones de carácter social o patriótico. ¿Por qué? Porque mi pensamiento poético ha ido transformándose y ahora elimino los datos informativos que pertenecen más al pensamiento reflexivo que al poético».

¿Formaría parte Gamoneda de la conjura antirrealista dispuesta a liquidar el arte comprometido antes de dicha «transformación»?

Con seguridad, no. Vivía bastante aislado en León, sin pertenecer a los círculos literarios y con escaso reconocimiento. En lo privado, participaba en el activismo antifranquista, militaba en el Partido Comunista y era delegado provincial de Comisiones Obreras, con una esmerada dedicación a la causa que detalla, sin énfasis épico, en las páginas memorialísticas de *La pobreza*. Ha declarado su animadversión al capitalismo y le ha asistido desde temprano una nítida conciencia de clase. «Yo era (perdóneseme el léxico arqueológico) un proletario; lo era, al menos, en los años en que escribo el *Blues* [entre 1961 y 1966] y en los veinte anteriores que le dan contenido». Así se confesará en un ensayo donde explica las dos «fuerzas» operantes entonces en su poesía. Una, Nazim Hikmet, el poeta turco militante comunista doce años encarcelado que habló, sobre todo, «de la necesidad y de las formas sencillas de la esperanza». Otra, las letras de los cantos negroamericanos, el *blues* y el *spiritual*. No formaba, por tanto, parte de ninguna conspiración contra la literatura de la izquierda. Desde su apartamiento provincial, manifiesta una inquietud de época por exigir los fueros del arte. Lo cual, sin embargo, no significa curiosamente que abandonara una escritura de reivindicación social y de denuncia política.

Esta postura de testimonio y crítica todavía se encuentra bastante explícita en 1968 en un libro inédito por culpa del lápiz rojo, *Actos*, germen de *Blues castellano*. El expediente de censura que autorizaba su publicación con algunas supresiones lo señala con claridad. El censor advirtió en su informe el contenido subversivo del poemario: «Sobre todos ellos» —los versos, que ha calificado de «muy malos» con descriptible perspicacia— «campan un sentido de resentimiento y odio. Muchos de ellos aparecen con citas de Marx, Lefevbre y otros marxistas. La tónica general de la obra es demagógica, pues, aunque no lo dice claramente, el ambiente de desolación que pinta se refiere a España. Así mismo, tiene sus toques de ateísmo». Las expresiones que el funcionario franquista encuentra reprobables («amor a la resistencia», «cuando la libertad venga, camarada»...) mantienen, en efecto, el espíritu combativo de la lírica realista. Lo mismo ocurre en otros versos que suscitaron rechazo del estricto vigilante. En estos del poema «Geología»: «Pero hay días que ando por estas lomas, / y miro hacia las montañas, y ni allí hay libertad». O en estos otros de «La verdad en la cama»: «Todos los días, en España, salgo de la cama / que huele a mí y a mi compañera. / Todos los días cuando me pongo / los pantalones /

me quito / la / libertad [...] A veces sueño que me llevan con las manos atadas».

La rebeldía y la denuncia destacan incluso en pasajes a los que el sañudo lápiz rojo no puso reparos. Por ejemplo, esta confesión del primer poema, «Cuestión de instrumento»: «Amo las bolsas de las madres. / Amo a los obreros. / No hay dignidad sobre la tierra / como el cansancio sin pagar, / el rostro / aplastado, / la desesperación que no habla». El llamativo y retador segundo verso, «amo a los obreros», lo suprimió Gamoneda —con atinado criterio, me parece— en *Blues castellano* por propia iniciativa, no forzado por ningún policía literario.

Antonio Gamoneda ilustra bien aquella circunstancia histórica en que conviven en áspera confrontación, por una parte, la persistencia de una literatura movida por la disidencia política y la fraternidad y, por otra, la reivindicación de formas expresivas que no fueran simple relato —por decirlo con la palabra que el leonés emplea— de la realidad.

Este 1963 en que nos estamos deteniendo alumbra un documento muy relevante en *Poesía última,* la antología de Francisco Ribes donde Valente se había expresado con la rotunda claridad vista. Solo otros cuatro poetas acompañaron al gallego en el reducido muestrario: Eladio Cabañero, Ángel González, Claudio Rodríguez y Carlos Sahagún. Los ensayos que a modo de poética abren las respectivas selecciones de poemas, datados todos ellos en una fecha exacta, marzo de 1963, confirman la urgente actualidad de un bucle de asuntos: el realismo, la literatura social y la manoseada disyuntiva entre conocimiento y comunicación. Todos los poetas escogidos se refieren a estas cuestiones. El propio Francisco Ribes anunciaba su apremiante boga. Escribe el antólogo en una sucinta nota preliminar que el problema fundamental de los «cinco poetas de hoy» seleccionados como representantes de la actualidad lírica española está «en el dilema poesía-comunicación». Dilema que, a su entender, resuelven sin maniqueísmos, «en fórmulas integradoras que casi siempre parten de la experiencia propia como un modo de más conocer para mejor comunicar». Ribes acuña esta explicación salomónica e ingeniosa con el propósito de conciliar posturas distanciadas en el gran debate del momento, pero las poéticas de sus patrocinados desmienten la presunta integración. Recuérdese lo que propugna Valente y repárese enseguida en lo que dicen los otros cuatro elegidos.

También se pregunta Ribes si la temática de estos poetas, su exigencia de autenticidad y el sentirse responsables, se hace «¿con una intención social?». De nuevo da un respuesta conciliadora a este dilema subrayando el equilibrio con que lo afrontan: «Ellos lo dicen en sus meditaciones, que podrían resumirse a ese respecto en una frase: no poesía social, sino solidaria, del tú y del nosotros por encima del yo». Otra vez reincide el antólogo en forzar lo que sostienen las poéticas, pues su conclusión vale para unos, pero no para otros. La operación contra el realismo, o de distanciamiento del realismo, manifiesta claras desavenencias en *Poesía última*. De hecho, las poéticas reflejan dos posturas globales bien discordes. Por un lado andan Cabañero y González. Por otro, los tres restantes. Los dos primeros defienden la poesía social. Los demás discrepan de ella.

Ángel González, quizás el más firme e imperturbable defensor del socialrealismo a lo largo del tiempo, y hasta sus últimos días ya entrado nuestro siglo, de todos los autores de su generación, no se anda con paños calientes y solo pone una objeción no a la tendencia, dicho con término de Valente, sino a la etiqueta: «Considero legítima la poesía que ha dado en llamarse *social*, denominación seguramente poco feliz, pero que ha hecho fortuna y sirve unas veces para entendernos y otras para confundirnos». Señala que los reparos que se le imputan a esa poesía en nombre de la libertad de la creación artística se deben al malentendido de confundir al escritor comprometido con el mediatizado. Achaca las críticas a la temática social a los cultivadores de una poesía más tradicional en su forma y en sus objetivos. Previa y determinante de estos planteamientos es la tesis socialista que inserta la poesía en una concepción evolutiva —progresiva, se decía entonces con mayor frecuencia— de la Historia de acuerdo con la cual algunos poetas, entre los que se cuenta, «no se planteen el problema de la eternidad del poema».

Pocas dudas caben tampoco respecto de la postura de Cabañero a tenor de sus manifiestas convicciones. «La vida justa y solidaria —injusta e insolidaria—, ese es el amor que me enamora y la música de mi cantar», dice. «Escribo casi siempre de los que nadie defiende; ellos me inspiran y en ellos solo creo», explica. Lo social, sostiene, no puede ser un *ismo* más, asunto de incitaciones pasajeras, «porque es todo un estado general de conciencia, hacia delante». Por ello incluso se muestra comprensivo con «una poesía que ahora parece solamente crónica humana, hechos y heridas en crudo, no tiene de momento carga estética suficiente, los quilates que la aleación exacta de vivencia-poesía exige y manda». Para Cabañero, en fin, «La poesía social es alta razón de eterna actualidad, no un tema de moda».

Claudio Rodríguez se sitúa en las antípodas de estos planteamientos. No habrá que detenerse mucho en su comentario. Resulta bastante esclarecedora una afirmación tan seca como esta: «A ese lenguaje fósil, lejano del vigor imaginativo, radicalmente intercambiable, se une lo que pudiéramos llamar *obsesión del tema*. Se cree que un tema *justo o positivo* es una especie de pasaporte de autenticidad poética, sin más». El remate de este párrafo se enarbolaría como un estandarte: «Cuántos temas justos y cuántos poemas injustos». O esta otra valoración: «limitada de antemano», esa poesía «ha creado un clima de confusión y, en sus ejemplos más recientes, de trivialidad y de retórica». La actitud social, «hablando en plata», aclara el poeta zamorano, es «una formulación la mayoría de las veces a partir de determinados presupuestos políticos, casi siempre ajenos a la experiencia del autor, del poema». En fin, algo bueno ha tenido esa poesía deficiente: ha mostrado escandalosamente los defectos que entraña un acercamiento superficial a los problemas sociales, humanos. «No es lo mismo cantar la rosa que cantar la dialéctica de las clases sociales», sentencia un nada complaciente Claudio Rodríguez.

Carlos Sahagún, menos tajante en el modo de expresarse, resulta bastante duro en el fondo. Por una parte, pone a un lado la escritura y al otro el activismo político: «No creo que al poeta, como tal, se le pueda exigir ninguna clase de compromiso, si no es el de su autenticidad»; en la vida, lo «esencial» son «nuestros actos». Por otra parte, le parece «absurdo» tentar al poeta con «vagas promesas de mayoritarismo» para que incurra en la temática social. Además, en relación con el baqueteado tematismo, reclama los fueros del arte: «En poesía, lo esencial no es solo lo que se dice, sino el cómo se dice».

Las cinco poéticas de *Poesía última*, aunque procedan de un muestrario lírico mínimo, y bastante parcial o caprichoso, sirven a modo de panorámica de la situación del realismo en el momento: partidarios de la expresión mayoritaria, denuncia de modales envejecidos, reafirmación del compromiso, requerimientos de mayor exigencia artística... Lo mismo que venimos viendo aquí y allá, y, en suma, una problemática que ha dejado el estado larvario para convertirse en una crisis.

11
Estancamiento y nuevas perspectivas

Ya en el primer lustro de los años sesenta, incluso los medios y críticos próximos a la literatura realista van advirtiendo acerca de peligros y limitaciones. *Ínsula* cerraba 1963 (número 205, de diciembre) con el mencionado sondeo muy revelador del estado de nuestras letras. De las respuestas se deducen dos opiniones generalizadas: una, se vive una situación de estancamiento; otra, se atisban nuevas perspectivas o se reclaman innovaciones. Así se desprende de los expertos consultados tanto en novela como en poesía.

Peligros y oportunidades desgranan los conocedores de la narrativa, con independencia de sus sensibilidades estéticas e ideológicas. Melchor Fernández Almagro opina que «sigue prevaleciendo un extremado realismo o neorrealismo, interesante, cuando no por intrínsecos valores literarios, sí por los sucedáneos del "testimonio", del reportaje y sus afines», aunque sin la contrapartida de «la fantasía, la invención o la aventura extraordinaria». Tres amenazas se ciernen, según Eugenio de Nora: un realismo demasiado simplista y mecánico, «que rebaja la novela al nivel del reportaje»; unos planteamientos formales que no se derivan del contenido, y «la anemia espiritual, la asfixia consiguiente a un ámbito cultural "acotado", provinciano, mísero». Castellet daba una visión más negativa. Nuestra novela, dice en coincidencia terminológica con Eduardo Rico que será oportuno subrayar más adelante, está en un *impasse* por diversas razones: no aparecen «grandes e indiscutibles» autores entre los surgidos en la inmediata posguerra; «los problemas estéticos de una novela realista y actual no se plantean con vigor» y «los novelistas de las generaciones más jóvenes acusan el efecto de la deflación subsiguiente al exagerado optimismo con que fueron recibidos, tanto en España, como en el extranjero, a raíz de sus primeros libros». Nora repite una de las letanías del momento: le falta «el carácter de "modernidad"». Rafael Vázquez Zamora reconoce que el temperamento del novelista español que le lleva al realismo se ha visto «fomentado por la necesidad de dar testimonio, al amparo de la ficción, de la vida española actual». También pone el dedo en la llaga de una de las inconsecuencias mayores de la actitud populista del que explícitamente reconoce como «grupo socialrealista», «muy compacto y laborioso»:

> Hasta ahora, el público de las novelas dirigidas en España a las clases humildes, son leídas casi exclusivamente por la burguesía más acomodada, la única que puede permitirse gastar en una novela cien pesetas o más. Pero, además, es esta clase la que encuentra un atractivo en la presentación de personajes y ambientes que le resultan «exóticos».

¿Hay alternativas ante estas deficiencias? No las perciben estos críticos, pero sí señalan algunas posibilidades que favorecerían un desarrollo positivo. Para Castellet, serán factores esenciales varios requisitos: una voluntad de superación de los jóvenes novelistas que les lleve a comprender los fenómenos literarios propios del momento y del país; la libertad de expresión y el cambio en un elemento ajeno a los escritores, el desarrollo de una buena educación popular. Rafael Vázquez Zamora, gran propulsor de la joven literatura mediosecular si bien él mismo no fuera muy proclive a la más estricta práctica realista de sus patrocinados, propugna una novelística menos vicaria de funciones ajenas:

> Creo que lo mejor sería que los novelistas pudieran desligarse de la inmediata actualidad y que pudieran escribir en los periódicos sobre muchos de los temas a los que se sienten obligados —por razones de conciencia social— a desarrollar en forma de novela. Es decir, que la novela partiese del hombre en su ambiente y no radicase en el ambiente con unos hombres para ilustrarlo.

Vázquez Zamora, todavía recientes los años en que había votado a favor de los jóvenes en los concursos de los que era jurado habitual y en que los había reclutado para la editorial Destino, ahora manifiesta la urgencia de una renovación a resultas de un negativo diagnóstico: «A la novela española actual le falta sencillamente... interés novelístico».

Semejante música suena entre los expertos en poesía. Hay un sentir coincidente entre ellos en cuanto a su situación. «La poesía social, tras bastantes años de actividad incesante, da muestras de cansancio, y las ideas y sentimientos que aportó, socialmente útiles un tiempo, convertidos en tópicos, son hoy manejados casi exclusivamente por los poetas menos creadores, que repiten un estereotipo escasamente conmovedor», dice Carlos Bousoño. «La llamada "poesía social" se encuentra en trance de agotamiento por insistencia en los mismos temas», opina Luis Jiménez Martos. «El hecho más caracterizador», asegura Valente, «es la conciencia —hasta hace poco tácita, hoy plenamente declarada— del desgaste de ciertas fórmulas que se consolidaron con relativa fortuna en el decenio de 1950» y que han producido pobres y repetitivos frutos. El orensano, fiel a las creencias que ya hemos constatado, atribuye la culpa a los pertinaces recursos de los poetas sociales, a la afición a asumir una voz popular, simplificada o catequística, al entendimiento de la poesía como comunicación y al negativo lema de escribir para la mayoría. El género social «ha venido a dar de bruces y masivamente en un realismo de superficie», afirma un hostil Valente y aclara que su observación «no se limita a la poesía, sino que se extiende a la novela con idéntica o mayor justicia».

Frente a tal deterioro, se detecta una promisoria situación de cambio. Bousoño explica que «por todas partes se percibe la irrupción de lo nuevo: la búsqueda de una mayor tensión expresiva, el brillo de la palabra tirante y necesaria». «El intimismo o esencialismo», informa Jiménez Martos, «vuelve». Lo mismo le parece a Leopoldo de Luis: «Hay en algunos poetas jóvenes una tendencia al retorno de sentimientos íntimos».

El cuestionamiento de la hasta hacía poco hegemónica estética realsocialista se iba extendiendo como la espuma y alcanzaba también tribunas foráneas. La mala nueva de su torpeza y fracaso empieza a adquirir dimensión de verdad asentada. Este último aspecto tiene un comentario de Manuel Moya Trelles aparecido en el órgano de la Asociación de Graduadas de la Universidad de Puerto Rico, *Asomante*, e insólito por varias razones. Primero, por el perfil de su autor, un medievalista ajeno a la literatura contemporánea con la que apenas tuvo otro contacto que la glosa de su amiga y paisana Aurora de Albornoz, muy vinculada con la misma revista, a pesar de lo cual pontificaba con la autoridad del especialista. Y a la vez por saltarse a la torera la ley no escrita de la moderación, ausencia de partidismo y buenos modales habitual en las publicaciones profesionales y académicas.

Se trata de una muy curiosa reseña de la recién premiada y aparecida *Tormenta de verano* de García Hortelano. La exposición del osado Moya Trelles tiene aspecto de alegato furibundo y parece más propia de una revista combativa que de las morigeradas prensas universitarias. La obra comentada merece un rosario de descalificaciones que afectan por igual a todas sus vertientes. Respecto del contenido y la forma, Moya sostiene que la anécdota se narra con una técnica objetiva que «no logra prender el interés del lector en ningún momento»; que la denuncia del absurdo vital de la sociedad española resulta inoperante y estéticamente falsa por realizarse mediante unos personajes vacíos de la menor resonancia de humanidad, esquematizados en exceso, sin suficiente individualización e intercambiables entre sí; que no es «honrado» caracterizar a toda una clase mediante unos tipos elevados a símbolos. En cuanto al estilo, afirma que no sobrepasa nunca los límites de la vulgaridad y es incapaz de trasmitir un sentimiento de emoción poética en las descripciones de la naturaleza; además, el castellano de García Hortelano es defectuoso y «a veces no sabemos si estamos leyendo una novela española o traducida de un idioma extraño». Los categóricos asertos se rematan con un expeditivo balance: «Novela, por tanto, fallida, repetición de fórmulas anquilosadas incapaces de dar testimonio de lo real».

Tormenta de verano, ha dicho antes Moya Trelles, se limita a seguir la ruta trazada por los supuestos que rigen la labor creadora de buena parte de los narradores del momento, «sin aportar nada nuevo ni en la temática ni en la técnica». En realidad, la novela de García Hortelano no parece otra cosa sino el pretexto para exponer un resumen más largo que la propia reseña, aunque esquemático, de la corriente narrativa a la que pertenece y tomarla como conejillo de Indias y ejemplo flagrante de sus maldades. Las coordenadas de la joven promoción de la narrativa española actual, dice Moya, son realismo crítico y objetivismo. Los más de esos autores de clase burguesa, apostilla, la critican con «un noble gesto de rebeldía, muchas veces ingenuo y desordenado»; rebeldía y actitud negativa que resultan insuficientes por «ausencia de un sistema de valores desde el que ejercerlas, para una interpretación coherente y valiosa de la realidad». De modo que el colérico reseñista asume una de las críticas sustantivas a la narrativa antiburguesa, la falta de sinceridad de los autores al practicar una especie de denuncia reactiva, una simple liberación de la mala conciencia pequeñoburguesa. Otros autores —«los menos», a su entender— se refieren a las condiciones del mundo del trabajo en España y escriben una novela combativa de contenido revolucionario, pero que «incurre, con más frecuencia de lo que sería de desear, en toscas simplificaciones, por una incomprensión insuficiente de las fuerzas sociales en litigio y de las condiciones en que ambas se mueven». En esta vertiente del «realismo social» (etiqueta que le parece la más apropiada), Moya calca otra de las críticas comunes, la falta de un estudio profundo de la dinámica histórica exigida por la teoría marxista. A lo cual añade una consideración personal, esta de tipo espiritualista en contradicción con su otro planteamiento: esa tendencia «ha sido incapaz de reflejar toda la rica y variada problemática que encierra la existencia humana». En cualquier caso, enumera los efectos desastrosos: los valores literarios desaparecen para dar paso a la exposición de doctrinas políticas que nada tienen que ver con el arte narrativo y la visión maniquea del mundo se reduce a compartimentos estancos de buenos y malos («los valores y personajes positivos están siempre encarnados en figuras representativas del mundo del trabajo y los negativos del mundo burgués») que recuerdan «las películas americanas del Oeste».

La técnica adolece, en la opinión del reseñista, de equivalentes fallos. El objetivismo da lugar a un «monstruoso inventario de hechos nimios», a diálogos presuntamente coloquiales entre figuras carentes de interés humano. El narrador objetivo que se distancia de lo narrado fracasa al verse desbordado por el material que le suministran sus experiencias y en el que es incapaz de establecer una jerarquía por culpa de sus apriorismos técnicos, de lo cual se desprende un falseamiento de la realidad por exceso de acercamiento a las cosas. Convertido en comparatista, Moya dictamina que nuestros narradores no han podido darnos las obras maestras «plenas de poesía y turbadores misterios» de sus colegas franceses de la escuela objetalista.

Moya contribuía con un cierto olfato anticipatorio a la divulgación fuera de España de una visión por entero negativa del realismo crítico en los inciertos momentos de un primer cuestionamiento. Trasmitía la lección de un fracaso absoluto, mayor por cuanto no se encuentra en su artículo ni una nota positiva sobre la narrativa realista española, la cual, a su iracundo entender, ha fallado en todo, en la intención, en la temática y en los procedimientos técnicos. Se dirá que *Asomante* no era una revista profesional puntera y que tenía una difusión modesta, pero la publicación trimestral portorriqueña llegaba a los departamentos de español y disfrutaba de la aureola de editarse en la universidad que había acogido a Juan Ramón Jiménez en los difíciles años de su exilio. Los medios del hispanismo contribuían a la fragua de opinión en minorías influyentes y una diatriba como la comentada expandiría en esos círculos una alerta nada inocua. Todo iba cooperando a crear una atmósfera hostil.

Entre las actitudes que contribuyeron a forjar esa atmósfera, no necesariamente enemiga, pero sí de suspicacia, figuran las que se produjeron dentro del mismo cogollo de quienes habían dictado la poética del compromiso y del utilitarismo. Constituye un jalón señaladísimo, síntoma principal de tiempos de cambio y de rectificación, el largo ensayo de Fernando Claudín sobre «La revolución pictórica de nuestro tiempo» con el que se inauguraba una nueva revista clandestina del Partido Comunista, de un empaque teórico y densidad analítica alejados de los eslóganes comunes en la prensa de su capilla, *Realidad*, en septiembre de 1963.

Como los problemas del arte habían venido ocupando un lugar importante en el movimiento comunista desde el principio de la revolución soviética, Claudín se propone contribuir a ese debate a partir de una postura «estrictamente personal». El dirigente español debía de ser consciente de que se movía sobre tierras pantanosas. No estaba tan lejano el famoso decreto Zhdánov de 1948 sobre la música que había ratificado el autoritarismo del régimen soviético en defensa del realismo socialista en ese ámbito creativo. Ni siquiera grandes compositores de probada adhesión comunista se vieron libres de la dogmática férula oficial, y Shostakovich, Prokofiev o Kachaturian y otros creadores acusados de «formalismo» tuvieron que someterse a un humillante arrepentimiento público por su desviacionismo y sufrieron represalias. No existía ni el menor resquicio para la discrepancia, tampoco en el periodo de desestalinización. Claudín osaba abrir la caja de los truenos y metía un auténtico caballo de Troya en la fortaleza del realismo soviético, eso sí, entre encendidas proclamas acerca del nivel cultural alcanzado por la Unión Soviética gracias al sistema comunista.

La cita táctica y frecuente de Karl Marx le sirve a Claudín para arriesgar una vehemente defensa de los progresos técnicos del arte pictórico como un medio para calar mejor en la complejidad humana y para contribuir a la lucha social. Ello implica un cuestionamiento de las posturas reduccionistas de la estética marxista dictadas por cierta política de partido y supone el reconocimiento de algunos supuestos falsos en la valoración de la indiscutible revolución pictórica desde el impresionismo en el siglo anterior. La pintura del realismo socialista —explica— se ha concentrado en la nueva realidad social de la época definida por el pueblo trabajador dueño de sus destinos y por la construcción del comunismo. Sin embargo, lo hace expresándola en formas viejas, ochocentistas, que desdeñan las conquistas plásticas del siglo XX. Además, la innovación formal propiciada por la sociedad burguesa ha sido juzgada y condenada en nombre del marxismo como simple expresión de decadencia y descomposición. Contra esta incomprensión lanza Claudín su ensayo, invitación a reflexionar si no ha llegado la hora de reconocer que la nueva estética tiene también una significación «progresiva», incluso cuando no ponga «en tela de juicio, *directamente*, los fundamentos de la vieja sociedad». No será necesario subrayar la trascendencia del adverbio en cursiva.

La renovación formal —argumenta— se debe también en sus raíces profundas a las inmensas mudanzas contemporáneas introducidas por el gigantesco desarrollo de las fuerzas productivas. En paralelo, los incontables cambios e ismos no se deben a una simple búsqueda febril y gratuita de la originalidad. Al contrario, persiguen profundizar en la realidad más allá de las apariencias y expresar las nuevas realidades físicas, sociales y humanas. A este propósito, celebra Claudín una gran exposición retrospectiva de Kandinsky en París para discrepar de algunos críticos soviéticos que tratan de demoler filosóficamente el trabajo del vanguardista pintor ruso. Claudín, en cambio, percibe en esa obra un valor muy distinto: las «grandes sinfonías de color, de armonías, de contrastes, de movimientos» encierran una fuerza evocativa superior a ciertas representaciones realistas. Considera que «lo mejor del arte abstracto o abstractizante no está al margen de la realidad, no es fruto de especulaciones metafísicas, sino que es un reflejo ideal, intuitivo [...] de las nuevas realidades contemporáneas, de un mundo en vertiginosa transformación».

Claudín dedica la mayor parte del ensayo a reflexionar sobre la virtualidad de la abstracción frente al realismo para conseguir una representación plena de la realidad. Hace una apuesta clara a favor del arte abstracto y llega a sostener que

> aunque la figura humana no esté presente en esas obras abstractas, éstas tienen un contenido humano, reflejan las fuerzas creadoras del hombre actual, su sicología, su modo de vida y apuntan, aunque no se lo proponga el artista, hacia el único régimen social en el que esas fuerzas pueden contenerse y desarrollase sin trabas: el comunismo.

No se le escapan al ensayista, no obstante, aspectos importantes del arte no figurativo. Así, la «escoria, el lado puramente mistificado y mistificador, publicitario y comercial», inevitable en las condiciones capitalistas que lo convierten en mercancía, objeto de sórdidas especulaciones, en moda y exhibicionismo. Frente a ese hecho incuestionable la crítica marxista tiene capacidad para reaccionar. Su deber es «contribuir a diferenciar y valorar todo lo que sea una aportación real en el desarrollo de la pintura, en su capacidad de expresar plásticamente la realidad contemporánea, sea con formas figurativas y abstractas, o con las diferentes gradaciones de abstracción-figuración». Como apoyo a esa exigencia ofrece su personal valoración, mostrar «que el realismo auténtico, es decir, el arte que se propone expresar no solo lo superficial y aparente, sino las profundidades de la realidad contemporánea en su inagotable riqueza, no está solo en la pintura figurativa».

Esta apreciación implica un juicio afirmativo acerca de la existencia de vínculos entre la revolución pictórica y la lucha social. Porque, sostiene Claudín, desde el momento en que tal tipo de pintura ayuda a ver regiones desconocidas de la naturaleza con otros ojos, «tiene un significado eminentemente progresivo y se inscribe en la línea general del avance social que lleva al comunismo». En todo caso, aclara, si dicho arte no ataca los fundamentos del capitalismo y no refleja las fuerzas llamadas a destruirlo, «por lo menos no idealiza la sociedad burguesa y con frecuencia la caricaturiza». Además, en la vanguardia, sobre todo en el expresionismo, hay artistas que han abordado «directamente los grandes problemas sociales de nuestro tiempo». En fin, si el arte no figurativo fuera «fruto burgués» y pura mistificación, los comunistas deberían combatirlo sin concesiones, pero «¿Por qué hemos de convertir nosotros mismos a las pinturas abstractas en proyectiles "contrarrevolucionarios"»?

Otro aspecto destacado del ensayo tiene que ver con el carácter popular del arte, con su disponibilidad al alcance de las masas y con la dificultad de «entender» la pintura no figurativa. Se hace eco Claudín de un reparo frecuente a las nuevas corrientes plásticas, su difícil comprensión, y de los argumentos que defienden que el arte debe ser popular y estar al alcance de las masas porque, dicen algunos, «el arte es comunicación o no es arte». Sin entrar en la detallada glosa de los diversos grados de dificultad del arte, de los diferentes niveles de complejidad y accesibilidad y de los problemas del hermetismo, hay que subrayar su postura tajante. El arte de vanguardia «*debe* estar al alcance de las masas, pero *no siempre puede*, a menos de autoaniquilarse». La resolución del problema la remite a una de las opciones que concitaban gran consenso entre los teóricos marxistas: era necesario elevar previa y considerablemente el nivel cultural y estético del pueblo. Algunas formas, añade, solo estarán al alcance de una minoría aunque esa minoría se vaya ampliando al compás del progreso material.

El carácter teórico y generalizador del ensayo desciende por un momento a la situación concreta de España para observar la capacidad de difusión en el pueblo del grabado y anotar el valor artístico y la eficacia combativa de «Estampa popular». Nada dice, no obstante, respecto del tipo de arte practicado por este politizado grupo, ya que —aparte la diversidad de sensibilidades de sus integrantes— tanto su gusto por la figuración como su temática le habrían puesto en un aprieto. Lo que sí encarece es la obligatoriedad de los dirigentes comunistas de atraerse a los artistas a la política revolucionaria. Pero respetando la libertad de creación. Literalmente, «Nosotros marxistas, representantes de la ideología más avanzada, no debemos poner barreras a la creación artística, a ese "afán de absoluto" que impulsa a los verdaderos creadores y que tan magistralmente describió Balzac».

De forma inevitable, en fin, sale en el ensayo la candente cuestión del realismo, que lo remata con un párrafo sin equívocos:

> Debemos luchar por el realismo en el arte, pero comprendiendo que el realismo no es privativo de la figuración, que realista, y del mejor realismo, es una gran parte de la pintura moderna expresionista, cubista, abstracta, etcétera. Y que al mismo tiempo tiene muy poco de realista, y desde luego de pintura, cierta pintura figurativa, aunque esté cargada de buenas intenciones.

Afirmaciones de este tipo, de este calibre y tan claras debieron de sobresaltar al núcleo dirigente del Partido y se comprende que irritaran a su secretario general, Santiago Carrillo, quien tendría en este ensayo un motivo más para la purga ya en marcha contra Claudín y contra el director de la revista, Jorge Semprún. El «zorro rojo» interpretó el ensayo —no menos que el de Federico Sánchez «Observaciones a una discusión», de corte ideológico, en el mismo número— como prueba de rebeldía manifiesta, según comenta Paul Preston. Consideró que era, aprecia el biógrafo del perenne dirigente comunista, un ataque a las canonizadas exigencias del concepto marxista del «realismo social». No era para menos a poco que se recuerde el informe que «el camarada Santiago Carrillo» había rendido nada más un lustro antes, en 1955, en el V Congreso del Partido Comunista de España. En el epígrafe «La actitud de los intelectuales» de su alocución había dado una visión alicorta y puramente instrumental, dentro de la más pura ortodoxia soviética, de la labor de los intelectuales que entraba en franca confrontación con la flexibilidad estética de Claudín. En referencia «al trabajo de cuadros en relación con los intelectuales de Partido», Carrillo presentó este rotundo programa:

> Hay en nuestras filas no pocos intelectuales que aun no teniendo funciones responsables dentro de la organización, en sus comités, deben ser considerados como cuadros políticos del Partido.
>
> Por ejemplo, ¿es o no un cuadro político, y muy importante para el Partido, el escritor comunista que con sus libros inspirados en el realismo socialista, lleva nuestras ideas y puntos de vista a miles de lectores, a través de la creación artística?
>
> ¿Es o no es un cuadro del Partido el poeta que con su canto levanta a las masas a la acción y les infunde la emoción y el entusiasmo por los grandes objetivos que el Partido defiende? ¿Y el pintor que con su arte muestra las gestas liberadoras, flagela la miseria y la explotación y destaca la energía y la fuerza que hay en las masas, en el hombre sencillo?
>
> ¿Son o no cuadros del partido el filósofo, el publicista, el crítico que en sus respectivos terrenos defienden las concepciones del Partido?

Creo que la respuesta es obvia. Pues bien, eso significa que el Partido es el primer interesado en ayudarles a que realicen su trabajo de creación, a que se desarrollen en la dirección que han escogido, a que sean verdaderos representantes del Partido en el frente de la cultura y el arte, en el frente ideológico.

Ha habido en nuestras filas mucho sectarismo hacia los intelectuales y artistas; algunos camaradas consideraban erróneamente que el trabajo de creación de éstos era poco menos que una evasión de la labor del Partido.

Por el contrario, su labor de Partido está principalísimamente en crear, y hay que ayudarles a que la realicen, fundiéndolos cada vez más en nuestros principios ideológicos, en nuestras concepciones.

(Cito por el órgano mexicano del PCE,
España Popular, 749, 4/2/1955)

De todos modos, no eran las teorías estéticas, ni plásticas ni literarias una preocupación relevante de Carrillo, en quien no se aprecian, según se desprende de sus biógrafos y de los estudiosos del PCE, inquietudes culturales que no fueran instrumentalizar a los intelectuales al servicio de sus cambiantes estrategias políticas. Además, el ensayo de Claudín no le pilló de nuevas. Pocos meses antes, en julio del mismo año, la dirección del partido había convocado un seminario que se celebró en un castillo cercano a la ciudad de Arras, en el norte de Francia, para reflexionar desde una perspectiva marxista sobre cuestiones políticas, filosóficas y estéticas. El dirigente catalán Francesc Vicens, que acompañó sin mucho tardar a Semprún y Claudín en su expulsión del partido, expuso en su conferencia posturas contrarias al arte como puro reflejo, rechazadas por los asistentes. A su favor, en cambio, se manifestó Claudín, quien, además, adelantó en una intervención el contenido del texto que recogió *Realidad*. También concitó rechazos, incluso, según noticias recabadas por Felipe Nieto, un «enfrentamiento más que dialéctico» con el pintor José Ortega.

En Arras se habían acreditado de sobra posturas revisionistas, dicho con término de entonces, no solo en cuestiones estéticas, las que aquí nos interesan. Como *Realidad* tenía un amplia tirada de unos cuantos miles de ejemplares de los cuales la eficaz red de propaganda del Partido lograba distribuir un buen número en el interior y como estos llegaban a quienes más interesaba la publicación, militantes, escritores y compañeros de viaje, la postura crítica de Claudín sembraría las dudas en los todavía seguidores nacionales del realismo social. De ahí el importante papel en el proceso de disolución de esa tendencia que atribuyo al reiterado artículo. La dirección del partido fue bien consciente de ese efecto y contraatacó desde la mismo plataforma. El muralista Josep Renau, viejo militante comunista desde anteguerra, exiliado en México y desde 1958 en el Berlín oriental, en aquellas fechas miembro del Comité Central, dogmático y vehemente defensor del arte de *agitprop*, le propuso a Carrillo darle a Claudín la réplica en su propio terreno y al secretario general le pareció bien. El resultado fue un larguísimo y prolijo ensayo, «*Auditur et altera pars.* Sobre la problemática actual de la pintura», un «galimatías berroqueño» en la no exagerada apreciación de Gregorio Morán en su historia del PCE, que ocupó nada menos que setenta y cinco páginas en dos números de la revista. Sustentado en la más pura ortodoxia soviética, Renau le enmienda la plana de la cruz a la fecha al «camarada FC», a quien así se dirige, en una tediosa y amazacotada retahíla de divagaciones con incansables apelaciones a Marx y Lenin. Es dudoso que aquel refrendo a las bravas y con airados, amenazantes y algo chulescos modales, aquel autoritarismo doctrinario, mitigara las inquietudes que había sembrado la reflexión de Claudín, que no iba contra un arte de eficacia revolucionaria, sino a favor de otra manera de conseguir ese efecto.

Es poco exacto que el escrito de Claudín se limitara a establecer argumentos y hechos «no discutidos ya por nadie o casi nadie», como dice Juan Goytisolo en *En los reinos de taifas*, porque mucha gente seguía comulgando con tales creencias y principios. Además, abulta Goytisolo, con esa tendencia natural en él las exageraciones interesadas, su alcance de «verdadero manifiesto subversivo en el bloque soviético y sus dependencias ideológicas y territoriales, potenciado aun por la circunstancia de que apareciera en la revista oficial de un "partido hermano" y fuese obra, por contera, de un miembro de su Comité Ejecutivo». De ningún modo puede el artículo calificarse de subversivo, para lo cual sobran los ditirambos a la Unión Soviética, y sí de bastante templado. El propio Claudín describió más tarde su postura, según el comentario rescatado por Preston, como «tímida, moderada, pero inadmisible para el filosovietismo en el comité ejecutivo».

Sin entrar en disputas tan subjetivas como el grado de agresividad del artículo, la postura del todavía dirigente comunista relativa a la vanguardia artística y a la pintura no figurativa supone un correctivo en toda regla respecto de los principios estéticos del realismo socialista y, en la práctica, de modo indirecto, una condena radical de la mayor parte de los usos o al menos de la opiniones públicas de los escritores sociales españoles, novelistas y poetas aferrados a la doctrina del reflejo realista. Ponerse en contra del arte como comunicación, la opción de la literatura comprometida en el gran debate estético mediosecular, significaba ni más ni menos que pasarse a las trincheras del enemigo.

Las reservas contra el realismo social se extienden a comienzos de los años sesenta entre los intelectuales —escritores, ensayistas, pintores...— de la generación del medio siglo. Mas no solo en ese grupo biológico. Empiezan a surgir, asimismo, entre la nueva oleada que comenzaba a darse a conocer por entonces. Y no en exclusiva entre quienes encabezarían la despectiva reacción estetizante sin tardar un lustro, los novísimos. También en gente cercana a la disidencia. Merece la pena dejar constancia de un dato que lo corrobora en el terreno de la crítica. Recién comenzado el año 1963 del que estamos hablando, un veinteañero Laureano Bonet apuntaba el 24 de enero en un artículo del periódico barcelonés *Solidaridad Nacional*, «Una literatura minoritariamente mayoritaria», una cuestión muy importante, la eficacia de la que se identifica, sin distingos, como popular o social. Sin rodeos se preguntaba el por aquellas fechas joven periodista: «¿Esta literatura popular ha conseguido ya sus fines?», el protagonista de esa literatura «¿lee realmente dichos poemas y novelas populares?», «¿por llamarse "populares", deja de ser minoritario un escritor y una colección de poemas un objeto de lujo?».

A los interrogantes da Bonet una respuesta negativa. La literatura social es leída por la misma minoría de siempre. La literatura de nuevo cuño realista continúa siendo un monopolio intelectual y mercantil de unos pocos, afirma. Y no interesa a sus naturales destinatarios: «El lector al que va dirigida esa literatura social —los muchachos de la pequeña clase media madrileña de *El Jarama*, los labriegos de *Patria y Pan*, los pescadores de *Gran Sol*, los cazadores hambrientos de alimañas de *Las ratas*— no leen "sus" novelas». Se trata de una consideración capital respecto de una literatura animada por la necesidad de un intervencionismo histórico, que venía a fallar en un aspecto básico, su difusión. Salvo algunas obras de éxito o amparadas por premios, los lectores daban la espalda a la novela social.

12
Cambio de rumbo en algunas revistas

Jalones notables en la pérdida de apoyos del realismo social se encuentran a lo largo de los años sesenta en el relevante cambio de orientación, con aire de palinodia, de revistas que le habían sido favorables. Ello ocurre de forma destacada en *Triunfo* e *Índice de Artes y Letras*.

En *Triunfo*, el giro se atestigua a finales de 1964 y se prolonga en los años inmediatos siguientes. El semanario gráfico madrileño había contado desde su refundación en 1962 con una página de «Crítica» o «Crítica de libros» asumida en solitario por su colaborador Ricardo Doménech, quien se hizo en ella portavoz de la literatura social o, mejor, y en particular, del movimiento narrativo realista encarnado por la generación del medio siglo, a la que él mismo, también narrador, pertenecía. Sus sintéticas reseñas promocionaron las novedades de esa tendencia. En los últimos meses de 1964 la sección de crítica pasa a llamarse «El mundo y los libros» e incorpora otra firma, la de un redactor de la publicación, Eduardo G. Rico, quien había controlado, como señalé, junto con Doménech el desarrollo del concurso de cuentos claramente sesgado hacia el realismo testifical. Durante un tiempo, hasta mediados del año siguiente, conviven las firmas de Fernando Molinero (el obligado pseudónimo de Doménech) y de Rico, aunque el recién llegado destaca por emplazamiento y extensión sobre el hasta entonces titular. En junio aparece alguna vez solo Rico. Y enseguida será este quien monopoliza la sección.

Son detalles menudos, pero importantes. La consecuencia principal es que la literatura de los escritores comprometidos del medio siglo se queda huérfana de la difusión ofrecida por Doménech. Poco a poco van perdiendo presencia y carecen de ella al dejar la página el también conocido estudioso del teatro. Porque Rico se ocupa de literatura de forma esporádica y con una intención instrumental. Las obras de las que trata versan sobre política, economía, sociedad, psicología o pensamiento. La página bibliográfica conoce una reorientación completa y se formula con aires nuevos, algo distinto de lo anterior. Deja, en realidad, de ser crítica literaria para convertirse en ensayismo ligero («reflexiones» lo llama Rico) de carácter sociopolítico con un explícito propósito intervencionista respecto de la realidad española y voluntad de renovarla. Estas intenciones las manifiesta Rico con completa claridad en su primera salida en esta sección, titulada «El "miserabilismo"», el 14 de noviembre de 1964. La relativa trascendencia de este cambio, restringida a la mengua de difusión de los realistas, adquiere una significación grande porque Rico, militante comunista y adalid del compromiso (ambas cosas al igual que Doménech), se muestra beligerante contra la literatura social. Hallamos, así, un caso claro de intervencionismo cultural de imprescindible mención en la trayectoria de las letras realistas por la repercusión de un medio de amplia tirada y de alcance popular. Por momentos, la revista refleja un cierto grado de esquizofrenia, pues en la misma página conviven el revisionismo de Rico con la ortodoxia de Doménech. Ocurre en el artículo recién citado, al que siguen dos apuntes críticos de Molinero sobre autores fieles al realismo testimonial, Alberto Moravia y Daniel Sueiro. Los cuentos del español recogidos en *Los conspiradores* merecen el aplauso de Doménech: «De expresión sencilla y directa, de contenido social y hondamente humano, estas narraciones constituyen una valiosa aportación para la nueva literatura realista». La ardorosa y persistente campaña de Rico dejó de tener el contrapeso de Doménech al desaparecer este de la sección.

Durante casi dos años, fundamentales en la deriva del realismo social, Rico cumplió paso a paso su inequívoco plan programático contrario al realismo que abrió con el señalado «El "miserabilismo"» en 1964 y remató con la «reflexión» «De crisis» dos años después. (Para atender la curiosidad de un lector minucioso, en las referencias bibliográficas finales pongo las de los artículos aludidos o citados en las páginas siguientes). Un doble pivote sostiene la campaña del crítico: afirmar el descrédito y carácter anticuado del movimiento comprometido y urgir la necesidad de un cambio en nuestras letras. El comentario inicial constata un estado literario de desconcierto: los escritores no saben a qué atenerse, ayer les dijeron que hicieran «objetivismo», luego novela «social» y ahora «intimismo». Esta situación, aclara, coincide con un momento en que la literatura «social» sigue en boga, según lo confirman los catálogos editoriales y el propio concurso de cuentos de la revista, y, sin embargo, se constata «la distancia existente entre los propósitos y los logros de los escritores que se adscriben a ella, de la relación entre los presupuestos sobre que se asientan y los objetivos cumplidos, del grado de validez de su fórmula estética».

En tres largos párrafos cuyo interés anima a reproducirlos enteros, acomete Rico algo cercano a una causa general que cuestiona planteamientos y méritos de la literatura social:

> Tanto por sus explícitas declaraciones como por la insistencia en reducir la elección temática a un repertorio instalado en un nivel social muy concreto y preciso, sabemos que animan al escritor «social» unos propósitos plenamente definidos: reflejar la realidad de una situación injusta, de miseria y desamparo; levantar acta de la exclusión de la sociedad de las clases menos favorecidas; dar testimonio de unos problemas agudísimos, pendientes de solución; presentar ante un público vuelto de espaldas al mundo de los hombres que crean la riqueza, las condiciones inhumanas en que viven. Y en los casos más radicales, de denunciar con vigor esa realidad; contribuir, en definitiva, a transformar la sociedad. Sobre esos supuestos de orden ético, ¿de qué medios se va el escritor «social» para conseguir sus fines? ¿Cómo estructura su obra para hacer viables sus propósitos? ¿Cuál es, en suma, su estética? ¿Sirve a la empresa en que ha decidido comprometerse?
>
> El escritor «social», en general, y en particular el novelista «social», aprehenden la materia real elegida directamente, tal como se desenvuelve ante sus ojos; acotan una zona determinada, la abstraen de su contexto y la describen tal como la ven. Pero, ¿cómo la ven? Situándola en la perspectiva de su posición previa, de acuerdo con los objetivos perseguidos. No puede discutirse la validez del procedimiento del novelista «social», pero sí la técnica que utiliza para desarrollar la operación; es una técnica naturalista. Ante nuestros ojos despliega una realidad plana, que ha perdido su dinamismo, sus justificaciones, su carácter de proceso. El instrumental de que se sirve le fuerza, para ser fiel a su intención inicial, a simplificar los conflictos que surgen en ese mundo limitado: serán conflictos cerrados en sí mismos, asumidos por personajes esquematizados; en

definitiva, se abrirá ante nuestra vista un universo estático de buenos y malos. De esta manera se nos escamotean las relaciones reales entre los hombres, en beneficio de una imagen cortical de la zona social retratada. En ocasiones, un cierto tono lírico infundido a la narración la idealiza aún más: así nace la glorificación implícita de la miseria que ha dado en llamarse «miserabilismo», caso extremo de la social «social». Las primeras «buenas intenciones», además de haber dado lugar a mala literatura, alcanzan fines diametralmente contrarios a los pretendidos.

¿En qué ha quedado, pues, el testimonio, la denuncia, la protesta deseados? Al hallarse condicionada de este modo, la novela «social» no puede suscitar más que la compasión, hacia sus personajes, una actitud sentimental y contemplativa ante el universo en que se mueven; nos sentiremos apenados de que exista cerca de nosotros lo que se nos pinta, pero no habremos llegado a una comprensión plena de esa realidad, ni de sus posibilidades de movimiento, por más que el novelista se haya recreado en la descripción de sus fenómenos periféricos, de su apariencia. Objetivamente, se nos ha dado su versión pequeñoburguesa. Ideológicamente —alguien lo ha mostrado antes que yo—, nos encontramos con un «cristianismo secularizado», vaciado de su trascendencia, paternalista, «preconciliar» podríamos decir. El novelista «social» ha manifestado, «malgré lui» sin duda, un pensamiento reaccionario. (También Balzac, un «ultra» consciente, fue «malgré lui» el escritor más progresivo de su época, por las razones contrarias). Y estéticamente ha retrocedido más de medio siglo. Por todos estos motivos la novela social vive una crisis profunda a pesar de su boga.

La actitud reflexiva de signo crítico de Rico se inspira en una revisión simultánea del estatus de la literatura social y de los escritores del medio siglo. Por eso reclama una operación «desmitificadora» en la que se adjudica a sí mismo un papel relevante. Persiguiendo este objetivo, dedica un artículo a desmontar el carácter unitario de la joven literatura a propósito del intento de establecer una nueva acuñación, una presunta «generación del 63». En su comentario va tan lejos que, de hecho, niega la existencia misma de una promoción literaria diferenciada, la del medio siglo, a despecho de lo que era opinión comúnmente admitida por aquellas fechas y en clara disonancia con el unánime criterio historiográfico que se ha seguido desde poco después y hasta la fecha. Por la misma razón arremete contra el *Manifiesto sobre Arte y Libertad* de Sergio Vilar, desmontando el sentido de todos los asuntos que planteaba este libro-cuestionario y que se referían a problemas medulares del arte comprometido, desde la libertad del artista o su entrega sacrificada a la sociedad hasta la utilidad del arte. La pregunta de Vilar acerca de la función estética o social del arte merece una despectiva sentencia: «el señor Vilar interroga nada menos que si el arte tiene una misión estética, es decir, en rigor pregunta que si el arte debe ser arte. Absurdo». Bien revela la actitud de Rico su entusiasta comentario sobre Leopoldo Alas y su obra mayor motivado por el libro de Jean Becarud *La Regenta de Clarín y la Restauración.* Lo cierra con las palabras del hispanista francés en que este sostiene cómo el equilibrio de los factores determinantes de la realidad reflejada en *La Regenta* no lo lograrán los sucesores del crítico y escritor asturiano «si pensamos en el conformismo banal de Palacio Valdés o en el maniqueísmo a menudo simplista de Blasco Ibáñez». No añade Rico nada de su cosecha, pero se sobrentiende, *intelligentibus pauca,* que semejante insuficiencia la perpetúan también los actuales narradores de la novela social.

Rico aprovecha las más variadas ocasiones para desplegar su duro marcaje de la literatura social. En una de ellas, la reciente traducción de *El atestado,* del futuro premio nobel J. M. G. Le Clézio, le da pie para explicar cómo la novela francesa de los últimos veinticinco años ha recorrido el largo camino que ha posibilitado salvar el dominio de las preocupaciones éticas y moralistas por medio de la pura investigación formal. En este progreso literario insinúa una solución a la falta de exigencia constructiva que constituía, a su entender, un serio déficit del realismo crítico español. Esta preocupación reaparece en un incondicional comentario de Kafka que aprovecha para llevar otra vez el agua a su molino. La coletilla del artículo dispara directamente a la insatisfactoria obra de los realistas españoles: «Contra todos los esquematismos —psicoanalíticos, existenciales, económicos— los escritos kafkianos prueban que el hombre y la vida se expresan en la literatura a través de una complejidad de medios: he aquí una útil enseñanza para nuestros autores, que tanto necesitan perfeccionar su método en esta hora de crisis».

Peleón, no se contenta Rico con estos procedimientos elípticos, indirectos o alusivos. Desacredita las limitaciones y los contradictorios y pobres resultados de la literatura basada en el testimonio directo —relatos viajeros, reportajes— apoyándose en la idea del «realismo justiciero» formulada por el crítico José Ramón Marra López. «Los resultados obtenidos», dictamina, «defraudan hasta a los menos exigentes». Ello porque «o bien se ha venido incurriendo en un subjetivismo melancólico y desesperado, contradiciendo de este modo el objetivo perseguido (recuérdese el final de *Campos de Níjar*) o bien la descripción no consigue trascender la chatura de un torpe naturalismo, apresada en una sosa técnica enumerativa». Tal realismo solo será eficaz si se plantea con voluntad de «totalización». Y, apostilla, «naturalmente, se precisa, además, una condición fundamental: que la narración tenga calidad literaria». Aunque el motivo de este comentario sea una obra italiana sobre Sicilia, *Spreco*, de Danilo Dolci, le sirve de pretexto para referirse a las letras españolas. Hace una mención expresa del esteticismo de Cela e invita a pensar en la conveniencia de revisar los «presupuestos que sustentan este "realismo"», el realismo tal como lo conciben sus actuales cultivadores y cuyo modelo se halla en ciertas obras de Juan Goytisolo. Remata Rico sus alegaciones con una sentencia descalificadora: «ese "realismo justiciero" no es eficaz y termina en una insuperable contradicción».

Otra buena andanada propina Rico al socialrealismo, circunscrita a la lírica, a partir de las mismas reticencias y a cuenta de la antología de Ángel González *Palabra sobre palabra*. El poeta asturiano, explica Rico, inserta su obra en la reacción contra los «torremarfileños "poetas poetísimos"» iniciada en los años cuarenta y asumida después por la lírica joven. Pero a la altura de 1965 se impone hacer un balance de este movimiento y «también una reconsideración de su validez en las condiciones actuales». El periodista se pregunta si se han agotado las posibilidades de Ángel González y dictamina que ahí está «el centro del problema: la búsqueda de nuevas formas que no traicionen el propósito establecido en el arranque de la tendencia, sino que supongan, por el contrario, su enriquecimiento». Rico entiende que la importancia de dicho poemario reside en su condición de ensayo o experiencia, «porque el *impasse* en que se debate la tendencia que Ángel González representa con tanto vigor» solo se salvará «como se salvan siempre los peores escollos en todos los campos: trabajando». Es decir, buscando cambios que sorteen el grado de pobreza e insatisfacción a los que ha llegado la «tendencia», término con el que recupera la bestia negra de las denuncias de José Ángel Valente.

Otra selección poética, una *Antología de la poesía social,* sirve a Rico para remachar en sus planteamientos. El tipo de poesía antologada por Leopoldo de Luis «en contra de sus presupuestos, no acaba de obtener un rendimiento positivo en el nivel de problemas en que se halla instalada, al menos en esta coyuntura» y ello, sostiene, «tal vez porque sus cultivadores no han encontrado aún la forma en que expresar los nuevos contenidos». La «escuela» social se encuentra en un *impasse,* insiste, y resulta oportuna una «llamada de atención hacia sus planteamientos y objetivos». De todos modos, apostilla, «cuantos se han adscrito por generosidad o compromiso moral a esta tendencia, deberían analizar a fondo su actual situación y estudiar sus perspectivas antes que abandonar, como algunos, las posiciones asumidas». Rico insiste en los dos grandes motivos que exigen que los autores reconsideren su trabajo, la situación de *impasse* y el momento actual del realismo.

En la misma dirección apunta Rico en otras «reflexiones» dispersas. Aunque aplaude en el Francisco Candel de *Los otros catalanes* la valentía de afrontar la injusta situación de los «murcianos» emigrados a Barcelona, lamenta la limitación de su planteamiento literario y la inoportunidad de su estilo. A Alberto Moravia le aplica un severísimo repaso, en tono burlesco y despectivo, por su «audacia» de anunciar a los cultos e informados jóvenes de la cubana Casa de las Américas un juicio condenatorio del realismo socialista. Achaca el despiste del novelista italiano al desconocimiento de que, según la sesgada información de Rico, hace ya un par de años que los intelectuales cubanos «han sometido a examen la teoría en que se apoya dicha tendencia y revelado sus insuficiencias, la precariedad de su elaboración y, en suma, su invalidez si se la juzga por sus expresiones». Por el contrario, recibe con subidos elogios *Anatomía del realismo* a partir de uno de los supuestos de Alfonso Sastre, la «dura, despiadada crítica del populismo», que tiene por «muy saludable y oportuna».

La última entrega de las «reflexiones» de Eduardo G. Rico, antes de que «El mundo y los libros» se convirtiera en una anodina, telegráfica y propagandística sección bibliográfica, ratifica su postura a propósito de un libro de Robbe-Grillet que le viene al pelo, *Por una novela nueva.* El crítico aprovecha la voluntad formalista del *nouveau roman* para proclamar la necesidad de buscar nuevos caminos en la situación de crisis en la que se encuentra la novela y para adherirse a una opinión de Antonio Ferres («la novela no es ninguna subsecretaría de la política») traída un tanto por los pelos pero muy oportuna para sus intereses.

La gran difusión e influencia tanto popular como en medios culturales progresistas del semanal en el que Eduardo G. Rico desarrolla su campaña contra el realismo del medio siglo le otorga un papel relevante en el proceso evolutivo de la literatura antifranquista. En nuevas ocasiones lo encontraremos también desempeñando una función notable en el mismo sentido. Lo hará en el periódico *Madrid,* donde, acogido por el periodista Alberto Míguez, disfrutó de una tribuna influyente para protagonizar los penúltimos episodios del debate sobre la «escuela» social. Y con baja intensidad no cejó en su contienda cuando más tarde Dámaso Santos lo recibió en *Pueblo.* Ya lo veremos.

Triunfo dio impulso al realismo social nada más comenzados los años sesenta y sin demasiado tardar giró en dirección contraria. Otra revista, *Índice de Artes y Letras,* tuvo un recorrido semejante en plazos más dilatados. Ambas, sin embargo, coinciden en un mismo trecho temporal en el revisionismo de las letras comprometidas. *Índice* supuso en el decenio anterior un considerable apoyo de las jóvenes letras comprometidas y en el siguiente, cambiando el rumbo de lo cultural literario hacia lo político, desatendió a sus antiguos patrocinados. Este fenómeno se refleja en un género por el que ambas revistas mostraron interés: el cuento. Mientras *Triunfo* apostó por la narrativa corta de intencionalidad social, *Índice,* que también la había favorecido en el sexto decenio, al entrar en el siguiente adoptó un criterio muy distinto, paralelo, además, de una decreciente atención al género. El fenómeno afecta a una renovación tanto en los nombres como en la orientación estética.

En cuanto a los nombres, desde estas fechas en que el mensual de Fernández Figueroa puede verse como competencia del semanal de Ezcurra, desaparece la larga nómina de narradores que representaban a la generación del medio siglo. La salida de Francisco Fernández-Santos en 1959 de la jefatura de redacción que había ostentado desde 1957 a causa de su marcha a París constituye un motivo o tal vez nada más un síntoma. De los grupos emergentes en los cincuenta, solo figura Ignacio Aldecoa, y muy tardíamente, un mes después de su fallecimiento, con un cuento

(260, 15/12/1969). Otros nombres de cronología parecida a los del cincuenta pero de aparición algo posterior sustituyen a estos. Desde 1960 encontramos al también crítico Leopoldo Azancot o a un Francisco Umbral que templaba sus primeras armas. Reaparecen el postista Ory y el pánico-postista Arrabal. Escritores estos dos últimos, como se sabe, distantes u opuestos al realismo social y fuera de los grupos canónicos de la generación del medio siglo. La presencia del controvertido Arrabal cobra reveladora significación al aparecer un surtido de textos suyos arropados con varios escritos de Topor o Alejandro Jodorowsky, entre otros, en un número (205, [2]/1966) que parece un lanzamiento de esa iconoclasta corriente parisina. La revista jalea el número especial con humor («Pánico... ha venido de París, como los niños») y se enorgullece de haberlo conseguido en «exclusiva mundial». Tanta alharaca lleva el implícito mensaje de aportar una alternativa cultural, una apuesta por el irracionalismo. Este caso concreto y otros coetáneos (en especial la irrupción en la prosa narrativa de Kafka) tienen toda la pinta de emerger en esta segunda mitad de los sesenta para dar una réplica al ya cuestionado objetivismo de los realistas sociales.

El relevo en los colaboradores asiduos, normal en una publicación viva, podría dar un carácter inocuo a los datos anteriores, pero ha de contemplarse en una perspectiva más amplia. El minucioso hispanista J. Oskam anota con perspicacia otros indicios reveladores de una intencionada deriva de la revista. La arremetida en toda regla de Leopoldo Azancot contra el hasta poco antes intocable Antonio Machado (183, I/1965). La acogida de opiniones contrarias a la poesía de combate, enfatizadas en el sesgado título de una entrevista de Romano García con Vicente Gaos, «Moda y fraude de la poesía social. Concierto en mí y en vosotros» (213, X/1966). No son referencias ocasionales y tienen el aspecto de formar parte de un diseño programático. El mismo Oskam subraya un par de artículos anteriores contra el emblemático José María Castellet. El mentado alegato de Leopoldo Azancot, «Terrorismo intelectual» (166, X/1961), con graves acusaciones de practicar una dictadura ideológica. El ataque de Guido Castillo contra *Veinte años de poesía española* y contra los poetas sociales, Otero y Celaya. De los poemas del defensor de la poesía como arma cargada de futuro llega a decir que «son una vergüenza para la lengua española».

Esta línea de abjurar de pasadas veleidades socialrealistas tiene una manifestación especialmente relevante al acoger en

1967 con notable despliegue informativo y bajo el título «La nueva novela» (225, XI) la transcripción de un coloquio televisivo en el que participan Andrés Bosch, Manuel García Viñó, Vintila Horia y Carlos Rojas sobre el que volveré más adelante. Imposible pensar en un gesto inocente en un personaje con tantas conchas como Fernández Figueroa. Suponía dar contienda a representantes de la más encarnizada oposición a la literatura comprometida, a los planteamientos antirrealistas del conservador grupo de la autodenominada «novela metafísica» o «novela intelectual». *Índice* se prestaba al juego de estos juramentados enemigos del realismo socialista. Aunque, para ser rigurosos, su presencia fue una nube de verano y poca contienda les dio. Bien es verdad, además, que otros muchos participaban a estas alturas en semejantes andanzas, según se constata en diferentes páginas de este libro.

13
1964: los mismos mimbres

El tiempo avanza y los mimbres siguen siendo los mismos. Desde la empatía con el realismo social, surgen voces que reclaman un análisis objetivo y crítico. Desde los oponentes, se lanzan desautorizaciones completas. Los argumentos de unos y de otros a veces no se diferencian mucho, lo que sí resultan irreconciliables son las valoraciones. Un punto de partida muy distinto al recién visto del hostil Eduardo Rico plantea también por las mismas fechas Antonio Martínez Menchén en un exigente análisis del «subdesarrollo literario». Sin embargo, ambos llegan a algunas conclusiones coincidentes respecto del cuestionamiento de ciertos aspectos del realismo social. Aunque Martínez Menchén no trabaje contra la novela testimonial, sí advierte graves limitaciones referidas a su cultivo en España, algunas parecidas a las reservas de los detractores, lo cual refuerza la autenticidad de ciertas reticencias. Así, comparte con los adversarios del realismo que nuestros novelistas tienen un déficit de exigencia técnica.

Martínez Menchén sostiene la tesis, habitual en un largo trecho de posguerra, del subdesarrollo de la novela española. Ello se debe a que ha estado al margen de la gran evolución como género literario acometida por la novelística extranjera en cuanto a preocupaciones técnicas, temáticas y de planteamiento general. Por eso carece de *actualidad*. La actualidad —sostiene— «no ha alcanzado a la novela española». De ahí las limitaciones y los males del presente. Ocurre en los autores más viejos y de posturas tradicionalistas, pero también

> los novelistas jóvenes que, desde el punto de vista de preocupación ideológica y de enfrentamiento con la realidad, pueden considerarse con razón y orgullo como plenamente actuales y válidos, han realizado su importante obra dentro de unos moldes completamente desfasados por la novelística universal.

Esta constatación se debe a tres causas de tipo histórico: a la ruptura generacional producida por la guerra, al aislamiento cultural de la posguerra y a la específica realidad social y política en que se mueve el escritor español y le obliga a una clara conciencia de denuncia. De estos datos se deriva, según Martínez Menchén, la difícil situación de nuestros novelistas, la cual no puede considerarse con beneplácito y requiere una alternativa urgente. Esta será —sostiene— la de un nuevo religamiento de lo español con lo universal, como ocurría antes del vacío producido por la victoria franquista. A partir de ahí se podrá avanzar, incluso, si es posible, quemando etapas. De este modo, concluye, «la nuestra será una literatura subdesarrollada, pero al menos en vía de desarrollo». Importa subrayar que estas consideraciones críticas proceden de alguien muy próximo por ideología a los escritores comprometidos e identificado políticamente con ellos. Se trata de una señal de alarma, de una valiente advertencia, y en ella está el germen de otro análisis suyo posterior de extrema severidad con el realismo crítico, «Del árbol caído». Luego subrayaré como se debe este ensayo en que el autor de las innovadoras *Cinco variaciones* o *Las tapias* acompaña la crítica de las deficiencias con los excesos en el menosprecio de la ya periclitada estética.

No es de extrañar que si exponen cautelas quienes no eran beligerantes con el realismo *per se*, manifiesten su rechazo de forma abierta los que nunca lo habían visto con simpatía. Caso señalado de Enrique Badosa, quien proclama directamente «El fracaso de las teorías del realismo». De antes venía en el poeta y editor una concepción laxa de lo social. En 1959 había hecho un tempranero alegato contra «El mito de la "literatura social"» donde denunciaba la pretensión de poner las letras «al servicio de determinadas ideologías o actitudes sociales». Se sublevaba contra la pretensión, «como algunos afirman», de que esa literatura de «programa» fuera «la única posibilidad válida de expresión artística». Y aducía un argumento un tanto chocante. El protagonista de la novela social «suele ser, indefectiblemente, el arrabal urbano, con todos sus problemas verdaderamente sociales». Le parece que, en efecto, los problemas del hombre del suburbio constituyen un tema social, pero le resulta una selección parcial porque no ofrece el «tema social completo». Dicho asunto también afecta, dice, a los hombres de los «barrios residenciales» y a los de la «clase media». Podría pensarse que abogaba por una ampliación temática del realismo que incluyera a todas las personas, con independencia de su estatus económico. Sin embargo, no va por ahí. Le mueve la denuncia de la propaganda implícita en la literatura social, la cual, cuando se sistematiza, «acaba por ser rematadamente mala, totalmente inaceptable como arte e incluso como medio de propaganda». Badosa tiene claro que las letras no deben ceñirse al tratamiento de las clases menesterosas. Además, rebate la idea de que el único quehacer importante del hombre sea ganar la batalla de la «lucha de clases».

El paso siguiente de Badosa en este absoluto distanciamiento de la concepción social de la literatura será, un lustro más tarde, aseverar el señalado fracaso de las teorías del realismo. Tal efecto lo atribuye a una cantinela que por estos años se estaba convirtiendo en un lugar común: el menosprecio de «el cómo se dice» por quienes han abogado solo «por lo que se tiene que decir». Acusa a los que han proclamado el descuido del estilo y del lenguaje de haber causado estragos. Cocinero además de fraile, apela a su propia experiencia de editor. Su conocimiento tanto de los libros publicados como de originales que no ven la luz, le permite asegurar una penosa realidad: el predominio de obras «mediocres respecto de aquello que nos ha de llevar a considerarlas como literatura: el arte de la palabra». Así que para Badosa era incontrovertible el dictamen que condensaba en el rótulo de su artículo y que implicaba «el fracaso de postulados y prácticas del *realismo social*», o sea, de todo el movimiento.

La crisis del realismo social va dejando múltiples huellas en el primer lustro de los años sesenta y no escasean en 1964. De ello ofrece un inmejorable documento la repetida citada encuesta de Sergio Vilar debido a la amplitud de la consulta, que reúne ochenta opiniones, y a la heterogeneidad de sensibilidades congregadas. Se realizó a lo largo de 1961 y 1962 —importa datar con precisión las fechas, y no fijarse en la de publicación, 1964— y giraba en torno a las relaciones entre arte y libertad. Se interesaba por la influencia de la libertad del artista en la creación, por las distintas actitudes que debía mantener el Estado respecto del arte, por la conveniencia de la libertad personal y política absoluta del artista y por su integración en la sociedad donde vive. También deseaba saber si la sociedad merecía que el intelectual arriesgara su seguridad personal al defender los derechos de sus conciudadanos. La madeja de cuestiones completamente determinadas por la circunstancia política española se había convertido en un lugar común del debate de nuestros hombres de letras y artistas plásticos; en un asunto obligatoriamente de moda: «Una vez más, la cuestión de siempre», escribe el crítico de arte Vicente Aguilera Cerni. El problema tiene ya la consideración de algo cansino, lo cual se deja ver en el tono rutinario y en los tópicos de buen número de respuestas. Eso, cuando no produce el rechazo del escultor José María Subirachs y su conservadora salida por la tangente: la oposición de la estética y lo social sufre la deformación de la moda porque «¿no tiene también la sociedad necesidad y derecho de satisfacer sus deseos de belleza?». Un displicente Josep Pla, que despacha en una docena de líneas el interrogatorio, asentaba la anormalidad: «Preguntar estas cosas es grotesco y solo puede producirse en España».

Las cuestiones enumeradas, todas de un mismo ámbito de inquietudes, se completan con una que afecta al núcleo mismo de la literatura comprometida: «¿A quién ha de servir el arte? ¿Su misión es estética o social?». Como si los entrevistados se hubieran puesto de previo acuerdo, gana por goleada la aseveración de que lo social y lo estético son la misma cosa, que lo uno no se puede dar sin lo otro. La única diferencia consiste en variantes expresivas de ese postulado. Socarrón, Aguilera Cerni da una clave de esa mayoritaria coincidencia. En realidad, con esa cuestión, dice, se nos está preguntando esto: «¿Está usted dispuesto a confesar que es un reaccionario?». Y como nadie, o casi nadie, quería ser tenido por franquista si negaba ese nexo, que tácitamente implicaba una postura de distanciamiento con la dictadura, la inmensa mayoría sostiene la estrecha relación de ambos términos. Lo mismo que en esta encuesta ocurre en tantas y tantas entrevistas periodísticas coetáneas. Ya nos han salido las opiniones recogidas por Vilar al hilo de cómo se entendía la función de la literatura y aquí solo añadiré unos mínimos apuntes más, un tanto a modo de resumen del *status questionis*.

Una y otra vez se repite una solitaria idea con pocas variantes: la misión social, sí, siempre que se subordine a las exigencias ineludibles de lo estético, todo arte es en cualquier época social porque todo arte se dirige al hombre, etcétera. Por esas creencias andan los filósofos Aranguren y Ferrater Mora, los poetas Badosa, Bousoño y Luis Felipe Vivanco, los narradores Ángel María de Lera, Susana March, Alejandro Núñez Alonso, Esteban Padrós, Perucho y el editor Joan Teixidor. Algunos matices merecen anotarse para comprobar los elásticos límites del conflicto. Los escritores del exilio, no acuciados por las estrictas circunstancias del interior, reniegan del utilitarismo: si una obra es mala, «no sirve para maldita la cosa» (Max Aub); sospechosos resultan el «engagement» y el arte al servicio de la sociedad que quieren imponer al artista un «programa» en lugar de permitir lo que la intuición pueda sugerirle (Francisco Ayala); el arte no sirve, ni a nadie ni para nada, ni tiene tampoco misión ninguna (José Bergamín). María Zambrano llega al buenismo compasivo: el arte, «en último término, es caridad».

Los autores del interior conceden poca trascendencia al alcance social: el arte de inmediata aplicación social no suele ir mucho más allá de la mera propaganda (Cela); el arte debe servir al arte, aunque en determinadas circunstancias pueda repercutir en la colectividad (Delibes); la misión del arte es ética más que estética porque todo lo moral es bello, pero no todo lo bello es moral (Ramón de Garciasol). Poco más que anecdóticos resultan los casos —del interior o del exilio— que se blindan frente a los términos precisos de la pregunta: Mario Lacruz (el arte es medio, no fin), Salvador de Madariaga (el arte no tiene ningún fin), Arturo Serrano Plaja (el arte se dirige al pueblo, pero no debe servir a nadie en particular) y Dolores Medio, quien curiosamente había inclinado sus novelas un tanto a la denuncia (escribir con fines políticos no es escribir honestamente).

Dentro del sentir mayoritario, el calendario deja notar su impacto en fechas en que se iban suavizando recientes convicciones. Nada terminantes se muestran nombres de la primera fila del movimiento realista. En términos poco comprometedores se expresa muy significativamente el tándem Barral-Castellet. Sin el énfasis y la contundencia esperables lo hacen López Pacheco, Ramón Nieto y Blas de Otero. Fórmula llamativa («cooperación fraterna») utiliza Juan Marsé, quien niega que el arte tenga la finalidad directa reservada a otras actividades. Estas señales de una incipiente nueva orientación de nuestros autores todavía conviven, no obstante, con un reconocimiento paladino del valor social y utilitario del arte. Las más claras son las predecibles de Francisco Candel, Celaya, Ferres, Grosso, López Salinas, Leopoldo de Luis, Lauro Olmo y Sueiro. En esa línea general se sitúan, con seria matización, Luis Goytisolo, y dos narradores de la promoción de la guerra, Luis Romero y, para desconcierto de quienes lo consideraban escritor de extremo conservadurismo, Juan Antonio de Zunzunegui. Si tuviera que elegir solo un par de declaraciones a modo de botón de muestra de esa postura, señalaría las dos siguientes por su desparpajo. La del Goytisolo poeta, a quien, enemigo confeso del esteticismo, no relacionar el arte con el hombre le parece «una metafísica para uso de dementes». Y la de José María de Quinto, defensor de una misión del arte decididamente intervencionista porque «el artista no es una atolondrada cigarra cantando al margen del hormiguero».

La cuestión planteada por Sergio Vilar tenía, pues, sólido anclaje en la admisión de una base utilitaria y comprometida del arte, aunque se le exigieran los fueros inexcusables. También se notan, sin embargo, algunos movimientos subterráneos que algo removían los cimientos del edificio. Quedaba buen trecho por recorrer en el camino hacia la negación radical del compromiso literario. No hay más que ver lo que todavía sostiene Juan Goytisolo. Asegura uno de sus más implacables detractores en un futuro ya cercano que la literatura debe crearse con un lenguaje asequible a la mayoría de la gente. Aún falta tiempo para que este hombre tornadizo predicara la destrucción de una lengua a su entender fosilizada.

Mientras, apariencia de calma chicha en aquel 1964. Tranquilidad, sin embargo, engañosa porque el debate seguía fresco. Una aportación relevante vendría del frente plástico. De nuevo surgían las consabidas cuestiones: el realismo, la figuración, el subjetivismo, la tipificación. Todo ello entraba en la «Declaración» fundacional que hace en esta fecha el «Equipo Crónica», heredero de la muy militante «Estampa Popular». Su proyecto de «Crónica de la realidad» se planteaba sin disimulos como «suma de las finalidades del realismo social». Un aire de reto implicaba la mención expresa de la etiqueta nefanda. Como es sucinta y va al grano sin rodeos ni disfraces, la reproduciré íntegra:

> El «Equipo Crónica» se ha constituido como conjunto de trabajo, colaboración y experimentación.
>
> El trabajo en equipo no tiene por qué ser privativo de tendencias formalistas: el realismo acorde con nuestra circunstancia también puede exigir, por otros caminos, la radical superación de la mitología del individualismo, de la expresión subjetiva como intencionalidad de la actividad artística.
>
> Aplicamos métodos colectivos de trabajo para fines sobre-individuales.

«Crónica de la realidad» es la suma de las finalidades del realismo social, pero utilizando los sistemas de imágenes pertenecientes a las experiencias visivas habituales del hombre de hoy, haciendo coincidir la intencionalidad de la obra de arte con la función dialéctica que desempeña en la formación de los grupos sociales.

Para nosotros, «Crónica de la realidad» significa objetivación y realismo de los datos utilizados, así como tipificación y serialización de los conjuntos.

Es decir: realismo en lo particular, dando carácter interpretativo a las series.

La serie es, para nosotros, un modo idóneo de unir lo particular con el desarrollo dinámico y dialéctico de lo general.

Métodos colectivos, fines sobreindividuales y presencia de la realidad y de la dialéctica histórica implican un arte comprometido, un arte al servicio de los valores humanos.

El «Equipo crónica» propugna la «Crónica de la realidad» como vehículo intencional para dar a la pintura una finalidad elevada, una razón de ser de nuestra sociedad y en el marco histórico de los valores positivos contemporáneos.

Los pintores Rafael Solbes, Juan Antonio Toledo y Manolo Valdés, patrocinadores del manifiesto, aportaban, pues, un apoyo al denostado movimiento estético al reconocer la militancia dentro del compromiso y al plantear un trabajo colectivo (que duró muy poco, por cierto) en pugna con el individualismo tradicional del artista. Su desiderata formal apuntaba, sin embargo, a un alejamiento del testimonio documental y de la copia en directo de la realidad. Buscaban un otro realismo, por así decir. En su propuesta concreta, la asunción con sentido crítico de la imaginería pop.

14
Situación de *impasse*

La literatura social conoce una situación paradójica en el primer trecho de los años sesenta. Los síntomas de nuevos aires y las denuncias contra el compromiso coexisten con cierta lozanía del realismo. Se ve en la edición de poesía, pues en aquel primer lustro del decenio desarrolló su actividad la colección «Colliure», cuya andadura se fraguó en 1960 y se prolongó hasta 1966.

«Colliure», escrito el nombre con grafía que castellaniza el del lugar donde reposan los restos de Antonio Machado, fue la colección poética que monopolizó el trabajo de una peculiar editorial, Literaturasa. Carlos Barral y un grupo de amigos y colaboradores suyos en Seix Barral crearon esta empresa comercial en la que desempeñaron sus distintos cargos, desde la dirección y la gerencia hasta la dirección literaria. Se apiñaron, con el ya notable editor, José María Castellet, Jaime Salinas, Jaime Gil de Biedma y José Agustín Goytisolo. Se regía por criterios profesionales en la fabricación y comercialización de los libros, infrecuentes en la publicación de poesía, más artesanal. Y, sobre todo, estaba al servicio de las inquietudes e intereses de un grupo de allegados que compartían actitud antifranquista, sentimiento generacional, espíritu cultural renovador y una cierta concepción —con diferentes matices— de la literatura.

A partir de 1961, «Colliure» publicó once títulos. En su escaso catálogo acogió a un poeta veterano tan significado como Celaya, y, entre los líricos de la generación del medio siglo, a los no menos característicos López Pacheco, J. A. Goytisolo o Ángel González. Sus poemarios están marcados, en general, por una estética realista. Otros poetas veteranos cuyos libros, anunciados, no llegaron a aparecer, Blas de Otero y Eugenio de Nora, sugieren el peso que tenía la tendencia testimonial y crítica en la colección. Aunque no fuera un criterio excluyente y otras obras editadas escapaban de la dictadura social. Ocurre con las de Barral, Ángel Crespo, Valente, Gil de

Biedma y Alfonso Castafreda. En esta línea de menor compromiso explícito se situaría el poemario de Francisco Brines que tampoco llegó a incluirse en la colección. Un lugar intermedio entre ambas orientaciones generales ocupa el de Caballero Bonald, el suyo más cercano, por otra parte, a la denuncia, y sobre el cual mantuvo serias reservas posteriormente, un tanto al límite de repudiarlo.

Ya sé que incurro en simplificaciones estéticas, pero abuso de ellas para apuntar la situación de incertidumbre del momento: la convivencia de realismo y de manifestaciones a las que esa etiqueta no les corresponde con propiedad. Una perturbadora indecisión marca y lastra la actividad de los escritores. Tiempo tardaría en resolverse con claridad la disyuntiva. Mientras tanto, «Colliure» desempeña un papel notable. Sin ignorar ni minusvalorar el eclecticismo de los autores indicados, la colección significó, desde una perspectiva global, un aliento para el canon realista y la literatura testimonial del medio siglo. Venía a avalar la vigencia del realismo social con el gesto nada inocente de acoger, *de facto* o en intención, los muy significados poetas que acabo de indicar, que encarnan sucesivas oleadas generacionales: los decanos Celaya, Otero o Nora; los jóvenes López Pacheco, J. A. Goytisolo y Ángel González. ¿Qué otra cosa sino un sostén a dicha poética podía dar a entender una colección que tuviera semejante nómina en su calculado proyecto editorial y en su catálogo?

Mejor todavía muestra la vacilación de época la narrativa. La novela testimonial continúa teniendo una presencia editorial verdaderamente abundante, a pesar de que, con ligereza, se suela dar por hecha su liquidación. Era aún mayoritaria en términos cuantitativos. Se encuentra gran número de novelas político-comprometidas con intencionalidad de denuncia y soporte realista hasta mediado el decenio e incluso más acá. Plurales testimonios indican que, además, así se percibía en la época. Algunos lo señalan con rotundidad. «La literatura "social" sigue estando en boga», asegura Eduardo Rico en su denuncia del «miserabilismo», «aunque algunos de sus cultivadores se han ido despegando de esa tendencia». Lo mismo observa el ensayista Pablo Villamar, tan poco sospechoso de querencias revolucionarias izquierdistas:

> En las novelas de nuestro momento, predomina sobre todos, el género social, entendiéndose como tal el que trata y defiende las clases más humildes de nuestra sociedad,

> haciendo una labor crítica y comprometiéndose. Son gritos de denuncia de muchos escritores que no pueden soportar por más tiempo, las injusticias de clases. Estas novelas son, por lo común, realistas, es decir, apuntan lo que ven, abundando en el detalle, y en el ambiente en que se desenvuelven los personajes. El lenguaje es directo, sin pelos en la pluma, llamando a las cosas por su nombre, pero conservando un poco de poesía y una ventana abierta a la esperanza.

Otro testigo de entonces, Rafael Conte, revalida el peso aplastante del realismo crítico a comienzos del séptimo decenio: «Ya lo he dicho hasta la saciedad», subraya en sus memorias,

> la primera mitad de los años sesenta fueron dominados —en los pequeños círculos de los aprendices de literato de la época, completamente perforados por el izquierdismo ambiental— por la estética del realismo, que se contraponía, por una parte, a los maltrechos restos de la literatura imperial, falangista o franquista de la inmediata posguerra y, por la otra, a la inicial literatura de consumo que ya empezaba a consolidarse por aquellos años.

En fin, por añadir un testimonio fiable más, escucharemos a Rafael Vázquez Zamora. El peso de lo testimonial y crítico en los concursantes al Nadal queda reflejado por estas fechas, inicios del nuevo decenio, en sus minuciosas crónicas anuales del famoso premio en el semanario *Destino*.

En el informe de Vázquez Zamora sobre motivos destacados en los originales que concursaron en la convocatoria de 1960, señala: «Dos temas dominantes han sido el de la vida rural y el de la juventud desorientada y hastiada». Anota además las muchas obras que se sitúan en la estela de la literatura de protesta de los «angry young men», los «beatniks» y «arrabiatis» que ha llegado tarde a España, pero lo ha hecho con brío (1223, 14-1-61). Lo que no fue impedimento, por cierto, para que el jurado se decantara por la fabulación inventiva, la de Ramiro Pinilla y *Las ciegas hormigas*. En el Nadal 1961, cuenta el secretario permanente del concurso, aunque se observan características distintas a las del año anterior, continúa la tendencia dominante del realismo social, a lo cual se agrega gran número de novelas en torno a los problemas de la juventud (1275, 13/1/62). En fin, corrobora la tendencia la información anónima (aunque casi con seguridad también de su crítico destacado) de *Destino* (1428, 19/12/1964) acerca de los temas preferidos por los concursantes al Nadal de 1963: han sido preocupaciones muy características «de la sociedad española actual», entre ellas «una de actualidad palpitante», «el problema de la emigración, tanto desde el campo a las grandes ciudades y zonas industriales de España como a otros países extranjeros».

Tantos testimonios del predominio, todavía, de la literatura de observación conviven, a despecho de ese dato incuestionable, con la impresión de decadencia, lo cual da lugar a que proliferen los comentarios de vario signo, desde advertencias bienintencionadas y reticencias hasta desnudas descalificaciones. Hemos llegado al ecuador del decenio y Eduardo Rico sentencia en un comentario sobre «Poseía social» la situación con un enfático la «escuela» vive un *impasse*. Este galicismo se leerá entonces más de una vez, y, si no el término, sí se repetirán expresiones con el mismo sentido. La idea de haber desembocado en un callejón sin salida se convierte en un pensamiento —o sentimiento— frecuente. Rico y otra mucha gente reaccionan reclamando que se activen las alarmas. De ahí que poco antes, en el artículo «El "miserabilismo"», el mismo Rico hubiera subrayado «la importancia que reviste la constatación» de los hechos, a su entender inobjetables, que más arriba hemos mencionado: distancia entre propósitos y logros, entre presupuestos teóricos y objetivos, y cuestionable validez de la fórmula estética.

Las opiniones revisionistas anotadas en páginas precedentes no se planteaban tanto el sentido último de una literatura de raigambre ética cuanto una profunda reconsideración del particular realismo practicado por los narradores del medio siglo al que se achaca la responsabilidad de un cansancio patente en 1965. No se trató, por tanto, solo de diatribas sino de ejercicios reflexivos. Desde luego, entre las actitudes hostiles no estaba la de José Corrales Egea, quien, aprovechando que la promoción del medio siglo se encuentra a algo más de la mitad de su trayectoria y en el cénit de su carrera, hace un detenido balance en el amplio ensayo mencionado «¿Crisis de la nueva literatura?». Le guía el propósito, además, de que la meditación sobre el pasado, sobre aquella ilusionante «apuesta» del medio siglo, proporcione luces para aclarar el presente y orientar el porvenir. De entrada, formula un diagnóstico poco positivo. Ha habido unos años fértiles, de abundante cosecha y de euforia, pero a ellos han sucedido, desde hace tres o cuatro, otros de *cansancio*, de *falta general de aliento*, de ausencia de nuevos brotes. En suma, de crisis. Los términos que he subrayado en cursiva se convierten en *leitmotiv* de las reflexiones críticas de estas fechas. El éxito de ayer, movido por las circunstancias especiales del país que obligaron a los escritores a convertirse en testigos de su tiempo, ha pasado una factura onerosa, explica Corrales Egea. Se quiso hacer una literatura nacional y popular que exigió sacrificios de vario orden, estéticos, formales, estilísticos, pero «los resultados no han correspondido al esfuerzo». Por una parte, la novela no alcanzó «a reemplazar la eficacidad [*sic*] del reportaje periodístico o radiofónico por el solo hecho de dar "versiones verídicas"». Por otra, además, «no rebasa un círculo de difusión asombrosamente reducido, limitado a dos o tres mil lectores de clase media» y «sin calar en una masa popular perfectamente indiferente».

No termina aquí este repaso lúcido y exigente de las frustraciones medioseculares que lleva a Corrales Egea a hablar de una «promoción malograda». También denuncia otros defectos: los novelistas no han profundizado en la realidad y se han quedado en su nivel más visible; no han trascendido la mera exposición de hechos; los personajes han caído en el cuadro de tipos y costumbres. En fin, «el error ha resultado fatal», y ahora se impone una ampliación del realismo que le devuelva la profundidad de la que ha carecido. De aquellos polvos, de la «cura enérgica del realismo», que «a muchos nos pareció muy bien», vienen estos lodos, explica, aunque con otras palabras. La culpa se debe a una inadvertencia histórica: «La falta no está en haber adoptado esa postura de principio: el momento, la circunstancia lo exigían. La falta está en haberse encastillado luego en esa postura, cuando la circunstancia histórica que la justificara se había ido transformando». La culpa se debe a una obcecación: «Ayer se hizo la literatura de ayer que correspondía: fue útil y plausible. Hoy se sigue haciendo la misma literatura de ayer, y resulta que ya no es ni plausible ni útil».

Ese será un *ritornello* del momento de enjuiciamiento crítico: la novela española, enrocada en el realismo verista, adolece de capacidad para modernizarse, para responder a las nuevas formas literarias exigibles y a los cambios sociales. Esa era también la columna vertebral de la insatisfacción del crítico de bandera de entonces, Castellet. Claro queda en la exposición de Corrales Egea que la novela del realismo crítico no ha podido tener resultados más reducidos y desalentadores. Por eso la causa general que acomete con fines regeneradores se salda con una sentencia inapelable: «Lo menos que puede pedirse a los autores de 1965 es que, consecuentes consigo mismos, no sigan siendo los autores de 1950». A decir verdad, aseverar esto a aquellas alturas era predicar en el desierto y el propio Corrales atestiguará unos meses después el nulo efecto de la advertencia: hace varios años que la novela española «yace sumida si no en una auténtica crisis, sí por lo menos en un letargo del que no acaba de desvelarse», apostillará con ocasión de un durísimo análisis de *Últimas tardes con Teresa.*

Así estaban las cosas alcanzada la mitad del decenio: en una situación que le permitía a Joaquín Marco diagnosticar una «encrucijada» y lanzar una alerta sobre el «silencio que viene manteniéndose sobre una "real" y "auténtica" crisis» en la novela española «en los últimos años»; crisis paralela, observa, «al agotamiento» de la literatura social. No lo decía el poeta, crítico y profesor catalán ni con el catastrofismo ni con la intención de hacer tabla rasa de otros colegas, sino como balance ponderado del empeño de una novela inconformista, de testimonio, «interesada en la problemática de las clases». Los bienintencionados propósitos solo habían conseguido «unos resultados discretos», a pesar de los esfuerzos desplegados. Para Marco, el saldo requiere un enjuiciamiento distanciado: «Crisis no significa agotamiento». Lo que hace falta es mirar lo conseguido «y emprender de nuevo la marcha». La ecuánime actitud de Marco —más notable cuanto que él mismo había militado en el PCE y se había fajado en el antifranquismo civil y literario— no se pone de parte ni de tirios ni de troyanos. Entiende que la generación realista no está liquidada, requería un viraje.

No eran este sentido común y esta templanza en la valoración lo corriente entre quienes andaban prestos a celebrar las exequias por el realismo social. Que no se trataba solo de gentes afincadas en la dictadura, sino de veteranos de la disidencia. De modo que el fuego amigo iba a causar irreparables destrozos en el ya deteriorado bastión. En el quicio de los años sesenta los obuses partieron desde una de las fortalezas contra la dictadura, *Cuadernos de Ruedo Ibérico.* En su mismo número uno, en el verano de 1965, Jorge Semprún —hacía poco expulsado del PCE, conviene no olvidarlo por lo que pudiera haber influido en su juicio—, prevaliéndose de su condición de sustentador financiero y codirector de la revista, desguazaba sin misericordia la novela de Jesús Izcaray *Las ruinas de la muralla*. Le proporcionaba al veterano dirigente comunista la misma amarga medicina que había dispensado tres lustros atrás al nihilismo decadente —así lo estigmatizó— de Carmen Laforet. Es una reseña biliosa, arrogante, chulesca. Sobrada de insultos. Izcaray, dice, hace hablar a un joven comunista por boca de ganso. «Tal vez, el ganso, en este caso, sea sencillamente el propio Izcaray», añade. Se huelen en la crítica ajustes de cuentas personales y manifiesta el señoritismo despectivo de quien menosprecia al involuntario adversario, que no era de su privilegiada clase social y al que debía de considerar un tosco teórico, un intelectual de medio pelo, no más que un ganapán de la política. Semprún, con tan exigua obra literaria en su haber como pinitos poéticos juveniles de infausta memoria y una sola novela, se permitía dictaminar qué es «escribir de verdad» y sentenciar que Izcaray carecía de las condiciones imprescindibles, «talante, talento y temple de escritor».

El pie forzado de la reseña es la debatida cuestión del realismo. Semprún reprocha a Izcaray que ignore las exigencias de la doctrina estética marxista, que desconozca que el reflejo debe anidar en la estructura interna de la obra y que se contente con ofrecer un barniz idealista de la realidad española. En suma, Izcaray practica un naturalismo simplificador, según Semprún. Lo cual demuestra este burlándose del tratamiento que el exiliado comunista hace de principios básicos como el tipismo. O sentenciando que la ideología y la política están en la novela «de prestado», y que sirven de «encubrimiento e idealización de la realidad, en lugar de serlo de su desvelamiento y de su aprensión realista».

Es verdad que Semprún no descalifica la estética marxista, aunque lleva el agua a su molino aduciendo flexibles opiniones de Marx y, sobre todo, Engels, pero fustiga en la cabeza del vilipendiado Izcaray la novela testimonial española y, sin admitir en *Las ruinas de la muralla* mérito alguno, se ceba en airear sus deficiencias. No se trataba, sin embargo, solo de una *vendetta* camuflada de crítica literaria sino de una maniobra política en toda regla. De ello da testimonio una carta de Tuñón de Lara a su amigo Max Aub. Antes, el combativo autor de los *Campos* le había reprochado al historiador republicano que fomentara una división más «en nuestra ya divididísima oposición» a cuento de su denuncia del artículo de Semprún, le señalaba que es absolutamente normal que en una crítica juegue lo personal y ponía por encima de todo la función de lucha activa contra el franquismo de los *Cuadernos* parisinos. La relación de absoluta sinceridad entre los dos personajes explica la enjundiosa y larga respuesta del historiador, de enorme valor para aquilatar lo que en la presente historia importa, las maniobras ideológicas que entretejieron la evolución del realismo social.

Muy enfadado por el artículo de Semprún, Tuñón informa a su corresponsal en México de la ruptura con su también amigo Jesús Martínez, editor de Ruedo Ibérico, porque la revista, a su entender, ha nacido para excluir y atacar a alguna gente cobijándose en eso «tan vago» que se llama «antifranquismo». En esta operación —parafraseo la carta—, se juntan el despecho, querellas, rencores retenidos en el subconsciente, el amor propio y las ambiciones de quienes, habiendo fracasado en sus objetivos políticos, pasaron al ataque (así dice, sin mencionar ni a Semprún ni a Fernando Claudín, aunque con evidente alusión a ambos). A cambio se obtienen ventajas personales «cuando uno se "desengaña" y habla de "la libertad", del "arte abstracto" o del "nouveau roman" para de paso agredir a quienes tú sabes». Él, Tuñón, explica, nunca ha participado en el empeño de aislar a quienes, con todos sus defectos, lo han dado todo, sangre, libertad y comodidades, por una causa, que es, según da a entender, lo que hacen estas gentes de ahora. A esta palinodia contribuye José Martínez proporcionando una plataforma, diametralmente opuesta a su postura anterior, a actitudes revisionistas y derechistas.

Ciñéndose a la reseña, Tuñón sostiene que Semprún hace un ataque político contra el dirigente de un organismo del que ha sido excluido, se ensaña contra un hombre que ha sacrificado todo por una causa, pudiendo haber vivido tranquilamente y gozado de la vida como cada cual. Lo que el excomisario comunista Semprún hace, asegura, es «stalinismo à rebours». Mas no se trata solo de una cuestión particular. El menosprecio por los viejos luchadores, por los militantes comunistas, y por su estética forma parte de una «operación», que el historiador ve confirmada en los ataques contra el pintor José Ortega. De ella formaría parte también el «meterse» con alguien siempre fiel a su «compromiso», Blas de Otero, «el mejor poeta español surgido después del cuarenta», según añadía en otra carta posterior, del 23 de febrero de 1969, ahora a propósito de la desvalorización de Machado, lo cual daba continuidad en el tiempo a la campaña.

Unas palabras más de la carta de Tuñón vienen a iluminar la situación de encrucijada de la literatura comprometida vinculada al PCE a mediados de los sesenta: «es disparate extraordinario el creer que ninguna transformación hacia la izquierda se hará prescindiendo de los comunistas, o tomando como tales a un grupito de intelectuales, de "señoritos sociales"; ¿qué les importa eso a los mineros de Turón, a los metalos de Sestao, o de la Pegaso, a los jornaleros de Córdoba, ni tan siquiera a los estudiantes de Madrid y Barcelona? (¡Sí, a los estudiantes, aunque otra cosa te digan, y tengo perfectas referencias de ello!). Esos grupos carecen de arraigo popular». La pérdida de influencia del Partido Comunista español, el desgaste de la literatura de *agitprop* que había defendido en los dos lustros anteriores y las luchas intestinas en la izquierda impulsaban un nuevo rumbo literario que, de paso, liquidaba las formas características del realismo social.

La mención del pintor José Ortega no la ha traído Tuñón a humo de pajas. Acota una vertiente específica de la problemática del arte *enragée* que machaconamente sale en estas páginas, el realismo, y en la que resulta oportuno insistir aquí como parte de las maquinaciones contra la estética declinante. Se trata asimismo de una reseña de Francesc Vicens, cuyo nombre ya hemos emparejado a los de Semprún y Claudín a propósito de la crisis ideológica que acabó con la excomunión política de los tres, político y dirigente del PSUC huido a Francia tras una condena de un tribunal militar. La reseña, firmada con el pseudónimo Joan Roig, comenta en conjunto tres exposiciones simultáneas en París de pintores españoles. Las tres muestras coinciden en presentar una visión interpretativa de España, obvia en el título de dos de ellas, la individual de Eduardo Arroyo («25 ans de Paix») y la colectiva de Hernández, Millares, Ortega y Saura («Espagne»), y encubierta bajo un rótulo técnico («Oeuvres graphiques») en la tercera, de Saura.

Francesc Vicens dice tomar la coincidencia de estéticas figurativas y no figurativas como una ocasión para comparar el problema del contenido en el arte y para abordar esa presunta «constante» del arte español que es el realismo. Se trata de una pura excusa porque utiliza las exposiciones a modo de pretexto para desacreditar cierto realismo, el realismo socialista. El crítico se manifiesta con despectiva contundencia: la etiqueta «ha caído en tal desprestigio que los marxistas serios han dejado de usarla». Por ello advierte, hurgando en la herida, que «la investigación estética marxista se orienta a explorar los verdaderos problemas que habían sido ocultados y mixtificados durante la etapa estalinista de dogmatización del marxismo: forma y contenido, arte y superestructura, arte y cultura», y recuerda que uno de los nuevos pensadores, el filósofo Roger Garaudy, todavía dirigente del PCF, con el que rompió en 1968 a raíz de la invasión soviética de Checoslovaquia, ha sorteado la desprestigiada fórmula postulando un «réalisme sans rivages».

Esta nueva concepción del realismo no distingue entre figuración y no figuración. Es más, Vicens sostiene sin reservas que realismo es una categoría que «no tiene nada que ver» con la figuración y está situada «a otro nivel». Para él, las pinturas abstractas presentadas por Saura lo convierten en «un gran pintor realista». También es realista la «nueva figuración» encarnada por Eduardo Arroyo con su sentido crítico en el que «la ironía y la insolencia circulan en libertad». Por el contrario, José Ortega sigue con la fórmula de sus campesinos sacada del «Guernica» picassiano que no para de repetir. Siempre recrea «su campesino», un «mismo rostro barbudo y rugiente». Con ello —y aquí viene el dardo envenenado, quizás la razón última del comentario— el fogoso pintor comunista manchego cae en un puro formalismo, o sea, en un academicismo que supone, según esta sectaria interpretación, «una pérdida de contacto con la realidad», una incompetencia para «explorar la inagotable riqueza de la realidad», un conjunto de fórmulas convencionales «incapaces de expresar un contenido».

Francesc Vicens radicaliza su valoración y las lleva a los extremos. Alaba en Saura la correspondencia de forma y contenido que expresa la «elevada emotividad que caracteriza toda creación artística». Por contrario, denuncia en José Ortega la ausencia de una auténtica representación de la realidad. Lo primero se debe a que atiende a un testimonio que «tiene raíces en la vida» (según la fórmula del crítico Moreno Galván en el catálogo de la exposición). Lo segundo a que acata el dogmatismo stalinista. La explicación artística de Vicens tiene, por tanto, absoluta carga ideológica y política y se convierte en buena medida en una vuelta de tuerca a los planteamientos que había desarrollado Fernando Claudín un par de años antes en el número inaugural de *Realidad* que motivó la crisis política que he destacado en otro momento. No se trata de una azarosa coincidencia. Es más: estamos ante un cúmulo de señales de ningún modo fortuitas. La crítica plástica de Vicens y la literaria de Semprún comparten un fondo común, al margen de detalles específicos. Federico Sánchez y Claudín eran puntales de *Realidad*, aunque no sus directores nominales. Semprún codirigía *Cuadernos de Ruedo*

Ibérico donde aparecen su reseña y la de Vicens. La expulsión de Vicens de PSUC coincidió con la de Semprún y Claudin del PCE. Demasiadas casualidades. Certero parece el calificativo de Tuñón de Lara: aquello formaba parte de una «operación».

La reseña de Semprún era la salva que anunciaba, en lo referido a las letras, la cadena de cañonazos que vendrían en números sucesivos de *Cuadernos de Ruedo Ibérico* a cargo de Juan Goytisolo y que nutrirían en parte la citada miscelánea ensayística *El furgón de cola*. De particular trascendencia sería la sustitución en el canon literario de Machado por Cernuda, que ocupa su imprescindible espacio en otro lugar del presente libro.

Insisto: estos planteamientos que venían a desmontar la resistencia literaria a la dictadura se aireaban desde una ciudadela del antifranquismo en una época en que la oposición acarreaba todavía graves riesgos. Llama además la atención la unilateralidad de la propuesta, ya que esta carece de manifestaciones contrarias. El camino definitivamente abierto a estos planteamientos se corroboraría a poco tardar cuando Juan Goytisolo dio a conocer un adelanto de *Reivindicación del conde don Julián* en el verano de 1971. El solitario contrapeso lo ofreció José Corrales Egea en su reseña de *Últimas tardes con Teresa* donde criticaba con gran dureza la burla que Juan Marsé hacía de la narrativa social.

La idea de hallarse nuestras letras en un *impasse* convive en 1965 con la impresión de derrota generacional y de fracaso literario de la promoción de los cincuenta en una circunstancia de grandes cambios sociales. Así lo explicaba Jaime Gil de Biedma en un artículo de corte sociopolítico, burlesco y desencantado, auténtica rareza en el conjunto de su obra, «Carta de España (o todo era Nochevieja en nuestra literatura al comenzar 1965)». Con tono desmitificador que resultaría hiriente, y un tanto señoritil, a muchos de sus colegas coetáneos, el escritor catalán señalaba el equívoco que se había producido en la literatura de los jóvenes durante el franquismo. Desde 1950, dice, el hecho de ser joven poeta o joven novelista parecía connotar, por sí solo, la cualidad de antifranquista militante. «Había en esa casi general y fervorosa militancia literaria algo como la satisfacción desviada de un impulso», explica, para, acto seguido, rebajarla con una frivolona comparación en la que no sería temerario detectar una semilla de la perspectiva asumida por Juan Marsé en *Últimas tardes con Teresa*. Para las clases universitarias e intelectuales, la literatura *engagée* había sido un poco lo que la devoción de las masas urbanas a un equipo de fútbol: «un sucedáneo de la pasión y de la acción política». Con el inconveniente para las letras de que en estas no existía la posibilidad de «importar y nacionalizar grandes escritores». Por si fuera poco, el crecimiento industrial y económico había anulado las condiciones que les habían permitido a los jóvenes escritores identificar su opresión, su sentimiento de futilidad y su solitario desamparo con las vivencias equivalentes de la gran masa de sus compatriotas. De modo que, y en buena parte por la acción de la censura, «el panorama literario español resulta forzosamente mortecino».

El diagnóstico lo detallaba Gil de Biedma con una asoladora descripción del estado de las letras de su grupo generacional:

> El desdén de la realidad y una embarazosa convicción de estar defendiendo la buena causa mantienen todavía a una parte de los escritores en las posiciones de hace unos años. Sus poemas, novelas y ensayos [...] adolecen de [...] formalismo temático, y no son otra cosa que gestos rituales, exorcismos encaminados a expulsar los demonios, cada vez más insistentes, que atormentan su buena conciencia de escritores *engagés*. Otros están demasiado atareados en asimilar y en padecer, la nueva situación, para poder escribir, o para que lo que escriben no resulte, en el fondo y en la forma, incompleto y ambiguo.

El dictamen se completaba con una valoración por completo negativa de las letras de su tiempo. En el catálogo bien escaso de novelas valiosas aparecidas después de la guerra solo incluye tres: *Tiempo de silencio, La colmena* y *El Jarama*. «Fuera de ellas no hay ninguna que valga seriamente la pena», sentencia. «Quizá» *Las afueras*, de Luis Goytisolo. Aparte de reconocer a un «buen escritor», Miguel Delibes, a quien, de todos modos, casi perdona la vida: siempre se le «lee con placer y de quien se puede esperar que nunca dará sorpresas desagradables, aunque tampoco, es posible, ninguna otra clase de sorpresas». Con saldo tan raquítico Gil de Biedma dejaba reducida a poco menos que nada la creación narrativa de la promoción realista y de la precedente.

El ensayo de Gil de Biedma es una pieza destacada de lo que se llama fuego amigo. Su andanada era inmisericorde y demoledora, aunque no solitaria. Se añadía a un coro de voces, la del tempranero fustigador generacional Valente, a quien cita por su nombre, y la del revisionista Juan Marsé, amigo íntimo suyo y que en fechas cercanas a la publicación del artículo ganó el premio Biblioteca Breve con una novela que el poeta conocía bien. Si algún apoyo necesitaran, Gil de Biedma venía en socorro de los detractores del compromiso y de los negacionistas de la literatura social. Y si no les sirvió de mucho —no he visto que ningún discrepante del realismo haya mencionado el artículo— sería porque apareció en inglés y en una publicación británica, y permaneció inédito en castellano hasta su inclusión en *El pie de la letra* en 1980. Para esta fecha había perdido toda repercusión, sonaba a música pasada.

15
Desmontando a san Antonio de Collioure

Antonio Machado sale en varias ocasiones en estas páginas. Resulta inevitable. Por una parte, suscitó la admiración de muchos de nuestros escritores desde la alta posguerra. Por señalar un caso de respeto desinteresado —otros, en cambio, perseguían fines espurios: lo vamos a ver—, Antonio Buero Vallejo dedicó, en 1958, *Un soñador para un pueblo* a su «luminosa memoria, que soñó una España joven». Y Blas de Otero situaba en el territorio de lo familiar el magisterio de «nuestro más grande, nuestro más querido poeta»: «el hermano mayor, el ejemplo a seguir, es Machado», le escribe en 1959 al hispanista Claude Couffon.

Fue Machado, por otra parte, múltiple referente fundamental de la generación de los comprometidos niños de la guerra; ético, político, literario, un poco de todo ello mezclado. Y hasta referente emocional. Con ternurismo infantil el ya más que adolescente Jesús López Pacheco lo echaba en falta en los días en que penaba en Carabanchel por participar en la agitación universitaria de 1956. Al año siguiente remataba el poema «Para Antonio Machado» con un par de sentimentales versos:

> y además, ¡es tan triste
> estar solo en la cárcel sin Machado!

La sensación cercana a la orfandad no era nada extraña porque los escritores de aquella promoción tuvieron al sevillano más que como guía como amigo, incluso como padre. Dignidad de «Maestro vivo» le otorga el nada sensiblero Jaime Gil de Biedma en el poema de *Compañeros de viaje* que le dedica. Emocionado y rendido le escribe:

A UN MAESTRO VIVO
(Don Antonio Machado)

A ti, compañero y padre,
reconocida presencia.

Por lo que de ti aprendimos,
por lo que olvidado queda.

Por lo que, tras la palabra
breve, todavía enseñas.

Por tu tranquila alegría
y por tu digna entereza.

Por ti. Gracias. Porque en ti
conocimos nuestra fuerza.

Claro que el poema necesita una mínima contextualización, la de un reconocimiento y admiración provisionales que incitaban a instrumentalizar al poeta al servicio de una causa, no literaria por necesidad. Por eso Gil de Biedma lo suprimió al reunir, en 1975, el libro *Las personas del verbo* con la lacónica e insuficiente explicación de haber eliminado este «poemilla dedicatorio» que «por sí solo no se tiene». Y sigue sin figurar en las muy posteriores *Obras completas* de 2010. Lo cual no obsta para que el politizado autor de *Compañeros de viaje* sintiese en una etapa de su vida un aprecio acrecentado por el de *Campos de Castilla*. «He empezado a releer a don Antonio, que gana cada año. Creo que no lo había hecho desde 1956, y mi respeto por él ha subido al doble o al triple», anota la Nochevieja de 1959 en *Diario de Moralidades*.

El que Juan Goytisolo cobijara, mediados los cincuenta del anterior siglo, las novelas *El circo, Fiestas y La resaca* bajo el título de un poema de *Campos de Castilla*, «El mañana efímero», le concede a Machado el valor de modelo ideológico, amén de guía artística. Esa intención se aprecia en el relevante dato de emparedar la trilogía entre versos del emblemático poema. Al frente de *El circo* puso un mensaje de denuncia: «El vano ayer engendrará un mañana / vacío y, ¡por ventura!, pasajero. / Será un joven lechuzo y tarambana, / un sayón con hechuras de bolero». En la última página de *La resaca* flamea la esperanza: «...Mas otra España nace, / la España del cincel y de la maza / con esa eterna juventud que se hace / del pasado macizo de la raza. / Una España implacable y redentora, /

España que alborea / con un hacha en la mano vengadora, / España de la rabia y de la idea».

El mismo propósito mueve a José María Castellet en la explícita dedicatoria, «A la memoria de Antonio Machado», de *Veinte años de poesía española.* Y a la vez categórico reconocimiento de magisterio y de lealtad al guía manifiesta José Agustín Goytisolo en el poema «Homenaje a Collioure», publicado en la malagueña *Caracola* pocos meses después de la excursión colectiva al pueblecito francés donde reposan los restos de Machado:

> Aquí, junto a la línea
> divisoria, este día
> veintidós de febrero,
> yo no he venido para
> llorar sobre tu muerte,
> sino que alzo mi vaso
> y brindo por tu claro
> camino, y por que siga
> tu palabra encendida,
> como una estrella, sobre
> nosotros ¿nos recuerdas?
> aquellos niños flacos,
> tiznados, que jugaban
> también a guerras, cuando,
> grave y lúcido, ibas,
> don Antonio, al encuentro
> de esta tierra en que yaces.

El vigésimo aniversario de la muerte del sevillano en Collioure dio lugar a una de las mayores, si no la mayor, descaradas y aparatosas manipulaciones político-literarias de nuestra historia contemporánea. «Quedó convertido para muchos», en exactas palabras retrospectivas, de 1990, de María Payeras, «en piedra de activismo político». Lo reconocería Caballero Bonald echando también la vista atrás, media centuria después del rosario de actos de 1959: el «vínculo» del sevillano con los mozos de su generación «tuvo mucho», admite en 2009, «de pretexto literario para encauzar un objetivo político». A raíz del aniversario, Machado sufrió una utilización política generalizada.

La efeméride fue ocasión de un espectacular despliegue de conmemoraciones. Un sucinto recuento nos trae varios actos públicos nutridos y hasta multitudinarios. El más importante tuvo lugar en el pueblo rosellonés el 22 de febrero de 1959 y venía avalado por una nómina impresionante de grandes figuras de la intelectualidad europea: suscribieron la convocatoria, entre otros, Louis Aragon, Simone de Beauvoir, Marguerite Duras, Malraux, Mauriac, Sartre, Tristan Tzara y Picasso, quien además dibujó una tarjeta y un cartel.

El bregado conspirador Ignacio Iglesias, dirigente del Congreso por la Libertad de la Cultura, aseguraba en la revista de este organismo antifranquista, *Cuadernos*, que se había tratado de un movimiento popular. Nada más lejos de la verdad. Detrás tuvo el respaldo de una amplia maniobra colectiva, incluso de una compleja organización, aunque sometida a improvisaciones propias de las circunstancias, en especial a los obstáculos de la dictadura.

No se conoce con exactitud cómo se gestó la convocatoria francesa. Tuvieron papel protagonista en la preparación del encuentro Juan Goytisolo, por encomienda de sus amigos del PCE (él era compañero de viaje, no militante), según sus propias palabras, y la animosa periodista exiliada en Francia Helena de la Souchère, siempre presta a denunciar el franquismo, quien consiguió varias de las eminentes firmas que patrocinaban la cita. Aunque Goytisolo se refiera en sus memorias a ese papel con inusual humildad en él, fue, en realidad determinante. El minucioso rastreo documental del profesor Jesús Rubio le permite atribuirle la paternidad de la idea, pues fue, afirma, quien la lanzó y quien, con una carta circular firmada al alimón con el hispanista Claude Couffon, mandó el 29 de diciembre de 1958 el inicial llamamiento. También intervinieron los gestores del mentado Congreso parisino y, en imprecisa medida, el disidente Dionisio Ridruejo desde Madrid. El gran ausente en el bucle de complejos y difusos trámites fue un PSOE ensimismado y alicaído. En cualquier caso, el poeta andaba al albur de maquinaciones políticas.

La visita a la tumba de Machado tuvo carácter de auténtico acontecimiento y suscitó notable trascendencia pública en el extranjero, mientras la censura impuso que los medios de comunicación nacionales silenciaran la conmemoración. Logró, además, una respuesta multitudinaria: acudieron «centenares de franceses y españoles venidos de varios países europeos y de la propia España», en apreciación quizás algo exagerada de Luis Araquistáin en el *Excelsior* mexicano, aunque no discordante con otros cálculos;

«quinientas personas» en el recuento para *Papeles de Son Armadans* de Manuel de Luna.

De los asistentes, un centenar partió desde París. En la expedición figuraron gentes del mundo político, literario, profesional o profesoral del exilio: el cogestor del encuentro y exiliado voluntario Juan Goytisolo; la tenaz denunciante de la dictadura Elena de la Souchère; el diplomático y político republicano Pablo de Azcárate, que resaltó, por encargo de la Comisión, las raíces institucionistas de Machado ante su tumba; el narrador y poeta comunista José Herrera Petere, quien leyó el "Retrato" del propio poeta en el cementerio; el crítico y narrador radicado en Francia José Corrales Egea; el poeta y profesor republicano también exiliado Germán Bleiberg; el crítico y político comunista catalán Francesc Vicens, recientemente huido a Francia tras el consejo de guerra párrafos atrás recordado que le había conducido a prisión; el disidente expulsado de la carrera diplomática Vicente Girbau; el exiliado historiador republicano de militancia comunista Manuel Tuñón de Lara, que hizo en varios lugares de cronista exultante y exaltado de la efeméride; el infatigable agitador Julián Gorkin, antiguo comunista, luego poumista y en este momento tenaz anticomunista al servicio del Congreso por la Libertad de la Cultura... También acudió Jorge Semprún, y resulta llamativo que a pesar de su puesto sobresaliente en la dirección comunista como encargado de los intelectuales en el interior, no tuviera, que se sepa, participación relevante alguna en el encuentro.

La convocatoria parisina obtuvo en el interior de España asombrosa acogida. Una nutrida nómina de representantes de la intelectualidad nacional, de proporciones admirables si se tiene presente la actitud represiva de la dictadura contra el menor distanciamiento de las posiciones oficiales, la apoyó en el llamado «Manifiesto de los 75», una ferviente proclama de fraseo decimonónico («Nos dirigimos a todos los españoles de buena voluntad»). En eco del llamamiento ultra pirenaico, que proclamaba de entrada a Machado como «el más grande los poetas españoles contemporáneos», el peninsular lo considera, también en el primer párrafo, «el mayor entre los poetas españoles de nuestro siglo».

El manifiesto español tiene configuración plurigeneracional y abarca un amplio espectro ideológico. Figuraban nombres de anteguerra. Lo encabeza Menéndez Pidal y cerca, tras él, iban las personalidades destacadas de Gregorio Marañón o Ramón Pérez de Ayala. Se adhirieron miembros de las diversas promociones en activo, la del 27 y la del 36, que forman una nómina impresionante de escritores, ensayistas y artistas plásticos: Dámaso Alonso, Aleixandre, José Luis Aranguren, Buero Vallejo, José Caballero, Julio Caro Baroja, Cela, Celaya, Juan Manuel Díaz Caneja, Salvador Espriu, Josep Vicenç Foix, Francisco García Pavón, José Hierro, Laín Entralgo, Rafael Lapesa, Julián Marías, Eugenio de Nora, Jorge de Oteiza, Blas de Otero, Benjamín Palencia, Rosales, Ridruejo, Vivanco o Rafael Zabaleta, entre otros. Más que la abundancia de nombres destaca el alto número de personas de la lista ni mucho menos significadas por su oposición franca al Régimen. Asimismo lo suscriben unos cuantos de los niños de la guerra, la promoción que más réditos obtendría del viaje a Francia: Caballero Bonald, Sastre, Francisco Fernández-Santos, José María Moreno Galván, Juan Antonio Bardem, Luis García Berlanga y Juan Goytisolo. Junto a ellos aparecen varios escritores de la misma oleada biológica con un menor grado de compromiso, nada proclives a estos escritos y poco frecuentes en ellos. Las rúbricas de Jesús Fernández Santos, Sánchez Ferlosio y Aldecoa subrayan todavía más por este motivo la trascendencia de la lista.

La «invitación» española se extiende en una serie de consideraciones que habrían sido juicios más o menos atinados en otro contexto pero que, en aquella circunstancia, adquirían el valor de una específica orientación en la lectura del poeta y le daban un sesgo particular al encumbramiento a la cima del Parnaso nacional. El escrito afirma que el sevillano asumió «en intensidad cada vez más estrecha la realidad y el sentimiento del pueblo español» y que su estatura personal y literaria se debe a «su arraigo en la indestructible sustancia popular, su fidelidad al pueblo, a su sabiduría sedimentada, a su dolor y a su esperanza». Por ello, el agasajo previsto «resuena así, inevitablemente, como un homenaje al pueblo español, al pueblo simple y duradero, al trozo de humanidad con que él mismo hubiera deseado fundirse para quedar como uno de aquellos anónimos a los que continuamente apelaba como ejemplo de poesía verdadera». Se trata de una sólida base para la identificación del sevillano como «poeta del pueblo», y, en consecuencia, como escritor realista.

Tampoco se conoce con exactitud la repercusión del manifiesto francés en la gestación del pliego de firmas español. Nada más se sabe, según noticia aportada por De la Suchère en su artículo

«El Coloquio de Collioure», que el documento clandestino empezó «a circular profusamente en las esferas universitarias madrileñas» muy cerca, «ocho días antes», de la fecha señalada para la visita al cementerio francés. El manifiesto español mostraba con claridad su dependencia del parisino al declarar el propósito de «corresponder a la noble iniciativa de los escritores franceses». Bastantes personas de círculos disidentes debieron de recibir el documento; o les llegó la invitación «verbal, por supuesto», aclara uno de los viajeros a Francia, Alfredo Castellón.

Con toda probabilidad, el escrito español lo haría circular el Partido Comunista gracias a los numerosos intelectuales «compañeros de viaje» y a su eficaz cadena propagandística organizada por Jorge Semprún. Pero no fue el solitario vehículo ni el único implicado en el montaje. La carta de Vicente Girbau desempolvada por la hispanista Olga Glondys induce a pensar que Dionisio Ridruejo participó activamente en la difusión. Lo confirma, aunque con lamentable vaguedad, Alfredo Castellón. El aprendiz de cineasta zaragozano residía aquel 1959 en el Colegio Mayor Ximénez de Cisneros. Lo dirigía —y el dato aporta un nexo con el sector reticente del franquismo— un jurista de la órbita de Ruiz Giménez, Antonio Lago Carballo, que había trabajado con el político católico cuando este desempeñó el Ministerio de Educación. En el Colegio residían, entre otros jóvenes con aficiones culturales y literarias (el filósofo Emilio Lledó, los hermanos periodistas Carandell, los hermanos cineastas Summers, el traductor Miguel Sáenz...), los poetas Valente y Costafreda. Estos dos y Castellón recibieron la invitación en el Colegio y fueron juntos a Collioure. Añade Castellón un dato relevante. Unos días antes de la salida hacia Francia, visitó a Dionisio Ridruejo. Por desgracia, no sabe aclarar por qué motivo lo hizo. Solo recuerda que el reconvertido falangista le dio una «consigna» para que la trasladara al país vecino: «El doctor no podrá desplazarse». Posiblemente, piensa, el mensaje se refería a Gregorio Marañón. La conjetura es cierta, casi con seguridad, porque Marañón firmó el escrito de convocatoria española y también el de un homenaje en la universidad Central, y mensajes suyos se leyeron en varios actos que enseguida concretaré.

Los detalles sueltos carecerían de significación pero en su multiplicidad hacen verosímil un fuerte protagonismo señalado de Ridruejo en la convocatoria española y en su difusión. Recordemos que solo unos pocos años antes, finales de 1955 y comienzos de 1956, el político soriano había sido un referente para los jóvenes contestatarios del prohibido congreso de escritores y del subsiguiente congreso estudiantil. Con ellos había compartido cárcel en Carabanchel, donde les dedicó un socarrón «Romance de los estudiantes presos». Así parece bastante claro que Ridruejo sería el cauce por el cual les llegó la invitación a los jóvenes colegiales del Cisneros. De todas maneras, tales indicios resultan menos concluyentes al conocerse, gracias al profesor Rubio, la carta de adhesión que envió a los convocantes del homenaje bien cerca de su celebración. Ningún protagonismo se atribuye en ella, y más bien se presenta como alguien cómplice moral pero en la distancia. Como si fuera uno más de los múltiples destinatarios del llamamiento, responde: «Muy Sres. míos: Recibo con sincera emoción la convocatoria para el homenaje al poeta Antonio Machado [...]». Y añade, igualmente como si fuera uno más: «Les informo al mismo tiempo que, en unión de un grupo de intelectuales y escritores españoles, he suscrito un documento colectivo de adhesión al homenaje, que será difundido por toda España [...]». Tal vez cautelas políticas que se me escapan inspiraran el contenido del escrito. Porque hacia la misma fecha de la carta ya le había dado el mensaje misterioso a Alfredo Castellón.

Aunque nos falten testimonios al respecto, lo mismo que en el Cisneros ocurriría en otras residencias universitarias, en especial en la hispanoamericana Virgen de Guadalupe, donde anduvieron también como residentes o visitantes asiduos Caballero Bonald, José Agustín y Juan Goytisolo, Costafreda o Valente, igualmente implicados en el viaje a Collioure. La actitud de Ridruejo en este momento no dejaba de ser una nueva instrumentalización del poeta al que tanto admiraba. Una especie de palinodia de aquel viejo postulado suyo de la alta posguerra, expuesto en el primer número de *Escorial* en el ya distante año 1940, el «poeta rescatado» de las malas influencias republicanas e izquierdistas a quien los vencedores se las podían disculpar en cierto modo. En cualquier caso, un tejemaneje político rodeó los homenajes machadianos.

La participación procedente de España fue numerosa, sorprendente si se tienen en cuenta los obstáculos gubernamentales para salir de nuestras fronteras y la negativa a conceder el pasaporte a simples sospechosos de desafección. De Madrid y Barcelona llegaron a Collioure «cincuenta aproximadamente» intelectuales, informa en el periódico clandestino *El Socialista Español* editado en París su colaborador E. Córdoba. Blas de Otero acudió con un poema escrito para leerlo ante la tumba, «Palabras reunidas para Antonio Machado», pero no es seguro que lo hiciera. Le acompañó el industrial disidente del franquismo Alberto Puig Palau, patrocinador del semanario de talante abierto *Revista*. El actor de simpatías republicanas Alberto Closas llevó en su coche al novelista y antaño divisionario en el frente ruso Luis Romero.

Por parte del grupo amistoso barcelonés participaron Barral, Castellet, Costafreda, Juan Ferraté, Gil de Biedma y el Goytisolo poeta. Desde Madrid, se desplazaron Caballero Bonald, Ángel González, Blas de Otero y Valente. Hicieron el viaje juntos en tren Valente, Costafreda y el cineasta Alfredo Castellón. El círculo plástico madrileño-barcelonés contó con los destacados militantes o compañeros de viaje Baltasar Lobo, Josep Guinovart, el matrimonio Manuel Millares y Elvireta Escobio, José Ortega y Ricardo Zamorano. Probables presencias, pero no seguras, fueron el narrador Manuel Lamana, refugiado en Argentina tras una cinematográfica huida de las obras del Valle de los Caídos, y el poeta y profesor Eugenio García de Nora, exiliado voluntario desde 1949 en la universidad suiza de Berna, entre los escritores de la primera promoción de posguerra. Y de la promoción del medio siglo, el novelista social López Salinas.

A las presencias físicas se sumaron cuantiosas adhesiones telegráficas o postales, algunas variopintas, así una colectiva suscrita por una rara mezcolanza de nombres: Vázquez Díaz, María Teresa León, Alberti, Alfonso Sastre, Dolores Medio, Gerardo Diego, Aleixandre, Camón Aznar y el doctor Jiménez Díaz. A las adhesiones se agregaron en aquel 1959 incontables escritos celebratorios en tan copioso número que bastan para rellenar un amplio volumen aparecido en México, en 1961, *A don Antonio Machado al cumplirse los veinte años de su muerte*.

Se produjeron, además, ausencias involuntarias. Al previsible López Pacheco las autoridades no le concedieron permiso para salir de España. No pudo estar presente físicamente Dionisio Ridruejo por hallarse «privado de la libertad legal de salir de España», según la justificación enviada a los convocantes. «Dificultades personales insoslayables me vedan acudir al homenaje», explicó, aclarando su «adhesión emocionada», Buero Vallejo en carta a Radio París.

La reunión tuvo la inevitable fuerte carga emocional. Tuñón de Lara se la trasmitía por carta a Max Aub: «Lo de Collioure sensacional; jornada emotiva si las hay y con su miajita de optimismo.

A todos se nos ensanchó el corazón». El relevante encuentro supuso, el «primer paso», en la valoración de Elena de la Souchère, «hacia la unión de las dos oposiciones», la del interior y la del exilio, contra la dictadura. Machado se convirtió en una herramienta maleable. Fue pretexto para fines espurios. *Nuestras ideas*, la clandestina revista de «Teoría, política y cultura» del PCE editada en Bruselas, apreciaba, en un largo editorial anónimo de revelador título, «Significado de un homenaje» (núm. 6, de mayo de 1959), que la ofrenda de Collioure se había convertido en factor para constituir «en la práctica, un *frente nacional* de los intelectuales» (subrayado mío) opuestos al régimen. Para la lucha contra la dictadura todo valía, y en el camino los opositores encontraron a Machado.

En efecto, Collioure congregó a sucesivas generaciones que encarnaban, encadenadas, la cultura republicana, la de la alta posguerra y la del medio siglo. La diversidad cronológica e ideológica de los viajeros a Collioure y de las adhesiones se unifica en un solo acorde que unía armónicamente a todos ellos, la imagen de un Machado en cuyo espejo se refractaba la incompatibilidad con el franquismo y devenía en estandarte político. Era el Machado realista que había denunciado la España de charanga y pandereta, el de *Campos de Castilla*, patrón de la poesía comprometida, conviene insistir, el que obró aquel milagro. Del cual se derivaron consecuencias literarias que marcaron aquellas fechas.

La propia convocatoria francesa proponía a quienes no pudieran desplazarse a Collioure que acudiesen en la misma fecha a Segovia, frente a la casa donde había vivido el poeta cuando ejerció en su instituto. Con el aval de «los 75» se puso en marcha la organización del homenaje segoviano, también incierta y cuyos cabos no se conocen con seguridad. En Madrid se movilizó el poeta y pintor Juan Manuel Díaz Caneja, de ancha relación con escritores del 27, fervoroso republicano, activista del PCE, represaliado y encarcelado en la posguerra. En Segovia, el ya consagrado artista palentino moviliza por la causa del homenaje a su incondicional amigo el pintor Jesús González de la Torre —puntilloso memorialista de los episodios que aquí recojo—, quien interviene cerca de varios animosos y osados cómplices: un contertulio de Machado en sus años de estancia segoviana, Mariano Quintanilla; su tío, el también pintor Eugenio Torreagero; el poeta Luis Martínez Drake y el padre Jesús Tomé, sacerdote liberal y poeta. El frente plástico-literario segoviano difundió la convocatoria. Los artistas segovianos consiguieron que alguien muy del Régimen, el Gobernador Civil, Andrés Marín, nada menos que un héroe del Alcázar, autorizase la reunión, si bien les puso como condición su desarrollo pacífico, algo que no se cumplió por completo. Presumiblemente, aunque no haya datos incontestables, entre bambalinas, impulsó el acto Dionisio Ridruejo.

A Segovia se desplazaron también varios centenares de personas. En tren fue Juan Eduardo Zúñiga con unos cuantos amigos cuyos nombres no recuerda. Su íntimo el narrador social Antonio Ferres sí asistió, así que sería uno de los viajeros. Estuvieron gentes de muy diversas orientaciones ideológicas, Buero Vallejo, Julián Marías, Aranguren, Sastre, Sánchez Dragó, Celaya, Lauro Olmo, Carlos Romero (el hispanista, agitador universitario de 1955 y 1956 no adscrito a ningún partido) en compañía de Milagro, la hija de Laín Entralgo, Julio Cerón (en trance de impulsar el partido opositor de orientación cristiana FELIPE), Raúl Morodo (quien me ha precisado que a título personal, no en representación de su jefe Tierno Galván)... Quizás los viajeros sumaban una mayoría de comunistas o compañeros de viaje. Todos, en cualquier caso, contribuyeron a la manipulación del poeta al servicio del antifranquismo, más allá de las motivaciones personales y de las diferencias de fondo entre los diversos grupos militantes. Sánchez Dragó, ya en iniciales discrepancias de su madrugadora obediencia comunista, me ha referido una anécdota que avala el magnetismo machadiano por encima de las disparidades ideológicas. «Acabamos» el acto público «comiendo cochinillo en un mesón» en el que «se formaron, en distintas mesas, dos cotarros muy diferentes, el del PC y el de los *felipistas* o futuros *felipistas*».

En el homenaje, silencioso y con esporádicos episodios de represión falangista y policial, destacó la intervención pública del arrepentido Dionisio Ridruejo. El gentío se aglomeró ante la casa donde había vivido el poeta y en el patio hubo breves discursos prudentes (o temerosos) de Ridruejo y Laín. Gabriel Celaya escribió varias crónicas hiperbólicas de la jornada. Afirmó, con su propio nombre y con el pseudónimo *Juan de Juanes*, que los estudiantes escucharon «enfebrecidos» la lectura de poemas del homenajeado. La reunión tuvo un sesgo político obvio, al que trató de responder el Régimen con una réplica no menos política.

El franquismo no enmudeció ante la maniobra machadiana de la izquierda o de la disidencia democrática. Al día siguiente de los homenajes en Collioure y Segovia, el vespertino de los sindicatos, *Pueblo*, denunciaba la conspiración en un lugar destacado de la primera página: «En el mundo que se ha movido todos estos años contra la España aparecida en 1939 ha habido como una morbosa avidez por disputar esas figuras universales de la poesía, del pensamiento o del arte, en un vano y económico intento de decir algo así como tantos poetas tenéis, tanto valéis», comenzaba un amplio editorial. Y continuaba: «Dura todavía ese triste y pueril juego que primero secuestra a Lorca, más adelante lo intenta con Juan Ramón y ahora con Antonio Machado». A la politización izquierdista del poeta la dictadura respondió contraprogramando a toda prisa —adelantó la celebración prevista para octubre— un acto gubernamental en la otra ciudad machadiana por excelencia, Soria. El mentado Jesús Izcaray subrayó en México la diferencia insalvable entre los homenajes anteriores y este sobrevenido. «En Segovia y Collioure estaba España; la dictadura estaba en Soria. Braceando contra lo inevitable, fingiendo un hipócrita homenaje a quien negó y denigró, a ese muerto exiliado». Por eso, como si sus oídos lo hubieran escuchado, cuando aparecieron en Segovia algunos «perturbadores», a uno de ellos «los intelectuales, de suyo tan poco dados a manifestaciones estentóreas, le acallaron con una voz unánime: —¡Los fascistas a Soria! ¡Los fascistas a Soria!». Machado estaba en la diana de una confrontación política.

La sesión se celebró en el cine Ideal con tal éxito que tuvieron que instalar altavoces en la calle. Claro, el director general de Prensa, Adolfo Muñoz Alonso, sacó a los estudiantes de los colegios mayores madrileños, les puso autobuses y les obsequió buenos bocadillos para que llenaran la sala. La parte fuerte del acto fue el discurso del veterano camisa vieja Muñoz Alonso, vibrante —así lo califican las crónicas—, que proclamaba un Machado también parcial. Con eco en la prensa de la provincia y en la nacional, atenta a dar cuenta del acontecimiento mientras silenciaba por completo los actos de Collioure y Segovia, en la ciudad del alto llano numantino se hizo un retrato por completo opuesto. El erudito local Heliodoro Carpintero dio una conferencia y leyeron versos los poetas del oficialismo lírico Salvador Jiménez, Pérez Valiente, Manuel Alcántara, Rafael Morales y López Anglada.

Las informaciones en la prensa provincial tienen un sesgo marcado que se aleja de la imagen del poeta establecida por izquierdistas y antifranquistas. Al anunciar el acto Celestino Monge en *Campo Soriano* habla de «homenaje de delicadezas». Y la crónica de la festiva jornada en este órgano del sindicalismo agrario se encabeza con titulares que subrayan una iniciativa institucional. Título principal: «El domingo se celebró en Soria el homenaje poético nacional a Machado». Rótulos secundarios: «Intervinieron en el acto investigadores y poetas españoles cerrando el mismo el profesor Muñoz Alonso», «Dio la bienvenida a los organizadores del homenaje el Ilmo. Sr. Alcalde de la ciudad». El otro periódico local, el «semanario católico» *Hogar y Pueblo*, publicado por el obispado de Burgo de Osma, rotulaba con un enunciado aséptico, «Ayer se celebró en nuestra ciudad un homenaje nacional al poeta Antonio Machado». Pero en la escueta información le hacía un hueco a las melifluas palabras de Muñoz Alonso: «Soria no puede ser más de lo que es, encendida su alma y su ser en los paisajes cantados por Antonio Machado».

Coincidía la celebración, eso sí, con la gran efervescencia machadiana de aquellas fechas que Lea Vélez condensa en la crónica familiar centrada en su padre, Carlos Vélez, en un entusiasta «Todos en Collioure». No todos hay que puntualizarle porque el periodista y director de *Acento Cultural*, conocido por ostentar en el ojal de la chaqueta el cangrejo falangista, estuvo significativamente en otro sitio, no en Collioure, ni en Segovia, que le quedaba cerca, sino en Soria. De ello dio fe su paisano el falangista Dámaso Santos en el reportaje sobre la jornada que hizo en *Pueblo*. A pesar de esta prueba de lealtad gubernamental, Vélez tuvo problemas con el número inmediato de la revista crítica del SEU *Acento Cultural* dedicado a Machado, parte de cuyos contenidos procedieron de la celebración soriana. El número de *Acento* prohibido o secuestrado evidencia los dos frentes prestos a arrimar el ascua a su sardina: por un lado los resistencialistas a la dictadura y por el otro los fieles al Movimiento. Ambos consiguieron su cuota de poder. En Soria llevaron la voz cantante los últimos. Se recordó o proclamó al Machado esencial, lírico, paisajista, enamorado, descomprometido. Algo así como una vuelta al hombre bueno, equivocado y políticamente confundido del antiguo Ridruejo, quien ahora estaba en el frente contrario.

Entre unos y otros, Machado consiguió la máxima actualidad literaria del momento. Este va a ser el «Año Antonio Machado», vaticinaba el mencionado E. Córdoba en *El Socialista Español* al poco del exitoso homenaje francés al poeta. Y la misma expresión, con un matiz, el «"año Antonio Machado" de las letras francesas», utilizaron el estudioso Claude Couffon y el presidente de la Asociación de Amigos de Antonio Machado, M. Combeau, ante los asistentes al cementerio, según observó el cronista Manuel de Luna. Tenían motivos todos ellos para semejante euforia a tenor de aquel prolífico vigésimo aniversario. En la pugna por la apropiación machadiana se impuso la izquierda a la derecha. Desde una perspectiva coloreada de antifranquismo se sucedieron un buen número de actos públicos y de publicaciones. En suma, un conjunto de actividades de tal magnitud que las convierte en el episodio general más notable de la confraternización político-cultural contra la dictadura, de sustanciales consecuencias en las letras y el arte. Lo demuestra un expeditivo recuento. En marzo, actos solemnes en La Sorbona y en el Colegio de México de París; también emisiones extraordinarias de Radio París impulsadas un propagandista del PCE, el compositor Salvador Bacarisse, trabajador de la emisora. El acto en la universidad parisina tuvo una respuesta espectacular, a tenor de la «carta» que el «corresponsal» francés de *Papeles de Son Armadans* envió a la revista de Cela:

> He asistido a muchos actos en la Sorbona, pero no recuerdo haber visto el anfiteatro colmado de público, para un acto estrictamente cultural, como la tarde del 6 de marzo. Muchachos franceses y españoles, escritores, profesores, artistas... En el patio universitario quedaron unas doscientas personas que no encontraron sitio ni siquiera en las escaleras y pasillos

En el censo de eventos tiene particular relieve uno madrileño, el multitudinario homenaje estudiantil del 3 de marzo en la Universidad Central inducido por el Comité Central del PCE desde París. La reunión ilegal la jaleó el clandestino *Mundo Obrero*. José Hierro y Ángela Figuera recogieron tibio recibimiento, pero Celaya caldeó el ambiente con apoteósica acogida de ovación y vuelta al ruedo. Sin la menor modestia, el propio Celaya contó bajo el mencionado pseudónimo *Juan de Juanes* que «el Paraninfo se vino abajo de ovaciones». No era para menos dado el apunte que se lee en las memorias de la clandestinidad de su correligionario el sindicalista Manolo López: «La fortísima ovación del público se acompañó con el lanzamiento al aire de gabardinas y abrigos, y con gritos de entusiasmo». Machado, o su apócrifo, que dijo Jorge

Guillén, servía a la causa de los disidentes universitarios entre quienes destacaban los jóvenes realistas, y a la de otros, tal Celaya, ya veteranos.

A estas manifestaciones se agregaron buen repertorio de revistas que dedicaron números especiales al poeta: las madrileñas culturales *Acento* (suspendida temporalmente por este motivo) e *Ínsula*, la malagueña de poesía *Caracola*, la parisina *Cuadernos del Congreso por la Libertad de la Cultura*, el mexicano *Boletín de Información*, la portorriqueña *La Torre*. Aparte el impulso al machadismo proveniente de publicaciones periódicas, también la actividad editorial hizo aportaciones en la misma dirección. Contribuyeron una antología poética celebratoria, *Versos para Antonio Machado*, y otra antología programática, *Veinte años de poesía española*. Algo de ese valor suponía también la citada colección de poemarios publicada bajo el inequívoco rótulo «Colliure».

El hermoso libro *Versos para Antonio Machado* salió de las prensas de Ruedo Ibérico. El volumen agavilla la falange lírica desafecta: los habituales del compromiso, los veteranos Ángela Figuera, Celaya o Blas de Otero; los jóvenes cercanos a esa postura, Caballero Bonald, Ángel González, José Agustín Goytisolo, Gil de Biedma, López Pacheco, Carlos Álvarez, quienes andan en compañía de gente de menor disciplina estética, Hierro, Ramón de Garciasol, Claudio Rodríguez, Valente, Joaquín Marco, Ángel Crespo, o Gabino-Alejandro Carriedo. La grey lírica va acompañada por los plásticos militantes: Manolo Millares, Zamorano, Arturo Martínez u Ortiz Valiente. En fin, la plana mayor de la lírica y plástica comunista y compañeros de viaje agrupados por el banderín de enganche del Machado patrón de la literatura social.

Lugar prominente entre las publicaciones ocupa la obra acariciada por José María Castellet desde tiempo atrás pero cuyo impulso definitivo recibió en Collioure, *Veinte años de poesía española*. Gracias al empujón del encuentro francés, apareció sin mucho tardar, al año siguiente. Volvamos a recordar su dedicatoria «A la memoria de Antonio Machado». Castellet enterraba el simbolismo, ninguneaba a Juan Ramón Jiménez y sobre todo, a los efectos de nuestro asunto, dictaminaba el realismo como paradigma literario, gran torcedor de la estética del momento, máximo sostén teórico del realismo social. En el prólogo, fijaba la filiación de la ultimísima estética: «Los poetas de la nueva generación tienden, en general, hacia una poesía realista que hace suyos, a grandes rasgos, los postulados que propugnara Antonio Machado». La disconformidad política y el seguidismo machadiano forman un tándem en las letras jóvenes de finales de los años cincuenta y el poeta les sirve de amparo estético y grupal. La lectura parcial del sevillano proporciona triple magisterio a los niños de la guerra: ejemplo de comportamiento cívico y lealtad republicana; modelo para una poesía de sencillez expresiva; encarnación de una literatura fuertemente contenidista.

También el homenaje machadiano alrededor de su tumba fue el origen de otra iniciativa que ya vimos en su papel de factor que ayudó a prolongar el canon realista en momentos inciertos, la colección Colliure, de la que hablo en otro momento. Parte de los escritores que nutrirían su catálogo estuvieron en la ciudad francesa —la profesora María Payeras utiliza incluso la etiqueta «poetas de Colliure» para designar a quienes se vieron editorialmente congregados a la sombra del sevillano—, pero más revelador que este dato es que allí, con ocasión del homenaje, se acarició la idea de poner en marcha esa serie de libros. Incluso se pensó en ponerle como marca «Homenaje a Antonio Machado». La idea, si tuvo alguna consistencia, no prosperó y Castellet la descartó por completo, según su tardía evocación del episodio en 2009. «Desde el principio —recuerda— tuvimos muy claro que ese tenía que ser» su nombre, Colliure, «como símbolo de Machado, de poesía, de resistencia, de todo lo que significó el encuentro de Collioure» De modo que, la colección Colliure fue sin duda fruto directo del homenaje rosellonés. La antología *Veinte años de poesía española* habría existido aun sin los festejos del aniversario, pero no la colección, le comenta Carmen Riera a Castellet en esa rememoración a comienzos de nuestro siglo. Y el editor y crítico lo corrobora, subrayando la significación del título. Antes, afirma, ni imaginaban hacerla, «y el nombre de Colliure es definitivo». Machado cobraba en esta empresa específica una dimensión particular, no independiente de su valor como icono antifranquista, la de patrón de un grupo amistoso-generacional. Carlos Barral le especifica a Caballero Bonald en carta de 1960 el propósito de la serie de libros: está destinada a «antologías de Celaya, Otero, etcétera y libros de cada uno de nosotros». Y agrega un revelador «contamos contigo». El descarado «cada uno de nosotros» muestra la instrumentalización del autor de *Campos de Castilla* a favor de una camarilla literaria que con pocos escrúpulos estaba dispuesta a convertirlo en una marca comercial. La distancia temporal levantaba con desparpajo el velo del cinismo: «Machado muerto era enormemente fecundo y no solo por sus versos».

Las manifestaciones periodísticas y editoriales comentadas párrafos antes partían de Machado para llevar el agua a su molino, a veces la fijación de un canon literario, y otras, y en paralelo, a utilizarlo al servicio de la desafección política. Se convirtió, en este sentido, en una herramienta maleable. Categoría de «el poeta de la Segunda República» le otorga en sus diarios el falangista Luis Felipe Vivanco mudado en detractor de la dictadura. Ya he mencionado el mensaje editorial de *Nuestras ideas* que aclaraba cómo en Collioure se había constituido un frente nacional antifranquista. Añadamos un recordatorio. El Partido Comunista había lanzado en junio de 1956 su proclama «Por la reconciliación nacional» y encontró en Machado el símbolo perfecto para encarnar la nueva doctrina, para apoyar el cambio estratégico. Por ello lo aprovechó. Con énfasis aseguraba el ya mentado dirigente comunista Jesús Izcaray en el órgano de su partido en México la virtualidad de la postulada reconciliación nacional: «Segovia y Collioure confirmaban la caducidad de los antiguos campos de guerra. No hubo una España en Collioure y otra en Segovia. Aquí y allí se confundían hombres de muy diversos idearios filosóficos, políticos y estéticos. Hubo una España en su múltiple diversidad. Esa España, partida por la tragedia en dos, con su línea divisoria inmóvil, solo existe ya en los interesados slogans de guerra civil que repite el dictador en el intento de detener el tiempo nacional en un catastrófico momento que la vida ha dejado atrás». Ni que Machado fuera un correligionario, a él mismo le adjudica la defensa de tal apreciación: hubo un único homenaje al gran poeta que «le decía ¡basta! a lo que le hizo morir más allá de la frontera».

Por tal camino se transformó a Machado en «poeta del pueblo» (que no popular, que también, pero es otra cosa). Y esta locución, «poeta del pueblo», se trocó en latiguillo, en máximo rasgo definitorio, repetidísimo en la prensa clandestina, republicana, izquierdista, con diferidos efectos también en los estudios académicos. El torticero manejo del poeta para sus propios fines tanto por los comunistas como por los demócratas del Congreso por la Libertad de la Cultura hizo de Machado un peón de la guerra fría cultural, según la sagaz consideración de la hispanista Olga Glondys.

Claro queda en los anteriores apuntes que los múltiples homenajes al autor de *Campos de Castilla* tuvieron un fuerte componente, al límite de la excusa, de agitación antifranquista. No encubrían admiración inocente. Estuvieron motivados por propósitos espurios y con la clara meta de manejar al poeta como herramienta de andanzas de partido. La apropiación política iba en paralelo de otra instrumentalización, la literaria, de tal manera que el impacto machadiano en las letras del medio siglo tuvo extraordinaria amplitud. En efecto, Machado resulta paraguas de un doble objetivo, uno de *agitprop* político y otro, simultáneo, de caudillaje estético del naciente movimiento de las letras comprometidas. Con un rótulo por sí solo revelador, «Nuestro Antonio Machado», señaló Gabriel Celaya la confluencia de ambas dimensiones como razón de vasallaje. «Había muchas razones para que los poetas sociales hiciéramos nuestro a Antonio Machado», por un lado una sintonía artística, y, por otro, motivos político-sociales que hicieron de él un símbolo de la poesía antifranquista.

En el primero de los motivos apuntados por Celaya, se aprovechó a Machado para establecer un cabeza de fila de la joven literatura realista. Se veía en el autor de *Campos de Castilla* un referente que proporcionaba criterios artísticos —los anhelados principios de realismo y sencillez expresiva— útiles para el desarrollo de la naciente escuela. Tal filiación artística no era del todo sincera y más bien suponía un oportunismo histórico al que se plegaron muchos escritores que habrían hecho su obra de muy otra manera de no haber asumido, siquiera a regañadientes y durante solo un tiempo o al menos de cara a la galería, tácticas concesiones a la autoridad del sevillano. Convenía, sin embargo, ser machadiano por el momento. Con cinismo bastante propio del personaje se lo explicaba Barral a Caballero Bonald en la confidencia que el jerezano refiere a Bep Grustan: «Recordo que una vegada Carles Barral em deia: "A veure, Pepe, quan sacaba tot aquest enrenou i comencem a escriure com cadascú vol fer-ho"». A un simple alboroto reducía el carismático editor el ajetreo propiciado por los veinte años del fallecimiento de Machado.

En la segunda de las razones apuntadas por Celaya, se extremaron en Machado o se le adosaron valores que casaban con estrategias partidistas o con propuestas ideológicas. Machado fue un instrumento y pretexto para fines espurios. Así, adjudicarle el papel de respaldo del dicho «frente nacional» de intelectuales.

Para la lucha contra la dictadura todo valía, y les vino bien a los opositores encontrarse a Machado en sus andanzas de resistencia. Lo señalaba sin disimulos Celaya por boca de su *alter ego Juan de Juanes*: «España clama por donde puede». En aquellas fechas, añade con un punto de involuntario descaro, le había tocado al poeta sevillano ser el instrumento para la protesta: «Estas últimas semanas lo ha hecho a través de nuestro don Antonio».

Semejante acumulación de lecturas sectarias y excluyentes le llevarían sin mucho tardar a Jorge Guillén a protestar por la conversión del sevillano en san Antonio de Colliure, «otro Pobrecito o *poverello* de Asís» al que se «le forzó a ser Patrono de la Poesía Social». Y no porque el autor de *Cántico* despreciara al de *Soledades*. Guillén quería reivindicar al poeta genuino que él y los escritores de su generación habían leído sin anteojeras. Ello le movió a formular una malhumorada protesta en un escrito de mediados los sesenta, «El apócrifo Antonio Machado», con el propósito de denunciar el atropello que se había cometido y de reivindicar al poeta auténtico. En este artículo desgranó invectivas para delatar la injusta manipulación: se subió a Machado en un pedestal, pero «el pedestal es en algunas ocasiones una peana; peana de santo. Sí, de san Antonio...». ¿Y quiénes hicieron tal cosa? Fueron «los más laicos y "avanzados" quienes [lo] beatificaron» y convirtieron a «¡San Antonio de Colliure! —en la tradición del portugués de Padua— [en] abogado de cosas extraviadas: la buena poesía», comentaba. Y, por si no quedaba claro a qué se refería, explicaba: «Y la buena poesía era para estos excelentes poetas jóvenes la poesía social con exclusión de cualquier otra». Así que, se explayaba con sarcasmo inocentón, «Si no se es peregrino de Fátima y se posee un corazón piadoso, ¿adónde ir en romería sino a Colliure?».

Llevaba tan mal Jorge Guillén la distorsión insólita y sectaria de la que había sido víctima Machado en el medio siglo que volvió a ella incluso cuando el crédito machadiano había conocido un cambio radical, que el vallisoletano parece desconocer, desde finales de los años sesenta. Sin recato le mostraba su enojo a José Luis Cano en una conversación que este recogió en 1974 en la que contraponía la situación reciente con la de anteguerra, cuando «la integridad del hombre y de la obra no fue mutilada ni deformada como ha sucedido recientemente». Ahora, en cambio, añadía repitiendo sus propias palabras, ha sufrido una doble manipulación: «Por una parte, se reverencia al padre de la poesía social excluyente de cualquier otra. Ante todo predomina el mito de un san Antonio de Colliure, que ayuda a encontrar, paralelo al de Padua, la inspiración perdida». Y apostillaba con ostensible enfado recordando tiempos menos sectarios: «No», exclama, entonces «Al íntegro Antonio Machado no se le ponía al servicio de un grupo, no se utilizaba como santo patrono de una estrecha poesía dogmática».

Motivos tenía alguien tan templado como Guillén para su inusual arrebato, para dolerse del sesgo ideológico de la falsificación, del triunfo de la «mitificación socializante de Machado», como tendría el descaro de calificarla quien tanto contribuyó a ella, Castellet, en una larga y cálida conversación inédita de 1992 con Laureano Bonet, pues ese «poeta del pueblo» era el que, de forma generalizada, reconocían los escritores españoles en los años cincuenta del pasado siglo. De boca para afuera raro era quien no admitiese admiración, magisterio e influencia. Machado resultaba por entonces intocable. Guillén reaccionaba contra la apabullante aura del sevillano y el favor generalizado de que disfrutaba. Contra los aplausos que recibía y que no dejó de notar como algo bien singular Francisco Umbral en su desembarco en Madrid nada más comenzar los años sesenta. A su llegada a la capital observó que «por entonces, la moda política había hecho de Machado el gran poeta civil de España», y era «un símbolo del que se hablaba todas las tardes y todas las noches en las tertulias». Y añade en la rememorativa crónica cultural del Café Gijón una anécdota por demás expresiva de ese estado de cosas. Refiere que uno de los tertulianos «gijoneses», el poeta bohemio y surrealista Carlos Oroza —«odiaba obsesivamente» a Machado, anota en el *Diccionario de literatura*— bromeaba, cuando los obreros municipales levantaban el pavimento de la calle Recoletos para alguna reforma, una irreverencia; decía que «estaban buscando los huesos de Machado» bajo el asfalto cosmopolita madrileño.

El blindaje, celebridad y crédito de Machado en tales fechas, inmediatas a los homenajes del sobresaliente aniversario, sufrieron, sin embargo, un fuerte deterioro en breve plazo y de semejante revisión se desprende un factor capital en el proceso de descrédito del realismo social. En realidad se produjo una trayectoria de sinceramientos que fue liberando a los escritores comprometidos de la consentida obligación de mostrar un respeto que incluía también lo literario. «Nunca fui muy devoto de cierta poesía de Machado», escribe Caballero Bonald en la primera entrega de sus memorias. Le ocurría —«nos ocurría a algunos del grupo del 50»— que «a mí la poesía de Machado no me interesó nunca demasiado, pero sí me sentí muy cerca de su pensamiento moral y de su conducta civil», dice en una entrevista con Tino Villanueva. Poco a poco se va colmando el saco de las desavenencias públicas con Machado que, si cautelosas al principio, desembocaron al poco en sonrojantes palinodias.

Desacuerdos con la lectura machadiana de Castellet los hubo pronto. Enseguida el comparatista Claudio Guillén, hijo del poeta del 27, impugnó el prólogo de la provocadora antología en *Ínsula*. Lo mismo hizo al poco el romanista Joaquín González Muela en la académica *Revista Hispánica Moderna* estadounidense. Estas discrepancias profesorales solo serían, sin embargo, señales de humo de un desmontaje en toda regla del Machado sencillo y testimonial, de la quiebra completa de su «honda significación en el realismo posterior» que advertía Castellet en su antología. Señal bien clara del radical cambio de signo de los tiempos sería la recordada embestida de Leopoldo Azancot en un momento crucial de la nueva apreciación machadiana, 1965, de la que resultarían artífices principales José Ángel Valente y Juan Goytisolo.

Valente respetaba la imagen integral de Machado, eso sí, sin singular aprecio de su poesía. En 1961, rememorando el viaje colectivo a Collioure, se preguntaba, en «Antonio Machado, la Residencia y los Quinientos», por los motivos que congregaron allí a gentes diversas. Se respondía con un juicio apreciativo de la figura global del autor de *Soledades*: «No era solo la memoria de un poeta lo que nos convocaba, sino su valor total como símbolo de un conjunto de virtudes que él encarnó y cuya continuidad nos parecía indispensable». Lo cual compatibilizó en escritos cercanos, de 1962 y 1964, con un calculado programa de rescate y encarecimiento de Luis Cernuda que necesariamente redundaba en perjuicio de Machado. En «Luis Cernuda y la poesía de la meditación», destacaba el valor modernizador de nuestra lírica que había en el autor de *Ocnos*. Y en una especie de obituario, «Luis Cernuda en su mito», advertía que la poesía cernudiana estaba saliendo del silencio desproporcionado en que se encontraba y empezaba a encontrar «perduración» en nuestra lírica.

En alguien combativo como Valente, exaltado defensor de ciertas causas estéticas, y que nunca daba puntada sin hilo, hacerle subir escalones a Cernuda hacia la cima del Parnaso implicaba descender en ellos a Machado hasta llegar, a lo que se vería sin mucha tardanza, a desalojarlo del podio y bajarlo a ras de tierra. La estrategia para desbancarlo adoptó la técnica indirecta de un artículo también de los sesenta, «Machado y sus apócrifos», recogido en *Las palabras de la tribu*. El malicioso título le permite distinguir entre los apócrifos «verdaderos», los Juan de Mairena o Abel Martín, de los «falsos». La relación de falsos apócrifos incluye el «rescatado» de Ridruejo y el falangismo («puesto en circulación previo despojo de sus contenidos éticos o ético-políticos»), el de «pancarta y propaganda» y el de la supuesta esterilidad creadora a partir de la estancia en Baeza. Al segundo falso apócrifo le aplica un rótulo, ese en sí mismo denigratorio «pancarta y pandereta», que conlleva una descalificación de los escritores sociales que lo habían manipulado con fines sectarios. De forma capciosa, además, abría el artículo señalando el cortafuegos sanitario puesto por las «generaciones más jóvenes»: «olfatean a Machado con alguna desconfianza», dice, como si no hubiera en nuestro idioma términos menos vejatorios que olfatear.

Un artículo de 1969 antes mencionado, «Lo demás es silencio», junta en unas mismas páginas el rechazo machadiano y la vindicación cernudiana. Valente se suma con tono algo pendenciero y, desde luego, displicente, a la crítica de Juan Goytisolo «sobre el cuerpo relativamente fondón de una supuesta inteligencia de izquierdas», modo elíptico de referirse a los jaleadores sectarios del poeta de pancarta y propaganda. A la vez, destacaba, para denunciar también la ausencia de toda forma de crítica, que en las páginas del libro de ensayos de su amigo, *El furgón de cola*, emergía «casi con características de figura paterna, la silueta —cada vez más cargada de significación poética e histórica— de Luis Cernuda». Y añadía un grave reproche que abarcaba a toda la cultura antifranquista que había concedido tan eminente papel a Machado: «El silencio que envolvió a Cernuda no fue el de la derecha, que mal pudo silenciar lo que no conocía, sino el de los representantes de una pretendida tradición liberal cuya índole tribal y neototémica fue denunciada por Cernuda mismo».

Se quejaba Valente en el mismo artículo de la notoria falta de respuesta pública que había encontrado el libro de su cofrade pero era una apreciación inexacta. El Goytisolo revisionista de sus antiguas creencias tuvo no chica repercusión. Aunque nada más fuera por el espectacular cambio de rumbo que se había producido en su pensamiento y apreciación literarios. Hagamos un poco de historia.

El sostén machadiano de la obra de Goytisolo se extiende a lo largo de la etapa cercana al realismo social. Recordemos de nuevo el propio título de su trilogía «El mañana efímero». El Goytisolo más testimonial, social, crítico y comprometido anda bajo la égida machadiana. En la organización del homenaje en Collioure tuvo el papel destacado ya dicho. Todavía en 1963 puso también su relato viajero procastrista, *Pueblo en marcha,* bajo la advocación de un texto en prosa de Machado, «Los milicianos de 1936». Sus relaciones casi familiares con el autor de *Campos de Castilla* se deterioraron pronto, sin embargo, y en un lustro el distanciamiento se resuelve en ruptura. Un bandazo más en una trayectoria repleta de ellos.

Solo un año después del panegírico revolucionario cubano, Goytisolo hace un «Homenaje a Cernuda», escrito a raíz de la muerte del poeta y recogido en *El furgón de cola.* Aquí, el autor de *La realidad y el deseo* desplaza por completo al de *Campos de Castilla,* como ahora veremos. No deja de tener su gracia, o paradójica ironía, que tal alegato —con ese fervor un tanto inocente con el que Goytisolo se sumó siempre a doctrinas o autores recién descubiertos— se incluya en un libro cuyo título procede, precisamente, de unas palabras de Machado, un comentario de 1916 en el que afirma, respecto de la situación cultural de España: «Seguimos guardando, fieles a nuestras tradiciones, nuestro puesto de furgón de cola».

El «Homenaje a Cernuda» contiene una reivindicación cerrada del poeta exiliado y de su postura personal. Dejando aparte valoraciones discutibles, nos importa concretar qué supone la actitud del entonces injustamente preterido Cernuda de contraposición a la de Machado y a las secuelas de este en nuestras letras de posguerra. ¿Qué tiene Cernuda de particular y de valioso?, se pregunta Goytisolo. Oigámoslo: mientras que otros escritores del exilio y del interior confían en un cambio regenerador que transforme un día el futuro de España, Cernuda cala más hondo. Cernuda renuncia al combate y «busca tan solo escapar del naufragio de una época cuya fe, moral, manera de ser, condena en bloque». La amargura da paso en el sevillano trasterrado a la imprecación, actitud insólita porque se aparta de quienes proclaman la posibilidad real del cambio revolucionario. La lucidez del amargo Cernuda paga el precio de la impopularidad, continúa explicando Goytisolo; el precio de ser la suya, la de Cernuda, la única voz discordante, como siempre, puntualiza. Llevado de semejante entusiasmo, se dedica el autor de *Señas de identidad* a desnudar a un santo para vestir a otro. Veamos la situación que describe:

> El clima de asfixia intelectual y moral instaurado por el bando vencedor de la guerra civil había fraguado entre los escritores del interior un sentimiento de rebeldía que buscaba su inspiración en la actitud ejemplar de Machado ante el paisaje y el hombre de su tiempo. Iniciado al final de la década de los cuarenta por Nora, Celaya, Otero y otros el movimiento debía extender su influencia hacia 1955 gracias a la aparición de una nueva promoción de poetas uniformemente anticonformistas [...], cantores vibrantes de una revolución que sentían próxima y para quienes la posición humana y poética de Cernuda resultaba no solo extraña sino, además, profundamente negativa.

Ese movimiento contestatario —añade— hizo una poesía alicorta, inútil y declamatoria y sus autores han resultado profetas no escuchados. De esta poesía, el autor de *La resaca* reniega a tal punto que lanza una atrabiliaria descalificación de gruesísimo calibre contra uno de los padres de la poesía social: «El último libro de Blas de Otero, *Que trata de España*, parece escrito, por ejemplo, por un epígono del poeta con el maligno propósito de remedar sus defectos y desacreditarlo». Según Goytisolo, la opción está en abandonar el camino seguido hasta la fecha: «Por espacio de quince años los poetas han cantado la revolución sin que la revolución se produzca; lo moral y terapéutico hoy es hostigar a quienes, con su venalidad y su pereza, con su abdicación intelectual y su simonía contribuyen a que el ominoso mal se perpetúe».

El autor de *La realidad y el deseo* se convierte, en el *dictum* del catalán, en el nuevo faro iluminador de los escritores extraviados: «La lectura de Cernuda nos ayuda a salir del atasco». Esperanzado, anota que su influencia en algunos jóvenes —Gil de Biedma y Valente— anuncia un cambio del que sería «el precursor y el responsable». También lo propone, en otro artículo, «Cernuda y la crítica literaria española», como modelo de un análisis artístico y cultural independiente, flexible y fuera de doctrinarismos o formalismos de escuela, se entiende que libre del terrorismo intelectual izquierdista. No es este el lugar de detenerse en cómo Goytisolo proyecta en Cernuda sus propios fantasmas personales y lo transfigura en un doble de sí mismo. Como sea, Cernuda desplaza a Machado en tal medida que incluso lo sustituyó como inspiración para rotular su obra más próxima, *Señas de identidad.* Inicialmente pensó titular esta novela, que aplica el registro narrativo a las mismas inquietudes de sus artículos, «Mejor la destrucción el fuego», verso del conocido poema cernudiano «Limbo». Aunque no lo hizo, lo puso en las citas iniciales del libro. Además, pasajes de la novela, sobre todo el inflamado monólogo final, revelan huellas cernudianas.

El agrio y lúcido Cernuda se convierte en alternativa al desencanto estético e ideológico de los autores de la izquierda española. El orientativo baremo que suponen las poéticas de los autores seleccionados en las antologías nos indica la mudanza. En 1968, en la significativa de José Batlló, todavía un número notable reconocen la influencia de Machado o lo recuerdan con admiración. Pero más que a él se menciona a su paisano. Un par de años después, en *Nueve novísimos,* ni uno solo de los agraciados por la nueva pirueta estética de Castellet, ni siquiera él mismo, el que había consagrado los *Veinte años de poesía* a la memoria del autor de *Campos de Castilla,* se acuerdan de él. Rectifico lo que acabo de decir. Alguno sí se acuerda... para mal. Lo alude con un sarcasmo Guillermo Carnero y lo responsabiliza del estado de nuestra poesía a finales de los años sesenta: «Nadie se extrañe de que la Lírica vaya por los cerros de Úbeda en un país en que sale el sol por Antequera». Y Vicente Molina-Foix denuncia «el abusivo complejo machadista» entre «los ejes que movieron nuestra cultura poética» durante tantos años.

En el segundo decenio de los sesenta, se consumó un cambio en el canon literario español. Cernuda antes que Machado reforzaba el amplio movimiento de descrédito del realismo y el compromiso. Se consumó la desmachadización de nuestra literatura. Parecía un giro irreversible. Volvería, sin embargo, Machado pujante lustros después. Con fuerza y presencia arrasadoras. Desde finales de la pasada centuria. Pero esa es otra historia.

16
Propuestas para encarar el futuro

Con asiduidad llamativa, dada la cercanía de los años dorados del realismo social, se encadenan las reflexiones críticas mediados los sesenta. Las palinodias van ocupando el frente más notorio por su repercusión pública mientras se expanden otras actitudes también significativas. Aflora el enjuiciamiento crítico templado, sin complacencias pero sin diatribas. Este punto de vista más ecuánime va, en alguna ocasión, acompañado de propuestas que sirvan para encarar el futuro con rigor artístico y sin abjurar, por ello, del fundamento moral del realismo. Encontramos percepciones nuevas del movimiento realista comprometido que le añaden matices o puntualizaciones, y vienen a representar dudas, desconfianzas y también impulsos reformadores pensando en el futuro. De haber ido más lejos, se habría tratado de las semillas de una refundación antes de que el realismo comprometido sucumbiera a tantos embates y a cambios sociales y artísticos que solo la ceguera impediría ver. Se quedaron, sin embargo, en reflexiones teóricas sin repercusión práctica alguna.

Es el caso de varias proposiciones que acoge en 1965 la revista políticamente disidente del franquismo y simpatizante cómplice de los antifranquistas *Cuadernos para el diálogo*, si bien distanciada de la ortodoxia socialrealista cuando atendía al debate cultural y literario. En sus páginas coinciden en aquel año ensayos de Antonio Ferres y Armando López Salinas, notorios por la máxima representatividad de sus nombres en la nómina del realismo social.

Una innovadora propuesta, el «macro-realismo», hacía Antonio Ferres en su argumentado ensayo «Evolución de la novela española». Como tantas otras de las frecuentes evaluaciones del realismo mediosecular hechas en el momento, el autor de aquel libro emblemático de su tendencia, *La piqueta*, apunta rasgos definitorios de su grupo. La «constante» más característica de este fue descubrir la realidad, «salir a tientas a los caminos y aprender a ver».

Fabricar «sus ojos», dirá con inspirado acierto expresivo, por culpa de la discontinuidad histórica que padecieron sus coetáneos. Es cierto, admite, que «a fuerza de despreciar la ambigüedad, algunos llegaron a pensar que podía aparecer una nueva literatura épica», pero no fue así. De todos modos, «no hay nada más provinciano que despreciar y rebajar el valor de aquellas novelas», alega a favor de su promoción. Eso sí, es necesario mantener una alerta creativa. Sin embargo, esta preocupación no la asocia Ferres a estos tiempos de revisionismo descalificador porque la aprecia como un valor de los narradores realistas. Lo constata a propósito de la difuminación de los personajes entendidos a la manera decimonónica que ofrecen algunos títulos, ya desde los años cincuenta, como *Central eléctrica* o *Dos días de setiembre*. En estas obras y en otras de la novela «llamada colectivista o de "personaje colectivo"», dice, asegurando la vigencia de principios sustantivos del realismo soviético, «hay un afán de equilibrar las nociones de tipicidad y de "totalidad"». Todo ello, sostiene, puede considerarse, y más a raíz de la innovadora *Tiempo de silencio*, precedente de su propuesta encaminada a la superación del neorrealismo bajo ese nombre propio de «macro-realismo».

El «macro-realismo» sería la poética oportuna para que el novelista lograra la visión «macrocósmica» de la realidad. Dejando aparte el dudoso acierto de la terminología, la alternativa de Ferres contiene tanto una rectificación del pasado como sugerentes planteamientos innovadores. ¿De qué reniega del pasado? Del neorrealismo ceñido a contar los perfiles duros del mundo que su generación tuvo que asumir, ignorante de la ambigüedad de la vida. ¿Y qué se plantea como remedio? Precisamente asumir, al contrario, la complejidad de la existencia. Cree que algunos jóvenes narradores se están acercando a ello porque en sus obras «pretenden atravesar la noche que rodea a las cotidianas anécdotas y penetrar en las nuevas dimensiones de la narrativa» y porque a veces adelgazan la anécdota para limitarla al tema. Y, sobre todo, propone algo verdaderamente revolucionario al cuestionar el inevitable principio lukacsiano de la tipicidad admitiendo que el personaje atípico tiene también valor representativo. Lo dice con términos de franca heterodoxia frente a la estética socialista: «el concepto de tipicidad parece en tela de juicio cuando comprobamos que un personaje excepcional, o *no típico*, un extraño loco o enfermo pueden ser, a veces, representativos si no de clases sociales enteras, sí de procesos históricos de descomposición enteros y verdaderos». No se trataba de una conjetura caprichosa del inquieto Ferres. El dilema se le había planteado tiempo atrás, en 1962, a Carlos Barral al tratar de justificar la excentricidad, o anomalía, que suponía *Ritmo lento* de Carmen Martín Gaite. Lo justifica bien a las claras la explícita explicación —innecesaria de no ser por ese motivo— de la cubierta del libro: «El hecho de que el protagonista no pueda calificarse de "típico" o sociológicamente no representativo no quiere decir que *Ritmo lento* no deba considerarse profundamente arraigada en el movimiento realista de la joven narrativa española».

La propuesta de admitir al «personaje excepcional» —y no deja de ser curioso en qué tipos concretos lo encarna Ferres: el extraño loco o enfermo recién mencionados— con valor representativo implica mucho más que una simple retractación del realismo social. Supone una lúcida voluntad de sumarse al empeño por reintegrar a la novela su capacidad para representar el laberíntico mundo, por sacarla de ese estado precario en que muchos consideraban que una sociedad semidesarrollada solo puede producir una literatura del semidesarrollo (algo que se apunta también de pasada). Está, pues, Ferres en la línea de una necesaria modernización de los procedimientos narrativos, pero no de hacer tierra quemada del pasado. A ello vienen los comentarios finales del artículo, que constatan su oposición al revisionismo radical en marcha. El *leitmotiv* de su postura se llama «exotismo», un nuevo «dogma estético», con rasgos de trivialidad o esnobismo. Con ello apunta a la moda de la novela hispanoamericana del *boom*. Un grave asunto de muchas aristas que requiere una visión conjunta con otros planteamientos acerca del sentido de las jóvenes letras de la otra orilla atlántica que tendremos ocasión de comentar.

La necesidad de patentizar una incertidumbre, una urgencia de verbalizar dudas y cavilar alternativas a la espinosa situación de la novela social se respira en el otro artículo de Antonio Ferres, «Literatura y sociedad». En negativo, sorprende que no haga ninguna reivindicación del realismo socialista. Por supuesto, tampoco se encuentra condena alguna y se sigue dando por descontado el papel activo del escritor en su tiempo y sociedad («Creer que el arte y la literatura son fenómenos espirituales sin relación con la sociedad, en el seno de la cual se desarrolla, es caer en una muy vieja trampa»). Alguna de las opiniones vertidas, sin embargo, o no se habría formulado unos años antes o lo habría sido de muy otra manera. Le parece simple «plantearse una novela e incluso juzgarla, criticarla como si se tratara de un ensayo sociológico o de un texto sobre economía política». Ideas como esta podía compartirlas todo el mundo, cualquiera que fuera su postura artística, porque reflejan una apreciación estética elemental en cualquier época y lugar. Mas no nos engañemos, implicaban en aquel momento un punto de disidencia con la ortodoxia; conllevan un distanciamiento claro, aunque cauteloso, de la retórica todavía cercana. Lo mismo ocurre con el subjetivismo de esta afirmación: «No hay arte sin la palpitación del artista». Por decir esto le habrían expulsado en la URSS de la Unión de Escritores Soviéticos.

No es tanto, como digo, el contenido concreto del texto lo llamativo como lo que borbota debajo de él. El artículo es muy elíptico, difuso, como si trasmitiera unas impresiones que el autor no quiere o no acierta a aclarar. Quizás se trata del peso inconsciente de un trasfondo que induce perplejidad. El caso es que Ferres divaga inquieto sobre diversos aspectos de actualidad: la aparición de un lector nuevo, la burguesía, la realidad cambiante y dinámica, la especificidad nacional... En medio, deja caer impresiones sobre una nueva novela que está naciendo, alude a la posición cerrada de nuestros narradores a favor del realismo social en recientes coloquios sobre la novela, sin que quede claro —o no lo distingo yo— con qué alcance, si positivo o no; señala que caminamos hacia una estética realista nueva sin precisarla o, en fin, reclama un conocimiento «de lo que se escapa a nuestro dominio sin temor a la complejidad». En este discurso poco articulado pero perspicaz añade que aceptaremos «técnicas» foráneas porque ya no nos cerramos al contacto con lo distinto: «Las técnicas y el fervor de la novela más sana y positiva que se escribe hoy en el mundo están ayudando a la narrativa española». De este conjunto de síntomas deduce que se está viviendo «un momento de transición». Se comprende que con un sentido beneficioso.

Algo queda claro en el razonamiento del escritor madrileño: la constatación de que, en general, se está frente a unas circunstancias nuevas. Ello despierta su alerta y las enlaza con la preocupación por el futuro en el terreno literario. El hilo encubierto que hilvana el artículo es el momento novedoso, inédito, y la urgencia de afrontarlo. Ni dice cómo debe realizarse ni asoma la menor propuesta concreta, pero todo ello señala hacia un norte imperativo: la renovación, la modernización, la preocupación por hacer las cosas de manera diferente a como se han hecho hasta la fecha. Que ya no sirve el realismo social practicado por su generación se convierte en la deducción inevitable del ensayo. La obra posterior del propio Ferres rinde obligado y coherente tributo a estos planteamientos e ilustra la respuesta —una posible respuesta— a sus cavilaciones.

También Armando López Salinas se enfrentaba al estado de la narrativa comprometida peninsular. El talante con que abordaba la espinosa cuestión se refleja en el mismo título del artículo, «Notas para un diálogo sobre el realismo en literatura», el cual apela a un debate general. En su ensayo, de firme articulación y abundante respaldo doctrinal, no encontramos nada parecido a la ardorosa defensa del movimiento socialrealista esperable en un escritor de su trayectoria y con un papel destacado en la dirección de los comunistas españoles. Al contrario, aunque sin salirse del cauce de los dogmas estéticos soviéticos, acomete una revisión serena de algunos de sus principios, en especial de los conceptos de totalidad y tipificación. Sorprende, de entrada, que aduzca como criterio de autoridad las creencias de una representante del *nouveau roman*, Nathalie Sarraute. Las ideas de la escritora francesa le sirven para sostener que la contradicción entre materialismo e idealismo no se corresponde en el terreno literario con la oposición entre realismo y formalismo, ya que, a su entender, el problema no se puede trasladar de manera absoluta de aquel campo a este. De aquí pasa a afirmar algo que podría resultar escandaloso, o al menos discutible, entre sus correligionarios: que si un autor reaccionario capta la realidad en transformación puede hacer una obra perfectamente válida a pesar de su ideología. Ahora con el apoyo de Engels, asegura que Balzac demuestra de modo sobrado la inexistencia de relación directa entre materialismo y realismo; la *Comedia humana*, reconoce, supone una aguda crítica contra la propia clase de su autor.

Con gran flexibilidad doctrinal, también admite López Salinas algo objetable desde la ortodoxia soviética, que lo consciente solo ocupa una parte de la obra de arte y que la literatura no debe prescindir de los elementos irracionales de la conciencia. Asimismo postula, basándose en Brecht, la necesidad de interrogar a la realidad y no a la estética, ni siquiera a la del realismo. Para el autor de *La mina*, «una estética del realismo hay que adoptarla como método, como línea a seguir, y no como una sucesión de dogmas fijos e inmutables».

Otras observaciones de López Salinas cuestionan o puntualizan la ortodoxia estética soviética. La irrupción de argumentos lógicos en la obra supone, a su parecer de estas fechas, una comodidad para el escritor, mas esta pereza causa impresión de falta de veracidad; al escritor no le interesa desglosar al hombre de la actividad general humana como se hace en la novela «sectorial», como llama a la del realismo social por atender a grupos sociales concretos. Además dedica unos mínimos comentarios a los imperativos de totalidad y tipicidad. Respecto del primero, no se aparta de la opinión establecida contraria al naturalismo porque este se limita a recrear la apariencia. En cuanto a la tipicidad o tipificación, advierte de la necesidad de acompañar lo universal con lo particular, pues de lo contrario la obra se trasforma en «publicidad, en vocero del espíritu de la época».

Cada una de estas apreciaciones revela una fuerte rectificación de lo que había sido la literatura del propio López Salinas y de su grupo. Sus argumentos olvidan o esconden datos capitales. El realismo soviético era el que había fijado los dogmas de los que ahora reniega aprovechando el significativo respaldo del dramaturgo alemán. Sectoriales, por utilizar su terminología, eran *La mina* y tantas novelas sociales españolas sobre variedad de oficios. La mayor parte de las novelas de su generación, en fin, pretendían convertir lo particular en símbolo o arquetipo.

Termina López Salinas con una afirmación de gran calado. Sostiene que el realismo integra dentro de sí no solo lo que le es propio (tipicidad, totalidad, etcétera), «sino también todo aquello que puedan aportar otras concepciones artísticas o culturales consideradas como evasivas o formalistas». Semejante flexibilización de los estrechos márgenes de la doctrina oficial —un verdadero escándalo teórico que a otros les había costado la cabeza: recordemos a Fernando Claudín— supone un aperturismo hacia una práctica mucho menos rígida del realismo social. En realidad, implica admitir que no podían ponérsele puertas al campo del realismo. Lo cual suponía una señal innovadora, una apertura a la modernidad. En cualquier caso, el diálogo propuesto por López Salinas refleja la inquietud del momento, la conciencia viva de que la narrativa comprometida se hallaba en un *impasse*. Y de que era necesaria una revisión para salir del atolladero. Unos preferían el sacrifico en el holocausto. Otros, una actualización que no inmolara los fundamentos del compromiso.

17
Reconsideración crítica

Nos quedan todavía unas cuantas jornadas por delante en el itinerario del enjuiciamiento crítico del realismo social, las cuales, con frecuencia, se producen como una cadena de episodios o fenómenos concretos o parciales. Le toca el turno, ahora, a uno de ellos, el ensayo crítico *El realismo entre el desarrollo y el subdesarrollo*, de 1966, donde Valeriano Bozal reflexionaba con personales planteamientos sobre los discutidos conceptos asociados en el título.

La requisitoria ya vista de Fernando Claudín en busca de una modernización de la forma o los alegatos señalados de Francesc Vicens nos llevan a reincidir en el debate en torno al escurridizo concepto de realismo. Ya he dicho que el realismo se había convertido en el meollo de las cuestiones artísticas dentro del pensamiento soviético, si bien las trascendía. No podía el arte español, plástico o literario, permanecer ajeno a tan decisivo asunto, pero no había producido reflexiones de envergadura. Más bien se había movido, con escasas salvedades, en torno a apuntes esquemáticos acerca de principios vertebradores del realismo socialista: la tipicidad, la universalidad, el reflejo, el héroe positivo, el utilitarismo, lo popular... Ello había sido así por la escasa enjundia intelectual y el precario discurso reflexivo de nuestros creadores y ensayistas, quienes tocaban de oído, o con la insuficiente información que explícitamente habían reconocido los influyentes Castellet y Juan Goytisolo. Por eso constituyó un auténtico acontecimiento el libro delgado y denso, y escrito con estilo de filiación filosófica, de Valeriano Bozal. Por la solvencia de la argumentación, por los círculos de disidencia en que se movía el autor y por el tema medular que abordaba se convirtió en una aportación clave del fuego amigo.

Aunque por poco, Bozal no era niño de la guerra (nació en 1940) y pertenece, por tanto, a la promoción siguiente, la que ya tiene reconocimiento historiográfico como «generación del 68». Este anclaje biográfico le coloca en una situación especial. Participa de rasgos específicos de cada una de las dos promociones a caballo de las cuales se encuentra, pero le distancian de ambas planteamientos básicos. Al grupo del medio siglo le aproxima una concepción *engagé* de la vida y un antifranquismo que le convirtió en el persistente «compañero de viaje» que reconoce en las autobiográficas páginas que llevan este título y en temporal militante, entre 1977 y 1980, del PCE. Desde muy joven había colaborado con escritos de su especialidad, el arte, en revistas de la disimulada o clara disidencia a la dictadura: *Cuadernos de Arte y Pensamiento*, *Acento Cultural*, *Triunfo* o *Realidad*. El libro que nos ocupa apareció en una joven y rebelde editorial, Ciencia Nueva, vinculada con el Partido Comunista español, que él mismo había promovido. Tenía, en cambio, un punto de vista distinto al de las convenciones asumidas por la generación realista. Respecto de la oleada siguiente, la de los novísimos, le acerca una sensibilidad favorable a la investigación formal, aunque de ella le separa un sentido comprometido del arte.

Estos escuetos datos vienen a cuento de enmarcar la exhortación a revisar la práctica de nuestros realistas sociales que planteaba *El realismo entre el desarrollo y el subdesarrollo* y a señalar su papel dentro del movimiento que la cuestionaba. Aunque el enjundioso y algo laberíntico ensayo se centra en las artes plásticas, sus planteamientos afectan a la literatura, pues su primera parte aborda la teoría imitativa del arte en general y se detiene en un aspecto literario básico, la relación entre el contenido y la forma.

A lo largo del ensayo, Bozal va asediando aspectos concretos de la práctica realista. Afronta la peliaguda cuestión de si «arte popular» o «arte del pueblo», fundamental en la narrativa desde la propuesta de Juan Goytisolo a favor de la urgencia de una literatura nacional-popular. Para Bozal, un objeto artístico es popular «cuando su sentido favorece el que las clases inferiores encarnan e históricamente han de cumplir» y no lo es «si el sentido expresado es neutral o contrario al positivo desenvolvimiento de las clases». Advierte, sin embargo, del peligro del gusto alienado y reclama la necesidad de insertar las notas características —comprensión, sencillez— en un horizonte positivo «acorde con el movimiento histórico y favorable a él». Esta meta requiere eliminar los factores determinantes de la alienación y no una dictadura cultural que cambie a la fuerza el gusto alienado. Se ve que reniega de operaciones de ingeniería social al modo soviético. El realismo, concluye, es el arte del pueblo «pero sin oponerle al formalismo ni entenderle toscamente como huero empeño figurativo». Además, niega la hipotética exigencia de que el artista popular pertenezca al pueblo o provenga del proletariado. Con ello, desacreditaba la creencia, polémica por otra parte, de que, en el caso de las letras, la escritura hubiera de ponerse al nivel del lector poco culto y rechazaba la afición de los editores a buscar autores con largo currículo de oficios que pudiera utilizarse de aval en las cubiertas de los libros, como ocurrió de manera señalada con el novel Juan Marsé, o con Juan Eduardo Zúñiga. Además, sostiene que el asentimiento del público no es condición indispensable para que la obra sea realista, pues el pueblo puede no identificarse y negar una obra popular por prejuicios u otras razones. De esta manera, aunque sin decirlo así, reconocía el valor realista de las obras complejas que escapaban de la construcción elemental, o, dicho en términos del debate específicamente literario ya comentado, que postulaban el arte como comunicación. Era una postura de matizado equilibrio dentro de un entendimiento ortodoxo de lo popular no en un sentido folclórico, «sino como el arte y la cultura que contribuían a formar la conciencia y la identidad del pueblo como clase en un sistema de relaciones de clase», según explicaría más tarde en «Compañero de viaje».

Parte del libro aborda directamente el realismo socialista. El punto de partida habría supuesto una heterodoxia flagrante si se hubiera publicado solo unos pocos años antes, incluso después de las mudanzas acaecidas a partir de la muerte de Stalin. «El realismo —proclama el autor— no es una corriente formalmente unitaria, ni debe identificarse con el arte académico soviético». Este planteamiento se acompaña de un sucinto pero esclarecedor recorrido por el nacimiento y desarrollo del realismo en los países socialistas. Explica, con información esquemática pero que sonaría a mucha gente a novedades poco conocidas, y que constituye una aportación notable del ensayo, la apuesta de los jóvenes rusos vanguardistas a favor de la revolución y comenta las vicisitudes de aquellos agitadores cuando la revolución, ascendida al poder, se aplica a organizar la vida cultural. Entonces se produjo un viraje a favor del papel dirigente del proletariado en la literatura y el arte. Los males de esta política fueron numerosos: el continuo canto al pueblo y a los dirigentes que se colocaba en la línea del «adormecimiento» de la conciencia; la imposición de un arte académico; un culto a la espontaneidad so pretexto de la comprensión inmediata del arte por las masas cuya falsedad denunció Ernest Fischer; el propagandismo de la sociedad y el régimen que la controla con el consiguiente aletargamiento de la conciencia y la eliminación de la inquietud «con que el arte contribuye habitualmente a la cristalización del sentido de la época».

El reconocimiento del fracaso de la doctrina soviética sobre arte y literatura era un aviso serio para quienes todavía quisieran seguir en la dictadura estética comunista. Además, hacía suyo Bozal el juicio del pensador comunista crítico Roger Garaudy sobre el «error más garrafal del realismo socialista», que consistió en creer que este «puede contentarse con reproducir por su cuenta» el lenguaje de las artes burguesas, «cambiando solamente el tema, la tendencia, el "contenido", como si la forma fuese una especie de frasco en el que pudiera verterse indiferentemente un veneno o un elixir». Con tal actitud, Bozal lanzaba un auténtico bombazo contra el tematismo que había sostenido la escritura de los realistas españoles hasta entrados los años sesenta. También, en otro momento, incide en el mismo sentido al evaluar el desarrollo que el PCUS impuso al realismo socialista y la desembocadura en un «dogmatismo que hacía de la vanguardia la maldad absoluta y, con ello impedía la renovación del lenguaje realista, dado que los problemas lingüísticos eran patrimonio vanguardista».

Bozal incide en la revisión de las concepciones simplistas de un rudimentario realismo fotográfico y lo hacía desde posturas allegadas a la concepción progresiva —como entonces se decía— del artista, o del escritor, y no de las hostiles. Su postura quedaba bien clara al referirse a un país como el nuestro, «donde el realismo *tiene funciones urgentes que cumplir*». Lo subrayado por mi cuenta remite a la fundacional creencia en el utilitarismo del arte (la famosa poesía como arma cargada de futuro), aunque no fuera «en absoluto» marxista, al parecer del propio Bozal. El recorrido del libro por el realismo reafirmaba ciertos valores sustantivos de un método aplicado a conocer a fondo la realidad para moldearla como experiencia artística (o sea, también literaria). Pero exigía, a la vez, un replanteamiento radical de los procedimientos vinculados con la literatura de denuncia. En realidad, se cargaba la mayor parte de lo que habían hecho nuestros realistas comprometidos. Así, *El realismo entre el desarrollo y el subdesarrollo* tenía el efecto de una descalificación casi absoluta de la literatura social española, aunque no fuera ese su propósito ya que este buscaba dar un clarinazo a favor de la regeneración y el cambio. Insisto. Las consideraciones revisionistas no venían de la derechona. Procedían de alguien que declaraba su convicción comunista, un activista bragado en la lucha educativa en papeles ejecutivos de los colegios de licenciados y doctores, y de uno de los responsables de *Nuestra Bandera,* en una nueva etapa de la veterana «Revista teórica y política del Partido Comunista de España», de la que llegó a ser Jefe de Redacción, después de haber formado parte del Consejo de redacción en el segundo lustro de los setenta. Era, en suma, uno de los nuestros, pero su música sonaba lejana.

18
Contribuciones desde el frente lírico

Ya vemos cómo andaban de mal las cosas para el realismo social en el quicio de los años sesenta. Las suspicacias aumentaban sin cesar. El descrédito había tomado un rumbo irreversible. Por eso alcanzan un valor relevante dos libros que coinciden en 1965 y que aportaban un apoyo, directo en un caso, indirecto en otro, a la deteriorada poética realista. No nos importa mucho que ambos pertenezcan a la lírica, no a la narrativa. Ya dije que ambos géneros anduvieron por semejantes vericuetos en la historia del acoso a la estética del medio siglo y subsiguiente derribo. Por eso deben atenderse aquí sendas antologías, aparecidas ambas en dicho año, la de Rubén Vela *Ocho poetas españoles. Generación del realismo social* y la de Leopoldo de Luis *Poesía española contemporánea. Antología (1939-1964). Poesía social.* Tanto la selección poética de Rubén Vela como la de Leopoldo de Luis se acompañan, además, de un amplio y notable aparataje teórico que hace su presencia necesaria en nuestro análisis del debate sobre la literatura y lo social. Forman parte de las piezas importantes del pensamiento literario acerca del realismo social de aquel momento de crisis.

El libro de Rubén Vela resucitaba el fantasma de la función de la poesía porque al frente de cada una de las muestras de los poetas seleccionados incluía a modo de poéticas las respuestas a un cuestionario nada impremeditado —como tampoco lo era el subtítulo de la compilación— que se interesaba, bajo diversas variantes formulares, por la debatida cuestión. ¿Cuál es, a su entender, la función de la poesía en la hora actual española?, planteaba el antólogo a los escritores elegidos. Con rara coincidencia, casi unanimidad, para aquella fecha, convenían en atribuirle un papel testifical y crítico.

El primer poeta de la muestra, Barral, esquivó la pregunta directa y se remitía a unas palabras suyas de la época de *Metropolitano*. En ellas se había distanciado ya tanto de la estética neorromántica (así califica a la defensora de la poesía como comunicación) como de las primeras formulaciones, dice, del esquematismo político y en el fondo igualmente romántico de la naciente *poesía social*, la cual queda ahora, aclara, lejos de sus actuales preocupaciones literarias. Esta disidencia, esperable en él, se contrapesa, sin embargo, con un razonamiento que, sin renegar del realismo, busca reformularlo en línea con lo que explicamos en el capítulo donde se describen diversas opciones para encarar el futuro. En su propuesta alternativa, Barral se declara partidario de una «poética realista según las "indicaciones" de Brecht, es decir de una poesía en cuyos planteamientos temáticos se revelen los nexos causales de la sociedad, se tenga en cuenta que los puntos de vista dominantes coinciden con los de los dominadores, se parta de un punto de vista de clase, etcétera». O sea, que —algo bien extraño si se tiene en cuenta el tipo de poesía que el editor escribía entonces— propugnaba un realismo comprometido no bajo la batuta soviética sino de impronta brechtiana. Lo cual, al fin y al cabo, tanto daba para lo que aquí nos interesa. Es más: las fuentes verbales de su explicación manaban mucho más en Rusia que en Alemania. Y, en cualquier caso, su postura constituía un aval a los modos literarios generales de su promoción y un claro apartamiento de las nuevas maneras que traía la oleada posterior, que en ese año ya había dado a conocer algún título ilustrativo de la nueva sensibilidad emergente (*Mensaje del tetrarca* de Gimferrer contaba ya un par de años de vida).

El siguiente poeta antologado en orden alfabético, Caballero Bonald, remite a sus posiciones más vindicativas, aunque ya se hallara en la proximidad de un fuerte cambio de orientación estética, en consonancia con sus más íntimas preferencias y su genuino gusto. Declara sin ambigüedades, aunque con un precautorio «para mí ahora», que la poesía es un medio de conocer mejor la realidad y que debe reflejar una realidad «que es de todos y de nuestro tiempo». Esta tesis preliminar se explaya en una explicación en la que sorprende el eco directo a estas alturas de los planteamientos de la famosa antología castelletiana. Se ve en las palabras que señalo en cursiva. La poesía tiene

> Una función ligada a la responsabilidad del poeta con su tiempo. Traiciona su propia historia quien se evade de esa responsabilidad y busca *su expresión en cualquier tipo de*

> *caduco simbolismo*. Me refiero concretamente a las obligaciones morales del poeta con relación a su pueblo. El poeta y el novelista tienen que considerar la realidad, salvándola con sus medios a través de la denuncia e injertando un contenido *histórico* a su experiencia de hombres. La poesía, como la novela, deben reflejar ahora lo que ocurre en España, aunque ese reflejo se lleve a cabo, por posibles necesidades expresivas o inquisitoriales, a la luz de un espejo deformante.

Gabino-Alejandro Carriedo, que abrevaba en aguas bastante distintas del realismo testimonial, sostiene que la poesía persigue acercar a los hombres entre sí, en aquel tiempo de manera más imperiosa que nunca. Y agregaba una observación utilitaria: «creo en la misión redentora de la poesía».

Ángel González deseaba que la poesía fuese «un oficio útil» para la gente común, no para lectores especiales. Indica que tiene como función «en la hora actual» conseguir una crítica de la realidad y que ello impone un realismo que debe venir determinado por la realidad que denuncia o señala, no por la forma. A continuación se explayaba en un auténtico alegato que habría de sonar a atrevida reivindicación e incluso a reto a favor de uno de los asuntos más espinosos y denostados del momento, el contenidismo. Sostiene en contra de la opinión mayoritaria, incluso entre los próximos a la literatura comprometida, que el realismo es un problema de contenido, más que de procedimientos o de forma, y desvela qué poetas lee con provecho, y eso no por la expresión, sino por lo expresado.

De una cuerda parecida es J. A. Goytisolo. También a alegato suena su pronunciamiento:

> En las actuales circunstancias del mundo y de la sociedad en que vivo, no considero honesta una postura de evasión ante la realidad. Creo que mi deber como escritor es, además de procurar escribir lo mejor posible, dar testimonio de lo que sucede, de lo que veo y pienso, de lo que ven y piensan hombres como yo, de lo que desean y por lo que luchan y mueren muchos hombres.

No manifiesta temor el Goytisolo poeta a que resultara desfasada en aquella fecha una postura tan explícita a favor del compromiso directo del artista, la cual redondeaba con la denuncia gruesa de la literatura de evasión, que, «como todos los movimientos artísticos, políticos y religiosos de cariz puramente espiritualista, responde a una actitud reaccionaria del hombre frente a los demás hombres, que está reñida con la honestidad profesional del escritor».

Solo dos antologados, Ángel Crespo y Gil de Biedma, se desentienden del rearme comprometido y realista de sus compañeros. El manchego escurre el bulto, no responde a la insidiosa pregunta. Se limita a decir que la poesía realista forma parte de un movimiento que abarca otras manifestaciones artísticas (la ficción, el cine y el teatro) y «reconoce al expresionismo de raíz ibérica como el aspecto de las artes plásticas más cercano a sus principios». Dejando aparte esta peregrina explicación, su silencio es lo revelador: ni una sola apreciación positiva dedica a los compañeros generacionales realistas, a los que no menciona pero con quienes, sin embargo, no tenía inconveniente en figurar en una antología que se subtitulaba con la concretísima etiqueta «Generación del realismo social».

Gil de Biedma divaga con ironías sobre el orgullo despechado que palpitaba bajo el lema de «la inmensa minoría», aunque tampoco les atribuye mayores méritos a sus detractores, a los seguidores de la oteriana búsqueda de una «inmensa mayoría», apetencia bajo la cual no hay de momento «más que la expresión de un pío deseo». Considera inútil plantearse cuál deba ser el papel del poeta en la sociedad actual, que solo puede ser «algo como un alma en pena o como un perro sin amo». Lo que debe hacerse es, sostiene, remover los fundamentos de la sociedad, labor en la que no atribuye a los poetas papel destacado alguno. Solo el de «simples hijos de vecino». Entre bromas y veras, pero de forma inequívoca, el autor de *Compañeros de viaje* daba al traste con la ilusoria capacidad del artista comprometido de actuar como ariete político o como vanguardia del cambio social.

Cuatro a dos ganaban el partido del realismo en la selección de Rubén Vela. Las dos disidencias del sentir mayoritario —Crespo y Gil de Biedma— apenas rebajan la contribución de *Ocho poetas españoles* al momentáneo afianzamiento de las letras socialrealistas. Pero su significación verdadera requiere algunas precisiones. Una tiene que ver con la historia interna del libro. El poeta argentino Rubén Vela conoció a sus colegas del medio siglo durante su estancia en España entre 1959 y 1961, según explica en una noticia preliminar. Su fuente informativa fue la relación personal con los propios escritores y partió de una base teórica elemental, tal como se deduce de dicho escueto preliminar, pues no se ve otro sostén que *Veinte años de poesía española* y las formulaciones teóricas de Castellet, que sigue de cerca. Debió de llevarse el trabajo de España bastante avanzado porque pensaba sacar el libro en la primavera de 1962. Así se lo cuenta Crespo a Caballero Bonald en una carta del 5 de octubre de 1961: ha estado cenando con Vela el mes anterior y le ha dicho que tiene el prólogo listo y que la antología aparecerá en la Editorial Losada. No fue esta conocida casa bonaerense la que la publicó y su salida se retrasó tres años. Por tanto, las poéticas reseñadas indican el pensamiento de los autores hacia 1961, antes de que hubiera cuajado la crisis del realismo social. Así se explica que encontremos planteamientos ya controvertidos o al menos algo desfasados. No representan el sentir de varios de estos escritores en 1965, fecha del libro. Esta, sin embargo, es la que ha de tenerse en cuenta respecto de su influencia. Cabe pensar, además, en una repercusión pequeña a favor del realismo comprometido por tratarse de un volumen de poesía publicado, además, en una editorial extranjera poco conocida. De hecho, no tuvo eco reseñable en los medios periodísticos, o no lo conozco. No obstante, esa repercusión en el afianzamiento del realismo crítico sí debió de producirse. El mundillo de los letraheridos, sobre todo el de los poetas, siempre hace circular entre sus cofrades este tipo de obras. Y alcanzó una sorprendente difusión, aunque su tirada fuese, previsiblemente, corta. En el propio libro consta la rapidez con que se reimprimió: la primera edición fue del 1 de junio de 1965 y el 12 de julio siguiente llegó la segunda. Es una conjetura, pero no se agotaría en Argentina aquella tirada y buena parte de ella tendría como destinatarios a escritores y curiosos españoles. Entre quienes allegaría una bocanada de aire favorable a la cuestionada literatura del realismo comprometido.

Mayor impacto que el muestrario de Vela consiguió la *Poesía española contemporánea. Antología (1939-1964). Poesía social* preparada por Leopoldo de Luis, dentro, por supuesto, del modesto alcance de su reducida tirada, mil quinientos ejemplares. El libro tenía su justificación editorial, pues formaba parte de una serie limitada de compilaciones temáticas: poesía amorosa, debida a Jacinto López Gorgé; poesía cotidiana, a cargo de Antonio [Fernández] Molina, o poesía religiosa, cuidada por el mismo De Luis más tarde. Este planteamiento editorial legitimaba que se le dedicara atención específica a la materia social, aunque no deja de ser notable el que así se hiciera, entre tantos otros asuntos posibles como existían.

El amplio prólogo del antólogo tiene la apariencia bastante neutra de un ensayo histórico descriptivo. Exigía, sin embargo, una lectura entre líneas para percibir su fondo intencional, que a nadie de la sociedad literaria, por otra parte, se le escapaba, pues ya era por sí mismo revelador que seleccionara semejante asunto cuando este estaba siendo más que cuestionado e incluso se apreciaba su inactualidad. Dos líneas de fuerza en aquella fecha muy llamativas, aunque ahora casi pasarían desapercibidas, marcan el sentido de la antología. Por una parte, la poesía social se inserta en una tradición que el antólogo remonta a la antigüedad y detalla en parte de su desarrollo durante el siglo XX. O sea: se venía a decir que se trataba de una preocupación permanente dentro de la lírica a lo largo de los siglos y no de un motivo circunstancial. La hipótesis tenía en aquella fecha gran importancia. Con ella salía De Luis al paso, sin manifestarlo de forma expresa, de la etiquetación de la poesía social como moda circunscrita a un momento histórico y a un grupo generacional concretos. El prólogo explicaba y el libro mostraba que la poesía social no era algo accidental y negaba los argumentos frecuentes en este sentido. La poesía social, asegura, «no es una moda, sino una necesidad expresiva de quienes ponen por encima de todo otro valor el de la dignidad humana». Por otra parte, De Luis cogía por los cuernos el toro de una de las acusaciones más fundadas y reiteradas contra la literatura crítica, su subordinación a una restrictiva temática. El asunto, motivo o contenido del poema —y podría decirse que de toda la literatura— tiene igual importancia por lo menos que la forma en la valoración implícita del antólogo.

Las otras explicaciones de las notas preliminares contribuyen a asentar la vigencia y la realidad cierta de la poesía social. El gran tema de la poesía, el común destino humano, leemos, reviste hoy caracteres singulares porque cobra «un matiz de preocupación social». En ello se diferencia, explica el antólogo, de una poesía solo civil. Y la circunscribe con puntillosas matizaciones: coincide la social con la civil en el realismo, historicidad y narratividad comunes en esta, y que comparte con la poesía política; y coinciden asimismo en el carácter comprometido. La social, advierte, tiene, no obstante, un claro matiz histórico, se ciñe a *un* aquí y *un* ahora y añade el carácter testimonial y la intención de denuncia. Es «protestataria». No puede, por tanto, confundirse con la literatura caritativa, porque esta es individualista, se ocupa de casos concretos, mientras que la social es colectiva. También pone una frontera entre la social y la existencialista porque esta, aunque haya producido una lírica de signo angustioso y en algún sentido también sea «protestataria», se refiere a lo que no es cambiable (el destino humano), mientras que la social se dirige a los aspectos modificables.

Este ovillo de explicaciones poco o nada difiere de las ideas comunes entre los escritores del medio siglo antifranquistas. La única discordancia, propia de un represaliado republicano no militante en la izquierda, está en la advertencia de que un poeta social puede escribir tanto desde una *ideología* marxista, desde el credo cristiano o desde cualquier otra creencia, «siempre que esta condene la explotación del hombre por el hombre». No andaba, sin embargo, despistado De Luis respecto de la realidad literaria de aquel 1965, y, aunque de pasada, anota la presencia de una «nueva leva poética». Al hilo de este reconocimiento no puede por menos de admitir algunas insuficiencias de la penúltima generación, la realista: repeticiones que la han puesto «en peligro de desgaste» y la amenazan «de cansancio».

Peccata minuta, sin embargo, al lado de las reservas que podría haber aducido, y que, en aquel momento, eran ya lugares comunes. Encontramos, por el contrario, una expresa manifestación de apoyo a los ayer jóvenes de la generación del cincuenta. «La contención, la brevedad y cierto realismo un poco frío» otorga a la poesía social de este grupo una condición de *clásica*, y supera a la poesía social de posguerra (se refiere a los iniciadores del movimiento, los Otero, Celaya, Nora, etcétera) que fue más bien romántica por «sus situaciones extremosas y hasta desgarradas». Esta diferencia no impide que en la antología figuren tanto los románticos como los clásicos. Los de primera posguerra merecen amplia representación: los que acabo de citar y, entre otros, Ángela Figuera, Crémer, Gloria Fuertes, Rafael Morales, Hierro. Y los del cincuenta comparecen en una nómina generosa y flexible: también entre alguno más, Carriedo, Ángel González, Crespo, J. A. Goytisolo, Valente, Gil de Biedma, [Fernández] Molina o López Pacheco. Daría un listado completo del realismo mediosecular con que solo hubiera atendido las extrañas ausencias de Barral y, sobre todo, Caballero Bonald.

La muestra de cada poeta seleccionado va precedida de una breve «poética» relativa a la concepción de la poesía social. Los textos programáticos de los autores que aquí más me interesan, los del medio siglo, no suponen, sin embargo, apoyos potentes, decididos ni claros a la estética realista y comprometida, a diferencia de lo que ocurre en Rubén Vela. Los años no han pasado en balde. Unos cuantos, pocos si se tiene en cuenta de qué libro se trata, se muestran favorables: Ángel González, José Agustín Goytisolo, López Pacheco y Carlos Sahagún.

Ángel González, uno de los escasos creadores que, como ya hemos insistido, sostuvo con inmutable firmeza las antiguas creencias llegado el tiempo de súbitas conversiones, emprende desde el título mismo de su poética la «Defensa de la poesía social». Atestigua que últimamente se producen muchas críticas negativas, en las que detecta «irritación mal contenida, cierta dosis de rencor». Lo achaca a que la denominación, aunque imprecisa y vaga, polariza conceptos muy claros y exactos. A su modo de ver, define a la poesía *social* el tema, no el estilo, en línea con lo explicado a Vela, a lo cual añade su rechazo a la objeción que suele formularse de que sea más un motivo de editorial periodístico, de ensayo o de panfleto que poético. Tampoco le parece importante la acusación de su mala calidad, porque esta abunda, sea «lírica o épica, amorosa o civil». Por fin, proclama su fe en la persistencia de una poesía que sitúe al hombre en el contexto de los problemas de su tiempo. Goytisolo explica que su obra ha estado marcada desde su comienzo por aires de «inconformismo, amargura y frustración» y sigue creyendo que el fenómeno de la creación literaria «no puede entenderse si se considera aislado de su función social». No obstante, advierte de que la poesía necesita «dosis de oficio, de picardía literaria» para así sortear «el pecado de la ingenuidad y esquematismo limitado y rígido». López Pacheco se reafirma en la literatura ahora cuestionada: «Yo creo en una poesía estética y social. Lo social no quita lo estético, ni al contrario». Pero, tras haber lamentado la confusión que han producido los calificativos social y realista, y, como respuesta a ese equívoco, apunta a una apertura que admita una poesía realista íntima, personal, social porque lo social, en aquel momento histórico, «debe formar parte de la intimidad de todo hombre honrado». Le parece muy extraño, en línea con los argumentos favorables al compromiso del escritor, que un verdadero poeta de su época pueda permanecer siempre ajeno a su sociedad. Sahagún, aunque se refiere en términos muy descriptivos a la sustancia de la poesía social que no implica expreso asentimiento, aporta una de las más firmes defensas del utilitarismo revolucionario de las letras, en consonancia con la firme y solitaria postura en esta dirección que mantuvo en momentos de profundo revisionismo. Por tal hay que entender la que «pone al descubierto la corrupción y los defectos de base de la organización burguesa». Y le asigna un papel activo en los cambios estructurales de la sociedad. Es la que se propone, dice, una «transformación del mundo o, cuando menos, de las estructuras de la sociedad» en que nace y, en su sentido actual, «debe ayudar a la revolución y estar escrita desde una concepción del mundo auténticamente obrera». Este objetivo ideal no se ha conseguido, no obstante, porque todavía estamos en una etapa histórica de transición y a los poetas les cuesta dejar las experiencias íntimas no esenciales desde el punto de vista del «combate social».

Algunos antologados se manifiestan moderadamente distantes o contrarios. Gil de Biedma da una larga cambiada en una explicación hecha con desgana. El autor de *Moralidades* no aspira a expresar una subjetividad, sino la relación en que esta se encuentra con respecto al mundo de la experiencia común. De ahí deduce que la literatura tiene que sortear el peligro de la comunicación con el lector. Por ello aspira a hacer una poesía que «no es comunión, sino conversación, diálogo». Con lo cual se desentiende del principio de la comunicación básico en el grupo realista y lo sustituye por otro muy etéreo. Antonio [Fernández] Molina no hace ningún elogio de la poesía testimonial y sí pone reparos a las consecuencias de lo que considera la índole de lo social, la de ser «clara y popular». Al argumentar que la necesidad de claridad «puede conducir fácilmente a lo vulgar, y en poesía no basta decir, hay que decir, además, de forma poética» estaba denunciando las carencias expresivas del realismo social.

Una persona templada, Manuel Mantero, adopta, en cambio, un tono combativo en contra. Primero, se adhiere a las posturas más conservadoras al advertir que toda poesía es poesía social. Luego se suma a las denuncias de exclusivismo temático: le resulta descorazonador que se pretenda que sea *solamente* social, como si se tratase de una «especialidad». Y aunque reconozca que la poesía «no puede dejar de ocuparse, en estos tiempos, de la gravitación del problema social, tan acuciante, tan directo», aclara que «lo poético excede lo social». Participa con beligerancia en los argumentos del enemigo: «Creo que se desmerece a la poesía haciéndola mandataria del problema social: es convertirla en directriz política, en instrumento del Estado o contra el Estado». Y, en fin, desautoriza «rotundamente» que se le tenga a él por poeta social en lo que el adjetivo signifique de limitado y equívoco. Más que curiosa, insólita en el contexto en el que aparece, es la reafirmación espiritualista, religiosa y de ámbito cristiano de María Elvira Lacaci, quien manifiesta sentir amor a sus semejantes desde la adolescencia. Lo que no se entiende es qué pinta con esas creencias en la antología: ni por qué fue seleccionada ni por qué lo aceptó.

Tampoco se entiende por qué lo hizo Ángel Crespo, a pesar de la categórica etiqueta de la antología, *Poesía social*, ni por qué había consentido figurar en la de Vela, con su inequívoco subtítulo, *Generación del realismo social*, a no ser por el interés de figurar en todas las salsas. Así son los escritores —algunos al menos— y así funcionan sus egos. Desde luego, su poética en el libro de Leopoldo de Luis parece haber sido patrocinada por los más acérrimos enemigos del realismo popular. En corta extensión condensa los más graves reparos que se le hacían a este movimiento. Entiende que nuestra poesía social «es individualista en el sentido de que expresa antes la protesta del poeta contra lo que considera inadecuado o injusto que un conjunto de principios sociológicos. Está más cerca del llamado tremendismo, que del realismo, base indispensable de toda posición social sólida». Considera que su técnica es generalmente pobre y convencional y que no está puesta a la hora del mundo. En línea con quienes predicaban como un ariete la revolución en el lenguaje, se pregunta «¿Cómo puede facilitarse un cambio de las circunstancias sociales con una técnica conformista? En nuestra poesía social hay mucho 98, no hay investigaciones formales serias y actualizadas, sistemáticas». Da por seguro el empobrecimiento estilístico, que asocia nada menos que a una crisis de valores: «Se ha tenido en cuenta lo que se dice, pero no la manera de expresarlo. Con ello se ha empobrecido el lenguaje y, así, se ha producido esa crisis de expresión que ha conducido a la no menos triste de valores, que también padecemos». En fin, remata la reprimenda nada menos que responsabilizando al realismo social de la pobreza lírica presente: «La culpa de que actualmente no surja una poesía nueva y original recae sobre quienes han postulado como ejemplares obras que, desgraciadamente, distan mucho de serlo». Crespo sumaba una inmisericorde reconvención a las tesis de los detractores del movimiento realista desde una tribuna afín al compromiso. Paradojas de la vida.

Inevitablemente, la *Poesía social* de Leopoldo de Luis tiene algo de termómetro de época, otro a lo largo de la aventura realista para medir la temperatura de la modalidad literaria compilada. José Agustín Goytisolo da cuenta de las acusaciones vertidas contra el realismo social: las «más fundamentales, sus enormes limitaciones temáticas y su tono declamatorio y neo-romántico». Y las admite en gran parte, aunque justifica, si bien con poco énfasis, los fallidos resultados por la presión del ambiente colectivo sobre todo inconformismo cultural. López Pacheco reconoce la situación desfavorable y advierte la huida generalizada del barco que ya hacía aguas. Observa cómo los escritores a quienes conviene el calificativo social se guardan de que se les aplique. A pesar del contexto hostil, hace una reivindicación valerosa y contracorriente: «La poesía social española, en cualquier caso, sigue viva, y quizás convenga hoy preguntarse si ese adjetivo no habrá sido denigrado para robárnoslo».

En cualquier caso, Leopoldo de Luis contribuye a mantener viva esa clase de literatura que iba camino de convertirse en una especie amenazada. Llevó a la actualidad mediática un asunto controvertido. La prensa sirvió de caja de resonancia incluso si lo hizo sin ánimo polémico. Esta es la postura de Melchor Fernández Almagro en *La Vanguardia Española* (23/7/1965). El académico y crítico conservador, que se atiene a una descripción y comentario elogioso del trabajo de Leopoldo de Luis, viene a legitimar esta clase de poesía. Entiende que como lo social es el signo más expresivo de nuestro tiempo, ha penetrado en el campo de la lírica, remiso a admitir otras manifestaciones distintas de la subjetividad y los sentimientos. La única discrepancia con el antólogo se refiere a admitir que el trabajo de los poetas sociales no sea algo adquirido sino espontáneo y natural. No le parece al crítico que los humildes orígenes de algunos de estos poetas baste para explicar su solidaridad con la clase trabajadora. La poesía social la cultivan, explica, tanto hijos de obreros como gentes de buena casa, de «buena familia».

Las posturas más llamativas fueron, en cambio, las contrarias a la poética del libro. El combativo Eduardo Rico, en plena campaña contra el realismo social, aprovechó la mencionada columna en *Triunfo* (167, 14/8/1965) para corroborar su teoría del *impasse* de las letras realistas y para requerir un estudio serio de lo que estaba sucediendo. Federico Carlos Sainz de Robles, siempre a su aire, al aire de sus gustos conservadores, y con su afición a decir lo que pensaba sin pelos en la lengua, agitó un modesto escándalo. Un comentario en el vespertino *Madrid* (21/9/1965) ponía «paladinamente» el dardo en un punto doloroso, aunque tópico: la falta de credibilidad («falta de sinceridad») de los escritores sociales, quienes vivían bastante bien mientras trataban de la pobreza y de los obreros. Recordemos que no fue el único en hacer sangre a cuenta de esta paradoja. Ya la habían aprovechado Ignacio Agustí o José María Castillo-Navarro.

El Ateneo madrileño contribuyó a la polémica con un acto público, un «juicio crítico» de la antología al que *ABC* (17/2/1966) dedicó un amplio reportaje. En la sesión, con «nutrida concurrencia», Sainz de Robles volvió a insistir, aunque fuera una apreciación tópica, en la falsedad pequeño burguesa de los escritores comprometidos. Aseguró que «El poeta que canta al amor, a su patria, a su padre, es sincero; la mayoría de estos del libro no lo son». La crónica del matutino madrileño resalta que el asunto de la sinceridad respecto de la temática de su obra suscitó una apasionada controversia. Otros participantes en el encuentro dan alas a las suspicacias que por entonces despertaba lo social en la literatura y sirven como medidor de las opiniones del momento. En esta dirección venían a coincidir perspectivas distintas, la académica y la creativa, que en aquel encuentro representan Emilio Miró y Francisco Umbral.

El crítico y profesor, además de poeta, Emilio Miró subrayó que «el lenguaje poético es importantísimo, ya que la poesía social es ante todo poesía». El comentario podría parecer obvio si no fuera porque con él expresaba las reservas ante la precariedad estilística de la poesía comprometida. La apreciación genérica suponía un avance de las descalificaciones que agavilla en su crítica en la revista *La trinchera. Frente de poesía libre.* De entrada, dice Miró aquí que las circunstancias han supuesto un condicionamiento para la poesía que ha llegado a ahogarla, o a «hacerla navegar con muy deslucido velamen». Al poco advierte que nuestra lírica última ha pecado gravemente contra la poesía porque «la expresión fallaba, a veces de manera alarmante». Lo cual le da pie para condenar la falsedad artística de las buenas intenciones políticas: «Y solo malos versos, repletos, eso sí, de justas reivindicaciones, compromisos y denuncias, no justificarán ni salvarán al hombre que hay en el poeta». Y es que, agrega, «al amparo de lo social acamparon ecos que para ser voces necesitarían mejor técnica y más emoción y reflexión sabiamente fundidas», añadiendo leña a su valoración negativa del compromiso.

Todas eran opiniones más o menos consabidas, pero Emilio Miró remataba su franco alegato apuntando donde más podía doler. No solo la poesía social ha sido mala poesía. También la ha habido en la religiosa, en la amorosa, en la metafísica, en la cotidiana, etcétera, y tal juicio negativo «se podía decir sin ningún temor». En cambio, «no ocurría lo mismo con la poesía social». La censura ejercida por el antifranquismo impedía esta clase de valoraciones adversas. Además, «no ser poeta social equivalía a ser condenado al ostracismo». Miró atribuye a los cenáculos de izquierda el amparo de una auténtica injusticia literaria. Venía a coincidir con las acusaciones sobre la existencia de un terrorismo cultural al que se refirieron José Ángel Valente y Leopoldo Azancot.

Francisco Umbral juzgó que las poéticas del libro le parecían deficientes y, abundando en lo visto, opinó que «aunque los poetas tengan sentimiento social, a veces escriben desde posiciones burguesas». Remató su intervención con una desafiante perla: «La poesía social española es reaccionaria y no ha encontrado su lenguaje». Propenso a hacerse notar y aficionado a la provocación y a las frases rotundas, Umbral aprovechó el eco que pudiera tener aquel foro público para la desautorización genérica, en el fondo y en la forma, de la poesía social. Su veredicto resultaba mucho más extremado que el expuesto unos meses antes en la reseña del libro en *Poesía Española* (155, 11/1965).

La crítica de Umbral en esta revista de patrocinio oficial era bastante severa pero no descalificaba del todo la antología. Se muestra positivo respecto de la labor del compilador. Le parece un libro necesario porque ofrece un buen resumen de esa clase de poesía y porque, a diferencia del de Castellet, el precursor *Veinte años de poesía española*, no lo firma un crítico de la misma tendencia. Umbral manifiesta su acuerdo con el prólogo «muy inteligente y grávido» de Leopoldo de Luis, con matizaciones que consiguen aislar la «poesía social pura» o «pura poesía social». También está conforme con el recuento de precedentes, salvo con incluir en ellos el surrealismo como poesía «en cierto modo social» por lo que tiene de rebeldía y revolución. Él piensa, con buen criterio, que otro fue su papel, el de una revolución estética que acabó «con el mal gusto en nombre de un gusto evidentemente mejor». Los dardos los reservará no para Leopoldo de Luis, sino para la práctica de la lírica social. Salvar al compilador, cercano, cómplice y en buena medida propagandista del tipo de poesía que había seleccionado, y condenar el contenido resultaba incongruente, mas hoy lo entendemos. Ahora sabemos, por un reportaje de Manuel Jabois, que el antólogo y su crítico eran hermanastros, hijos de Alejandro Urrutia, «intelectual y abogado cordobés, poeta modernista y empresario arruinado». Solo Umbral conocía el parentesco, pero lo guardó siempre en secreto y por ello nadie pudo reprocharle la debilidad.

La denuncia de la poesía social en la reseña umbraliana no ofrece grandes novedades. La mayor sería considerar esa modalidad como «el más importante fenómeno poético español de los últimos veinticinco años». Cuando mucha gente le negaba magnitud estimable, Umbral la considera, a tenor de su peso cuantitativo, una realidad histórica y artística «irrenunciable, valiosa, operante, legítima, audaz, decisiva quizás», a pesar de su inoperancia real en la vida corriente. Mucho reconocer era viniendo el recuento de un esteta. Otra apreciación destacable consistía en estimar la existencia de algunas figuras, «muy pocas», de «verdadero interés». Aunque no se moja en nombrarlas con la pobre excusa, cautela muy calculada en quien presumía de hablar alto y claro, de que sería humillante para el lector señalárselas con el dedo. Las restantes dispersas advertencias reinciden en los tópicos negativos en curso.

¿Qué defectos apreciaba Umbral en ese movimiento según el testimonio de la antología? En el ámbito de la teoría, la incapacidad de los autores de definir lo que es y no es poesía social, según lo trasparentan las poéticas preparadas para el libro. En el terreno de la práctica, que haya dado un panorama «monótono y pobre». En cuanto a los contenidos, los temas empobrecidos, estrechos y monocordes. Y respecto de la forma, numerosas precariedades. La mayor, la insuficiencia verbal. Los «sociales» no cuentan en su mayoría con un lenguaje propio, nuevo y fuerte, no han llevado a cabo la revolución del lenguaje, su única aportación ha sido el prosaísmo, pero muy pocos lo manejan «con gracia».

La pobreza verbal sostiene el gran alegato umbraliano, y ello afecta por igual a las dos corrientes que distingue en el movimiento social, el narrativismo y el trascendentalismo. Los poetas narrativos pecan de falta de gracia (término que utilizó como un comodín en sus escritos de crítica de aquellos años) y suponen quizás que la palabra «tranvía» dentro de un poema basta para enriquecer este en el sentido que ellos desean. Cultivan una nueva y pobre retórica que no quiere manejar más palabras que las que caben —en cantidad y en calidad— en una noticia de periódico. Los otros, los trascendentes, le suenan a hueco. Han convertido las voces hambre o frío en abstracciones no vividas que raramente emocionan.

Sin apenas juicios originales, Umbral condena la poesía social (que se alimenta de la lucha de clases, «lucha o hermandad de clases, para ser más precisos», aclara) y se incorpora con visible beligerancia a sus detractores. No aporta ideas nuevas, pero echa leña al fuego de un incendio bastante aparatoso ya entonces. No terminaría aquí la labor asoladora del incisivo periodista. La amplió, ya con una peculiar perspectiva, en otros artículos de época que merecen comentario independiente. Enseguida lo haremos. La amplia crítica a la antología, ponderada y nada complaciente a la vez, de una firma habitual en la conservadora *La Estafeta Literaria*, el escritor cubano-venezolano Julio E. Miranda, en *Cuadernos Hispanoamericanos* tampoco suponía un respaldo para la poesía social. Aunque tiene buenas palabras para la antología y para los distingos que De Luis establece entre dicha clase de poesía y otras pegadizas (la satírica, la política, la caritativa, etcétera), señala con franqueza sus reservas. Muy importante es la referida a la confusión y vaguedad de algunas poéticas, desacertadas y desorientadas, que incluyen en su definición aspectos extensibles a tipos diferentes de poesía, porque afecta al *corpus* conceptual del realismo y su escasa solidez. Significativa resulta la adhesión del crítico a las poéticas del libro (las de Valente o Carriedo) que hacen notar el estancamiento en la forma y en el lenguaje. El adjetivo social no justifica nada de eso, dice Miranda, y aprovecha para señalar que a veces el poeta se apea del buen verso y corre, «ya sin freno por los campos del prosaísmo más pelado». Y eso que, observa, no faltan advertencias sobre el peligro de no cuidar la forma, avisos nada menos que de Alfonso Sastre sobre la ineficacia del arte social cuando comienza por ser artísticamente malo y de Lukács respecto de las manifestaciones deficitarias del realismo que no alcanzan una expresión literaria convincente. Ello produce una caída en el prosaísmo, en «un verso desgarbado, digámoslo claramente: malo». Algo que corrobora en poemas seleccionados «que nos dejan fríos, poniendo entre lo social y el que lee una infranqueable barrera de mala poesía, a veces —dicen— voluntaria».

Poco entusiasmo hacia la poesía social despertaría el comentario de Miranda, y venía a echar una paletada más de arena a la tumba del género. No lograba cumplir la *Poesía social* de Leopoldo de Luis su propósito de «apologizarla». Tanto este comentario como otros apuntan al estado público de desprestigio que había alcanzado el realismo comprometido. Ya se sentía como una escritura caduca e inactual. El diagnóstico de José Hierro, cuya opinión era relevante por haber sido un asociado a los proclives al realismo, en la poética que encabeza sus versos representa un sentir de validez general:

> Hasta hace poco era casi un axioma para muchos la idea de que el poeta o lo era *social* o no era poeta de su tiempo, lo que equivale a afirmar que no era poeta. Hoy piensa la mayoría de los jóvenes que la poesía social es ya cosa del pasado. Del pasado inmediato que es, en arte, el pasado más remoto.

Leopoldo de Luis había buscado un refuerzo de la demediada poesía social. Sin embargo, tal propósito se volvió, vista la general recepción adversa obtenida, como un *boomerang*. En lugar de apoyarla, estimuló pronunciamientos contrarios a ella.

El éxito editorial —relativo, por supuesto— del libro desmintió, no obstante, la impresión extendida de que aquella poesía había dejado de tener interés, de que se trataba de un movimiento circunstancial amortizado. Sin mucha tardanza, en mayo de 1969, vio una segunda edición de título renovado y más directo que el anterior —*Poesía social. Antología (1939-1968)*— con una tirada superior a la precedente, dos mil ejemplares. Suponía otra señal de que el asunto mantenía aliciente público y oportunidad comercial. La nueva salida lleva, sin embargo, un prólogo que revela a las claras cómo estaba la situación. Leopoldo de Luis se veía obligado a remachar en su anterior idea de que esta clase de poesía no era una moda. La recriminación debía de resultarle lacerante para que insistiera tanto en ella. Y para que reincidiera pasado el tiempo. Casi un lustro después de la salida del libro, la periodista Sol Nogueras le preguntaba, con la mirada puesta en la juventud, qué porvenir le ve a la poesía, si «social o estético». De Luis se reafirma en que «la poesía social no es una moda, sino una necesidad en un momento determinado. Ahora la poesía social se ha desgastado un poco, lo que no supone que haya periclitado, como algunos quieren. Cuando publiqué mi antología social hubo quien me confirió misión panteónica. No es así. La poesía social implica una actitud frente al mundo y no un simple gusto pasajero». Y añadía, en uno de los escasos testimonios de reafirmación de lo social a estas alturas de la película, un puntazo de descrédito de los usurpadores poco antes llegados: «Hoy, un grupo juvenil vuelve al preciosismo, tiende a revalorizar el irracionalismo y la belleza pura; ha descubierto el Mediterráneo esteticista». Y todavía desmentirá el oportunismo social un cuarto de siglo después, ya en 2001, al periodista J. Rodríguez Marcos en una entrevista donde se reafirma en que «nunca fue una moda».

Se trataba, sin duda, de una forma de defenderse de la sujeción a la «tendencia» desacreditada por Valente tiempo atrás y todavía hiriente. Por eso vuelve ahora De Luis a asegurar que la poesía social, además de no tratarse de una moda, tampoco se podía atribuir a una escuela o movimiento. El antólogo agregaba un puñado de explicaciones. Insistía en que lo *social* no es un adjetivo sino algo consustancial porque supone una actitud ante el mundo. Negaba la falta de calidad de sus cultivadores y rechazaba que se les acusara en bloque de un voluntario empobrecimiento del estilo, de «emplebellecerse adrede, de prosificarse». En fin, salía al paso de quienes la consideraban muerta. Demasiadas justificaciones para reparar lo que no parecía tener un fácil y eficaz arreglo. Todo recuerda el adagio latino *excusatio non petita*... Argumentos consolatorios, si se quiere, pero ya inútiles desde los amenes de los sesenta. Aunque comprensibles porque aseguraban la sustantividad de lo social,

El delantal que Leopoldo de Luis escribió para la nueva ocasión no hacía sino certificar el óbito de aquel movimiento y aquella poética que le eran gratos. Inevitablemente suena a crónica de algo prescrito. La misma impresión se desprende de otros testimonios que enseguida veremos. A semejante balance se había llegado por la confrontación unilateral de los detractores, despiadados en las diatribas. Pero también hubo una labor de zapa más sutil, la que por aquel entonces, mediados los años sesenta, llevó a cabo con perseverancia el esteta Francisco Umbral acerca de la «poesía-instrumento», fórmula de su invención y gusto que repetía como un sambenito hasta convertirla en una locución sustantiva, en un blasón, por no decir un baldón.

El singular tratamiento de Umbral consiste en un malicioso juego del palo y la zanahoria. Por un lado, no ahorra reproches; por otro, celebra, e incluso exagera, los cambios que detecta en algunos poetas sociales y les conduce a un estado lírico más puro y feliz. Cuando eran sociales, eran malos; cuando abandonan esos resabios, son mejores. Con la gracia y la creatividad habitual en el gran periodista madrileño lo resume en un comentario acerca de su, por otra parte, admirado Gabriel Celaya: celebra que el poeta guipuzcoano se tome de vez en cuando «unas vacaciones líricas». Hace muy bien en incurrir en unas «hermosas deserciones en su tarea de poeta-instrumento que aspira a cambiar el mundo». Además, en ellas, Celaya vuelve a su condición natural, no maleada por el activismo; a la condición de «poeta burgués». Las presuntas «deserciones» son como el último resto del poeta burgués. Y no solo él se ha replegado a su auténtico ser. Lo mismo aprecia en dos líricos emblemáticos para la poesía social, Alberti y Neruda, jaleados una y otra vez en la prensa clandestina y disidente. Los dos fijaron fecha a su ruptura con la «poesía burguesa», pero ambos «vuelven una y otra vez» a ella. Por esta poesía burguesa quedarán para la posteridad, no por la otra.

Umbral aprovechó su actividad como crítico literario, abundante en el referido decenio, en publicaciones conservadoras (la opusdeista *Punto Europa* y la cercana al Régimen *Poesía española* donde acabamos de ver que glosó la antología de Leopoldo de Luis) para hacer astuta labor de zapa. Y la complementó con alguna colaboración literaria en la también oficialista *La Estafeta Literaria*. La línea de reticencias acerca de lo social arranca en 1961, recién llegado a Madrid, con un artículo de cierta ambición teórica, «Hacia una nueva épica», que se remonta a la antigüedad para rastrear los callejones sin salida en que periódicamente se meten el arte y la literatura, de donde la vida ha de sacarles. Llegados al momento presente, advierte que la poesía necesita dar un gran viraje y que deberá hacerse épica porque van muchos años de «lirismo subjetivo». Su difusa y confusa exposición adquiere una llamativa concreción al aplicarla a la poesía colectiva: «cuando se intenta hacer algo hacia los demás —poesía social— se sigue escribiendo con deformación lírica», dice, y lo explaya: «Este ha sido el gran fallo y falseamiento del tema social; que se le ha acometido con sentimiento lírico, subjetivo, cuando se trata de un tema esencialmente objetivo, abierto, comunitario». Puesto que estamos, a su parecer, en «el callejón sin salida de lo lírico» —y por extensión del arte— y porque el mundo moderno y la complejidad del futuro no caben ya en la lírica, hará falta una nueva épica, una poesía «con relato, vida y dirección». Algunos intentos se notan en este sentido, «pero no precisamente entre los poetas sociales», remata.

Ni le merece a Umbral crédito lo social por su pasado herido de subjetivismo ni le augura sintonía con el futuro. Desde su sesgado punto de vista prestó atención como crítico a los títulos nuevos de unos cuantos poetas que abarcan el arco cronológico entero de la poesía social, de José Hierro, Leopoldo de Luis y Gabriel Celaya (a este por partida triple), de la promoción mayor, y de Ángel González, de la generación del medio siglo. En un caso, el de Hierro, poeta por quien sentía gran admiración y con quien llegó a forjar una fuerte amistad, logró un difícil equilibrio entre lo que le agradaba y lo que no le complacía. Las *Poesías completas* recién reunidas del santanderino le daban ocasión a constatar los dos vértices sobre los que giraba su obra: el fluir lírico claro, afectivo y humano y su capacidad de testimonio contemporáneo; la fusión de «un macerado lirismo» y de «la más alta voluntad de testimonio»; la fluctuación entre lo personal y lo colectivo, «entre el intimismo y la gran voz». De todas maneras, entre líneas da a entender que el dichoso testimonio, las solicitaciones humanas, externas, que le complican, impiden que se logre lo que Umbral intuye en él, el lírico grande y absoluto, en línea con el Juan Ramón a quien Hierro tanta devoción tenía.

El Umbral crítico hace un ejercicio de ponderación para apreciar el justo medio poético de Hierro, aunque no desaprovecha la circunstancia para dar algún aguijonazo genérico: se refiere a la «poesía social que quiere arreglar la vida en media docena de versos», a la que pretende «hacer el milagro del pan y los peces» y al «panfleto en verso, vindicativo y amenazante». También dicta cuáles deban ser los límites justos que ha de imponerse la poesía comprometida, «hacer acto de presencia, acompañar en el sentimiento e identificarse con el hombre abatido» (límites, no hará falta aclararlo, con los cuales dejaría de ser social).

No encuentra Umbral una conjunción tan respetable de lo lírico y de lo social en otros libros reseñados, y así separa con un tajo mayor los dos polos, el negativo y el positivo, el palo y la zanahoria, como imaginariamente los he calificado. Dos Celayas aprecia en Gabriel Celaya: uno, «el más conocido», que aspira a cambiar el mundo con el instrumento de su verso; otro, con una veta de recio lirismo que «por detrás o por delante de toda su poesía combativa, nos gana más profundamente». Este poeta no «vociferante», que consigue un punto «justo y medio de poeta humano, sencillo y emocionante», es el valioso. Y el que el crítico reivindica porque tan «pánfilo» resulta seguirle solamente por sus proclamas como negarle toda su importancia de «poeta-poeta». Respecto de Leopoldo de Luis, lamenta tener que decir algunas verdades a propósito de un poeta «a quien admira tanto». Pero las dice, de la manera muy respetuosa que pediría el parentesco señalado. En particular, De Luis machaca en el hierro frío de una misma realidad, de una inmutable temática, y ello tiene el inconveniente de la repetición y de la monotonía, que pueden heroicamente devorarle. En general, hay un abuso en la literatura comprometida que es entender que todo sirve para la revolución, pero a condición de «degradarlo todo un poco».

Mucho le agrada a Umbral que Ángel González haga poesía amorosa en *Palabra sobre palabra*. Llevando el agua a su molino, aprovecha el libro para subrayar que lo social no basta como tema, que la musa revolucionaria «envejece pronto o se torna madrastra". Por eso necesita de las otras musas. Así que festeja la vuelta a «lo humano» que se está produciendo en nuestra poesía, como ha indicado a propósito de Celaya o Leopoldo de Luis. Si interesante fue la experiencia de la poesía social, más atractiva le resulta «esta vuelta serena de los más encendidos poetas sociales a temas pertinaces y eternos de la poesía de todos los tiempos». El regreso de un escritor revolucionario como era el asturiano a los campos líricos del amor «tiene algo del reposo del guerrero». En suma, lo valioso de este Ángel González reciclado en poeta amoroso es el abandono de la poesía comprometida y su entrega a asuntos humanos intemporales.

Así andaban las cosas para Umbral: se estaba volviendo a lo humano, concepto en el que, al parecer, no incluía lo económico, material y colectivo. Por fortuna, piensa, los escritores comprometidos iban abandonando la poesía-instrumento. El sucedáneo del poeta social daba paso al «poeta-poeta», el poeta lírico. Los sociales volvían a sus raíces burguesas. Era una bendición que se tomaran vacaciones líricas y que se permitieran concederse un descanso del guerrero. Las críticas umbralianas hacían desnuda propaganda a favor de este regreso que suponía una palinodia.

Lógico que el autor de *Mortal y rosa* desgranara en los comentarios críticos sus creencias artísticas y las contrastara con las obras enjuiciadas. Pero también aprovechaba otras coyunturas para hacerlo. Con ocasión del viaje de Álvaro Cunqueiro a Barcelona para recoger el premio Nadal que el polifacético autor gallego había obtenido con *El hombre que se parecía a Orestes* le hace una brillante entrevista en *La Estafeta Literaria*. La animada conversación en un restaurante culebrea entre muy diversos asuntos —el periodismo, la gastronomía, gran afición del autor de Mondoñedo, la escritura y proyectos en marcha...— y mientras toman una riquísima cazuela de angulas le suelta al entrevistado: «En estos años de novela social, tú, que eres un escritor apolítico, has estado un poco olvidado». Así lo admite el «apolítico» Cunqueiro, nada cándido director en aquella fecha de *Faro de Vigo*, sin que el entrevistador haga el menor apunte al escapismo literario del entrevistado: «—Claro. A mí me dicen que por qué no hablo de los problemas sociales de Galicia. A mí me interesa la política en la vida, pero no en la literatura. En el periódico hago editoriales políticos. Si, como escritor, tengo a mi cargo la salvación de la lengua, no veo por qué he de resolver además la reforma agraria. Es como si le hubiesen pedido a Juan Ramón Jiménez que revolucionase la agricultura andaluza». También las gracietas, simpáticas en verdad las del ocurrente gallego, servían para desacreditar el utilitarismo de las letras.

De las angulas pasan a una carbonada de ternera «que es una fiesta» y el propio Umbral, acaso estimulado por la botella de Rioja del cuarenta y cuatro «que las telarañas han vestido de novia», se desata en el comentario literario:

> Pienso que, pasados los años del realismo en seco, pasada la novela social, cansados todos —autores y lectores— de una literatura aliteraria, están volviendo los tiempos de la inventiva, de la novela andarseniana, fabuladora, como nos anticipan los García Márquez y otros americanos. En esa línea volveremos a encontrarnos con Álvaro Cunqueiro. Ha sido muy oportuno este premio Nadal que viene a fijar la atención sobre un escritor-inventor, sobre un artista puro. Sus deliciosos relatos acabarán ganando al público con mucha más eficacia que las secas novelas de los últimos años. La literatura lujosa de Álvaro Cunqueiro no es un pecado, sino un enriquecimiento del hombre que la lee.

La amplia interpolación resume los conceptos en conflicto y el desenlace favorable a los segundos. Literatura aliteraria y secas novelas frente a literatura lujosa, novela inventiva, anderseniana y fabuladora. Más proclamación del escritor-inventor, del artista puro.

La crisis, la ruina, la defunción misma de la literatura social se había convertido en *vox populi*. Así lo corroboraba la poeta Julia Uceda en un artículo sobre la antología de Leopoldo de Luis de provocador título, en consonancia con sus punzantes argumentos, «La traición de los poetas sociales». El antólogo ha levantado el primer monumento —su definitivo monumento— a la poesía social, y todos sabemos, dice, «que los monumentos solo se les erigen a los muertos». ¿Por qué se ha desembocado en esa situación? Pues porque ahora se señala la necesidad de acudir a otros temas y se requiere abandonar «lo social» como «una moda». La moda «de la chaqueta vieja y mugrienta». La poesía social practicada como «costumbrismo» había procedido, dice con caústica severidad, de esa chaqueta «deliberadamente vieja y mugrienta, pero de excelente paño bajo la «pátina», con que algunos solían entrar en las tabernas a beber tinto. Un tinto que les revolvía el estómago acostumbrados a un trato más delicado y cosmopolita».

Pocos argumentos más destructivos contra lo social podría haber que esta apelación a la impostura de clase de los escritores sociales. El reproche no era nuevo, y ya hemos visto las invectivas contra los izquierdistas que iban en yate, pero resultaba particularmente hiriente en estos momentos de debacle. La literatura social, según Uceda, fue resultado del oportunismo y no de convicciones políticas o ideológicas. Los escritores comprometidos se quedan tranquilos al señalar una llaga social con el dedo, «y se van». Por eso la poeta sevillana se pregunta «si nuestra literatura social no estará escrita desde el temor de unos burgueses escarmentados, porque tal como en nuestro país suele practicarse, más bien halaga a las almas caritativas e inamovibles que modifica o desalienta a los sectores a quien dice ir dirigida». Y establece una comparación letal con el escándalo «de buen gusto» que producía en su tiempo Benavente. Lo cual supone limitar su valor a puros efectos proyectivos e identificadores.

Los poetas sociales se han traicionado y llegada esta hora, «como los modistos, se han puesto de acuerdo para dictar la nueva moda, la poesía social no va a llevarse», sostiene la provocadora articulista. Y se pregunta por qué. «Tal vez se han aburrido de la chaqueta vieja», se responde, añadiendo al descrédito una sangrante malicia: «Tal vez piensan que, al fin y al cabo, siempre ha de haber ricos y pobres». En el resto del comentario, por otra parte, desgrana especies de la práctica literaria social que solo podían expandir el desprestigio en esta hora desventurada: la poesía social nada más abarca lo socio-laboral y todo lo que no sea laboral no es social; nuestros poetas sociales dan un sentido peyorativo a lo intelectual y a la belleza la llaman esteticismo; no penetran en la conciencia sino que hacen un arte de fotografía que únicamente refleja el entorno más inmediato y elemental.

Con su artículo, Julia Uceda señala la necesidad de buscar nuevos caminos. Los ve, o propone, en la labor del poeta de internarse en las oscuras galerías del ser, en el desván oscuro de la existencia, en una realidad compleja que abarque lo exterior y lo interior. Poco porvenir tuvo la opción espiritualista postulada por la escritora sevillana. Pero en cualquier caso, su combativo artículo —que suscitó airadas réplicas— muestra que uno de los caminos de la renovación se construía sobre los cascotes de la literatura social.

19
Demolición no controlada

Las alertas señaladas páginas atrás acerca de las múltiples deficiencias del realismo social se convirtieron en una persistente lluvia fina de incalculables resultados a medio plazo. Sobre ese terreno ya abonado incidirían varios grandes cuestionamientos del realismo mediosecular en la segunda mitad de los años sesenta. Estamos ya ante un auténtico proceso de demolición no controlada jalonado por cuatro hitos: abre fuego Alfonso Sastre en 1965, le sigue un año después Juan Goytisolo y lo coronan José María Castellet, en 1968, y Carlos Barral, en 1969. Los respectivos escritos de estas decisivas figuras de la literatura, la cultura y el pensamiento antifranquistas supusieron el levantamiento completo de la veda del realismo comprometido. Tuvieron enorme impacto en la sociedad literaria porque propiciaron un generalizado sumarse al movimiento de negación y descrédito del realismo por parte de muchas gentes con pedigrí revolucionario, militantes de la izquierda o compañeros de viaje sin mala conciencia. Las rectificaciones se hicieron en ocasiones con lúcida y dolorida autocrítica, pero más veces estuvieron aquejadas de asombrosa amnesia. Casi nadie quería continuar en un barco que hacía aguas a ojos vistas. Ello implicó un cambio acentuado en la perspectiva desde la que se valoraba el ya proclamado fracaso de la corriente realista. Si hasta poco antes se hablaba de insatisfacción y de necesidad de rectificar, a partir de ahora se arremeterá sin contemplaciones contra los principios literarios —narrativos y poéticos— consolidados en los años cincuenta.

Alfonso Sastre no era un cualquiera en la resistencia a la dictadura. Nadie o casi nadie podía exhibir un mejor pedigrí de activismo revolucionario dentro y fuera del campo de las letras, de adoctrinador ideológico, de agitador político cultural y de conspirador en mil episodios antifranquistas. Por eso su *Anatomía del realismo* estaba abocada a sacudir los cimientos del arte comprometido tal como se había venido entendiendo en los lustros precedentes, y adquiría la categoría de una provocación, buscada, sin duda, por un escritor que había tenido en la polémica su medio natural desde hacía más de un decenio. Se trata de un ensayo misceláneo trenzado con materiales dispersos cuyos intereses se centran, por un lado, en el teatro, y, por el otro, en la reflexión teórica sobre los fundamentos del realismo.

La parte principal del libro a los efectos de la revisión del realismo crítico se halla en el capítulo 11, «Las mixtificaciones del realismo: el "populismo"», y en particular en el epígrafe «Crítica del populismo literario». Ahí explaya Sastre un enjuiciamiento demoledor de ese principio básico de los novelistas sociales que venía circulando como moneda de curso legal desde que Juan Goytisolo propugnara la urgencia de una nueva literatura nacional. El populismo entraña la creencia en la eficacia política de la literatura (sin la cual carece casi por completo de sentido el proyecto colectivo del medio siglo) y exige una determinada forma artística. Sastre arremete contra ambos principios. Tacha a los escritores populistas de practicar un «idealismo cultural» (sustituto, asegura, de una auténtica praxis revolucionaria) abocado al aburguesamiento. Es falso, afirma, que la comunicación con el proletariado sea una cuestión de tema y de estilo. A su entender, no basta una temática proletaria y constituye un error prescindir del estilo por medio de simplificaciones miméticas del idioma obrero y campesino. Ambas cuestiones, la temática reduccionista y la *elocutio*, estaban en el punto de mira de frecuentes consideraciones críticas del momento, pero las dudas que entonces se manifestaban se agudizaban tanto por quién lo decía como por el modo de exponerlo. Sastre sostenía con rotundidad descalificadora que los escritores populistas

> parten de la base falsa de creer que el problema de su comunicación con el proletariado es una cuestión de tema (proletario) y de estilo (en el sentido de prescindir de él), por lo que se empeñan en lograr simplificaciones estilísticas, miméticas con el idioma obrero y campesino (simplificaciones que lo son también, irremediablemente, ideológicas); reducción esta que supone un estéril sacrificio literario.

Y utilizaba expresiones tan políticamente incorrectas como «aberración de buena fe», «enfermedad infantil», «derrumbadero» de «la infraliteratura», «trivialidad costumbrista», o, en fin, la sarcástica un «melodrama de la lucha de clases». Todas y cada una de ellas habrían de resultar sangrantes para quienes tanto habían apostado por contribuir con sus versos y sus prosas a la superación de la injusticia histórica.

Alfonso Sastre no duda de cuál sea la alternativa. La revolución debe hacerse en las estructuras sociales para elevar el nivel del proletariado y no caer en el estéril sacrificio de signo contrario. Sus argumentos desmontaban, por consiguiente, la inexcusable proyección política que inspira una buena parte, si no la mayor, de las letras del medio siglo. A la vez ponía serios condicionantes al perfil ideal (o idealizado) del escritor comprometido que habían asumido bastantes autores de los años cincuenta. Ello se debe al compacto bloque de argumentos que desgrana. Quien tenga procedencia burguesa, no habrá de renunciar al bagaje cultural propio de su clase. El autor de origen acomodado no debe rebajarse al comunicador obrerista. En cualquier caso, el escritor ha de adquirir un instrumental poético refinado. Con este posicionamiento, Sastre desautorizaba una mitología cultural bastante extendida.

El siguiente jalón de este bucle de palinodias, en el orden cronológico que sigo, lo pone Juan Goytisolo. La circunstancia de cumplirse una década desde la comparecencia pública de su generación induce al escritor catalán a elaborar el «balance» de logros y errores del grupo en el que él mismo se incluye. Su autocrítica reflexión, «Literatura y eutanasia», cumple sobradamente el propósito de atestiguar un fracaso colectivo y de hacer la crónica de una derrota en toda regla, la cual, por otra parte, se había venido fraguando, a su entender, desde bastante antes —desde 1959, fecha injustificadamente temprana para datar el origen de la decadencia, a tenor de los datos que venimos viendo— de este representativo 1966.

El plazo de diez años que enmarca la reflexión le autoriza a Goytisolo a arriesgar un acercamiento crítico provisional a qué se propusieron y alcanzaron los narradores de su grupo, a sus intenciones y logros, a sus teorías y su praxis. Dando por descontada, según su parecer, la autonomía —es decir, la especificidad— de su promoción en el marco literario español, apostilla la distancia entre la «ruptura brutal» que supuso su innovadora presencia inicial y la situación nada halagüeña en que ha desembocado. Un doble cometido persigue el arqueo: señalar errores e insuficiencias, por una parte, y, por otra, confiar en que un examen exigente propicie un futuro positivo, pues los fallos «pueden corregirse aún». La incertidumbre que percibe en algunos de los autores del medio siglo, al menos entre «los mejores», la tiene por un síntoma esperanzador. No se cita a sí mismo, pero el término elegido, «incertidumbre», remite a su propia situación, la etapa de autosilencio creativo adoptado para rectificar su ahora denostada obra anterior —recuérdese el repudio tajante de *El circo*, excluido para siempre en la ulterior recopilación de *Obras completas*— y alcanzar el estadio definitivo de escritor «maduro», injertado en el gran árbol de las letras, como repetiría en años posteriores. La acentuada palinodia de «Literatura y eutanasia», expresada con cierta complacencia masoquista, primera manifestación clara de la tendencia de Goytisolo a considerarse un personaje lúcidamente marginal que acentúa a partir de aquellas fechas, ha de enmarcarse en intereses privados del autor, con independencia de las razones que fundamenten su alegato.

El porvenir positivo de la novela española no descartable tras la necesaria rectificación general ocupa, en verdad, escaso espacio y, en cualquier caso, nada supone en el ensayo ante la revisión sumamente crítica de una década de narrativa comprometida. Dos grandes errores, entiende Goytisolo, lastran «nuestro proyecto» de 1956: de un lado, el respeto excesivo a la tradición literaria española y a su agarrotado lenguaje; de otro, la generalizada confusión entre literatura y política, entre compromiso político y compromiso literario. Ambos errores constituyen el núcleo argumental de la puntillosa exposición.

Goytisolo elabora un censo de recriminaciones prolijo, y en él se recrea, no sin alguna interesada autocomplacencia. ¿Qué ha faltado? La visión compleja del mundo que exige la presencia junta del doble registro dramático e irónico, el sutil juego de luces y sombras, de tragedia y de burla. ¿De qué han carecido los novelistas? De la tensión y violencia internas necesarias cuando se denuncia la injusticia y la experiencia se ha reducido al tópico. Los escritores han sido tímidos y conformistas frente a la tradición literaria y han aceptado sin más el instrumental literario heredado. No han explorado «las inmensas posibilidades de la sintaxis», han ignorado el lenguaje moderno y no han rebasado jamás en su uso los límites convencionales del naturalismo. Frente a esta degradación por rutina Goytisolo exige una reacción radical: «El mundo en que vivimos reclama un lenguaje nuevo, virulento y anárquico. En el vasto y sobrecargado almacén de antigüedades de nuestra lengua solo podemos crear destruyendo: una destrucción que sea a la vez creación; una creación a la vez destructiva». Respecto de las relaciones en los años cincuenta entre literatura y política introduce Goytisolo la noción de eficacia como motivo básico del desajuste en el decenio siguiente en la obra de nuestros autores; «desajuste de la teoría a la praxis, del proyecto inicial al resultado». La coartada de la eficacia quedó en evidencia cuando se comprobó que la labor de los escritores no había hecho avanzar la revolución «ni una pulgada».

El conjunto de estas reticencias y desautorizaciones, en particular las debidas a las hipotecas políticas, se salda con una condena sin paliativos de la literatura mediosecular y de sus resultados. El balance lo expresa Goytisolo con una formulación lapidaria de la que ya he recordado una sentencia y que merece citarse completa:

> Dolorosa sorpresa la nuestra: el progreso y marcha del mundo no dependía de nosotros; nos habíamos equivocado de medio a medio en cuanto al poder real de la literatura. Supeditando el arte a la política rendíamos un flaco servicio a ambos: políticamente ineficaces nuestras obras eran, para colmo, literariamente mediocres; creyendo hacer literatura política no hacíamos ni una cosa ni otra.

Rectificación personal y grupal tan contundente constituyó una andanada demoledora contra el realismo social. Tuvo escaso eco su publicación periodística, pero consiguió gran resonancia al aparecer en el celebrado y revulsivo *El furgón de cola* un año más tarde, en 1967, según indiqué antes. El que el severísimo e inapelable juicio fuera también una forma de publicidad del personaje y de su nueva estética —la que da lugar a *Señas de identidad* por la misma época— no impedía reconocer auténticas verdades en la demoledora exposición.

José María Castellet aporta uno de los más agrios balances generales de la generación realista entre los que se encadenan a lo largo del decenio. Lo traza en el artículo «Tiempo de destrucción para la literatura española» y lo inserta en una recapitulación de la cultura de posguerra. Sobra decir su importancia y trascendencia por la significación del autor en la historia que ahora él mismo valora con tintas negrísimas.

La amplia reflexión del crítico catalán enlaza dos criterios: la revisión de la aventura intelectual de los autores del medio siglo y los retos de la literatura española en la segunda mitad del decenio siguiente. El recorrido por las letras medioseculares aboca al reconocimiento de su fracaso. Los rasgos de la escritura de la generación del medio siglo, a su entender, están tasados: cortapisas por la grisura intelectual de posguerra, inactualidad de una tradición española sin capacidad operativa ni germinativa, ausencia de un pensamiento izquierdista... Todo ello se sustituyó por *buenos propósitos* y *mejores intenciones* que no fueron suficientes para producir una *buena* literatura (cursivas del propio Castellet). Al contrario, esta se vio invadida de un «maniqueísmo elemental», le faltó «la presentación del mundo como un complejo de contradicciones que reflejara objetivamente la realidad española de aquel momento», en vez de «realismo» se practicó un naturalismo muy del siglo XIX, muchos novelistas cayeron en la trampa de utilizar sus obras como arma política y pagaron el precio de la insuficiencia de su instrumental lingüístico. En suma, un rosario de graves desautorizaciones con un tono descalificador que afecta incluso al nivel expresivo: «La literatura se había salido de madre», dice, y puntualiza: «se presentaba como una vanguardia —a la que apenas seguía nadie—. Libros de poesía de un tiraje de quinientos ejemplares reservados a los amigos y novelas encuadernadas en tela —es decir, aptas para ser compradas solo por la burguesía ilustrada— se convirtieron en el portaestandarte de una revolución en agraz». De aquellos polvos vinieron los lodos que se manifestaron en forma de enmudecimiento y fracaso en una fecha concreta, 1962, como páginas atrás hemos visto. «Fueron unos bellos momentos de euforia», que de repente se vinieron abajo. Nada ha quedado de seis años de entusiasmo: media docena de libros válidos —un par de novelas y algunos poemarios— y, el resto, curiosidad para «la tesis de algún estudiante norteamericano».

Algo se han salvado los poetas que en los últimos años andan buscando una voz propia, advierte un Castellet ya en precampaña de su penúltima infidelidad, la «novísima». Los novelistas, sin embargo, sentencia, han naufragado. Este durísimo alegato, enunciado como si en buena medida no fuera con quien había tenido responsabilidad máxima en los hechos denunciados, se orienta hacia una prospectiva de futuro. Esta anda sintetizada en la desiderata del título, coincidente con síntomas relevantes del presente (el premonitorio de Luis Martín-Santos en su inconclusa *Tiempo de destrucción*, el ofrecido por el nuevo Juan Goytisolo, el de *Señas de identidad*, cuyas opiniones sigue Castellet como un hermano siamés, casi como si fuera su doble): ha llegado un tiempo de destrucción de nuestras letras y de la puesta en marcha de nuevas orientaciones. El apremiante requerimiento ha de pivotar sobre tres factores. Primero, la revisión a fondo de una lengua envejecida y esclerótica. Segundo, la fiscalización no menos radical de toda la tradición cultural española. Tercero, el análisis constante, riguroso, objetivo y sereno de la realidad española.

Castellet reverdece los afanes programáticos de su etapa de mandarín del «realismo histórico», solo que ahora en dirección exactamente contraria. No disimula, además, ni la palinodia ni la nueva actitud impositiva. Lo muestra el autoritario párrafo final del artículo: «Hay que destruir y aventar, definitivamente, el cadáver de la lengua, los despojos de la tradición y el fantasma de la falsa realidad del país. Hay que acabar de derruir y hay que limpiar los escombros del derribo».

Más leña al fuego echó el «mestre» catalán aquel mismo 1968 al descrédito del realismo social cargando las armas con munición pesada: el término fracaso. Ocurrió en el marco del Congreso Cultural de La Habana, escenario de enorme trascendencia y difusión por ser el gran acontecimiento montado con impresionante despliegue de medios por el castrismo para la revalidación universal, o al menos occidental, de sus ambiciones y logros sociales y culturales. En Cuba presentó Castellet, con la vibración de la palabra espontánea y un tanto mitinera, un demoledor estado de la cuestión literaria española. Ante el público habanero salmodió un prolijo y exhaustivo rosario de errores y desaciertos:

> Y habíamos fracasado en nuestra tentativa porque no habíamos en realidad analizado, estudiado a fondo los problemas estéticos de la literatura que producíamos, y sobre todo no habíamos analizado a fondo los problemas de nuestra sociedad.
>
> Finalmente, esta rebelión nuestra fue una rebelión que no queda reflejada en el contenido de las obras; es decir, era una rebelión que era mucho más formal que real. No porque nosotros no la sintiéramos sino porque por falta de estudiar la complejidad de nuestra situación no habíamos sabido incorporar a la literatura la complejidad de la sociedad española, los múltiples problemas que tenía la

> sociedad en aquellos momentos [...] y entonces, en definitiva, habíamos dado una serie de obras que se acercaban mucho más a un realismo socialista de tipo vulgar , un poco chato, que a una literatura de creación.

Superficialidad tanto en la reflexión estética como en el análisis social era, conforme a la destructiva evaluación posterior de Castellet, en 1971, la doble causa conjunta del descalabro que estigmatiza con el hiriente calificativo aplicado a las obras: realismo socialista de tipo vulgar.

No se contentó el afamado crítico con esta diatriba. Algo más, y muy notable, añadió. No figura en el texto publicado, pero lo subraya Max Aub, asistente a la conferencia, en *Enero en Cuba*. Al escritor exiliado le «llama la atención» que el crítico indicara que el realismo español de hacia el 60 se debiera a «la "mala digestión" del realismo socialista». En ese argumento insistió en privado refiriéndose sobre todo a López Salinas. Era otro serio mandoble a la corriente comprometida del medio siglo. Por su parte, Aub añade que le entristece que el retraso de las letras españolas contemporáneas no sea solo culpa del régimen. También esto suponía un nuevo y muy recio palo incrustado en la rueda del compromiso peninsular.

¿Cómo había llegado el crítico poderoso, el mandarín un tanto tiránico, a descalificación tan cerrada del realismo histórico, según gustaba etiquetarlo? Las huellas que marcan ese proceso las hemos visto. Pero aun así sorprende el radicalismo de su postura última. No tanto porque hubiera llegado a esa convicción y la expresara de forma tan tajante como por haber dado señales de sentido muy distinto, antagónico, en fechas inmediatas. Solo un año antes del congreso cubano, en un amplio encuentro con Baltasar Porcel en *Destino* seguía aferrado a los métodos de análisis y a la concepción del arte inspirados en las doctrinas marxistas. Subrayo que el año anterior le dijera al periodista que «para mí la literatura no es más que una rama de la cultura y esta una de las manifestaciones de las formas sociales de la conciencia o superestructura que son un reflejo del conjunto de las relaciones de producción establecidas en una sociedad determinada». Con esta fraseología inequívoca arropaba un método crítico que exige «haber dilucidado las relaciones de dependencia entre el desarrollo histórico, es decir, político social, de una parte, y la concepción del mundo y las formas artísticas que surge de ella, por otro lado», sin admitir más flexibilidad que «la relativa independencia de las superestructuras culturales», y eso, solo «probablemente». Al final de la conversación se formulaba a sí mismo la pregunta de Gramsci sobre si puede haber una reforma cultural, una elevación de las capas más bajas de la sociedad sin una reforma económica previa y un cambio en la situación social y en el mundo económico. Para Castellet, «la respuesta es que no». Todo este ideario conjunto izquierdista se manifiesta cuando ya habían dado señales de vida los «novísimos» a quienes Castellet observaba y enseguida patrocinaría. La rectificación cubana solo podía entenderse como una traición en toda regla y acentúa su papel decisivo en la liquidación del realismo social. Ya veremos nuevas intervenciones de Castellet pasado el ecuador de los años sesenta en línea con un revisionismo drástico, pero adelantaré aquí una muestra del año que cierra el decenio.

En otra entrevista, asimismo en *Destino*, admite a Carmen Alcalde sin el menor pudor que, aunque no hubiera pretendido ser un dictador estético, hizo un par de libros, en referencia a *La hora del lector* y *Veinte años...*, «más o menos programáticos». Sin sentimiento de culpa reconoce que en la época de esas obras «nos pasamos de rosca porque detrás del voluntarismo político nos olvidamos un poco de las obras literarias». Respecto de esa manipulación programática suya admite que «está hecha con una metodología falsamente sociológica y yo creo, incluso, falsamente marxista». Todo fue, por tanto, la trampa y la mentira que ahora descubre. Si quien había aportado lo más importante del fundamento teórico de las letras inspiradas en el realismo histórico, quien había sido mentor de sus cultivadores admitía limitaciones de tal calibre, el movimiento entero quedaba a la intemperie. Lo dejaba al desnudo el mismo que lo había vestido.

El último de los destructivos torpedos contra la línea de flotación de las letras del realismo mediosecular lo lanza Carlos Barral en unas enconadas «Reflexiones acerca de las aventuras del estilo en la penúltima literatura española». Se trata de una pieza fundamental en la serie de recuentos demoledores de la literatura que él mismo había patrocinado apenas poco tiempo antes. Solo de pasada, y con mirada indulgente, reconoce alguna vinculación personal con «aquella poética en la que en cierto momento todos creíamos más o menos, aunque claro está que no del mismo modo». Un tono mezcla de desdén, arrogancia y señoritismo intelectual preside un análisis en el que sentencia con satisfacción, si no regocijo, el «actual estado de disolución» de la escuela del realismo social.

Barral contextualiza la situación presente en la historia literaria de posguerra que considera, tanto en poesía como en narrativa, de «extrema pobreza, casi indigencia» y le parece, en lo concerniente a la novela durante la dictadura, un «equilibrio de mediocridades». Con una gracieta despectiva solventa su valoración: hablar de la evolución estilística en ambos géneros en España «es como ponerse a meditar sobre la decadencia de las grandes familias». El repaso de los tópicos sobre la lírica bajo el franquismo incluye una andanada contra la llamada poesía social («o poesía del realismo crítico cuando se quiso decorar con ribetes lukacsianos»). Sus obras, «que eran y son libros para el aburrimiento, pesadísimos», constituyen una «etapa lamentable». Algo están cambiando las cosas, advierte, y «el clima estilístico de los últimos años es claramente más ameno y parece apuntar a una etapa en la que la invención formal ha de privar sobre lo que los vanguardistas italianos llaman "contenutismo"», aduce. Sus palabas disimulan una clara reivindicación de la nueva sensibilidad novísima que estaba dando la puntilla al realismo.

En cuanto a la novela, la «escuela de narrativa naturalista», dice Barral recurriendo al adjetivo que en sí mismo implicaba un estigma, se encuentra en un «estado de disolución». Las «reflexiones» encadenan dardos mortíferos contra la vulgata realsocialista. La primera crítica se refiere a su ideologización:

> La poética de la novela social partió de presupuestos estrictamente ideológicos, de ideas generalmente poco matizadas sobre presuntas funciones de revolución o al menos de transformación social atribuidas a la práctica de la literatura, ideas que implicaban el desprecio, a menudo confeso, de cualquier planteamiento estético.

Eran ideas —amplifica— «de una simplicidad geométrica» cuyo único elemento operativo consistía en la voluntad de hacer una literatura «descriptiva» de denuncia; se trataba de una poética de urgencia determinada por circunstancias prerrevolucionarias que «pusiera de relieve los mecanismos de injusticia de que eran víctimas las clases populares y los mitos tras los que se escudaban las capas opresoras de la sociedad».

A este reparo siguen otros que afectan tanto al contenido como a la forma de las novelas sociales. La temática «indigenista» estuvo supeditada a repartirse, «como en el esquema de un informe», la realidad social del país. «No era raro oír en las tertulias de jóvenes novelistas frases como "yo escribiré la novela del viajante de comercio" o "me estoy documentando para escribir una novela sobre los mineros andaluces"», acusa con el descarado olvido de que donde se promovió aquella compartimentación temática fue, y por inducción suya, en las reuniones que él mismo convocaba en el Hotel Suecia de Madrid dentro de la operación realismo. Muy grave resultó, también, a su entender, «el desprecio por la creación formal». Pero no menos que la insuficiencia estilística, «una prosa prestada, quizás arrendada al periodismo, y construida sobre un lenguaje no precisamente pobre, sino generalmente incongruente e híbrido».

El ataque desaforado se acompaña de un reconocimiento optimista de la situación presente. Algo va cambiando, asegura, en la nueva narrativa, la cual, aunque inmadura, «tiene a su favor la voluntariosa exigencia de novedad y concretamente de novedad formal». Es una manera, si bien cautelosa, de manifestar su adhesión a la poética novísima. Por otra parte, apunta con agrado la influencia «tan notable en los últimos años, de la narrativa latinoamericana sobre los gustos y las ambiciones de la sociedad literaria». Este punto revalida la falta de inocencia —por no decir la malicia—, si hiciera falta demostrarlo, de su desahucio del realismo social, pues aquí funcionaba el egoísmo empresarial de las grandes cifras de ventas que la moda hispanoamericana, sustituta del realismo nacional, aportaba a sus empresas editoriales, la primitiva Seix Barral y su sucesora Barral Editores.

Carlos Barral se convirtió en un ariete persistente contra el realismo social. Sus «reflexiones estilísticas» no escandalizarían a nadie, pues en términos semejantes se había manifestado poco antes a Alberto Míguez en el vespertino *Madrid* (7 de junio de 1969). El periodista abría la entrevista a página completa con una impactante afirmación: «—Puesto a escoger, prefiero el sándalo». Era la respuesta a la pregunta sobre si prefería la literatura de la berza o la contraria. Barral alega razones de oportunidad histórica para su antiguo patrocinio del realismo:

> —En un cierto momento la corriente literaria que se llamó realismo social, con intención justiciera y mentalidad claramente política, era el único frente posible de la narrativa

> española [...] Todos los narradores que tenían cierto interés formaron parte de ese frente. Yo me dediqué a publicar aquella literatura porque allí estaba la única fuente literaria viva. Además porque creía y sigo creyendo que en aquel grupo de narradores se destacarían cuatro o cinco novelistas de interés.
>
> [...]
>
> Yo favorecí esa literatura no porque mi poética personal coincidiera con esa poética realista , sino porque creía que lo único serio literariamente hablando que se hacía en España era aquello.

Mas enseguida se plantea el valor de aquel movimiento para desautorizarlo desde un doble frente:

> Pero ¿qué ha sido en realidad ese fenómeno literario realista? Yo creo que fue producto de un falso planteamiento histórico: aquellos escritores realistas que salían de un desierto literario se pusieron a escribir una narrativa que partía de un presupuesto falso, una situación prerrevolucionaria o de tránsito histórico que no era verdad. Aparte de eso, muchos de aquellos novelistas no lo eran de vocación. Practicaban la novela porque no podían practicar el periodismo o el cine. En un mundo con más variedades de medios y de formas de expresión se hubieran dedicado a otras actividades.

De paso, el poeta-editor denuncia la poca tradición narrativa de España; una tradición —con los términos que utiliza— escasa, pobre, artificial y fabricada por los eruditos o los profesores de literatura. Emulando las *boutades* que por aquellas fechas prodigaba el entonces de moda Juan Benet, tildaba a Baroja de «escritor simpático» y aseguraba que solo escribió tres o cuatro novelas buenas «y lo demás...»; «estaba dispuesto a reconocer» que Galdós es «autor de dos o tres novelas, pero no más», y le parece absurdo compararlo con Balzac. En suma: en España «no, no ha habido novelistas de fuste». Ni «remotamente» ha existido algo que se pareciera a Proust, Joyce o Musil. Por eso confiesa dedicarse ahora a detectar jóvenes que salden dicha quiebra española con la tradición europea. Dentro de la cual, por supuesto, encaja su despectiva denuncia del realismo social.

Perseverante en esta postura, insistirá al poco en el fracaso del realismo social en sus respuestas a la difundida encuesta de Fernando Tola y Patricia Grieve:

> los novelistas de esa generación afrontaron el problema de la creación literaria desde presupuestos históricamente falsos: como una literatura de urgencia, una literatura pre-revolucionaria, a las puertas de una gran transformación del país, lo cual ha demostrado que era absolutamente erróneo.

En fin, por no añadir otros comentarios suyos de idéntico sentido, el poeta-editor, convertido en perseverante fustigador del realismo mediosecular, sigue aireando su desdén en *Los años sin excusa* al proclamar «la delgadez y zafiedad de la llamada literatura social».

20
Más adversidades: de los «señoritos de mierda» de Marsé a la Ley Fraga

Las disidencias del realismo testimonial manifestadas en el primer lustro de los sesenta habrían debido producir, en pura lógica, una disminución de las letras adscritas a ese movimiento. Sin embargo, en 1966 sigue la percepción generalizada de que la literatura comprometida conserva todavía mucho fuelle, aunque ya hubiera pasado su momento estelar. «Un día sí y otro también sacan a la luz los escritores novelas sociales y novelas objetivas», escribe Juan Emilio Aragonés en su reseña de *A tientas y a ciegas* de Marta Portal en *La Estafeta Literaria* (363, 11/2/1967). El crítico apunta tal dato movido por el interés de destacar la novedad que traía la novelista asturiana frente a un estado de cosas extendido. A la obra ganadora del Planeta le convienen, según Aragonés, los dos calificativos, «intimista y subjetiva», que subraya para explicar su genuino sentido, un enfoque opuesto a la corriente más difundida: «De sobra sé que la narrativa que hoy cuenta con más adeptos es la basada en principios diametralmente opuestos». No obstante, y aunque fuera exacta esa impresión, ya pintaban bastos para la tendencia aún hegemónica. En la fecha que abre el segundo lustro de los sesenta se encuentran episodios de diverso signo que suponen nuevos contratiempos para el realismo social y se suman a la labor de demolición que acabamos de ver ya en acelerada marcha.

No poco sorprendería a quienes estaban al tanto de estas cuestiones el contenido de la «conversación» que José Manuel Caballero Bonald mantuvo en 1966 con el periodista francés Jean Michel Fossey en una tribuna destacada, *Margen*, la reciente revista parisina dedicada a la última hora de la actividad literaria hispanoamericana que despertó grandes expectativas en el complejo debate cultural del momento y que contaba con un cartel de colaboradores de lujo (en su primer número de octubre-noviembre firmaban Aleixandre, Arrabal, Benedetti, Edwards, Fuentes, y llevaba una entrevista a

Vargas Llosa, y en el 2, de diciembre a enero siguientes, donde aparece el diálogo con el jerezano, tenemos textos censurados de Quiñones y Martínez Menchén, escritos de Benedetti y de José Emilio Pacheco y un dosier de nueva literatura cubana con Carpentier, Nicolás Guillén, Lezama Lima y Heberto Padilla).

A la pregunta directa del culto y gran conocedor de las letras hispánicas Fossey sobre si el escritor debe utilizar su arte para defender su ideología política o religiosa, Caballero Bonald contesta con una reafirmación del compromiso: «—Claro, desde el momento en que esa ideología constituye parte fundamental de su vocación literaria. La literatura siempre es un arma para defenderse algo con lo que uno no está de acuerdo. La literatura es una equivalencia pero también es una afirmación». Tal postura, rara a tales alturas de la historia, la revalida en otras respuestas: «El escritor, como hombre, no puede permanecer al margen de lo que ocurre en el mundo [...]. La moral del escritor, su responsabilidad, consiste en no olvidarse de esa función concreta que le corresponde como testigo de su tiempo...». Siguen, sin embargo, matizaciones que condicionan por completo su veredicto: «No conviene confundir el orden de los factores. El arte no puede obedecer a ninguna consiga previamente establecida desde fuera», advierte. Y puntualiza: «la vocación del artista, como tal estímulo creador, es independiente de su acción política como hombre, aunque ambas cosas también se pueden realizar juntas».

Los requisitos de libertad e independencia del escritor suponen el preámbulo de la aceptación de un fracaso literario reconocido por Caballero Bonald sin los disimulos de la corrección política:

> La novela española tuvo que atravesar por cierta etapa de virulencia, urgentemente promovida por unas circunstancias históricas que reclamaban una literatura de situación. Se confundieron muchas cosas: la ética y la estética, por ejemplo. El novelista joven se sintió obligado a utilizar un procedimiento literario de agitación social muy simple y pobre, estéticamente hablando. Se cayó con alarmante frecuencia en el desliz de posponer el valor artístico de la obra al alcance político de los temas. Y eso solo puede conducir a la más escuálida rigidez.

La severidad del juicio solo la atempera el reconocimiento de las circunstancias que forzaron una confusión de nefastos resultados: «Pero todo tiene su justificación: en la España de hace diez años las cosas no pudieron, dentro del dinamismo de la historia, suceder de otra manera».

Tales apreciaciones procedían de una persona relevante y habrían de sorprender mucho formuladas por quien, apenas algo más de un lustro antes, había desarrollado desde Colombia una esforzada labor de difusión del movimiento realista peninsular, la cual le había sido muy encarecida y agradecida por sus correligionarios del interior. Pero ahora, ya se ve, su punto de vista había dado un giro absoluto. Hasta el extremo de reconocer que «Por fortuna, eso es ya un asunto periclitado. El escritor empieza a replantear los términos de su vocación» y de dictaminar que «la poesía social, en su más simple esquema realista, ya ha cumplido en España su ciclo». Aportaba el jerezano con sus apreciaciones —ese expeditivo «asunto periclitado»— uno de los más rotundos reconocimientos de que se había alcanzado el cierre inapelable del ciclo —el término que él utiliza— socialrealista. Además, en otro alegato admitía la negligencia con que se había actuado en el tema candente de la estética de la época: «entre nosotros se cometió el consabido error de definir el realismo antes que las obras y no a partir de ellas».

El gran varapalo, inmisericorde, tanto a la temática como a la técnica de la escuela realista, y sorprendente, por inesperado, vino de la mano de Juan Marsé. En *Últimas tardes con Teresa*, Premio Biblioteca Breve 1965 y publicada al año siguiente, se aplicaba un rejonazo feroz a un asunto muy sensible, la juventud acomodada antifranquista, y se desacreditaba el objetivismo que había sido el procedimiento narrativo predilecto de los narradores testimoniales. Respecto del tema, Marsé sobrepasaba la simple desmitificación de un doble motivo sagrado de la mitología realsocialista, el estudiante revolucionario y el obrero concienciado. En cuanto a la forma, se mofaba del modelo predicado por el realismo social.

Marsé se permitía su personal ajuste de cuentas en el pasaje que abre la parte 3 de la novela. Ahí la protagonista, Teresa, presenta al «murciano» Manolo, el Pijoaparte, al grupito universitario de amigos gauchistas. La estampa está troquelada a base de detalles retorcidos e insinuaciones aviesas. La chica lleva a Manolo al café «Saint-Germain-des-Prés» del barrio chino donde su pandilla tiene una tertulia conspirativo cultural. En ella se oye a veces en plena confidencia la tartajeante palabra secreta: «pecemeparecepecepertenece».

Uno de los chicos, Luis Trías de Giralt, recién vuelto de París, donde se rumoreaba que «se había inscrito», parece llamado a ser el «capitán» de la «organización secreta». El minúsculo grupo planea acciones de sigiloso resistencialismo. Antes de París, Luis Trías estuvo en Madrid e intervino en la agitación estudiantil de febrero de 1956, por lo que fue detenido y sufrió seis meses de prisión. Desde la cárcel le mandaba cartas a Teresa incitando a la acción que ella leía en la universidad. Al regresar, el chico no venía solo, «le acompañaba el fantasma del tormento» y se convirtió en el «indiscutible líder (categoría conectadísimo)». Así se fraguó la amistad de Luis y Teresa, y se formó el grupo rebelde que ahora conoce el murciano. No habrá que advertir el copioso recurso al sarcasmo en que se apoya el alusivo relato.

En el presente de la narración, casi transcurridos dos años del heroico incidente, «el generoso ardor democrático sigue aún latente y acaso más febril que nunca». Sin embargo, también se han producido cambios en la pandilla fruto de su inconsistencia intelectual e ideológica y de las pulsiones eróticas enfatizadas por el narrador. El caso es que diez años después, o sea, en el momento en que se publica *Últimas tardes con Teresa*, los miembros del grupo «todavía estarían pagando las consecuencias», las cuales se explayan con morosidad y con profusión de escarnios y expresiones denigratorias: prestigio estéril de aquellas gloriosas fechas, noche triste de abjuración e indolencia, oxidarse como monedas falsas, babear una inútil madurez política, mártires mitificados y decepcionantes, etcétera. A salvo el noble impulso que engendró los hechos de ayer, no puesto en cuestión, la novela se pregunta con interrogante retórico «qué otra cosa puede esperarse» de la inmadurez de los universitarios españoles. El propio texto especifica el inmisericorde balance que ofrece la camarilla estudiantil. «Con el tiempo, unos quedarían como farsantes y otros como víctimas, la mayoría como imbéciles o como niños, alguno como sensato, ninguno como inteligente», se desahoga con agresividad quevedesca el narrador, identificable con el autor, antes de emitir su fulminante sentencia: quedaron «todos como lo que eran, señoritos de mierda».

Hay que situarse en aquel 1966 de la aparición del libro. El franquismo todavía conservaba su dañina robustez cuando Marsé arremete sin piedad contra un sostén fundamental de la protesta frente al Régimen, los universitarios que habían colaborado con el

PCE para conseguir libertades democráticas. Las agresivas pullas del autor desautorizaban radicalmente el movimiento de agitación social opuesto a la dictadura y ponían en solfa la primera rebeldía efectiva contraria a los vencedores en la guerra, la agitación universitaria madrileña, y, por extensión, la connivencia universitario política de los dos lustros anteriores. Echaba por tierra un emblema. ¿Cuál sino esta labor de demolición sería el motivo para relacionar a Luis Trías con el invierno madrileño teñido de sangre? ¿Qué necesidad había de hacer una mención expresa de «febrero del 56, después de la suspensión de un Congreso de Estudiantes» y de vincular al fatuo líder barcelonés con la revuelta?

Tirando por elevación, Marsé abarcaba también en su objetivo la alianza entre arte testimonial, generación universitaria del medio siglo y dirigismo cultural comunista, sostenes hasta hacía bien poco del realismo social. Asistía al escritor catalán mucha razón en los motivos sobre los que elaboraba esa estampa brutal de la juventud universitaria, de la que tenía personal conocimiento indirecto por el círculo burgués que acogió sus primeros pasos literarios. Pero al omitir en ella cualquier signo positivo, más al utilizar un punto de vista de crueldad burlesca, ocupaba un lugar destacado en la campaña en marcha contraria a las letras comprometidas. Un libro es como es, pero también como se recibe. Y la novela fue percibida como una inmisericorde denuncia de la izquierda cultural. Ha recordado Joan de Sagarra en una columna titulada con la más definitoria sentencia social del libro, «Señoritos de mierda», que «en 1966 entre el público *progre* se habló más de la mala leche de Marsé/El Pijoaparte con los *revolucionarios* de 1956 que de la novela en sí». La «mala leche» sirvió de arma arrojadiza contra las complicidades señaladas.

Además, no solo era *Últimas tardes con Teresa* un ariete dirigido a la clase que había capitaneado la literatura social. Llevaba también, si no más, una carga de profundidad contra esa misma literatura en cuya onda expansiva alcanzaba a algunos de sus sobresalientes valedores y practicantes así como a la técnica que la sustentaba, el objetivismo. Ahora mismo comprobaremos estos aspectos con las fehacientes muestras del texto, pero antes conviene puntualizar que no se trata de una actitud sobrevenida con ocasión de este alegato. En entrevista con Laureano Bonet recién aparecida *Esta cara de la luna,* Marsé responde a la pregunta «¿Tu novela está cortada por el patrón objetivista?» con un rotundo «El objetivismo no me interesa en absoluto». El periodista se interesa sobre si se puede criticar la sociedad española de aquellos días sin partir de unas premisas objetivistas y el autor asiente porque, aunque sea preciso tener un punto de vista imparcial ante la vida, «ello no nos obliga al empleo de una técnica objetivista en el momento de reflejar esa vida en la obra». Incluso le parece que pueden utilizarse «módulos subjetivos». Interrogado sobre si una novela subjetiva puede tener igual aptitud realista responde afirmativamente: «El realismo no es exclusivo del objetivismo». Y añade, en referencia entonces transparente al *nouveau roman* por aquellas fechas de moda: «Para mí igual presencia tienen una mesa, un gesto, que una idea, un sentimiento». En otro momento de la conversación, a la pregunta del informado Bonet sobre si el realismo es una técnica formalista, una manera de narrar, o resultado de una actitud ante la vida, responde que esto último y que por ello se identifica «por completo con los propósitos críticos de la escuela objetivista española, pero no con su estilo formal». Ya entrado el nuevo siglo, Marsé ha reafirmado aquellas ideas seminales en otra conversación con el mismo Bonet y Fernando Valls. «Nunca me deslumbró el objetivismo», les confiesa. Al leer las novelas de Robbe-Grillet, les dice, «quedé un poco impresionado», pero aclara la diferencia entre el movimiento francés y sus particulares concepciones narrativas:

> Esta moda estaba en pleno apogeo entonces; y me lo leí todo, y me gustaron muchas cosas, el distanciamiento, por ejemplo. Pero, en buena lógica, según qué cosas y en qué momentos... Sin embargo, había algo en estos libros que me dejaba insatisfecho, y ese algo tiene que ver con la vitalidad, con la vida propia de los personajes. Los personajes quedaban siempre un poco en abstracción, diría, y yo continuaba una vez más pegado a *Fortunata y Jacinta* y al *Padre Goriot*, cuyos personajes los veía...

La firmeza de Marsé en su privada poética respalda el planteamiento global de *Últimas tardes con Teresa*. Mas no se conformó con sustentarla en las ideas y percepciones citadas. Las muchas ganas de ridiculizar la técnica favorita del realismo mediosecular le lleva a concederle incluso la importancia de asunto destacado —y advenedizo— de la novela. A este fin fuerza un puñado de situaciones en que la trata con dosis nada cicateras de ridículo. Uno de los jóvenes del grupo, Ricardo Borrell, «un chico fino y pálido, dúctil, plástico, con una manejable cualidad de muñeca sobada», años después «se remozaría escribiendo novelas objetivas». El socorrido motivo da pie a la dimensión burlesca de una tópica aproximación erótica: María Eulalia hizo «algún favorable y subrepticio avance de una rodilla o de su brazo hacia aquella inexpugnable fortaleza de la objetividad que era Ricardo». Las incertidumbres de la pandilla acerca de las relaciones entre Pijoaparte y Teresa se refieren con malicioso jugueteo conceptual:

> al salir del bar, Luis Trías le había preguntado al murciano si ya se acostaba con Teresa, y el pobre chico (pobre chico: obsérvese la repentina falta de objetividad de Borrell) interpretando aquello como una ofensa a Teresa [...] se sintió obligado a sacudirle una bofetada a Luis Trías. «Este chico es un subjetivo rabioso», concluyó Ricardo, lo cual era absolutamente cierto.

En varias ocasiones, Marsé se divierte satirizando el aferramiento de los jóvenes a la dictadura objetivista y la ausencia en ellos de criterios independientes. Una opinión de Teresa favorable al personaje balzaciano Rastignac «fue considerada escandalosamente subjetiva y rechazada» por sus amigos. Por eso, porque «era otra idea subjetiva y habría sido menospreciada», la protagonista se guardó también para sí un juicio personal.

La abundancia casi redundante de bromas despectivas habla por sí sola de la animosidad de Marsé. A ello se suma la burla hiriente del teórico más influyente del momento a través de la lectura pública que Ricardo hace de un libro de crítica literaria de reciente aparición y que «estaba siendo devorado en la Universidad». De tal libro, Ricardo lee en voz alta «una idea insólita, una de esas manifestaciones que a un autor le pesarán toda la vida, le perseguirán, le acosarán de noche como una pesadilla: "En general, puede decirse que el novelista del XIX fue poco inteligente"». Se trata de una referencia literal de *La hora del lector*, la famosa guía de la joven narrativa española realista del medio siglo que Marsé aún cita otra vez más: «—Bueno, escuchad esto: «El autor, a quien las nuevas técnicas..."».

Dejemos aparte cuánto tiempo la «idea insólita» —y nada afortunada, en verdad— le persiguió a Castellet, pero, desde luego, la ridiculización que hacía Marsé debió de herirle, y mucho más tarde, en la edición definitiva de 2001 de su ensayo, la atenuó significativamente en los mismos términos en que lo había hecho en la traducción catalana de 1987: «Algunos novelistas del siglo XIX fueron poco lúcidos...». Fuera la que fuere la reacción de Castellet, la cita constituía un misil en la línea de flotación del texto programático del medio siglo y había de entenderse como una declaración de guerra contra aquella poética y un desdén provocador del otrora máximo teórico del movimiento realista y todavía poderoso crítico y editor.

Pero no se trataba únicamente de un indicio suelto en la novela de la ruptura de hostilidades. Los personajes imaginarios tenían un soporte real en clave. Luis Goytisolo, miembro del jurado que la premió, se sintió aludido en el autor de novelas objetivas y en protesta dimitió. En clave, pero bastante identificables en el ámbito cultural catalán, se intuía al arquitecto Ricardo Bofill y a la mujer de Luis Goytisolo. El gusto de los amigos de Teresa a «beber vino tinto en compañía de ciertos cojos y jorobados del barrio chino» para apaciguar su mala conciencia burguesa podía interpretarse como una indirecta crítica a las inclinaciones de Juan Goytisolo a tratarse con la marginalidad del puerto barcelonés. Ninguna duda cabía respecto de quién se escondía bajo la esperpentización de «cierto profesor adjunto» de la universidad barcelonesa, cuyos asistentes a sus clases, «cada vez más numerosos y excitados», contemplaban un milagroso espectáculo:

> durante la lección, la palabra mágica del profesor, su exposición exhaustiva y dialéctica de ciertas realidades de la vida, iba dando vueltas en torno a sí mismo (en realidad no hablada más que de sí mismo, dirían luego sus detractores) como un pájaro maravilloso y exótico que con el pico fuese liberándole de sus prendas de vestir y colocándole otras, o como la lenta metamorfosis efectuada por la varita mágica de un hada, hasta que se quedaba completamente vestido de miliciano, con mono y fusil y cartucheras y todo, antes los deslumbrados ojos de sus alumnos.

El cruel retrato, cargado de intención política, representaba a Manuel Sacristán, inflexible dirigente comunista y persona clave en la educación ideológica y literaria del grupo de *Laye* y de la Escuela de Barcelona. A Sacristán se le atribuye haber influido en la dirección comunista para que vetara la entrada en el partido del más estrecho amigo de Marsé de aquel grupo, Gil de Biedma, por ser homosexual. El que a Teresa le divierta más Rastignac que López Salinas —comparación traída por los pelos— agrega una chinita maliciosa. Si algo no pretendía el emblemático autor de *La mina* era divertir y tal reproche implicaba delatar la severidad moral y la falta de humor de las novelas obreristas. En fin, la referencia a un «estudiante-poeta» que años después se hizo famoso con un poemario titulado *Pongo el dedo en la llaga* añadía un escarnio sobre la poesía de combate a lo Celaya.

Marsé consumaba, en síntesis, una ruptura múltiple con los modos literarios del medio siglo: con la poética objetivista, con los contenidos sociales, con las complicidades político-literario-universitarias de militantes y compañeros de viaje, y con un ramillete de colegas generacionales. Además, figuraba el categórico desprecio no en un ensayo de reducida difusión sino en una novela en cierta medida para el gran público, de considerable éxito y avalada por el más prestigioso premio del momento. Así la historia de Teresa y el Pijoaparte merece considerarse como uno de los hitos de la campaña contra el realismo social. Su carga desmitificadora impactó en la izquierda. José Corrales Egea replicó desde París con dureza. Los propósitos del autor resultan ser «los de un ajuste de cuentas personal», y la obra está concebida «como plataforma para desahogar rencores o antipatías personales», dice. Y añade una suspicacia demoledora. ¿Cómo este libro «increíblemente osado y crudo», generoso en lo que suele motejarse de indecencia, obscenidad y lubricidad, ha podido publicarse teniendo en cuenta el rigor con que actúa el lápiz rojo?, se pregunta. Pues porque quizás encierra virtudes o calidades suficientemente «gratas a doña Censura y doña Decencia» como para permitirlo, responde. Ello habría ocurrido al considerar que contrapesa todo lo censurable con su «*fondo reaccionario*». Que un autor joven a quien «se había tenido como perteneciente a la nueva y molesta generación inconformista» presente un cuadro tan grotesco y negativo, «no ocurre todos los días y constituye un regalo inapreciable». Concluye Corrales Egea que Marsé «presta un servicio que ni por encargo se podía hacer mejor. Tal es la triaca que justifica el veneno». Aun en exceso beligerante y apasionado, tenía razón el curtido crítico y escritor exiliado al denunciar aspectos medulares de *Últimas tardes con Teresa* que contribuían, fortaleciéndola, a la causa de los enemigos del compromiso literario y que trabajaban a favor de la dictadura.

Mientras los afectos al realismo y al testimonio discutían si eran galgos o podencos, debatían insuficiencias y mostraban arrepentimientos algo masoquistas, el entorno gubernamental hacía su labor de zapa poco disimulada. El Ateneo madrileño organizó un ciclo de conferencias en el que los escritores invitados explicaban su trayectoria. La Editora Nacional las recogió en 1966 en el volumen *El autor enjuicia su obra*. La nómina de participantes indica una selección sesgada en un doble sentido artístico e ideológico porque está marcada por un conservadurismo muy fuerte. Intervinieron Ignacio Agustí, José Luis Castillo-Puche, Gerardo Diego, José María Gironella, Manuel Halcón, Vintila Horia, Carmen Kurtz, Torcuato Luca de Tena, Ana María Matute, Dolores Medio, Rafael Morales, Elisabeth Mulder, Alejandro Núñez Alonso y Mercedes Salisachs. De catorce nombres, uno pertenece a la promoción de entreguerras, el ya anciano Diego, doce a la generación del 36 y nada más otro a la del medio siglo, Matute, a la que acudieron quizás porque era, de este grupo, quien menor vínculo guardaba con el testimonio, más se acercaba a una escritura imaginativa y poética y tenía un perfil ideológico que no inspiraba mayores recelos.

El resultado cabe suponerse. Nada más Castillo-Puche se declara partidario del valor histórico concreto de la literatura y de una eficacia práctica. Reconoce que en su obra existe siempre «una exploración cruel de la sociedad y una crítica a veces despiadada de sus fallos y vicios». Advierte que aspira «a un mundo mejor» y confiesa:

> Creo en la función social de la literatura y en su acción terapéutica [...]. El testimonio de la injusticia, la denuncia de la hipocresía y de todas las formas de simulación y de cinismo de la sociedad, me sirven como mazos para golpear en la sensibilidad de los demás y sacudir la pereza, el conformismo y la apatía de nuestra católica sociedad.

De todos modos, las obsesiones temáticas bien peculiares de Castillo-Puche y su escritura visionaria desviaban su confesa instrumentación crítica de la novela hacia ámbitos nada coincidentes con los del realismo mediosecular. Pero al menos sí reconocía una implicación directa de la literatura en la sociedad.

Nada parecido plantean los otros conferenciantes. Agustí remacha una vez más el mismo clavo que hemos visto ya en varias ocasiones. A estas alturas, su enemiga con lo social se había convertido en obsesión. Y por ahí respira de nuevo, por negar incluso que el testimonio valga como documento: «Cuanto más intenta el arte actual de la narración entroncarse con la época, cada vez resulta esta más difusa e incomprensible a través de los relatos. Hoy se llama novela objetiva a la más subjetiva e interiorizada forma de escribir. Se la llama objetiva por sus propios autores no porque sea una expresión imparcial y ponderada de la vida humana en las sociedades, con lo cual se conseguiría el fin de reflejar nuestra época, sino porque en ella los objetivos [*sic*] inertes participan de la narración con carácter protagonista. Se la llama objetiva porque en ella, salvo el propio novelista, se diluye y desvanece el elemento humano». Alguien que podría haber echado un cuarto a espadas a favor del testimonio porque algunas de sus obras presentan una intención documental bastante crítica, Dolores Medio, sorprendentemente reniega de la moda (que considera «pasajera») de la novela social y arremete contra el gran defecto que los detractores achacaban a la narrativa comprometida, el «tematismo». Y, en fin, Mercedes Salisachs lanza la arenga espiritualista previsible en su visión del mundo: «Mi deseo, mi verdadero propósito, es reflejar la preocupación que, consciente o inconsciente, mueve a todos los hombres, la necesidad de unificarse en el amor a Dios».

La novela como rebelión y como denuncia queda reducida a la reivindicativa confesión de Matute que tantas veces se ha repetido como feliz descripción de su poética: «Escribo, pues, porque no estoy contenta. Porque no estoy conforme, ni dormida, ni ciega, ni muerta. En definitiva, porque el oficio de escribir es también una forma de protesta. Protesta, contra todo lo que represente opresión, fariseísmo e injusticia». Las exposiciones en el Ateneo madrileño denigraban el realismo mediosecular o le daban de lado e ignoraban a sus representantes. Aunque el poco crédito literario de la mayor parte de los conferenciantes hacía bastante inocuos sus mensajes, contribuían a difundir una opción artística contraria a la mayoritaria hasta fechas recientes.

Un factor inesperado vino a sumarse a las arremetidas desde diversos frentes contra el testimonialismo practicado por los realistas sociales que habían causado su declive al superar el primer lustro de los años 60. En marzo de 1966 se promulgaba la nueva normativa de prensa e imprenta conocida como Ley Fraga. El decreto proclamaba la libertad de expresión y el derecho a la libertad de información y, a pesar de las fuertes restricciones establecidas, suponía un cambio de rumbo político de aparente signo liberalizador. La ley suprimía la censura previa, lo cual constituía un aliciente para que los escritores expresaran su crítica a la situación social y política del país y para fomentar la literatura de denuncia. Sin embargo, establecía unos mecanismos para la autorización de las publicaciones, la consulta voluntaria y el depósito previo, que mantenían un fuerte control de los contenidos, incitaban a la autocensura y sumaban incertidumbre y riesgos económicos y penales para autores y editores. Por esta parte, pues, no iban a encontrar los novelistas críticos facilidades para un rebrote de la narrativa de denuncia, cuando, recordemos, esta se hallaba ya en una cuesta descendente.

A pesar de la falsa liberalización, la taimada ley sí tuvo efectos en la difusión de una problemática nacional que la anterior regulación no habría permitido. Sobre todo en el ámbito de la prensa periódica no oficialista, ahora más incisiva, con un mayor caudal informativo acerca de los problemas políticos y laborales del país. Dentro, claro, de unos límites que, de sobrepasarse, conllevaban incluso el cierre del medio disidente, como ocurrió con el vespertino *Madrid* en 1971. Pero la amplitud informativa era un hecho constatable en el mismo año de la promulgación de la norma. Así lo reconocía en 1967 Caballero Bonald en la mencionada «conversación» con Jean Michel Fossey: «En lo que sí ha habido últimamente algún cambio es en el repertorio de noticias suministradas por la prensa diaria. Se publican algunas informaciones de carácter político hasta ahora vedadas... Es lo que se llama un respiro...». Así lo atestigua también y en la misma ciudad, París, el periódico mensual antifranquista *Mañana. Tribuna democrática española,* promovido por Dionisio Ridruejo (quien ocupó en él muchas páginas con largos ensayos políticos), dirigido por el veterano revolucionario Julián Gorkin y cuya secretaría de redacción ocupaba el renegado falangista socio de *Laye* Francisco Farreras. Estos nombres dan credibilidad a la declaración de principios que figuró junto al título en la cabecera de todos sus números:

> *Mañana* se edita en París porque no puede editarse todavía en Madrid. Aspira a informar objetivamente y a sincronizar el pensamiento y la voluntad de todos los que desean promover una solución democrática con miras a la convivencia civil y a la integración de España al mundo moderno.

El número 1 de *Mañana* apareció en enero de 1965 y el 16 y último en junio-julio de 1966. Sobrevivió durante este año y medio con muchas dificultades económicas y se despidió de los lectores, insinuando un posible regreso que no se produjo, con un humilde «Suplemento» de cuatro páginas en octubre de 1966. En el «obligado ¡hasta pronto!», o «hasta luego», de la postrera salida, además de aducir las señaladas dificultades y los obstáculos de la policía, añadía una interesante justificación. «Forzoso es decir que desde la entrada en vigor de la nueva Ley de Prensa e Imprenta», razona, «los diarios y las publicaciones periódicas se han venido haciendo eco de las vivas inquietudes de la sociedad española por medio de informaciones, comentarios y debates completamente inconcebibles antes». Ya lo había previsto la propia *Mañana*, añade: ni las restricciones, frenazos, amenazas o medidas arbitrarias serían capaces de impedir la manifestación de esas preocupaciones y ello, su salida a la plaza pública, ha ocurrido con la nueva circunstancia. Así que, concluye, «en cierta parte al menos, una de las razones que justificaban la edición de la revista en París ha desaparecido o se ha amortiguado».

La misma explicación puede aplicarse a uno de los motores que habían impulsado la narrativa social y que habían aducido bastantes escritores, entre ellos, de forma señera, Miguel Delibes. Esa justificación daba retrospectivamente Caballero Bonald en una entrevista con Sergio Macías recogida en *Regresos a Argónida* para explicar el impulso de *Dos días de setiembre*, bastante distanciado de lo que eran sus convicciones literarias más sólidas. Escribió aquel libro para desentumecer conciencias timoratas, para ofrecer algo ejemplificador que se oponía a lo que estaba ocurriendo en España o «para dar a conocer aspectos de la vida española que los medios de comunicación no aireaban». Fue una concesión excepcional, agrega, porque después solo ha procurado escribir «fundamentalmente preocupado por la creación de una obra bella».

La novela se había convertido en sustituto involuntario de la prensa amordazada y se utilizaba para contar algo de lo que no se permitía decir en el periódico. A pesar de que después de la Ley Fraga siguieran existiendo dañinos controles a la libertad de expresión, las puertas que había abierto a las inquietudes de la vida española borraban o amortiguaban la necesidad de escribir relatos documentales con semejante carácter sustitutivo. Ya no había necesidad, o esta era mucho menor, de que la novela informara en la misma medida que antes de la ocultada realidad. Una de las razones del testimonialismo se perdía o atenuaba, y ello se agrega a los restantes motivos, de fundamentación estética o ideológica, que empujan a la desaparición del realismo socialista. Sin proponérselo, la segunda ley de prensa de la dictadura contribuyó al declive de la novela inspirada por la urgencia documental, aparte de evitar con torticeros procedimientos que vieran la luz relatos de denuncia. Diversos frentes, y azarosas coaliciones *anti natura* contribuían, como venimos viendo, a su inexorable decadencia.

21
Programa antirrealista: novela intelectual, novela metafísica, novela total

Las reservas contra la poética socialista habían menudeado, así como descalificaciones muy gruesas que suponían enmiendas a la totalidad, pero todos estos enjuiciamientos hostiles se habían hecho casi a título personal, según valoraciones privadas de la estética realista. El ambiente adverso tenía dimensión colectiva, pero no respondía a proyectos literarios organizados en frente alguno. Se sumaban individualidades y no respondía a un plan de acción establecido, salvo en la difusa mezcla de intereses, caprichos y despechos que giraba en torno a la sensibilidad novísima apadrinada por Castellet. Sí hubo, en cambio, un auténtico programa antirrealista planificado, aunque surgió también de un planteamiento individual, la reacción contra el realismo testimonial del crítico de arte, periodista y novelista Manuel García-Viñó, a quien vimos antes en la jefatura de redacción de una revista asimismo alérgica al compromiso antifranquista, *La Estafeta Literaria*. Un libro suyo de 1967, *Novela española actual*, funcionaría como motor de la aglutinación de un grupo de narradores opuestos a la narrativa comprometida. Explicaba García-Viñó que no tenía voluntad alguna de presentarlos como grupo, y aunque quizás así fue inicialmente, lo cierto es que, solo algo más de un lustro después, en la reedición aumentada de su obra, reconocía que a partir de él había surgido «un movimiento literario».

Novela española actual no pasó inadvertido, generó una buena polémica que el propio autor documentó y glosó con virulencia en *Papeles sobre la «nueva novela» española* (publicado por la universidad navarra del Opus Dei), alcanzó la considerable difusión de diez mil ejemplares, según el propio autor, y se recibió como un manifiesto. El libro tiene un sentido unitario a pesar de abordar la obra de una amplia nómina de narradores de posguerra, mayores y jóvenes, muy distintos y aun antagónicos: Delibes, Castillo-Puche,

Laforet, Sánchez Ferlosio, Cunqueiro, Torrente Ballester, Fernández Santos, Matute, Antonio Prieto, Manuel San Martín, Andrés Bosch y Carlos Rojas. El neorrealismo templado de Fernández Santos o la inclinación hacia una fuerte imaginería de Matute justificarían su presencia en un ensayo que hacía suya la causa contraria al testimonio plano, pero a todo el mundo tenía que sorprender el hallar a Sánchez Ferlosio y *El Jarama*, novela emblemática del objetivismo magnetofónico. Por mucho que pueda extrañar a simple vista, no era ningún despropósito que García-Viñó trajera la narración de los jóvenes empleados madrileños a cuento porque aprecia un intenso subjetivismo en el objetivismo narrativo de Ferlosio, una presencia tan fuerte del autor en sus descripciones —algo, por otra parte, bien observado— que lo rebaja en mucha medida. *El Jarama* no sería, así, el documento social que mayoritariamente se vio en la novela sino manifestación de una problemática más amplia.

La reivindicación de esa problemática no restringida a lo social era la finalidad perseguida por García-Viñó. En el sucinto prólogo asegura que debe pasar todavía una temporada para que se dibujen tendencias o grupos en la narrativa de posguerra, pues solo se puede registrar la existencia de uno, el realismo social. Su puesta a punto, mantenimiento y proliferación se ha debido a tres factores: el signo de la época, el compromiso político, extraliterario y demagógico y «la concepción del arte como testimonio del tiempo en que se vive, partiendo de la idea de que testimoniar es transcribir lo que se tiene ante los ojos, sin la menor elaboración, selección, potenciación, visión interior de los problemas, etcétera». La tenacidad de los estrategas del compromiso político y la pereza y el esnobismo de los demás han hecho posible el triunfo del movimiento realista, aunque «la llamada literatura social no ha dado un solo novelista que sobrepase la mediocridad».

Otros nombres y obras —otra tendencia, en suma— existen, no obstante, al entender de García-Viñó y el ensayo persigue demostrarlo y apostar por ello. Sus intenciones quedan meridianas en el también sucinto epílogo: el libro constituye una «toma de partido» por otra concepción del género. ¿En qué consiste este modo de entenderlo? En una manera diferente de percibir el mundo. La realidad no debe mirarse como un simple cuadro de costumbres, ha de ser trascendida y de ella tiene que tomarse no solo lo visible sino lo que no se ve, los problemas del mundo interior, los sueños. A este propósito, los personajes deben encarnar una actitud inconformista superadora del inconformismo social al uso y mirar la vida haciendo una crítica compleja que vaya más allá de las determinaciones económicas. De este tipo de novela ya se encuentran pruebas notorias —sostiene García-Viñó— y a partir de ellas se propone una nueva concepción del género que sea una forma de conocimiento del hombre antes que de la historia, que lleve a cabo una contemplación de la realidad universal, superior al reflejo fotográfico de lo inmediato y visible, que manifieste preocupación estética y que sea un arte «independiente, por tanto, de todo tipo de servidumbre política». Le parece a García-Viñó que el momento histórico hacía especialmente oportuno este planteamiento literario. Cree que se vivía una época de superación de las ideologías —tesis, aclamada por la derecha, que el político ultraconservador Gonzalo Fernández de la Mora difundió por las mismas fechas en *El ocaso de las ideologías*, ensayo de notable éxito publicado en las opusdeistas Ediciones Rialp en 1965—, de lo cual se seguirá la decadencia de la novela social y el auge de la corriente que él encabeza.

El «movimiento» necesitaba un nombre y de la exposición de su impulsor se desprenden varias etiquetas: novela metafísica o de conocimiento, «nueva novela» y novela-novela. En ocasiones posteriores añadiría o asumiría otro par de ellas, novela intelectual y novela trascendente. Esta multiplicidad de marbetes amparaba un fenómeno colectivo, una interpelación belicosa al realismo social que se manifestaba en un momento de descrédito del testimonialismo, razón por la que tuvo eco en los sectores culturales conservadores. Por eso el periodista cercano al Régimen Carlos Luis Álvarez, *Cándido*, apreció que la polémica más significativa relativa a la literatura de 1967 había sido el coloquio celebrado en TVE en torno a la nueva novela española a propósito del libro de García-Viñó. Así lo resaltó en la serie de panoramas de la actividad nacional que publicaba la madrileña Editorial Guadiana.

Ya hemos recordado de pasada que la revista *Índice* reprodujo el texto taquigráfico de la conversación, en la que, dirigidos por un moderador propicio, si no cómplice, el periodista cultural Manuel Calvo Hernando, redactor de *Ya* y más tarde director de TVE cuando presidía el ente su amigo Robles Piquer, participaron García-Viñó y sus patrocinados el escritor Andrés Bosch y el también novelista y profesor Carlos Rojas. Completó el plantel de invitados el escritor rumano ultraderechista exiliado en España Vintila Horia, Premio Goncourt al que tuvo que renunciar por la denuncia de su trayectoria fascista y director de la colección donde apareció el libro de García-Viñó. Fue una tertulia televisiva entre gente cómplice y hasta el propio *Cándido* advirtió la ausencia de escritores realistas y objetivistas, la doble diana adonde se dirigían los dardos de la conversación.

El coloquio se convirtió en un bocina a cuatro voces de las ideas señaladas a propósito del libro que motivó la cita en la pequeña pantalla. García-Viñó insistió en que desde hace muchos años en España se habla continuamente del *realismo social* y casi no se echa cuenta de otra cosa, de una línea novelística que no era la del «realismo «hinchado», fotográfico, magnetofónico». Él ha querido llamar la atención sobre el «fenómeno» de una novela «que va más allá de la superficie de las cosas y que intenta desentrañarlas, explicarlas; que no se conforma con el retrato epidérmico, sino que intenta ahondar en los *porqués* de las tensiones humanas, abordando las cuestiones últimas».

A Carlos Rojas le convence la denominación novela metafísica si se entiende en el sentido aristotélico de ir algo más allá de la física, de la mera realidad circundante, mirar las cosas en un sentido hondo. Si se limita a la realidad sensorial, se reduce a un documento estético y renuncia a la auténtica grandeza humana, a ambicionar algo más profundo y complejo que las revelaciones de los sentidos. Coincide en esa línea Andrés Bosch: hay que ir más allá de la realidad parcial, objeto de las escuelas realistas, y superar, trascender, penetrar en las apariencias primarias para llegar a la esencia que constituye su naturaleza íntima, a aquello que les da su valor universal; de ahí que se deba buscar la realidad total, el realismo total. Para Vintila Horia la novela está en crisis porque no ha sabido sobrepasar el plano de lo superficial, se ha quedado en lo externo, en lo «inesencial», tarea de periodistas y fotógrafos.

Al hilo de la conversación también se reclama una novela que *ilustre* la filosofía, sin que sea un falso *ensayo* novelado (García-Viñó); que aporte el acto de creación de algo que antes no estaba (Rojas); que muestre afán de renovación (Rojas) porque los autores que se dedican a la investigación formal son los que positivamente hacen crecer el género (García Viñó).

La apuesta por una novela contraria al realismo de observación y espiritualista viene arropada por la consabida denuncia:

en España hemos llegado a sufrir una «dictadura», un verdadero empacho de realismo, dice García-Viñó; *literariamente* estamos viviendo en una *dictadura de la novela realista* y no hay forma de hacer una novela que traspase esos límites, corrobora Rojas. De eso se trataba, de denunciar la literatura comprometida. Y se hacía con el extraordinario púlpito de la televisión única y con la caja de resonancia en sectores cultos y aficionados a las letras de *Índice*. La notable significación que daba Carlos Luis Álvarez al debate indica su trascendencia en la dinámica de acoso y derribo del realismo narrativo español mediosecular. En paralelo con la narrativa, igual proceso afectaba a la poesía en el balance anual de *Cándido*. Algo nuevo había en el panorama de aquellas fechas, una mayor sutilidad expresiva, una hondura de pensamiento más libre. Contra, claro, «el prosaísmo radical» de los lustros precedentes, y «en contraposición a aquella libertad ficticia que se escudaba tras las barbaries del lenguaje coloquial, y que en muchas ocasiones fue interpretado como socialismo». Nadie perdonaba la oportunidad de dar lanzada en moro agonizante.

O, al contrario, hacerse el despistado y pasar sobre los tiempos recientes casi como si no hubieran existido, aunque todavía dejaran huella. Así lo constatamos en el crítico Rafael Conte. En el artículo «Última hora de la narrativa española» presenta un «catálogo» de novelas y libros de los últimos cinco años dentro de una situación de crisis latente, coexistencias, desapariciones o súbitas irrupciones que entronca en el «camino zigzagueante y desorientado» de la narrativa de posguerra. En todo el largo texto solo hay una pasajera mención al «grupo del realismo sociológico» que pone junto a la «novela metafísica» sin el menor comentario, en igualdad de condiciones, como si fueran fenómenos equivalentes El artículo apareció al comienzo de la nueva etapa de *La Estafeta Literaria* inaugurada en marzo de 1968 bajo la dirección de Ramón Solís. En esta etapa se incorporó a la revista bimensual como reseñista de cabecera Antonio Iglesias Laguna, quien al poco ocupó un puesto directivo al frente de la información bibliográfica. También frecuentó las reseñas Dámaso Santos, responsable de la información literaria del periódico del sindicato vertical *Pueblo*. Conte era la firma destacada del suplemento de *Informaciones*, donde daba cancha al vanguardismo y a la experimentación, en detrimento del realismo. El talante aperturista del vespertino donde trabajaba no fue impedimento para que colaborara con *La Estafeta*, publicación dependiente del Gobierno, costeada por la Editora Nacional. Conte no tuvo inconveniente en compartir la misma tribuna con el extremadamente conservador Iglesias Laguna y con el franquista, generoso con los letraheridos, eso sí, Dámaso Santos. Son datos menudos, poco relevantes, sin duda, pero no faltos de significación. El desmontaje de la literatura comprometida no se produjo por su propio peso. Se llevó a cabo en un ambiente de relativismo ideológico, o de defección de la izquierda cultural, que propiciaba su eclipse total.

La deserción del realismo comprometido resulta generalizada a medida que nos acercamos a finales de los años sesenta. Lord —curioso pseudónimo que utiliza Francisco Umbral en esta ocasión— celebra un «Encuentro (horizontal) con Vicente Aleixandre» y le pregunta si, ante nombres como Gimferrer o Carnero, podría «pensarse que la poesía social o prosaica se está acabando». Rotundo, el vecino de Velintonia 3 contesta: «—Sí. La poesía social está prácticamente acabada». La respuesta terminante podemos tomarla como pancarta para definir el momento. Aunque todavía le queden algunas calendas a nuestra historia.

22
Las cartas sobre la mesa: fracaso literario y vital

A finales del decenio, las cartas están sobre la mesa. Al veterano Carlos Barral acompaña en 1969, en el mismo número monográfico de *Cuadernos para el Diálogo* dedicado a repasar los últimos treinta años de nuestras letras, el joven crítico Salvador Clotas. Incorporación reciente de Barral a la escuadra de sus asesores y político destacado más tarde del PSOE en el ámbito de la cultura (ministro *in pectore* de esta cartera del primer gobierno de Felipe González), Clotas echa más leña al fuego. Con ánimo polémico aborda su «Meditación precipitada y no premeditada sobre la novela en lengua castellana». La intencionalidad de tal titular provocativamente sugeridor aparece con nitidez en el nuevo rótulo que le pone, «La decadencia de la novela», al recogerlo con algunas modificaciones en 1971 en el librito *Treinta años de literatura española*. Desde luego, el vehemente Clotas no es favorable al realismo social; en realidad, no es favorable a casi nada de la reciente historia de la novela española, y reparte abundantes y desinhibidos mandobles.

De la generación del medio siglo, Clotas salva —por el momento, otra cosa diría después— lo que ya por esas fechas suscita consenso sobre su calidad: *Tiempo de silencio* y *El Jarama*. Las reservas hacia el Juan Goytisolo primerizo se compensan con el reconocimiento de una nueva etapa en la que el catalán ha sabido crear un mundo personal. Tras los escritores del cincuenta, detecta un nuevo grupo generacional, con pocos nexos que vinculen a sus miembros, como no sea, dice con una *boutade* benetiana bien ilustrativa de la atmósfera cultural de aquellas calendas, «la sospecha de que todos hablan mal de *La hora del lector*, de las novelas de García Hortelano y de la poesía de Blas de Otero». No hace grandes elogios del último movimiento, entonces, de nuestras letras, el *veneziano*, al que apoda «la promoción subnormal» en referencia a Vázquez Montalbán, y ello porque predomina en él una visión catastrofista de la narrativa española basada en motivos que todavía no se han superado. Acusa un problema de fondo aún irresuelto en nuestra literatura: sigue sujeta a una concepción «anticuada y caduca». La novela, en general, piensa, tiene un difícil porvenir y no ve que sirva para sacarla de incertidumbres la etiqueta antinovela que podría designar a la narrativa de la nueva cultura. Sus reservas se deben a que «desde *A la recherche* de Proust y *Les faux monnayeurs* de Gide o el *Ulises* de Joyce no hallamos más que excelentes antinovelas y mediocres novelas». Como sea, concluye dogmáticamente: «El drama de la novela española actual es que en la mayoría de los casos parece ignorarlo». Este planteamiento global hace que Clotas incluya a la narrativa social en el páramo de posguerra y eso sin contemplaciones, sin alegar siquiera a su favor la justificación de su necesidad histórica que aducía la crítica de izquierdas.

Tándem forma Clotas con Gimferrer en dicho *Treinta años de literatura en España* y su acompañante se suma al negro diagnóstico de nuestras letras recientes. El futuro famoso «novísimo» bosqueja unas «Notas parciales sobre poesía de posguerra» en las que, en realidad, sortea el motivo de su ensayo, valorar la última etapa de nuestra lírica, y se limita a pergeñar unos simples apuntes «parciales». Algún detalle suelto, sin embargo, no deja lugar a duda sobre su postura. Su opinión coincide con la extendida por aquellas fechas de que la lírica española —y la literatura toda— se hallaba en una situación agónica. Lo cual achaca, en coincidencia también con una de las opiniones generalizadas, al anquilosamiento verbal. «Parece llegado el momento de denunciar, después de treinta años», escribe, «la intolerable fosilización del lenguaje literario español —ofensivo sin más para cualquier lector no estragado— que, en el campo de la poesía, se ha petrificado en una *fórmula* tan vacua, recurrente e inamovible como la que caracteriza a los poetas de la Restauración». La culpa de la situación la achaca en buena medida a la poética del medio siglo, dentro del que salva a poca gente: Gil de Biedma, Valente, por su replanteamiento del hecho poético «en una valerosa tentativa de renovación», y el excéntrico —heterodoxo lo llama él— Carlos Edmundo de Ory por el ejercicio de libertad que suponen tanto su vida como su obra.

El balance del estado de la lírica se le antoja a Gimferrer negro: «La mayoría de los poetas españoles han hecho un arte —por adulta que sea su edad— de no decir absolutamente nada, ni respecto a la realidad ni respecto al lenguaje». Con arrogancia juvenil concluye: «Como no veo que la poesía pueda tener otros temas, es obvio que la mayoría de los poetas españoles no escriben nada que merezca la pena de ser leído. Urge un planteamiento de la realidad. O mejor dicho, urge un planteamiento poético de la realidad».

Cauto, no lanza Gimferrer contra el realismo social ninguna de las consabidas descalificaciones. No obstante, su punto de vista implica una denuncia de la estética que ha llevado a tal estado de cosas, a su sepelio y a la necesidad absoluta de sustituir ese movimiento por otros modos, los cuales no son sino los novísimos, en cuyas filas líricas entraba el joven catalán oficialmente apenas un año después de la mano de Castellet. En tales valoraciones se mantendrá Gimferrer pasado el tiempo, aunque en términos más destemplados, que llegan al menosprecio. En el prólogo a la edición madrileña de *Libro de caballerías* de Joan Perucho de 1986 denunciaba que las letras hispánicas se hallaban por las fechas del impacto realista «confiscadas por la ideología política». Y liquidaba la práctica del realismo social con una sentencia asoladora: «En pocas épocas el gusto literario se ha visto hasta tal punto desvirtuado; en pocas épocas se ha estado tan lejos de leer en verdad literatura».

Clotas acerca de la novela y Gimferrer sobre la poesía se dan la mano en el escuálido librito para echar por tierra cualquier hipotético mérito del realismo socialista. Y para, con sus insidiosas opiniones, añadir una paletada más de cal en el féretro de la literatura comprometida. Después de, en su osadía juvenil, dinamitar las letras españolas enteras desde la guerra. Estas intransigentes tomas de posición terminaban por minar la confianza de los escritores realistas y, en consecuencia, se extendió entre estos un abrumador sentimiento de fracaso. En efecto, esta penosa vivencia será uno de los acordes notables en la revisión del realismo social por estas fechas a caballo de los años sesenta y setenta. Eso encierra el propio rótulo, «Silencio y crisis de la joven novela española», de la intervención en 1968 de Daniel Sueiro en la segunda de las reuniones promovidas por Francisco Ynduráin en la UIMP: «silencio» por la inactividad generalizada de la mayor parte de sus compañeros de promoción y «crisis» por no saber si algo bueno o muy malo (una nueva vida pujante o una explosión de muerte) saldrá de su situación presente.

«Hubo un tiempo», comenzó Sueiro su exposición como quien cuenta un cuento lejano, en que él y tantos otros fueron «potentes promesas» de la joven narrativa española. Hoy, con treinta y tantos años, «cansado», puede decir «que apenas hemos avanzado nada en el camino». Al revés: «acaso en estos últimos años, en lugar de aumentar la estimación pública por nuestra obra lo que se ha conseguido es que la gente se haya olvidado un poco más de nosotros». Esa es la pura y dura realidad, insiste. Aquella novela que irrumpió hace diez o quince años por medio de un grupo «en cierto modo compacto y en cierto modo avasallador», ahora, «bien miradas las cosas, si no queremos engañarnos, si no queremos seguir engañándonos, se ha diluido y ha venido a quedarse en nada o casi nada».

Sueiro achaca a un problema de necesidad histórica este efecto. Sus compañeros de generación, como él mismo, se redujeron a quedarse en casa tomando nota de lo que pasaba en las calles, o viajaron «al monte, a la tierra, a la mina, a la playa, al río, a la fábrica e incluso a la cárcel para contar las cosas que pasaban entre nosotros en todos esos sitios...». Eso hicieron, mas no supieron contarlo bien o no les dejaron hacerlo. El resultado negativo fue, argumenta, una falta de universalidad de nuestra novela, la cual, además, ni siquiera interesaba a mucha gente. Rescatar este alcance universal habrá de ser un objetivo imprescindible y los escritores tienen ante ellos el ejemplo de una poderosa novelística que habla el mismo idioma, la última narrativa hispanoamericana. No comparte Sueiro ninguna de las reservas de otros escritores de su grupo y tendencia acerca de los autores del *boom*, los cuales manifiestan palmarias virtudes: «Están vivos y escriben libremente sobre cosas vivas»; «manejan un idioma vivo y cuanto tocan con su palabra, con su pluma, con su voz, late, se mueve, sencillamente [...] vive». Se imponía buscar una salida al realismo social y la vía del enriquecimiento verbal ofrecía un camino.

En fin, Sueiro reconoce sin paños calientes el completo fracaso vital, tanto biográfico como literario, de su promoción. «Hoy, ni como grupo ni individualmente, se habla en ninguna parte gran cosa de ninguno» de sus miembros, admite dolorido. Otros narradores realistas tienen la misma percepción de considerarse víctimas de una situación histórica. Que lo hagan con la resignación de Sueiro o con tonos encrespados dependerá del temperamento de cada cual. En cualquier caso, vista la situación desde fuera, desde la mirada externa del observador, el fracaso anidaba en el propio desánimo o desconcierto generacional. Era lo que apuntaba Dámaso Santos en su crítica de *Cien años de soledad* en *Pueblo* (16/7/1968). Subrayaba el periodista leonés el triunfo de García Márquez y señalaba que muchos novelistas españoles podrían conseguir éxito semejante «de no sentirse encogidos» a causa de diversos determinantes: por estar «dándole vueltas» a la elección «del camino de ruptura, por repudiar la imposición de las invitaciones a la ostentación del compromiso social o por seguir estas como un catecismo dogmático». Era una atinada observación la del responsable de cultura de *Pueblo*: de hecho, una generalizada falta de creatividad —esos largos periodos de mutismo de varios narradores de los cincuenta— se solapó con flagelantes cavilaciones sobre los inciertos presente y futuro de la novela de observación.

Para conocer cuál era la apreciación del realismo social a estas alturas de finales de los sesenta contamos también con un muy curioso documento, *La gallina ciega*, el «diario español» de Max Aub que contiene las ácidas observaciones surgidas del breve regreso a su país en 1969. Los temas literarios y la situación de la literatura en España ocupan bastante espacio en alguna de las muchas conversaciones que mantuvo durante su estancia de casi tres meses entre agosto y noviembre. El escritor trasterrado recoge las opiniones de variados interlocutores y arriesga las suyas propias, caracterizadas por una amplia y cabal información. El conjunto de pareceres ofrece un plástico y veraz retrato de un momento de incertidumbre, si bien juicios ajenos deben tomarse con obligadas reservas pues su relato está condicionado por una notoria libertad de opinión y una franqueza algo impertinente, amén de carecer de la estricta fidelidad exigible al reportero puntilloso. La idea de una grave crisis literaria aparece como un Guadiana en sus charlas y en ellas afloran de forma muy vivaz, cruda y polémica los nuevos aires artísticos de finales del decenio que están desbancando la poética real-socialista o lo han hecho ya. El incisivo y destemplado diario maxaubiano tiene la cualidad de crónica viva y palpitante de un momento histórico literario efervescente, de cambio, de desorientación, de lucha entre tendencias antagónicas, de revisión total de un pasado próximo y de propuestas de nuevos rumbos aún sin definir del todo.

La certidumbre de una gran crisis se impone por encima de cualquier otra apreciación en la gráfica crónica del diario. Una nueva y pugnaz querella entre antiguos y modernos la provoca y un anónimo interlocutor identificable fácilmente con Ángel González la expresa con términos no poco desgarrados. Tuve cierto éxito, escribí libros amargos, pero con ilusión, tuvimos los de mi generación cierta esperanza hace veinte años de que las cosas iban a cambiar y ahora hemos perdido todo optimismo, hilvana el poeta asturiano. Y agrega a su dolido lamento: «Los jóvenes hablan mal de mí: no se estila ya la poesía social, la poesía política ha pasado ya de moda. No hemos sido nada y ahora seremos menos todavía».

El propio Aub corrobora entre paréntesis esa impresión en la que, al descalabro literario, agrega un factor importante en el recorrido de la promoción del medio siglo, el fracaso vital, existencial: «Empezaron», explica el memorialista, «a escribir, exponiéndose, poesía social y a inventar métodos personales de lucha contra el régimen. ¿Qué queda de todo esto veinte años después? Han podido darse cuenta», sentencia, «de que han perdido el tiempo de su vida. Tienen hoy de 40 a 50 años. ¿Qué han hecho? Poca cosa. Se han equivocado. ¿Quién se lo dice?». La percepción de frustración vital la corrobora tiempo después otro escritor, asimismo sin nombre propio, que, dice, «se me conoce como poeta social». Él nunca fue un poeta de estricta disciplina —explica— e incluso los partidarios del realismo socialista, que propugnaban una literatura optimista, le reprocharon cierto tono pesimista de sus poemas. Ahora le dicen que haga poesía optimista, pero le parece imposible. Por una razón de peso: aunque tenga fe en el futuro, en la historia y en el hombre, o sea, en las convicciones socialistas capitales, mientras llega «lo que se ha perdido irremediablemente es mi propia vida». El malogro vital, pues, marca a fuego en estas fechas a la generación de los cincuenta. Tremendo balance, personal y literario.

La percepción de Ángel González no constituye una excepción. Otro interlocutor del mismo grupo, sin más señas que las de «escritor barbudo», corrobora los retos de sus colegas y el cambio ambiental: «Para nosotros fue más difícil» que para los autores de la generación precedente, la de Otero, Hierro o Celaya, porque estos pudieron adoptar una actitud ética que les sirvió para ellos y para su obra. No ocurrió así, sin embargo, explica, en la promoción siguiente, la cual afronta ahora a la intemperie el nuevo contexto: «ya el público está cansado de la temática política que, de hecho, ha durado más de veinte años». Un desaliento parecido a la impotencia marca a la generación del «barbudo»: no tenemos menos talento que los nuevos «pero no podemos inventar nada y, quizás tampoco nos dejaron la posibilidad de hacerlo». Encima, «los editores de los eternos «nuevos» no aceptan más que lo «seguro». Y que no somos hispanoamericanos», concluye. Se observa idéntica vivencia de fracaso que la expresada por Ángel González en el sentimiento del «barbudo». El cual se convierte en notario del giro copernicano de la lírica española reciente. A la joven poesía actual —asegura—, que ha dejado los viejos cuidados por un mundo mejor, «lo mismo le da lo moral o lo inmoral, el buen gusto o el malo, lo hermoso o lo feo, el amor o el desprecio pero, sobre todo, no quiere oír hablar ni de justicia ni de solidaridad ni de libertad». Aub rebate, sin embargo, la radical afirmación: «los jóvenes son tan políticos como vosotros», pero «lo que no quieren es oír hablar de un partido», matiz muy certero que afecta de lleno al desarrollo interno del realismo social.

Este último debate, el del nuevo perfil político de las novísimas letras frente al compromiso partidario del medio siglo, se lleva la parte del león de un auténtico ensayo de literatura contemporánea construido por el largo interrogatorio al que Aub somete al cuentista y crítico Paulino D., nombre bajo el que se encubre, según la valiosa aclaración de Manuel Aznar en la reedición anotada del «diario español», al activo promotor y cultivador del realismo social José María de Quinto, personaje fundacional e imprescindible, si bien hoy olvidado, de este movimiento. La conversación Aub-De Quinto se convierte en uno de los testimonios más completos e interesantes sobre las vicisitudes de la literatura social en los amenes de los años sesenta. El exiliado le pide a su colega del interior su opinión «sin tapujos» y este satisface sobradamente la exigencia. Sus explicaciones abarcan tanto un razonamiento ponderado, aunque *pro domo sua*, de la literatura comprometida del medio siglo como un enjuiciamiento radical de las tendencias emergentes a finales del decenio siguiente.

Respecto de la literatura social, José María de Quinto aprecia en ella valores perdurables, en contra de la coetánea actitud de negarle el pan y la sal. La lírica de la órbita politizada

> ha dado ya no solo por sus valores cívicos *sino también dentro de lo que pudiéramos llamar estética o formalismo de la poesía*, nombres que deben ser considerados en un panorama de la literatura española actual. Además, creo sinceramente que algunos de ellos sí van a pasar a la historia en la medida en que tienen obras que merecen consideración. (cursiva mía)

No se le escapa, sin embargo, la insuficiencia en la representación de la realidad achacable al realismo social. Lo expone a propósito de un colega cuyas obras aprecia, Antonio Ferres. El propio autor de *La piqueta* —cree su, por otra parte, cómplice de aventuras literarias De Quinto— se dio cuenta de hasta qué punto «estaba haciendo lo que podríamos llamar una literatura plausible, desde un punto de vista civil, pero quizás no una literatura más profunda en donde en realidad no se idealizara, como se trataba de idealizar a través de esta literatura, a las clases desposeídas, simplemente porque eran clases desposeídas». En otro momento percibe también De Quinto un déficit en el realismo social en relación con uno de los supuestos del realismo soviético lukacsiano, la falta de totalidad en la representación del mundo, motivo por el que elogia *Tiempo de silencio* y su valor seminal de un realismo menos esquemático. Frente al sociologismo reductor, dice, Martín-Santos encabeza una reacción y en su novela «intenta ofrecer una visión de la realidad social del país, en la medida en que dentro de esta misma novela intenta retratar distintos mundos superpuestos que coexisten en un momento dentro de la vida colectiva». *Tiempo de silencio,* aunque no la considera una novela por completo lograda,

> incita a toda una serie de escritores, que van a venir después, a perder esa idea un tanto, pudiéramos decir, dogmática de la novela social, de retratar solamente unos grupos determinados y reducidos dentro de la vida española e inicia, entonces, un deseo por parte de otros novelistas que han venido después a la búsqueda de una totalidad. Es decir, a un concepto ya de totalidad.

Con lo cual, debemos deducir, se atendría a la ortodoxia del realismo soviético mediante un planteamiento original.

Nueva reserva acerca del realismo social ofrece el interlocutor y amigo de Aub respecto de su evolución. La manifiesta a propósito de dos narradores comprometidos que poco antes habían partido a sendos voluntarios exilios, el mencionado Ferres y Jesús López Pacheco. Al explicar el cambio habido en la obra de Ferres admite una seria reserva al realismo del medio siglo. Ferres —explica— quiso romper con la literatura en la que había trabajado en sus comienzos más por una serie de convicciones éticas y políticas que estéticas y por su deseo de liquidar un pasado mísero, un pasado que «consideraba totalmente pobre, totalmente provinciano en la medida en que esa literatura que estaba apareciendo era una literatura para andar por casa, una literatura en zapatillas, con una visión degradada de la propia realidad del país y degradada en la medida en que surgía de un ambiente de por sí degradado». Algo parecido supone —y con buen tino, por cierto—, pues carece de noticias directas, que estará haciendo López Pacheco en Canadá.

De Quinto comprende dichas rectificaciones, pero no le satisfacen. Ve en ellas un riesgo. El desarraigamiento de su propio país y la caída en una literatura más «universalista» o «cosmopolita»; en todo caso, añado por mi cuenta, resulta falta del enraizamiento en lo nacional popular que había sostenido la narrativa de la generación de los cincuenta (nada pudo precisar, sin embargo, de la evolución de ambos narradores hacia planteamientos formalistas). Estas reticencias de De Quinto tienen considerable valor para seguir el enjuiciamiento de la trayectoria de la generación del medio siglo desde posiciones reflexivas, no condenatorias. En cualquier caso, parece comprender que se hayan buscado alternativas a esa literatura que reconoce como degradada, criterio válido, en otro pasaje de la conversación, para algunos escritores que, según Aub, «podrían agruparse alrededor de Valente». Con estos, señala De Quinto, se inicia una ruptura «moderada» con la poesía social, a la cual sigue una segunda fase de quiebra drástica contra la que carga las tintas. En esta nueva etapa se arriba «al concepto de la poesía simplemente, en fin, como juego y, desde un punto de vista ideológico, llega a esta especie de negación, de nihilismo, de disolución de toda una serie de valores que estaban dentro de la misma entraña de la poesía que se estaba haciendo».

De Quinto arremete de forma implacable contra esta fractura drástica. Empieza por el descrédito de quien ayer encabezó el realismo social, Castellet. Le acusa, a pesar de reconocerle méritos de inteligencia e información, de haber infligido muchísimo mal a la literatura española por múltiples razones: por haber brincado de un parecer al contrario, por dejarse llevar por las modas y por estar contradiciéndose continuamente. Además pronuncia una de las arremetidas más duras contra la nueva literatura, la de los novísimos castelletianos. Achaca a los nuevos poetas, a la generación de quienes «ni conocieron» la guerra de niños, el hallarse «totalmente despolitizados», el estar «cayendo en una postura nihilista, disolvente», desde el punto de vista ideológico, y el formar una promoción «amoral, para la que nada vale ni le importa.

Para ellos solo cuenta la música tamtamesca, el baile, hacer el amor sin cuidado».

José María de Quinto ofrece un diagnóstico despiadado. «Diría que» la literatura «está viviendo un momento de crisis realmente terrible». Incluso a Aub, tan deslenguado y enemigo de la corrección política siempre, «este palo» le parece «desgarrador» y sale en defensa de algunos personajes o situaciones descalificados. De Quinto respira sin disimulos por la herida de un menosprecio injusto hacia él y sus coetáneos. «No digo que fuéramos tan buenos. Pero tampoco tan malos como dicen los Azúa y compañía», proclama avanzando una idea simple de extraordinaria expresividad que utilizará también al poco otro colega generacional, Antonio Martínez Menchén. Esta curiosa coincidencia léxica dice muy bien un estado de ánimo, el que, con evidente rabia, manifiesta De Quinto en una lapidaria y no poco exacta sentencia: «Nos han enterrado muy jóvenes». También la idea se convierte en moneda común entre los zaheridos realistas sociales y resulta de subido valor para describir la envergadura del gran desastre generacional, tanto literario como político. No olvidemos que estos escritores andaban todavía en la primera madurez, entrados solo en los cuarenta años, con tierra arrasada por detrás y con un futuro nebuloso.

Fracaso se convierte en término definidor del momento. Fracaso literario, según se venía predicando. El archiconocido dictamen *made in* Goytisolo de haber hecho una mala literatura por una buena causa. Y fracaso biográfico. Una vida desperdiciada para la literatura. Y sin ningún efecto práctico en la política. Tiempo duraría esa impresión, pero no sería la definitiva. La historia da muchas vueltas y un buen número de esos escritores fallidos resurgirían de sus cenizas como el Ave Fénix. Tardó a llegar su renacimiento —a algunos, claro, nunca les alcanzó— pero se produjo, para sorpresa de los propios escritores frustrados, con alto niveles de aceptación crítica y hasta de amplio público. Así sucedió con Ángel González o José Manuel Caballero Bonald.

Aclarar si los realistas sociales habían sido tan buenos o no tan malos, reto acuciante de José María de Quinto, estimuló el que, a medida que avanzaban los años sesenta, se encadenaran los balances de la narrativa realista. Se contaba con la ventaja, acrecentada a medida que se acercaba el final del decenio, de disponer ya de un buen arsenal de argumentaciones dispares y de una perspectiva cronológica suficientemente amplia para alcanzar valoraciones globales. Ocupa un lugar prominente entre estas andanzas la recapitulación de Antonio Martínez Menchén publicada en 1970 donde desarrolla las incisivas reflexiones de 1964 vistas. Su análisis parte del reconocimiento de las numerosas limitaciones en que incurrió el realismo social, pero su objetivo apunta a denunciar la saña con que ahora se le descalifica, en buena medida por los mismos que ayer impusieron determinados principios y lo jalearon irresponsablemente. La advertencia seminal está cargada de razón: «lo que ahora aparece como injustificable un día no lejano se presentaba como el único camino posible».

No le duelen prendas a Martínez Menchén en su análisis distanciado y crítico. Hubo numerosos equívocos y fallos en la narrativa social. Excesivos fueron el entusiasmo y los elogios con que se recibió a los jóvenes realistas. Desafortunada resultó la acogida europea que convirtió a los nuevos narradores peninsulares en una moda a partir de un equívoco, el de atribuirles la representatividad de una cierta imagen de lo español basada en el curioso cóctel de misticismo, idealismo, realismo, folklorismo y tenebrismo. Error fundamental se cometió al aceptar que la novela objetiva fuera la última palabra en narrativa y al adoptar *La hora del lector* como su evangelio. Todo ello se sintetiza en una dolorosa verdad: a pesar de aquellos días de falso triunfalismo, «no éramos tan buenos». En suma, el éxito pasado de la narrativa social fue, desde la perspectiva seriamente autocrítica del ensayista, un enorme y perjudicial espejismo, una variante del sentimiento de fracaso que acabamos de constatar. ¿Por qué se produjo semejante engaño? Por los grandes errores o deficiencias que enumera y describe.

Cuatro grandes yerros de la novela social constata Martínez-Menchén. (1) *El optimismo de la praxis.* Tal vez este fue el «pecado capital». Consistió en ver en la literatura un medio directo y mediato para cambiar la realidad social del país. En aras de esta pretensión estéril se sacrificaron muchas posibilidades específicamente literarias. (2) *La simplicidad narrativa.* Por la pretensión equivocada de dirigirse al pueblo, si bien el pueblo no leía aquellas obras, se impusieron la simplificación narrativa, el lenguaje populista y formas narrativas pasadas. Los narradores se refugiaron en modos de narrar superados y abandonaron todos los logros alcanzados por la técnica narrativa. (3) *El ingenuo esquematismo.* La denuncia de la realidad española se basó en un análisis esquemático, no ahondó en la estructura profunda de la realidad y ofreció lugares comunes o falsos. En virtud de este ingenuo esquematismo, la novela social en vez de realista y crítica se convierte en idealista e irracionalista. 4) *La falsa posición del autor*. La clase social de los autores, en su mayoría pertenecientes a la pequeña burguesía, ha impedido la narración vivenciada de la clase obrera. Los narradores han hecho una denuncia intelectual con la frialdad del reportaje, falta del «calor humano que caracteriza a la auténtica narrativa». Por el apriorismo ideológico y la toma de partido de los escritores, la novela social abandonó la problemática real, vio a los obreros como simples turistas y un incorrecto deseo de autenticidad produjo «una novelística falsa».

La sinceridad, lucidez y carácter abarcador de este análisis no tiene la meta de tantos otros arqueos de convertirse en una diatriba de la exhausta narrativa social. Al revés, se plantea a la manera de reflexión que permita encontrar una salida al «profundo complejo de inferioridad» que aqueja a las letras españolas a la altura de 1970 frente al entusiasmo que ayer despertó la generación del medio siglo. Ese negativo sentimiento se debe a que no se han encontrado alternativas al fallido movimiento realista. En realidad, bajo su advertencia Martínez Menchén está señalando qué peligros se ciernen sobre nuestra novela. Un riesgo lo ve en el seguimiento ciego, otra vez, de nuevas recetas como la que pide, por boca de Castellet en su «Tiempo de destrucción para la literatura española», el arrasamiento de nuestra literatura y la necesidad de una completa demolición como punto de partida salvador. Sin citar el reciente ensayo del catalán, del que antes hemos hablado, Martínez Menchén duda con fundada ironía de sus dotes proféticas recordando la responsabilidad de *La hora del lector* en el fracaso actual. Otro peligro lo visualiza en la imitación foránea y en la sumisión a formas importadas que no responden a las necesidades de la realidad española, algo que representa, a su entender, el *boom* latinoamericano.

Cualquiera que sean las dificultades que debe arrostrar nuestra novela en pos de un difícil resurgimiento, Martínez Menchén señala inquietantes rasgos del presente. Si ayer la crítica apoyó el utilitarismo, hoy estimula la literatura entendida como un fenómeno «impoluto, incontaminado, sin otro valor que el que tal obra tenga, que el de la pureza y brillantez de su forma, de su lenguaje le otorguen». Aquí reside la almendra del planteamiento del artículo. Los fallos del realismo crítico —graves, y el propio autor lo ha subrayado— no justifican la negación absoluta de un modo de enfrentarse al mundo que produzca una literatura nacional acorde con «nuestro propio lenguaje y con nuestras propias circunstancias». En lugar de hacer esto, se propugna el formalismo, la investigación con el lenguaje, la experimentación con las técnicas narrativas, el exotismo y la imitación mimética extranjera (hispanoamericana). En virtud de equívocos criterios esteticistas, predomina una novela idealista y conformista que escamotea la realidad.

De una en otra, venimos a parar al diagnóstico final de Martínez Menchén, a la auténtica tesis de su ensayo: «a la novela de *izquierdas* ha sucedido una novela de *derechas*».

23
Exotismo, formalismo y mercado: el *boom* de ultramar

El paso del tiempo ha introducido variantes capitales en la estimativa de la novela como representación del mundo. Al comienzo de las desavenencias las posturas tenían cierto aire simplista. A un lado, creadores y críticos de derechas echaban en falta en nuestra narrativa poesía, ilusión, amor, belleza, creencias religiosas... Al otro, los progresistas, por llamarlos de alguna manera, requerían que la novela mostrara explotación, pobreza, hambre, opresión, desaliento, dramas y angustias, marcas distintivas de la época. Ya lo vimos. En las fechas epilogales de los sesenta, en cambio, el asunto ha adquirido mayor complejidad. La descalificación del realismo social obedece a inconfesables intereses espurios. La izquierda literaria ha abjurado de sus principios, o se ha recluido en la confortabilidad burguesa de la paradójica *gauche divine*. La impugnación del periclitado movimiento mediosecular procedió a finales del decenio de actitudes estéticas elitistas y de planteamientos conservadores que renegaban del utilitarismo del arte. Un nuevo criterio se añadió al hilo de la dimensión de *best seller* que iban alcanzando un número considerable de libros escritos en castellano, la novela convertida en objeto de consumo. Estas cuestiones se enzarzaron ahora y se mezclaron en un debate muy vivo y ariscado, el del *boom* hispanoamericano. Antes hemos dejado este hilo suelto y lo volvemos a retomar aquí, cuando alcanza amplias dimensiones mediáticas.

Merece la pena subrayar, de entrada, algunas observaciones de Juan Ramón Masoliver en «Un ventarrón corroborante», muy positiva acogida de *La ciudad y los perros*. Vistas en la distancia, casi parecen obviedades descriptivas. Unas se refieren al contenido: «en la novela de Vargas Llosa no figura operario alguno, no se explotan miserias suburbanas, ni está circunscrita a ese parcial aspecto (importante cuanto se quiera, limitado siempre) de nuestro vivir contemporáneo que denominan cuestión social». Otras a la finalidad del escritor: «el novelista no apunta a educador, sociólogo ni moralista, no le importan aquí alienaciones y grupos de presión». Y una última, inseparable de la anterior, a la dimensión artística: «Su material es el hombre y la verdad, pero su instrumento es la técnica narrativa, su fin el arte». Sostenidas, en cambio, en aquel momento, suponían una verdadera carga de profundidad contra la estética social, pues, leídas al sesgo, venían a refutarla, sin manifestarlo expresamente, en su totalidad. Dicho de otro modo, y en trasparente lectura oblicua de la reseña, todo lo bueno que trae el galardonado peruano y su novela compendia todo lo negativo de la novelística española del día. Es su anverso.

El mismo Masoliver insistirá al poco, con motivo de *La casa verde*, y en la también celebratoria «Cuando acorren los hermanos. Otra diana de Mario Vargas», en el mérito de la narrativa de ultramar frente «a la derrengada narrativa de aquí». Se han cambiado las tornas, dice. Ya los premios no tienen la acción beneficiosa de antes, ni surgen valores nuevos. «Penuria, atonía, desorientación, tedio soberano parecen lastrar la nueva novelística», asegura. Así que los concursos se han visto obligados a acoger autores de la otra orilla. O sea: al entender del veterano, culto y conservador crítico catalán, lo que hay es un grave desfallecimiento y una ausencia de renovación del realismo peninsular que justifican la bienvenida de los foráneos. Las líneas marcadas por Masoliver se convertirían en argumentos reiterados en la apreciación del *boom* en relación con la narrativa peninsular.

Hubo un flanco hostil a los hispanoamericanos lleno de reticencias, despechos o incomprensiones, y hasta con algún que otro insulto. En un plazo breve, el segundo lustro de los sesenta, circularon con amplia resonancia las posturas desfavorables en las que llegaron a coincidir tanto escritores veteranos como de la última promoción. Se veía en los autores de ultramar una agresión a la literatura española. Por mencionar solo un par de los casos más resonantes, tal doctrina venían a asentar, desde los extremos del arco ideológico, el conservador José María Gironella y el izquierdista Alfonso Grosso.

Con gran despliegue gráfico acogió *ABC* el 22 de febrero de 1970 el «Viaje en torno al mundo literario español» del novelista catalán. Sin pelos en la lengua, declara su insatisfacción con aquellas novelas y confiesa que *Cien años de soledad* al final se le «cayó de las manos». Entre otras impugnaciones, interesa subrayar aquí una denuncia global. Todo lo que se aplaude en los foráneos era justo lo que se venía censurando o prohibiendo en los españoles: antes el barroquismo se tenía por anacrónico y se consideraba incompatible con la «rapidez expositiva» impuesta por los modernos métodos audiovisuales; antes lo local había que sacrificarlo en aras de la civilización planetaria y antes las complejidades constructivas se valoraban como meras aportaciones de orden técnico sin mayor trascendencia. La irritación de Gironella no oculta la verdad de un cambio radical de paradigma crítico que va en detrimento de quienes se habían atenido al anterior, y que también fue denunciado desde la izquierda. Entre los factores de ese cambio advierte igualmente otro muy importante: también antes se había denostado el «fabular» por considerarse «elemento fugitivo», de «evasión y de escamoteo» en una época que exige una «temática frontal y denuncias concretas». Constata, pues, el efecto negativo de que el testimonio directo no figure en los nuevos valores.

Alfonso Grosso no dejó títere con cabeza en dos actos públicos en Madrid de 1969: sendas intervenciones en Cultart, la librería-galería de Cuadernos para el diálogo, y en el Club Pueblo, foro de debate del vespertino sindical homónimo. No merece la pena rememorar las *boutades* y provocaciones referidas en la divertida crónica de Luis Carandell (*Triunfo*, 361, 3/5/1969), pero sí anotar la observación del periodista: «Ni que decir tiene que *los residuos del mundo de la berza*» (cursiva mía), subraya el reportero, «aprovecharon la ocasión para lamentarse de su triste relegación [*sic*], tras el apogeo de los años cincuenta, y arremetieron sin contemplaciones contra todo el sándalo que hubiera en el mundo. A todo esto, Grosso fue exculpado por los presentes, pues se trataba de una discusión de un tema general, e incluso llegó a recibir las bendiciones de los sectores más cualificados del miserabilismo». Conviene reparar asimismo en un curioso dato del simpático comentario. Carandell identifica el «sándalo» con los hispanoamericanos, y no con otras formas narrativas del momento.

Frente a las posturas adversas al *boom*, temprano se valoró, sin embargo, como algo muy positivo el fenómeno literario de la otra orilla atlántica. Por dar un solo nombre de estimación superlativa, recordaré la abarcadora imagen de Francisco Fernández-Santos (*Índice*, 221-223, 7-9/1967) sobre el significado de «la literatura americana que actualmente se hace en lengua española y portuguesa» apenas mediado el decenio de su irrupción: «En la ancha geografía de la literatura actual se alza una cordillera andina, que posiblemente sea hoy el Himalaya literario del mundo», escribió en una calurosa bienvenida a Julio Cortázar en la que, por cierto, distanciándose de la opinión generalizada que situaba en primer lugar a Vargas Llosa y García Márquez, atribuía al «cronopio universal» la estatura de «Aconcagua de la actual literatura latinoamericana».

Los jóvenes narradores de ultramar habían traído a la ficción española, entre otras cosas, un mundo imaginario sorprendente. El alcance de esta aportación constituye una de las cuestiones más destacadas sometidas a debate por su incidencia en las letras castellanas realistas. Al poco del triunfo de los hispanoamericanos, el crítico y ensayista gaditano Juan de Dios Ruiz Copete achacaba en su discurso de ingreso en la Academia Sevillana de Buenas Letras la «supervaloración» de una de las vertientes de ese mundo, la mágica, a una reacción «al agostamiento de las fórmulas socialrealistas». La inventiva del *boom*, en general, entendieron algunos, ofrecía el llamativo aliciente del exotismo. Antonio Ferres convertirá desde 1965 el significado de esta aportación en eje argumental de sus reflexiones. El autor de *La piqueta* se pregunta qué acogida habría tenido *La ciudad y los perros* de haberse escrito su equivalente español, si habría sido tan aceptada y celebrada «si los personajes paseasen por el coso zaragozano, [o] por Vallecas, y si los diálogos y expresiones escatológicas fueran españoles y faltos del ingrediente desde aquí exótico». Al parecer de Ferres, está triunfando «la comunión burguesa con el exotismo» fomentada por una triple conjura: el provincianismo crítico, el esnobismo pequeño burgués y el mandarinato cultural.

De las actitudes señaladas en el párrafo anterior se desprende una conclusión importante para el presente libro: el exotismo de la triunfante narrativa del *boom* vendría a desempeñar un papel de liquidación del interés por la realidad social española propio del realismo del medio siglo, y ello auspiciado por los mandarines actuales, los mismos, aunque no se manifieste, que habían propiciado el movimiento anterior. Se deduce que la operación ensalzadora de lo hispanoamericano no era nada inocente y formaba parte de la trama con intención política y sustrato ideológico organizada en descrédito del realismo social.

Las observaciones de Ferres coinciden en el fondo con las que articulará Antonio Martínez Menchén su explicación de la trayectoria de la novela española del medio siglo un lustro después, en el ensayo mencionado hace poco. En la deriva del realismo social («el árbol caído», dirá) y en el periodo de «las vacas flacas» en que se encuentra la prosa española, Martínez Menchén le atribuye gran responsabilidad al *boom*. El adormecido panorama de nuestras letras se tambaleó bajo el tifón de Vargas Llosa, reconoce. La novela del peruano posee toda la fuerza que un narrador nato es capaz de conferir a una historia, sí, mas también contiene todos los elementos que la convierten en *best seller*: «violencia, sexo, lenguaje crudo, anécdota absorbente, rebeldía y exotismo». A partir de ella, «nuestros hermanitos los americanos», como rotula un epígrafe de su ensayo con elocuente diminutivo, han arrasado en nuestro medio cultural. Por una parte, se han dedicado a «coleccionar» los premios literarios peninsulares y, por otra, «y lo que es más grave», han ocupado en las editoriales el espacio que estas dedicaban en épocas cercanas a los «escritores hispanos».

El desplazamiento de unos autores por otros, de los nacionales por los hispanoamericanos, señala Martínez Menchén, no ha sido ingenuo, pues «los *editores progresistas* consideraron que publicar la mediocre novela española en lugar de la gloriosa novela latinoamericana constituía un crimen de lesa cultura» (subrayado mío). Con su sarcasmo exterioriza, por tanto, el fondo ideológico que subyace a la preterición del realismo social a favor de los «hermanitos» americanos y de este modo el *boom* se habría convertido en ariete de una operación política dirigida a la liquidación del realismo social. Importa subrayar para entender el alcance de la denuncia algo que ya he señalado, que Martínez Menchén era escritor comprometido y militante, si bien su obra no participaba de los criterios artísticos mayoritarios del movimiento. En lugar del objetivismo y el testimonio, su primera narrativa —recordemos, *Cinco variaciones*, de 1963, y *Las tapias*, de 1968, ambas en la representativa y reputada Seix Barral— había ido por el sendero del alegorismo. Además, admiraba a Cortázar y sus libros muestran huellas del argentino.

Antes de la denuncia de esta conjura del sedicente progresismo contra el movimiento realista se habían encadenado debates y análisis sobre aquel fenómeno que se convirtió en moda y tuvo una repercusión colectiva más allá de lo corriente en el mundillo literario. Estas manifestaciones públicas plantearon una gavilla de variados aspectos: si los narradores hispanoamericanos eran originales o no, si el lector español había sucumbido al "exotismo" (*mot clef* en la controversia), si el fenómeno tenía valor o se trataba de un *bluf* (otro término que se pronunció o escribió unas cuantas veces)... También, por supuesto, se hizo larga exhibición de intereses personales, egoísmos, descalificaciones gruesas y cegueras. Se relativizó o negó el valor de la obra de los hispanoamericanos hasta el extremo y se les acusó poco menos que de haber perpetrado una nueva invasión de los bárbaros, dicho con la atinada imagen con la que Joaquín Marco y Jordi Gracia rotularon su caudalosa crónica de la recepción de aquel espectacular fenómeno. En contra, se denunció un hecho bastante cierto, que la literatura española había vivido de espaldas a la de la otra orilla atlántica y se celebró a sus protagonistas sin límites.

Aquí solo nos interesa una de las vertientes de ese debate con frecuencia acalorado: su repercusión en el realismo social —si se quiere, en sus exequias— a cuenta de la discusión de varios rasgos de la narrativa hispanoamericana y, sobre todo, de la problemática del realismo. Una de las miradas interesantes al respecto la proporciona José María Castellet por ser quien era, por el momento en que se produce (ya andaba en la «infidelidad» que le llevaría al campo de los enemigos, los «novísimos») y por la particular perspectiva de su interpretación. La explayó en «La actual literatura hispanoamericana vista desde España», en un acto público dentro del ya mencionado Congreso Cultural de La Habana de 1968.

Castellet se pregunta en voz alta qué encuentran los escritores españoles de sugerente, de sugestivo y de fecundante en las letras de Hispanoamérica. A su parecer, hay cuatro «casos» específicos que realmente producen la gran atracción, acaso la gran enseñanza, que la literatura sudamericana «tiene en estos momentos sobre los escritores españoles». El primero se basa en una lectura posible de uno de los empeños de la narrativa de la otra orilla. Se trata de

> una propuesta o lección para encontrar identidad; la tentativa de encontrar identidad, de definirse y definirse para algo, de profundizar en la realidad nacional. Ello a través de formas novelísticas muy diversas, de procedimientos formales radicalmente opuestos incluso desde puntos de vista de concepción de la literatura muy diferentes.

Aunque el asunto fuera de escasa trascendencia para los escritores españoles, entre quienes constituía una problemática secundaria, no dejaba de tener relevancia por cuanto también la identidad nacional, usurpada por el franquismo, constituía un objetivo a definir.

Los otros tres casos afectan en alto grado a la escritura peninsular. El segundo se refiere a la gran libertad formal. En Europa —explica Castellet— se da una tendencia previa a la teorización para aplicarla a la escritura de novelas (en mente tiene varios movimientos: el *nouveau roman*, el colectivo italiano que trata de encontrar directrices para una narrativa de la sociedad industrial o los autores alemanes del *grupo 47*). Frente a esto, los latinoamericanos se despreocupan de la teoría y buscan encontrar los medios idóneos para la expresión de las distintas identidades nacionales. El caso número tres lo enuncia así: «La fantasía como embellecedora de la realidad». Los riesgos inherentes a tal propuesta le obligan a delicados deslindes. Por una parte, advierte que,

> en cierto sentido esa fantasía no significa una fantasía como escape de la realidad, sino precisamente todo lo contrario: significa una fantasía como contraste a una realidad que muchas veces es una realidad caótica, una realidad demencial, es una realidad de un mundo en convulsión y de un mundo en lucha.

Y, por otra, explica, después de avisar las diferencias entre la fantasía «anecdótica» de Cortázar y la «fantasía poética» de *Cien años de soledad*, que

> Entonces, nos encontramos con todo un mundo real que está contrastado violentamente (y por tanto las sombras de la realidad quedan mucho mejor dibujadas) por un mundo de fantasía, que probablemente provenga, no solo de todo ese mundo en convulsión, sino también de determinadas raíces, sean o no sean de tipo indígenas, en que se han movido estos países.

El caso cuarto se centra en la gran libertad lingüística de los latinoamericanos, en la creación y recreación de la lengua que los distingue. La española de la península, afirma, redundando en uno de los mantras del momento, repetido hasta la saciedad por Juan Goytisolo, es «una lengua que en cierto modo se nos está muriendo un poco entre las manos». De ahí su veredicto: «La literatura española está como petrificada en un lenguaje que no ha podido o no ha sabido renovarse, y de Latinoamérica nos llega —y hay que tener cuidado con esto— una literatura de una gran riqueza lingüística». El deterioro verbal del castellano peninsular le lleva a formular una propuesta estilística. No se trata solo, sostiene, de «aditamentos del léxico», sino de escapar de las viejas normas académicas y apreciar que «la violación de normas gramaticales, sintácticas da unas posibilidades realmente insólitas para nosotros». La cantilena desde hacía un tiempo de Juan Goytisolo, y repetida por José Ángel Valente, que el crítico comparte, sin citarlo, como si fueran hermanos siameses.

Los «casos» con que Castellet marca las letras ultramarinas suponen simplificaciones bienintencionadas de quien carecía de amplia información y, para cumplir su compromiso, se limitaba a reflejarlas sobre el espejo de las peninsulares. En realidad, más que diseccionar el fondo de la literatura de la América hispana, hace un borrador esquemático de la española a partir del cual subraya las diferencias entre ambas. En la prosa metropolitana observaba serias deficiencias por entonces, en un momento agudo de revisionismo de sus pasadas creencias, a las cuales encontraba lenitivo en la narrativa trasatlántica. De ahí que, leído al sesgo, el diagnóstico resultaba una descalificación total del realismo social. Bien se entiende que el movimiento español ni se había interesado por la libertad formal, ni fue amigo de la fantasía ni pudo o supo renovar el lenguaje petrificado, al contrario que la fecundante novedad ultramarina. Ninguna de tales virtudes se hallaban en el realismo social y la literatura peninsular debía tomar buena nota de la lección hispanoamericana para acometer una nueva etapa en las antípodas de lo que había hecho el realismo mediosecular. Así que, al margen de apreciaciones particulares sobre tal o cual representante de la «prosa de Indias», como la llamaba Carlos Barral, se suscitó una controversia cuyo meollo estaba en el conflicto que enfrentó a los españoles del socialrealismo con los recién llegados de la otra orilla atlántica (a aquellos con estos, que no al revés, aunque también los hispanoamericanos tuvieran disputas entre ellos).

El debate se desarrolló en algunos medios periodísticos nacionales y tuvo gran resonancia porque diarios y revistas se hicieron eco de los rifirrafes, algunos sonoros. Estuvo el epicentro en

Informaciones de las Artes y las Letras a finales de la primavera de 1969 con piezas polémicas de Javier Alfaya, Antonio Bernabéu, Rafael Conte, este por partida doble, Isaac Montero y Antonio Martínez Menchén.

El suplemento del homónimo diario madrileño, que gozaba de gran crédito y audiencia, adoptó una postura neutral, aunque esa apariencia no oculta del todo la inclinación hacia el formalismo, la creatividad, la imaginación y el estilo que por entonces marcaba ya su rumbo informativo y crítico, el cual mantuvo en su trayectoria inmediata posterior con gran influencia en el desprestigio del realismo. A esa actitud se debe la amplitud de participantes y la variedad de opiniones vertidas en el debate propiciado por el propio vespertino que alcanzan el valor, en conjunto, de viva imagen del estado de la cuestión. Esta tiene como núcleo el aspecto señalado en un par de titulares: «Los avatares del realismo» y «Narrativa latinoamericana frente a novela realista española».

Alfonso Grosso, a quien espolean las sesgadas preguntas de Antonio Bernabéu, justifica el realismo social por las circunstancias del país y advierte los efectos negativos que tuvo en su difusión una fracasada política editorial a la que debe atribuirse la irrupción del *boom*. Los autores de ultramar le merecen muy poco respeto, les atribuye escasa o nula originalidad y, en conjunto, el movimiento latinoamericano le parece un «bluf». No ve, pues, que los americanos superen a los españoles y solo aprecia en ellos «el atractivo de lo exótico». El novelista sevillano plantea también una cuestión fundamental en el proceso de dar por amortizado el realismo crítico, la empresarial. A su entender, todo el *boom* ha sido jaleado «por algunos editores españoles que les interesa abrirse mercado en América del Sur». El egoísmo económico de una pura operación comercial habría causado el traumatizante efecto de sustituir a los autores españoles por los hispanoamericanos en los catálogos editoriales.

El encargado del suplemento, y propulsor del debate, Rafael Conte, respondió a Grosso, con quien se muestra duro y despectivo, y en su réplica reconoce que la editorial Seix Barral ha aprovechado la «eficacia comercial» de los hispanoamericanos y que ello ha tenido la consecuencia, al menos parcial, de postergar a quienes antes había mimado. Admitía, pues, que razones industriales se habían sumado al revisionismo histórico ideológico en el derribo del realismo social. De todas maneras, Conte tiene por estéril y falsa la contraposición de realismo y novela latinoamericana. Poniéndose un tanto por encima del bien y del mal, actitud frecuente en sus artículos, hace un táctico reconocimiento del realismo crítico contradictorio con el apoyo real que prestaba a determinados autores y orientaciones vanguardistas en el periódico. En dicha réplica al lenguaraz Grosso, el crítico considera a la generación realista española «el movimiento literario más honesto, válido y fértil de los últimos años de la novela española» y en el artículo que cierra la polémica asegura la «dignidad» de esa promoción, «frustrada», sin embargo, «por una serie de causas que van desde la política a la estética pasando por la sociología». A un lado, pues, estaba esa «dignidad» y al otro un dato «inconmovible», «la calidad estética de estos artistas americanos». Confrontar las dos literaturas, sostiene, solo va en beneficio de los enemigos de ambas. Pero no detalla su salomónica conclusión. Ignoramos quiénes son esos enemigos. Mientras tanto, la realidad era que el *boom* había orillado a los sociales y estos tenían que contentarse con elogios condescendientes.

En su cuarto a espadas en la polémica periodística, Martínez Menchén, peleón, como ya lo hemos visto en otras ocasiones, se rebela contra la manía obsesiva de comparar a los españoles de su generación con los hispanoamericanos, denuncia la maniobra sistemática en curso de proliferar «denuestos ya tópicos» contra «los realistas en particular» y se subleva ante la pretensión de que los americanos se conviertan en modelos impuestos o «panacea» de la novela española. No niega Martínez Menchén calidad a los americanos (ya dijimos su admiración por Cortázar), pero les atribuye unos privilegios que van en perjuicio de la hornada realista española: aquellos han desplazado a esta en el interés del público, tienen a su favor una crítica complaciente, han hurtado a los españoles espacio en las editoriales... En fin, tal como lo aprecia Martínez Menchén, el *boom* resulta en buena medida responsable de los estertores del realismo social.

Otras intervenciones en el debate pusieron la mirada en el derrotero y estado presente de la promoción realista. Isaac Montero, quien al año siguiente centraría una de las más agrias y trascendentes controversias estéticas de la época en un duro careo con Juan Benet, aporta un enfoque racional con una muy plausible interpretación del choque de trenes entre las letras españolas y ultramarinas. Montero, al contrario de Martínez Menchén, no achaca al *boom* en sí mismo el decaimiento del realismo social ni le atribuye culpa especial. Reconoce a la vez las deficiencias que lastran a la literatura nacional y los méritos de un puñado de narradores americanos. Cosa muy distinta es qué uso se ha dado a la novela hispanoamericana. Algunos sectores la han utilizado como ariete para el desprestigio de la peninsular y se ha convertido en arma de una intriga contra el realismo crítico. Los aplausos al *boom* han tenido bastante de elogios envenenados contra la generación realista. No se deben —argumenta también— simplificar las diferencias contraponiendo el realismo de esta orilla y el vanguardismo de la otra. Los españoles, dice, sí pueden tomar lecciones de la mayor alerta constructiva de los americanos. La sinceridad de este juicio la avalaba la propia obra narrativa de Montero, la cual, aunque a él se le adscriba rutinariamente al núcleo duro del realismo comprometido, siempre demuestra gran vigilancia formal, e incluso un grado de virtuosismo constructivo. El *boom* proporciona, a su entender, una lección que tiene que ver con el realismo: aporta mecanismos enriquecedores a la obligación del escritor realista de calar más hondo en la realidad. Ahora bien, sostiene Montero, las beneficiosas aportaciones del aclamado movimiento ultramarino no tienen por qué ir en perjuicio del realismo, algo que se ha hecho al manipularlo con el objetivo de producir el descrédito de la literatura comprometida peninsular. Bien venida sea la prosa de la otra orilla, argumenta, pero no se olviden los méritos no prescritos de una corriente «que desde la mitad de la década de los cincuenta ha intentado vigorizar nuestra novela, poner en pie una literatura veraz, fiel a su contorno histórico y enraizada en los problemas más acucientes de nuestra época».

También el periodista Javier Alfaya, uno de quienes denunciaron el asedio derechista al realismo social, según hemos constatado, busca explicaciones y no descalificaciones. Valora aspectos positivos de los hispanoamericanos y establece un paralelismo entre la voluntad de estos y de los españoles de participar en parecida intención de construir representaciones críticas de sus respectivas sociedades. Respecto de los españoles, en quienes alaba la honestidad de su proyecto narrativo, se suma a una de las reservas extendidas por aquellas fechas finales de los sesenta. A él también, como a otras voces críticas, le parece que la novela española se ha visto superada por las transformaciones sociales habidas en aquel decenio. Ante estos cambios, nuestros novelistas no supieron reaccionar, no encontraron el modo artístico de afrontarlas e incluso se rindieron a la impotencia del silencio. Los hispanoamericanos carecen de cualquier responsabilidad en esa situación y a esta se ha debido su presencia aquí, explica. Los de allá simplemente ocuparon el hueco que los de acá habían dejado en el interés del público. El público —viene a decir— encontró en las narraciones trasatlánticas los alicientes que no hallaba en las peninsulares. Sea como fuere, la hipótesis de Alfaya —activista, no se olvide, de la izquierda— concede al *boom* el papel de un factor determinante de una necesaria renovación y, por consiguiente, un elemento muy importante en el óbito del realismo social.

Las implicaciones del *boom* en la deriva del realismo social surgieron en más foros y sin unanimidad. Las discrepancias en la valoración de sus consecuencias afectan tanto a los narradores recién llegados como a los veteranos. Un joven de la nueva narrativa culturalista, José María Guelbenzu, cuyo entusiasmo por los sudamericanos se acreditaba en su primera cortazariana novela, *El mercurio*, atribuía al movimiento trasatlántico parte de responsabilidad en la decadencia del social realismo. En este sentido ahonda Daniel Sueiro en el reportaje de Tola y Grieve. El narrador gallego sí ve una relación directa. Sectores del poder venían rechazando (y «algunas mentes de nuestra burguesía» aún mantienen esa actitud) «la forma de hacer realismo» de su generación, explica. Con la aparición de los hispanoamericanos, añade, se quiso demostrar que ellos, los niños de la guerra, no sabían hacer las cosas, «y que eso sí era escribir, y eso sí era novelar», «y que nosotros estábamos fracasados», y ello «únicamente por nuestra propia insuficiencia». La dolida apreciación de Sueiro implica que hubo una trama para el desmontaje del realismo social, una conjura que por desgracia no especifica. Oscuros enemigos achacaban el menguado éxito de los realistas únicamente a su «poco talento y a nuestras fórmulas realistas» y les ofrecieron como alternativa el *boom*: tal habría sido la táctica para desmovilizar a la literatura comprometida. Sin embargo, Juan Marsé desvincula en el mismo libro, y en contra de la opinión generalizada, el *boom* de la renovación de los realistas sociales: «Más o menos coincidió en el tiempo, un poco, pero esta especie de crisis en lo que estábamos haciendo antes, se produjo, exactamente, en el año 63, o poco antes, y no tuvo nada que ver con el *boom*», asegura, «pues este llegó mucho después». Ocurrió —razona dentro de su persistente animadversión hacia la literatura en cuya cuna se habían mecido sus inicios— que se dieron cuenta de que prejuicios políticos les habían llevado a cometer errores literarios desastrosos. Más tarde el *boom* les descubrió la importancia del lenguaje y la riqueza del castellano entre los escritores de la otra orilla, apostilla incurriendo en el tópico.

El *boom* tuvo, sin la menor duda, un papel relevante en la trayectoria del realismo social, pero resulta difícil aquilatar bien cuál fue. De ello dan prueba las diferentes posturas y las matizaciones de los estudiosos que lo han analizado más allá de los tópicos acerca de las innovaciones traídas por aquella prosa sorprendente. Adrián Curiel sostiene en su informado y completo balance de los dimes y diretes suscitados por el boom que este «propiamente hablando, no "detonó" la crisis del realismo social porque esta (incluso su muerte) se había verificado antes de su irrupción». No es exacta esta afirmación que repite un lugar común. Hemos visto páginas atrás abundantes datos y precisiones cronológicas que demuestran cómo todavía conservaba energías abundantes durante un buen trecho del primer *boom*, el que llega hasta el éxito espectacular de *Cien años de soledad*. Recordemos, por traer a colación solo uno de los abundantes testimonios señalados, al crítico Juan Emilio Aragonés aduciendo en 1967 la novedosa perspectiva de Marta Portal frente a las obras que todavía tenían más adeptos, las novelas sociales y objetivas.

Sí agudizó la crisis larvada a lo largo de bastante tiempo en confluencia con otros factores. Curiel concreta el papel del *boom* a «un importantísimo acelerador de la novela más o menos renovadora posterior a la extenuación del socialrealismo, pero no el del factor extenuante de dicha corriente». El crítico mexicano mezcla en su diagnóstico dos asuntos distintos. Uno, el papel en la renovación narrativa peninsular. En efecto, el *boom* contribuyó, y mucho, a la trasformación de la prosa española, y le dio el impulso definitivo. Sin embargo, el cambio se venía produciendo desde las mismas fechas —e incluso antes— en que irrumpieron los americanos, al margen de su presencia y con anterioridad a que consiguieran impacto mediático y popular. El rol del *boom* más bien hay que vincularlo con el asentamiento de dicha trasformación. El profesor, y novelista, Carlos Blanco Aguinaga aporta al respecto un dato revelador, la secuencia editorial de *Tiempo de silencio*: las ediciones de la obra de Martín-Santos empiezan a multiplicarse cuando «despega» en España la novela hispanoamericana y esta la arropa con su éxito.

En cuanto al segundo asunto, no haber sido el «factor extenuante», tiene razón Curiel siempre que no suponga minusvalorar cuánto hubo de maniobra política y editorial en la interesada resonancia y entusiasta recepción de la prosa ultramarina.

Desde el punto de vista del desplazamiento del centro cultural hispánico de España a la otra orilla atlántica, otro estudioso, Mario Santana, aprecia también nexos directos entre el *boom* y el realismo peninsular. De la «descanonización» del realismo social, sostiene, resultó una debilidad que facilitó la promoción del *boom*. El vacío abierto por la crisis del realismo comprometido se intentó resolver, concluye, con varios modelos, pero, al final, la novela de ultramar fue la que lo llenó. No habría tenido, pues, el *boom* responsabilidad en la quiebra del realismo sino que se benefició de ella. Que tal cosa sucediera así, que resultara la alternativa preferida, no puede entenderse, no obstante, como una casualidad inocente y no se explica al margen de los bandazos ideológicos dirigidos a arrumbar el realismo social. La simpatía de un número importante de escritores del *boom* hacia la revolución castrista hasta el distanciamiento motivado por el caso Padilla en 1968 les proporcionaba un pedigrí izquierdista y revolucionario que enmascaraba los múltiples ataques que se iban produciendo en el interior contra el realismo español desde sectores de la izquierda y facilitó la sustitución del realismo militante peninsular por el formalismo latinoamericano. De ahí que otro estudioso, Pablo Sánchez, no tenga ninguna duda, después de reconocer que el *boom* fue «un fenómeno tonificante y renovador en casi todos los sentidos» para las letras españolas (no, en cambio, para las latinoamericanas), en señalar que consistió «en un ensayo en el campo de batalla cultural de la derrota del socialismo real». Le siguió el «triunfo de la economía de mercado», que luego adquiriría la dimensión de victoria casi absoluta.

En su análisis de la recepción del *boom*, Blanco Aguinaga agrega apreciaciones sociológicas interesantes a los efectos de lo que me interesa en las presentes páginas. Por una parte —parafraseo—, el *boom* descubrió a editores y narradores la existencia de un mercado potencial de nuevos lectores. Se trataba de lectores distintos tanto de quienes hasta entonces compraban *best sellers* como de los que se interesaban, en mucha menor medida, por las obras del realismo social. Ese nuevo grupo de consumidores prefirió las obras tributarias de aquel cambio y, en consecuencia, desertó del realismo testimonial. Por otra parte, añade Blanco Aguinaga, la novela latinoamericana, y como consecuencia de su entrada en un espacio que era básicamente contestatario, «influyó no solo sobre el arte de narrar de los españoles», también repercutió «sobre la idea general de lo que es y ha de ser la literatura (y, por tanto la vida)». Esta última consideración fija muy bien el conflicto: el *boom* formó parte de una estrategia mucho más amplia, cultural e ideológica, larvada desde comienzos de los sesenta y acentuada a principios del decenio siguiente para sustituir el valor ético y político de las letras por el formalismo y el esteticismo. Podríamos hablar de un fenómeno de ingeniería literaria, primero, y más tarde cultural y social.

En 1970, el colectivo «Equipo editorial» de la editorial progresista Comunicación daba, en un severo balance de las letras españolas, una razonable explicación de por qué triunfó tal estrategia: los presupuestos de la política cultural del bloque de escritores realistas tuvieron poca fuerza «para resistir los cantos de sirena que la literatura y la organización cultural de la burguesía conformaba a base de propuestas más industriales que culturales (comienzos del *boom* editorial)». El trasfondo político de alcance general achacable a la operación literario-cultural no se manifestaba con claridad a causa de los antecedentes izquierdistas de muchos de los implicados en ella. Pero sí que se apreciaba entre bastidores. No estará de más traer a colación la carta del 7 de marzo de 1967 de Gabriel Ferrater a su hermano Joan en la que le cotilleaba minucias del día a día. Entre ellas, que le habían dado el Biblioteca Breve a Carlos Fuentes, «distingit agent de la CIA». No añade más, y no hace falta porque la incriminación lo dice todo.

En la segunda mitad de los años sesenta se produjo en la narrativa española el desplazamiento de la historia por el discurso, dicho con términos entonces familiares. El *boom* fue una de las piedras angulares de ese cambio revolucionario, favorecido por algunos de sus representantes destacados. Carlos Fuentes apenas reconocía otro escritor español notable que el Juan Goytisolo de *Señas de identidad*, de quien se convirtió en propagandista. Lo presentaba como único modelo posible para el renacimiento de nuestras letras y le atribuía el mismo carácter de fundador de la modernidad que a los autores del *boom* con los cuales lo ponía en pie de igualdad. Así lo hizo en 1969 en su polémico ensayo con aire de proclama *La nueva novela hispanoamericana*, donde incluyó al «gachupín» nada menos que junto al cuarteto Cortázar, García Márquez, Carpentier y Vargas Llosa. El realismo social suponía una antigualla en esta reescritura de la historia literaria en términos de modernidad que pasaba, en las letras en castellano, por el carácter fundacional de los autores del *boom*. Nada más se libraba del anatema, entre los autores españoles, el catalán porque su nueva poética, la iniciada con la trilogía de Mendiola, participaba de los supuestos básicos del *boom* y compartía el mismo inexcusable propósito innovador. Con ello «rompió los cánones estrechos del realismo narrativo español», según sentencia Fuentes cuatro decenios después en *La gran novela latinoamericana*. «La novela no refleja realidad: crea realidad», sostiene en este mismo ensayo al recapitular las muchas limitaciones que superó el *boom*. Esta creencia condensa un planteamiento que se remonta a los años triunfales del rupturista movimiento hispanoamericano: «El efecto social de la novela se da primero en términos de lenguaje e imaginación». Con semejante supuesto se negaba el valor prioritario del testimonio, supeditado al lenguaje y la invención, y se desautorizaba de raíz la estética del realismo documental.

Se rechazaba, por supuesto, la eficacia política de la literatura. Menguada ayuda iban a prestarle a las letras disidentes peninsulares las creencias al respecto de alguno de los máximos representantes de la próspera prosa hispanoamericana. De manera destacada la de un García Márquez en el arranque mismo de su fulgurante popularidad, aunque sus puntos de vista no sean generalizables por completo a todos sus colegas de ultramar. A su amigo Plinio Apuleyo Mendoza le revela, en carta del 22 de julio de 1967, sus zozobras cuando andaba rematando *Cien años de soledad*. Tenía «atragantada» esa historia «donde las esteras vuelan, los muertos resucitan, los curas levitan tomando tazas de chocolate, las bobas suben al cielo en cuerpo y alma, los maricas se bañan en albercas de champaña, las muchachas aseguran a sus novios amarrándolos a con un dogal de seda como si fueran perritos, y mil barbaridades más...» porque no podía escribirla con autenticidad. ¿Por qué le ocurría eso? Porque «la literatura positiva, el arte comprometido, la novela como fusil para tumbar gobiernos, es una especie de aplanadora de tractor que no levanta una pluma a un centímetro del suelo. Y para colmo de vainas, ¡qué vaina!, tampoco tumba ningún gobierno». Curiosa, y nada intrascendente, esta ligereza de García Márquez de achacar a la literatura testimonial la culpa de producir impotencia creativa.

La confidencia privada alcanzó nivel de doctrina pública al poco de la triunfal primera salida de la fábula de Macondo. Ocurrió en la conversación que sostuvo con Vargas Llosa en Lima, en la Universidad Nacional de Ingeniería, en septiembre de ese mismo año. Ante un multitudinario auditorio sostuvo muy llamativas opiniones acerca del realismo y las relaciones entre literatura y política, todo ello de inevitable repercusión en la narrativa testimonial y crítica de los autores españoles. No pensaría en estos el colombiano, pero, respecto del realismo, ahí quedaba su afirmación que reniega del documento y lo sustituye por la fantasía: «Vivimos rodeados de cosas extraordinarias y fantásticas y los escritores insisten en contarnos unas realidades inmediatas sin ninguna importancia». Era muy fuerte sostener que el testimonio no tenía importancia y renegar con tanta contundencia de quienes estaban empeñados en esa labor de reflejar las realidades inmediatas. García Márquez no pensaba probablemente en los socialrealistas españoles —tampoco es que los desconociera, al menos en la versión revisionista de Juan Goytisolo, de quien habría oído elogios por boca de su ya amigo Carlos Fuentes—, pero dichas palabras estaban ni que pintadas contra ellos. García Márquez estiraba, además, al máximo el concepto de realismo: en *Cien años de soledad*, dice, «yo soy un escritor realista, porque creo que en América Latina todo es posible, *todo es real*» (subrayado mío). Cosas casi inverosímiles «suceden todos los días en América Latina», agrega, y «nosotros los escritores latinoamericanos a la hora de sentarnos a escribirlas, en vez de aceptarlas como realidad, entramos a polemizar, a racionalizar diciendo "esto no es posible"». Reivindica, pues, frente al verismo, lo mágico y misterioso como componente e incluso verdadera sustancia realista. Suponía un estímulo añadido en contra de la prosa de observación.

En cuanto al otro debatido asunto de aquella época, resulta tajante al separar lo personal y lo literario: «al escritor no hay que exigirle concretamente que sea un militante político en sus libros», lo cual aclara con una comparación fraudulenta y, la verdad, bien poco afortunada: «como al zapatero no se le pide que sus zapatos tengan contenido político». Todo ello lo inscribe en una inapelable sentencia: «Bueno, antes que todo yo creo que el principal deber político de un escritor es escribir bien». Aireaba García Márquez el argumento esgrimido por la literatura formalista y evasiva contra el realismo comprometido; el argumento conservador contra la literatura progresista.

Esta renuncia a que la literatura se manche con el barro del camino no sería inconveniente para que él cultivara una estrecha relación —justificada con mil excusas— con el líder cubano que mantuvo contra viento y marea la politización de la literatura y segó hasta la menor hierba de disidencia. Las posturas de García Márquez —de notable eco por su fama popular y atención mediática— y su propia obra, sobre todo *Cien años de soledad*, influyeron en la salida del *impasse* del realismo social acreditando el valor del exotismo y la maravilla, que denunciaban en vano los realistas peninsulares.

El recorrido por las sinuosas relaciones entre la joven narrativa americana y la prosa española comprometida desemboca en la indiscutible conclusión de que el *boom*, si bien no fue el determinante único del definitivo abatimiento del realismo social, sí supuso una de las causas principales. Contribuyó, sin duda, al descrédito de las formas narrativas convencionales, tildadas por los adversarios de neonaturalistas, y de la estilística de la pobreza, según el sambenito que se le aplicaba. Participó de modo indeliberado en la rectificación de elementos sustanciales de la prosa comprometida. Desplazó la atención al testimonio de lo cotidiano hacia el exotismo, no solo por el realismo mágico de Macondo sino por realidades insólitas en las letras españolas. Impuso la idea de la obligatoriedad de una concepción formalista de la literatura por encima de la escritura sujeta a la comunicación de contenidos con intención testimonial. Todo ello formaba parte de un nuevo concepto de las letras en el que su misión cultural se supeditaba a satisfacer las demandas de un mercado de clase media no politizada —muy distinta a los sectores ideologizados que se identificaban con la literatura de los «suyos»— que solicitaba bien entretenimiento, bien sofisticación expresiva. El *boom* desalojó al realismo social de un terreno en el que no podía competir. Funcionó como un nuevo mecanismo de censura, no institucional sino privada. Los editores, salvo algún marginal sello obrerista, aplicaron el más intransigente y eficaz lápiz rojo a las obras que no asumieran la modernidad señalada: las vetaban en sus catálogos.

24
Cambio en el sistema literario

Al *boom* se le ha atribuido una significación eminente en las tensiones de la prosa narrativa española de los años sesenta por la gran repercusión internacional de buena parte de sus autores. No se trata, sin embargo, de un fenómeno aislado, ni mucho menos determinante en exclusiva. La seductora prosa ultramarina de los sesenta ha de considerarse dentro de un entramado mucho más complejo en cuya tupida tela de araña resultaría víctima propiciatoria el realismo social. A ello dedicó convincentes explicaciones uno de los autores paradigmáticos de la novela social, Jesús López Pacheco, en el epílogo a la reedición de 1982 de la emblemática *Central eléctrica*. Con ironía y gracejo explica la sustitución de la «hora del lector» de la época del realismo por la «hora del crítico» en el momento formalista siguiente. Ahora, aduce, en la etapa de deserción de los axiomas castelletianos, en el nuevo tiempo de rectificaciones y de derechización social y política, se ha producido un enorme cambio en los escritores: han interiorizado la necesidad de escribir para los aristarcos, en vez de para los lectores. En el nuevo decenio —argumenta— los críticos decidían no solo cómo y de qué se debía escribir sino también cómo no había que escribir y de qué no se debía escribir. Lo cual supuso una forma de censura más eficaz incluso que la del lápiz rojo. Se trataba de unos «nuevos críticos» —o de críticos antiguos reciclados a las sobrevenidas circunstancias— que mostraban «un cierto grado de proximidad y dependencia, consciente o inconsciente, respecto de la ideología dominante». Eran los que llama «estructuralistos» y «formalistos» con un inspirado chiste verbal. Se trata de seguidores «apresurados y superficiales» de las ultimísimas corrientes hermenéuticas de moda, el estructuralismo y el formalismo filtrados por la «Nueva crítica» norteamericana.

El deseo de estar al día de aquella crítica periodística condujo a descontextualizar el texto y a considerar la novedad formal como un valor en sí, explica López Pacheco. Estos criterios les sirvieron de base teórica a dichos reseñistas y se sumaron a «ciertas operaciones de limpieza» que ya estaban en marcha. Acierta el autor de *Central eléctrica* a describir este pronunciado cambio en el sistema literario y cultural, y en última instancia político, y a radicar ahí una razón sustantiva de la arremetida contra la literatura social. Desde los planteamientos formalistas señalados resultaba necesario liquidar una escritura que incidía en las relaciones sociales del texto y en la subordinación de la forma a la comunicación de valores morales o ideológicos. La acogida exultante del *boom*, la difusión del experimentalismo narrativo acentuado en la segunda mitad del decenio y el «venecianismo» jaleado a sus finales sustentaban la nueva ideología dominante. Así se explica la arremetida complaciente y generalizada, el estado de opinión adverso que fue creciendo como la espuma y sin apenas réplicas a lo largo de aquellos lustros.

El propio López Pacheco lo glosa imaginativamente con un sarcasmo, bastante fiel a la dinámica de los sucesos. Por entonces hubo un par de concursos especialísimos. Las bases del primero decían: «La literatura está socializada, ¿quién la desocializará? El desocializador que la desocialice, buen desocializador será». Las del segundo rezaban: «La literatura española se quiere cosmopolitizar, ¿quién la cosmopolitizará? El cosmopolitizador que la cosmopolitice, buen cosmopolitizador será». Los premios, tentadores, consistirían en obtener los títulos respectivos de «desocializador» y «cosmopolitizador» nacionales de la literatura. La ironía, espoleada, sin duda, por la amargura del exilio canadiense del escritor, representa con suficiente fidelidad la tónica del movimiento generalizado contra el realismo social, y no hace falta que nos rompamos mucho la cabeza para ponerle nombre propio a los ganadores de ambos concursos, los mismos entre los «estructuralistos» y «formalistos» que ocuparon los espacios del poder literario, cultural, crítico y editorial. Por dar alguna seña concreta, tanto el beligerante Eduardo García Rico en su larga campaña desde mediados de los sesenta como los más escurridizos y circunstanciales Rafael Conte o Alberto Míguez. Y, precisaremos, no solo desde medios de la derechona sino en publicaciones antifranquistas o no obsequiosas con la dictadura (*Triunfo, Madrid, Informaciones, Cuadernos para el diálogo, Ínsula*...). Una verdadera ceremonia de la confusión.

Los sarcasmos de López Pacheco tienen su marco en el contexto de cambios sociopolíticos que argumenta Constantino Bértolo. Las grietas que se abrieron en el realismo social y el desplazamiento de una estética por su contraria dependió, según este crítico y editor a quien aquí resumo, de la pérdida de peso del hegemónico PCE en el franquismo y del afloramiento de alternativas políticas inclinadas a reconocer la importancia de la burguesía en la salida o caída del Régimen. Se trató de un desplazamiento de la burguesía antifranquista hacia posiciones socialdemócratas con la consiguiente renuncia de los planteamientos revolucionarios. Esta nueva orientación «iba a conllevar a su vez un proceso de cambio en la valorización literaria del realismo». De ello ofrece un testimonio bien elocuente el entonces prestigioso suplemento del periódico *Informaciones,* señala Bértolo. En resumen muy sintético de su razonamiento, se produjo un proceso de sustitución en los valores literarios. Se difundieron el criterio de «calidad» y la idea del «compromiso de la literatura con la literatura» a la vez que se iba desprestigiando la novela que tuviese como meta el reflejo de la realidad social. Y se impuso la «nueva consigna de la socialdemocracia» que se resume en la frase «la única revolución válida para un escritor es la revolución del lenguaje».

Quizás esquematiza algo Bértolo el proceso y se excede en las pullas: «se empezó distinguiendo entre el "zafio" realismo social y el voluntarioso realismo crítico, luego se certificó la muerte del realismo y finalmente se celebró "la libertad" de tendencias que facilitaba el mercado». Pero ofrece un diagnóstico certero. El impulso revolucionario que latía en la clase media antifranquista —el origen social de la mayor parte de los escritores del realismo crítico— fue sustituido por otras aspiraciones. En lugar de desbancar al Régimen por medio de la revolución, se pasó a pensar en la ocupación del espacio político dentro de un sistema democrático y social. En esos objetivos sobraban el testimonio obrerista o antiburgués que había marcado la temática del realismo social y la técnica de escueto objetivismo utilizada. El ideario alternativo, basado en el encarecimiento de un nuevo lenguaje y en una temática de mayor densidad, amplitud e incluso exotismo, se impuso gracias a plurales colaboraciones. La línea propugnada por el vespertino que señala Bértolo tiene, en efecto, mucha importancia porque su «Suplemento de Artes y Letras» —de alto prestigio y lectura cómplice de los intelectuales burgueses no franquistas— no disimulaba una intencionalidad dirigista. La misma intencionalidad que albergaba, según he señalado varias veces, otra prensa no adicta al Régimen. En idéntica dirección funcionaron las palinodias de Juan Goytisolo y de otros o el cambio de orientación en algunas editoriales. Un difuso estado de opinión apoyaba la indicada deriva socialdemócrata del sistema literario español.

La modernización literaria funcionaba como tapadera de cambios ideológicos profundos. Servía de coartada a una auténtica derechización. Así lo interpreta Tuñón de Lara a propósito del revisionismo que afectaba a la valoración de Machado, encabezado, como hemos visto, por Juan Goytisolo y «por algunos jovencitos que ahora estiman "limitado e insuficiente" a don Antonio, por la sencilla razón de que nunca lo han leído más allá de una treintena de poemas (los más conocidos)». De esta manera se explica por carta con su amigo Max Aub en febrero de 1969 y le agrega: «También ellos "desprecian cuanto ignoran"». Enfadado, el viejo y beligerante historiador republicano denuncia el giro político que encerraban las nuevas posturas, las cuales, debemos insistir, se amparaban en la modernidad artística y en la reivindicación de la forma y el lenguaje. Desde su desalentado y pesimista extrañamiento francés se explaya con su corresponsal en el exilio mexicano: «Pero hay otra cosa; es una justificación inconsciente de su despolitización; ellos creyeron que en 1956, porque se incorporaban al fandango, todo iba a cambiar. Claro, ellos no eran la fuerza decisiva. Se cansaron. Bueno está; que nos dejen en paz. Pero que no arremetan contra los más altos valores que tenemos». El que Tuñón barra para casa desacreditando, o al menos minimizando, la firmeza y la importancia de la rebeldía universitaria antifranquista de tres lustros atrás (y haciendo propaganda del papel determinante del PCE señalado en ese «no eran la fuerza decisiva») no resta valor a su correcta interpretación de semejantes mudanzas, algunas cercanas al travestismo ideológico.

En cualquier caso, se había producido un cambio radical en el sistema literario. Ante esta evidencia, se adoptaron posturas diversas que van de una confesa voluntad de *aggiornamento* a que los veteranos realistas afrontaran con coraje el chaparrón que se les estaba viniendo encima, y pasando por achacarle al realismo mediosecular ciertas desgracias propias de tal corriente artística.

Alfonso Grosso aportaba con el aval de su propia obra una explicación de cómo se había reconducido el realismo social, sobre todo en su vertiente formal. Su generación —explica al periodista Antonio R. de las Heras en *ABC* (6/8/1970)— ha soportado un injusto sambenito. «Se nos ha acusado de falta de intelectualización, de simplismo, de exceso de naturalismo...». Frente a estos reproches, «casi me veía obligado» a hacer lo que hizo, intelectualizar *Ines Just Coming* y *Guarnición de silla*. El planteamiento de ambas, en ese sentido, y también en el del gozoso barroquismo verbal sobre el que discurre en la entrevista, ha sido una «reacción personal». Con *Guarnición de silla*, concluye, «he terminado de cumplir con una obligación que yo creía haber contraído con mi generación» y, ahora, su nueva novela en marcha «toma otro sesgo». El novelista andaluz pagó, según su propia versión, un tributo a la densidad que predicaba la nueva narrativa moderna frente a la claridad —relativa y no incompatible con la afición al metaforismo— con que había expuesto los contenidos sociales de sus novelas anteriores. Y ahora, superado semejante doble lastre (el contenidismo trasparente de una primera etapa y el intelectualismo condescendiente de una segunda), se veía libre de buscar un nuevo modo personal. No es cuestión de precisar aquí cuáles fueron los resultados poco agraciados de esta última manera, pero los determinó, aparte penosas circunstancias personales del autor, el abrupto cambio entre ambas maneras. Ello dejó al escritor en un territorio de incertidumbre que no supo resolver de un modo positivo. Aquellas ventoleras históricas llevaron a la tumba literaria, y quizás a algo más que a esta, a Alfonso Grosso.

También se produjeron actitudes que buscaban sacar beneficio particular haciendo leña del árbol ya caído tras el proceso de desmantelamiento y deslegitimación de la amortizada «berza». El realismo, según estas posturas, había impedido el desarrollo de otras poéticas: esta era una acusación más a añadir al pliego de cargos. Con ella jugó a modo el expresionista Javier Tomeo. El narrador oscense, aunque había empezado a escribir antes de mediados de los años sesenta, tuvo que aguardar hasta avanzado el segundo lustro del decenio para ver publicados sus dos libros iniciales, *El cazador* (1967) y *Ceguera al azul* (1969). La culpa de la tardanza se la echó una y otra vez al maldito realismo y a su coactiva hegemonía.

Le interesaba a Tomeo, para encarecer el mérito y reto artístico de su obra, que esta se emplazara en ese dificultoso contexto. Así, contra lo que era un hecho de sobra conocido, le dice a Miguel

Dalmau que su primera novela se publicó «cuando faltaban todavía dos años para 1969, año en el que muchos estudiosos sitúan el punto de inflexión del realismo». Los estudiosos no dicen tal cosa y todo el mundo sabía, y tenía que saberlo Tomeo, que en esa fecha hacía tiempo que se había producido el «punto de inflexión». Pero le convenía pasar por despistado para situar su escritura en un ambiente todavía hostil. Es más, le favorecía mostrarse como víctima de aquella situación y atribuirle a la vez incluso la razón de su modo de escribir. A tal propósito responde la tardía explicación, de 2010, del propio Tomeo acerca del origen de sus primeros minirrelatos. Aquellas «historias mínimas» seminales «simplificando las cosas tal vez podría decir que fueron una forma de rebelarme contra el tipo de literatura que los editores imponían en la España de aquellos tiempos». A la rebeldía literaria —se explaya— le condujeron, «unos tiempos en que en España prevalecía el realismo literario, o, si lo prefieren, el realismo social. Los principales editores del país consideraban entonces que cualquier tipo de literatura era una frivolidad literaria imperdonable, es decir, una deserción al sacrosanto compromiso social que entendía que la literatura, concretamente la novela, debía ser un instrumento de acoso y derribo de la dictadura». De nuevo practica un interesado confusionismo: por las fechas de referencia los editores no imponían nada de lo señalado; en todo caso, preferían lo contrario.

No disimula Tomeo un tonillo despectivo que quizás responda al deseo de desquitarse de antiguas heridas. Había padecido, según le explica al periodista Antonio Astorga, que sus primeros relatos no tuvieran sitio en una literatura «concebida como ariete rompedor de una realidad política determinada»; una literatura que, encima, había confiado «demasiado en la eficacia social y política» de una forma de novelar que «se acabó revelando como políticamente ineficaz». En esa situación, añade, «concebí el pecado de preocuparme más por el individuo que por el entorno social del mismo». El realismo comprometido y politizado fue, pues, el culpable de los graves desasosiegos del autor primerizo. Menos mal que, según explica en otra entrevista con Tulio H. Demicheli, tuvo lucidez suficiente para desentenderse del «realismo socialista, o realismo social o realismo a secas»: «a mí me aburría esa forma de contar las cosas y decidí interpretar el mundo tal y como yo lo veía».

Tomeo no estaba por la labor de seguir aquella «moda» y decidió emprender una literatura excéntrica «en tiempos en que se suponía que la literatura debía ser azote de la dictadura», según le dice a la periodista Elena Pita. Desde luego, una literatura peculiar como la suya, y como la de otros coetáneos estructuralistas, revolucionarios del lenguaje, vanguardistas, experimentales, expresionistas, kafkianos y rupturistas de toda laya, tuvo que ganarse a pulso un espacio en la sociedad literaria y en el mercado sorteando espinosas dificultades y en claro enfrentamiento con el realismo y el canon predominante en nuestra literatura. El esfuerzo, sin embargo, se acompañó —lo hemos ido viendo en estas páginas— de protestas, agresividad y desdén. Incluso de puros juicios de intenciones, a decir verdad no del todo infundados. También a Antonio Astorga le confiesa Tomeo que se sentía tan coartado por una especie de censura fáctica que se puso al principio voluntariamente fuera de juego: «Nunca pensé en acudir a un editor con las historias bajo el brazo y la pretensión de que las publicase, tal vez porque conocía de antemano la respuesta y pensaba que era mejor que no me hiciese ilusiones». A nadie se le escapa la intención del aragonés de lanzar un grave reproche. Y, en todo caso, añade una muestra más del argumentario contra el realismo social que ha servido para mantener viva la leyenda negra.

La actitud beligerante de Tomeo supone que las cañas se tornaban lanzas. Los realistas del medio siglo pasaban de ser víctimas propiciatorias de las novísimas y descomprometidas corrientes estéticas a culpables de las desgracias de la reciente oleada estetizante y culturalista. Así lo manifestaba un presuntuoso Antonio Colinas. Actor secundario del movimiento innovador, ignorado en la selecta capilla novísima, reprochaba la preterición de su libro *Preludios a una noche total* al lugar de segundo accésit en el premio Adonais de 1968 a la supervivencia de una estética oxidada. Lo ganó el hondureño Roberto Sosa con un libro de trasparente título, *Los pobres*. El joven leonés que se había trasladado hacía poco a Madrid para ejercitarse en la cucaña literaria sintió el desaire: «Algo me dolió no recibir el primer premio. Más que nada porque el libro premiado [...] prolongaba, a mi entender innecesariamente, la poesía *social*, un modo de hacer poesía que, en opinión de Aleixandre, *ya estaba agotado por suficientemente expresado*» (subrayado del autor). Él, en cambio, se lamenta, estaba en la línea de aquellos años en que se luchaba para que llegara a la poesía la libertad literaria. Aunque faltaran «las libertades sociales», dice con un significativo eufemismo que evita el nombre real, represión y dictadura, «los poetas sabíamos muy bien que lo *social* era algo que debía tener su cauce en urnas y en parlamentos, y no exclusivamente a través de los versos». Pero no aclara qué camino conduciría a las urnas y parlamentos en esta manifestación de descompromiso para la que no tiene empacho en manipular con bien torpe prosa al anciano de Velintonia, recordemos, fundador de la poesía como comunicación.

En la atmósfera hostil, displicente o cargada de acusaciones en que malvivía el realismo mediosecular en los amenes de los años sesenta, muy pocos se atrevían a ir contracorriente. Sobre todo en lo referido a la proscrita idea del utilitarismo artístico. Un caso aislado fue el poeta Ángel González, quien, haciéndose eco de una opinión generalizada («Ahora es frecuente oír decir que la poesía social ha muerto»), lanzó una franca reivindicación de la estética fenecida. Pese a esa creencia no discutida en estas fechas, «yo opino que lo que el término poesía social encubre, es decir, la poesía ideológica o comprometida, o crítica, o testimonial, o política, o todo ello a la vez, tiene todavía un sitio en la literatura que, ahora o en el futuro, hagan los españoles», declaraba a la prensa según la noticia recogida por *Destino* (1670, 4/10/1969). Pero se trataba de una postura bastante solitaria, al menos manifestada con franqueza y desparpajo que sonaban a desafío.

Debe puntualizarse, sin embargo, algo capital: los cambios señalados hicieron que el realismo social fuera de capa caída, pero no el antifranquismo o la desafección política en alguna prensa, hasta donde la censura lo permitía. En buena medida, el fenómeno significa la sustitución de una disidencia cultural de filiación política concreta por otra desafección genérica y sin explícito partidismo. Eso suponen, visto con la perspectiva suficiente de nuestros días, la evolución revisionista de *Triunfo* o la recién nacida *Cuadernos de Ruedo Ibérico*. Ya lo hemos anotado. En la misma dirección marcha, en las fechas en que se emplaza el cambio señalado en las páginas inmediatas anteriores la refundada revista poética de anteguerra *Litoral*. La publicación malagueña representa la paladina hostilidad artística antifranquista simultánea con el rechazo de un procedimiento literario hasta hacía poco hegemónico y excluyente. Dicho sin rodeos: contra la dictadura pero lejos del realismo social. Ello en el ámbito de la poesía, territorio principal de la revista, aunque no el único, pero válido para toda la actividad artística, incluida la narrativa.

El *Litoral* «resucitado», según fórmula utilizada por su impulsor, José María Amado y Arniches, vio la luz en mayo de 1968. El propósito del poeta y abogado Amado era entroncar con la clásica revista malagueña homónima y constituirse en homenaje continuo a la «generación trascendente», como llamaba con énfasis a la del 27. El famoso grupo poético de anteguerra tuvo presencia constante en esta nueva etapa de la publicación: insistentes apariciones de Alberti, homenajes y monográficos sobre Lorca, Prados y Altolaguirre, Bergamín, León Felipe, Cernuda o Rejano. Lo mismo ocurrió con artistas y poetas vinculados con la famosa promoción y con la estética de la vanguardia: reiteradísimo Picasso, homenajes al escultor Alberto, al músico Falla, a César Vallejo, a Pablo Neruda... Constituyó, en el franquismo, *Litoral* el más declarado y un punto exclusivista engarce en forma de recuperación algo beata de la cultura progresista de entreguerras.

Nada de lo señalado, ni la memoria vindicativa de tales poetas, ni el concurso instrumentalizado de Picasso, constituía novedad en la escasa prensa desafecta o distante del régimen en los años cincuenta y sesenta. *Litoral* anda en esa órbita, y aun lo subraya más el recuerdo de otro habitual en toda clase de publicaciones de ese signo, Antonio Machado, que mereció un número, el 12, de febrero-marzo de 1970, en plena arremetida antimachadiana. Por inercia encontraremos más tarde a otro asiduo, sobre todo de la prensa clandestina, Miguel Hernández, a quien dedicó un monográfico triple, el número 73-74-75, en 1978. La intención de la revista estaba clara y pronto recibió el aviso amenazador del poder, que la sancionó con una multa gubernativa a causa de un artículo del número 2, del verano de 1968, un monográfico sobre Europa. La advertencia surtió poco efecto y José María Amado siguió con tenacidad en la línea militante que se había impuesto. No respondía a un planteamiento rígido, pero sí firme. *Litoral*, decía el editor en un programático «A modo de comentario» del número 4 (10/1968), no ha nacido solo para publicar versos sino «con una preocupación sobre el mundo y la hora». A esa inquietud iba a aportar «una mentalidad poética, una manera intelectual al enfoque y acondicionamiento de tanto como espera, no la violencia, el fuego y las armas, si no [*sic*] la libre expresión del diálogo y del Pensamiento». Esa pretensión, añadía, deseaba que «fuera a verso limpio, no a tiro limpio». En apoyo de su idea aducía una vieja sentencia de José Bergamín: «Existir es pensar y pensar es comprometerse». En una «Carta abierta» al poeta Rafael Guillén del número 11 (que salió a caballo de 1969 y 1970: importa precisar las fechas) detallaba Amado el criterio que sostenía su actitud: «Frente a la injusticia, frente a la censura que es la mordaza y la tiranía sobre el escritor, no hay tonos híbridos. Solo cabe el silencio o el grito».

Materializar este empeño con una censura vigilante resultaba muy difícil, pero no faltaron artimañas para conseguirlo. Un procedimiento era indirecto: reproducir en 1972 números de la *Litoral* histórica, rescatar a continuación la literatura del exilio en dos salidas dobles del mismo año (la primera de los cuales fue secuestrada y denunciada ante el Tribunal de Orden Público por propaganda ilegal) u homenajear, todavía vivo Franco, al desde hacía tiempo claro opositor Dionisio Ridruejo. La firmeza de esta postura se corroboraba en los días finales de la dictadura y primeros del nuevo tiempo. En estas fechas dedicó un número séxtuple (53 a 58, 11/1975) a la Revolución de los claveles portuguesa. Otro triple (61 a 63), en marzo de 1976, a «Poesía en la cárcel», con inequívoco subtitulo y enfáticas mayúsculas en portada, «Historia del enfrentamiento de los Poetas contra los abusos del Poder». De nuevo uno triple (64 a 66) en febrero de 1977 con un «Homenaje a Mao Tse Tung. Poeta, filósofo, guerrillero y revolucionario». Estos números quedan ya fuera del recorrido principal de nuestro asedio a la evolución del realismo crítico, pero merecían recordarse porque corroboran una intencionalidad de la revista de la que antes, cuando el compromiso literario explícito aún estaba en debate, ya había dado muestras relevantes.

Entre estas pruebas, tiene un especial relieve el número 7. Apareció en los momentos de acometida sin contemplaciones contra la literatura comprometida, en abril-mayo de 1969, y estaba dedicado a la juventud, en la que la revista deposita la confianza de un futuro mejor gracias al espíritu inconformista que le atribuye, tanto a la de ayer, de la cual da buenas pruebas, como a la de hoy. Tal planteamiento adquiere especial relieve en un puñado de páginas con dimensión de reportaje de actualidad bajo el epígrafe «Los muros toman la palabra». Se trata de una selección de grafitis del mayo francés aducidos a propósito del motivo central del número. La entradilla de la selección comenta cómo «La rebeldía, la inquietud, el inconformismo, el afán de liberación de todos los yugos, hacia una auténtica libertad que ha latido siempre en el alma de la juventud, tiene en esta hora histórica, un reflejo en los muros de todas las Universidades».

Innecesario será señalar de qué manera debían entenderse estas palabras obligadas por el decir indirecto y alusivo que propiciaba la dictadura. Cualquier duda, por otra parte, la despejarían algunas ilustraciones colmadas de palabras. En una, sobre un muro de ladrillos se lee una pintada con una cita de san Agustín: «Por existir la propiedad hay guerras, motines e injusticias». A esta llamada a la revolución tan sorprende en un medio tan moderado se une otro grafiti de la Facultad parisina de Medicina que constituía un reto directo al régimen español y una apelación a las gentes de la cultura: «Un homme n'est pas stupide ou intelligent: il est libre ou il n´est pas». Antes de esta pequeña muestra de pintadas —«la publicable», aclara el editor—, una sorprendente ilustración a página entera reproducía retratos de tres personajes ejemplares del pasado siglo, el Che Guevara, Ho Chi Ming y nuestro Unamuno. Así comentaba José María Amado su significación:

> La brisa juvenil puede estar con los que admiran al Che Guevara triunfador en su revolución, que llega a ser gobernador del Banco de Cuba y escoge la muerte al aire libre, por un ideal. Los que consideran a Ho Chi Ming el héroe de la independencia de su pueblo; ayer, frente a los franceses, hoy, contra el nuevo colonialismo del dólar, o ven en Miguel de Unamuno, el catedrático independiente y austero, el profesor sin doblez.

Litoral daba cancha una y otra vez a la desafección cultural, pero nunca recurriendo a la poética del compromiso mediosecular. Firman en ella nombres del realismo de los cincuenta (Caballero Bonald, J. A. Goytisolo, Valente), aunque sin vincularlos a esa tendencia. Excepcionalmente se cuela un poema de López Pacheco, «España tiembla en fiebre de esperanza», relacionable con el realismo social en el número 10 (10-11/1969). Tampoco hay, es cierto, hostilidad manifiesta hacia esta estética. Lo denotan las reproducciones del figurativismo crítico de Juan Genovés. Sin embargo, el artículo bastante programático de Francisco Lucio del número 15-16 dedicado a la «Nueva generación» revela un claro distanciamiento. Una primera reserva sale al situar en su contexto histórico y al evaluar la trayectoria de la «tendencia "social", tan ejemplar en lo ético y de tan ambiguos resultados en lo estrictamente poético o artístico». Como algo positivo considera que los poetas inicialmente «sociales» evolucionaran «hacia fórmulas expresivas más rigurosas» sin abandonar los supuestos morales de su actitud poética primera. La andanada definitiva, con su tributo a los tópicos comunes, viene al celebrar el ultimísimo estado de nuestra lírica: «aquella suerte de disyuntiva maniquea con la que hubieron de enfrentarse los poetas "sociales" —elegir entre las finalidades ética y estética—, parece, al menos por ahora, satisfactoriamente resuelta». La promoción comprometida y la siguiente han confluido, añade dando sus parabienes implícitos al fenómeno, en lo que algunos «han denominado ya la "generación del lenguaje"».

Publicado esto en 1970, en una revista de referencia para el mundillo literario y con tirada nada despreciable de tres mil ejemplares, introducía un palo más en la ya muy averiada rueda del realismo social. *Litoral* ayudó a la imparable cuesta abajo de la literatura comprometida sujeta a un programa estético, aunque, a la vez, daba aliento a la disidencia cultural y literaria y a la escritura hostil al franquismo. Resulta oportuno, por tanto, este recorrido por la publicación malagueña porque evidencia cómo ha cambiado el signo de la complicidad política en las letras. La revista poética lo muestra con claridad. Antifranquismo duro, incluso con ribetes libertarios, y defensa franca de la libertad de expresión y creativa, sí. Mas al margen del realismo socialista y de la subordinación a un concreto partido de izquierdas. Constituía la militante y audaz revista una complementaria contribución al arrinconamiento irreversible del realismo crítico.

25
Lo viejo en lo nuevo

La «tendencia» —aclararemos una vez más, aunque no haga falta: la moda— que había denunciado con machacona insistencia José Ángel Valente no fue la única corriente literaria en los años cincuenta y sesenta. Autores hubo que escaparon de las convenciones dictadas por el realismo social. Durante largo tiempo la refutación de la literatura comprometida se centró en sus deficiencias formales y en su abusiva temática testimonial. Un giro notable en este planteamiento se produce con la innovadora perspectiva con que José Batlló aborda en 1968 su *Antología de la nueva poesía española*. Su planteamiento en plan de hacer justicia: no todo fue realismo social.

El poeta y editor barcelonés constata el cambio habido a finales del decenio en nuestra lírica tanto por lo que hacen los jóvenes poetas como por la aportación desde la alta posguerra de autores que fueron marginados o se marginaron de la corriente mayoritaria, del realismo. La admiración del antólogo por Miguel Labordeta, por Gabino-Alejandro Carriedo y por Ángel Crespo indica el norte de su brújula. Además de la poesía independiente de estos transgresores también existieron otros poetas que se escabulleron de la dichosa «tendencia».

A fin de demostrar estos hechos Batlló recoge poemas publicados entre 1954 y 1967, o sea, desde la fecha casi bautismal de la poesía de denuncia y hasta el momento en que se ha producido una reorientación hacia el antirrealismo. El antólogo ordena los poemas temáticamente y este criterio le sirve para evidenciar la evolución hacia la nueva sensibilidad. Los temas —fijados *a posteriori*, como resultado de los poemas seleccionados— indican una variedad de intereses mucho más amplia que la restrictiva de la poesía social. Tanto que la antología concede un apartado independiente a la poesía amorosa o erótica, asuntos arrinconados por los sociales. La poesía del medio siglo había sido, pues, mucho menos monótona y más diversa de lo que se decía. No ignora, claro, Batlló la existencia de poemas en los que prima la intención política y con ellos establece un apartado. Sin embargo, este último bloque alcanza reducida extensión, lo cual le «complace». Y ello porque confirma que tal temática ha sido superada. Aprecia, además, que en la mayoría de los poemas de este último grupo «se observa una preocupación formal, o sea, expresiva, que difícilmente puede hallarse en la poesía política escrita hasta la fecha». Dicho de otra manera, Batlló encuentra que en tal clase de poesía se dio una exigencia formal que la conecta con lo nuevo. En lo viejo se halla también lo nuevo, se descubre la semilla de lo nuevo. Claro que ello ocurre a partir de textos seleccionados según un criterio que privilegia «los valores literarios», «básicos», aclara, en un poeta. Si hubiera utilizado otro criterio, el resultado habría sido bien diferente.

La rectificación o enmienda a la poesía social a la que asistimos de la mano de Batlló tiene un punto de partida menos beligerante, casi compasivo, que el habitual. Mas no deja de ser una desautorización al privilegiar lo excepcional en la lírica politizada, la exigencia formal. De este modo, la nómina de seleccionados se convierte en ilustración de una apuesta por la modernidad a finales de los sesenta cuyas raíces se remontan a mediados del siglo. De ahí que la nómina ofrezca inevitable sensación de *totum revolutum* donde conviven autores de un par de promociones (las generaciones del medio siglo y del 68, más una autora un poco mayor, Gloria Fuertes) y de sensibilidades tan distintas, por no decir antagónicas e irreconciliables, como Ángel González y José-Miguel Ullán. La impresión de mezcolanza se deriva de la lista de escogidos: Barral, Brines, Caballero Bonald, Eladio Cabañero, Gloria Fuertes, Gil de Biedma, Pedro Gimferrer, Ángel González, J. A. Goytisolo, Félix Grande, Joaquín Marco, Claudio Rodríguez, Carlos Sahagún, Rafael Soto Vergés, Valente y Manuel Vázquez Montalbán.

El revoltijo servía para blanquear la literatura comprometida, pero no de cualquier manera. Batlló llevaba a cabo esa justificación a partir del supuesto de que también había habido en ella calidad y exigencia y había tenido un sustantivo valor literario. La benemérita intención entrañaba a la vez, sin embargo, el rechazo de la parte —se entiende que mayoritaria— que carecía de dichas virtudes. El planteamiento se inscribe en la tendencia generalizada entre los detractores de arrebatar al compromiso literario la capacidad revolucionaria y cambiarlo por unas vagas aspiraciones reformistas.

Las cuales, por otro lado, tampoco significaban gran cosa pues venían requeridas por la mínima conciencia crítica y la inexcusable actitud de rebeldía exigida por el hecho incontrovertible y todavía sangrante de que el país vivía aún en un régimen dictatorial.

Esta connotación de la *Antología de la nueva poesía española* se desprende de la encuesta dirigida a los antologados que cierra el volumen. Batlló se interesa en el amplio cuestionario por una variedad de motivos que incidían de manera más o menos directa en la práctica reciente de la literatura social: si se puede hablar de una nueva poesía española, qué innovaciones aportaría y en qué se distingue de la precedente; si existe en el autor en cuestión una conciencia generacional; qué escritores han sido los más influyentes, en general y en cada caso concreto en particular. Además, inquiere «cuál debía de ser, teóricamente, la función de la poesía en la actual hora española». Sabiendo como sabía el antólogo, porque era persona bien informada y muy al tanto de lo que se pensaba en aquel momento, el estado de opinión extendido, el simple hecho de plantear tan sobado asunto suponía echar más leña al fuego de las descalificaciones. Aunque de forma menos desequilibrada de lo presumible, a esto dan pie de forma mayoritaria las respuestas, que reiteran la consabida división entre unos pocos fieles a lo social y un gran número de disidentes.

Las confesiones arrancan con una nota de salvaguarda personal ya bien frecuente. «Nunca he pensado en mí como un escritor de objetivos políticos», dice Barral, aunque admitiendo un sesgo ideológico privado: «Como la mayoría de mis contemporáneos, cultivo cuidadosamente mi conciencia histórica y tengo vivas preocupaciones políticas». El ultimísimo lema de separar lo privado y lo literario lo defiende Gimferrer: «Si algo ha de influir en la sociedad es la conducta personal del poeta. La poesía influye muy a la larga, muy indirectamente, y ni siquiera es esta su principal función».

Los tópicos difamantes de la poesía precedente contra los que ahora se pretende reaccionar se mantienen vivos. En ellos incurre el generalmente comedido Brines: «la insuficiencia expresiva (prosaísmo, pobreza de recursos, falta de estructura del poema, etcétera), y la limitación temática». ¿Y cómo se acomete esa superación, según el poeta valenciano?. Con «la búsqueda de una tensión expresiva en la que fiar la intensidad del poema, y una ampliación más libre y audaz de los temas a cantar». El resultado tal vez consiga más lectores, «en la conquista de los cuales, tan fallidamente, se escudaron muchos poetas para justificar el desnutrimiento en que dejaron abandonada la poesía». Solo en el léxico de la explicación de Brines se declara un memorial de agravios, y eso que pertenece a quienes no mostraron especial beligerancia, aunque no compartiera aquella envejecida estética: insuficiencia expresiva, prosaísmo, pobreza de recursos, falta de estructura del poema, limitación temática, desnutrimiento. Con términos gruesos presenta la situación Rafael Soto Vergés. Antes se produjeron «grandes deserciones del estilo» que «ahora nos parecen condenables e injustificadas». El empeño actual consiste en recuperar el lenguaje («bloqueado hasta ahora por un equivocado y lastimoso prurito panfletario») y extender la temática («un amplio ensanchamiento de los campos semánticos e ideológicos, el cual viene apoyado por un nuevo respeto de los problemas del estilo»). Tampoco cuida mucho las formas el más claro referente de la izquierda en la nueva poesía, Vázquez Montalbán: comprende y hasta cierto punto comparte «la reacción contra la *poesía social* más grosera». Sí añade una inquietud infrecuente que apunta al fondo de la trama que sostiene las mudanzas culturales del momento: le gustaría saber si la reacción «es consciente o es producto de una inconsciente corrupción ideológica neocapitalista».

También sigue vigente la desiderata de moda de privilegiar el lenguaje, en la cual insiste uno de sus más fervorosos paladines, Valente, para quien la función de la literatura consiste —sostiene con términos no poco herméticos— en «restituir al lenguaje su verdad». Y continúa una apreciación negativa que había sido uno de los caballos de batalla de la narrativa, la sujeción de la literatura a una teoría previa a la escritura, «el consabido error de definir el realismo antes que las obras y no a partir de ellas», que recalca Caballero Bonald. En cualquier caso, y a modo de síntesis del *status quaestionis*, señala Joaquín Marco un proceso de despolitización de la literatura, porque, advierte, la contaminación política no había sido solo cosa de la generación realista sino, «por uno u otro lado», un fenómeno de la poesía desde 1939. Y aunque «ello no debe ser considerado forzosamente negativo», «la situación tiende a cambiar».

¿Y qué hay de lo viejo que no desdeña ser lo que fue? Pues conserva una fortaleza mucho mayor de lo esperable a estas alturas de la película. Ante todo porque encontramos una rotunda proclama a favor de la actualidad, generalizadamente rebatida, de la poesía social. La defensa de su vigencia que, contra corriente, venía haciendo Leopoldo de Luis resulta una pálida creencia al lado de la vehemente arenga, con curioso ataque a los *antofagastas* engorrinadores, de Eladio Cabañero:

> Sigue vigente. Vive y avanza la poesía social, digan lo que digan los críticos que la niegan —hoy en nuestro país casi todos— y quieren enterrarla viva. Son los críticos caprichosos que quieren dirigir a su antojo lo que la poesía debe ser cada temporada y los critiquillos de medio folio, *antofagastas* que todo cuanto tocan lo engorrinan. A ver cuándo se enteran de que la poesía social auténtica no es ni puede ser fruto de ningún «ismo» más, asunto de incitaciones pasajeras, sino un estado general de conciencia. A ver cuándo se enteran.

Ángel González, firme en su postura contra corriente, confiesa que ha sido víctima de la dichosa etiqueta de poeta social. Nunca le ha molestado en exceso, sin embargo, porque debajo del ominoso marbete «hay una alusión directa a realidades más profundas, poéticas y extrapoéticas, con las que, sinceramente, no me desagrada sentirme relacionado». El asturiano no ve inútil esa poesía porque en la hora actual conserva una función que «acentuando sus posibilidades ideológicas podría desempeñar un papel clarificador y ético —en el más amplio sentido de las palabras—». Una función real atribuye Carlos Sahagún ahora a la poesía, la cual concuerda con el desacreditado utilitarismo, la de «servir de ayuda a otros hombres, expresando sin engaño la realidad colectiva en todos sus aspectos y dando testimonio, al mismo tiempo, de la realidad individual, cuanto esta posea en sí misma capacidad suficiente para guiar a los demás en la inevitable búsqueda de la verdad histórica que es la vida humana». Y Félix Grande se muestra afirmativo, aunque con condiciones. El proceso de rehumanización iniciado en la posguerra, asegura, sigue su curso y no será abandonado por el momento, «y sí revitalizado por las búsquedas de medios expresivos más capaces que los utilizados hasta ahora o por el propósito de dominar a fondo los ya existentes». El porvenir lo fía a una alianza de lo mejor de ayer y de ahora: «Creo que se tiende hacia una poesía que sea a la vez comprometida y libre. Comprometida con el pensamiento filosófico e histórico y libre en cuanto a la investigación sobre nuevas formas expresivas mediante las cuales la carga de rehumanización sea manifestada de un modo más eficaz y, en definitiva, más social». La bastante salomónica apreciación supone una forma sutil de incardinar lo viejo en lo nuevo, sin la ruptura predicada por muchos otros colegas.

Lo viejo y lo nuevo tenían en este momento otra piedra de toque en cómo apreciar a Antonio Machado. Ya hemos discurrido largo y tendido sobre el papel del sevillano en la contienda político literaria del medio siglo. Añadiremos un conveniente apunte acerca de su significación en este momento a partir de la pregunta específica de Batlló referida a las influencias generales en la poesía de posguerra y a las particulares en los antologados. Carlos Barral marca el ritmo de moda. Reconoce la influencia de Antonio Machado, pero la considera «producto del exceso de admiración» y menor «de la que se presume». Añade una confesión que resituaba el valor del autor de *Campos de Castilla*: «Puestos a decirlo todo, diré que lo admiro mucho, pero que me gusta poco». Ya lo había manifestado en más ocasiones, pero constituía una nueva contribución al proceso de desmachadización de nuestra poesía con la consiguiente carga política.

Con matices, otros seleccionados inciden en la apreciación de Machado. Joaquín Marco, estudioso y antólogo señalado del poeta, confirma la mayor («Todo el mundo habla de la influencia de Antonio Machado»), añade una puntualización que no era moneda común en aquel momento («Creo que ha influido más como prosista que como poeta; es decir, que han influido más sus ideas que sus poemas») y señala el influjo de «especialmente su actitud vital, tan admirable». Algo que a la larga sería apreciado como ascendiente básico del poeta, y que comparte Gimferrer: «influyó más su ejemplo personal que su poesía».

¿Le importa o interesa Machado?, pregunta Batlló, quizás con menos curiosidad sincera que con el propósito de corroborar lo que él deseaba. Respuesta afirmativa cerrada de Cabañero, Gloria Fuertes, J. A. Goytisolo, Félix Grande, Carlos Sahagún y Soto Vergés. Estas menciones positivas no eclipsan, sin embargo, el dato verdaderamente relevante: más que a Machado se menciona a Cernuda, su gran antagonista en influencia desde mediados de los sesenta. A Cernuda lo señalan muchos seleccionados. Se nota que ha desplazado a su paisano del pódium. Es la novedad. Con lo que ello conlleva de giro ideológico, aparte de literario. Caso notable por sus afinidades políticas el de Vázquez Montalbán. No cita inexplicablemente en las influencias de posguerra a Machado y sí a Aleixandre, Dámaso Alonso, Celaya, Blas de Otero, Gil de Biedma, Ferrater y, también, Cernuda. Y añade una apreciación que resultaba demoledora para la literatura izquierdista, o progresista, más viniendo de quien venía, un militante del PSUC. A la gente de su «atmósfera cultural» la política les ha hecho infravalorar «a poetas tan considerables como Panero, Valverde, Vivanco o ese extraordinario autor de un libro magistral, *La casa encendida*, de Luis Rosales». Casi parece un editorial de *El Español*, *Arriba*, *Pueblo*, *La Estafeta Literaria* u otra prensa del gobierno.

La encuesta certifica un cambio de rumbo que liquida la fidelidad a lo viejo, no a todo, solo al sector «grosero». Lo confirman un par de afirmaciones que no deben tomarse solo como manifestaciones pintorescas. A *boutade*, y no inocente, suena la advertencia de Barral acerca de que otro influjo, el «inmenso» de Lorca, se ha producido «sobre todo al nivel de la infraliteratura». Y un desdeñoso Claudio Rodríguez, quien tampoco se acuerda de Machado, aporta una curiosa confesión: «como anécdota, puedo decir que últimamente, releo, sobre todo, a Galdós» y el «sector descriptivo» de Miró. ¿Ganas de incordiar de un personaje, gran poeta, que siempre iba a su aire? Tal vez, pero más importante, síntoma de época.

La postura de quienes no desdeñan que lo viejo fuera como fue, sin paliativos, justificaciones ni enmascaramientos, resulta tibia al lado de la actitud de Blas de Otero en este mismo momento. No hay que buscar en lo viejo excusa alguna ni lo nuevo autoriza el juego de encontrarle coartadas. El cabeza designado de la poesía social hacía una contundente, pura y dura reafirmación de lo viejo en la muy jugosa y amplia conversación con Antonio Núñez de mediados de 1968. Blas de Otero acababa de volver de Cuba. Había ido a la isla caribeña como jurado del premio oficial Casa de las Américas y le agradó tanto que permaneció en ella tres años, tiempo más que suficiente para que pudiera impregnarse de su realidad social y política. Aquel «Gabriel y Galán ganado por la revolución» (de tal modo se presenta a sí mismo en un poema de *Hojas de Madrid*) trasmite una percepción del castrismo fervorosa. «Es un país en plena efervescencia y entusiasmo», sin que le arredren las dificultades ni tema al peligro, orgulloso de su presente y seguro de su porvenir. Especial significación tienen los intelectuales, en quienes no se da, como es propio de su sistema político, «un corte o abismo entre la labor puramente intelectual y la laboral». Sin demagogias que valgan, se explaya, el intelectual está en contacto con el pueblo, «es pueblo» y labora con él en múltiples actividades, entre ellas la corta de caña que le ha recordado el entrevistador Núñez. Ha estado en muchos lugares, comenta, y en todos se hablaba con entera libertad de cualquier tema, cultural y político.

La auténtica «libertad para crear» del intelectual cubano la explica Otero porque «comienza por estar dentro y al lado de su revolución». Sostiene el poeta vasco esa libertad creativa cuando ya se había producido la primera detención de Cabrera Infante que le forzó al exilio y estaba en marcha el escandaloso caso Padilla. Con toda razón denuncia Otero la censura española, que había mutilado gravemente el poemario *Que trata de España*, pero ciego y sordo a las coacciones de la dictadura castrista, para él inexistentes, no les hace ninguna reserva.

Con estos puntos de vista resulta natural cómo entiende el emblemático autor de *Ancia* el papel del poeta y de la poesía. «Hay una dependencia del poeta con la sociedad» y misión del poema es «su eficacia con respecto a la sociedad». Sí hace una doble salvedad: esa función se cumple a través de un «ente estético» y «la calidad estética es insoslayable». Pero estas verdades de perogrullo no quitan para que Blas de Otero ande muy cerca de postular la figura del escritor orgánico, vasallo de un partido. Nadie pensaba tal cosa a la altura de 1968. Blas de Otero aportaba un balón de oxígeno al realismo socialista en momentos de descrédito mayúsculo. Poca utilidad tendría su prédica. Los vientos de la historia literaria iban en otra dirección. Y su propio crédito se resentiría con injustos olvidos o ninguneos.

26
«De la berza al sándalo»

Mientras las descalificaciones, rectificaciones, reflexiones o balances se agolpaban en revistas de información político-cultural o culturales y en libros, el pasado y el devenir de la cercana literatura realista alcanzó el estatus de fenómeno mediático de interés general al ocupar buen espacio en las páginas de la prensa generalista. Una forma despectiva de referirse a aquel moribundo realismo, escuela de la berza, tomó carta de naturaleza y tal baldón lo utilizaron los periódicos como fórmula descriptiva de un desacierto histórico.

El epíteto aparece como moneda común en los periódicos de finales de los años sesenta —y lo ha seguido haciendo desde entonces—, pero tuvo un foco fundamental de irradiación, el madrileño *Madrid*. Su redactor jefe de cultura, el culto e inquieto periodista Alberto Míguez, atribuía a su periódico con indisimulado orgullo un trascendental papel en esta historia: «La polémica entre la berza y el sándalo se inició en las páginas de este diario, cuando Antonio Bernabéu con cierta gracia bautizó, siguiendo a Santos Fontenla, como generación de la berza a la masa de escritores socialrealistas de los años cincuenta». Así se explicaba el 7 de junio de 1969 en la entrevista «Habla un editor: Carlos Barral», donde aclaraba que «la "generación del sándalo" parece relacionarse más con los escritores experimentalistas o lo que, puestos a bautizar, podría denominarse *nouveau roman* español».

Unos cuantos datos parecen convenientes para contextualizar la exitosa campaña periodística. Antonio Bernabéu era uno de aquellos realistas comprometidos de la generación del medio siglo. Había publicado cuentos sin obtener mayor renombre. Su adscripción al grupo de escritores sociales la acredita su presencia en la nómina de contribuyentes a la colecta a favor de un compañero de trabajo enfermo que Fernando Ávalos introduce en la novela *En plazo*. Entre los obreros solidarios figura un tal Alfonso Bernabéu, nombre que apenas disimula el real del escritor. Fue el 15 de febrero de 1969 cuando Bernabéu publicó en *Madrid* el comentario que pondría en circulación amplia, fuera de circulillos letraheridos, la doble exitosa fórmula con la que resumía la trayectoria de la literatura española penúltima y última de entonces, «De la berza al sándalo».

En el mismo artículo, presentado con generoso tratamiento tipográfico, Bernabéu daba cumplida explicación del motivo de ser de ambas etiquetas. La paternidad de la berza se la atribuye también, al igual que Míguez, a César Santos Fontenla, sin añadir al respecto precisión alguna más. Desde entonces, se le ha venido adjudicando rutinariamente a este escuchado periodista cuya personalidad requiere un apunte para percibir el demoledor alcance del marbete de su presunta invención. César Santos Fontenla (1931-2011) fue crítico cinematográfico de la juvenil revista salmantina *Cinema Universitario* y de la vinculada con el PCE *Objetivo*. También se ocupó de cine en *Triunfo* en el periodo en que el semanario estuvo próximo a la estética realista. Esta inequívoca trayectoria progresista-izquierdista, paralela en todo, incluso en sus vínculos con el SEU a través de los cine-club, a la inicial de los narradores cuya obra ponía en solfa, incrementa el efecto arrasador de la etiqueta. (Al igual que otros actores de la cultura antifranquista, su deriva posterior le llevó a medios de signo muy distinto: fue colaborador de *Informaciones* y concluyó su carrera periodística en *ABC*).

No tenemos seguridad alguna, sin embargo, de que Santos Fontenla fuera su ingenioso inventor. Personalmente se lo pregunté en una ocasión y rehuyó confirmármelo. Otras consultas verbales a protagonistas del momento, escritores y críticos, me inducen a pensar que se trató de algo distinto. Fue una ocurrencia coloquial anónima. Su gracejo malicioso la hizo circular ampliamente por las tertulias y conversaciones de escritores y de ahí pasó la gracieta a continuación a la prensa, ya con la presunta atribución a Santos Fontenla, quien, por otra parte, la había hecho correr entre sus amistades. La atribución suscitó dudas ya en el propio momento en que empezó a circular. El poeta y crítico Juan Carlos Molero adjudicaba la expresión completa de «la berza al sándalo» (*Madrid* 29/7/1970) a Carlos Barral, con un precavido «creo». De inmediato vino la rectificación de «Lucrecio» (*Madrid* 5/8/1970) acerca del «bautizo de aquellas desacreditadas escuelas» (recordemos, entre paréntesis, que «Lucrecio» es el pseudónimo de Eduardo García

Rico y lo utiliza en su sección de notas sueltas titulada «Prismas»; un pseudónimo, por otra parte, nada misterioso, pues hace transparentes indicaciones acerca de la personalidad del firmante). «Lucrecio» corrige a su compañero de páginas: «Se debe, en efecto, a Santos Fontenla la invención de la palabra que por sí sola satiriza todo un modo, ya sobrepasado, de entender la literatura, y al crítico Antonio Bernabéu la paternidad de la segunda [sándalo] y la propagación [en] un título de artículo [...] de la oposición entre ambas» (sin embargo, el propio «Lucrecio», enconado polemista con Bernabéu, mantiene apreciaciones algo distintas y cambiantes. En una ocasión —*Madrid* 23/9/1970— lo tiene nada más como «el que lanzó el despectivo nombre inventado por Santos Fontenla», pero en otra solo una semana posterior —*Madrid*, 30/9/1970— considera que «bautizó» la escuela y le adjudica «el invento»).

En cualquier caso, la paternidad efectiva de la etiqueta bien se le puede atribuir a Bernabéu. Como se quiera, que tampoco importa mucho, pues lo sustancial es su exitosa recepción, el marbete se debió «quizás», según la explicación de Bernabéu, «a que un elevado porcentaje de los relatos pertenecientes a aquellas fechas y escuela comenzaba, más o menos, de la siguiente forma: "Al subir por la mugrienta escalera percibió un fuerte olor a berza..."».

Un rastreo bastante amplio de relatos del medio siglo me permite asegurar que no fue ese un latiguillo descriptivo del momento, ni siquiera una referencia ambiental común. Sí podría aducirse como motivo suficiente para inspirar la acuñación la presencia de tan humilde alimento en una escena doméstica en la primera parte, «Aldeaseca», de la emblemática *Central eléctrica*. El modesto ganadero Emilio llega a casa a la hora de la comida atribulado por el futuro que les aguarda a los lugareños a causa de la próxima inundación del valle. La mujer, Manuela, primero «se arrodilla ante el hogar y descuelga la olla», y a continuación «Ella pone en el centro de la mesa una cazuela, en la que ha echado las patatas hervidas con berzas de la olla». Ni mugre ni olores hay en la escueta escena costumbrista: «El marido parte con su navaja una rebanada de pan, llena su cuchara de madera y la lleva desde la cazuela a la boca, protegiéndola con la rebanada de pan para que no escurra. Los dos comen en la misma cazuela, sorbiendo ruidosamente el caldo». Se dio, pues, una actitud inventiva satírica por parte de quien acuñara la expresión y un patente propósito de desacreditar el tipo de novela al que presuntamente señala.

El otro término de la dicotomía, sándalo, este sí indubitable forja de Bernabéu, surge en oposición de contraste con aquel. Cree su acuñador que la novela se encuentra en el umbral de un nuevo movimiento abocado a la fantasía, frente a las prácticas miméticas del medio siglo, el cual podría llamarse «escuela del sándalo» «porque no resulta ilógico suponer que muchos de ellos [los nuevos novelistas] darán comienzo a sus relatos de la siguiente manera: "Un agradable olor a sándalo nos invadió al penetrar en la corte del Preste Juan de las Indias..."».

Como se ve, Bernabéu no utiliza el término con un sentido de elogiosa incondicionalidad. Más bien, al contrario, se ciñe a describir una corriente de moda. Por si acaso, lo explicitaba en el final de su artículo: «Personalmente no desdeño ni el naturalismo ni la fantasía. Me limito a dejar constancia de los movimientos literarios entre nosotros. Y de su carácter pendular. Sin embargo, entre un extremo y el otro, el recorrido del péndulo está sin explorar». A pesar de esta actitud equilibrada, ambos términos pasaron a la lengua común, y a la historia literaria, como etiquetas descalificatorias del realismo, la primera, y como alternativa superadora de aquélla, la segunda. El sentido denigratorio de la berza estaba, por otra parte, explícito en el artículo de Bernabéu, a pesar del confeso propósito de atenerse a la descripción de un cambio en las corrientes de la literatura española reciente. Con claridad exponía su valoración del realismo social:

> la escuela de la berza, uno de cuyos primeros cuidados fue adquirir la patente de «realismo», no pasó nunca de practicar un estrecho naturalismo, mero inventario de desdichas sin mayor penetración, plagado de aspiraciones reivindicatorias basadas en loables supuestos éticos cuya bondad las gentes de bien no pusieron nunca en entredicho. Lo que nunca pudieron sospechar los escritores de la berza (se hubieran horrorizado) era que estaban haciendo una literatura formalista —si bien se trataba de un formalismo de escasa calidad—, en el sentido de que no llegaron más allá de una mera aproximación a las formas aparenciales y puramente epidérmicas de la realidad. Por eso, cuando nuestra realidad social cambió de forma (merced a los nuevos vientos del desarrollo), se quedaron con la cáscara en la mano. La realidad profunda siguió marchando, aproximadamente, por los mismos derroteros, solo que amparada

tras unos mecanismos de defensa mucho más complejos y más difíciles de penetrar.

Un aire de menosprecio hacia sus antiguos conmilitones rubrica la negativa exposición: «Los de la berza le perdieron la pista, la escuela comenzó a languidecer y sus componentes se fueron, uno a uno, marchitando».

La polémica en torno a la berza fue algo más que una oportunista serpiente informativa que duró un par de años. Obedece al interés de un periódico «comprometido» con «el mundo de la "cultura viva"», según la declaración de intenciones de Alberto Míguez (*Madrid* 30/9/1970). A Míguez le convenía atender asuntos significativos del momento y buscaba, *sotto voce*, intervenir en el debate cultural. Tal injerencia, sintetizando la complejidad del fenómeno, está orientada a la presentación y apoyo sin un programa explícito de las manifestaciones literarias y artísticas recientes y novedosas. Dicho con fórmula muy posterior, no escapa a la intención del vespertino la voluntad de marcar tendencia. Por sus páginas, y a partir de 1968 en que la cultura ocupa un espacio considerable bajo la responsabilidad de Alberto Míguez, desfilan los nombres de la todavía en agraz generación novísima, se acoge sin reticencias a la narrativa del *boom* hispanoamericano, a la que Félix Grande dedica toda una serie de artículos, recogidos más tarde en libro, y se concede atención insólita en un periódico generalista a la poesía experimental. De ahí la trascendencia más que de la polémica, de la preocupación reiterada por la cuestión candente del realismo, asociada, aunque nunca se manifieste, al tiempo pasado, el tiempo viejo, no a la modernidad. El mismo Míguez (también el 30/9/1970) percibe en este asunto y en las apasionadas reacciones suscitadas por dicha polémica un llamativo signo de cambio en la vida cultural española. El bucle de motivos compuesto por la berza, el sándalo, el naturalismo, la novísima sensibilidad y el realismo aparecen una y otra vez en el vespertino y constituyen una suma temática abocada a señalar una directriz estética y a crear un estado de opinión.

Una parte destacada de comentarios e informaciones relativos a la berza y el realismo tienen como protagonista a «Lucrecio», quien en uno de sus «Prismas» se ve obligado a precisar su papel en la revisión del realismo del medio siglo. No hay que «pensar», se excusa, «que yo ando a pedradas con la berza» (30/9/1970). No andaría a tal, pero la insistencia en el asunto y sus incisivos e intencionados apuntes colaboraron a liquidarla, junto con el cuaderno-encuesta *Literatura y política* al que enseguida tendré que prestar inexcusable atención. La siguiente secuencia cronológica que abarca dos años cruciales en la definitiva demolición del movimiento realista, 1970 y 1971, revela su pertinaz porfía en el asunto.

El 24 de junio de 1970, sin percha informativa alguna que justifique la columna, García Rico plantea un esquema de la novela española de posguerra. Señala que la segunda de sus orientaciones principales fue el socialrealismo, tan prestigiado en el extranjero que Grosso se asombraba de que sus obras aparecieran en el catálogo de Gallimard junto a las de Faulkner. Un tanto a contrapié ilustra la distancia que separa las posturas de ayer y de hoy en los autores del realismo social. Toma unas declaraciones de Caballero Bonald, Grosso y Ferres de 1963 y las contrapone con otras recientes. Las de ayer contienen sendas defensas cerradas del utilitarismo y el compromiso. Las últimas desmienten de raíz las anteriores. La disparidad le sirve para mostrar la palinodia de estos escritores representativos de la escuela realista, de cuyo proceso de formación y presencia pública hace también una muy notable explicación. El 8 de julio siguiente aclara que no puede confundirse una noción literaria con un concepto político a propósito de desvanecer el equívoco que pudo haber producido una errata de un artículo anterior donde se leía «socialismo» en lugar de «socialrealismo».

Mes a mes continúa «Lucrecio» proporcionando noticias relativas a nuestro asunto. Aparte del «prisma» recordado que precisa la paternidad de la «berza», el 23 de septiembre siguiente anuncia que el editor José Esteban ha encargado a Antonio Bernabéu la redacción de una «Historia de la Berza» [*sic*], y que Bernabéu, «que ha seguido paso a paso el caminar literario de la promoción así bautizada porque ha pertenecido a ella», la tiene ya en preparación. Se hace eco, pues, «Lucrecio» de simples anécdotas, por otra parte puros rumores, pues ni José Esteban hizo el encargo ni Bernabéu puso mano a dicha obra, según me han asegurado ambos verbalmente. Muestra de su interés por mantener viva y de actualidad la polémica sobre la escuela realista es la noticia, esta sí cierta, de que Martínez Menchén, a quien atribuye la condición de «teórico del grupo», prepara una defensa de sus presupuestos; en efecto, a este propósito responde el librito titulado *Del desengaño literario*. El 9 de diciembre, «Lucrecio» avanza el contenido polémico de un próximo número especial de *Cuadernos para el diálogo.* Le parece que ha hecho bien Pedro Altares, responsable de la revista, al enfrentar a representantes de corrientes contrapuestas. Quienes no han acertado —apostilla, como se ve con clara intención de sembrar cizaña— «son los que se han exasperado y han terminado hablando a gritos, como manifestación de su impotencia», en clara alusión a los defensores del realismo testimonial. Acaba la nota con otro rumor intencionado. Se dice que los socialrealistas preparan una revista literaria. «El dogmatismo "realista" tendrá por fin su plataforma», asegura. Tampoco fue cierto este propósito, según me han confirmado de viva voz algunos de quienes podrían haberlo tramado, entre quienes debemos suponer a Isaac Montero, aludido para mal en el artículo.

Entrado 1971 persiste «Lucrecio» en su brega. El 17 de febrero aprovecha para llevar el agua a su molino rematando una columna dedicada a uno de los adversarios notorios del realismo comprometido, Juan Benet, con la cita de la «fórmula elocuente» con que el creador de Región ha definido la novela social: «—El escritor social pone el acento sobre una categoría literaria que tiene que ser subordinada. Primero es el cómo; luego el qué». El 3 de marzo vuelve a la carga. Ahora el motivo es dar cuenta de una charla del periodista e historiador —amén de editor de varios libros de Pío Baroja— Fernando Pérez Ollo. La aprovecha para sumarse al parecer del conferenciante: «Me pareció acertado su juicio acerca del desprecio hacia los problemas formales que se dio en los novelistas de esta escuela [social], con excepción de Luis Martín Santos». Sacándole punta a una hipótesis de Fernández Ollo, remata el apunte con sentenciosa e interesada afirmación: «¿Se libró la novela social de la caída en los procedimientos naturalistas en vigor todavía, por aquellos años, en la literatura española? Evidentemente, no».

De nuevo «Lucrecio» practica su gusto por la polémica el 24 de marzo. Con motivo de hacerle una precisión al crítico César Villamañán, se reafirma en uno de sus más caros supuestos: «la "novela social" no puede incluirse de ninguna manera en el realismo. Su técnica fue naturalista en unos casos, objetivista en otros». Un mes después, el 28 de abril, se refiere de nuevo al mismo colega, ahora con su nombre de pila, Dámaso Santos. Le ha parecido advertir que el responsable de cultura de *Pueblo* ha tenido, en un acto público, palabras «de un cierto elogio a la fenecida» novela social. Dámaso Santos, testigo «del nacimiento, la vida y la muerte» de esa tendencia, comenta, podría prestar un testimonio muy interesante. «¿De cargo o de descargo? Esta ya es otra cuestión», remata insinuando las mudanzas ocurridas en las opiniones.

Aun cuando Eduardo García Rico considere que el realismo social ha cumplido un ciclo cerrado entero —el «nacimiento, la vida y la muerte», de su última nota—, ha venido insistiendo en cuestionarlo con los efectos presumibles en el descrédito que alcanzó por aquellas fechas. Pero no fue el persistente crítico un verso suelto en el planteamiento cultural del vespertino. El realismo, en general, y el realismo de la generación del medio siglo, en particular, ocuparon otros frecuentes espacios en sus páginas. El crítico de poesía de la publicación, Juan Carlos Molero, por ejemplo, tomaba como pretexto a Aldecoa para dedicar el 4 de enero de 1969 un largo artículo —«A propósito de "Santa Olaja de acero" y las novelas realistas e irrealistas»— a cuestionarse qué se entiende por novela y por realismo. Ninguna razón de actualidad justifica este artículo, por otra parte reflexivo y bien argumentado, a no ser el interés del periódico por semejantes asuntos. La conclusión del crítico supone un juicioso eclecticismo: «¿Realismo? ¿Irrealismo? ¡Qué más da!». Lo importante para Molero es la «calidad de la mirada del escritor» y, aunque no lo afirme así, la calidad de la obra. Lo cual, aparte de una obviedad, en aquel momento suponía regatear méritos a una escuela cuyo principal defecto había sido el de desatender las exigencias estrictamente literarias.

La cuestión del realismo y del cambio de tendencia le era grata a Alberto Míguez y contribuyó a airearla. Así se explica la atención que presta a una noticia en sí misma poco relevante pero a la que él dota de significado. En «El "clan" Barral se reúne con la crítica» (4/5/1969) da cuenta de la invitación que el editor barcelonés ha hecho a un nutrido número de escritores y críticos. Comenta con maliciosas ironías:

> Aquello fue algo así como un pleno intelectual oficiado en un recoleto local con sabor a socialdemocracia nórdica, aguardiente lapón y arenques convenientemente adobados en mil y una salsa. Los dignos representantes de la llamada «generación de la berza» sonreían condescendientes a los santones de la «generación del sándalo» entre vaso de cerveza, chascarrillo y juramentos de reconciliación. Por

> fortuna la tensión entre ambas concepciones estéticas y sus especiales configuraciones críticas no llegó a producirse de forma fulminante y todo el acto —que este cronista no se atreve a motejar de «social» para no ser sospechoso— transcurrió en alegre camaradería, aunque no se produjeran los brindis de rigor, ni los discursos llenos de floripondios.

Aprovecha también Míguez un comentario sobre la novela de Alfonso Grosso *Guarnición de silla* para citar, un tanto forzadamente, la polémica de la «escuela del sándalo» y la «escuela de la berza» (5/8/1970). En fin, una página entera dedica el 19 de agosto de 1970 a Alfonso Sastre, con motivo de *La revolución y la crítica de la cultura*. Aunque patentice con contundencia las fuertes reservas que le merece la ideología del dramaturgo, la atención prestada a un libro tan demoledor de la sedicente cultura progresista cercana y presente contribuye a jalear a este empecinado detractor, en aquel momento, de la escuela realista del medio siglo.

Desde variados frentes desarrolló, pues, *Madrid* una auténtica labor de zapa contra la berza, el realismo ingenuo y el compromiso. Entre sus lectores atentos y expectantes en esta etapa del vespertino marcada por posturas aperturistas, por postular formas democráticas e incluso por la confrontación con el régimen se hallaban las gentes que habían representado la cultura y las letras de oposición en los años cincuenta y sesenta, a quienes, sin embargo, se desprestigiaba. La campaña inspirada tanto por una ruptura con el pasado como por un aperturismo cultural hacia formas artísticas innovadoras duró poco más, pues el 25 de noviembre de 1971 el gobierno utilizó un pretexto administrativo financiero para cerrar el periódico. Pero aún tuvo tiempo para dejar otra perla en la misma dirección, en este caso una burlesca diatriba contra el realismo socialista. Se trata de una noticia extranjera, un comentario sobre el V Congreso de Escritores Soviéticos procedente de *Le Figaro* al que dedicó un buen espacio el 6 de julio de su último año. Merece la pena transcribirlo entero:

> *Una manifestación política*
> MOSCU (Especial para *MADRID*). «Tenemos completa libertad para luchar por el comunismo, pero no hay y no podrá haber libertad para luchar contra el comunismo». Esta definición que L. F. Ilitchev, presidente de la Comisión ideológica dio en 1962 sobre la libertad de pensamiento

resume de una vez para todas todo un sistema. Esta es la razón por la que el V Congreso de Escritores Soviéticos que se está celebrando estos días en el Kremlin, es antes una manifestación política que literaria.

Ese sistema político literario consiste en servirse de los que escriben para consolidar el régimen. El valor ideológico prima sobre el valor artístico y va más allá de la fórmula derivada del realismo socialista. El escritor soviético no es solo un artista que describe la realidad socialista, es un propagandista, una especie de guardián que para las ideas burguesas o las deformaciones izquierdistas de otro tipo.

Por eso seguramente pocos serán los escritores, de los 7290 miembros de la Unión de Escritores (en 1967 eran 6608), que pasen a la posteridad y es también la razón de que muchos de los grandes escritores rusos de hoy día no pertenezcan a esta Unión. Lo mismo pasa con otras Uniones de este tipo específicamente artísticas, así como la del periodismo, ya que esos periodistas (44 000) no entienden la práctica de su profesión de la misma manera que nosotros.

Otras Uniones, digamos que más técnicas, como, por ejemplo, la de los cineastas, la de los compositores, los arquitectos, etcétera, obtienen mejores resultados.

La literatura rusa, que bajo los Zares no dejó de crecer, era como las posadas españolas: cada uno podía llevar su comida. La literatura soviética es del mismo género, a excepción de que la mayoría de los platos están prohibidos. Hay que aguantarse con la sopa común. El hombre ya no tiene por qué torturarse, como describía Dostoievski. El misticismo ya no es eslavo. El occidentalismo y sus pequeñas virtudes burguesas ha sido eliminado.

Queda el hombre soviético espejo de los hombres del Kremlin. Así pues, este Congreso determinará la línea general a seguir y los límites que no hay que traspasar. Tiene que precisar el perfeccionamiento profesional de los escritores y los mecanismos de vigilancia.

Dejando aparte un grupo de liberales cultivados, la gran mayoría del pueblo ruso ignora incluso a Soljenitsyn, y aún más a Camus, En revancha esos 7290 escritores oficiales cuentan en sus filas con treinta y dos diputados, veintitrés laureados del premio Lenin (antiguo Premio Stalin), dieciséis «héroes de la Unión Soviética» y catorce «héroes del trabajo socialista».

Ningún sentido tiene elegir esta información, carente de hecho de base noticiosa, entre la masa de la actualidad y convertirla en sarcástico editorial. Nada sabido de sobra aporta a la práctica degradatoria de la política cultural soviética y de sus principios estéticos. Pero con ella contribuía el periódico madrileño a echar sal a las llagas de la literatura comprometida española.

27
La estrategia del ataque

Por extemporáneo y malintencionado que parezca este gratuito pegote informativo de *Madrid,* no constituye ninguna práctica original, ni mucho menos insólita. En realidad, forma parte de una estrategia con largo recorrido. La táctica consiste en desacreditar las letras comprometidas procediendo al ataque de su presunta fuente, el manantial teórico y práctico de la Unión Soviética y de los países del socialismo real. El procedimiento consistía en aprovechar cualquier ocasión noticiosa, cogerla por los pelos, dar cuenta del hecho y glosarlo. Tuviera o no trascendencia —en ocasiones sí se trataba de sucesos relevantes: los casos famosos y de repercusión internacional de Pasternak o de la farsa judicial contra los aguerridos disidentes Andréi Siniavski y Yuli Daniel—, estuviera o no bien documentada, hubiera sido o no contrastada. Con frecuencia da la impresión de que el periódico o revista que recogía el asunto o los comentaristas que lo evalúan tocan de oído. Pero les daba igual. Se trata de sacarle los colores a quienes seguían los dictados del PCUS, reprocharles los crímenes o al menos arbitrariedades cometidos en nombre de la dictadura del proletariado, recordar el negro pasado estalinista y señalar su pervivencia aun después de la caída del supremo líder y del «discurso secreto» de 1956 que presagiaba ilusorios nuevos aires.

El comentario recogido por *Madrid* resulta, por tanto, muy tardío y solo un episodio terminal de una larga trayectoria bastante anterior. Por ello, llegados al momento del desmontaje del realismo socialista español, conviene rebobinar la moviola y ver la continuidad del torticero método. Algo semejante ocurriría, creo, si ampliáramos la indagación hemerográfica, pero lo constataremos con unas cuantas publicaciones periódicas culturales. Con ellas será suficiente y, además, nos permiten añadir otro dato significativo: la confluencia en esta guerra propagandística —tengan los datos la veracidad que tengan— de actores con intereses muy diversos. Vemos convivir en idéntica maniobra a un boletín oficial, *La Estafeta Literaria*, a una revista clerical del nacionalismo antifranquista, *Serra d'Or*, a otro semanario entre franquista y falangista pero con ramalazos contestatarios, *Índice de artes y letras*, al también semanario de enardecido falangismo y franquismo *El Español*, a una revista bastante independiente y prestigiosa en medios culturales, *Destino*, y al mensual parisino portaestandarte de la independencia de la creación y el pensamiento en los duros años de la guerra fría, *Cuadernos del Congreso por la libertad de la cultura*.

Como no podía ser menos, y más dada su proclividad al debate, Juan Fernández Figueroa hizo madrugar bastante a su *Índice* para denunciar los abusos de los dirigentes soviéticos en el terreno cultural, artístico y literario. El número 73, del 30 de marzo de 1954, ocupaba casi toda su primera plana con el artículo «La literatura soviética» de Elena Botzaris que se extendía por cinco tupidas páginas más. La escritora y traductora eslava desarrolla un alegato inmisericorde y tanto más efectivo cuanto que su implacable antisovietismo se sustenta en una amplia información que abarca lo mismo la historia y la doctrina del realismo socialista como autores y obras concretas en los géneros indicados en el subtítulo: novelas, cuentos, poesía y teatro (la autora reserva para un segundo artículo la vida cultural en la URSS, cine música, pintura y escultura).

Para quien no estuviera al tanto de la calle del asunto, Botzaris comienza citando un discurso de Lenin en la asamblea de la Asociación Rusa de Escritores Proletarios de 1921 donde el líder comunista establece un doble condicionante de la literatura y el arte. Por un lado, el didactismo utilitario: «la expresión literaria y artística no solo debe ser reflejo de los principios comunistas en general, sino también guía y educadora de las masas populares en su evolución hacia el comunismo». Por otro, la condena de todo lo que rehúya esa finalidad: las artes que «permanecen al margen de los grandes problemas de la lucha por el comunismo son decadentes y burgueses y no tienen cabida en una sociedad cuyo fin es la instauración del comunismo». La exigencia leninista la redondea con el conocido —famoso, en verdad— veredicto en la misma dirección de Stalin en *Izvestia* de 1932 que tantos sarcasmos motivaba en los disidentes: «Los escritores son los ingenieros de almas que deben modelar los espíritus de acuerdo con los fines de la revolución proletaria».

Botzaris da un amplio repaso a las relaciones entre los escritores y el poder desde la revolución del 17. Señala el mimo que, en los primeros momentos, las autoridades soviéticas obsequiaron a los jóvenes y la fidelidad de estos a la causa revolucionaria. Pronto aparecieron, sin embargo, «los desilusionados», algunos de los cuales se suicidaron (Alexéi Tolstoi, Mayakovski). Los síntomas del terror, señala, se hicieron patentes desde el principio y detalla la lista de disposiciones oficiales que se sucedieron para controlar la creación artística. El resultado fueron víctimas mortales y deportaciones. Anota nombres poco conocidos, así como también la peripecia de Ana Akhmatova. Y se detiene en el paradójico caso de Máximo Gorki, luchador contra el zarismo, revolucionario de primera hora y considerado fundador de la literatura proletaria. Al autor de una obra tan emblemática como *La madre* lo arrestaron las autoridades y quizás su muerte, víctima de las purgas internas del poder, fue un asesinato perpetrado por la seguridad del Estado, que Stalin disimuló con un homenaje funerario. Hasta este extremo llegaban las cosas.

Botzaris repasa las manifestaciones de la literatura soviética. Analiza el recorrido temporal de la narrativa condicionado por las circunstancias y sus diversas tendencias —la novela histórica, la recuperación de los cantos épicos— y presta particular atención a la que llama «literatura industrial», cuya temática reflejan títulos como *Altos hornos, El cemento, La central eléctrica* o *La serrería.* Difícil, piensa, que un escritor se sienta inspirado por estos motivos y su consecuencia son obras «ilegibles», «monumentos de aburrimiento». Ningún efecto disuasorio tuvo este comentario en nuestros jóvenes narradores, quienes en un futuro cercano se repartieron la tarta de la actividad laboral dentro de la «operación realismo» promovida por Carlos Barral.

Algo, observa la autora, parece haber cambiado en los últimos tiempos —tras la muerte de Stalin en 1953—; se han relajado las imposiciones y hasta se consiente el lirismo: «El claro de luna está ya permitido a los enamorados», señala con ironía. No nos fiemos, sin embargo, advierte; la novedad es una decisión estratégica del partido y puede ser abolida en cualquier momento. El tiempo le daría la razón y sería metralla para renovados alegatos contra el realismo socialista que iremos comentando.

Elena Botzarin volvió a la carga en el semanario madrileño en nuevas ocasiones, y a sus páginas se sumaron unas cuantas de Vintila Horia y alguna suelta de otros colaboradores que se apoyaban en deplorables comportamientos de los soviets. Así, el crítico de arte Santiago Amón señalaba a Isaac Babel como víctima del dictador ruso. Los desgraciados casos de Pasternak, Babel o Vladimir Dudintsev dieron pie a que la denuncia del rígido sistema comunista en relación con las artes aumentara a partir de 1956, como advierte el hispanista Jeroen Oskam. Acerca de Pasternak escribió el nada sospechoso Francisco Fernández-Santos, representante de la joven generación crítica, un artículo que rescató en su poco posterior libro *El hombre y su historia* bajo el exacto título «Pasternak, entre dos fuegos» donde condensa la problemática del dirigismo cultural soviético dentro y fuera del telón de acero. «Verdaderamente, la estupidez antisoviética solo tiene parangón en la soviética», decretaba nuestro ensayista, y con desenfado malhumorado explicaba qué ocurría en la pugna entre potencias en la guerra fría. Merece la pena, porque ilustra perfectamente la situación con gracejo y puede aplicarse a las actitudes contrapuestas de nuestro país, reproducir unos párrafos:

> Para algún pobre desgraciado, Pasternak, al concedérsele el premio Nobel, era *el señor Pasternak*; tras los ataques de *Pravda* y la *Gaceta Literaria*, fue EL GRAN PASTERNAK; hoy, vista la carta del escritor a Kruschev disculpándose, ya no es más que *pasrternak*, con minúscula pequeñita.
>
> [...]
>
> Anuncio en la gran droguería anticomunista: «Píldoras *Pasternak*. Garantizadas contra la gripe soviética. Made in U.S.A. and Company».
>
> Anuncio en la gran droguería comunista: «Venenos *Pasternak*. Restos del saldo burgués. No tocar».
>
> Entra un hombre libre: «¿Tienen ustedes vitaminas *Pasternak*?». Respuesta en ambas droguerías: De esa marca no hay. El hombre libre se va modestamente a su casa y lee *El Doctor Jivago*. ¡Ni píldoras ni veneno! Una gran novela, donde la gente hace lo de siempre: vive, ama, piensa, trabaja, muere...

No tuvo esta temática especial relieve en *Índice*, pero el semanario ocupa un lugar destacado entre la prensa que dio contienda al antisovietismo literario.

También *La Estafeta Literaria* comenzó semejantes turbias prácticas pronto. Tenemos un buen muestrario de ello en 1956-1957, años en que existe amplio consenso en datar el nacimiento del realismo social español. El semanario dependiente de la Dirección General de Prensa y comandado, en esta segunda época de su trayectoria, por el beligerante Juan Aparicio, reincidió en las denuncias de la cultura soviética y de los países de su ámbito ideológico. Se trató de una forma nada disimulada de poner la venda antes de la herida, pues entonces todavía solo asomaba en el horizonte la sombra de la politización clara de las letras, poesía y narrativa, en nuestro país.

Abrió fuego en el graneado ataque antisoviético de *La Estafeta* la crónica de la intervención de Mijaíl Shólojov en el revulsivo XX Congreso del Partido Comunista de la URSS en febrero de 1956. La anónima reseña encontró nutrida munición en el sorprendente reconocimiento de errores por quien, por otra parte, permanecía fiel a la ortodoxia del Partido. Con indisimulado placer se recogen aspectos notorios del discurso del famoso novelista. Auténtico gozo le produce a la revista su requisitoria irónica y burlona. Se subraya que el futuro premio Nobel denunciara la burocratización de los autores y satirizara que supusiese mérito alguno el grueso número de escritores inscritos en el Partido: 3247 titulares y 500 suplentes («suplentes de escritor», se burló el autor de *El Don apacible*). Eran sencillamente, dijo recurriendo a la fórmula clásica de Gogol con la que denominaba a los esclavos del régimen zarista y estableciendo así un cruel paralelismo, «almas muertas», una forma de engañarse a sí mismo. También se destaca su afirmación en tono autocrítico insólito sobre «el abismo de la nada» en que habían caído la novela y el teatro soviéticos.

El cronista aprovecha las llamativas confesiones del adicto y militante Shólojov para apostillar que esa decadencia se debe a la aberrante planificación de la vida literaria que impone la elección de temas y convierte al escritor en funcionario. Y, cómo no, habla de la falta de libertad, *leitmotiv* que la prensa española jaleaba una y otra vez con el desvergonzado desparpajo de denunciarla en un país sometido a rígida censura. Y como no importaba ese fariseísmo, el periódico literario vuelve a la carga a propósito del poeta Adam Wazyk con un explícito título, «El gobierno polaco prohibió un poema de uno de sus poetas oficiales», cuyo delito grave había sido «ser sincero, es decir, intentar ser poeta».

El semanario de la calle del Prado 21 sacó buen provecho a la invasión soviética de Hungría para reprimir la revolución nacional de finales de 1956. En tres números sucesivos se ocupó del «triste, patético hecho». Registró un rosario de observaciones. El país eslavo había sido «aplastado, demolido a sangre y fuego por la URSS». La Federación de Escritores Húngaros emitió un manifiesto radiofónico pidiendo «¡Ayuda! ¡Ayuda!» y de inmediato la emisora fue cerrada. Intelectuales europeos han denunciado la tropelía: Sartre, Beauvoir, Mauriac... En respuesta a la llamada de socorro de los autores húngaros, los Pen Club habían expresado su protesta y solidaridad. La revista se toma la molestia de indicar con precisión los muchos Pen de todo el mundo que lo habían hecho, y lo apunta con todo descaro una publicación oficial de un país donde la dictadura había prohibido esta veterana asociación profesional desde la misma guerra civil. Además, un largo reportaje hacía el «Balance de una indignación» por la humillación húngara con variados testimonios (Sartre, Mauriac, Camus, Quasimodo o Pratolini) y con reacciones de periódicos y sociedades europeos.

En otros números, *La Estafeta* hizo arrasador examen de la actualidad artística soviética. Varias de sus manifestaciones sirvieron para señalar los desastrosos efectos del dirigismo comunista. Un repaso del pujante arte alemán sirve de pretexto para señalar la intervención perniciosa de la política en la URSS. Un comentario sobre el modesto lugar que ocupan ya los motivos sociales en la pintura impresionista lleva este afilado encabezamiento: «La crítica soviética es para el arte ruso lo que el Kremlin para la política». El cine soviético —explica otro texto— padece los efectos del totalitarismo de un «país donde la política decide todo». El cine ruso —añade— cuenta con buenos medios técnicos pero muestra gran carencia de argumentos. El resultado se condensa en un ofensivo subtítulo: «Una producción destinada a un público de bajo nivel mental».

Al estado del teatro en la Rusia soviética se le saca buen partido. Un par de veces se acude a un libro del matrimonio Lazarev sobre la situación de la URSS después de Stalin. De ese reportaje —no he conseguido localizarlo ni saber algo de sus autores— se destaca la denuncia del «ambiente asfixiado por el mito marxista», se recogen datos numerosos del descontento general y se copia un fragmento que tiene, al menos, el mérito de un humorismo burlesco. Refieren los Lazarev que el público rechaza cada vez más las obras teatrales estrechamente encerradas en las normas del realismo socialista y dan cuenta de las tres categorías de piezas que dominan los escenarios. He aquí la sarcástica clasificación con sus hilarantes modelos. (1) *La comedia.* Un ingeniero agrónomo lucha contra la apatía en un *koljós,* donde el galán, un «héroe del trabajo», se casa en el último acto con la campesina laboriosa, a la que declara su amor mientras sube a un tractor último modelo. (2) *El drama.* Un hombre de ciencia, que todavía cree en el «idealismo» extranjero, se deja engañar por un espía imperialista, pero su imprudencia es corregida por el valor de su hijo, un *komsomol* de alma pura. (3) *El sainete.* Un burócrata, a fuerza de ser prudente, termina por perder su puesto, la estimación de sus compañeros y el amor de su mujer.

Tampoco se priva la revista de reseñar algunos letales efectos de la vida tras el telón de acero. En titulares da cuenta de un peregrino e impactante suceso: «Teodoreanu, uno de los mejores novelistas rumanos, murió de hambre en una cola esperando patatas». La noticia la proporciona el disidente Anton Stefanescu en una entrevista en las Ramblas barcelonesas a la vez que explica el propósito de su nueva novela, *Alambre de púas,* alertar al mundo del terror comunista en que se vive tanto en Rusia como en los otros nueve países de su órbita. Un suelto da una luctuosa novedad más: «Fadieiev, autor de *Joven guardia,* se ha suicidado». Se le han hecho exequias al escritor, pero nadie explica la causa de esa extrema determinación. La nota lo aclara: a las autoridades no les gustaba la intolerable falta de respeto de dicha novela en la que un grupo de jóvenes comunistas, desprovistos de jefe, actúan así, por las buenas, sin aguardar órdenes del partido. Conclusión del semanario, sin mayores explicaciones y con moraleja : «Un pistoletazo... y va el tercer escritor fallecido de tan cobarde manera».

No llegó a tan drástica decisión el protagonista de otro encabezamiento: «Un crítico (comunista) de cine se retracta». El joven Paolo Gobetti, colaborador de *L´Unità,* el periódico fundado por Gramsci y portavoz del PCI, ha roto el silencio de la crítica a raíz de la desestalinización. Gobetti ha confesado que, en las circunstancias anteriores, él habría jaleado la deplorable película *La caída de Berlín* como una «obra maestra», una «pintura monumental». El subtítulo de la columna sintetiza el problema: «¿Cómo he podido estar tan ciego?». No todo, sin embargo, van a ser desgracias. Otro titular, encima del anterior, advierte de «Los primeros pasos en la rehabilitación de Dostoievsky en Rusia». Era para celebrarlo, claro que el rescate se hará en libros con largas introducciones para «explicar» las obras quitándoles su carga religiosa y trascendental.

Con la llegada, a finales de 1957, al semanario editado por el Ateneo madrileño de una persona de talante abierto, el poeta Rafael Morales, quien lo puso al servicio de acoger y difundir la obra de los jóvenes escritores, entre quienes abundaban los proclives al testimonio y al propio realismo comprometido, el asunto perdió importancia. También dejó, sin embargo, en esta etapa unas cuantas buenas muestras de calibre parecido al anterior. En marzo de 1959 traducía literalmente la amplia declaración de la Unión de Escritores Soviéticos que excluía a Boris Pasternak de este organismo a consecuencia de varias graves acusaciones: atentar contra el pueblo, contra la paz y el socialismo, ser «instrumento de la propaganda burguesa», sumarse a la lucha encarnizada contra «el movimiento ascensional de la historia», inspirarse en el «basurero decadentista» y hacer literatura con intencionalidad política. A tan señaladas imputaciones se añadía la capital de cometer una «traición contra el pueblo soviético». Una entradilla denunciaba la persecución del premio Nobel por un «sistema político monstruoso» que impedía la libertad y un largo editorial señalaba la condición de marionetas y pobres esclavos de los escritores en el «paraíso soviético». No eran, cierto, las tierras detrás del telón de acero un paraíso, mas resulta chocante que se pusiera tanto énfasis desde el paraíso franquista.

En el verano del mismo año, una doble página se encabezaba con un «A un lado y al otro del telón de acero». Ahora brinda la ocasión el gran satírico polaco Slawomir Mrozek (desconocido entonces en España y recuperado por la Biblioteca Breve de bolsillo de Seix Barral con *El elefante* un decenio después) a propósito del fin de las vacas gordas que le permitieron libertad de expresión en el periodo de deshielo y el advenimiento de una «oleada de frío» con el retorno al poder represivo de Gomulka. El que Mrozek estuviera a punto de caer en desgracia proporcionó a nuestros lectores una grata sorpresa, la reproducción de un cuento kafkiano, «El insecto criminal», feliz parábola sarcástica de la jerarquización militar de los escritores. En la otra página, el rumano asilado en España Vintila Horia se extiende en una larga entrevista sobre la rebeldía de los escritores que se ven obligados a huir del telón de acero.

La cantilena antisoviética encontró también generoso despliegue a cargo del subdirector de la revista Manuel García-Viñó. Tuvo como marco el amplio comentario «La rebeldía de los escritores soviéticos» del libro homónimo de Vintila Horia, su camarada en la campaña a favor de una novela antirrealista. García-Viñó, crítico habitual de arte, se despacha contra la plástica del realismo socialista, anacrónicamente exhibido «con total ridículo» en las últimas bienales de Venecia; y, haciendo suyas palabras prestadas, resume las imágenes habituales que desprende la literatura rusa: libros muy gruesos y aburridos, llenos de interminables historias de fábricas o granjas, con técnica reducida al más fotográfico naturalismo y la pesadez de un moralismo colectivo cuyos héroes son tan rosas como negros los traidores. El comentarista se adhiere en su panegírico del libro al postulado del ultraderechista Horia: a pesar de los pesares, en la entraña de la literatura rusa vibra el espíritu de la libertad y de la rebeldía.

Las diatribas fueron ocasionales en esta etapa del semanal ateneísta, pero resurgieron con ímpetu bajo la dirección de un franquista duro, el periodista y funcionario de Información y Turismo Luis Ponce de León. En el verano de 1967 dedicó varias páginas a comentar la actualidad cultural en la órbita soviética. En cabecera de la información se reproducía, en un par de aquellas grandes páginas enteras, otro discurso de Shólojov, el pronunciado en esta ocasión en el IV Congreso de los Escritores Soviéticos, al cual —se anota intencionadamente— había asistido María Teresa León, pero no Ylía Ehrenburg.

La entradilla editorial al discurso advierte que las palabras del reciente premio Nobel de Literatura son «muestra de la clara sujeción ideológica a que siguen sometidos los escritores jóvenes en la URSS, y del ridículo, a los ojos del mundo, de los viejos, cada día menos en número y más solos en su partidismo». El discurso oficialista del famoso Shólojov contiene los tópicos de la doctrina comunista, denuncia la campaña en «el Oeste» de espontáneos y de la CIA a favor de la libertad de los escritores soviéticos y critica las pretensiones de quienes sueñan con la absoluta libertad de prensa ignorando medio siglo de revolución. También asegura que el Ejército Rojo tiene a los escritores en la reserva de primer grado, prestos, si la Patria se encontrase en peligro, a vestir el capote militar. En su país, terminó, se escriben historias de fábricas y talleres, de koljoses y sovjoses, temas que, aunque por sí mismos no sustituyen una obra auténticamente literaria, son un gran apoyo para el escritor y pueden servir para la creación de una obra épica.

En suma, la revista publicaba el discurso «con toda complacencia» porque en él quedaba claro el dirigismo político que habría de provocar reacciones hostiles entre los españoles y podría utilizarse como arma arrojadiza contra quienes, entre nosotros, eran vasallos de esas posturas.

El número contenía también un artículo de Juan Antonio Antequera, «Aldanov en casa de los Marx». El autor parafrasea el capítulo «Una visita a Karl Marx» de una novela del arrepentido Mark Aldanov, madrugador biógrafo de Lenin y narrador de los orígenes de la Revolución Rusa. En dicho capítulo se refiere una «velada política» en el domicilio londinense del economista prusiano en la que departe con su protector, Engels, un «ricacho señor» que llega a la casa «en su landó de doble tiro, con cochero, claro está, y con lacayo, naturalmente». Del filósofo coautor del Manifiesto Comunista se destaca su condición de boyante mercader, «lo cual no es óbice para pasar a la historia como uno de los revolucionarios más violentos y exaltados del siglo XIX». El «guateque» acaba con la despedida de un Marx enfermizo que toma de la biblioteca las tragedias de Esquilo. «Todos los años las releía, porque se consideraba a sí mismo un personaje esquiliano. Nada menos que todo un dios mitológico». La desmitificación marxiana iba dirigida con toda evidencia a ridiculizar el referente ideológico de los realistas sociales españoles, en buena parte todavía militantes comunistas en aquellos finales de los sesenta.

Cerraba el dosier el artículo «Evtushenko en todas partes», del joven poeta Juan Van-Halen. El futuro destacado cargo público de la derecha aprovecha el circo mediático provocado por la reciente visita a España del escritor soviético para denunciar el oportunismo del «"poeta maldito" oficial de Rusia», como lo califica sarcásticamente. Su transformismo ha inducido incluso el equívoco, explica, de que una revista española lo tenga por un poeta perseguido en su país cuando recorre el mundo, se aloja en hoteles de lujo y fuma tabaco americano. Pero el polémico Evtushenko le importa menos a Van-Halen que la denuncia de la represión cultural en la URSS. Trae a colación, cómo no, a los represaliados Siniavski y Daniel, que «están en Siberia, y continuarán allí varios años», y alude a los escritores desafectos internados en manicomios o cárceles. En fin, y con independencia de los hechos reales que sustentan su artículo, recrea una especie de sultanato de la opresión sin decir nada de las circunstancias españolas, podría pensarse que en aquellas fechas —recordemos: 1967— un edén de la libertad donde los escritores realistas podían decir a sus anchas lo que quisieran y los intelectuales expresar sin reservas sus opiniones. El cinismo de Van-Halen no le dejaba ver la viga en su propio ojo. No pasaría ni un año para que el gobierno suspendiera durante un par de meses el vespertino *Madrid*.

Estas páginas de *La Estafeta* serían, con todo, nada más un apéndice del gran alarde casi monográfico que antes, en 1966, había dedicado a la cultura soviética. Hizo un despliegue impresionante de una quincena de páginas completas. Toda la portada del número 339 la ocupó con una sarcástica manipulación de la sección emblemática del entonces bimensual. En tipografía gigante, ponía: «Lotería de las artes y las letras. Siniavsky: 7 años. Daniel: 5 años». Y el tercio inferior reproducía una gran foto del famoso juicio contra ambos disidentes.

Es verdad que la propia Unión Soviética había facilitado inmejorable ocasión a los recalcitrantes franquistas que ponían el grito en el cielo por lo que ocurría allí callando lo de aquí. El juicio a Andréi Siniavski y Yuli Daniel en 1966 supuso un auténtico escándalo universal. En aquella farsa judicial se les acusaba de antisovietismo al haber difundido en el extranjero opiniones perjudiciales para la URSS y haber ridiculizado al Partido Comunista bajo los respectivos pseudónimos, Abram Terz y Nikolái Arzhak. Ambos rompieron la consolidada tradición comunista de hacer autocrítica y reconocer los errores que habían practicado los inculpados en la gran purga stalinista. Los dos tuvieron la osadía de provocar al tribunal al declararse no culpables. Siniavski fue condenado a siete años de reclusión en un *gulag* y Daniel a cinco años en otro campo de trabajos forzados. Con su valiente actitud evidenciaron la falsedad del «deshielo» impulsado por el presidente Nikita Jrushchov y la pervivencia del autoritarismo stalinista.

La Estafeta hizo un amplio despliegue informativo y analítico alrededor de este negro episodio. El excombatiente navarro José Betelu escribió una crónica *in situ* de la educación, la prensa y los espectáculos en Moscú. El divisionario, militar y periodista ultraderechista Ángel Ruiz Ayúcar trazó un panorama de la situación de los escritores donde apunta cómo la literatura occidental se considera un «arma de penetración capitalista» y anota la actitud contraria a las vanguardias de los filocomunistas. Otros escritos con el nombre enmascarado de disidentes soviéticos dan un buen repaso a la actualidad: celebran la rebeldía frente a las normas oficiales del ucranio Valeri Tarsis, cuentan las problemáticas relaciones entre el Partido y la intelectualidad desde Lenin y Stalin y hasta Jrushchov, Brezhnev y Kosyguin y reinciden en detallar las anomalías del proceso Siniavski-Daniel. Sendos artículos también bajo obligadas siglas de disidentes revisan las condiciones de la cultura en Hungría, Yugoslavia y Polonia.

Todo ello formaba un florido ramillete de informaciones en descrédito de la cultura en la URSS. A las cuales se añaden un par de escritos de procedencia soviética de particular interés porque revelan cómo se las gastaban en las esferas del poder comunista. En uno, la escritora Zoya Kedrina la emprende sin piedad con la obra de Siniavski y Daniel en un ejercicio de crítica arbitraria. No tendría, sin embargo, más valor que el de un ejemplo de agresivo sectarismo si no fuera porque Kedrina formó parte del tribunal que juzgó y condenó a ambos armada de esos prejuicios. En otro artículo, se recoge el dictamen nada menos que del presidente de la Unión de escritores, Dimitri Yeromin, acerca de los disidentes en *Izvestia*, portavoz del gobierno soviético. Según Yeromin, los encausados odian al régimen y hacen burla innoble de lo más querido para la Patria y el pueblo. Con sus obras, ejemplo de literatura enfermiza y desmoralizante, se experimenta «asco», añade. Ambos traidores, concluye, han apostatado de las sagradas obligaciones del Reglamento de la Unión de Escritores, a la que pertenecían: «servir al pueblo, descubrir en forma artística la grandeza de las ideas del comunismo» y «participar activamente en la edificación del comunismo con su labor creadora y social». No sorprenderían mucho, por cierto, este tipo de comentarios a los lectores porque parecidos, aunque en las antípodas políticas, publicaban *Ecclesia*, *Arriba* o *Ya*.

El dosier contiene también un generoso cuadro «Literatura y Crimen en la URSS» donde se inscribe una amplia lista de escritores ejecutados, suicidados o huidos del paraíso socialista durante la primera mitad del siglo XX. No se le ocurrió a *La Estafeta* confeccionar una tabla que podría haber resultado no menos copiosa con autores republicanos asesinados, encarcelados, censurados, prohibidos o depurados, víctimas de las represalias franquistas. De nuevo la revista aplicaba el principio de la paja en el ojo ajeno. Y no acabaría ahí la campaña de descrédito soviético. Un suelto editorial en el número de mediados de agosto de 1967 retomaba el caso Yuli Daniel. Ahora para hacerse eco de una carta de la mujer del represaliado.

La afligida esposa describía las circunstancias de su marido. Había sido condenado a seis meses en celda de castigo en la que entró con las muñecas dislocadas y el rostro tumefacto: «una paliza a modo». ¿Por qué? «Por haber faltado al reglamento que impone a los detenidos la obligación de soportar el tormento de múltiples picaduras de los terribles mosquitos de la región en la que está situado el *lager* comunista, tortura complementaria que en algún caso alcanza hasta la demencia». Ocurrió que Daniel se habría procurado una pomada contra los insectos, para dormir en paz y darle algún reposo al cuerpo en un campo de trabajos forzados. Descubierta la industria, el disidente sufrió el «correctivo» que su mujer denunciaba, «y ha vuelto al suplicio de las picaduras». La brutalidad de la represión comunista era un arma para poner en evidencia a los escritores nuestros que seguían fieles al ideario marxista y al compromiso literario. Y con esa sólida base para la crítica se añadía un episodio más del acoso y derribo del realismo social español.

Se entiende la belicosidad de una revista de obediencia oficial. Resulta, sin embargo, algo extraño que tono semejante asuma la editada por la Abadía de Montserrat *Serra d´Or*, tribuna del catalanismo y distanciada del Régimen. En ella publicó su colaborador habitual, el escritor y fervoroso nacionalista, militante del Front Nacional de Catalunya Joan Triadú, en el verano de 1963 el largo artículo «Literatura i llibertat» que desarrolla el trasparente subtítulo, «A propòsit de la situació actual a la Unió Soviètica». Lamenta Triadú la falsa percepción trasmitida en la misma publicación por su colega el crítico Alexandre Cirici-Pellicer, quien había comentado la reciente inhibición del estado soviético en el control del arte y las facilidades dadas para dejar el paso libre a la juventud. Por desgracia, opina Triadú, ha ocurrido lo contrario. El presidente de la Academia de las Artes, V. A. Sèrov, acababa de avisar de que «la línea del desarrollo de la literatura y de las artes está determinada por el programa del Partido». Y en la misma dirección, L. Ilítxev, redactor jefe del portavoz oficial del Partido Comunista, *Pravda*, había sido tajante: «Los pintores abstractos no representan más que a excéntricos patológicos. Decir que Lenin admitía la coexistencia de diversas tendencias artísticas no es sino una blasfemia. Tienen una libertad total para luchar por el comunismo, pero no tienen ni tendrán jamás la mínima libertad para combatirlo». Los malos presagios se corroboraban, añade el filólogo catalán; por una parte, el propio primer ministro ha liquidado el proceso aperturista en una solemne reunión en el Kremlin; por otra, *Pravda* y *Gazeta literaria* han dirigido ataques contra los jóvenes que «s'han embrutat» viajando a Occidente.

A partir de aquí, Triadú trae a colación los motivos esperables —Mayakovski, Evtuchenko, Solzhenitsyn, Isaac Babel, el aislamiento internacional, el fallido deshielo...— para llegar a un cuestionamiento radical de la libertad en la URSS que remata con una advertencia: «En l'actitud del censor politic, en art i en literatura, hi ha sempre l équivoc de creure que el silenci forçós és una vacuna definitiva». La denuncia, claro, iba como un *boomerang* contra los realistas españoles que asumían el realismo soviético. Las divagaciones de Triadú se coronaban con un apéndice de velada denuncia contra la política franquista: «En canvi nosaltres sabem que cint-i-cinc anya no són prou per a la perpetuació d´un error històric. Sempre ve un dia, a tot arreu, que la dignitat humana reivindica els seus drets».

También *Destino* aprovechó las clamorosas deficiencias soviéticas en el ámbito artístico-cultural. Les sacó una considerable partida con una actitud manifiestamente contradictoria porque las aireó a la vez que la revista y la editorial homónima daban cancha a la joven literatura izquierdista española. Tanto en aquélla como en esta aparecieron los jóvenes representantes del realismo social. En la revista firmaron artículos y recibieron una sistemática atención en las páginas de crítica. En la colección Áncora y Delfín publicaron un buen número de novelas testimoniales y de denuncia. Y ocuparon primeros lugares en el Premio Nadal.

Nunca dedicó *Destino* un artículo enjundioso y reposado con el aval de un firmante a recrear el sojuzgamiento a que estaban sometidos los escritores soviéticos, pero sí incurrió en la diatriba, y desde una fecha temprana. La encontramos ya en 1950 en una breve nota suscrita por Pedro Ciruelo sobre «Los comunistas y el realismo artístico» (678, 5 de agosto). La campaña emprendida por esas fechas en la Unión Soviética a favor del realismo, dice el periodista y crítico Joan Cortès i Vidal bajo uno de sus pseudónimos, va dando sus frutos «en obras verdaderamente enternecedoras donde se representa al vivo y con los más seductores elementos la felicidad que aguarda al proletariado de todo el mundo bajo la tutela de la URSS». Recuerda Pedro Ciruelo los ataques soviéticos al arte burgués y abstracto y la sustitución por un arte propagandístico que requiere la máxima comprensibilidad y concorde con un realismo que poco tiene que ver con el arte realista y sí con los procedimientos para vender un dentífrico o una marca de automóviles. El arte abstracto no es fácil que logre convencer a las masas de las excelencias del régimen, pero sí lo hará «la imagen de un obrero rollizo, limpio, bien vestido y sonriente después de su proeza stajanovista, pintado con todos los requisitos del más pedestre realismo», argumenta Ciruelo con una caricatura de la pintura soviética, no falta, por otro lado, de su parte de razón. Ocurre, sin embargo, que esa pintura era en España desconocida y tampoco la plástica nacional andaba en ese 1950 en tal tesitura.

A falta, en *Destino*, de artículos extensos y detalladas informaciones del corte que estamos viendo en otros medios, lo habitual fueron notas y billetes de la redacción que, bajo su aparente asepsia informativa, escondían auténticos editoriales escorados en el mismo sentido que el comentarista de la plástica soviética por medio de llamativos recursos estilísticos. Varios hilos conductores enredan en una sola madeja estos intencionados sueltos noticiosos. Uno de ellos denuncia la manipulación sectaria de la literatura. Una nota de la sección «Al pie de las letras» (721, 2/6/1951) comenta cómo el exagerado número de premios literarios en la Unión Soviética («¡nada menos que trescientos!») sirve para orientar cada vez más la literatura, la ciencia y el arte «al servicio de ideas impuestas» y para acentuar cada día más su tono propagandístico. Caso bien claro, detalla, es la novela *La recolección* del recién galardonado Nikoláyev, cuyos personajes «son buenos o malos según obedezcan y amen a Stalin, o, por el contrario, se hayan desviado de la ortodoxia comunista». La nota lamenta el grado de postración de una literatura, «la inmediatamente anterior a la revolución comunista», de gran calidad universalmente reconocida. No es de extrañar, claro, concluye, si en los poemas de los líricos oficiales se habla de forma constante del padre Stalin, que viene a ocupar en el nuevo lirismo «una posición tan importante como la que tradicionalmente ha tenido, por ejemplo, la luz de la luna».

Un decenio después, otro comentario anónimo de esa sección, «El héroe de la literatura soviética, nuevamente definido» (1141, 20/6/1959), se refería al elemento básico de la estética marxista aludido en el título. El artículo tiene como motivo el primer Congreso de Escritores de la era Kruschev, donde se ha perdonado a varios escritores a quienes se consideraba desviacionistas (y que ha elegido secretaria a la misma poetisa, Margarita Alliger, a quien el propio Kruschev había reprochado dos años antes su ignorancia del realismo socialista). En el Congreso, Alexia Sunkov, jerarca de la Unión de Escritores, ha definido al héroe de la literatura soviética, el que ellos llaman «héroe positivo» y que es el que se recomienda «oficialmente». Se trata —detalla la información— «de un hombre que puede tener algún defecto para que no resulte inhumano pero que será fundamentalmente honrado y bueno siempre deseándoles el bien a todos y "resuelto decididamente a edificar el comunismo". Esta última condición, la de constructor del comunismo, ha de ser la dominante». El sarcasmo pasaba por alto que parte de la novela que la colección Áncora y Delfín publica por aquellas fechas se sustenta, *mutatis mutandis*, en la misma concepción ejemplarizadora del protagonista. Mientras la editorial buscaba negocio la revista denunciaba.

Otra nota más, casi un lustro antes (916, 26/2/1955), se había hecho eco también de los premios literarios rusos para acoger una denuncia sobre la falta de exigencia de la acomodaticia literatura soviética. El semanario daba por buena la queja de un tal Chelokhov: los países «capitalistas» atribuían la baja calidad a que los escritores de la URSS escribían «al dictado y únicamente para el Partido». Y, sin decirlo de forma expresa, se adhería a la exigencia del denunciante: «Nuestro corazón está con el Partido, pero no debemos olvidar que escribimos para el pueblo y que, cuando los lectores abren una novela, lo que esperan leer es precisamente eso: una novela». Una columna corta del mismo año (933, 25/6/1955) recoge con alborozo la determinación tajante del presidente del PEN Club, Charles Morgan, de expulsar del organismo a los escritores comunistas para evitar que lo utilicen «para hacer labor de propaganda, penetración y, finalmente, de dominación».

Otro hilo se fija en la falta de libertad que padecen los escritores disidentes en la URSS. Para ello encuentra pretexto en la peripecia editorial de *El doctor Zhivago* que se refiere con bastante detalle (1063 21/12/1957). Aunque Boris Pasternak empezó a ser reivindicado después del «espectacular» cambio de línea marcado por el XX Congreso del Partido Comunista, las autoridades no consideraron publicable su novela y le obligaron a introducir cambios. El autor quiso recuperar la copia mecanografiada que había enviado a Feltrinelli para hacer algunas correcciones con el propósito de no devolvérsela, pero nada se pudo hacer porque el editor italiano ya tenía la traducción a punto de salir al mercado. El semanario denuncia la situación como un caso grave de censura que remata con el cáustico comentario a la justificación dada por Alexei Surkov, secretario de la Unión de Escritores Soviéticos: admitió la prohibición por la censura pero, dijo, «Nosotros tenemos un concepto distinto de la libertad».

Un tercer hilo le saca el máximo partido posible a la rehabilitación poststalinista de autores rusos proscritos. Un reportaje (1020, 23/2/1957) refiere la nuevas perspectivas para esos escritores cuya «mayoría habían sido ejecutados o se suicidaron». Entre los beneficiados se hallan Anna Ajmatova y representantes de grupos como «Smithy» o «Pereval», aunque algunos satíricos —el Zamyatin denunciante de la sociedad totalitaria y precursor de Orwell o Pilniak— todavía no han sido amnistiados. Poco después (934, 2/7/1955), el semanario celebra que los «nuevos amos» del país estén tratando con indulgencia la herejía literaria y científica del «cosmopolitismo». Unos meses antes (1013, 5/1/1957) el semanario había llevado el agua a su molino dedicando un buen espacio a alegrarse del éxito de una novela, *No solo de pan vive el hombre,* cuyo autor, V. Dudintsev, ejemplo de la nueva tendencia de luchar contra burócratas, se había apartado de los dictados oficiales al plantear una tesis individualista. El título del artículo, «Un novelista soviético se atreve a defender el individualismo», encarecía ese mérito disidente, y el comentarista anónimo alababa el de la novela, título «espiritualista que ya es una bofetada para el marxismo».

No había que viajar hasta la Unión Soviética para encontrar los mismos defectos que *Destino* denunciaba tras el telón de acero. Los tenía en su propia casa. Al igual que ocurre en otra prensa reseñada en el presente capítulo, el semanario veía la paja en el ojo ajeno e ignoraba la viga en el propio: censura, represión de la disidencia, culto al líder, encumbramiento y recompensas a los fieles... Lo extraño es que contara en sus páginas con gentes de quienes debía haber prescindido por simple coherencia: porque el ideario estético de buena parte de los jóvenes se vinculaba, al menos en teoría, con el denostado realismo socialista soviético. Unos mozos de quienes, además, había que desconfiar. El propio director, Ignacio Agustí, publicó por las fechas de la primera gran agitación universitaria, un beligerante artículo, «Los intelectuales y los inteligentes» (1035, 8/6/1957) en el que denunciaba la arrogancia de los intelectuales y les negaba la capacidad y hasta el derecho a intervenir en la cosa pública, que reservaba a los políticos. Hoy el artículo necesitaría algunas notas a pie de página aclaratorias, pero entonces todo el mundo lo entendería sin dificultad: esos intelectuales entrometidos, según Agustí, eran los mismos que seguían la gran corriente de pensamiento de moda entre la juventud disidente, el *engagement* sartreano, la biblia de moda que incitaba a un compromiso cívico y político.

La perseverante actitud fustigadora de *El Español* contra la Unión Soviética, el marxismo y el comunismo durante toda su trayectoria y sus varias etapas, desde sus inicios en 1942 y hasta su cierre en junio de 1968 le coloca en un lugar privilegiado de la prensa que ocultaba las vergüenzas nacionales —a veces también las convertía en un paraíso— con las malas lecciones de la URRS y de los países tras el telón de acero. No solo lo hizo en el periodo de la contienda mundial en que España mandó a Rusia la división azul o de la guerra fría, sino que en buena medida lo acentuó en sus tiempos casi finales, a partir de 1963, en la etapa en que el divisionario y luego oficial de la Guardia Civil Ángel Ruiz Ayúcar sustituyó a Ignacio Agustí en la dirección de la revista. Las llamativas portadas del semanario, con su gran tipografía y chirriantes tintas rojas o negras, marcan sus dos grandes o máximas obsesiones: celebrar a Franco y vituperar al marxismo. No merece la pena —o tendríamos que dedicarle una extensión aquí imposible— detenerse en esa descripción. En ella nos saldría todo lo malo del régimen soviético que ya nos ha ido apareciendo lanzado contra los lectores españoles por una publicación que llegó a alcanzar tiradas de varias decenas de miles de ejemplares. Y en la que, a pesar de su sectarismo trasparente, también firmaron sin mucho escrúpulo compañeros de viaje españoles: Juan Antonio Bardem, Daniel Sueiro o Ramón Nieto. Amén de otros de templadas posiciones de esa misma generación (Luis García Berlanga, Severiano Fernández Nicolás, Miguel Buñuel, Antonio Fernández Molina, Mauro Muñiz, Rodrigo Rubio, José María Sanjuán o Eduardo Tijeras), de generaciones anteriores (Álvaro Cunqueiro, que dio por entregas *Cuando el viejo Sinbad vuelve a las islas*, Zunzunegui, que también sacó por partes una novela corta, Delibes o Dolores Medio) o de la promoción que echaba a andar en los años sesenta (Francisco Umbral).

La primera plana entera del semanario con su gran titular, «¿Qué pasa en Rusia?» (687, 23/1/1962) indica su recalcitrante interés general por la URSS (ceñido, en esta ocasión, a la lucha por la hegemonía entre Moscú y Pekín). Dentro de sus persistentes diatribas de todo tipo contra el difuso conglomerado marxismo-comunismo-sovietismo-stalinismo, las cuestiones culturales ocuparon el esperable espacio. Motivo menos habitual en los restantes medios, atendió la situación de «La música en el pensamiento marxista-leninista» (44, 19/8/67) con la conocida firma de Enrique Franco. Según el también crítico de *Arriba*, quien escribe a partir de un congreso dedicado a ese asunto en Praga, los principios del realismo socialista acerca de la música se mantienen en sus líneas maestras todavía a esas alturas del deshielo. Aunque, advierte, se aprecia alguna evolución: Schostakovitch es altamente elogiado y no discutido y el realismo socialista acoge cosas de diverso signo, casi todas, con excepción de los movimientos de vanguardia, piedra de toque, como hemos señalado de la flexibilización literaria que años atrás causó el cisma provocado por Fernando Claudín.

La persecución y en enjuiciamiento de los disidentes ocupó buen espacio en el semanario falangista. A ello dedicó J. L. Gómez Tello la columna «La «intellligentzia» en el banquillo» (66, 20/1/1968) con un interesante matiz. En el proceso contra Guinzbourg y otros por haberse manifestado solidarios con los condenados Siniavski y Daniel no se les ha acusado de desafección intelectual sino de delitos de derecho común (relacionarse con el enemigo y traficar en el mercado negro con los dólares obtenidos por estos tratos). Ello se interpreta como una amenaza implícita contra los intelectuales levantiscos, un peligro que no se ha atajado como se debía. Así —cita Gómez Tello— lo ha dicho Kruschev: «Nada de todo eso habría sucedido si se hubiera fusilado a tiempo uno o dos escritores». El periódico subrayará el engaño del deshielo posestalinista. Lo hace en «El deshielo cultural que jamás se produce» (30, 11/5/1963) donde recoge con amplia selección de citas literales el reciente discurso de Kruschev en la reunión de dirigentes del Partido y del gobierno con representantes de la literatura y el arte. En el discurso se comprueba la falsedad de aquel aperturismo, corroborada por las invectivas del líder contra el arte moderno y por su innegociable exigencia de que los creadores se sometan a la dictadura del proletariado. Para amenizar el reportaje, se recuerda una anécdota del presidente soviético, «autoridad máxima en materia de arte como [de] cualquier otra actividad»:

meses atrás, ante una pintura abstracta, aseguró que parecía pintada por la cola de un asno.

Frente a la dictadura estética, un artículo de Pamfil Seicaru advertía del alejamiento de arte joven de la Unión Soviética del marxismo (40, 20/7/1963) y un lustro después Carlos Hernandarias remachaba en la misma tesis en «La revuelta de los escritores rusos» (69, 10/12/1968). El texto de Seicaru, «La literatura del silencio», sacaba a la luz el significativo fenómeno que anuncia el título. Tras la represión húngara que anuló la idea de una libertad posible, los escritores soviéticos han cambiado la táctica de la disidencia por la del silencio, es decir, dejaron de publicar sus obras. El estado ha respondido a esta negativa actitud por boca, de nuevo, de Kruschev. Hernandarias ponía el acento en un hecho a su entender de primera magnitud y minusvalorado en occidente, la resistencia de la Unión de Escritores Soviéticos a seguir los dictámenes del poder. Con ello coincide la resistencia, encabezada por el condenado Alexander Ginsburg, de los jóvenes escritores que defienden la autonomía del hombre de letras. Representan una apetencia colectiva de más bienestar y de más libertad. En fin, otro reportaje, «La libertad de creación en la URSS. Proceso a los escritores» (72, 29/2/1964) ponía blanco sobre negro la línea intencional de esta revista política y de los otros periódicos de semejante orientación que vengo comentando. Lo descubre en la entradilla al artículo: «Es un hecho conocido que algunos autores teatrales, con simpatías más o menos veladas hacia el comunismo, suelen figurar en la lista de firmas de todos los escritos en que se censuran supuestas limitaciones de la creación artística o literaria en España». Pues bien, añade, para que vean lo que pasa, aquí se reproduce un artículo de *Pravda* en el que «aparece claramente expuesta la subordinación que se exige a los autores teatrales soviéticos a los principios doctrinales del partido». Con sobrada razón apostilla: «Es fácil prever la airada protesta que se produciría si el Estado Español exigiera algo parecido de nuestros autores». La reproducción del artículo de *Pravda* se acompaña de una imagen de una representación teatral rusa con un expresivo pie de foto:

> El ballet ruso, ejemplo del arte al servicio del comunismo. El teatro Bolchoi de Moscú presentó no ha mucho un número titulado «¡Al paredón!» en el que los bailarines, disfrazados de «barbudos» y milicianas castristas, hacen el panegírico

de la revolución cubana. Otros números del espectáculo se titulaban «Apoteosis de la metralleta», «¡Viva Fidel!», etcétera.

El amplio trabajo de Antonio Iglesias Laguna «¿Qué pasa con el realismo socialista?» comentado en otro lugar de estas páginas extendía las consecuencias de la tiranía artística en la URSS y países satélites y todo ello suponía un reflejo de malas lecciones en las que los narradores españoles comprometidos podían mirarse en el espejo. Malas lecciones en lo que se refiere a consecuencias artísticas y literarias, aparte de la denuncia política que tanto emparejaba a la dictadura comunista y a la franquista.

No menos lógicamente entusiasta contra la universal represión allende el telón de acero que *El Español* se mostró la bimensual *Cuadernos del Congreso por la Libertad de la Cultura*, instrumento, en castellano, de los organismos financiados por los norteamericanos para defender la independencia de los creadores. Esta meta genérica, capítulo particular de la transversal guerra fría, implicaba un drástico antifranquismo y, así, una vez más, la denuncia de los soviéticos repercutía en descrédito de las letras españolas que también apostaban a favor de que la literatura cumpliera con el latiguillo marxista de revelar el movimiento ascensional de la historia (lo cual, por cierto, y en llamativa contradicción, no fue obstáculo para que diera cuenta sistemática con reseñas positivas de los nuevos títulos de nuestros jóvenes escritores izquierdistas). La política y la ideología emparejan extraños compañeros de cama. *Mutatis mutandis*, *La Estafeta* franquista y los *Cuadernos* antifranquistas dicen casi lo mismo y se apoyan en idénticos hechos aunque con objetivos en las antípodas. La revista madrileña en respaldo de los fieles al Movimiento y la liberal parisina para denunciar la represión en la península. No dejó de constatar la propia *Cuadernos* semejante paradoja. En un suelto de comienzos de 1959 extractaba un artículo, «Pasternak y Sancho Panza», del periódico paraguayo *El País*. En *Arriba*, leemos, «se publicó hace unos días un artículo crítico sobre Pasternak y la Academia sueca. Es un artículo excepcional, pues aunque la Falange y su régimen vertical hacen profesión de fe anticomunista, hostilizan a Pasternak con argumentos parecidos a los que utilizó la burocracia de escribientes de *Pravda* y *Gaceta Literaria* de Moscú para atacar al destacado novelista ruso. El falangista que escribió en *Arriba* no concibe que un escritor pueda escribir contra el régimen político en el cual vive; tampoco lo comprende el comunista, pues para ambos, partidarios del totalitarismo y sirvientes amedrentados del estado policíaco rojo o pardo, es incomprensible que un intelectual tenga independencia para crear y juzgar».

No podía tener la bimensual francesa un motivo más propicio que el realismo socialista, piedra de toque de su ideario global, el librepensamiento. Así que justo su número inaugural, fletado en marzo-mayo de 1953, dedica nada menos que una quincena de páginas a la reproducción parcial de una «Encuesta sobre el "realismo socialista"» ya publicada por *Preuves*, la revista en francés de la propia asociación. Participan ocho personajes de tan diversos ámbitos intelectuales y geográficos como de monocordes puntos de vista sobre el arte soviético: el crítico británico Herbert Read, autor de la reputada historia *Arte y sociedad*; el escritor francés e hispanista Jean Cassou y el poeta británico socialista, brigadista en la guerra civil española, anticomunista y cofundador de la revista inglesa *Encounter*, equivalente inglés de *Preuves* y *Cuadernos del Congreso*, Stephen Spender. Completan el repertorio de opinantes un nutrido bloque de pintores, los franceses Jean Bazaine y Julian Trevelyan, los mexicanos Rufino Tamayo y González Camerena y el ruso-mexicano Vlady, hijo del revolucionario ruso exiliado Víctor Serge.

No es cosa de pormenorizar las explicaciones, interesantes por otra parte, de los invitados, todos ellos coincidentes en la perspectiva antisoviética, porque volveríamos a encontrarnos con los argumentos vistos en los párrafos anteriores. La entradilla de la encuesta ya adelantaba su sentido global con dos afirmaciones genéricas. Las grandes creaciones artísticas, aunque respondan a inspiraciones estéticas harto diversas, no habrían llegado a producirse si sus autores no hubieran disfrutado «del clima de libertad que es la condición primera de la civilización». Por el contrario, el «llamado realismo socialista» cuestiona la libertad en el arte, puesto que somete la creación a criterios ideológicos. Bastará, pues, con señalar algunas afirmaciones representativas del espíritu del muestrario.

Escuchamos al taxativo Jean Cassou: tanto el totalitarismo nazi como el stalinista dicen de qué manera se ha de pintar y qué temas es necesario que se pinten; la pintura socialista, lo mismo que cualquier otro ejercicio del espíritu, es tributaria del régimen y debe contribuir a su propaganda y a su táctica. Y aún más: el «realismo socialista» solo es «logomaquia y patafísica» porque, a pesar de sus grandes aires, «no es una doctrina artística, sino *política*, más exactamente una medida de *policía*». Stephen Spender se burla de la idea según la cual la base del arte soviético es el realismo porque por realismo nada más se entiende el utilitarismo social en tanto que filosofía del arte. También se ríe de un arte concebido como «factor de evolución en la sociedad socialista», y cuya misión es instruir al pueblo y exhortarle a realizar tareas constructivas. Julian Trevelyan se rebela contra las imposiciones externas: los artistas y no los políticos deben decidir las formas de evolución del arte; el artista necesita aproximarse al pueblo, «mas no acepto ningún dogma o fórmula para su realización». Herbert Read no alberga dudas: el realismo socialista plantea un problema falso; no existen más que dos clases de pintura: una buena y otra mala. «Hay un arte realista y un arte abstracto que son buenos, y hay mala pintura de toda clase». Así que sépase lo que ocurre con los debatidos conceptos de Realismo y Realidad: «La Realidad, si significa alguna cosa, significa la totalidad de los fenómenos sensibles, y como tal no puede ser calificada de «socialista» o de «capitalista»; es «la vida misma» y si la tarea del artista es reproducir la vida, él es un instrumento pasivo, o en todo caso desinteresado».

Anotemos otros pronunciamientos terminantes. El de Rufino Tamayo: «la pintura llamada con «contenido» está ahogada por el dogma, y la obligación de ser ciegamente sumisos a él hace que los pintores que la cultivan subestimen la esencia plástica o que la descuiden por completo». Porque «la pintura contemporánea significa ante todo *libertad. Libertad* que ha alentado el genio creador de quienes la ejercitan y les ha abierto horizontes insospechados para su imaginación. *Libertad* por medio de la cual la pintura ha logrado una total vida propia». Vlady le lee la cartilla al muralista mexicano David Alfaro Siqueiros, «creyente dogmático», y le da pie para esta conclusión: «Los hechos son testarudos, como decía Lenin. El arte «soviético» corresponde bien a su realidad: ausencia de toda producción vigorosa y original, ausencia de arte».

Abierta la puerta al encausamiento del realismo socialista desde su primer número con esta aparatosa encuesta, *Cuadernos del Congreso* seguiría con una continuada labor de zapa. Curiosamente, y puede comprobarse a simple golpe de vista, los motivos o pretextos coindicen con los de la falangista *La Estafeta Literaria*. La, en aquella etapa, bimensual revista parisina aprovechó en ocasiones la actualidad para difundir descrédito sobre la estética comunista. Tal ocurrió con la magnífica ocasión que le proporcionaba Pasternak. El Nobel de 1958, obligado por el gobierno comunista a renunciar al galardón después de haber expresado su gratitud a los suecos, fue figura recurrente de la publicación al año siguiente. «Pasternak: un escándalo universal», como sentenció un suelto sin firma, recibió un amplio escrito de opinión, «Libertad y pensamiento dirigido» (34, 1-2/1959), centrado en la independencia del escritor en la sociedad. Aunque el caso no fuera ni nuevo ni único, «la forma tomada, los límites alcanzados y la intervención implacable del aparato estatal ruso —amenazas, represalias y condenaciones «unánimes»— lo convierte en el ejemplo más flagrante de intolerancia», denunció. Hoy, añade, la situación es peor que ayer. Cuando, otrora, a Tolstoi le condenó el Santo Sínodo por herético, todo el mundo defendió su derecho a expresar su mensaje. Durante el zarismo existió una tradición de independencia intelectual y de valor moral ahora perdida, lo cual demuestra que la regresión bajo los soviets «es notoria e indiscutible.» Solo ochocientos de los tres mil miembros de la Asociación de Escritores condenaron a Pasternak, señal de que hay que distinguir entre el Estado totalitario e inquisitorial y lo que expresa o calla la parte viva de la cultura. La atención al autor moscovita tomó un intencionado rumbo diferente en el reposado y excelente ensayo de Renato Poggioli «La obra de Boris Pasternak». El experto en literatura rusa y profesor de Harvard presta especial atención a una vertiente postergada del Premio Nobel, su lírica, que el comparatista italiano estima como la raíz más profunda del escritor. Lo cual pone en evidencia, a su entender, la arremetida gubernamental.

No un motivo ocasional sino los rasgos esenciales de la doctrina literaria del poder soviético y su reflejo en la actividad de los escritores ocupó repetidas veces las páginas de *Cuadernos*. Ida Lazarevitch comenta en «El Congreso de los escritores rusos» los misterios que rodean la convocatoria de este encuentro en el contexto de la desestalinización. Hubo un despertar en las letras tras la muerte del dictador que el lector soviético acogió con una benevolencia activa «que hizo estremecer al Kremlin». Se produjeron fenómenos que justificaban la alarma. La estudiosa rusa enumera unos cuantos significativos: «el servil Ilia Ehrenburg» defendió el arte puro; tuvo éxito enorme una pieza teatral de Leonid Zorin contra la burocracia soviética, *Los invitados*, drama que afronta el tema candente del trato recibido por los reclusos de los campos de concentración que purgan crímenes imaginarios (no dice Lazarevitch que ya en 1954 había sido prohibida por la censura); se cuestionó la actuación del Sindicato de escritores desde dentro y desde fuera de la propia asociación, y, en fin, incluso autores oficialistas han reconocido que la literatura ha embellecido la vida soviética... Se justifican, pues, los recelos gubernamentales porque gran número de intelectuales, sostiene la articulista con auténtico idealismo, tienen una idea perfecta de las libertades democráticas. Otro artículo de esta misma escritora exiliada de origen ruso, experta en asuntos sociales de su país nativo, «Literatura y militarismo en la URSS» está concebido a favor de una tesis: la Rusia de hoy necesita glorificar la carrera militar porque el pueblo y la juventud muestran una gran indiferencia por el ejército y repugnancia por la guerra. La jerarquía militar, sin embargo, ciega a este estado de opinión, sostiene que los escritores deben ponerse al servicio de las fuerzas armadas. Por ello los escritores deben adquirir conocimientos militares, dicen los altos mandos. Además, según una voz autorizada de la autoridad castrense, la poesía dramática debe inculcar «un amor lleno de orgullo por nuestras armas», debe «incitar a un joven a dar un paso decisivo: el de elegir la carrera militar como profesión de vida». No habrá que aclarar la carga de denuncia que conlleva esta concepción utilitarista de las letras, uno de los núcleos del realismo socialista.

La rusa Manya Harari, gran traductora de literatura de su país al inglés (firmó la canónica versión de *Doctor Zhivago* y de obras de la represaliada Eugenia Ginzburg y del disidente Abram Tertz) presentó un documentado análisis de las «Nuevas orientaciones en el arte soviético». Señalaba Harari su positiva sorpresa al constatar el cambio que percibió al visitar el Museo de Pintura Rusa. Los premios más recientes se habían adjudicado a obras inspiradas por el realismo socialista en su más alto grado: «grandes retratos fantásticos de los líderes en contemplación ante unos tractores, y otros temas heroicos desarrollados con el máximo naturalismo». Sin embargo, se exhibía una exposición francesa que comprendía pinturas modernas. Hasta hace poco esos cuadros hubieran estado escondidos. Otras exposiciones corroboraron esa buena impresión. Tal cosa se ha producido sin que la doctrina oficial se haya modificado: «Una obra de arte soviética ha de pasar todavía por las tres pruebas de *ideynost* (contenido ideológico), *partiynost* (espíritu de partido) y *narodnost*» (espíritu nacional y popular). No obstante, un aliento primaveral se notaba en el aire, un deshielo de actitudes petrificadas y un murmullo de ideas nuevas.

A pesar de Stalin, han sobrevivido artistas y público «heréticos», deduce Harari. Hoy se aprecia la originalidad. Se está agrietando el cerco burocrático. Hay quien se pregunta por qué los editores imprimen libros que nadie quiere y no reimprimen otros de gran demanda. En una conversación con Ilya Ehrenburg (autor también traducido por Hariri) le pregunta qué ha cambiado y el popular escritor afín a las autoridades soviéticas le da esta muy expresiva respuesta: «Estamos sometidos a una presión menor. En otro tiempo, si un jardinero producía una rosa de un tipo nuevo sabía que había de llamarla "Construcción socialista"; ahora puede llamarla "Belleza" o "Flor roja"». Con todo, a Hariri no le inspira mucha confianza el cambio y duda de hasta dónde llegará. Cauta y certera reserva, y, mientras tanto, a los efectos de lo que aquí nos interesa, ha dejado constancia de las restrictivas prácticas artísticas del poder soviético.

Esta dura realidad tiene que ver con el motivo de máxima preocupación del Congreso parisino, la dependencia de los creadores de las imposiciones políticas, algo que aborda Paul Tabori en «El realismo socialista y la libertad del escritor». El polifacético autor húngaro, nacionalizado británico, y secretario general del Pen Club de su país en el exilio, empieza por comentar la envidiable situación de Louis Aragon, «corifeo de los intelectuales comunistas franceses», invitado con frecuencia en los países del Este y en cuya obra, que se vende allí por millones de ejemplares, no se encuentra huella alguna de desviacionismo. Sin embargo, ha abordado en términos sorprendentes el realismo socialista en un artículo que Tabori cita con amplitud. Tal como lo entiende él, dice Louis Aragón, no es el realismo socialista ni lo que recibe ya el nombre en la URSS ni lo que entienden los escritores soviéticos. Ocurre que, afirma el antiguo surrealista francés en una explicación que desnuda las deficiencias de la teoría soviética, «a menudo se hace pasar por realismo socialista lo que no es más que realismo vulgar, por ejemplo un arreglo fotográfico de sentido naturalista o un arte populista al que bastara simplemente añadir una moraleja aparentemente comunista, o en el marco del cual el buen obrero posee su carnet del Partido o lo obtendrá en el último capítulo...».

También subraya Tabori la crítica de Aragon acerca de otro dogma fundamental de la literatura militante, el «héroe positivo», pesadilla de los autores que viven en el este. «Aragon exige que en la obra literaria haya "luces y sombras", en lugar de un negro y un blanco sin relieve. Lo cual supone socavar las bases mismas de la doctrina literaria soviética», pues las penalidades y vejaciones sufridas por muchos autores de detrás del telón de acero se han debido a «no haber sido capaces de crear "héroes positivos"».

Estas opiniones heréticas y contrarrevolucionarias de Aragon no le inspiran confianza a Tabori porque continúa con sus privilegios y si puede seguir siendo comunista se debe a que vive en una democracia occidental. Las utiliza, en cambio, como delantal de un expeditivo *status quaestionis* de la situación literaria en la URSS, de lo que significa ser escritor en un país «sovietizado». Por un lado, tenemos la difusión de los libros. La edición, en los países del Telón de acero, es un monopolio del Estado y este el único cliente del escritor y el que impone qué se publica mientras que el público tiene la última palabra en Occidente. El escritor comunista cree, o aparenta creer, que el Estado ostenta el derecho y el deber de controlar y dirigir la literatura. Por otro lado, vigila la censura, que pasa por media docena de censores y supercensores, y a veces por una caprichosa voz última. Con regocijo recoge Tabori la presunta confesión privada de un viejo miembro del Partido: «He renunciado a la literatura. No se contentan con decirnos a los escritores lo que hay que escribir, sino que incluso se nos fijan tareas individuales. Y ya estoy harto de los «héroes positivos», de los tractoristas stajanovistas y de las bellas muchachas de las explotaciones colectivas».

¿Qué efecto tendría en nuestros compañeros de viaje este abanico de apreciaciones en la fecha del artículo, 1961, comienzos ya de la crisis realista? No podrían leerlas con aséptica indiferencia. Afectaban a cuestiones bien sensibles. El carismático Louis Aragon demolía dogmas. Y el PCE también había impuesto acerca de qué y cómo había que escribir en su pacto con Carlos Barral. Algún otro texto anterior de *Cuadernos* ofrecía efectos semejantes. Destaca un «Encuentro con los escritores rusos» de Ignazio Silone. El veterano narrador y ensayista, fundador del PCI y expulsado por su antistalinismo, también miembro activo del Congreso por la Libertad..., director de su revista italiana, *Tempo presente,* llamaba, en el marco de una reunión internacional, al debate franco entre los creadores occidentales y soviéticos. A ello invita el «deshielo» posterior al XX Congreso del PCUS. Pero aprovecha la circunstancia para destacar un largo censo de deficiencias: las desviaciones ideológicas, la burocratización de la revolución, la falta de reflejo en la literatura de la arbitrariedad política y policiaca, la propaganda impuesta por el Estado, la imposibilidad de hacer crítica, el ensalzamiento de la historiografía soviética que ha ignorado todos los horrores... Tras tan severo repaso, Silone lanza una cerrada reivindicación del escritor libre, una proclama a favor de una «libertad total».

Si Ignazio Silone dirigía la mirada al pasado, a los grandes rusos del XIX —Tolstoi, Gogol, Dostoievski, Chéjov—, la corresponsal en Moscú de la revista norteamericana *Life Magazine*, Patricia Blake, se fijaba en el ayer cercano en «Los jóvenes escritores soviéticos: una generación de sacrificados». Ese ayer próximo tenía una frontera en el decenio transcurrido desde la muerte de Stalin y Blake se interrogaba sobre el futuro. Su condición de avezada periodista otorga a su artículo una amenidad reporteril que combina datos, impresiones y charlas con protagonistas de la vida literaria. Tiene la impresión global de que los escritores han perdido poco a poco la angustia por la soledad en que se encontraron durante tanto tiempo y ha brotado en los diez años de deshielo una nueva *intelligentsia* literaria capaz de producir obras literarias ricas en espléndidas promesas que rescaten un nivel arrasado por el stalinismo; una nueva literatura de imaginación «más atrevida por su forma y por su contenido» que desmentía a los lectores occidentales que la literatura rusa contemporánea «solo podía ofrecerles su jerga, su triste didactismo o los temas optimistas del "realismo socialista"».

En la animada crónica de Patricia Blake se contraponen los nuevos síntomas y la reacción expeditiva del partido comunista, encabezada por Nikita Jrushchov. El propio nuevo líder soviético interrumpió brutalmente el deshielo tras la revuelta húngara (no olvidaría que se inició en el Círculo de Escritores de Budapest). La reacción del Primer Secretario del PCUS fue inapelable tras visitar una exposición de arte no figurativo: «Pinturas como estas no las ha hecho la mano de un hombre, sino la cola de un asno». En la reunión de la Unión Escritores Soviéticos de diciembre de 1962, el popular Eugeni Evtuchenko, cercano al Kremlin, tuvo que protestar de la acusación lanzada contra el escultor Neizvestni de haber creado «un arte "formalista" antipatriótico». Y una lista de notables (el poeta Ehrenburg, el compositor Shostakóvich, el cineasta Mijail Romm o el editor, crítico y antiguo secretario de la Unión de Escritores e incriminador de Pasternak, Alexei Surkof) dirigieron una carta de protesta a Jrushchov pidiéndole que interrumpiese el regreso «a los métodos del pasado, porque son contrarios al espíritu de nuestro tiempo». En 1963, mientras en España se cuestionaba el arte comprometido, en la URSS todo estaba como en los tiempos de máximo rigor doctrinal.

La ligereza narrativa de Patricia Blake se torna densidad especulativa en el texto más sobresaliente y acaso de mayor impacto y trascendencia de la revista entre los que refutan la doctrina del realismo socialista. Me refiero al denso, muy largo (tuvo que dividirse en dos números de la publicación) ensayo de Theodor W. Adorno, «Lukacs y el equívoco del realismo». El eminente filósofo alemán, seguidor crítico de la teoría marxista, toma como pretexto una novedad editorial del pensador húngaro, *Contra el equívoco del realismo*, para revisar sus postulados después de hacer un inmisericorde recorrido de su trayectoria intelectual. Lukacs fue brillante, atrevido y profundo en sus obras juveniles, sobre todo en *Teoría de la novela*, obra, por cierto, que en su día deslumbró a Adorno. Más tarde, explica, su trabajo empezó a doblegarse a la doctrina comunista oficial, se sometió a la jerarquía del Partido y redujo su pensamiento «al nivel desmoralizador del pseudopensamiento soviético, que había envilecido la filosofía, degradándola al oficio de simple instrumento del poder». Después el prestigioso dialéctico redujo el método y convirtió, «sin más», a Nietzsche y Freud «en nazis». Ahora, el viejo Lukacs descubre valores en su enemigo Brecht y «ensancha de tal modo el concepto de realismo socialista (en virtud del cual se venía condenando desde decenios todo impulso original, y, en general, todo lo que resultaba incomprensible, y por ende, culpable, a los *apparatciki*), que logra incluir en él más que meras bagatelas literarias». En ello Adorno ve un nuevo oportunismo de un libro que «aparece medio congelado entre el pretendido "deshielo" y una nueva ráfaga de terror».

Adorno sigue con un minucioso desmantelamiento de las actuales teorías lukacsianas que no deja nada de ellas a salvo tras denunciar que el núcleo de su teoría sigue siendo dogmático y que, causa de esta ceguera de partida, toda la literatura que se aparte del realismo —crítico o socialista, precisa— se rechaza y queda marcada «sin vacilar con el sello infamante del decadentismo, término despectivo que cubre todas las monstruosidades de la persecución y la represión, y no solo en Rusia». Remata la acusación con una apostilla que desacredita sin miramientos la seriedad de Lukacs: el húngaro, mediante los conceptos de decadencia y vanguardia, para él sinónimos, mide con el mismo rasero cosas heterogéneas, Proust, Kafka, Joyce, Beckett... El texto se cierra con un rejonazo: el gran objetivista, hegeliano y dialéctico incurre en el idealismo absoluto. A quienes, en nuestro país, hubieran fiado la base especulativa de su actividad artística en la respetada doctrina lukacsiana, Adorno los dejaba desnudos, y huérfanos de la más segura referencia teórica.

En el anterior repaso de los varios ajustes de cuentas de *Cuadernos del Congreso* con las actitudes soviéticas respecto del dirigismo cultural todavía nos falta atender a una gran traca, el breve y contundente ensayo de Luis Araquistáin «¿Qué es el realismo socialista», que publicó siendo él mismo director de la revista poco antes de su muerte. La personalidad del veterano político español añadía mordiente a su texto. Miembro del sector revolucionario caballerista del PSOE y prosoviético, embajador en Francia al comienzo de la guerra civil, ahora se mostraba iracundo antimarxista. Las páginas de Araquistáin sirvieron, además, de prólogo a un folleto de próxima publicación por la Asociación Argentina por la Libertad de la Cultura.

Araquistáin analiza el alegato anónimo *¿Qué es el realismo socialista?*, que adopta incluso como título de su artículo, y cuyo texto sigue en su publicación en francés poco anterior en *Esprit*, otra revista del ámbito del Congreso, de modo que todo quedaba en casa. Tras la ausencia de nombre se ocultaba el disidente Andréi Siniavski, obligado al anonimato por la clandestinidad y el temor a la represión comunista. Más adelante dedicaré unas líneas al opúsculo y ahora me fijaré en el pretexto en que, en realidad, un divagatorio Araquistáin convierte la «crónica deliciosa de la estética comunista ortodoxa» de Siniavski para denunciar el sistema soviético. El político español argumenta con habilidad acerca de la decepción de quienes no hallaron en *El doctor Zivago* de Pasternak ninguna sátira comunista violenta y no comprendían la cólera que había despertado en la Unión Soviética «una obra políticamente anodina». Ocurrió que en Occidente —razona— no se comprende que no hace falta mofarse de las instituciones y gobernantes revolucionarios, que basta con que no se glorifique «el comunismo y sus instrumentos, los "héroes positivos", la "dictadura del proletariado" (como allí denominan a la oligarquía gobernante) y otros mitos y embelecos inventados por el marxismo leninista». En la antigua Rusia, «todas las artes deben entonar un hosanna fervoroso y constante al gran Leviatán soviético». Así se explica la reacción ante «una novela algo mística, nebulosa, inocua»; y es que «una novela de caracteres normales o de ensueños humanos o ultrahumanos es un delito de lesa patria comunista». El razonamiento no era novedoso ni original —ya nos han salido apreciaciones parecidas— pero lo aprovecha con pasión a favor de su causa.

La entradilla de Araquistáin a su ensayo, plena de razón en el enjuiciamiento del caudaloso relato de Pasternak, supone el aperitivo o el anzuelo para la carga en profundidad siguiente contra el realismo socialista. Para ello se vale de una obra de aleccionamiento en la ortodoxia marxista hecha en instancias gubernamentales soviéticas y editada en Moscú para su divulgación en el extranjero, el *Petit dictionnaire philosophique* de M. Rosenthal y P. Iudin. Acude Araquistáin al artículo «Réalisme socialiste» del diccionario y recoge la consiguiente explicación: «Los hombres del arte soviético son los ingenieros de las almas humanas. Educan a los trabajadores en el espíritu del comunismo, de una devoción sin límites al partido comunista, en el espíritu del patriotismo soviético». La famosa definición staliniana de los escritores —la sobada y requeterrepetida fórmula ingenieros de almas— le merece al articulista un ácido comentario: «Frase asombrosa, inédita hasta ahora en ningún lenguaje humano». De ahí pasa a deducir sus consecuencias:

> es el arte, no de crear almas, sino de fabricarlas o construirlas, como autómatas, para que sirvan con devoción sin límites al partido comunista y al patriotismo soviético. Arte que no sea eso, que no colabore con el partido comunista en la conservación del poder y con el patriotismo soviético en la conquista del mundo, no es arte o es arte decadente o idealista o desviacionista, al servicio de la burguesía.

Una dura y sarcástica impugnación de la entrada de dicho diccionario sobre el «Patriotisme soviétique» (que ha generado los terribles campos de concentración, apostilla Araquistáin) da paso al determinante papel de Zhadanov, por cuya boca hablaba Stalin, desde el primer congreso de escritores soviéticos de 1934, en la formulación de una doctrina basada en un supremo supuesto:

la filosofía es el «arma científica de las masas proletarias en lucha por su liberación del capitalismo» y en la sujeción absoluta al principio del «espíritu de partido».

Remata el polémico exdirigente socialista su ensayo con una observación esperanzada, aunque errónea. Jrushchov no ha caído en las «soeces injurias» a Pasternak en su discurso en el congreso de escritores soviéticos de mayo de 1959; ni lo mencionó, como si quisiera desautorizar a los que «habían cubierto de cieno y bilis» al Premio Nobel. Incluso pareció algo indulgente al afirmar que al «enemigo caído en tierra» hay que ayudarle a levantarse. Pero esta apostilla en nada empañaba la inmisericorde denuncia de la falta de libertad de quienes estaban sometidos a la dictadura cultural soviética y seguían los preceptos artísticos del poder comunista. La alargada sombra de tales acusaciones planeaba sobre los jóvenes escritores españoles de aquella fecha que se encontraban en un momento de auge de la literatura utilitaria y de denuncia.

La estrategia de desacreditar la literatura progresista, izquierdista y comprometida española a base de zarandear al sistema totalitario impuesto tras el telón de acero desbordó la esperable tribuna de los periódicos literarios y culturales y se amplió a la prensa generalista. La exploración hemerográfica minuciosa daría, seguro, cuantiosos frutos, pero solo agregaremos un par de documentos relevantes. Nada menos que una «Gran exclusiva» ofrecía a toda plana *La Vanguardia Española* el 2 de marzo de 1966: «Un esclarecedor artículo de Valeri Tarsis». Se trata de un escrito del ya mencionado novelista ruso tras ser liberado del manicomio donde había estado recluido. Tarsis hace un demoledor relato autobiográfico de la evolución social y cultural de la URSS desde Stalin hasta Jrushchov, denuncia las «residencias» —eufemismo de los sombríos psiquiátricos— para reformar a los discrepantes y constata el incremento del número de cristianos a pesar de la propaganda a favor del ateísmo. El panorama tenebroso lo cierra Tarsis con una vindicación espiritualista: «Nosotros, los "locos", derrotaremos a los comunistas con toda su "salud" porque Dios está de nuestra parte, y también la verdad y todos los hombres de buena voluntad del mundo».

También en 1966 el semanario *Blanco y Negro* ocupaba cuatro páginas con un amplio análisis de Vicente Gállego sobre «La rebelión de los escritores rusos» (el título en la portada tenía un sesgo más ideológico: «La rebelión de los escritores de la URSS»).

En tono descriptivo aunque veteado de contundentes descalificaciones («el torturador y tenebroso totalitarismo comunista, donde la inmensa mayoría de la gente tiene que vivir, noche y día, con la máscara puesta»), el veterano periodista planteaba razonadas conjeturas sobre la política cultural soviética: ¿por qué se había permitido —o incitado— la salida del país del convicto y combativo anticomunista Tarsis y en cambio se habían aplicado severas condenas a Siniavski y Daniel? ¿Contradicciones gubernamentales o estrategia calculada? A pesar del amplio movimiento de disidentes que lograban sacar sus originales clandestinamente de su patria y publicarlos en el extranjero, reinaba una situación de arbitrariedad, la que expresaba la ácida respuesta del exiliado Tarsis al preguntarle por qué creía que le habían dejado salir: «En la URSS puede suceder cualquier cosa. Se puede recibir la Orden de Lenin por la mañana y ser fusilado por la tarde».

No podía faltar en la valoración de las manifestaciones artísticas soviéticas el cine, uno de los pilares, recordémoslo, del movimiento disidente español por influjo del Partido Comunista. Ese trabajo se tomó Augusto Martínez Torres, persona templada, seria, crítico, estudioso, narrador y director él mismo (ha hecho un documental que no he conseguido ver sobre uno de los protagonistas de nuestra historia, *Juan Marsé habla de Juan Marsé*). Su análisis de la posibilidad de un nuevo cine soviético libre de la censura, semilla del sintético ensayo poco posterior *Nuevo cine de los países del Este,* apareció en fecha algo tardía, 1969, en relación con las evaluaciones anotadas. Pero esta mayor perspectiva temporal facilitaba un juicio global redondo e irrebatible.

En panorámica divulgativa, Martínez Torres certifica el cambio producido en Rusia desde octubre del 17 en el que subraya cómo los soviéticos burocratizan la revolución tras ocupar el poder. Sigue por sus pasos los oscilantes rumbos de la cinematografía soviética y su influencia en los países de su órbita política. Frente al nuevo cine que aparece en Occidente a partir de 1959, las películas soviéticas, en la URSS y en los países socialistas, están caracterizadas por dos «expresiones» que las lastran: «"el héroe positivo", que definiría al protagonista, y "el realismo socialista", que reflejaría el tono y la estructura de las obras». Apunta también la definición del realismo socialista enunciada en el Congreso de Escritores Soviéticos de 1934 para señalar que desde entonces dirige la totalidad del arte soviético, cuyos efectos se agudizan con el deshielo político porque se convierte en «un realismo que, por ser excesivamente riguroso en lo particular, pasa a ser un naturalismo que desvirtúa los aspectos generales». Por si fuera poco, por influencia del neorrealismo italiano, del que no se han sabido ver sus virtudes, aparece un sentimentalismo «que acaba de enturbiar las historias». De resultas de estas actitudes, Martínez Torres hace una valoración demoledora de un pilar del realismo socialista:

> En este ambiente se desarrolló el «héroe positivo» que, por un lado, aparece con el mismo orgullo y fuerza de los héroes revolucionarios pero que, por otro, al enfrentarse no con grandes empresas sino con problemas domésticos y amorosos, tendrá ese tono romántico, que es una de las características principales de las obras de este período; será un personaje de laboratorio, químicamente bueno, incapaz de una reacción que no haya analizado previamente y, por lo tanto falso.

Las características señaladas apuntaban, sin buscarlo, problemas que planearon hacía poco y seguían planeando sobre los narradores peninsulares y explican las deficiencias de nuestra prosa comprometida. Si tales lastres afectaban, como así fue, a los novelistas nuestros, el comentario de Martínez Torres se convertía en una desautorización de la narrativa realista del medio siglo.

Pero este conjunto de explicaciones, acompañadas de juicios críticos devastadores sobre películas concretas (con calificativos como «delirios técnicos» o «los planos más largos, complicados e inútiles de la historia del cine») y de más de un sarcasmo, se hacen en el contexto de nutridas referencias a las imposiciones gubernamentales que producen un ambiente asfixiante sin margen para la creatividad y constantes menciones de la censura. La esperanza la pone Martínez Torres en el trabajo que los cineastas puedan desarrollar en algunas de «las más lejanas y desconocidas repúblicas» (Armenia, Urbekistan, Lituania, Krighisistan, destaca), menos aprisionadas por el Kremlin. Tal cosa sucederá o no, y el ensayista parece tener fe en que ocurra, pero mientras tanto su documentado trabajo debía leerse como una denuncia sin paliativos de un sistema político que ponía a su servicio el arte. Algún paralelismo —propaganda y censura— se podría haber establecido entre la dictadura comunista y la franquista, pero

Martínez Torres lo eludió. Quizás porque daba por supuesto que el lector lo haría.

En poco buen lugar dejaban estas informaciones y comentarios a los presuntos modelos de los realistas sociales de nuestro país. No habrá que recalcar la desvergüenza de los medios oficialistas que las publicitaban porque estos nunca dieron noticia de la falta de libertad en el franquismo, ni siquiera a raíz de la nueva engañosa Ley de Prensa promulgada por esas fechas. Aquel mismo año, 1966, la policía secuestró la novela de Isaac Montero *Alrededor de un día de abril*, publicada al amparo de la ley Fraga, y el autor fue encausado por el Tribunal de Orden Público. Y llevando al extremo las tropelías, al año siguiente la dictadura ejecutó al comunista Julián Grimau.

La labor de zapa por cuenta de la situación cultural en la Unión Soviética y del intransigente dirigismo literario del Partido Comunista corrió también en estas fechas a cargo de algunos libros ensayísticos. Echó leña al fuego el citado de Vintila Horia *La rebeldía de los escritores soviéticos*, acogido por la opusdeista editorial madrileña Rialp. A pesar de su marchamo liberal, Taurus tradujo en 1959 la sistemática refutación del marxismo del jesuita francés Jean-Yves Calvez *El pensamiento de Carlos Marx*. Y, sobre todo, fuera de España, pero con amplia difusión semiclandestina aquí, la liberal, exigente y muy prestigiosa editorial argentina Sur publicó en 1960 un libro de amplio eco internacional. Hablo del volumen que agavilla dos escritos distintos pero complementarios. Uno, el ensayo *¿Qué es el realismo socialista?*, que figura como anónimo aunque se debe, según he advertido, al tantas veces citado en estas páginas Andréi Siniavski. Otro, un expresivo relato orwelliano, *El proceso continúa*, que ilustra el ensayo a manera de parábola, firmado por Abraham Terz, también pseudónimo de Siniavski.

El alegato de Siniaski —«trabajo irreverente, burlón», lo calificó Araquistáin en su artículo ya comentado con algún detalle— tiene como eje explicar el carácter teleológico del arte soviético y la radical supeditación del realismo socialista a una finalidad marcada por el partido. Difícil, dice Siniavski, definir el realismo socialista, «extraña expresión que suena mal al oído». Acerca de esta etiqueta da por buena la receta establecida por el congreso del Sindicato de Escritores Soviéticos de 1934 que transcribe entera: «El realismo socialista es el método fundamental de la literatura y de la crítica literaria soviéticas. Exige del artista una presentación veraz, históricamente concreta de la realidad en su desarrollo revolucionario. Además debe contribuir a la transformación ideológica y a la educación de los trabajadores según el espíritu del socialismo». Toma pie el disidente ruso en esta «fórmula inocente», cimiento de todo el realismo soviético, para explayarse en sus consecuencias.

Siniavski centra su primer objetivo en analizar qué innovación supone este novedoso realismo respecto del tradicional. Ambos se proponen —explica— una representación del mundo «de acuerdo con lo real». El realismo socialista lo hace, sin embargo, en función de una perspectiva concreta, mostrar la vida «en su movimiento revolucionario» y «según el espíritu del socialismo». Con perspectiva comunista diríamos con formulismo ahora de moda. Así, el realismo socialista vendría a constituir, en la ambición de sus patrocinadores, un claro progreso respecto del arte del pasado y alcanzaría la más alta cumbre de la evolución artística de la humanidad: se erigiría en «el realismo más realista». Solo que Siniavski recuerda, entre ironías, los imposiciones políticas y doctrinales que orientan este recién fundado realismo a la consecución de un único Fin (término que escribe un puñado de veces siempre con mayúscula). A cuento trae un decreto del Comité central del Partido del 14 de agosto de 1946: «Nuestras revistas no pueden ser apolíticas [...] La fuerza de la literatura soviética, la más progresista del mundo, deriva del hecho de que en ella no hay ni puede haber otros intereses que los del pueblo, que los del estado». Y añade unas palabras de Jrushchov: «La literatura y el arte constituyen una parte indisoluble de la lucha de todo el pueblo por el comunismo. La más alta función de la literatura y del arte consiste en movilizar al pueblo hacia la conquista de nuevas victorias para la construcción del comunismo». En consecuencia, nadie puede saber mejor que el Partido y su líder qué necesita el arte para conseguir el Fin siguiendo las reglas del marxismo-leninismo.

¿Y cómo se manifiesta ese realismo en las obras concretas? Pues con libros que muestren la revolución triunfante. Muchas novelas se centran en el trabajo en una fábrica, en la construcción de una central eléctrica, en la aplicación de medidas agrícolas. En ellas puede surgir algún conflicto, pero solo será un obstáculo que conduce al Fin supremo. Sin duda, no pocos narradores españoles se verían aludidos y lo mismo pasaría con los párrafos —los más enjundiosos e interesantes del folleto— que Siniavski dedica a la caracterización del personaje novelesco, al «héroe positivo», factor clave de la poética narrativa de nuestros novelistas. El «héroe positivo» —detalla el disidente comunista— es un hombre bueno, iluminado por la luz del ideal, que carece de defectos y reúne cualidades no fáciles de enumerar: convicción ideológica, audacia, inteligencia, fuerza de voluntad, patriotismo, respeto a la mujer, predisposición al sacrificio y lucidez para ver el Fin al cual se dirige con determinación. El «héroe positivo» también puede encarnar un conflicto, pero si se da esta situación la pugna será entre «progresistas y superprogresistas, entre buenos y mejores». Aunque hablaba Siniavski de novelas rusas, no hacía falta mucha imaginación para encontrar paralelismos en las españolas, aunque no llegaran a semejantes extremos sistemáticos en las nuestras. Salpimentada la descripción con algunos ejemplos concretos más bien risibles, el efecto en el descrédito de los narradores sociales españoles resultaba inevitable.

Más allá de estos recursos formales, otras pruebas corroboran la tesis del folleto: la ausencia de libertad de los creadores y los lamentables resultados del riguroso dirigismo ideológico comunista. Llovía sobre mojado. Las campañas de la prensa de diferentes orientaciones contra la cultura y el arte soviéticos más la larga sombra de las deficiencias artísticas y el reduccionismo estético apuntados por el libelo de Siniavski-Terz se proyectaban sobre el realismo testimonial español y daban armas, argumentos y hasta juicios a quienes empezaban ya a señalar las limitaciones de la joven literatura comprometida. Todo ello en bloque constituye un apartado nuclear del acoso al realismo socialista peninsular, previo a su derribo en el decenio de los años sesenta.

Las campañas contra la literatura social no dejaban, por otra parte, indiferentes a los soviéticos, y estos respondían reafirmando la ortodoxia. La adaptación española de revista de la Unión de Escritores Soviéticos publicada en la URSS, *Literatura Soviética*, cumplía este papel. No tenemos certeza de su eficacia pero no debía de ser pequeña por la amplitud con que se difundía en nuestro país. La recibía el franquista Instituto de Cultura Hispánica, cuya biblioteca (hoy en la Agencia Española de Cooperación Internacional para el Desarrollo) conserva una colección bastante completa. El *magazine* literario mensual recogía en su número 8, de agosto de 1963, el discurso de Konstantin Fedin en el Pleno del Comité Central. Fue el alegato del poderoso presidente de la gubernamental Unión de escritores y látigo de disidentes una réplica cerrada a las batallas que los «modernistas» occidentales libraban en contra del arte soviético. El «engendro» de occidente se debe a la buena salud de la creación soviética y al creciente interés que despierta; es, viene a decir, que nos tienen envidia. Los ataques se basan en las premeditadas tergiversaciones del sentido de la historia y en la insuficiente valoración del historicismo de los fenómenos artísticos. Pero «a la historia no se la puede volver atrás», argumenta. Ninguna esperanza, sin embargo, pueden tener el capitalismo y el anticomunismo de enfrentar el arte soviético con el Partido, asegura. En la limitada medida en que una publicación en teoría clandestina —aunque ya acabo de decir que llegaba a centros oficiales— la conocieran los partidarios españoles del realismo socialista, les supondría el balón de oxígeno que necesitaban cuando se cuestionaba ya con alguna intensidad su trabajo.

Mientras tanto, otras publicaciones de repercusión reducida, pero esperadas por los militantes y compañeros de viaje comunistas, las ilegales del Partido español en el exilio, mantuvieron vivo el espíritu y la letra de la teoría soviética. A comienzos de los cincuenta, la parisina y modestísima *Cultura y Democracia* acogía diversos materiales: el memorable doctrinarismo ideológico de Jorge Semprún que sustentaba el furioso rechazo de la ópera prima de Carmen Laforet o la explicación de Jorge Dimitrov sobre «El papel de la novela». También cedía la palabra a un Stalin que «... habla de literatura». A mediados del decenio, *Cuadernos de Cultura* cobijó, incluso tras la muerte del líder máximo, diversos textos ortodoxos: un informe de la Asamblea plenaria de la Unión de Escritores Soviéticos de 1954, un ensayo de Constantin Simonov sobre «Conflictos domésticos y héroe positivo», la propagandística reivindicación de Ilia Ehrenburg «Sí, nuestra literatura es tendenciosa» y la especulación estética de Galina Nikolaieva «En torno al carácter específico de la literatura». En los artesanales *Cuadernos* madrileños, el infatigable propagandista español Jesús Izcaray justificaba la práctica socialista en «Nuestro progreso y las artes». Esta problemática no faltó, a finales del decenio, en *Nuestras Ideas*, sucesora en Bruselas de *Cuadernos de Cultura. Nuestras ideas* difundió la intervención de A. Tvardovski en el XXII Congreso del PCUS sobre «Problemas de la novela» y prestó atención con ánimo dirigista a «La estética del realismo y la joven literatura española» en la pluma de Martín Díaz. Particular interés tiene el largo ensayo de Adolfo Sánchez Vázquez «Sobre el realismo socialista».

El prestigioso filósofo andaluz exiliado en México hace algunas reservas al fundamento artístico del arte soviético —lamenta las negativas consecuencias del culto a la personalidad—, pero, en esencia, reafirma con claridad didáctica que el realismo socialista es la única y fecunda alternativa al arte burgués en la era de la revolución comunista. Lo es —sostiene— en todo el mundo, a pesar de las insidias capitalistas que han pretendido desacreditarlo. Y también en España, objeto de la última parte del ensayo. La salvación de nuestras letras vendrá de este nuevo realismo, ya cultivado en todas las artes por algunos nombres que cita, capaz de descubrir el fondo de la realidad española.

Sánchez Vázquez da la réplica a quienes hemos visto que sembraban el descrédito. La sección de crítica de *Nuestras ideas* contribuyó a difundir la impresión de que, a pesar de las denuncias y burlas propaladas por los beligerantes detractores del dirigismo cultural soviético, existía en España una feliz realidad literaria basada en los denostados principios del realismo social. Uno tras otro desfilaron por sus páginas, entre 1957 y 1961, los libros de la generación realista peninsular, de la mayor parte de sus miembros, tanto de los más templados neorrealistas (pongamos Fernández Santos o Martín Gaite) como de los cercanos al Partido (digamos Juan Goytisolo, Ferres, López Salinas, López Pacheco o García Hortelano). Las revistas del Partido funcionaron como triaca contra las arremetidas de las otras publicaciones señaladas, aunque con la grave desventaja de no poder circular con normalidad.

28
Un debate imposible: Isaac Montero versus Juan Benet

El realismo había continuado siendo motivo recurrente en la discusión literaria en el segundo trecho de los años sesenta. Asomaba la oreja en publicaciones periódicas diversas, era uno de los focos de atención del diario *Madrid*, se convertía en un pilar de la polémica en *Informaciones* sobre el *boom* antes vista (ya he indicado los titulares que la enmarcaron), lo llevaba Dámaso Santos hasta las páginas del también vespertino *Pueblo*, subía a las tribunas académicas, se le dedicaban ensayos y se discutía a todas horas en tertulias y en privado. Tal interés explica que los locales madrileños de la editorial progresista Siglo XXI acogieran unos coloquios, también privados aunque trascendieron a la prensa, a finales de 1969 sobre «La estética realista», grabados en magnetófono con vistas a su publicación, que no llegó a cumplirse. Actuó de moderador de los encuentros Isaac Montero y en ellos intervinieron los novelistas Caballero Bonald, García Hortelano, Grosso, López Salinas y Sueiro, y el crítico Conte. Dada la nómina de participantes, es de suponer una reafirmación cautelosa del realismo, pero también un disputa sobre la vigencia de la pasada orquestación social realista. Pocas fechas antes del coloquio el periodista Juan Villarín le había preguntado a Caballero Bonald en *Informaciones* (10 de abril) «¿Qué opinión le merece la literatura social?» y había utilizado su respuesta para titular a toda página «La literatura social ya no es necesaria». La contestación era directa, pero mucho más matizada que lo sugerido por ese sensacionalista encabezamiento con gruesa tipografía, síntoma de una controvertida actualidad, repetido en dos páginas: «Fue necesaria, hoy ya no lo es. El canto a lo social en las letras no dio quizás el reflejo artístico apetecido o dio frutos poco consistentes».

Justo un año después las incertidumbres se solventarían en el último combate de una guerra larvada tiempo atrás y con él puede establecerse el broche que cierra el ciclo histórico de la literatura realista y social, aunque todavía se encuentren, con carácter residual o epigonal, algunas novelas cercanas al realismo crítico posteriores a esta fecha. De combate merece calificarse la pelea porque en él se produjo el enfrentamiento duro, crispado, entre Isaac Montero, defensor de una narrativa realista crítica (sin que ello exigiera las hipotecas de la ortodoxia estética del realismo socialista, ajena a su propia obra narrativa), y Juan Benet, promotor de posturas esteticistas y proclives al arte por el arte. La ocasión tuvo lugar con motivo de una «Mesa redonda» celebrada en la revista *Cuadernos para el diálogo* y recogida en su número XXIII extraordinario, de diciembre de 1970, dedicado a la «Literatura española. A treinta años del siglo XXI». Además de Benet y Montero, en el coloquio intervinieron otros tres escritores del medio siglo, Caballero Bonald, Martín Gaite y Martínez-Menchén, y uno de la promoción siguiente, la generación del 68, José María Guelbenzu.

Benet descalifica en tono despectivo la narrativa española del último cuarto de siglo, que tilda de «mediocridad». Esta valoración obedece a sus vehementes planteamientos en defensa a toda costa de la singularidad de la escritura, la individualidad del escritor y la pura invención como cualidad máxima de un autor. Niega rotundamente que la literatura deba tener una función social y que esta sea una virtud literaria. Balzac, «cuyo proyecto era un proyecto puramente catastral», le parece un novelista «nefasto», «el último ejemplo de lo que pueda servir para hoy». Para él, el objetivo de la novela consiste en «hacer progresar o afinar las artes narrativas», no en cumplir una función testimonial. En fin, denuncia la voluntad sociologista y el excesivo aprecio por la ciencia de los escritores: a tales desgracias contrapone «cánones exclusivamente literarios». En su última intervención en el encuentro, Benet propone «levantar una especie de acta notarial de que los criterios sociológicos, históricos y científicos de la literatura no son presentables». En tono moderado, Guelbenzu sostiene algo cercano al interrogarse si se desvaloriza la literatura que no cumple una función social acorde con su tiempo y responderse que, en tal caso, «todos los poetas, desde el romanticismo, se van al diablo».

Dos posturas del todo enfrentadas a Benet se dieron en la mesa redonda. Isaac Montero rechaza las propuestas señaladas, niega que toda evolución literaria sea solo fruto de un esfuerzo personal y afirma que está «ligada a determinaciones históricas concretas, a imposiciones del momento en que el escritor vive». La «retórica agresiva de Benet» (reproche de Martín Gaite a su, no obstante, amigo el fundador de Región) impidió a Montero exponer sus posturas y dio lugar a la importante «defensa» del realismo que enseguida comento. También Martínez-Menchén se manifestó en las antípodas de Benet. Por una parte, reniega de la supuesta capacidad de hacer evolucionar al lenguaje que se atribuía al experimentalismo en aquel momento pujante y triunfante. Por otra, reafirma la estrecha relación entre literatura y sociedad: «No sé separar la literatura de la sociología. Habláis de la literatura como si perteneciese al reino de los ángeles y no al reino de los hombres. Cuando habláis de una literatura no sociológica, parece que hacéis un corte en la vida y separáis la literatura».

Las intervenciones de Caballero Bonald, cargadas de fina ironía que la transcripción del debate solo deja entrever, significan una postura matizada entre un cierto reconocimiento de los determinantes sociales de la literatura y la exigencia artística. Desde luego, el jerezano reniega de la intencionada descalificación benetiana del realismo mediosecular al advertirle que, de hacer caso a su tesis, el inventario de la «mediocridad» literaria española tal vez exigiría englobar a todos nuestros escritores posteriores a Cervantes. Tampoco asume, no obstante, la defensa ciega de su promoción al reconocer que le «preocupó mucho, en ciertos oscuros y fervorosos momentos, toda esa comisión a lo divino del empleo de la literatura como una herramienta capaz de transformar la sociedad, etcétera». También en él se ha producido una evolución y «a lo más que llego hoy es a creer, con Gorki, que la estética es la ética del porvenir. Y ese es el único engranaje que me une, como tal escritor, a la sociedad». De tal modo, el autor de *Dos días de setiembre* revalida la condición insumisa del creador, si bien libre de dogmatismos: «Un escritor siempre está en desacuerdo con algún conducto del medio en que vive, pero nadie, a no ser un promulgador de dogmas, puede confundir la responsabilidad social con el ejercicio de la literatura». Debe enfatizarse que, a pesar de tales veredictos, el reconocimiento de indebidas fidelidades va en compañía de grandes reservas acerca de los nuevos ideales. Caballero Bonald entiende que el lector busque en ese momento la sorpresa y que por ello no falten novelistas que se esmeren «con singular contumacia» en proporcionarlas. Sin embargo, puntualiza, «lo malo es que, por ahora, se ha elegido un rumbo muy provisional o muy ingenuo y la culpa de sus malas digestiones la tiene todo ese *show* del neoculturalismo de cuño exótico más o menos industrialmente manipulado y puesto en circulación por una moda de urgencia». Esta delicada manera alusiva de decir entraña algo semejante a lo que otros declaraban de forma más directa: una acusación contra los tejemanejes de mala ley que habían desbancado al realismo. De todos modos, el jerezano se distancia de las posturas defendidas por él mismo en lustros precedentes, se adhiere a uno de los supuestos básicos en el proceso de superación del realsocialismo y se suma a un postulado de la modernidad: «para mí, la única actitud verdaderamente revolucionaria de un escritor es escribir lo mejor posible».

También convocó *Cuadernos para el diálogo* una mesa redonda sobre poesía que atendió con mayor escrúpulo el objetivo de avizorar el rumbo futuro de la literatura y, en consecuencia, dio frutos menos sazonados para nuestros intereses. Aunque así sea, ofrece de modo inevitable una instantánea de la valoración del realismo en aquel momento en que se estaba dando resolución a los problemas de la poética comprometida. Gabriel Celaya parece mantener vivo el fuego del determinismo sociológico: «Las condiciones políticas, económicas y sociales son las que determinan la literatura, y son también las que determinan los cambios de modas, es decir, [los] cambios de escuelas literarias», dice en una de sus intervenciones. En otra, en cambio, y al hilo de sostener la fuerza de lo visual en la poesía, recuerda que acaba de escribir un libro de poemas letristas, *Campo semántico*. Este poemario indica de sobra la encrucijada literaria del momento: el pontífice hispano del socialrealismo lírico se interna por la vía experimental a la vez que reconoce la dependencia social de las letras. También admite Celaya pecados suyos de otros tiempos: lo que importa en poesía «me parece hoy a mí, que he sido a veces tan programático», es que asome «no el contenido ideológico, sino el fondo, es decir, la vivencia inconsciente, latente, que todos llevamos de la sociedad en que vivimos, de la vida de cada día, de lo que nos pasa alrededor». Semejante subjetivismo echaba por tierra exigencias básicas de la doctrina soviética y de sus seguidores españoles. Por otra parte, Celaya sigue sosteniendo el carácter enraizado en el pueblo del escritor frente al individualismo extremo del artista, de moda por aquellas fechas: «Yo creo que un poeta es un hombre que debe hacerse eco de todo el mundo».

José Hierro afirma que ha pasado el momento en que el intimismo se consideraba una forma de deserción y celebra que las «cosas» estén «suficientemente claras» y que «la nobleza de lo que se defiende» ya no sirva de excusa a un mal poema. En ello convienen tanto Celaya como Blas de Otero. Ahora, dice Celaya, «nadie valora a un poeta malo porque su posición sea simpática para uno; creo que nadie está en este caso *ya*»: no se pierda de vista el adverbio que he subrayado y su alcance crítico retrospectivo. Para Otero, «Todo el mundo está de acuerdo [en] que el criterio fundamental es el estético, la calidad». Ángel González achaca al éxito de los novísimos el oscurecimiento de otras formas, se supone que realistas, que existen. Antonio Martínez Sarrión se refiere al populismo del que «ha pecado parte de la llamada poesía social o testimonial de años atrás». En suma, el debate entre poetas señala las incertidumbres de la lírica en aquel 1970 siempre con el trasfondo del reciente movimiento realista.

El coloquio sobre la novela se amplía en el mismo número de *Cuadernos* con dos apostillas más interesantes que el propio debate y que reflejan el extremo irreconciliable a que había llegado el doble asunto del realismo y la función de la literatura: la «Acotación a una mesa redonda (respuestas a Juan Benet y defensa apresurada del realismo)», de Isaac Montero, y la «Respuesta al señor Montero», de Juan Benet.

Isaac Montero arremete contra el estado de nuestras letras, en cuya situación intervienen todos los eslabones del sistema literario, escritores, editores y crítica, que personaliza con arrojo que le granjearía pasado el tiempo severos perjuicios en un amplio número de nombres: Barral, Salvador Clotas, Castellet, Eduardo G. Rico, Terenci Moix, Eugenio Trías o el editor Tusquets. Tal como lo presenta, se trata de una operación orquestada de carácter ideológico con propósitos hegemónicos. Tal maniobra le lleva a reaccionar con

> la intención de advertir que en la liquidación de la novela realista han operado —y están operando— a partes iguales, aunque con cometidos diferentes, la burocracia de la censura, los más caducos representantes de la literatura academizante e inocua y, ahora, [...], los defensores de esta vaga ideología formalista.

El rasgo fundamental de la maquinación consiste en «situarse frente a las concepciones del materialismo histórico-dialéctico, o más exactamente», precisa, «frente a lo que se ha denominado poética del realismo socialista». La operación, señala, ataca a un enemigo nunca nombrado y se dirige a los medios más abiertos y progresistas, no a los inmovilistas, con quienes debiera sintonizar. Con este propósito ha fraguado una corriente que «cabría definir [...] por alguno de sus rasgos más cuidadosamente expuestos a la luz pública»:

> Valdría hablar así de elitismo, formalismo, irracionalismo, pretensiones de cosmopolitismo y ruptura con las tradiciones nacionales, culto a la trivialidad y búsqueda permanente de la moda, concepción de la vanguardia como mero experimento lingüístico, culteranismo, adscripción a los métodos críticos estructuralistas, aunque, eso sí, con el debido despego, a la espera de cualquier nueva invención que, sea cual sea su utilidad, aparezca en lontananza; snobismo, en fin.

El movimiento vanguardista —explica Montero con continuas referencias directas a su «paladín», Benet, si bien representante de una «conducta general»— pretende la «esterilización de una novela auténticamente libre, profundamente puesta al servicio del hombre». Su propósito se cifra en «al mismo tiempo alumbrar un modo de novelar y relegar al olvido, y en consecuencia hacer impracticables, otras formas; de manera tajante, la realista», marginar y eliminar «la literatura —y la novela— inspirada en los principios de la poética realista». El planteamiento de Benet se concreta —añade a lo largo de su texto— en acusar al sociologismo de «haber lastrado el desarrollo del arte narrativo, de impedir la fecundación de nuevas y más perfectas formas de narrar», en «lanzar un anatema de una novela enraizada en su tiempo» y en llevar a cabo la «defensa del arte por el arte». En fin, sin entrar en otros pormenores de la réplica, subraya Montero en su alegato el «radicalismo y destemplanza», «el desdén furioso de los ataques», la «agresividad desdeñosa y prepotente» de los detractores, dato a tener en cuenta en el proceso ideológico de decapitación del realismo social.

La contrarréplica de Benet, bastante breve, adopta un tono burlesco y no se priva de descalificaciones *ad hominem* (repite el latiguillo «la recia personalidad política del señor Montero» y se mofa de su «recia personalidad literaria»). Acumula invectivas desdeñosas. Contra el realismo socialista: «esa hija preclara, aunque morena a lo que dicen, del materialismo histórico literario», «esa mujer fuerte», «esa morenaza». Y en paralelo contra el compromiso, porque hay que atenerse a cánones literarios «antes que al deber de ayudar a mis contemporáneos a hacerse cargo de la importancia de la lucha de clases, a deslindar el frente de sus enemigos y a señalar las cadenas que les oprimen, ya que no a romperlas». No le importa dar la sensación de ponerse de parte de la dictadura al descalificar con modales despectivos la cultura antifranquista, «tan ramplona como una alpargata, y tan aromática como un insecticida, que cierto buen público español se ha visto obligado a tolerar e incluso a aplaudir bajo la coacción de la culpa colectiva, pues de no hacerlo así quedaban alineados junto a los censores oficiales y las fuerzas del orden». Con sarcasmos avala sus posiciones personales. Uno: «El arte literario es tan idóneo para hacer la revolución como el cuplé patriótico para enardecer a un país y ganar una guerra en ultramar». Otro: «El escritor que canta los ideales de la revolución suele pasar a la historia de las letras como una honesta antigualla y el espontáneo poeta que en el momento de la revolución se echa a la calle para enarbolar el entusiasmo se consume en una mediocre alegoría al coraje». La réplica engrana chulería tras chulería con afán de provocación y de conseguir notoriedad.

El carácter descomprometido y elitista de la nueva estética recibe un sorprendente espaldarazo en el colofón de la «Respuesta». Benet hace un pronunciamiento inequívoco a favor de la censura: «para el escritor de fuste, no hay censura que valga; la ha habido siempre, siempre la habrá y siempre sabrá sortearla. El daño que hace es evidente y considerable, pero efímero para aquel que sepa eludirla o engañarla». Recordemos, aunque sea innecesario, que los únicos defensores de la censura habían sido los medios culturales y eclesiásticos del franquismo. La actitud de Benet, viviendo en un sistema dictatorial cuya salida ni siquiera se vislumbraba, era una proclama reaccionaria, una toma de postura favorable a la represión intelectual. Para colmo, añadía que «a menudo» la censura «hace algún buen servicio y a veces con carácter duradero: como ahorrarle al público español las novelas de señor Montero». Se trataba de una auténtica maldad. Hacía poco, en 1966, se había prohibido la primera novela larga de Montero, *Alrededor de un día de abril*, con las dañinas consecuencias judiciales y literarias ya dichas. Aplaudir la represión constituye un ejemplo máximo de la retrógrada deriva antiizquierdista que tomó la operación artística contra el realismo, «esa morenaza».

La agria controversia de Montero y Benet refleja un estado de cosas cuyo estudio desborda la meta de este libro y evidencia el asentamiento de posturas situadas en las antípodas del movimiento literario que nos ocupa. Tampoco aquí, en la resolución de la estética socialrealista, puede estimarse un acuerdo único —al igual que ocurre en su nacimiento— para destronarla. Son importantes los artículos reseñados párrafos atrás y hay que atribuirles parte de la eficaz y rápida difusión de nuevas actitudes, pero también se acompañan de unos cuantos fenómenos en el terreno de la creación que asientan el cambio. Ya nos han salido, pero no estará de más recordar los más notables. La búsqueda personal de Goytisolo materializada en *Señas de identidad*. La publicación, en la misma fecha, 1966, de su enconada revisión del realismo social desde la propia literatura. La aparición, yendo algo más atrás, a 1963, de *La ciudad y los perros*. En este mismo orden de fenómenos significativos, resulta ilustrativa la recepción de la obra literaria de Benet. En 1961, *Nunca llegarás a nada* pasa inadvertido porque no contó con un clima estético propicio. Poco cambia la concepción narrativa entre estos relatos y sus dos primeras novelas, pero sí se produce una enorme diferencia en su acogida: *Volverás a Región* (1967) despierta interés y *Una meditación* (1970) lanza al autor a una fulgurante, aunque minoritaria, popularidad. Entre ambas situaciones se ha consumado un cambio radical en el paradigma narrativo. En el mismo número extraordinario de *Cuadernos para el diálogo*, el portavoz de la editorial y revista *Comunicación* —anónimo y colectivo, según era habitual en los trabajos surgidos de esta comandita cultural, aunque ciertos indicios apuntan a la autoría de Valeriano Bozal— resumía el proceso con fundamento y no poca gracia. Los críticos que sostuvieron el realismo, explica, hablan de «su» pasado como si fuera el de otros, se refieren a él en términos vejatorios (la berza) y acuñan «una imagen digna de John Lenon: la Generación del sándalo». «Es decir», concluye, «frente al populismo sentimental del compromiso a los cuatro vientos, el elitismo hippiforme de la literatura novísima». Fueron aquellos tiempos fecundos en el sarcasmo.

29
Paisaje después del debate

A raíz de la desabrida confrontación entre Montero y Benet, el enjuiciamiento del realismo social toma un nuevo y agudo perfil, el de una trama conspiratoria urdida por sus detractores y denunciada por los resistencialistas del compromiso. En diciembre de 1970, *Triunfo* acomete la «Biografía de un año» en un número «Extra» (447, 26/12) donde la cultura ocupa amplio espacio. El repaso general a la literatura de los doce meses anteriores corre a cargo de un autor de la entonces última hornada, Manuel Vázquez Montalbán. Este tiempo, señala, ha estado «Bajo el signo polémico» y la falta de hábito en el debate se ha saldado con insultos. Percibe una situación confusa sobre la cual planea la pervivencia de un reduccionismo «coincidente con la crisis de los escritores realistas», que acota entre dos fechas exactas, 1963-1968. Da, pues, la crisis como algo cerrado pero falta de una alternativa en el presente porque esta no tiene por qué «implicar ni una determinada comprensión de la estética ni una determinada comprensión formal». El conflicto entre la filiación izquierdista y el vanguardismo de su obra formulado en la valleinclanesca propuesta de una escritura «subnormal» le impide a Vázquez Montalbán decantarse con claridad. O quizás fuera que sobre él pesaba la insidiosa conjetura que airea Jorge Semprún en su despedida como memorialista:

> Antiguo comunista también él —pero tal vez el adjetivo sea inapropiado; a veces me parece que las notitas políticas que Montalbán deposita como cagaditas matutinas en diversos periódicos españoles, cuando bate en espuma su fingida cólera social y su mala conciencia, revelan más bien el fervor ciego, tuerto en el mejor de los casos, del neófito.

Actitud muy distinta adoptaron los partidarios del enfrentamiento franco. A ello remite el artículo de Eduardo Rico donde hace balance de la novela. Le achaca a Montero el vivir preocupado «por la supuesta existencia de un frente Barcelona-Madrid que alcanza las posiciones comprendidas entre Castellet» y él mismo. Montero, sostiene, «nos ha visto conspirar en la preparación de una campaña antirrealista de ambiciosos propósitos». Frente a esta maniobra, Montero y sus aliados «se empeñan en considerar a aquel que ensaye una fórmula que simplemente no encaje bien en los cánones establecidos por Zadanov, y que pueda caber en cualquier línea experimentalista, vanguardista o asimilada a alguno de los ismos en boga, como reo al que debe someterse a juicio sumarísimo o recluir en un manicomio». El análisis del realismo social, por completo ideologizado a estas alturas, desemboca en un terreno de alegatos *ad hominem* en el que se acude al juego sucio. Aparte de atribuir unas presuntas maliciosas intenciones a los resistencialistas, era un verdadero despropósito, o tal vez una insidiosa provocación, atribuir a nadie en la España de 1970 fidelidad al viejo comisario soviético, desacreditado incluso en su propio país.

Frente a este sectarismo de inicios de los setenta, se dan también posturas más equilibradas. Una la tenemos en la evaluación del año lírico de Caballero Bonald en el mismo número de *Triunfo*, "Últimas escaramuzas de la virtud o los infortunios de la poesía española". El amplio análisis del escritor gaditano aporta datos interesantes para nuestro relato. Por una parte revalida la percepción que ya hemos anotado del compromiso literario peninsular como un fenómeno histórico, un episodio de ayer. Lo revela el modo de referirse en tono distanciado a la «ya trasnochada plática de familia en torno a los usos, abusos y responsorios del llamado realismo social, crítico, objetivo, etcétera». Por otra, reconoce de forma indirecta el valor genérico del movimiento realista al protestar por la forma perjudicial como se les ha considerado en conjunto y reclamar la necesidad de separar el trigo de la paja: «unificar a los escritores de mi promoción según el rasero de los más obnubilados por una urgente asignatura de geopolítica literaria —aprendida a intensivas promiscuidades con la ética y, lo que es peor, estimulada por muy enterizas preocupaciones extraliterarias—, denota ya una considerable tendencia a la miopía». Además, señala el engaño que subyace en los nuevos planteamientos estéticos, un simple dar la vuelta al calcetín de lo ocurrido ayer: «Si para algunos hablar de estética pudo equivaler entonces a una especie de provocación contrarrevolucionaria, para otros era bastante congruente la evidencia de que la única resultante literaria válida de toda revolución social [...] era la revolución estética que podía operarse en la literatura». Los parciales mitos puestos en circulación por el «más tosco esquema realista» hace diez años han sido sustituidos por una nueva readaptación «mitológica», concluye.

Con posturas a favor o en contra, el cambio de paradigma en las letras españolas es un hecho incuestionable e irreversible cuando se inicia el decenio de los setenta. El paisaje después de la confrontación entre esteticistas y realistas —o, si se me permite una doble simplificación, entre conservadores y progresistas; entre derechas e izquierdas— requiere un balance del pasado reciente menos provisional que los circunstanciales que se habían venido sucediendo casi desde el inicio de los años sesenta. Esa ambición, a pesar de su magro grosor, tiene el ensayo que Fernando Morán rubrica en diciembre de 1970. Desde su mismo título, *Explicación de una limitación*, la referida a la materia acotada por el subtítulo, *La novela realista de los cincuenta en España*, se subraya el propósito de razonar las causas y circunstancias del fenecido canon; o sea, de arrojar luces a la controversia con un razonamiento compresivo. Quien había intervenido de forma notable en las especulaciones estéticas de anteayer a propósito de los vínculos entre subdesarrollo económico y subdesarrollo literario aportaba ahora un enjuiciamiento global de la poética realista. Morán evidencia su interés por mantenerse independiente de la refriega bien fresca entre realistas y novísimos. Directamente alude, sin citar nombres, a la etiqueta descalificatoria que había hecho fortuna, «escuela de la berza», y fija su postura: no es lícita la defensa sin matices de la narrativa española preponderante en los años cincuenta y sí obligado avanzar alguna explicación sobre su sentido.

Constata Morán que nuestra narrativa del medio siglo «está siendo sometida durante estos últimos años a una casi general labor de demolición», y se pregunta a qué se debe la «saña» con que se pretende aniquilar su recuerdo y «lancear encarnizadamente el débil cuerpo adolescente de la novela española de los años cincuenta». Testifica que parte de responsabilidad en el fenómeno corresponde a los propios narradores realistas. Estos se avergüenzan ahora de sus obras juveniles, creen que fracasaron al no alcanzar sus narraciones la diana por habérseles escapado dimensiones importantes de la realidad, y se consideran escritores simplificadores y primarios por su obra de ayer. La actitud le parece extremosa porque muchos de los «realistas-objetivistas» estaban bien dotados para la observación, pasablemente capacitados para el lenguaje, incluso algunos excelentemente dotados, y se preocuparon mucho por las técnicas. Sin embargo, se comprende esa autocrítica y malestar porque han descubierto «la complejidad de la sociedad y situación histórica española».

También anota Morán, al contraponer el fervor de ayer y el sentimiento de fracaso presente, un aspecto clave en la trayectoria de la generación del medio siglo, una actitud maximalista tanto en el momento de éxito como en la coyuntura de abatimiento. Se encuentra esta importante observación en una en apariencia intrascendente nota a pie de página. Recuerda que en su día comentó los efectos anonadadores que tendrían para los españoles la televisión, el Seat 600 y la doctrina del bienestar alcanzado de manera mecánica y, a raíz de esta creencia, «escribió» —dice en tercera persona— «una narración sobre todo ello, *José Giménez, promotor de ideas.* No creyó necesario insultar, ni mirar por encima del hombro, a quienes seguían escribiendo fundados en supuestos del objetivismo». Pero, añade, «Tampoco consideró imprescindible hacer autocrítica por haber escrito en 1957, una primera novela realista, intimista, generacional y, quizás "pequeño burguesa", *También se muere el mar*». Esta reafirmación de su independencia pone con delicadeza diplomática el dedo en la llaga en un grave problema de los narradores realistas, que cobra relieve ahora, alcanzado el momento de una crisis obvia y pública: el sometimiento de sus colegas a doctrinas impuestas desde fuera.

Desde la actitud de ponderación y ecuanimidad que inspira su análisis, Fernando Morán da cuenta de los negativos resultados de la práctica novelesca del medio siglo:

> A partir de los años sesenta nos volvemos conscientes de que:
>
> a) las novelas españolas realistas son parcialmente anacrónicas;
>
> b) no alcanzan la totalidad, porque el contexto no es suficientemente homogéneo (una sociedad semidesarrollada es una desarrollada desigualmente);
>
> c) la descripción de la miseria no desmonta el mecanismo que la engendra;
>
> d) el pauperismo es cada vez menos adecuado como tendencia porque se produce una elevación del nivel de

vida considerable, y porque grandes capas de población aspiran al bienestar y a la trivialización;

e) la novela no debe limitarse a describir, sino que tiene que explicar.

Ya se ve, por lo que venimos anotando en páginas anteriores, que Morán participa del extendido consenso en cuanto a los defectos y carencias imputables al realismo social. Lo específico de su postura reside en no querer contribuir con anteojeras a la demolición de la ya fracasada estética propia de otras revisiones críticas. Desde luego, reniega del ataque irracional y de las descalificaciones gruesas de que ha sido objeto en años cercanos. Y expone una serie de consideraciones a favor del realismo del medio siglo. Aduce un argumento histórico: si los del medio siglo cultivaron la literatura de la berza, «su contorno no pasaba tampoco mucho de la preocupación por el alimento». Sostiene que «no es poco» lo que hicieron y que, quizás, «viendo las cosas en perspectiva, haya sido mucho»: la escuela realista mostró al resto del mundo que la riada no se había llevado a las letras españolas definitivamente y al lector español le proporcionó información que los periódicos no podían suministrar. La razón histórica avala también el trabajo generacional: «En la década de los cincuenta era suficiente describir la realidad. Presentando sus formas de apariencia, se dibujaba un contraste con la versión idealizada y se cumplía una función cognoscitiva, a la vez que una tarea socialmente necesaria». Entiende que «escribir novelas de presentación fue una actividad justificada y natural durante algunos años», aunque, admite, «pocos, a decir verdad».

Estos rasgos —*mea culpa* que hoy admiten sus propios actores— deben entenderse como hipotecas de la época, aunque ni siquiera entonces satisfacían a los escritores, quienes ya en su tiempo advirtieron «la naturaleza del gusano que parasitaba sus obras prestándoles un saborcillo de cosa elemental que les inquietaba». No persigue Morán la defensa de los errores censados, sino explicarlos en función de su contexto histórico. Y, en cualquier caso, le parece necesario «tener muy en cuenta cuánto esfuerzo, cuánto entusiasmo, a veces, cuánto verdadero talento se desplegaron entonces, en aquel páramo». La actitud equilibrada del ensayista, con una alta dosis de justificación del realismo social, coincide con el dictamen más común en el ámbito académico que apunta a considerarlo como una necesidad histórica que impuso onerosos tributos y constituye una de las reflexiones inaugurales de esta línea valorativa. De todos modos, la razonada exposición de deficiencias contribuye al reconocimiento definitivo del fracaso artístico de la narrativa de la generación realista. A la vez, la circunscribe a un fenómeno pretérito. Por eso forma parte, indeliberada, del cúmulo de manifestaciones que contribuyeron al sepelio del realismo social.

La replanteamiento comedido del realismo socialista se acompañó de una reconsideración del canon que ponía patas arriba las convenciones aceptadas sin mayor reparo. En general, se convirtió en una verdad incontrovertible la idea que circulaba por los mentideros conservadores de que ellos habían ganado la guerra y perdido la literatura y la cultura. Temprano lo había sentenciado León Felipe en el poema donde interrogaba a los vencedores cómo iban a recoger el trigo y a alimentar el fuego si él se llevaba la canción. Y aunque él mismo se arrepintiera y desdijera, y se sintiera avergonzado, de haber dicho tal cosa en una emocionante rectificación enviada en 1958 a Ángela Figuera en la que aseguraba que «vosotros os quedasteis con todo: con la tierra y la canción», el tópico siguió funcionando porque había enraizado con fuerza. Así, los beneficios del poder, premios, colaboraciones en publicaciones paraoficiales, conferencias, jugosas giras por Hispanoamérica quedaban para los vencedores. Pero el prestigio se atrincheró en los vencidos. Incluso alguien tan a su aire como Rafael Sánchez Ferlosio admitió que él también se sometió a esa tiranía. A Julio Llamazares reconoció en una entrevista televisiva que en *El Jarama* había hecho concesiones porque quería ser «adepto» por la izquierda y Manuel Vicent recoge el más categórico «lo escribí para complacer a los antifranquistas». Desde la derecha, se reprochaba a sus contrarios que ejercieran una dictadura que excluía de la literatura legítima a quienes no comulgaban con sus ideas, o se dedicaban a otros temas que no fueran los testimoniales o practicaran enfoques distintos a las técnicas de observación. Ignacio Aldecoa pagó en desconocimiento el precio de no participar en los conciliábulos de la literatura comprometida y en las maquinaciones izquierdistas.

A lo largo de los años sesenta esas apreciaciones fueron cambiando hasta suponer, a finales del decenio, un giro completo en el canon y en los nombres que lo encarnaban. Ya hemos visto en otros lugares de estas páginas las mudanzas que se produjeron hasta la entronización del esteticismo, el formalismo y el venecianismo. Todo ello se materializó mayoritariamente entre los escritores más alerta del realismo socialista y entre la nueva oleada «novísima». Pero el cambio de criterios y el desconcierto consiguiente también se aprovechó desde las posturas conservadoras para desacreditar la hegemonía del canon realista. El libro del crítico conservador Antonio Iglesias Laguna *Treinta años de novela española. 1938-1968* apareció, en 1969, como ariete de una maniobra de más amplio calado a favor de la cual venía trabajando desde *El Español*, *La Estafeta Literaria* o el *ABC*. Justo la empresa editora del diario monárquico, Prensa Española, publicó el libro.

Treinta años de novela... tuvo un adelanto largo del que bebió el libro en la cuarentena de entregas que bajo el rótulo genérico «Novela española de hoy» publicó durante casi un año, entre el otoño de 1967 y junio del año siguiente, en el reaccionario *El Español*. Puede imaginarse la simpatía de Iglesias por la estética soviética, a la que había dedicado poco antes un amplio y bien documentado análisis en dos entregas con muy jugosos sarcasmos e hirientes burlas en el semanario franco-falangista bajo el rótulo «¿Qué pasa con el realismo socialista?», la segunda de las cuales ostentaba un subtítulo que compendia su punto de vista, «La proletarización de la literatura, factor de frustración estética». El ensayo forma parte de las arremetidas más contundentes contra la estética soviética en nuestro país, sobre todo por su buena argumentación y por los muchos datos en que la apoyaba. A partir del caso Siniavsky y Daniel, y de los apoyos que otros disidentes también represaliados les dieron, se lanza Iglesias a una tajante diferenciación, basada en un distingo que atribuye a Marx, entre el realismo crítico y el realismo socialista también llamado realismo dialéctico. El primero surge, explica,

> como protesta contra la burguesía creadora del capitalismo, de la que el intelectual se desvincula sin aportar soluciones válidas (la rebelión le conduce al extrañamiento y la impotencia); el segundo no se hunde en la crítica, sino que dota al hombre y a la historia de un sentido dinámico y decide que la lucha de clases prive sobre el esteticismo; es necesaria la identificación con la clase obrera, la supeditación de la literatura y el arte al fin común del exterminio de la sociedad clasista.

En apoyo de su tesis, señala Iglesias que Marx veía en Balzac el exponente máximo del realismo burgués —es decir, el realismo crítico— y que toda su vida deseó componer un estudio sobre el novelista francés. Ha ocurrido, sin embargo, que la dictadura del proletariado ha obligado a escribir en un único sentido y ha forjado una estética oficial, mas sin ser capaz de crear arte y literatura porque supedita lo más personal del hombre —«su capacidad creadora de belleza»— a un orden social «a estatuir» y porque obliga a los artistas a considerarse, ante todo, herramientas en manos de las masas. Ha sido, sostiene, un error —aparte de haberlo hecho con todas las prohibiciones, coacciones y castigos que se desmenuzan en el artículo—, ya que, tras una primera etapa en los años veinte —la era de Babel, Maiakosvski o Gorki— en que dio obras magníficas, degeneró en un cliché en cuanto Stalin lo subordinó a los intereses del partido. Es un yerro muy grave el de la ortodoxia marxista el sostener que nada más el pensamiento proletario, consciente de la lucha de clases, está autorizado a representar la realidad. No se puede imponer una estética y por eso escritores marxistas fuera de la órbita soviética «han creado obras extraordinarias aprovechando la libertad de expresión que les da el capitalismo». Entre otros de estos afortunados menciona a Sartre, Aragon, Malraux, Silone, Pratolini, o Dos Passos. Y añade, por otra parte, el parecer del teórico también marxista Roger Garaudy en su ensayo *D'un realisme sans rivages* favorable a que el realismo no suponga un duplicado de las cosas, los hechos y los hombres. Claro que, advierte, si el filósofo francés hubiera sostenido eso en la URSS habría acompañado a Siniavsky y Daniel. La renovadora concepción del realismo de Garaudy —expulsado del PCF tres años después del artículo de Iglesias— le parece el camino para la recuperación del realismo crítico, el cual, por otro lado no se diferenciaría nada del que identificamos comúnmente con el realismo decimonónico. O sea, el realismo naturalismo que los realistas sociales españoles rechazaban de plano.

Con este planteamiento, Iglesias cargaba a fondo contra la «única fórmula estética de curso legal en la URSS» y a él supedita su visión de los novelistas españoles en la serie de *El Español*. En la primera entrega (61, 16/12/67) responde a las incertidumbres que le ha manifestado un escritor soviético no identificado. Al ruso le sorprende que las obras traducidas en la URSS den una imagen negativa de España pues tratándose, el nuestro, de un régimen también autoritario tendría que haber impuesto, como en la Unión Soviética, un conjunto de obras afirmativas con héroes positivos. Sucede, en cambio, lo contrario. Por eso tiene curiosidad por saber si los únicos españoles con algo que decir son los negativos. ¿No ha surgido en la España oficial ningún narrador de categoría?, se pregunta. Porque, añade, los únicos conocidos en su país —menciona a Goytisolo, López Pacheco y López Salinas— «no pasan de mediocres».

La respuesta de Iglesias se dispersa en varios caminos laterales en nuestro asunto —la insolidaridad o envidias nacionales, el exilio, la rutina crítica...—, pero aborda de frente la cuestión del «partidismo» en la literatura, en el que incluye, hay que decirlo en su honor, a los que «se apuntan a la derecha o a la izquierda». En ambos casos le parece mal, y da un buen rejonazo a la novela católica, que es una «novela barata», que se limita a pintar tipos ya desgastados y «no pasa de gazmoñería, en unos casos, y de edulcoración roperil de problemas sociales, en otros». Si así se expresa respecto de la novela espiritualista, no menos contundente es acerca de la materialista. Los autores de este grupo —los citados «mediocres»— viven en esa España que tanto critican aprovechado todas las oportunidades para sonar en el exterior y propalan fuera una versión tendenciosa de la realidad española y «ganan dinero» manifestándose novelista social. Cuando hablan en nombre de los preteridos, se limitan a exponer una tesis previa. Además, se han beneficiado de la visión arcangélica que Iglesias inventa del franquismo, pues «el Estado ha tenido bastante manga ancha con los intelectuales» y «hoy en día existe en España una libertad de expresión casi ilimitada».

En este bautismal recorrido de Iglesias Laguna por los tres últimos decenios de nuestra novela, el realismo social aparece en varias ocasiones. La postura tradicional del periodista y crítico nos depara algunas sorpresas pues su proximidad al realismo crítico (no al otro realismo, el comprometido) le permite tratar al conservador Domingo Manfredi como un autor social y calificar *A los pies de los caballos,* novela acerca de los sufridos campesinos que abandonan el campo andaluz, como novela social; eso sí, una «novela social sin resentimiento». Lo cual invita a deducir que las obras que comúnmente se adscriben al realismo social serán novelas de resentidos.

Esa idea difusa y elástica del realismo social le permite englobar bajo esa etiqueta autores que no sobrepasan mucho un realismo testimonial. Es lo que hace en la entrega titulada «Variantes del realismo social» (38, 13/4/1968) que está dedicada por completo a Luis Romero. En otra tempranera entrega (61, 16/12/1967), «Entre el éxodo y la novela social», sí atendió a los sociales. Hilvana el artículo la frecuencia con que la novela ha reflejado la realidad colectiva, el aludido éxodo del campo a la ciudad (Lera, Ramón Solís o Pedro Sánchez Paredes) y se demora en un Zunzunegui aferrado a un realismo decimonónico. En ese sándwich coloca a los narradores comprometidos del medio siglo. Ellos testimonian los «mil y un problemas» de la posguerra, pero «hay que hilar fino» por las diferencias que percibe entre los autores mencionados, López Pacheco, García Hortelano, Juan Goytisolo, Castillo Navarro, López Salinas, el «mediocre» Jesús Torbado, o con «calidad notable» Martín-Santos y Ramón Nieto. No hace, en todo caso, mucha sangre, salvo calificar de engendro la novela de la Duquesa Roja, y, en menor medida, señalar que algunos narradores «dudosos» como Juan Goytisolo se quedarían sin temas aprovechables si abandonaran su postura de oposición. Las diferencias, por otra parte, se achican porque esos autores tienen en común la intencionalidad. Ahora bien, y aquí radica el reparo que más podía afectar a los realistas sociales, «un relato kafkiano, surrealista, será más efectivo y rotundo que la denuncia directa, monda y lironda».

En el panorama de la narrativa de posguerra con declarada intención de manual *Treinta años de novela...*, Iglesias Laguna repasaba, agrupados en varios bloques un tanto caprichosos, una larga nómina de autores nacidos entre 1910-1920. Están en ella, por dar unos pocos nombres, desde Agustí o Cela a Delibes y Torrente Ballester. En ese paisaje que abarca hasta 1968, no aparecen los Goytisolo, López Salinas, Ferres, Grosso, Caballero Bonald, López Pacheco, etcétera. Sencillamente, no existen por el criterio de corte utilizado, la fecha tope de nacimiento. Se acometía de este modo una presentación de tono general reivindicativo, aunque el comentario de las obras concretas abunde en toda clase de reparos, de los narradores tradicionales o cercanos al régimen, en detrimento de la importancia que se le atribuía a los de la generación del medio siglo. La operación quedó, sin embargo, truncada. La promoción de los cincuenta habría tenido su espacio en un volumen posterior, el II, pero no llegó a escribirlo o publicarlo. Materia, conocimiento e intención no le faltaba, como se ve en la serie de *El Español*.

La revisión del canon también se llevó a cabo desde una perspectiva ideológica opuesta, la de la izquierda que asume Manuel Vázquez Montalbán en el amplio comentario «Tres notas sobre literatura y dogma». Desacredita, por supuesto, el panorama de Iglesias y denuncia con una malicia (tiene «influencia castelletiana por aquello de las exclusiones») la ausencia de los realistas sociales, pero ve la urgente necesidad de rescatar escritores de derechas o moderados, «más en nombre de la literatura que de la ideología». La izquierda, de este modo, incorporaba al canon autores tradicionales que hasta aquel momento habían estado proscritos o, en los mejores casos, admitidos a desgana. En la nómina del futuro creador de Carvalho figuran Tomás Salvador, Lera, Gironella, Cela, Darío Fernández Flores, García Pavón, Laforet (la de *Nada*, precisa), las dos Elenas (Quiroga y Soriano, suponemos), Delibes, Fernández de la Reguera, Luis Romero, Cunqueiro y Torrente Ballester. Se ve la enorme flexibilidad de criterio de Vázquez Montalbán que incorpora a autores bien poco aceptables para las letras progresistas nada más unos años atrás. De todos los que ha rescatado, asegura, con tolerancia máxima, que «tienen un valor literario, ni siquiera excepcional, pero suficiente para corporeizar nuestra cultura literaria más reciente». Viniendo de quien venían estas apreciaciones, suponían un auténtico blanqueamiento de la novela cercana a la dictadura o que gozaba del apoyo gubernamental y que había sido su estandarte. La cual, por si fuera poco, representaba modos narrativos tradicionales arcaicos y del todo superados —en general y en conjunto, claro, y al margen del gusto innovador y de ocasionales acentos críticos de unos pocos de esos narradores: Cela, Delibes, Luis Romero—. Increíble parece, pero así está escrito, que el combativo Vázquez Montalbán defendiera el valor literario de Tomás Salvador o Darío Fernández Florez.

No fue esta una ocasión solitaria en la que el joven periodista aplaudido por el progresismo y la izquierda le hiciera el juego a la derecha y justificara, avalara o reconociera el tipo de literatura que había propiciado la dictadura. Vale repetir aquí, respecto de la narrativa, la misma observación que hemos hecho a propósito de su reivindicación de los viejos poetas falangistas en la antología de José Batlló. Lo que sostiene podrían suscribirlo los portavoces culturales y propagandista del agonizante Régimen a favor de la literatura del franquismo y como argumento contra las letras comprometidas. Tal planteamiento tenía un efecto desmoralizador para quienes aún querían que el arte aportara algo a las transformaciones sociales.

La idea de la defunción del realismo social era una opinión establecida por el arranque del último lustro de la dictadura. Ya la había dictaminado Eduardo Rico en el artículo citado de 1970 y había insistido en su muerte en abril de 1971. Curiosamente, un hecho dado por indiscutible, y por tanto carente de interés, no anuló su actualidad. Al todavía extraño atractivo del asunto se debe que el propio Rico preparase también en 1971, y en paralelo con su referida campaña periodística, un análisis-encuesta de amplia resonancia, *Literatura y política (en torno al realismo español)*. Por boca de su *alter ego* Lucrecio circunscribía las ambiciones de este cuaderno en *Madrid* (24/3/1971): se propone «estudiar las relaciones entre literatura y política a través de la consideración de los condicionamientos exteriores de la "novela social" tal como se dio al final de la década del cincuenta y del significado de la escuela, prescindiendo de todo análisis interno de sus obras principales». A este objetivo responde una amplia introducción donde discute las posibles definiciones de «literatura social», revisa la trayectoria de la «escuela de Madrid» y aborda los dilemas del compromiso artístico. Además, busca con criterio reporteril «obtener de sus representantes más calificados, de varios críticos, y de sus más acérrimos oponentes, un juicio sobre la tendencia formulado desde la perspectiva de hoy». En efecto, la parte del león del cuaderno se la lleva la encuesta a un periodista, su patrón en el vespertino, Alberto Míguez, y a trece escritores de varias generaciones y muy diferentes sensibilidades presentados en escrupuloso orden alfabético para acentuar la imparcialidad: Barral, Benet, Caballero Bonald, Celaya, José Esteban, García Hortelano, García Pavón, Ángel González, Félix Grande, Grosso, Guelbenzu, López Salinas y Quiñonero.

En el párrafo final del folleto, Rico aseguraba el espíritu de análisis ecuánime que inspiraba su trabajo: «En todo caso se impone un estudio sereno e imparcial del tema, exento de mediatizaciones sentimentales e injustificados apasionamientos». Tan loable propósito lo desmentía, sin embargo, en buena medida en tres de los «ocho puntos para una hipótesis» que presenta como «conclusión». El cuarto punto considera el «previo compromiso cívico», omitiendo la menor referencia a la voluntad literaria, el rasgo individualizador de la escuela:

> Pero la vocación realista y la preocupación por lo social, aunque elementos definitorios de la escuela —tanto en el orden poético como en el novelesco—, no basta para una cabal explicación de su significado. Esos dos elementos caracterizan a todos los escritores del periodo, poetas y novelistas, muchos de los cuales se resistirían con todas sus fuerzas a su inclusión en la tendencia que nos viene ocupando. Lo que individualiza a esta escuela es *el previo compromiso cívico* de cuantos la integran.

Los efectos negativos del compromiso ocupan el quinto punto:

> Este compromiso se inserta en una estrategia urgente, fundamentada en una *concepción catastrofista* de la realidad socioeconómica y política que los escritores tienen delante, según un análisis esquemático, superficial, fuertemente subjetivo y, por tanto insuficiente. Los hechos desmentirían muy pronto el triunfalismo que amparaba a la apuesta. En pocos años, la evolución de la realidad dejaba fuera de juego a muchos de los protagonistas.

El propio léxico de la exposición indica la clara toma de postura de Rico, quien, quizás con ánimo de templar gaitas, advierte en el punto siguiente las distintas direcciones que adoptó la urgencia impuesta por el compromiso. Admite que un sector de la escuela practicó una cuidada elaboración formal, pero otra la desdeñó. De nuevo el propio estilo delata la animadversión del autor: «se incita a la prisa», asegura, y lo aclara, «a "ir al grano", a desocuparse, en suma, de toda poética y a servirse de técnicas expeditivas». En consecuencia, resultó un fracaso:

> Este deliberado descuido conduce en los más señalados casos a la caída en una torpeza técnica que invalidará su producción a efectos de supervivencia de la escuela. El uso de fórmulas primarias inutilizará en breve plazo [...] todas las potencialidades que encerraba en relación a los distintos órdenes que pretendía actuar.

La encuesta no desmentía la negativa valoración de Rico. Los simpatizantes o cultivadores de la literatura social carecen de ánimo para defenderla por considerarla también, aunque con matizaciones, fracasada. Ya nos ha salido semejante desaliento en otros momentos del presente libro. El cabeza visible de los detractores, Juan Benet, la define despectivamente como «literatura fiscal» en el juicio citado páginas atrás. Un tono general de lavarse las manos o descomprometerse se extiende por la mayoría de las respuestas.

El folleto *Literatura y política* bien puede considerarse las exequias de la literatura comprometida, si bien los funerales fueron largos. Como lluvia fina iban cayendo las apreciaciones negativas. El infatigable Rico había dedicado el año anterior parte de unas «Notas sobre un tiempo confuso» (en el mismo número de *Cuadernos para el diálogo* que suscitó el enardecido debate señalado) donde resumía la trayectoria del movimiento. Selecciona datos relevantes de ayer. «Hubo mucha ingenuidad, muy poca formación y un excesivo peso de la literatura y el cine italianos en los comienzos de un grupo del que, en seguida, todo pretenderían excluirse», destaca en primer lugar. «Hubo también ayuda política —¿por qué negarlo?— por parte de las izquierdas francesas e italianas», reconoce. Y añade que «Revistas y editoriales se ofrecieron con innegable generosidad». Todo ello, sin embargo, no sirvió de mucho: «La moda resultó efímera y las tiradas fueron siempre muy cortas; por tanto, la difusión, reducida». Y ahora, sentencia, se ha desembocado en una mezcla de pasiones que terminan «en el insulto exasperado y en el estallido de las frustraciones». En fin, está pendiente una templada revisión del socialrealismo. En ella andaban por entonces nuestras letras con esa persistente labor de zapa: aunque nada nuevo haya en las apreciaciones de Rico, la operación revisionista se va asentando con estas y otras posturas.

Otra prueba más, y muy relevante, del interés que todavía suscitaba el realismo a estas alturas de la posguerra, 1970, fue *La revolución y la crítica de la cultura*, nuevo eslabón, además, del enjuiciamiento destemplado de la estética socialrealista por parte de Alfonso Sastre. Sobre su alcance en la querella ideológico artística del momento habla elocuentemente la favorable acogida, a pesar de las reservas, que el revisionista Alberto Míguez le dispensó en *Madrid*, ya recordada. Alfonso Sastre compilaba textos publicados e inéditos escritos entre 1964 y 1969 con un hilo unitario, abordar la creación cultural comprometida o preocupada en el «progreso» de las sociedades humanas con particular referencia a la «cultura de izquierdas» en aquellos «tiempos difíciles» de España. En sus páginas se hallan un rosario de descalificaciones explícitas del realismo socialista, mencionado con esta precisa etiqueta, no con la que antaño había puesto nombre a la moda de lo social, tal como hemos visto.

Parte de las ideas expuestas coinciden con las posiciones generalizadas en esos años y la personalidad sobresaliente del autor contribuyó mucho a asentar el *humus* en el que creció la revisión en curso. Alguna novedad en el campo de especial querencia de Sastre, el de los escenarios, como la propuesta de una "tragedia compleja", aportaba iniciativas concretas a una hipotética renovación. Más que estos aspectos predominan, sin embargo, las descripciones en negativo referidas al teatro, aunque válidas para toda clase de escritura. El veterano polemista denuncia la asimilación del realismo a una forma superada del naturalismo o el neonaturalismo; censura con rotundidad la simplificación populista; repudia la literatura como expediente didáctico, institucional o «mero instrumento político»; se niega a admitir que las letras sean «reflejo (pasivo)» o «investigación científica» de lo real, y, en fin, expone un rechazo frontal del arte como instrumento del optimismo burocrático encarnado en las formas «espurias» del realismo socialista.

Otras afirmaciones más de Sastre colaboran también en el reforzamiento de los planteamientos literarios que iban haciendo acto de presencia en la segunda mitad de los sesenta. Distingue entre el plano político, que exige todavía grandes esfuerzos para obtener la libertad, y el plano literario, dueño de su propia especificidad. Insiste en rechazar el arte «hiperpolitizado» y a los «servidores de las formas degradadas del realismo socialista». La literatura política no significa, explica, convertir la obra en «herramienta de protesta, denuncia o intervención inmediatas en el medio», tesis que va en paralelo con una radical oposición del arte evasivo o idealizante. De nuevo trae a colación una de sus más difundidas preocupaciones, polémica en el pasado y casi amortizada en el presente, el posibilismo, que resuelve acentuando su conocida sentencia: «resultaría hoy más escandaloso que nunca —creo preferible *hasta* el silencio— que el arte (teatral o no) se hiciera hoy, entre nosotros, prudente, posibilista».

También aborda Sastre un problema central en la literatura comprometida del medio siglo, el «lugar» del escritor en el proceso revolucionario. Contra la idea que se iba imponiendo ya por entonces, defiende con firmeza la legitimidad del papel activo de los escritores. Pero se interroga cuál y cómo debe ser. Para sustentar una respuesta, revisa las opiniones personales y las doctrinas de

Lenin (el Lenin de 1905 en contraste con el posterior al triunfo revolucionario de 1917), de Trotski y del «delicioso poeta» Mao Tse-Tung de 1956, el de la consigna «Que cien flores se abran, que compitan cien escuelas ideológicas». Como consecuencia del análisis de esas doctrinas marxistas, se reafirma con vehemencia y sin resquicio de duda en un absoluto distanciamiento de la planificación socialista de la literatura y en el repudio frontal a convertir a los creadores en funcionarios de la revolución. Su postura suscribe con entusiasmo, en cambio, el famoso eslogan lanzado por Fidel Castro en un histórico encuentro con los intelectuales de 1961, «Con la Revolución todo; contra la Revolución nada», que cita, por cierto, con poca exactitud. La consigna le proporciona un asidero todavía en la fecha de salida del libro, cuando era de sobra cuestionada la deriva del castrismo por su represión de la libertad intelectual, y de otras libertades. Por otra parte, el punto de vista de Sastre ante tan delicado asunto adquiere una notable flexibilidad: sostiene que también se trabaja por la revolución fuera de la militancia concreta, en el compromiso relativo (el *engagement* sartreano) e incluso en «el descompromiso más o menos solipsista o existencialmente desgarrado».

Si el reconocimiento inequívoco de que los creadores tienen reservado un papel dentro de la revolución sitúa al dramaturgo madrileño contracorriente de las mudanzas ideológicas y estéticas de los años sesenta, y cercano al sector más politizado de sus coetáneos, los matices de su discurso y sus descalificaciones del realismo socialista lo separan de esta estética. Y, sobre todo, sus ideas echaban un puñado más de desprestigio sobre el Partido Comunista cuando esta formación estaba ya perdiendo casi por completo su ascendiente sobre las letras.

Los lugares comunes (populismo, naturalismo, hiperpolitización) en la crítica al realismo socialista presentes en el libro de Sastre le daban una dimensión de pieza destacada en el puzle de la revisión crítica de la escuela comprometida. Algo más acentuaba muchísimo ese alcance. Son unas pocas páginas de escritura clara y directa, sin el fraseo retórico habitual en el autor que tanto dificulta la lectura, y de contenido autobiográfico. En ellas traza una estampa vivaz de los medios de promoción utilizados por los escritores en la posguerra con particular énfasis en su propia generación. Cuenta Sastre como preámbulo las tribunas falangistas de que disfrutaron él y los suyos y las complicidades amistosas que trabaron entre ellos. La campaña más importante de lanzamiento público de su grupo promocional la llevaron a cabo en un «momento altamente dogmático» los «oportunistas de izquierdas» bajo la responsabilidad del «triángulo» Castellet-Barral-J. Goytisolo. El novelista catalán fue el «más dogmático comisario exterior» de aquella operación. El sectarismo de tal «operación colectiva» —así la califica— perdonaba la vida a algún escritor (Ana María Matute) e ignoraba a otros (Aldecoa o Hierro) y, «en cambio se ensalzaba al último "escribidor" de prosa pedestre... y "socialista"». Cuando cambió el péndulo de los mandarines hacia los «objetivistas indígenas», se trató de asimilar a estos «admirativamente» (Sánchez Ferlosio) o «promoviéndolos» (García Hortelano). Las víctimas efectivas de esta manipulación fueron algunos escritores, «relevantes, sobre todo, por su entusiasmo civil», como López Salinas, Ferres o López Pacheco.

Es verdad que Sastre no está en la maniobra ideológica de liquidación del realismo social. Su malhumorada sinceridad solo denunciaba lo que estaba ocurriendo, que algunos «pajes oportunistas» han caído en «la bajeza con que hoy se ataca y menosprecia a los escritores del grupo», los de la «berza»; desenmascaraba «¡el consabido linchamiento después de la espantable exaltación!»; delataba la actitud de algunos promotores de aquella literatura «civil», que se limitan a lavarse las manos o que le asignan el papel de «hazmerreír» al sumiso. A buen seguro, semejantes acusaciones no formaban parte de ningún complot, pero sí añadían sal en las llagas abiertas en el realismo social al reconocer «el "oportunismo de izquierda" a que hubimos de asistir en España durante los años de la cerrazón dogmática de la "oposición" literaria». Con todo, el efecto de estas explicaciones había de ser limitado, al figurar en un libro, y de lectura no fácil, al menos en comparación con el desmontaje del realismo social que el mismo Sastre haría solo un par de años después, en un número extra de *Triunfo* de gran circulación y resonancia, y del que esos apuntes autobiográficos constituían un adelanto.

Sin circunloquios valoraba Sastre en estas notas posteriores, «Poco más que anécdotas "culturales" alrededor de quince años (1950-1965)», los efectos de los planteamientos comunes en sus coetáneos: «las posiciones en que este grupo» generacional «desembocó, durante los últimos cincuenta y primeros sesenta, fueron extremadamente erróneas y perjudiciales». Y reafirmaba la necesidad «de no mitificar lo mediocre por la discutible razón de que no haya otra cosa», en relación con la, a su entender, sobrevalorada *Tiempo de silencio*. La desmitificación requerida incluía el reconocimiento de amargas verdades, en cita literal de expresiones del dramaturgo: hiperpoliticismo de la crítica, marxismo vulgar, creencia en la heteronomía absoluta de los procesos literarios y en la relación mecánica con los condicionantes socioeconómicas y sus marcos históricos, degradación de la estética, desprecio de la imaginación, sectarismo mafioso, manipulación («se convertía *El Jarama*, para poder aplaudirla sin remordimiento en *una novela políticamente intencionada*; o se hallaban valores *social-políticos* en las novelas de Ana María Matute», subrayados del autor)... En las «Notas», Sastre se despacha a gusto con la poética realista y pone patas arriba todo el entramado político literario de su generación, la promoción realista del medio siglo. Aunque ya poca falta hiciera, el contenido del artículo difundido por una revista de gran audiencia entre la sociedad culta y en mayor medida el léxico vejatorio proporcionaban munición supernumeraria a los enemigos del realismo social.

Tampoco había perdido interés, y ello inevitablemente en el contexto de la guerra fría entre las dos superpotencias planetarias, un aspecto particular de la poética realista, el papel del autor comprometido. Las arremetidas del neomodernismo novísimo contra la complicidad con la política de los escritores y la defensa del individualismo que los recluye en la torre de marfil y en aventuras experimentales y formalistas no habían sentenciado de forma definitiva esa función. Habían denostado la adhesión partidista del creador, pero seguía siendo cuestión polémica y debatida. De ello da fe la organización de una Semana de América Latina en la Ciudad Universitaria de París a mediados de 1970. El encuentro francés toca solo de manera indirecta a la problemática española, pero no es del todo indiferente por el eco que de ella se hizo uno de los medios más beligerantes en la discusión, como ya hemos repetido, *Triunfo*. El semanario recogió la intervención de Mario Vargas Llosa y un resumen-balance de las palabras de Julio Cortázar, muy significativas, por otra parte, de las posturas de ambos narradores.

Aunque improvisada, la reflexión muy bien articulada de Vargas Llosa sobre «El escritor y la política» distingue un doble componente en el acto de creación, uno de tipo racional o intelectual, y otro basado en el «lado oscuro de su personalidad», o sea, en sus obsesiones, instintos, intuición... Ambos elementos suponen un desafío problemático para el escritor izquierdista, pues algunos sostienen que este debe «trasportar en forma coherente y lógica sus posiciones políticas de izquierdas en sus ficciones», lo cual exige atenerse a ciertas reglas que eliminan la espontaneidad en la creación literaria. Esas normas impiden que la escritura impremeditada contradiga «las ideas revolucionarias ortodoxas de progreso y de cambio». El realismo socialista ha pretendido brindar el método ejemplar de resolver el divorcio posible entre el hombre de izquierda y el escritor, pero «sabemos que los resultados han sido lamentables», dictamina el peruano.

La andanada genérica, sin matices, era una opinión más, aunque sobresaliente, en el tormentoso descrédito del realismo peninsular dada la admiración y respeto que por entonces inspiraba el autor de *La ciudad y los perros*. A la vez, su postura reforzaba las posiciones de los detractores de la pasada poética al sostener una clara distancia entre el ciudadano y el escritor. La persona debe comprometerse a favor del progreso según sus capacidades y su temperamento. «En cuanto escritor», sin embargo, debe hacer caso de «sus obsesiones, sus intuiciones y sus demonios», sentencia. Aún más, ahondando en esta postura en una entrevista poco posterior con J. G. Santana, añadía que el escritor ha de atender a lo irracional, el «factor que no pasa por la conciencia, que no procede de las convicciones de un escritor, que pasa por su subconsciencia y procede más bien de sus obsesiones». Ese factor le parece «tanto o más importante que otros elementos» y produce una novela más rica que aquella que ha tenido un planteamiento didáctico, como es el caso del realismo socialista. Porque, concluye, «utilizar la novela como un mero vehículo político provoca, al final, una visión totalmente esquemática de la realidad. Y entonces se consigue un objetivo contrario: la gente, en lugar de educarse políticamente, deja de leer esas novelas». Frente al reflejo, el testimonio y el documento, reclama Vargas Llosa el papel del subconsciente.

Esta reivindicación del subjetivismo, bien razonable en aras de una novela compleja, venía a echar leña al fuego de quienes defendían una literatura ajena a las condiciones materiales e históricas de la creación. En realidad, era lo mismo que, al menos en la letra, declaraba en idéntica fecha uno de los representantes de la autodenominada «novela intelectual» de clara beligerancia antirrealista,

Carlos Rojas. «La novela tiene que ser el fruto de una libertad total. La creación literaria no puede aceptar otros límites que los exigidos por la propia creación. La novela responde por sí misma y ha de justificarse ante sí misma», explica Rojas en un monólogo con Robert Saladrigas (*Destino*, 1713, 1/8/1970). Y añade: «¿Literatura comprometida? Es un término este muy desprestigiado hoy en día. La novela queda automáticamente comprometida delante de su tiempo, en el instante en que se compromete ante la libertad del propio creador».

Cortázar, en cambio, celebra el espíritu colectivo de la Semana parisina que ha superado, por una vez, el individualismo propio de los creadores y ha servido para desmentir la propaganda oficial y dar un amplio testimonio, documentado y veraz, de la explotación de los países hispanoamericanos, de sus miserables condiciones de vida y de su situación política. Los «estetas y los intelectuales "puros" denigrarán», dice, esa empresa que revela sin tapujos «que el arte y la poesía se identifican con la política». Él, en cambio, la aplaude sin reservas. Aunque, supone, les reprocharán que anden «perdiendo» el tiempo «en cosas así», él y otros están «cada vez más convencidos» de que «la creación individual no excluye un frente simultáneo y común de creación y acción revolucionaria»; es más, «ambas cosas son dialécticamente inseparables» para lograr un hombre nuevo librado de «sus explotadores, de sus gorilas y de sus zombies». El alegato cortazariano es un verso suelto (aunque muy llamativo por un párrafo de panegírico procastrista cuando el caso Padilla había encendido todas las alarmas) en la encrucijada que cuestionaba el papel del escritor, pero tiene el valor de mostrar una cierta vigencia de ideas básicas de la generación realista española.

Pero tampoco puede simplificarse esa postura. También en 1970, en una reflexión sobre el cuento recogida por la castrista *Casa de las Américas*, afrontaba Cortázar asuntos medulares de la poética socialrealista con total claridad y no poca valentía dado el lugar donde la expuso y publicó. De un plumazo liquidaba el facilismo y trasparencia de la escritura comprometida: «¡Cuidado con la fácil demagogia de exigir una literatura accesible a todo el mundo! Muchos de los que la apoyan no tienen otra razón para hacerlo que la de su evidente incapacidad para comprender una literatura de mayor alcance». Por el contrario, se apuntaba a la conocida tesis gramsciana de la necesidad de elevar el nivel de instrucción del pueblo y no de rebajar el nivel artístico: «No se le hace ningún favor al pueblo si se le propone una literatura que pueda asimilar sin esfuerzo, pasivamente, como quien va al cine a ver películas de cowboys. Lo que hay que hacer es educarlo, y eso es en una primera etapa tarea pedagógica y no literaria». Además, encaraba las inexcusables exigencias de la creación literaria, y, por extensión, artística:

> Es evidente que las posibilidades que la Revolución ofrece a un cuentista son casi infinitas. La ciudad, el campo, la lucha, el trabajo, los distintos tipos psicológicos, los conflictos de ideología y de carácter; y todo eso como exacerbado por el deseo que se ve en ustedes de actuar, de expresarse, de comunicarse como nunca habían podido hacerlo antes. Pero todo eso, ¿cómo ha de traducirse en grandes cuentos, en cuentos que lleguen al lector *con la fuerza y la eficacia necesarias*? (cursiva mía).

Cortázar mantiene una innegociable postura favorable a las exigencias del arte y en contra de la pura instrumentalización política:

> El entusiasmo y la buena voluntad no bastan por sí solos, como tampoco basta el oficio de escritor por sí solo para escribir los cuentos que fijen literariamente (es decir, en la admiración colectiva, en la memoria de un pueblo) la grandeza de esta Revolución en marcha. Aquí, más que en ninguna otra parte, se requiere hoy una fusión total de estas dos fuerzas, la del hombre plenamente comprometido con su realidad nacional y mundial, y la del escritor lúcidamente seguro de su oficio. En ese sentido no hay engaño posible. Por más veterano, por más experto que sea un cuentista, si le falta una motivación entrañable, si sus cuentos no nacen de una profunda vivencia, su obra no irá más allá del mero ejercicio estético. Pero lo contrario será aún peor, porque de nada valen el fervor, la voluntad de comunicar un mensaje, si se carece de los instrumentos expresivos, estilísticos, que hacen posible esta comunicación. En este momento estamos tocando el punto crucial de la cuestión. Yo creo [...] que escribir para una revolución, que escribir dentro de una revolución, que escribir revolucionariamente, no significa, como creen muchos, escribir obligadamente acerca de la revolución misma.

> Por mi parte, creo que el escritor revolucionario es aquel en quien se fusionan indisolublemente la conciencia de su libre compromiso individual y colectivo, con esa otra soberana libertad cultural que confiere el pleno dominio de su oficio. Si ese escritor, responsable y lúcido, decide escribir literatura fantástica, o psicológica, o vuelta hacia el pasado, su acto es un acto de libertad dentro de la revolución, y por eso es también un acto revolucionario aunque sus cuentos no se ocupen de las formas individuales o colectivas que adopta la revolución. Contrariamente al estrecho criterio de muchos que confunden literatura con pedagogía, literatura con enseñanza, literatura con adoctrinamiento ideológico, un escritor revolucionario tiene todo el derecho de dirigirse a un lector mucho más complejo, mucho más exigente en materia espiritual de lo que imaginan los escritores y los críticos improvisados por las circunstancias y convencidos de que su mundo personal es el único mundo existente, de que las preocupaciones del momento son las únicas preocupaciones válidas.

La nítida apelación a sus celebrados prosistas revolucionarios a utilizar «todos los recursos de su arte y de su técnica» puede sonar a aviso a navegantes por el modo razonado y persuasivo de decirla, pero en realidad implica una exigencia rotunda contra los modos del realismo socialista soviético. Esa lección ya la habían asimilado a estas alturas los narradores comprometidos peninsulares pero dada por alguien con tanto prestigio en aquel momento como el cronopio argentino venía a echar una paletada de tierra a quien pretendiera resucitar —si es que había alguien— modos literarios enterrados.

30
En los amenes de la dictadura

«¿Ha muerto la poesía social?», se preguntaba con letra grande la primera página de «Pueblo Literario» el 10 de septiembre de 1969. Era el reclamo a una entrevista con Ángel González del periodista cultural de moda en el momento, Miguel Fernández Braso. En la misma página se aclaraba que para el poeta asturiano había sido el movimiento más original y vital. Y dentro, se destacaba su parecer: «En la historia de los últimos treinta años españoles, si hubo un movimiento poético con originalidad y vitalidad fue la llamada poesía social». Además, en la entrevista reclamaba un espacio para dicha poesía: «lo que el término poesía social encubre, es decir, la poesía ideológica o comprometida, o crítica, o testimonial o política o todo ello a la vez, tiene todavía un sitio en la literatura que, ahora o en el futuro, hagan los españoles». También señalaba un pasado equívoco que había lastrado la percepción nítida de la lírica comprometida: la poesía social contenía «ideas» que a veces aludían peligrosamente a una situación política o nacional concreta, y ello hizo que «muchos de sus críticos, sin atreverse a confesarlo, con lo que no estaban de acuerdo era con las ideas aunque les parecía más noble o menos arriesgado discrepar de la literatura». Tanto la pregunta resaltada por el periódico como las explicaciones del poeta —y su defensa consabida e imperturbable del compromiso— sintetizan el grado explosivo al que había llegado la crisis del realismo social.

Palinodias, cambios copernicanos, abandonos, amnesias, enmiendas a la totalidad, rectificaciones gruesas... se agolpan en el lustro final de la dictadura. Se relee la historia personal de los escritores y la del movimiento crítico en conjunto con actitudes dispares, desde justificadoras explicaciones de la propia trayectoria hasta giros espectaculares en los juicios valorativos. Este distanciamiento del pasado afecta a la mayor parte de los narradores comprometidos. Lo había encabezado Juan Goytisolo con pionera, vehemente y continuada labor de zapa. Había ido marcando la disidencia de Caballero Bonald en pasos previos a un alejamiento radical de la estética juvenil que desembocará, llegado el nuevo siglo, en una provocadora humorada: «Lo que no es barroquismo es periodismo». Lo había desacreditado un pertinaz Juan Marsé. Semejantes itinerarios recorrieron otros muchos niños de la guerra con diferentes grados de alejamiento. Lo muestran, evitando el seguirlos todos uno a uno, los bien representativos de un sector de aquella poética Juan García Hortelano y Luis Goytisolo.

A caballo de fines de los sesenta y comienzos del decenio siguiente tuvo García Hortelano ocasión de exponer sus puntos de vista varias veces a instancias de diversos periodistas interesados —continuaba siendo tema de polémica actualidad, según hemos visto— por su valoración de la época realista y por su propio papel en el movimiento. El 4 de junio de 1969 le hacía al recién mentado Fernández Braso una rotunda declaración que todo el mundo entendería como una carga de profundidad a la reciente novela española: «La politización no conviene nada [...] No conviene nada la politización de la literatura y no del escritor. Politizar la literatura da malos resultados. Malos resultados literarios y por supuesto que políticos porque no vale para nada». Todo ello en el contexto de una charla donde reforzaba las ideas del momento hostiles al realismo del medio siglo: «Durante años se ha hecho una novela muy precipitada, sin cultura literaria y de una manera muy apasionada, muy ibérica en el peor sentido de la palabra», «La literatura, mientras no esté bien escrita, no es nada. A mí me pone más contento una literatura si se quiere más pedante que pobre y sin recursos».

A pesar de estas opiniones, el narrador madrileño no mostró especial hostilidad contra la antigua poética, en lo literario, y, tampoco blandió, en lo ideológico, su ruptura hacia 1965 con el Partido Comunista contra sus afines políticos. Se contentó con salvar los muebles no sin reconocer anteriores estropicios y no sin adoptar posturas que más adelante le llevaron a las antípodas del pretérito credo. «Sí, la novela social está en baja», reconoce a Miguel Fernández-Braso, y, aún más que en baja, se halla en una crisis de crecimiento que tiene que afrontar el déficit de los años precedentes. El adanismo literario de su generación es la primera de las objeciones que les ponía a las gentes de su grupo, según subraya en el monólogo con Robert Saladrigas: «Siempre he creído que aquello falló por falta de suficiente densidad cultural». A esta limitación básica encadena otra sustantiva en el encuentro con el periodista catalán, el descuido artístico: «Aquella literatura tenía muy escasas preocupaciones formales, cuando con lo único que contábamos, la única herramienta que podía dar validez a nuestra labor, era la lengua». Y, en relación con ello, denunciará no mucho más tarde ante Santiago E. Sylvester la hipertrofia de los asuntos: en los años cincuenta «se había olvidado algo elemental, que el contenido viene determinado por la forma y la forma por el contenido. Se había decidido que la literatura, como arma de combate (para decir un eslogan conocido, de ilustre cuna), no tenía por qué preocuparse por las formas literarias, sino que, en todo caso, debía utilizar la agresividad de sus propios contenidos»; una afirmación tanto más llamativa cuanto que la hace en un semanario de la órbita comunista, *La Calle*.

A tenor de la literalidad de sus palabras, la apreciación global del realismo mediosecular de García Hortelano no difiere mucho de la de sus más acérrimos detractores. A Saladrigas reconoce que el proyecto narrativo generacional «fracasó porque se escribieron malas novelas». Y a Campbell, que «Era una literatura que no se pretendía estética, que no se pretendía casi literatura». «Lo inquietante de esa época no es que estábamos haciendo realismo, sino naturalismo, y en el peor sentido de la palabra», afirma asumiendo una de las objeciones más persistentes de los oponentes a la narrativa social en los años de su desarrollo. Las reservas expuestas con seriedad en público se tornan gesto burlesco en la comunicación privada. En carta a su amigo Juan Marsé del 11 de diciembre de 1970 —o sea, en el rescoldo del debate entre Benet, su gran amigo, también, del momento, e Isaac Montero—, García Hortelano le trasmite su impresión de la vida madrileña: «la ciudad sigue en la eterna polémica de la berza, con su olor a repollo galdosiano, tan aburrido...».

La serie de graves deficiencias señaladas explica que el autor de la representativa *Nuevas amistades* ponga énfasis en distinguirse de los hábitos narrativos del medio siglo. Su literatura forma parte del movimiento realista mediosecular, reconoce tácitamente, pero nunca compartió ni obedeció los planteamientos más reductores. A este propósito hace reiteradas puntualizaciones. No todo era carencia de pretensión literaria. «Yo la tenía y me parece que en eso era un poco diferente», asegura a Campbell y le revela que «En aquella época yo tenía más preocupaciones estéticas de las que posiblemente como ciudadano (o como escritor) debía haber tenido». Su ópera prima, sostiene ante Saladrigas, se diferenciaba de los escritores de la berza en que «estaba un poco mejor escrita y el mundo que reflejaba no era el popular al que todos, más o menos, rendían culto, sino el de la burguesía capitalina, que era y es el único que conozco». Pero tampoco esa burguesía que compone el friso de sus novelas, añade, suponía el impulso «que me empujaba a escribirlas; los motores son estrictamente literarios». Esta preocupación artística la alega ante Sylvester para sostener que «si por algo no se me podría encasillar en el realismo social es por el *desprecio programático* que, por aquellos años, existía por las formas literarias» (cursiva mía). Además, se desentiende por completo del movimiento político-literario en el que se inscribe su obra. Sus libros, asegura a Saladrigas, «no se produjeron en el seno de ningún grupo». A una causa ajena a él se debe el que «con posterioridad» se «implicara» a sus novelas «en esa especie de movimiento, aunque no llegaran ni tan siquiera a eso que se conoció como el realismo social»: ello «fue debido a una operación estrictamente comercial, de política editorial, que nada tenía que ver conmigo en tanto que novelista». Solo admite un parentesco, *El Jarama*, «pero, eso sí, al margen de su etiquetado». Llama la atención el interés que pone, a tenor con estas actitudes, en dejar constancia de la ausencia de dependencia ideológica de sus novelas. Así, admite a Nicasio Sanchís Martínez en la contracultural *Ozono* (21, junio de 1977) que el reproche más serio que se hace a sus novelas es ver en ellas «tendencias moralizantes o sermoneadoras, que las hay», pero le asegura que eso se debe a que «trata de hacer una literatura muy poco comprometida por razones varias. En cualquier caso, la política, en mis libros, aparece poco».

La alternativa a aquel momento de crisis la halla García Hortelano en posiciones cercanas al esteticismo de la literatura novísima, sin caer en sus extremos formalistas. Se reafirma en la literatura más pedante que pobre que le contenta ante Saladrigas, aunque con algunas restricciones: «Para mí la cuestión formal es la más importante de toda novela», si bien, como también ha de ser divertida, «es forzoso que las innovaciones que uno desea introducir sean limitadas y que la obra esté siempre lo mejor escrita posible». Esta desavenencia parcial con el vanguardismo experimental no oculta su sintonía con la nueva estética que sustituyó en los finales del franquismo a la literatura que lo había combatido.

La revisión bastante negativa que lleva a cabo García Hortelano del primer trecho de su historia literaria no fue resultado de la lluvia fina y gruesa de rectificaciones que cayó en los años de más severo enjuiciamiento del pasado. Tiene el tono de algo sentido y los juicios adversos alcanzaron categoría de dictamen definitivo que pervivió hasta sus últimos días. Lo confirman dos encuentros universitarios celebrados a finales de los años ochenta. En el primero, de 1987, recordaba que en el decenio de los cincuenta se produjo «el segundo intento durante el siglo de incorporar a nuestra narrativa la escuela del realismo socialista». Una escuela, añadía,

> cuyos fundamentos ideológicos son de un simplismo reductor y en cuyo maniqueísmo su pretendido soporte marxista se traduce en posiciones reaccionarias. Si la sociedad se compusiese, como es de uso en las novelas del realismo socialista, de un proletariado heroico, instruido y lúcido, frente a una clase opresora, ignorante y zafia, la lucha de clases se habría resuelto automática y mecánicamente.

Con suficiente distancia histórica, se aprecia, añade, el efecto de esa escuela en la narrativa del medio siglo: hoy distinguimos, «entre novelas sociales en sentido estricto y novelas con (hasta excesiva, si se quiere) carga social y, simultáneamente, notoria voluntad literaria». Y explaya esta valoración: «¿Qué es *El Jarama*, de Sánchez Ferlosio, además de una excelente novela, sino un prototipo de este brote realista del medio siglo, cuya patente voluntad literaria la hace superar los dictados de la escuela social-realista y, lo que es más meritorio, los escollos costumbristas?». Poco después, en 1989, en el otro simposio aludido, rubricaba las ideas anotadas:

> Hace unos treinta años, y por un entendimiento alborotado del compromiso del escritor, se puso de moda la despreocupación por la forma literaria, hasta caer en la exaltación teórica de la escisión entre fondo y forma para gloria del primero y menosprecio de la segunda. Como es sabido, estas actitudes produjeron una literatura de buenas intenciones, unas cuantas novelas que por sí mismas agotaron la pretensión de desterrar la literatura de la novela.

Algunos, que «no compartíamos estas urgencias políticas de la novela desliteraturizada, compartiendo la urgencia política de aborrecer la dictadura», remata, recurrieron al antídoto de la cultura extranjera.

La desafección completa de García Hortelano respecto de la estética que encuadró sus primeras obras se convierte en desairada ruptura en Luis Goytisolo. El autor de *Las afueras* sintió una absoluta proximidad con su grupo generacional cuando iniciaba su precoz carrera literaria. «¿Qué te interesa más de la novela española actual?», le preguntan en una anónima entrevista en *Destino* (1005, 10/11/1956) a raíz de haber obtenido el Sésamo de cuento por «Niño malo». Responde: «La obra de Sánchez Ferlosio, Aldecoa, mi hermano Juan Goytisolo y Fernández Santos». Tampoco manifestaba reparo alguno a su adscripción a la poética comprometida. En otra entrevista del mismo semanario un par de años más tarde (1089, 21/6/1958), con ocasión de haber obtenido el primer Biblioteca Breve, el periodista R. Ll. se interesa por su parecer sobre la nota editorial que describía el libro como una «Novela compuesta de una serie de relatos aparentemente independientes en los que los personajes se equivalen [*sic*] por su caracterización psicológica, de modo que las circunstancias históricas y sociales de las personas se convierten en los verdaderos sujetos de la acción». El entrevistador apunta que el autor «está conforme con el resumen», en el que el editor había encarecido un punto más allá de lo imprescindible las circunstancias históricas y sociales y les atribuía nada menos que el papel de sujetos de la acción.

Menos de tres lustros después, Luis Goytisolo abjuraba de sus anteriores posturas. En la charla con Federico Campbell reniega de la conformidad manifestada antes y se despacha a gusto contra sus pasadas preferencias. «Aunque influida por el realismo crítico, *Las afueras* no era precisamente (no era mi voluntad que lo fuera) un ejemplo de realismo crítico». Y tiene de la novela emblemática de Sánchez Ferlosio, que pasa de ser uno de los libros que más le interesaban a una obra de «repercusiones funestas», un parecer bien negativo: «*El Jarama* en sí me parece una obra tan redonda como falta de interés, salvo para historiadores o sociólogos de la literatura». La misma valoración global mantiene pasado el tiempo: «novelas frustradas» le parecen las de la promoción realista en una conversación de 1987 con uno de sus mejores conocedores, Fernando Valls.

Los cambios radicales en las apreciaciones de García Hortelano y Luis Goytisolo suponen un corolario desolador. Ambos habían funcionado en su día a modo de ejemplo y reclamo de una nueva, renovadora y modélica narrativa, antiguo papel que, a estas alturas de la historia, agrega valor añadido a sus negativas apreciaciones de sus coetáneos.

La idea del óbito del realismo social, no nueva, se da por supuesta en el tardofranquismo. El cambio de ayer a hoy se ha producido a la velocidad vertiginosa con que a veces ocurren los fenómenos históricos. Esa rapidez explica que, dicho con desenfado coloquial, el difunto siga estando vivo en la memoria colectiva. De ahí que, sin venir mucho a cuento, se apele a los tiempos en que gozó de buena fortuna y se explayen sus nocivas consecuencias, que todavía lastran la nueva literatura, aun cuando esta manifieste empeño en encontrar diferentes derroteros. Así se explica el largo preámbulo que abre la reseña que Antonio Iglesias Laguna dedica en 1970 (número 440 del 15 de marzo de *La Estafeta Literaria*) a Antonio Pereira con motivo de *Un sitio para Soledad*. Le agrada al conservador Iglesias Laguna la independencia del «neotradicionalista» autor leonés y aprovecha para airear las ventajas de la nueva corriente frente a lo que les ocurre a los autores precedentes. Es largo el párrafo introductorio de la reseña, pero lo copiaré entero porque demuestra cómo sobreviven los viejos fantasmas, convocados por el conjuro de quien detestaba pasadas maneras y complicidades:

> Vivimos un resurgimiento de la narrativa tradicional en un sector muy amplio de los novelistas que alcanzaron la cuarentena. Los narradores más jóvenes vacilan, atraídos por el señuelo de la novela hispanoamericana, mas sin realizar experimentos audaces. La fuerza del realismo les atenaza, aunque no lo noten. Todavía no han aportado innovación alguna que suponga ir más allá de los límites, ya muy vastos, de la novela moderna. Por el contrario, los novelistas cuarentones —aquellos que por los años cincuenta andaban desorientados— dan marcha atrás. Fracasados el realismo social y el objetivismo, cultivan ahora un estilo de narración espontánea, a menudo lineal, que toma pormenores poco sustantivos de técnicas más recientes, aun ateniéndonos a lo que podríamos llamar un neotradicionalismo. La única novedad, muy limitada, está en el afán de interiorización,

> en el deseo de poetizar y simbolizar, de crear tipos, no arquetipos, como en el objetivismo fracasado. El único que se lanzará resueltamente por caminos nuevos, si puede considerarse nuevo lo que no pasa de imitación vergonzosa de lo hispanoamericano, es Juan Goytisolo. Ahora bien, la últimas novelas de Goytisolo, si ricas de lenguaje y complejas de construcción, fallan por lo acartonado y falaz de sus héroes. Goytisolo confunde la novela con el mensaje político. En este sentido, cabría afirmar que el autor de «Fiestas» ha quedado en linterna roja del realismo social.

Que la polémica cuestión del realismo comprometido y la validez de sus supuestos se prolongan todavía un tiempo lo confirma el que una nueva revista literaria, *Camp de l'arpa*, ocupe buena parte del número de su bautismo, de mayo de 1972, con una mesa redonda sobre el ya cansino tema «La literatura social».

El encuentro tiene objetivos ambiciosos con un claro propósito de recapitular la reciente experiencia del realismo crítico que comprende un largo, casi exhaustivo, programa: definir «qué es exactamente» la literatura social, distinguir los períodos, géneros y autores que abarca, señalar «la función que tuvo dentro de la literatura de la época», indicar su influencia y valorar su vigencia y posibilidades de futuro. Sobre esta enciclopédica desiderata que abraza el movimiento crítico entero como si fuera el índice de una tesis doctoral o, en su defecto, una lección de un curso de literatura discuten Francisco Candel, Castellet, José Agustín Goytisolo y José María Rodríguez Méndez sin grandes aportaciones y en términos semejantes a los ya conocidos. Lo destacable es la interiorización tanto por parte de los convocados como por el anónimo portavoz de la revista —con pocas dudas, Juan Ramón Masoliver—de estar hablando de un fenómeno cerrado, de una experiencia artística en cierto modo ya remota, además de distante de la sensibilidad actual. Al hacer la «historia pequeña» de la literatura social, Castellet sentencia: «esto ha terminado ya, aunque no haya terminado la obra de muchos de sus componentes». Candel puntualiza el grado de no retorno al que se ha llegado: «Yo creo que el realismo está tan desprestigiado que a la gente le da vergüenza que la llamen realista».

En el coloquio se repasan las causas de la bancarrota. El fracaso se ha producido por la incapacidad para una auténtica recreación de la realidad. A esta hora de echar cuentas, Castellet dictamina que «Consistió en que la literatura realista acabó por no ajustarse a la realidad». Y ello porque «En España se han producido importantes cambios económicos y sociales de los cuales los escritores no se han dado cuenta». Nada nuevo a aquellas alturas. Se insiste en un argumento salmodiado desde mucho antes, según las quejas repetidas ya escuchadas en estas páginas. Se reitera idéntica inquietud a la que Joaquín Marco había expuesto en su citada reflexión sobre la encrucijada de la novela española en 1965. Hacía un lustro largo que el poeta, crítico y profesor catalán había reparado en el inquietante silencio que mantenían los jóvenes novelistas e intuía en él causas profundas: el novelista que se enfrentó a su tarea creadora con una fórmula mágica («realismo») entre las manos «se dio cuenta de que la "realidad" misma iba complicándosele» y, en consecuencia, «la novela "de testimonio" empezaba a ser simplemente un tópico». Marco planteaba el reto de salir de la embarazosa situación decidiendo cómo enfrentarse a la realidad: «He aquí el problema clave. La realidad se transforma más rápidamente que el encuadre del novelista. La técnica a emplear debe adaptarse a la realidad y no a la inversa».

También se insiste, en la hora de este enésimo arqueo, en otro de los dilemas consabidos, la virtualidad del compromiso literario. El intercambio de pareceres entre Candel y José Agustín Goytisolo testifica un estado de opinión ahora generalizado. El novelista sostiene su vigencia: «Lo que no se puede decir es que la literatura social ya no tenga razón de ser». El poeta puntualiza: «Lo que no tienen razón de ser son los planteamientos que tienen lugar entre 1956 y 1962». Rodríguez Méndez cree que estaban mejor «encaminados» los dramaturgos de su generación que los «novísimos del teatro», a quienes no ve porvenir ni por el lenguaje («parece sacado de una computadora») ni por los «muñecos». Considera necesario un teatro realista, mas «adecuado a la realidad actual». La exigencia de una rectificación estética también la entiende Castellet como una hipotética posibilidad de resurgimiento: es probable «que dentro de poco se vuelva a hacer una literatura en la misma línea de antes, pero más elaborada ideológica y estéticamente». Aunque en el momento presente existe, según el crítico, una ventaja: se escribe con mayor libertad, «cada uno» puede hacer «lo que quiera, lo que le salga de dentro». Ello ocurre porque el nuevo «terrorismo cultural» —se refiere a la tiranía formalista y esteticista—, el que ha sustituido al que obligaba años pasados a seguir los dictados realistas, no tiene tanta fuerza como antaño.

De todas maneras, la tertulia de la revista barcelonesa, salvo esos esporádicos comentarios de optimismo voluntarista, certifica la defunción de la literatura social y no aprecia un porvenir claro para ella. En ese estado de liquidación y descrédito, solo Castellet aporta un ligero balón de oxígeno contracorriente: «Creo que se ha exagerado mucho hablando del fracaso de la literatura social». Sin embargo, reconoce la magnitud del destrozo: la generación realista «tardará tiempo en curarse de las heridas del fracaso». Castellet ha pronunciado la palabra maldita, «fracaso», *mot-clef* del estado de ánimo generacional por aquellas fechas, la cual define la opinión común entre los letraheridos y en el mundillo cultural. Ya la había utilizado un par de años antes con un alcance mucho mayor que el de un descalabro literario. En la mencionada conversación con Carmen Alcalde, la periodista le da pie a comentar si su generación «fracasa, por decirlo así...». El crítico responde rotundo: «—Sí. Y fracasa en bloque». Explica: «entrada ya la década de los años sesenta, nos damos cuenta de que una serie de esfuerzos que habíamos hecho no han funcionado». La hecatombe generacional había abarcado a los creadores y a la propia crítica, al mismo Castellet, quien, confiesa en presente histórico para justificar su copernicano cambio de rumbo, hace nuevos planteamientos para evitar los yerros de antaño, «cuyos frutos y resultados era la representación de un panorama que tenía un cierto interés pero que no profundizaba en la obras de sus autores». El corolario ofrece pocas dudas: la generación al completo había hecho un falso viaje.

En la misma fecha de la mesa redonda de *Camp de l'arpa* se data un episodio de notable influencia en la trayectoria final del realismo crítico. Se trata de la aparición de un folleto propagandístico de difusión masiva apadrinado por Barral Editores, *¿Existe* o *no una nueva novela española?*. El cuadernillo formaba parte de la campaña conjunta con la editorial Planeta para la promoción de un nutrido número de novelistas innovadores que venían a rescatar a la prosa peninsular de su estado de postración. En él se recoge, bajo el epígrafe «Puntualización de motivos», un artículo de Carlos Barral —publicado en *Triunfo*, el 30 de septiembre de ese año— que analiza la crisis motivada por el *boom*, fenómeno que en esos días «ya no existe», según el editor, «más que a nivel de explotación editorial». Un vistazo a sus raíces le lleva a Barral a emparejarlo en el pasado con la obra de los escritores españoles que «se adscribieron casi sin excepción —y hay que decirlo todo, de un modo sospechosamente consciente— a una poética de emergencia, la del llamado realismo social». La simultaneidad en el tiempo de ambos movimientos ha permitido entender —explica— que, «en un absolutamente casual periodo de reorganización y rearme de nuestra novelística», la narrativa ultramarina «venía a sustituir a la agonizante narrativa española».

De esta descripción histórica bastante aséptica nos interesa destacar el punto de vista implícito considerablemente distanciado del fenómeno que describe. El editor se refiere al realismo social como agua pasada. Tal perspectiva se sobrentiende en su interesada «impresión»: «una parte de la narrativa española que estuvo más o menos comprometida con la poética del realismo y las limitaciones estilísticas del naturalismo ha iniciado una evolución esperanzadora». Y se manifiesta con claridad al afirmar que aquella poética «como todos sabemos y tantas veces hemos dicho, ha hecho crisis en los últimos diez años». En 1972 el realismo del medio siglo se percibe como una aventura añeja: no pertenece a la actualidad, sino, ya, a la historia literaria. El folleto venía a darle estatus público a esa percepción a la vez que pasaba a formar parte de las maniobras dirigidas a la revisión del canon de nuestra narrativa. El presunto ganador sería la narrativa abstracta y experimental que él pretendía vender. El seguro perdedor, la superada literatura de emergencia.

Las visiones negativas del realismo social se fueron engarzado en los años setenta en un intrincado bucle en el que se trenzaban rizos de distinta textura. En 1974, la novela española se encontraba en un estado convaleciente admite el no sospechoso de derechismo Manuel Vázquez Montalbán por culpa de dos enfermedades, «la crisis de la novela social autóctona y el impacto de la novela latinoamericana», de las cuales está recuperándose, le explica a Lluis Basset en una entrevista en *Tele/eXpres* el 10 de abril de 1974. Incluso el habitualmente original e ingenioso autor del *Manifiesto subnormal* paga un tributo al lugar común. Algo novedoso se data, sin embargo, en el suplemento literario del vespertino barcelonés del mismo día, dedicado a la «Nueva narrativa castellana». Se trata de un provocador artículo —otro más— de Salvador Clotas que añade una variación importante al derrotero hacia la miseria más absoluta de la novela social al negarle el pan y la sal a la joya de la corona, junto con *El Jarama*, del realismo mediosecular, *Tiempo de silencio*.

Hasta aquí, la novela de Luis Martín-Santos había gozado de casi unánime respeto y admiración. Era un libro con bula entre la prosa de la berza. Solo contaba con unos cuantos esporádicos detractores, cuyos nombres hemos consignado en su circunstancia. Sus muchos méritos de todo orden se habían celebrado, incluso al precio de utilizarlo como ariete contra la incompetencia, insustancialidad y desfasamiento de los demediados autores del medio siglo. Clotas le propinaba un golpe feroz a la consagrada y casi indiscutida novela. Su comentario era tanto más sorprendente y llamativo cuanto que hacía bien poco había oficiado de editor de *Apólogos*, el volumen misceláneo donde agrupaba variedad de textos del guipuzcoano: relatos póstumos e inéditos (alguno no lo era), ensayos psicoanalíticos y el prólogo de la inacabada *Tiempo de destrucción*. En las páginas preliminares de la recopilación, Clotas había manifestado su «desinteresada admiración» por Martín-Santos, lo tenía por «el más original de los novelistas de posguerra» y veía *Tiempo de silencio* nada menos que «como un pequeño *Ulises* nacional». Las opiniones de ahora chirriaban escandalosamente en contraste con las de unos pocos años antes.

Los severos juicios del joven y contestatario crítico no dejaban títere con cabeza. Entre otras perlas, leemos: la ópera prima de Martín-Santos, «forzoso es ya reconocerlo», no contenía ningún germen o enzima capaz de renovar o trasformar la novela española, no tuvo continuadores ni ninguno de los escritores jóvenes le debe apenas nada; no fue la gran novela que se creyó en un principio y sus cualidades lo eran a medias y se debían al contexto; ninguno de sus muchos elementos originales y distintos tiene hoy valor absoluto; el estilo, de indiscutible brillantez, resulta muchas veces torpe y sus «hermosos gorgoritos acaban con frecuencia en una nota falsa». No solo la forma adolece de semejantes defectos, también al fondo se le dedica un dardo: «su moraleja político cultural es demasiado simple». Encima, añade el iconoclasta Clotas, «constituyó también una excusa para que todos pudieran expresar su lasitud hacia una moda literaria que rozaba la estupidez». La faena se remata con un despectivo sarcasmo: «queda como una buena novela para un joven profesor de Massachusetts u Ohio, pero envejecida en más de un aspecto». El único valor perdurable de *Tiempo de silencio* consiste en un relativo mérito histórico que Clotas subraya con la retorcida intención de añadir un agravio a la novela social: «el gesto casi moral de romper con una dictadura estético-editorial».

Abierto el fuego, a *Tiempo de silencio* se le reconoce su mérito, pero se convierte en arma arrojadiza contra la demediada poética social. Con motivo del vigésimo aniversario de la prematura muerte de Martín-Santos, *ABC* (23/1/1981) le dedica una página de recordatorio donde señala el importante giro que supuso en la narrativa española, valor que aprovecha para enfatizar que esta se encontraba «asfixiada por el determinismo socialrealista». Desde hacía un tiempo ya no se disimulaban claras reservas sobre la consagrada novela de Martín-Santos, se disminuía su importancia o se atribuía esta a la pobreza de su entorno literario. Era lo que escribía Alfonso Sastre en aquellas vehementes «Notas» de 1972: «se exageró mucho el valor de esta novela», dice, «escrita desde una falta de sensibilidad literaria bastante notable. ¿Se trataba de salir del "impasse" del "populismo" y de la frustrada "escuela de la mirada" ibérica?». Si hasta aquella fortaleza caía, ¿qué destino cabía esperar para las «piquetas», «minas», «centrales eléctricas» o «tormentas de verano».

El enjuiciamiento del realismo social ha pasado del análisis o la exigencia de rectificación al insulto: esa «moda que rozaba la estupidez», en el infeliz calificativo de Clotas. El tono ofensivo llega incluso por boca de un Francisco Ayala, quien celebra, en conversación de Miguel Veyrat, el revulsivo sudamericano para oponerlo a la literatura comprometida con sectarismo simplista: «Todos esos cuentos de "literatura social" que se han hecho en este país, no es literatura, es propaganda. Se puede hacer verdadera literatura en castellano. Y al comprobarlo se han quedado algunos con los ojos muy abiertos». Forma parte de la generalizada ofensiva contra el realismo que le hace perder los papeles poco después a ese mismo Ayala, persona de buen sentido y buenos modales por lo común, al despacharse con afirmaciones peregrinas, ultraconservadoras y retrógradas de este calibre en una entrevista con Antonio Colinas en *Madrid* (22/9/1971):

> Si realidad es la materia no hay duda de que en [*sic*] cuanto más nos acerquemos a la materia más real será nuestra literatura. Pero ¿por qué decir que el estiércol es más real que la azucena? De hecho, el realismo solo ha insistido en la porquería.

Los tabúes están dejando de serlo en el ocaso de la dictadura. El buque-insignia del socialrealismo lírico figura en la diana de los nuevos tiempos. «¿Qué pasa con Gabriel Celaya?» cuenta Eduardo Rico en sus «Notas» de 1970 que se decía «con entonación sospechosa» en los cenáculos. Pues que ha cambiado, se comentaba. Ante el chismorreo, el propio defensor de la poesía como arma cargada de futuro se veía obligado a explicar que lo suyo era «una evolución, no una ruptura, después de haber leído con interés a los estructuralistas». El caso era sembrar descrédito, menoscabar los nombres, denigrar las obras, desautorizar con severidad o con rechifla el movimiento realista en su conjunto.

El mismo año de la muerte del dictador aparece la enésima encuesta con voluntad de balance general del pasado literario reciente en el libro de Fernando Álvarez Palacios sobre novela y cultura de posguerra. Solo que esta sale a una ya suficiente distancia cronológica de los hechos como para darles una evaluación definitiva. El periodista sevillano incluía en su amplia consulta la pregunta directa formulada en un significativo pretérito perfecto «¿Qué aportó el "realismo social" a la novela española?». Las respuestas resultan representativas de un amplio estado de opinión por figurar entre los entrevistados tanto creadores como críticos, miembros de las sucesivas generaciones de posguerra y creyentes en diversos credos artísticos. La actitud displicente de algunos, pocos, de negarse a contestar a esa cuestión, pero no a otras, supone una auténtica marca generacional. Así hacen los miembros de la generación del 68 Germán Sánchez Espeso y Jesús Torbado.

Un amplio número de encuestados coinciden en atribuir al realismo social una necesidad o conveniencia histórica. Su existencia se justifica por haber contribuido a cambiar la novela que imperaba bajo el franquismo o por haber servido para paliar las deficiencias informativas impuestas por la dictadura. Aportó «aire fresco, saludable, en la literatura "engolada" de aquel tiempo» (José Aumente), «sinceridad» (Delibes) y todo lo que necesitaba la novela del momento, «OBSERVACIÓN, REFLEXIÓN y DENUNCIA» (Grosso). Cumplió el papel sustitutorio de la prensa (Delibes) y de otras ciencias sociales (Emilio Salcedo), y suplió huecos debidos a la censura (Antonio Serra). Fue el único camino practicable por los disidentes (Vaz de Soto) y de ahí que resultara tan imprescindible como limitado (Eduardo Tijeras). En suma, reconocían a aquellas alturas su necesidad histórica incluso quienes ya habían manifestado a las claras un gran distanciamiento estético (Caballero Bonald). Se justificaba como una experiencia históricamente «inevitable»

(Castellet). Ello en parte por la obligación de la literatura de posguerra de darse un «baño» de realismo y de objetivismo, imprescindible para limpiarla de escapismo idealizante, maniqueísmo y tremendismo deformador (Corrales Egea), en parte para romper la imagen de «una España angélica, sin problemas» (López Salinas). De ahí que fuera un fenómeno legítimo (Ángel María de Lera). Resultó útil, además, no solo para contar la vida sino, en la dirección inversa, para incorporar al escritor a la realidad (Carlos Castilla del Pino).

El reconocimiento de una función histórica seguía sin constituir un serio obstáculo para que se apreciaran sólidas limitaciones y déficits que invalidaron la escuela realista. El más grave de los reparos formulados es haber fallado en su propósito general: «fracasó en su objetivo de crear» una literatura «popular desveladora de la realidad, que sirviese para tomar conciencia y, en definitiva, fuera revolucionaria» (José Aumente). Porque su eficacia quedaba reducida al propio círculo del que nacía (José Domingo) y no alcanzaba al pueblo al que pretendía llegar.

Ya se había aducido este último error en los mismos años del auge socialrealista. Ahora, consumada su crisis, se encuentra, sin embargo, alguna opinión que sí admite cierto grado de eficacia. Se piensa que llegó a crear estados de conciencia entre las minorías lectoras y a influir algo en la evolución del país (Luis Romero). También que tuvo «importante influencia más ideológica que literaria» en la burguesía culta de los años cincuenta y sesenta (Manuel Vázquez Montalbán).

En estos amenes de la aventura socialrealista se vuelve a señalar los desaciertos o errores en aspectos concretos que lastraron su trayectoria: haberse atenido a «planteamientos políticos elementales y candorosos aplicados a la literatura» (Castellet), no haber aportado nada nuevo (José Domingo), haberse convertido más en una fórmula que en una transcripción crítica de la realidad del país y haber caído en el anquilosamiento temático y lingüístico (Baltasar Porcel). También se admite un planteamiento general fallido: «La respuesta era necesaria, quizá no lo fuera tanto la forma en que se expresó» (López Salinas). Porque «la novela social —con el sistemático cultivo de una actitud ingenuamente dogmática— lleva en su esencia el virus de su propia caída» (Julio de la Rosa).

Una sensación de tristeza a causa del irreversible desacierto de la generación realista se extiende en este año final de la dictadura.

Las causas del fracaso, se dice, son varias. Las incapacidades personales: la culpa se debió a los «solistas» y no al procedimiento literario; los seguidores de la escuela tuvieron poca envergadura (José Corrales Egea). Fue para muchos un tren fácil y oportuno, sobre todo oportuno, al que subirse (Fernando Morán). El cielo literario del realismo está empedrado de buenas intenciones que no compensan una inacabable clase de incapacidades (Elena Soriano). Fue una literatura, además, anticuada: tanto la novela como la teoría están datadas «con una fecha que no es la de hoy, sino la de ayer —o quizá anteayer— periclitado en el resto del mundo» (Francisco Ayala).

En este final de trayecto, la voz admirativa entre los encuestados constituye una excepción. La ofrece el populista Francisco Candel: «Nunca se ponderará bastante ese desprestigiado realismo». Que sea una auténtica rareza corrobora el sentimiento extendido de un empeño erróneo e inútil cuyo descalabro tuvo, además, consecuencias negativas y ha dejado un saldo penoso. Es el argumento particular, digno de atenta consideración, del psiquiatra y pensador José Aumente. Al no encontrar los escritores la respuesta social esperada, argumenta, se desilusionaron «como buenos pequeños burgueses». En calidad de ejemplo paradigmático señala a Juan Goytisolo, cuya inversión «de todos los valores anteriormente preconizados, no puede por menos que ser triste y desconsolador». A aquel desastre achaca, pues, Aumente la rectificación radical de nuestra narrativa desde mediados de los años sesenta con el abandono completo de todo lo que había sostenido el antifranquismo literario. El epitafio a la narrativa social lo pone Julio M. de la Rosa: fue «una desgracia nacional». Ni siquiera la justificación añadida («pero necesaria») atenúa el veredicto que resuena con la contundencia de un eslogan.

La voz admirativa de Candel no iba a ser, sin embargo, por completo excepcional en la cercanía de los funerales por el dictador. Una sorpresa grande daba Rafael Conte en una reivindicación real socialista con motivo de una reseña conjunta de sendas novedades de Marsé y López Pacheco. El título del comentario es de sobra indicativo de su perspectiva: «El realismo proscrito». El arranque del artículo no defrauda las expectativas insinuadas. Lo abre con una pregunta retórica porque da por sentada la hostilidad actual hacia una determinada orientación literaria: «¿A quién molesta el realismo?». La amplia argumentación siguiente acusa recibo pormenorizado del proceso de acoso y derribo del real socialismo. Constata, en primer lugar, la existencia de una acción sistemática contraria:

> Desde hace unos años estamos asistiendo a una especie de operación generalizada, proveniente de los más diversos sectores de nuestra *intelligentzia* cultural, en contra del realismo narrativo. Desde las más conservadoras posiciones de la cultual oficial hasta los más rebeldes —aparentemente— movimientos juveniles, el realismo como postura literaria está siento sistemáticamente atacado, denostado [...]

A continuación sintetiza el torticero método que utiliza el descrédito («se contraponen sus limitaciones estéticas a las renovaciones artísticas de la narrativa de nuestro tiempo»), constata la maligna intencionalidad («se tiende, en suma, a sofocar un movimiento por todos los medios posibles») y su inexorable consecuencia: «Se ha extendido apresuradamente el certificado de defunción de la generación realista del medio siglo». En fin, eleva el tono en plan justiciero y redentor, ostensible en el adverbio que subrayo: «Desde el insulto a la falsificación, de la extrapolación ilegítima al silencio o al desprecio, todas las armas parecen ser lícitas para hacer leña de este árbol *aparentemente* caído».

Conte llevaba un decenio siendo el nombre más conocido del suplemento de *Informaciones*, oscureciendo a su responsable, Pablo Corbalán. Desde esas respetadas páginas se habían alentado, según hemos repetido, las novísimas tendencias, se había jaleado a Benet y al benetismo, se había celebrado la creatividad verbal de Julián Ríos en su rupturista *Larva* y él mismo, de forma explícita o insinuada, pues escribía con calculada ambigüedad, había contribuido al lanzamiento de la joven promoción formalista y experimental. ¿A qué jugaba desde la académica *Ínsula*, no desde el periódico? Desde luego, su nombre debe figurar, a pesar de que no manifestase ostensible beligerancia hacia fuera, en la lista de quienes, con sus propias palabras, habían contribuido a sofocar el movimiento. Tal vez quisiera bienquistarse con los viejos realistas de su época de *Acento Cultural*, algunos muy amigos suyos. Acaso, triunfantes los novísimos modos culturalistas, persiguiera erigirse en cabecilla de un retorno a la tradición española por su afición a ejercer el mandarinato literario. Tal vez se dejó llevar de las ganas de hacerse notar que oscurecieron a menudo su labor informativa y crítica. Como fuere, ¡a buenas horas mangas verdes!, que dice la sabiduría popular. La denuncia expresada en un momento tan tardío no tiene mayor trascendencia que la de un extemporáneo alegato. Tal como estaban las cosas no era posible que un grano hiciera granero.

Por otra parte, la propia narrativa social no había sido capaz de encontrar alternativas coherentes al fracaso artístico que no supusieran aparatosas palinodias. Por eso escribirá un crítico sin pelos en la lengua y entonces muy conocido, Leopoldo Azancot, que los socialrealistas de ayer daban un «penoso espectáculo» en su tarea de *aggiornarse*. Lo dirá a propósito de una obra doblemente vanguardista, *Ojos, círculos y búhos*, confluencia de un dibujante visionario, Joan Ponç, y de un novelista en deriva experimental, Luis Goytisolo. A su entender, el trabajo del pintor del grupo innovador «Dau al Set» tiene alto valor. En cambio, el del novelista, bajo. Esto último se debe a que los narradores realistas no eran capaces de encontrar un futuro sin escapar del pasado. Se trataba de un cambio imposible, pues estuvieron «moldeados interiormente por unos años en los que los dogmatismos de todo signo se repartían el dominio de los espíritus». El reto que debían asumir está bien visto. No acierta tanto Azancot, o exagera su influjo, en cambio, al señalar el modelo que produce el extravío, Julio Cortázar. El argentino, opina, le parece un ejemplo «pernicioso» que les ha «obnubilado» a los españoles cuando solo «ha elevado un consistente monumento a la nada con los desperdicios de las vanguardias». Es bien discutible la desafiante valoración que Cortázar le merece a Azancot, pero sí define con exactitud la necesidad de un recambio. Ciertamente, fueran Cortázar, uno de los escritores de ultramar más decisivos en el cambio de rumbo de la prosa realista peninsular, gran seductor de la naciente generación del 68, u otros colegas de Hispanoamérica los caminos a transitar, los realistas precisaban estímulos renovadores que no siempre supieron encontrar en el momento de fiasco del socialrealismo.

Superado el marco cronológico estricto del Régimen resultaba entre oportuna y acuciante una pregunta: ¿qué había ocurrido? Se lo preguntaban en 1977 al alimón Miguel Bayón y Rafael Chirbes en un artículo de indicativo título, «Elogio del realismo», en el quincenario izquierdista *Saida* (7, 1/11/77): «¿Qué ha pasado entre aquello y esto para que los críticos —muchos de ellos, los mismos de entonces, que sí son los mismos— le digan [al lector] que un libro no refleja ninguna realidad, sino que es «un principio o un fin en sí mismo», o que incluso, si nos ponemos, «se autoniega como discurso para negar a la par la Historia y/o su reflejo burdamente condicionado»?». En su respuesta sintetizan perfectamente, sarcasmo sobre sarcasmo, la trayectoria que se desmenuza en el presente ensayo:

> Pues ha pasado que se ha tratado de identificar realismo con garbancerismo, con obreros de boina buena y capitalistas de chistera mala; el llamado «realismo crítico» surge en este país con los planes de Desarrollito, cuando la burguesía necesita introducir un punto de racionalidad en el seno de la irracionalidad fascista: esta literatura, como parte de los planes de Desarrollito, es fomentada por las empresas editoriales con mayor visión de futuro. Cuando esta burguesía comenzó a acariciar los flecos de la mesa-camilla en que se servía la cena del Poder, abrió un libro y surgió una gema: ¡un lapislázuli (seguramente de una cúpula veneciana)! A partir de entonces, se decidió que el «realismo» era el modo de escribir de los que no saben escribir y no son finos —porque ahora ya empezaba a valorarse ser finolis—: la burguesía adquiría ya su orgullito de clase.
>
> Aquellas aguas trajeron estos lodos. Publicaron a Jóice, a Birgina Bulf, y se leyeron, por lo que pudiera pasar, a Sagduí (le Cobrá). Si por un casual alguien inocentemente decía «realismo» o «realista» le fulminaban con el látigo —malayo y de siete colas, claro— de su desprecio y proclamaban que la literatura era un sacerdocio orgiástico y un ejercicio lúdico. Siguen así.

Y así siguió la situación, en efecto, largo tiempo. Liquidada la dictadura y restablecida la democracia, nadie quería acordarse de aquellos planteamientos que perseguían una finalidad utilitaria del arte y las letras con una intención revolucionaria o al menos regeneracionista en las posturas más tibias. Eran un espectro. No tenía ningún sentido rescatarlos de su tumba y resucitar la polémica. Por ello, en 1983 resultó tan sorprendente como exótico un artículo de Enrique Tierno Galván. Lamentaba, o denunciaba, el viejo profesor que el arte, en la situación actual, no siguiera la aplicación del principio de los ilustrados según el cual ha de acomodarse a la moral y la utilidad pública. «La moral es, y no la estética», afirmaba, «la que debe prevalecer». Un amplio recorrido histórico le servía para avalar su descalificación de las posturas que denunciaba. A regañadientes concedía una cierta intención moral a *Madame Bovary,* pero lo que ha quedado de ella ha sido su «mérito estético». En el desarrollo de la burguesía es patente, precisa, «la primacía de la estética sobre la ética». Por eso aplaude el «continuo esfuerzo» de la Ilustración española «por evitar que la estética predominase sobre la moral» y celebra la corrección que los ilustrados hicieron de los valores estéticos excesivos del barroco español. Al fin, Tierno Galván venía a exigir con fraseología marxista ya infrecuente en aquellas fechas que los valores estéticos se subordinaran a la moral pública, a la utilidad y el interés públicos.

El ensayo, con independencia del acierto o simplificación de su tesis, resultaba tan extemporáneo que Fernando López Agudín, periodista con pedigrí de izquierdas, militante del PCE en la dictadura, colaborador de *Triunfo, Mundo Obrero,* la Pirenaica o *Informaciones,* ahora en las filas del conservador *ABC,* daba un par de días después fulminante e inmediata réplica en el periódico monárquico. Le respondió, en el artículo «Estética y política en Tierno Galván», incitado por el «un cierto asombro» que le había producido el texto del entonces Alcalde de Madrid. López Agudín sabe bien de qué habla, asocia el escrito de Tierno con la célebre polémica entre la berza y el sándalo y señala que en las circunstancias presentes no tiene la más mínima motivación resucitarla. Ya casi nadie, dice, defiende la separación de la superestructura (estética) de la estructura (económica) y Tierno sigue los manuales marxistas de bolsillo que los investigadores marxianos más lúcidos han desechado hace tiempo. Inevitablemente el detractor de Tierno se pregunta por qué y para qué el artículo. Se responde sin la menor duda: Tierno hace «un juicio de valor duro e implacable sobre la labor de sus compañeros de partido en el Gobierno», a los cuales «llama a actuar en función de la moral política de izquierda». Más sangre podría haber hecho el sagaz periodista de haber recordado, o conocido, las ideas de Tierno en los años cincuenta —de las que ahora se desdecía sin sonrojo— acerca de la escasa utilidad de la subversión literaria frente al activismo político, que mencioné al comienzo de este libro. Con el artículo de Tierno resurgía, pues, el utilitarismo del arte según los dictámenes soviéticos aunque con la finalidad espuria de un interés político concreto, el suyo personal.

A aquel rescate ocasional, nadie, por otra parte, iba a hacer el menor caso porque la vigencia de esa estética había caducado.

El descrédito del realismo social se extendió desde las postrimerías franquistas como un estigma irreparable. A los que habían militado en el movimiento comprometido nada más les quedaba el recurso al pataleo. Desde la tristeza, profunda y dolorosa, del exilio canadiense, esa fue la reacción de López Pacheco al encabezar, implantada la democracia, en 1980, un libro de cuentos, *Lucha por la respiración y otros ejercicios narrativos*, con este ofendido y provocador

*Soneto con estrambote en desagravio a la berza por
el licenciado don Luis González de Berceo*

El que desprecia, por vulgar, la berza
suele ser el berzotas señorito
que por ser de ciudad se cree exquisito
y almuerza el aire de ciudad, si almuerza.

Paleto ante París, por ser se esfuerza,
cosmopolita, no, cosmopolito,
pues cuando cree que está al último grito
está almorzando con la vieja fuerza.

No es nuevo este berzotas majadero
que ama solo lo más sofisticado,
y mejor traducido o importado.

Su odio a la verdura es heredero
del que, torciendo la nariz, asqueado,
llamaba a don Benito el Garbancero.

(Era la berza, por lo menos, sana,
y, aunque áspero, alimento nutritivo.
Hoy la comida es americana
muy a menudo, o multinacional,
con sabor y color artificial,
y —salvando algún caso excepcional—
más que alimento es preservativo.)

31
Punto... y seguido

Ya lo hemos visto. Años sesenta: despliegue progresivo de una fuerte ofensiva contra el realismo social. Decenio siguiente: victoria aplastante de uno de los contendientes, los detractores. Es más: a comienzos de los ochenta impera la vaga y contundente impresión de que esa literatura de un antaño todavía próximo representa una anormalidad histórica, un completo anacronismo. Algo como mezclar churras con merinas que solo se podía dar en un país subdesarrollado o semidesarrollado ajeno a las corrientes contemporáneas del arte, el cual necesitaba incorporarse a la modernidad, o por señalarlo con la voz definitoria del último discurso cultural, al posmodernismo. Solo quedan ya los restos calcinados de la batalla. Los novelistas rehúyen el testimonio colectivo. Se imponen fantaseamientos, escapismos, discursos formalistas. Nuestros libros, nuestras novelas, hablan de escritores y de sus problemas como tales, se complacen en plantear cuestiones técnicas de la escritura, se llenan de un culturalismo a veces asfixiante, se van por los cerros de Úbeda... todo menos decir lo que pasa en la calle, menos contar los conflictos políticos y sociales que convulsionaban al país, menos reflejar la deteriorada situación económica del momento y las circunstancias difíciles en lo cotidiano que aquejaban a grandes sectores de la vida nacional. Se imponen la evasión o el formalismo. Se jalea la inocuidad, el verbalismo, el hermetismo, la experimentación, la literatura pura. Se posterga a los escritores realistas y se estigmatiza a quienes pudieran oler a compromiso.

De aquel estado de cosas hacía un inquietante diagnóstico el periodista César Alonso de los Ríos. En una aguda impresión, «Novela y fuga», confesaba la perplejidad que le producía la joven narrativa de entonces. «¿De qué país, de qué sociedad hablan las novelas que vienen publicando algunos de los jóvenes narradores? ¿De dónde salen los personajes?», se preguntaba. Respondía:

> Su lectura produce la misma impresión que la que tiene el viajero que se despierta en plena noche y no consigue leer los rótulos de las estaciones a través de las empañadas ventanillas del tren. Son libros en los que el paisaje ha quedado cubierto por una nevada que ha borrado caminos, huellas, puntos de referencia. La historia misma ha sido desconsiderada en estas narraciones y los protagonistas se mueven en un espacio impersonal, descontextualizado, ahistórico.

En efecto, solo de tarde en tarde aparece alguna novela que recupera un espíritu de testimonio colectivo y denuncia, como el que se encuentra en 1982 en el Luis Mateo Díez de *Las estaciones provinciales*. Pero son libros aislados, que no se integran en ningún movimiento general y cuya estética guarda claras distancias con el realismo mediosecular, según muestra la satírica fábula provinciana del narrador leonés. El propio Díez debió de percibir el riesgo de proseguir en esa línea que podría asociarse con el fenecido realismo crítico, por mucho que estableciera con este diferencias enormes. Por eso al poco, en *La fuente de la edad*, de 1986, se decantaba por la fábula y la narración crítica de la ciudad de provincias viraba hacia el esperpento, hacia una perspectiva alegórica y simbolista, y hacia una creatividad verbal de signo antinaturalista.

Ejemplo también aislado de novela combativa algo anterior ofrecía Ramiro Pinilla en *Antonio B. el Rojo*, publicada, tras sucesivos rechazos editoriales, en 1977. El propio autor, curiosamente un constructor de grandes frescos legendarios, reconoció la razón que impulsó la escritura de esta crónica implacable y turbadora de la marginalidad y la violencia institucional: «el motivo que me movió fue la denuncia», aclaraba en la edición que restituía al libro su peligroso título original, *Antonio B. el Ruso*. Aislada en un contexto literario con otras preferencias se iba manifestando asimismo la enardecida y prolífica prosa del navarro Miguel Sánchez Ostiz. Y en un limbo histórico estético se producía la reaparición de Antonio Rabinad, un niño de la guerra en cuyas narraciones conservaba aromas del tiempo en que los escritores hurgaban en los determinantes materiales de la vida. Casos sueltos, excepcionales. Y ni siquiera estos pueden considerarse cercanos al realismo social o herederos de su estética, por más que compartan un semejante espíritu de denuncia.

* * *

Última década del pasado siglo. El socialrealismo era un simple capítulo de la historia reciente y nada gloriosa de nuestra literatura. Apenas un recuerdo incómodo. Alguna pulla o alguna defensa ocasionales servían de memoria de un ayer enterrado. Había dejado incluso de ser motivo de debate. Inexistencia sería el término más atinado para describirlo. Tampoco en la práctica narrativa se encuentra mucha huella. Salvo en el prolongado ejercicio de una briosa actividad de denuncia de un Alfons Cervera, volcado en la recuperación de soporte autobiográfico de los males morales y materiales infligidos por la inacabable dictadura franquistas. O salvo en un incomprendido Rafael Chirbes, quien lleva a cabo una furiosa literatura de denuncia y de análisis crítico de la realidad que concluye en un panorama desolador de la Transición. Pero Chirbes, que admite complacido en sus *Diarios* «el pecado de haber vuelto a traer las viejas cañas y barros del realismo» a la novela española reciente, no lo hace sobre los presupuestos del realismo social, con los cuales estaba en desacuerdo. Seguía defendiendo a Lukács cuando hacía mucho que «ha sido anatemizado y condenado por esquemático y estalinista», pues lo tiene, según lo aprecia al comentar en 1977 la traducción de *Materiales sobre el realismo,* como el «crítico literario contemporáneo, dentro o fuera del marxismo» que cuenta con un «bagaje enciclopédico [y] con una arquitectura metodológica» inigualables. Sin embargo, no era ni mucho menos aquella antigua estética su opción narrativa a tenor del tajante comentario acerca del viejo libro de Ralph Fox *La novela y el pueblo* rescatado por la editorial Akal que le dedicó en *Ozono* (18, 3/1977). Describe el viejo y doctrinario ensayo del antiguo brigadista Fox como «Una especie de catecismo de literatura socialista —de bonito realismo— en el que el lector puede encontrar sus buenas inyecciones de moral proletaria e incluso un guion de cuál es la novela —que-hay-que-hacer-y-no-se-ha-hecho—». Y lo apostilla con una ampliación del sarcasmo:

> Si el lector no se toma las cosas con un poco de coña, puede cogerse una depresión de caballo probablemente incurable al descubrir que lo que el señor Fox —la maravillosa receta para [la] novela del señor Fox— sigue sin escribirse y ello es, además, motivo de alegría para la humanidad.

La novela estuvo dominada desde aquellos años y en los sucesivos por las inexorables leyes del mercado. No será abusivo por eso, en fin, hablar del realismo social, crítico o histórico español como de un espectro. Un cadáver enterrado, o, mejor, incinerado, cuyas cenizas había aventado la historia. Hasta seguir haciendo simple realismo, sin adjetivos sospechosos, era algo extemporáneo, incluso en la tesitura de una crisis social y económica grave. Lo sostenía sin concesiones Enrique Vila-Matas en un artículo de 2013:

> Que haya crisis no significa que tengamos que seguir siendo anacrónicos realistas cuando nos dedicamos a la literatura. O que haya que poner medallas a los que se portan bien, es decir, a los que son serios y reproducen, copian, imitan a la realidad sin querer ver que esta, en su caótico devenir y en su monstruosa complejidad, es inasible y, por tanto, literalmente no narrable.

Creer que pudiera resucitar era, por tanto, una fantasía de sombras chinescas. Pero en la historia conviene pensar lo impensable y contra todo pronóstico la presente centuria ha traído una recuperación o refundación del realismo social. Javier Marías da por hecho, sin concreciones sobre las obras que le permiten sostener esa genérica opinión, incluso un pleno rebrote, que le resulta amenazadoramente cercano a los hechos censurados: «¿Todo se repite tan pronto?» es la pregunta retórica de su artículo. El fenómeno lo tiene por indiscutible, a la vez que aprovecha, tardío jalón más en las diatribas contra el movimiento real-socialista, para acumular invectivas:

> Hoy vuelve a jalearse la novela «social» o «comprometida», de la cual en España tuvimos hasta morirnos de aburrimiento. Y no es que la actual coincida en sus intenciones con la del «realismo social», pero sea enormemente distinta: no, es casi idéntica a la más apesadumbrada y pedestre de los cincuenta y sesenta, cuando no una ínfima parodia de Galdós.

Afirmación bien sorprendente, por cierto, en quien tiene a gala no leer a los autores de hoy, que considera que estar al día es perder el tiempo y que «casi prefiere releer a Montaigne que diez libros nuevos», en palabras dirigidas a la periodista Luz Sánchez-Mellado.

Con recrecidos bríos una joven generación de nuevos escritores treintañeros se ha planteado con pujo reivindicativo la escritura en términos intelectuales, morales e ideológicos semejantes a los que movieron al sector más militante y político del medio siglo. Esta es otra historia que requeriría pausada y minuciosa exposición, la cual desborda los límites temporales del presente libro. Solo daré aquí unos apuntes poco más que telegráficos.

Lo que ahora deseo subrayar es la aparición de un grupo de narradores cuya obra se da a conocer en los primeros lustros del siglo XXI y muestran mucho más que una genérica coincidencia de intenciones con los realistas sociales del medio siglo. Los nombres más señalados del grupo, hoy por hoy, son los de Belén Gopegui, Isaac Rosa y Marta Sanz. Una larga nómina de escritores gira en una órbita más o menos igual, aunque con serias diferencias entre ellos. Sin ningún orden mencionaré a Almudena Grandes, Matías Escalera, Miguel Ángel Ortiz, Javier Maestre, Pablo Gutiérrez, Javier Moreno, Elvira Navarro, Daniel Ruiz, Miguel Ángel Hernández, Elena Medel, Cristina Morales, Lara Moreno, Sara Mesa, Pedro Simón, Antonio J. Rodríguez, Javier López Menacho, Julio Fajardo Herrero, José Ovejero, Doménico Chiappe, Cristina Fallarás (más en la prosa de no ficción autobiográfica que en novela), Andrea Abreu, Óscar García Sierra, Alana S. Portero, Rafael Navarro de Castro, Juarma... Extensa lista, pero no exhaustiva.

No se dan solo coincidencias genéricas, digo, sino manifiesto y explícito interés de varios de estos escritores en vincularse con sus antecesores en una tupida trama que implica varias dimensiones. Una vertiente fundamental reside en compartir una semejante idea de la función de la literatura. Gopegui, Isaac Rosa y Marta Sanz desarrollan una amplia actividad ensayística y crítica y en ese trabajo, o en artículos de inmediatez y en entrevistas, han dado largas explicaciones al respecto. Quizás con mayor rotundidad lo hace también Matías Escalera («escritor vinculado a modelos de pensamiento materialistas y críticos», encabeza su *blog*).

Los planteamientos de estos narradores surgen de una ideología de izquierdas que conlleva una militancia o cercanía a los partidos políticos de esta orientación, a los cuales aportan su activismo público. Como ayer, o participan en los movimientos colectivos de protesta bajo una bandera o reproducen el comportamiento de los «compañeros de viaje». Ahora la lucha es solo contra una de las dos dictaduras de antaño, el capitalismo. Al servicio de la causa ponen explícitamente sus obras, con lo cual rescatan el valor instrumental de las letras. Se dotan, a la vez, de una estética que sostenga sus planteamientos. Dar cuenta en su pormenor de estas actitudes requeriría un desarrollo largo que excede lo perseguido en estas páginas. De ello encontrará el curioso lector muestras significativas en los escritos programáticos de Belén Gopegui, Marta Sanz o Matías Escalera que acoge *Youkali*, «Revista crítica de las artes y el pensamiento» fundada en 2006. También en las páginas digitales de crítica y ensayo del colectivo multidisciplinar *Todoazén* volcado en «investigaciones narrativas». O en la asimismo digital madrileña *Revista de crítica literaria marxista* cuyo número 5 se dedicaba hace bien poco, en 2011, «Armando López Salinas y el realismo social español».

En las señas de identidad de la nueva promoción comprometida de comienzos del presente siglo figura reconocer nexos con los autores del realismo social y acaudillar su reivindicación y defensa. Tampoco este es el lugar de extenderme en detalles y nada más señalaré que se hallan pruebas sobradas en unos cuantos sitios. En *El realismo social en la literatura española*, librito colectivo del año 2007 concebido en homenaje a Juan García Hortelano, se ve con claridad, incluso se aprecia la simbiosis editorial de ambas generaciones distantes en el tiempo. Ahí Gopegui celebra *La mina* como una «gran novela» no ya por su testimonio sino por sus valores literarios. Marta Sanz reivindica a varios autores del realismo mediosecular y, además, aplica un serio correctivo a quien firma el presente libro por haber señalado en sus trabajos deficiencias varias —errores estéticos, excesos, instrumentalización— en el movimiento realista de los años cincuenta. Viene a atribuirlo a actitudes de la derechona. No pienso que Marta Sanz tenga malas intenciones, pero sí incurre en ligereza por desconocimiento al adjudicar tales propósitos a quienes señalamos las muchas limitaciones literarias y artísticas del realismo social sin el menor propósito de negar sus méritos y valores, ni de desacreditarlo. En incontables páginas anteriores se constata cómo los propios protagonistas del realismo social las han reconocido y lamentado, y lo han condenado por tales motivos, con mucha más contundencia que nadie. Ahí quedan los testimonios inapelables de Ferres, López Salinas, García Hortelano, Goytisolo, Marsé, Caballero Bonald, Sastre *et sic de caeteris*.

En el mismo volumen colabora Armando López Salinas con una evocación de sus andanzas con su camarada Juan García Hortelano.

También Isaac Rosa, en la citada *Youkali*, emplaza *La mina* y a su autor entre los «referentes» y la «tradición» a los que se vincula. En otro homenaje a García Hortelano, el de la revista *Campo de Agramante* a finales de 2014, las viñetas de Gopegui, Sanz o Rosa dejan clara asimismo dicha filiación. Basten como botones de muestra estos indicios.

Nadie habría dicho a comienzos del nuevo milenio que el cadáver del realismo social pudiera resucitar. Sin embargo, se ha producido esa insólita novedad. La profesora Cristina Sanz Ruiz ha verificado las asombrosas dimensiones en términos cuantitativos del fenómeno. Entre los años 2010 y 2019, constata en su trabajo, se han publicado un centenar largo de nuevas novelas sociales acerca de la múltiple problemática socioeconómica derivada de la crisis financiera de 2008. Las cifras resultan verdaderamente abultadas: en 2011 se alcanzaron una quincena de novelas volcadas en la denuncia de la grave situación laboral y económica española, y en 2015 rondaron la veintena.

No se trata, por supuesto, de una pura exhumación y los escritores protagonistas de la aventura tienen por delante un serio reto, no distinto, por otra parte, del que afrontaron, con mejor o peor acierto, los maestros reivindicados: qué recursos formales y técnicas narrativas han de utilizar para que una narrativa social responda a las exigencias de una novela actual con calidad literaria. Han de afrontar una inexcusable refundación del socialrealismo clásico. Ese debate queda aquí fuera de mis objetivos. Estos se ciñen a constatar que, contra lo que parecía un fenómeno incontrovertible, la novela preocupada por el entorno social y los condicionantes materiales de los individuos ha conocido —quizás con una cierta flojera cuando fecho estas páginas— una nueva primavera. Lo que no figura en este rebrote es la creencia en que la novela ha de ponerse al servicio de un partido político que monopolice la marcha de la sociedad hacia la utopía comunista.

En realidad, el retorno pujante de la narrativa de intención social se inscribe dentro de un movimiento cultural, y político, más amplio. Algo así detecta Pedro García Cuartango en su artículo «Vuelve el zdanovismo». Observa el culto periodista que los postulados utilitarios y de absoluta obediencia al poder del lugarteniente de Stalin, de tan nefastas consecuencias en el pasado —recuerda casos señeros de represalias artísticas soviéticas: Eisenstein, Shostakovich, Prokofiev, Ajmatova, Pasternak, Grossman—, han resucitado «paradójicamente». Hoy, resume, gana adeptos en nuestra sociedad la inclinación a juzgar una novela o una obra de arte por su tesis o por la ideología del autor, prescindiendo de sus valores estéticos. «Lo que cuenta es su afinidad con el que manda», remata. Este fenómeno le llevaba a Antonio Muñoz Molina a constatar, y reprobar, pocas fechas atrás que «En España circula la desoladora creencia de que el compromiso político y social de las artes requiere, o al menos justifica, una cierta tosquedad formal y una machacona pedagogía ideológica». En fin, en la misma onda de realzar el compromiso y de celebrar el valor político y de denuncia del arte se halla la oportunista reordenación de los fondos del madrileño museo Reina Sofía. En su nueva exhibición que ocupa una enorme superficie se encadenan «episodios» del mundo contemporáneo desde el nacimiento de Picasso, 1881, y hasta la más cercana actualidad bajo ese indicado designio de documentar a través de la creación y de otros materiales la capacidad del arte para ser testigo, y testimonio, y acusación de la injusticia. No es el valor estético —cualquier cosa que signifique este término— de la selección lo que interesa al Museo —o al dogmático director, Manuel Borja-Villel, que le ha fijado tal rumbo— sino mostrar un buen repertorio de signos que se convierten en piezas acusatorias de una sociedad injusta. Muestran o ilustran esa realidad el recuerdo del desastre ecologista del «Prestige», testimonios de protestas sociales colectivas, eslóganes del movimiento 15M... De modo que, a impulsos de ultimísimas querencias, un museo entero se convierte en caja de resonancia del arte como vehículo de concienciación acerca de una problemática que se denuncia. Y habiendo mencionado el arte, oportuno será recordar que la gran feria comercial madrileña ARCO lleva ocupando desde hace años un generoso espacio con instalaciones y otra clase de creaciones y piezas dedicadas a la denuncia social y política.

Cumplido el ciclo histórico del realismo social español volcado en la denuncia del franquismo, el punto de no retorno del movimiento se ha rejuvenecido ante las circunstancias de pobreza y marginación posteriores. No ha habido un punto y final. Nos hallamos ante un punto y seguido. Quizás, por aventurar un futurible no infundado, una juventud falta de horizontes laborales y vitales, el acuciante despoblamiento del campo con la problemática, ahora advertida tras años de dejadez, de la España vaciada y la pandemia que marca la entrada en los años veinte de la actual centuria con sus consecuencias económicas y sociales tremendas —entre otras conflictivas circunstancias del momento— proporcionarán renovada munición a la literatura de denuncia. En ello estamos.

Referencias bibliográficas

Siglas y abreviaturas utilizadas

BIUIE: *Boletín de Información de la Unión de Intelectuales Españoles*

CA: *Cuadernos Americanos*

CCLC: *Cuadernos del Congreso por la Libertad de la Cultura*

CdA: *Campo de Agramante*

CH: *Cuadernos Hispanoamericanos*

CRI: *Cuadernos de Ruedo Ibérico*

CpD: *Cuadernos para el diálogo*

D: *Destino*

ÍdAL: *Índice de artes y letras*

LEL: *La Estafeta Literaria*

LVE: *La Vanguardia Española*

PE: *Poesía española*

T: *Triunfo*

AA. VV., *Presencia poética universitaria. Facultad de Derecho. Madrid. Curso 1953-54*, Madrid, Fondo de Publicaciones del SEU de Derecho, s. f. pero 1954.

AA. VV., *A Don Antonio Machado al cumplirse los veinte años de su muerte*, México D. F., 1961 [carece de otros datos editoriales].

AA. VV., *España canta a Cuba*, París, Ruedo Ibérico, 1962.

AA. VV., *Versos para Antonio Machado*, París, Ruedo Ibérico, 1962.

AA. VV., *España hoy*, presentación de Ignacio Fernández de Castro y José Martínez, Torino, París, Ruedo Ibérico, 1963.

AA. VV., *El autor enjuicia su obra,* Madrid, Editora Nacional, 1966.

AA. VV., *Prosa novelesca actual. Segunda reunión,* ed. Francisco Ynduráin, Madrid, UIMP, 1969.

AA. VV., *El realismo social en la literatura española. Homenaje a Juan García Hortelano,* ed. Ricardo Rodríguez, Málaga, Diputación, 2007.

Abellán, M. L., «A modo de presentación: recontextualización del realismo social», *Cuadernos Interdisciplinarios de Estudios Literarios,* t. 4, 1, 1993.

Adorno, T. W., «Lukacs y el equívoco del realismo», *CCLC,* 40, 1-2/1960 y 41, 3-4/1960. (La línea de página del número 41 tiene una curiosa variante: «Lukacs y el realismo socialista»).

Alcalde, C., «José María Castellet: el desafío a sí mismo», *D,* 1732, 12/12/1970.

Aleixandre, V., «Poesía, moral, público», *Ínsula,* 59, 11/1950

—«Poesía: comunicación. (Nuevos apuntes)», *Espadaña,* 48, 12/1950.

Alfaya, J., «Javier Alfaya contra el confusionismo», *Informaciones,* 12/6/1969.

—*Crónica de los años perdidos,* Madrid, Temas de hoy, 2003.

Agustí, I., «Rebelión y continuidad en la novelística española», *Nuestro Tiempo,* 71, 5/1960. Reproducido en *LEL,* 198, 1/8/1960.

—«El arte no es social», *T,* 40, 9/3/1963.

Alonso, D., *Poetas españoles contemporáneos,* Madrid, Gredos, 1952.

Alonso Alcalde, M., «La poesía social es el más gigantesco "bluff" de nuestra hora», [entrevista], *LEL,* 85, 1956.

Alonso de los Ríos, C., «Novela y fuga», *El Independiente,* 19/3/1988.

Álvarez, C. L., «Literatura», *España, perspectiva* 1968, Madrid, Guadiana, 1968.

Álvarez Palacios, F., *Novela y cultura en la España de postguerra,* Madrid, Edicusa, 1975,

Amat, J., «Grietas del realismo social. El Coloquio sobre Realidad y Realismo en la Literatura contemporánea (1963)», *Ínsula,* 755, 11/2009.

Anónimo, «Cursos para extranjeros de Segovia. I Congreso de la Poesía», *Estudios segovianos*, 1952, tomo IV.

Anónimo, pero Andréi Siniavski, *¿Qué es el realismo socialista?*, edición conjunta con TERZ, Abraham, *El proceso continúa*, Buenos Aires, Sur, 1960 .

Antoñana, P., «El novelista por dentro y por fuera», conferencia del 28 de mayo de 1962 en la Diputación Foral de Navarra; mecanoscrito inédito del archivo de José Luis Martín Nogales.

Aranguren, J. L. L., véase López Aranguren, José Luis.

Araquistáin, L., «Antonio Machado en su rincón», *Excelsior*, 17/3/1959. Cito por AA. VV., *A Don Antonio Machado...*, 1961.

—«¿Qué es el realismo socialista», *CCLC*, 38, 9-10/1959.

Astorga, A., [entrevista], *ABC*, 18/7/1990.

Aub, M., *Enero en Cuba*, México, J. Mortiz, 1969; sigo la edición de Mª Fernanda Mancebo, Fundación Max Aub, Segorbe, 2002.

—*La gallina ciega. Diario español*, México, Joaquín Mortiz, 1971

Aub, M. y M. Tuñón de Lara, *Epistolario 1958-1973*, ed. Francisco Caudet, Valencia, Generalitat Valenciana, 2003.

Azancot, L., «Terrorismo intelectual», *ÍdAL*, 166, 10/1962.

—[reseña de *Ojos, círculos, búhos*], *LEL*, 472, 15/7/1971.

—«Panorama de la novela española en 1971», *LEL*, 483, 1/1/1972.

—«La novela del realismo crítico», prólogo a José María de Quinto, *Relatos*, Madrid, Ed. del Centro, 1974.

Aznar, M., ed., Max Aub, *La gallina ciega*, Barcelona, Alba, 1995.

Badosa, E., «El mito de la "literatura social"», 1959, en *Razones para el lector*, Barcelona, Plaza-Janés, 1964.

—«El fracaso de las teorías del realismo» en *Razones para el lector*, Barcelona, Plaza-Janés, 1964.

Baquero Goyanes, M., «Deshumanización y novela», *LEL*, 180, 1/11/1959.

—«Realismo y fantasía en la novela española actual», *LEL*, 185, 15/1/1960.

—«Situación de la novela actual», *LEL*, 223, 15/8/1961.

Barral, C., «La poesía *no* es comunicación», *Laye*, 23, 4/6, 1953.

—«Reflexiones acerca de las aventuras del estilo en la penúltima literatura española», *CpD*, XIV Extraordinario, «30 años de literatura», 4/1969.

—*Años de penitencia*, 1975, cito por la edición completa con «Memorias de infancia», Barcelona, Tusquets, 1990.

—*Los años sin excusa. Memorias*, II, Barcelona, ed. Barral, 1978.

—«Machado en Colliure», distribuido por Agencia EFE, 1980.

—*Penúltimos castigos*, Barcelona, Seix Barral, 1983.

—*Cuando las horas veloces*, Barcelona, Tusquets, 1988. Cito por la edición conjunta de *Memorias*, Barcelona, 2001.

—*Los diarios / 1957-1989*, ed. Carmen Riera, Madrid, Anaya y Mario Muchnik, 1993.

—«Doce cartas (1956-1965)» [a Caballero Bonald], *CdA*, 4, otoño, 2004.

Barrero López, Ó., «La oposición al socialrealismo: testimonios de críticos y escritores», *Homenaje a José María Martínez Cachero*, Oviedo, Universidad, 2000.

—«El realismo social en la novela española: una débil defensa contra un potente ataque» en A. Rey Hazas, dir., *Mostrar con propiedad un desatino. La novela española contemporánea*, Madrid, Eneida, 2004.

Batlló, J., *Antología* de *la nueva poesía española*, Madrid, Ciencia Nueva, 1968.

Benet, J., «Respuesta al señor Montero», *CpD*, XXIII extr., «Literatura española. A treinta años del siglo XXI», 12/1970.

—«Luis Martín-Santos, un memento», en *Otoño en Madrid hacia 1950*, Madrid, Alianza Ed., 1987.

Benet, J. y L. Martín-Santos, [«El bajorrealismo»], ver Luis Martín-Santos, 2020.

Benítez Claros, R., «Nuestra pobre novela realista», *LEL*, 219, 15/VI/1961.

Bernabéu, A., «De la berza al sándalo», *Madrid*, 15/2/1969.

—«Alfonso Grosso explica algunas cosas: "Cortázar no me interesa nada"», *Informaciones*, 15/5/1969.

Bértolo, C., «La narrativa de los "realismos"», en AA.VV., *El realismo social...*, [2007].

Blanco Aguinaga, C., «Para un estudio de la recepción de la narrativa del "boom" en España», en Túa Blesa, ed., *Quinientos años de soledad*, Zaragoza, Anexos de Tropelías, 1997.

Blake, P., «Los jóvenes escritores soviéticos: una generación de sacrificados», *CCLC*, 78, 11/1963.

Bonet, L., «Me identifico por completo...» [entrevista], *Solidaridad Nacional*, 6/12/1962.

—*La revista Laye. Estudio y antología*, Barcelona, Península, 1988.

—«Estudio», en J. M. Castellet, *La hora del lector*, ed., Barcelona, Península, 2001.

—«El epistolario entre J. M. Castellet y Dario Puccini: la "carta loca" de Valescure», *Salina*, 23, 11/2009.

—«Auge y declive de la literatura social: un texto inédito de J. M. Castellet», *Barcarola*, 77, 2011.

—«J. M. Castellet, 1926-2014: una larga y cálida conversación», *Boletín de la Biblioteca Menéndez Pelayo*, XC, 2014.

Bonet, L. y F. Valls, «Fragmentos de una conversación», *Í*, 759, 3/2010.

Bouret, J., *Les Lettres Françaises*, diciembre de 1962. Cito por [Catálogo] 2006.

Bousoño, C., *Teoría de la expresión poética*, Madrid, Gredos, 1952.

—[Carta a Claudio Rodríguez, Madrid, 13/2/1959], en *CdA*, 18, otoño-invierno, 2011.

Bozal, V., *El realismo entre el desarrollo y el subdesarrollo*, Madrid, Ciencia Nueva, 1966.

—«Compañero de viaje», *La balsa de la medusa*, 50, 1999.

Caballero Bonald, J. M., «Los poetas del 50 ante la tumba de Machado», en Riera y Payeras [2009].

—*Tiempo de guerras perdidas. La novela de la memoria I*, Barcelona, Anagrama, 1995 (edición revisada recogida en [2010]).

—*La costumbre de vivir. La novela de la memoria, II,* Madrid, Alfaguara, 2001 (edición revisada recogida en [2010]).

—*La novela de la memoria,* Barcelona, Seix Barral, 2010.

—*Regresos a Argónida en 33 entrevistas,* ed. Antonio F. Pedrós-Gascón, Zaragoza, Prensas Universitarias, 2011.

CAMPBELL, F., *Infame Turba,* Barcelona, Lumen, 1971.

CANDEL, F., «Novela social», en AA. VV. [1969].

CANO, J. L., «Charlando con José Manuel Caballero Bonald, Premio Biblioteca Breve de novela», *Ínsula,* 185, 4/1962.

—«Carta de España. Los coloquios sobre el realismo», *Asomante,* 4, 10-12, 1963.

—*Los cuadernos de Velintonia. Conversaciones con Vicente Aleixandre,* Barcelona, Seix Barral, 1986.

CASTELLET, J. M., *La hora del lector,* Barcelona, Seix Barral, 1957.

—«El Primer Coloquio Internacional sobre novela», *Ínsula,* 152-153, 7-8/1959.

—«Coloquio Internacional sobre novela en Formentor», *CCLC,* 38, 9/10, 1959

—*Veinte años de poesía española (1939-1959),* Barcelona, Seix Barral, 1960 (cito por la edición ampliada, *Un cuarto...* [1965]).

—«Il giovane romanzo spagnolo» en Arrigo Repetto [1962].

—«Veinte años de novela española (1942-1962)», *CA,* XCCVI, 1-2/1963.

—*Un cuarto de siglo de poesía española (1939-1964),* Barcelona. Seix Barral, 1965.

—«Cuatro notas para un coloquio sobre realismo», 1963, en *Barcarola,* 77, 2011; editado por L. Bonet [2011].

—«Lukács y la literatura», *Goethe i la seva època,* Barcelona, Edicions 62, 1967.

—«Tiempo de destrucción para la literatura española», *Siempre,* México, 23 de mayo de 1968. Cito por *Literatura, ideología y política,* Barcelona, Anagrama, 1976.

—«La actual literatura hispanoamericana vista desde España» en *Panorama actual de la literatura latinoamericana,* Madrid, Fundamentos, 1971.

—*Los escenarios de la memoria,* Barcelona, Anagrama, 1988.

—«Conversación...», véase Carme Riera [2009].

—«Collioure: la interpretación de un sueño colectivo», 2009 en Riera y Payeras [2009].

—«Coloquio Internacional de Novela. Ronda de la memoria», en Riera, Carme y María Payeras, eds., *1959: de Collioure a Formentor,* Madrid, Visor Libros, 2009.

Castellón, A., «Colliure. Antonio Machado-María Zambrano», *República de las Letras,* 101, 3/4, 2007.

Castillo-Puche, J. L., «A la novela española le duele donde le aprieta el zapato. Cónica arbitraria sobre las jornadas de Formentor», *Pueblo,* 11 y 12/6/1959.

—[Conferencia] en *El autor enjuicia su obra,* véase AA. VV. [1966].

[Catálogo], *Estampa Popular de Madrid. Arte y política (1959-1976),* Madrid, Museo Municipal de Arte Contemporáneo, 2006.

Cavanna Benet, T., «Fraga-Cela; amistad y conflicto», *El Mundo,* 22/1/2012.

Celaya, G., *El Arte como lenguaje* [Conferencia], Bilbao, Ediciones de conferencias y ensayos, 1951[?]. Sigo el texto en J. J. Lanz [2008].

—«Misión de la poesía. Carta abierta a José García Nieto», *BIUIE,* 2, 15/X/1956. Y en *Poesía y verdad* [1979]. También en A. Chicharro Chamorro [2009].

—*Poesía y verdad. (Papeles para un proceso),* Pontevedra, Ediciones Litoral, Colección Huguín, 1960 (muy ampliado en [1979]).

—«Por Machado, en Collioure y en Segovia», *Excelsior,* México, 15/3/1959 (mismo texto que en «Con el recuerdo de Machado, en su casa de Segovia», *BIUIE,* 9, 6/1959. Recogido en [1979]).

—«Con el recuerdo de Machado, en su casa de Segovia», *BIUIE,* 9, 6/1959.

—[*Juan de Juanes*], «España por dentro. El XX aniversario de Machado», *Diálogo de las Españas,* 3, 7/1959. Recogido en *Poesía...* [1979].

—«Con Machado, en Collioure», *El Universal,* Caracas, marzo, 1962. Recogido en *Poesía...* [1979].

—«Tirios y Troyanos. Sobre poesía y política», *Ínsula,* 184, 3/1962. También en 1979.

—«Nuestro Antonio Machado», en *Poesía y verdad. Papeles para un proceso,* Barcelona, Planeta, 1979.

CEREZALES, M., «La "nueva novela"», *ABC,* 4/7/1959.

CHIRBES, R., *Diarios. 3. A ratos perdidos 5 y 6,* Barcelona, Anagrama, 2023.

CLAUDÍN, F., «La revolución pictórica de nuestro tiempo», *Realidad,* 1, septiembre-octubre, 1963.

CLOTAS, S., «Meditación precipitada y no premeditada sobre la novela en lengua castellana», *CpD,* XIV, Extr., «30 años de literatura», IV/1969; recogido en Clotas y Gimferrer [1971] como «La decadencia de la novela».

—«No existe una nueva novela española», *Tele/expres,* 10/4/1974.

CLOTAS, S. Y P. GIMFERRER, *30 años de literatura en España,* Barcelona, Kairós, 1971.

COLINAS, A., «Adonais: algo diferente y entrañable» en AA. VV., *Medio siglo de Adonais. 1943-1993,* Madrid, Rialp, 1993.

CONTE, R., «Última hora de la narrativa española», *LEL,* 395, 4/5/1968.

—«Carta abierta a Alfonso Grosso. Los avatares del realismo», *Informaciones,* 22/5/1969.

—«Punto final a una falsa polémica», *Informaciones,* 26/6/1969.

—«El realismo proscrito: Juan Marsé-Jesús López Pacheco», *Ínsula,* 346, 9/1975.

—*El pasado imperfecto,* Madrid, Espasa Calpe, 1998.

CÓRDOBA, E., «El homenaje», *El Socialista Español,* 119, 4/1959.

CORRALES EGEA, J., «¿Crisis de la nueva literatura? Reflexiones sobre una apuesta», *Ínsula,* 223, 6/1965.

—«Últimas tardes con Teresa o la ocasión perdida», *CRI*, 9, 10-11/1966.

—*Novela española actual,* Madrid, Edicusa, 1971.

Cortázar, J., «La América Latina no oficial», *T*, 425, 25/7/1970.

—«Algunos aspectos del cuento», *Casa de las Américas*, 60, 7/1970.

Crespo, Á., «9 cartas de Ángel Crespo a José Manuel Caballero Bonald», *CdA*, 10, otoño-invierno, 2008.

Cruz, J., véase Salinas, J., *El oficio de editor.*

Cuenca, J. M., *Mientras llega la felicidad. Una biografía de Juan Marsé*, Barcelona, Anagrama, 2015.

Curiel Rivera, A., *Novela española y boom hispanoamericano*, México, Mérida, UNAM, 2006.

Dalmau, M., «Difíciles ejercicios de amor. Entrevista con Javier Tomeo», *Quimera*, 99, 7/1990.

Delibes, M., *España 1936-1950: Muerte y resurrección de la novela*, Barcelona, Destino, 2004.

Demicheli, T. H., [entrevista], *ABC*, 15/11/1991.

Doménech, R., «Una generación en marcha», *Ínsula*, 162, 5/1960.

—«El tiempo joven. Una generación en marcha», *Ínsula*, 163, 6/1960.

—«El tiempo joven. Una generación en marcha. Casticismo y cosmopolitismo», *Ínsula*, 164-165, 7-8/1960.

—«Una reflexión sobre el objetivismo», *Ínsula*, 180, 11/1961.

—«El tiempo joven. Viaje a las Hurdes», *Ínsula*, 171, 2/1961.

—«El tiempo joven. Meditación sobre estética narrativa», *Ínsula*, 175, 6/1961.

—«Ante una novela irrepetible», *Ínsula*, 187, 6/1962.

Encinar, Á., «El I Coloquio Internacional sobre Novela y las dos primeras novelas ganadoras del Premio Formentor» en Riera y Payeras [2009].

España hoy, ver AA. VV., 1963.

Espinás, J. M., «El I Coloquio Internacional de novela, en Formentor», *D*, 1139, 4/6/1959.

Farré, L., «Estética del realismo socialista», *CH*, 147, 3/1962.

Fernández-Braso, M., «García Hortelano: fundado optimismo», *Pueblo*, 4/6/1969.

Fernández Santos, J., *Siete narradores de hoy*, Madrid, Taurus, 1963 (2.ª ed. 1969).

Fernández-Santos, F., *El hombre y su historia*, Madrid, Arión, 1961. Prólogo Dionisio Ridruejo.

Ferrán, J., véase AA. VV., *Presencia...*, 1954.

Ferrater, G., «Encuesta: la poesía social», *Serra d'Or*, any IV, 3, 3/1962.

—*Papers, cartes, paraules*, ed. Joan Ferraté, Barcelona, Quaderns Crema, 1986.

Ferres, A., «Literatura y sociedad», *CpD*, 17, 2/1965.

—«Evolución de la novela española», *CpD*, 27, 12/1965.

Forment, A., *José Martínez: la epopeya de Ruedo ibérico*, Barcelona, Anagrama, 2000.

Fossey, J. M., «Conversación con José Manuel Caballero Bonald», *Margen*, 2, 11/1966-1/1967.

Fuster, J., «El I coloquio internacional de novela en Formentor», *PSA*, XLI, 8/1959.

—*Obres completes. Vol. 2. Diari 1952-1960*, Barcelona, Edicions 62, 1979.

Fuentes, C., *La nueva novela hispanoamericana*, México, Joaquín Mortiz, 1969.

—*La gran novela latinoamericana*, Madrid, Alfaguara, 2011.

Gállego, V., «La rebelión de los escritores rusos», *Blanco y Negro*, 2809, 5/3/1966.

Gamoneda, A., «Poesía y conciencia. Notas de una revisión», *Ínsula*, 204, 11/1963.

—«Sobre Nazim Hikmet, los *negro spirituals* y mi *Blues castellano*», en *El cuerpo de los símbolos*, Madrid, Huerga y Fierro, 1997.

—*La pobreza*, Barcelona, Galaxia Gutenberg, 2020.

García Cuartango, P., «Vuelve el zdanovismo», *ABC*, 19/6/2021.

G[arcía] Rico, E., véase Rico, E. G.

García Márquez, G. y M. Vargas Llosa, *Dos soledades. Un diálogo sobre la novela en América*, Lima, 1968; utilizo la reedición de Madrid, Alfaguara, 2021.

García Nieto, J., «Carta a Gabriel Celaya», *PE*, 46, 10/1955. Y en *La red*, Madrid, Ágora, 1956

García Hortelano, J., «¿Nuestra realidad ausente?», *República de las Letras*, [«Últimas tendencias de la literatura española»], 18, 7/1987.

—«La búsqueda de la literatura actual. Últimos tiempos. La novela. *Gramática parda*», *República de las Letras*, 24, 4/1989.

García-Viñó, M., *Novela española actual*, Madrid, Ediciones Guadarrama, 1967. 2.ª ed. aumentada, Madrid, Ed. Prensa Española, 1975.

—*Papeles sobre la «nueva novela» española*, Pamplona, EUNSA, 1975.

Gatca, «Crónica de Madrid» [19-3-1959], en AA. VV., 1961.

Gil de Biedma, J., «Carta de España (o todo era Nochevieja en nuestra literatura al comenzar 1965)», *The Nation*, 1/3/1965. Cito por *El pie de la letra*, Barcelona, Crítica, 1980.

—*Obras. Poesía y prosa*, Barcelona, Galaxia Gutenberg/Círculo de Lectores, 2010.

Gimferrer, P., «Notas parciales sobre poesía española de posguerra»; recogido en Clotas y Gimferrer [1971].

Glondys, O., «El homenaje a Antonio Machado de 1959 en las revistas *Cuadernos del Congreso por la Libertad de la Cultura* y *Nuestras Ideas*: ¿la guerra fría cultural?» en AA. VV., *Antonio Machado y el Exilio Republicano de 1939 en Francia*, eds. Monique Alonso y Manuel Aznar, Sevilla, Renacimiento, 2015.

Gómez Alfaro, A., «José García Nieto, Premio Fastenrath», [entrevista], *LEL*, 89, 1957.

Gomis, L., «Con José María Castellet», *Ateneo*, 62, 15/7/1954.

González de la Torre, J., *El homenaje a Machado en Segovia en el año 1959*, Segovia, Ayuntamiento, 2019.

González Muela, J., [reseña] «El "realismo histórico y la crítica" de Castellet», *Revista Hispánica Moderna*, año 27, 3-4, 7-10, 1961.

Goytisolo, J., *Problemas de la novela*, Barcelona, Seix Barral, 1959.

—«Para una Literatura Nacional Popular», *Ínsula*, 146, 1/1959.

—«Examen de conciencia», *Número*, Montevideo, 1, 4-6/1963; recogido en [1967].

—«Literatura y eutanasia», *Marcha*, 1307, 6/1966.

—*El furgón de cola*, París, Ruedo Ibérico, 1967.

—«Cernuda y la crítica literaria española» en [1967].

—*En los reinos de taifa*, Barcelona, Seix Barral, 1986.

—«El contubernio literario de Formentor», *El País*, 19/9/2009.

Goytisolo, L., *Cosas que pasan*, Madrid, Siruela, 2009.

Gracia, J., véase Marco, Joaquín y...

Grande, F., «1939-1969. Poesía en castellano», *CpD*, XIV extr. 4/1969 (y en *Apuntes sobre poesía española de postguerra*, Madrid, Taurus, 1970).

Grustan, B., «Pasatges de la memòria. Entrevista amb J.M. Caballero Bonald», 1988, cito por *Regresos a Argónida*.

Guelbenzu, J. M., «Literatura, una insoportable levedad», *CpD*, 7 Extr., 2/1968.

Guillén, C., «José María Castellet y la crítica literaria», *Ínsula*, 167, 10/1960.

Guillén, J., «El apócrifo Antonio Machado» [1967] en *Estudios sobre Antonio Machado*, ed. José Ángeles, Barcelona, Ariel, 1977.

—«Apéndice. Una encuesta sobre Machado y la generación poética del 27», en José Luis Cano, *Españoles de dos siglos (De Valera a nuestros días)*, Madrid, Seminarios y Ediciones, 1974.

Gullón, R., «La novela española moderna», *La Torre*, 42, 4-6/1963.

Harari, M., «Nuevas orientaciones en el arte soviético», *CCLC*, 21, 11-12/1956.

HIERRO, J., «Fin de temporada», *LEL*, 221, 15/7/1961.

I[GLESIAS], I., «Ante la tumba del poeta», *CCLC*, 36, 5-6/1959.

IGLESIAS LAGUNA, A., «¿Qué pasa con el realismo socialista?», *El Español*, I, núm. 18 (18/2/67), II (subtítulo: «La proletarización de la literatura, factor de frustración estética»), núm. 19 (25/2/67).

—«La novela española de hoy», serie recogida, con algún salto en la numeración, entre el número 49 (23/9/1967) y el 87 (15/6/1968) de *El Español.*

—*Treinta años de novela española (1938-1968)*, Madrid, Prensa Española, 1969.

IZCARAY, J., «Segovia y Collioure», *España Popular*, 882, 1/5/1959.

JABOIS, M., «El padre secreto de Umbral», *El País*, 21/2/2015.

JUANES, J. de, véase también Gabriel CELAYA.

—«España por dentro. El XX aniversario de Machado», *Diálogo de las Españas*, 3, 7/1959.

LANZ, J. J., *Conocimiento y comunicación. Textos para una polémica poética en el medio siglo (1950-1963)*, Palma de Mallorca, Universitat de les Illes Balears, 2008.

LARA, M. de, «Carta de Francia», *Papeles de Son Armadans*, núm. XXXVI, 5/1959.

LAZAREVITCH, I., «El Congreso de los escritores rusos», *CCLC*, 12, 4-5/1955.

—«Literatura y militarismo en la URSS», *CCLC*, 15, 11-12/1955.

LEDESMA MIRANDA, R., «Nuestra novela entre ayer y hoy, 1925-1960», *LEL*, 209, 15/1/1961.

LIZCANO, P., *La generación del 56. La universidad contra Franco*, Barcelona, Grijalbo, 1981, 2.ª ed., Madrid, Saber y Comunicación, 2006. Prólogo de Enrique Múgica.

LLAMAZARES, J., «Entrevista» con Rafael Sánchez Ferlosio en Televisión Española. 1986.

LÓPEZ, M., *Mañana a las once en la Plaza de la Cebada*, Albacete, Editorial Bomarzo, 2009.

LÓPEZ NOGUEIRA, J. M., «El arte comprometido», *Grial*, 1, 7-9/1963.

López Pacheco, J., «Novela internacional en Formentor», *ÍdAL*, 126, 6/1959.

—«Cuatro notas a manera de epílogo para el curioso lector», en reed. *Central eléctrica*, Barcelona, Destino, 1982.

—*Lucha por la respiración y otros ejercicios narrativos*, Barcelona, Destino, 1980.

—«El cáncer estilístico en *Tiempo de silencio*», *Mundáiz*, 8, 1991.

López Salinas, A., «Cultura del público y del autor», *Cinema Universitario*, 17, 7-8-9/ 1962.

—«Notas para un diálogo sobre el realismo en literatura», *CpD*, 19, [4]/1965.

—«Juan García Hortelano y su época. Recuerdos» en AA. VV., 2007.

Lord, véase Francisco Umbral.

Luis, L. de, *Poesía española contemporánea. Antología (1934-1964). Poesía social*, Madrid, Alfaguara, 1965; 2.ª ed., *Poesía social. Antología (1939-1968), ibidem*, 1969. *Poesía social española contemporánea. Antología (1939-1968)*, ed. Fanny Rubio y Jorge Urrutia, Madrid, Ciencia Nueva, 2000.

Luti, F., «Italo Calvino en España», *CH*, 785, 11/2015.

Manent, A., *Tres escritores catalanes. Carner, Riba, Pla*, Madrid, Gredos, 1973.

Mainer, J.-C., prólogo a Luis Martín-Santos, *Tiempo de destrucción*, Barcelona, Seix Barral, 1975.

Mangini, S., *Rojos y rebeldes. La cultura de la disidencia durante el franquismo*, Barcelona, Anthropos, 1987.

Marco, J., «La encrucijada de la novela española», *D*, 1547, 10/7/1965.

Marco, J. y J. Gracia, eds., *La llegada de los bárbaros. La recepción de la literatura hispanoamericana en España, 1960-1981*, Barcelona, Edhasa, 2004.

Marías, J., «¿Todo se repite tan pronto?», *El País semanal*, 2026, 26/7/2015.

Marra López, J. R., «*Tormenta de verano.* Primer Premio Formentor», *Ínsula*, 187, 6/1962.

Marsé, J., *Viaje al sur,* ed. Andreu Jaume, Barcelona, Lumen, 2020.

Martín-Santos, L., *Apólogos y otras prosas inéditas,* edición y prólogo de Salvador Clotas, Barcelona, Seix-Barral, 1970

—«Noticia sobre el coloquio sobre realismo y realidad en la literatura contemporánea», *El mundo en español,* 12/1963. Cito por J. L. Suárez Granda, *Tiempo de silencio. Luis Martín Santos,* Madrid, Alhambra, 1986 y P. Gorrotxategi, *Luis Martín-Santos. Historia de un compromiso,* San Sebastián, Kutxa, 1995.

—*Tiempo de destrucción,* ed. José-Carlos Mainer, Barcelona, Seix Barral, 1975. Nueva edición con modificaciones: ed. Mauricio Jalón, Barcelona, Galaxia Gutenberg, 2022.

Martín-Santos, L. y J. Benet, [«El bajorrealismo»] en *El amanecer podrido,* ed. Mauricio Jalón, Barcelona, Galaxia Gutenberg, 2020.

Martínez Menchén, A., «Polémica sobre una falsa polémica. Narrativa latinoamericana frente a novela realista española», *Informaciones,* 29/5/1969.

—«Subdesarrollo literario», *CpD,* 14, 11/1964; recogido en [1970].

—«Del árbol caído...», 1970, recogido en [1970].

—*Del desengaño literario,* Madrid, Helios, 1970.

Martínez Reverte, J., véase Jorge M. Reverte.

Martínez Torres, A., «Unión Soviética: la lucha de un posible «nuevo cine» contra la censura», *CH,* 232, 4/1969.

—*Nuevo cine de los países del Este,* Madrid, Cuadernos Taurus, 1972.

Masoliver, J. R., «Un ventarrón corroborante. Donde los perros y donde la ciudad», *LVE,* 15/1/1964.

—«Cuando acorren los hermanos. Otra diana de Mario Vargas», *LVE,* 29/9/66.

McCarthy, M., *Entre amigas. Correspondencia entre Hannah y Mary McCarthy. 1949-1975,* Barcelona, Lumen, 1998.

Mendoza, P. A., *Gabo. Cartas y recuerdos,* Barcelona, Ediciones B, 2013.

Mesa, R., ed. *Jaraneros y alborotadores,* Madrid, UCM, 1982.

MIRANDA, J. E., «Leopoldo de Luis: *Antología de poesía social (1939-1964)*», *CH*, 202, 10/1966.

MIRÓ, E., «Poesía social», *La Trinchera. Frente de poesía libre*, segunda época, 1/3/1966.

MONTERO, I., «Isaac Montero contra algunos y algo», *Informaciones*, 5/6/1969.

—«Acotación a una mesa redonda (respuestas a Juan Benet y defensa apresurada del realismo)», *CpD*, XXIII extr. «Literatura española. A treinta años del siglo XXI», 12/1970.

—«La novela española desde 1955 hasta hoy. Una crisis entre dos exaltaciones antagónicas», *T*, Extra «La cultura en la España del siglo XX», 17, 6/1972.

MORALES, R., «Realidad, realismo y poesía», *Punta Europa*, 64, 4/1961.

MORÁN, F., *También se muere el mar*, Buenos Aires, Losada, 1958.

—«Novela y realidad social», *CpD*, 4, 1/1964.

—*Explicación de una limitación: la novela realista de los años cincuenta en España*, Madrid, Taurus, 1971; reed. «Explicar una limitación» en *La destrucción del lenguaje y otros ensayos literarios*, Madrid, Mezquita, 1982.

—*Novela y semidesarrollo (Una interpretación de la novela hispanoamericana y española)*, Madrid, Taurus, 1971.

MORÁN, G., *Miseria y grandeza del Partido Comunista de España 1939-1985*, Barcelona, Planeta, 1986 (también tengo en cuenta la reed. ampliada, *Miseria, grandeza y agonía del Partido Comunista de España (1939 - 1985)*, Madrid, Akal, 2017).

—*El maestro en el erial. Ortega y Gasset y la cultura del franquismo*, Barcelona, Tusquets, 1998.

—*El cura y los mandarines (Historia no oficial del bosque de los letrados). Cultura y política en España 1962-1966*, Madrid, Akal, 2014.

MOYA TRELLES, M., «García Hortelano, *Tormenta de verano*», *Asomante*, 2, 4-6/1963.

MÚGICA, E., *Itinerario hacia la libertad*, Barcelona, Plaza & Janés, 1986.

Muñoz Molina, A., «Ficciones socialdemócratas», «Babelia», *El País*, 30/1/2021.

Nieto, F., *La aventura comunista de Jorge Semprún*, Barcelona, Tusquets, 2014.

Nogueras, S., «Leopoldo de Luis», *LEL*, 456, 15/11/1970.

Núñez, A., «Encuentro con Blas de Otero», *Ínsula*, 259, 15/5/1968.

Olmos García, F., «La novela nueva: su presente y porvenir», *BIUIE*, 14, 4-5/1961.

—«La novela y los novelistas españoles de hoy», *CA*, XXII, 4, 7-8/1963.

—«Una antología de poetas españoles de hoy», *CA*, XXIII, 3/4, 1964.

—*Cervantes en su época*, Madrid, Ricardo Aguilera Ed., 1968.

Oskam, J., «Novela social y prensa crítica: revisión de una hipótesis», *Anuario de Estudios Filológicos*, 14, 1991.

—*Interferencias entre política y literatura bajo el franquismo. La revista «Índice» durante los años 1951-1976*, Amsterdam, Universiteit, 1992.

Padrós de Palacios, E., «Breve historia del premio "Leopoldo Alas"», *Lucanor*, 1, 5/1988.

Panero, L., «Desde el umbral de un sueño», *CH*, 111, 3/1959.

—«Por lo visto» en *Obras completas. Poesías (1928-1962)*, ed. Juan Luis Panero, Madrid, Editora Nacional, 1973.

Payeras, M., *La colección «Colliure» y los poetas del medio siglo*, Anexos de *Caligrama*, Universitat de les Illes Balears, 1990.

—«Antonio Machado y los "poetas de Colliure"», en AA. VV., *Antonio Machado hoy*, Sevilla, Ed. Alfar, 1990, t. III.

Perlado, J. J., «Subjetivismo contra objetivismo (1)», *LEL*, 194, 1/6/1960.

—«Subjetivismo contra objetivismo (2)», *LEL*, 195, 15/6/1960.

—«Notas a una moda literaria», *LEL*, 201, 15/9/1960.

Pita, E., «Javier Tomeo», *La Revista* de *El Mundo*, 139, 14/6/1998.

Poggioli, R., «La obra de Boris Pasternak», *CCLC*, 34, 1-2/1959.

Porcel, B., «Josep Maria Castellet y la cultura y la moral sociales», *D,* 1557, 10/6/1967.

Preston, P., *El zorro rojo. La vida de Santiago Carrillo,* Barcelona, Debate, 2013.

Quinto, J. M. de, [entrevista anónima pero seguramente de R. Vázquez Zamora], «José María de Quinto», *D,* 1025, 30/3/1957.

Quiñones, F., «El onceno, no confundir», *CH,* 86, 2/1957.

Renau, J., «*Auditur et altera pars.* Sobre la problemática actual de la pintura», *Realidad,* 3, 9-10/1964 y 5, 5/1965.

Repetto, A., *Narratori spagnoli. La nueva ola,* Milán, Bompiani, 1962.

Reverte, J. M., «Mieres y Múnich, hace 50 años», *El País,* 17/4/2012.

Ribes, F., *Antología consultada de la joven poesía española,* Santander, Gráficas Bedia, 1952.

—*Poesía última,* Madrid, Taurus, 1963. Sigo la 3.ª ed., 1975.

Rico, E. G., relación de los artículos de *Triunfo* aludidos o citados en el capítulo «Cambio de rumbo en algunas revistas»: «El "miserabilismo"», 128, 14/11/1964; «Otro mito: la "generación del 63"», 129, 21/11/1964; «Un manifiesto frustrado», 132, 12/12/1964; «Sociología y novela», 134, 26/12/1964; «Le Clezio, el provocador», 137, 16/1/1965; «El novelista de la alienación», 138, 23/1/1965; «Realismo justiciero», 141, 10/2/1965; «Palabra sobre palabra», 154, 15/5/1965; «Poesía social», 167, 14/8/1965; «"Cuestión murciana"», 168, 21/8/1965; «Un error de Moravia», 192, 5/2/1966; «Lucha contra los simplificadores», 175, 9/10/1965; «De crisis», 195, 22/6/1966.

—«Notas sobre un tiempo confuso» en *CpD,* XXIII extr., «Literatura española. A treinta años del siglo XXI», 12/1970.

—*Literatura y política (en torno al realismo español),* Madrid, Edicusa, 1971.

Riera, C., «Conversación con Josep Maria Castellet», *Ínsula,* 745-746, 1-2/, 2009.

Riera, C. y M. Payeras, eds., *1959: de Collioure a Formentor,* Madrid, Visor Libros, 2009.

Rodríguez Marcos, J., «Leopoldo de Luis: "La poesía social no fue una moda"», *ABC*, 21/2/2001.

Roig, J., pseudónimo, véase Francesc Vicens.

Rosa, J. M. de la, «Notas sobre literatura mágica», *LEL*, 237, 15/3/1962.

—*Alfonso Grosso o el poder la palabra*, Sevilla, Fundación José Manuel Lara, 2005.

Rubio Jiménez, J., *La herencia de Antonio Machado*, Zaragoza, Prensas de la Universidad, 2019.

Ruiz Copete, J. de D., «Andalucía y la nueva novela», discurso de ingreso en la Academia Sevillana de Buenas Letras, Sevilla, 1975.

Sagarra, J. de, «Señoritos de mierda», *El País*, 13/12/2002.

Sainz de Robles, Federico Carlos, *El espíritu y la letra. Cien años de literatura española: 1860-1960*, Madrid, Aguilar, 1966.

Saladrigas, R., «Monólogo con Juan García Hortelano», *D*, 1825, 29/9/1972. También en 2014.

—*Rostros escritos*, Barcelona, Galaxia Gutenberg/Círculo de Lectores, 2014.

Salinas, J., *El oficio de editor. Una conversación con Juan Cruz*, Madrid, Alfaguara, 2013.

—*Cuando editar era una fiesta. Correspondencia privada*, ed. Enric Bou, Barcelona, Tusquets, 2020.

Sánchez, P., *La emancipación engañosa. Una crónica transatlántica del boom (1963-1972)*, [Alicante], Cuadernos de América sin Nombre, 2009.

Sánchez Dragó, F., *Galgo corredor. Los años guerrilleros (1953-1964)*, Barcelona, Planeta, 2020.

Sánchez Ferlosio, R., *Las semanas del jardín. Semana primera: «Liber scriptus proferetur»*, Madrid, Nostromo, 1974.

Sánchez-Mellado, L., [entrevista a Javier Marías], «Soy feminista de siempre», *El País*, 18/2/2018.

Santana, J. G., «Con Vargas Llosa en las afueras de la catedral», *T*, 459, 20/3/1971.

Santana, M., «De Mallorca a Cuba: Formentor y la globalización de la literatura hispánica» en Riera y Payeras [2009].

Santos, D., *Generaciones juntas*, Madrid, Bullón, 1962.

—*De la turba gentil... y de los nombres. Apuntes memoriales de la vida literaria española*, Barcelona, Planeta, 1987.

Sanz Ruiz, C., *Recuperación del testimonio crítico: la narrativa española en tiempos de crisis (1998-2018)*, en prensa.

Sastre, A., «¿Qué es el social-realismo?», *ÍdAL*, 51, 1952.

—«Poesía social» [encuesta], *Correo Literario*, 66, 15/2/1953.

—«Arte como construcción», *Acento Cultural*, 2, 12/1958.

—«Teatro imposible y pacto social», *Primer Acto*, 4, 5-6//1960.

—*Anatomía del realismo*, Barcelona, Seix Barral, 1965, 2.ª ed. con «Prólogo» nuevo, *ibidem*, 1974.

—*La revolución y la crítica de la cultura*, Barcelona-México, Grijalbo, 1970.

—«Poco más que anécdotas "culturales" alrededor de quince años (1950-1965)», en *T*, Extra, «La cultura en la España del siglo XX», 507, 17/6/1972.

Sastre, L., Encuesta, I: «¿Qué es la novela?», *LEL*, 180, 1/11/1959; II: «La situación», *LEL*, 181, 15/11/1959; III: «La situación. Las causas», *LEL*, 182, 1/12/1959; IV: «El futuro», *LEL*, 183, 15/12/1959.

Semprún, J., «*Nada*. La literatura nihilista del capitalismo decadente», *Cultura y Democracia*, 2, 2/1950.

—Intervención en el V Congreso del Partido Comunista, en *Cuadernos de Cultura*, 18, 1955.

—«"Las ruinas de la muralla" o los escombros del naturalismo», *CR*, 1, 6-7/1965.

—*Autobiografía de Federico Sánchez*, Barcelona, Planeta, 1977.

—*Federico Sánchez se despide de ustedes*, Barcelona, Tusquets, 1993.

Serrano, E., «Diario de una cronista del congreso de poetas», *Pueblo*, 20, 21, 23 y 24/6/1952.

—«Breve NODO del Congreso. Lea usted lo que pasó», *Correo Literario*, 51, 1/7/1952.

SILONE, I., «Encuentro con los escritores rusos», *CCLC*, 21, 11-12/1956.

SORIANO FRADE, F., *Pequeña historia del turismo en las Baleares*, Palma de Mallorca, Los Iconos de Ferón, Bitzoc, 1996.

SOUCHÈRE, E. de la, «El coloquio de Collioure», *El Socialista Español*, 119, 4/1959.

SPERBER, M., «Quelques remarques sommaires sur le séminaire littéraire de Madrid», cito por Jordi Amat [2009].

SUEIRO, D., «Silencio y crisis de la joven novela española», en AA. VV. [1969].

SYLVESTER, S. E., «La novela goza de buena salud», *La Calle*, 61, 5/1979.

TABORI, P., «El realismo socialista y la libertad del escritor», *CCLC*, 48, 5/1961.

TIERNO GALVÁN, E., *Cabos sueltos*, Barcelona, Bruguera, 1982.

—«El valor de la estética», *El País*, 9/9/1983.

TOLA, F. Y P. GRIEVE, *Los españoles y el boom*, Caracas, Tiempo Nuevo, 1971.

TOMEO, J., «A propósito de mis *Historias mínimas*», *Javier Tomeo*, en *Cuadernos de narrativa*, Universidad de Neuchâtel-Arco Libros, 2010.

TORRE, G. de, «Los puntos sobre algunas "íes" novelísticas», *Ínsula*, 96, 12/1953.

TORRENTE BALLESTER, G., «Los problemas de la novela actual» [1963], en *Teoría de la novela*, Madrid, Deliberar, 2017.

—*Panorama de la literatura española contemporánea*, Madrid, Guadarrama, 1965; 3.ª ed.

TERZ, A. [pseudónimo de Andréi SINIAVSKI], *El proceso continúa* y Anónimo, *¿Qué es el realismo socialista?*, Buenos Aires, Sur, 1960.

TRENAS, J., «El Editor, protagonista del II Coloquio Internacional de Novela», *ABC*, 3/5/1960.

—«Formentor, punto de cita literario», *ABC*, 19/5/1960.

Tuñón de Lara, M., «En Collioure y en Segovia en 1959. Ante la tumba de Machado», *BIUIE*, 9, 6/1959.

Tuñón de Lara, M. y M. Aub, *Epistolario 1958-1973*, ed. Francisco Caudet, Valencia, Generalitat Valenciana, 2003.

Uceda, J., «La traición de los poetas sociales», *Ínsula*, 242, 1/1967.

Umbral, F., «Hacia una nueva épica», *LEL*, 228, 1/11/1961.

—«Poesías completas de José Hierro», *Punta Europa*, 81, 1/1963.

—«"Versos de Otoño" de Gabriel Celaya», *PE*, 134, 2/1964.

—«"La luz a nuestro lado" de Leopoldo de Luis», *PE*, 149, 5/1965.

—«"La linterna sorda" de Gabriel Celaya», *PE*, 150, 6/1965.

—«"Palabra sobre palabra" de Ángel González», *PE*, 150, 6/1965.

—«"Poesía social" de Leopoldo de Luis», *PE*, 155, 11/1965.

—«"Baladas y decires vascos" de Gabriel Celaya», *PE*, 156, 12/1965.

—*[Lord]*, «Encuentro (horizontal) con Vicente Aleixandre», *LEL*, 400, 15/7/1968.

—«Todo Álvaro Cunqueiro», *LEL*, 431, 1/2/1969.

—*La noche que llegué al Café Gijón*, Barcelona., Destino, 1977.

—*Diccionario de literatura*, Barcelona, Planeta, 1995.

Valente, J. Á., [firmado J. A. V.], «Poesía para el pueblo», *CH*, 18, 5/1950.

—«La segunda Semana del Cine Italiano en Madrid», *CH*, 40, 4/1953.

—«Un número de *Laye*», *ÍdAL*, 65-66, 7/1953.

—«Antonio Machado, la Residencia y los Quinientos», *Ínsula*, 169, 12/1960.

—«Tendencia y estilo», *Ínsula*, 180, 11/1961.

—«Luis Cernuda y la poesía de la meditación», *La Caña Gris*, otoño, 1962.

—«Conocimiento y comunicación» en Francisco Ribes [1963].

—«Luis Cernuda en su mito», *Ínsula*, 207, 2/1964.

—«Lo demás es silencio», *Ínsula*, 271, 6/ 1969.

—«Machado y sus apócrifos», en *Las palabras de la tribu*, 1971.

—*Las palabras de la tribu*, Madrid, Siglo XXI, 1971.

—*Obras completas*, ed. Andrés Sánchez Robayna, Barcelona, Galaxia Gutenberg-Círculo de Lectores, t. I, 2006 y t. II, 2008.

VALLS, F., «Sobre la trayectoria narrativa de Luis Goytisolo: una conversación», *Las Nuevas Letras*, 6, invierno, 1987.

VARGAS LLOSA, M., «El escritor y la política», *T*, 421, 27/6/1970.

—*Dos soledades...*, ver GARCÍA MÁRQUEZ, Gabriel, 2021.

VÁZQUEZ MONTALBÁN, M., «Tres notas sobre literatura y dogma», *CpD*, XXIII Extr., 12/1970.

VELA, R., *Ocho poetas españoles. Generación del realismo social*, Buenos Aires, Ediciones Dead Weight, 1965.

VÉLEZ, L., *La olivetti, la espía y el loro*, Madrid, Sílex, 2017.

VEYRAT, M., *Hablando de España en voz alta*, Madrid, Gráficas Reunidas, 1971.

VICENS, F., «Pintura. Realismo y formalismo», *CRI*, 1, 6-7/1965.

VICENT, M., «Rafael Sánchez Ferlosio. El último sillar del tabernáculo», *El País*, 11/1/2016.

VILA-MATAS, E., «Brod insulta a Brod», *El País*, 5/3/2013.

VILAR, S., *Manifiesto sobre arte y libertad. Encuesta entre los intelectuales y artistas españoles*, Barcelona, Fontanella, 1964.

VILLAMAR, P., *La generación literaria del «63» y «El generacionismo»*, Madrid, Ediciones de Conferencias y Ensayos, 1964.

VILLANUEVA, T., «Entrevista a J. M. Caballero Bonald», *Los Cuadernos del Norte*, 30, 3-4/1985.

VIVANCO, L. F., *Los Cuadernos de Segovia. [Estancias y vagancias] [Veranos de 1955, 1959, 1960 y 1962]*, ed. Luis Martínez Drake, Segovia, Diputación Provincial, 1991.

Índice onomástico

C

H

I

J

N

O

P

Q

R

S

T

U

V

W

Y

Z

Este libro se terminó de imprimir el 5 de junio de 2024.
Gracias por el tiempo dedicado a su lectura.
Si quieres conocer otros libros publicados por
Punto de Vista Editores, visítanos en
puntodevistaeditores.com
También puedes seguirnos a través de
las redes sociales

Historia y pensamiento

1. *La España del maquis (1936-1965)* 2.ª ed.
JOSÉ ANTONIO VIDAL CASTAÑO

2. *Tahuantinsuyu. Historia del Imperio inca* 2.ª ed.
MARÍA ROSTWOROWSKI

3. *Historia de Occidente*
LUIS E. ÍÑIGO

4. *El roble y la estepa. Alemania y Rusia desde el siglo XIX hasta hoy*
CARLOS FERNÁNDEZ PARDO Y ALBERTO HUTSCHENREUTER

5. *El marqués de la Ensenada. El secretario de todo* 2.ª ed.
JOSÉ LUIS GÓMEZ URDÁÑEZ

6. *Los guardianes de la sabiduría ancestral. Su importancia en el mundo moderno* 3.ª ed.
WADE DAVIS
TRADUCCIÓN DE JUAN FERNANDO MERINO Y JUAN MANUEL POMBO

7. *Resplandor en las tinieblas nazis. Retratos de la resistencia judía olvidada durante el Holocausto*
MARIO SINAY

8. *Textos fundamentales para la Historia*
MIGUEL ARTOLA

9. *Rukeli. Johann Trollmann y la resistencia romaní antinazi*
JUD NIRENBERG
TRADUCCIÓN DE ISMAEL GÓMEZ

10. *La serpiente líquida. Un viaje amazónico con los chamanes y las plantas maestras*
ALFONSO DOMINGO

11. *Medicina antigua. De Homero a la peste negra*
ORLANDO MEJÍA RIVERA

12. *Fernando VI y la España discreta* 2.ª ed.
JOSÉ LUIS GÓMEZ URDÁÑEZ

13. *Mujeres silenciadas en la Edad Media* 6.ª ed.
Sandra Ferrer

14. *Ramón Menéndez Pidal*
José Ignacio Pérez Pascual

15. *Medicina arcaica. De las enfermedades prehistóricas a los papiros médicos del antiguo Egipto*
Orlando Mejía Rivera

16. *Víctimas del absolutismo. Paradojas del poder en la España del siglo* XVIII 2.ª ed.
José Luis Gómez Urdáñez

17. *La democracia en palabras*
Joan Navarro y Miguel Ángel Simón (eds.)

18. *Inspiración y talento. Dieciséis mujeres del siglo* XX
Inmaculada de la Fuente

19. *Doña Francisca Pizarro. La ilustre hija del conquistador*
María Rostworowski

20. *Historia del Perú contemporáneo. Desde las luchas por la Independencia hasta el presente*
Carlos Contreras y Marcos Cueto

21. *Filosofía para una vida peor. Breviario del pesimismo filosófico del siglo* XX 2.ª ed.
Oriol Quintana

22. *César contra Vercingétorix*
Laurent Olivier
Traducción de Nuria Durán

23. *Pospornografía. Estética y comunicación en la era viral*
Julio Pérez Manzanares

24. *Esperando a los robots. Investigación sobre el trabajo del clic*
Antonio A. Casilli
Traducción de Juan Riveros

25. *El movimiento sofístico*
G. B. Kerferd
Traducción de Ignacio Etchart

26. *Diarios completos*
Manuel Rico

27. *Miseria y gloria de la crítica literaria*
EDICIÓN Y PRÓLOGO DE CONSTANTINO BÉRTOLO

28. *Historia cultural de la medicina. Vol. 1. Medicina arcaica. De las enfermedades prehistóricas a los papiros médicos del antiguo Egipto*
ORLANDO MEJÍA RIVERA

29. *Historia cultural de la medicina. Vol. 2. Medicina antigua. De Homero a la peste negra*
ORLANDO MEJÍA RIVERA

30. *Historia cultural de la medicina. Vol. 3. Medicina renacentista. De Leonardo da Vinci a la sífilis*
ORLANDO MEJÍA RIVERA

31. *La condición del hombre corriente. Ensayo sobre el humanismo de George Orwell*
ORIOL QUINTANA
TRADUCCIÓN DE POL RUIZ DE GAUNA E IRENE BAUCELLS DE LA PEÑA

32. *Estética de la tragedia. La expresión de la muerte en el arte europeo del siglo XX* 2.ª ed.
GERMÁN PIQUERAS

33. *El absolutismo ilustrado y los pobres. Asistencia y represión en el Madrid del siglo XVIII*
JACQUES SOUBEYROUX

34. *Estímulo y censura. Una aproximación al sistema literario de la RDA*
IBON ZUBIAUR

35. *Leyendas de los mapas. Una lectura geopoética de la cartografía* 2.ª ed.
PEDRO GARCÍA MARTÍN
PRÓLOGO DE JULIO LLAMAZARES

36. *El laboratorio de la naturaleza. La montaña y la imagen del mundo desde el Renacimiento al Romanticismo*
PAOLA GIACOMONI
TRADUCCIÓN DE ÁLIDA ARES
PRÓLOGO DE EDUARDO MARTÍNEZ DE PISÓN

37. *Peajes de la crítica latinoamericana*
WILFRIDO H. CORRAL

38. *Sol. Mitos, historia y sociedades*
Emma Carenini
Trad. del francés de Salomé Landivar y Melina Blostein

39. *La memoria de Borges. Lectura, símbolos y ficción*
Miguel Antón Moreno
Prólogo de Fernando Castro Flórez

40. *Retratos con Federico*
Sergio Téllez-Pon

41. *Pensamientos*
Blaise Pascal
Edición y traducción de Mauro Armiño
Prólogo de Francesc Torralba Roselló

42. *Enemigos de Hitler. Juventud y resistencia en la Alemania nazi*
Guillermo García Domingo

43. *Al desnudo. El cuerpo griego y romano*
Caroline Vout
Traducción del inglés de Amelia Pérez de Villar

44. *Micropolítica del amor. Deseo, capitalismo y patriarcado*
Myriam Rodríguez del Real, Javier Correa Román